法治科学计量与评价研究

FAZHI KEXUE JILIANG YU PINGJIA YANJIU

（2020年第1卷）

时建中◎主编

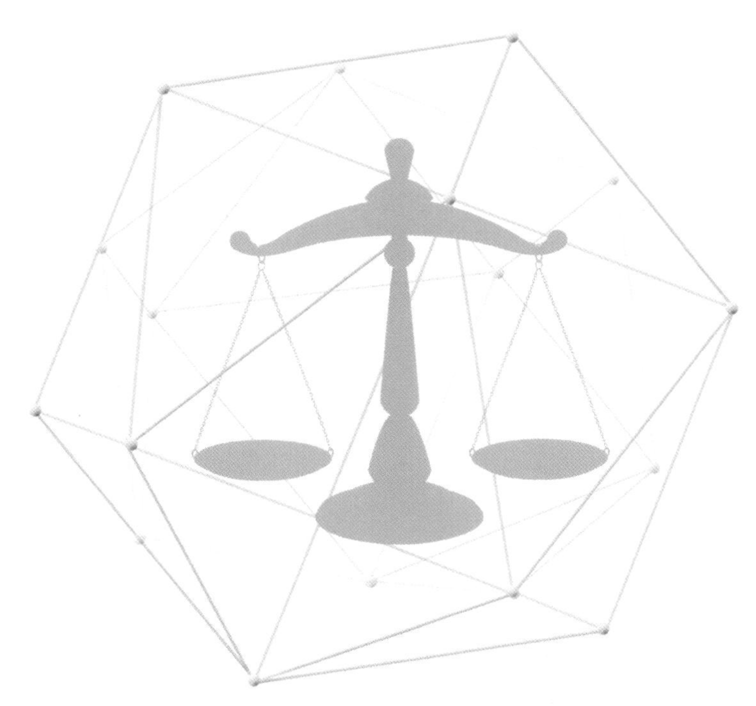

中国政法大学出版社

2020・北京

图书在版编目（CIP）数据

法治科学计量与评价研究. 2020年. 第1卷/时建中主编. —北京：中国政法大学出版社，2020. 9
ISBN 978-7-5620-9664-1

Ⅰ. ①法… Ⅱ. ①时… Ⅲ. ①法学－科学计量学－研究 Ⅳ. ①D90

中国版本图书馆CIP数据核字(2020)第179089号

出 版 者　中国政法大学出版社
地　　址　北京市海淀区西土城路25号
邮寄地址　北京100088信箱8034分箱　邮编100088
网　　址　http://www.cuplpress.com (网络实名：中国政法大学出版社)
电　　话　010-58908285(总编室) 58908433（编辑部）58908334(邮购部)
承　　印　北京九州迅驰传媒文化有限公司
开　　本　889mm×1194mm　1/16
印　　张　20.5
字　　数　545千字
版　　次　2020年9月第1版
印　　次　2020年9月第1次印刷
定　　价　125.00元

代 序

PREFACE

法治科学计量与评价支撑法学图书馆的能力提升与转型

图书馆是收集、整理、保存文献信息并提供查询、借阅及相关服务的文化设施。图书馆通过保存文献亦即知识的载体，为人类保存着知识。回溯图书馆的历史可以发现，图书馆的文献资源规模、服务模式、服务流程、组织架构乃至空间结构均与知识产品的载体形式及技术的演变密切相关。图书馆的历史演进可以概述为如下的变迁路径：由封闭到开放，由被动服务到主动合作。

在活字印刷术发明之前，只能依靠抄写来制作图书，图书馆的藏书量非常有限。例如，从公元760年开始，圣加仑修道院的修道士们就开始用羊皮纸抄写经文，以便诵读、保存和流传。到9世纪晚期，作为欧洲最古老的图书馆之一，位于瑞士东北部的圣加仑修道院图书馆积累了约300册藏书。英语library一词源于拉丁语librarium，原义即为藏书之所。即使是欧洲早期大学图书馆的规模也不大，藏书主要是靠抄写或赠送。例如，创建于1424年的剑桥大学图书馆现在是世界上最大的图书馆之一，但在建立之初只有76卷捐赠的图书。英语世界中最古老的大学——牛津大学成立于1167年，然而，其图书馆直到1602年才正式建成于伦敦西北的牛津，藏书2000多册。早期大学图书馆的管理方式极其简单。例如，16世纪宗教改革运动之前，剑桥大学图书馆一直由大学的牧师会兼管，直到1577年才聘任了专门的图书馆馆员和馆长。早期图书馆的图书目录类似于财产登记簿，图书呈经台式地摆放，大部分图书都用铁锁链牵在书桌上。知识的载体被禁锢了，其应有的知识传播价值就难以得到充分实现。

随着造纸术和印刷术的发展，纸张取代了羊皮，活字印刷术取代了抄写，对图书的生产和传播产生了革命性的影响。图书的生产和藏存服务不再合一，图书出版和图书馆分野为两个专门行业，大规模、大范围传播知识成为可能。印刷型图书的大量出版使图书馆藏书以空前的速度增加。藏书量的激增促使图书馆的管理方式日益专门化。书桌已难以容纳摆放馆内日益增多的藏书，高大的书柜取而代之。铁链加锁的图书和读经台式的书籍放置方式逐渐被废弃。大阅览室式的图书馆被分隔出众多小间。图书馆的建筑结构出现了较大的变化。图书馆的建筑设计也因此有了特殊的要求，诸如，要求图书馆采光充足，便于读者阅览；防止潮湿，利于纸质文献的保存；对图书馆尤其是书库楼板的承重也有了特别的安全标准和要求。

保存知识的载体本身并不是图书馆的最终目的。图书馆馆长和馆员通过专业能力对图书进行系统的、科学的组织和管理，将知识信息有效地分享给读者，进而推进知识的进步，这才是图书馆特别是大学图书馆的使命和价值。学者们希望把图书馆变成他们学术研习的场所、学术休闲的栖息之地。大学图书馆及其保存的文献资源构成了大学的核心必要设施。由水泥钢筋建筑而成的图书馆融入了师生和校友的情感，不再冰冷。

回顾20世纪90年代之前的国内图书馆，纸质文献是馆藏文献资源的主体，服务模式以人工为主，服务流程主要围绕“纸质文献”与“人工服务”来设计和不断优化。不夸张地讲，这种模式甚至可追溯至17世纪乃至之前的图书馆。

然而，从20世纪90年代开始，随着现代信息技术的进步，特别是移动信息技术和硬件设备的进步，尤其是近几年大数据、云计算和人工智能等技术的进步，文献资源的载体发生了前所未有的数字化变革，知识产品的提供模式发生了前所未有的变革，知识的生产模式发生了前所未有的变革，读者的阅读模式和习惯发生了前所未有的变革，读者的需求也发生了前所未有的变革。图书馆文献资源的馆藏结构及服务模式也随之开始发生变革。尽管纸质图书依然散发着独特魅力，但是，以数字化驱动发展是所有图书馆的必然选择。

因此，在做好目前工作的同时，我们有必要展望10年之后乃至20年之后大学图书馆的可能样态。坦率地讲，任何预测都难以精准，甚至失误得贻笑大方。但是，图书馆的数字化是一个不可逆转的大趋势。基于现代信息技术的发展对于知识服务的影响，对知识产品表现方式的影响，对知识产品提供方式的影响，对知识生产模式的影响，同时也基于读者的文献信息素养、信息技术素养以及阅读习惯和对文献资源的个性需求等影响，对如下问题的思考有助于对大学图书馆未来的展望和谋划：大学图书馆与知识产品生产者之间的关系会有哪些变革？图书馆与知识产品提供者之间的关系会有哪些变革？大学图书馆与知识产品需求者（包括知识产品的学习者和未来生产者）之间的关系会有哪些变革？这些变革，对于大学图书馆既是机遇也是挑战，图书馆的服务模式应该主动因应甚至引导前述系列变革。

毫无疑问，大学图书馆不同于公共图书馆。教育部于2015年印发的《普通高等学校图书馆规程》第2条明确，高等学校图书馆是学校的文献信息资源中心，是为人才培养和科学研究服务的学术性机构，是学校信息化建设的重要组成部分，是校园文化和社会文化建设的重要基地。图书馆的建设和发展应与学校的建设和发展相适应，其水平是学校总体水平的重要标志。数字化的文献资源内容和数字服务技术，意味着大学图书馆应该更加主动地为师生的教学科研提供文献资源服务，助推大学人才培养、科学研究、社会服务、文化传承、国际交往能力的提升。具体而言，大学图书馆应该借助数字化技术，更加主动地进行文献资源及服务的“供给侧结构性改革”，高效地供给更多的服务内容和方式，有针对性地激发、引导并满足不同类别读者对文献信息服务内容的个性需求，为读者提供个性化的、精准的文献资源服务：对于学生读者，图书馆可以提供与教学过程融为一体的文献资源服务，服务于学校的人才培养工作；对于学者读者，图书馆可以提供与其科研全过程融为一体的文献资源服务，通过服务学者服务科研工作、服务学科建设。

在数字化的过程中，图书馆持续生成并积累海量的读者行为数据。如何利用这些数据，发现问题进而解决问题，反映了不同的工作理念和工作目标。基于数据，可以分析馆藏文献资源对读者需求的满足程度、优化文献资源结构、合理配置资源经费比例、强化特色资源建设；可以分析不同读者对馆藏文献资源的利用情况，分析不同类别读者的文献资源需求。本校读者进出图书馆次数、在图书馆驻留时长、借阅及下载文献资源的类型、数量以及学位论文的注释和参考文献等各类行为数据，可以折射出学风、教风乃至校风。

在数字化的过程中，图书馆不断积累校本文献资源数据，可以搭建本馆的特色资源数据库，彰显校本文献资源的特色优势和学科竞争力；图书馆还可以对既有的内外部数字资源进行不同专题类型的再生产，生成更加富有特色和针对性的数据文献资源。换言之，图书馆的数字化，还意味着图书馆有了这样的可能：不仅是文献资源的接受者、储藏者、服务者，而且可以成为数字文献资源产品的再生产者。甚至，数字文献资源的再生产能力将成为图书馆的核心服务能力之一。

总之，未来的大学图书馆应该是一个以知识产品服务为内核的集知识产品的使用、供给、创新于一体的多边平台，链接着出版商、供应商、作者和读者，成为学术生态环境的核心部分。作为这个多边平台的运营者，大学图书馆与出版商、供应商、作者和读者之间不再是被动的服务关系，而是主动的合作关系。由于文献资源的数字化、服务模式的数字化以及读者行为的数字化，大学图书馆拥有了前所未有的积累、分析、发现和满足不同类别合作者对知识产品的使用、供给和创新的需求的能力，迎来了重新回到大学中心的机会。

时建中

2018 年 6 月 27 日

于蓟门桥校区老三号楼 116 室

目 录

CONTENTS

2020年第1卷

法治计量与评价

数据挖掘算法

数据服务

法律信息研究

研究报告

学术简讯

法治计量与评价

司法裁判文书科学计量分析

——以北京、上海、广州知识产权法院近五年专利类裁判文书为例*

刘鸿霞　韩正琪　李雪梅**

中国政法大学法治科学计量与评价中心

摘　要：本研究以北京、上海、广州知识产权法院的裁判文书内容为数据基础，以科学计量为核心方法，从文书类型、文书量、审理程序、审理时长、当事人地域分布等维度统计分析三大知识产权法院案件审理情况，以期多角度展示诉讼过程和审判活动全貌，为相关法律工作者开展工作和研究提供参考和借鉴。

关键词：裁判文书　科学计量　专利

分类号：D926.13　G301

1　前言

裁判文书是司法文书体系的核心组成部分，是指人民法院在刑事、民事、行政诉讼中，代表国家行使审判权，就案件实体和程序问题依法制作的具有法律效力的诉讼文件。[1]裁判文书记载了人民法院的审理过程和裁判结果，是审判活动的综合体现，是对案件全部审判过程的客观反映和理性总结，是诉讼活动结果和人民法院对审理案件处理最终态度的唯一载体。裁判文书既体现了司法权威与审判独立，也体现了法官的办案质量、执法水平与判案能力。

中国共产党十八届四中全会指出，公正是法治的生命线，司法公正对社会公正具有重要引领作用。裁判文书是审判活动的承载，是审判结果的体现。裁判文书面向社会公开，可以让人民群众参与、知晓、监督司法，可以让当事人和社会公众更为直接地感受到司法公正、社会公正。2016 年，最高人民法院《关于人民法院在互联网公布裁判文书的规定》实施生效。按照该规定，公开裁判文书应当贯彻“依法、

* 基金简介：中央高校基本科研业务费专项基金资助项目“中国政法大学青年教师学术创新团队资助项目”（项目编号：1000-10819320）研究成果之一。

** 作者简介：刘鸿霞（1977~），研究馆员，通讯作者邮箱：hongxial@cupl.edu.cn；韩正琪（1992~），馆员；李雪梅（1989~），馆员。

及时、规范、真实”的原则，除四种特殊情形外，人民法院作出的生效裁判文书均应在中国裁判文书网公布。中国裁判文书网由最高人民法院设立，统一公布各级人民法院的生效裁判文书，方便用户检索、查看、下载和使用。

近年来，越来越多的学者对裁判文书从不同的角度开展分析研究，从裁判文书的角度探索相关司法问题。如吕忠梅等[2]基于近千份环境案件裁判文书梳理中国环境司法现状，探寻中国环境司法救济存在的问题并提出相应对策。胡铭[3]以判决书为样本对审判中心主义展开经验分析，以发现我国刑事审判的现实状况以及反映出的侦查、控诉、辩护和裁判的多方关系。李永升等[4]以近三年涉 P2P 网络借贷犯罪的裁判文书为样本，从实证分析的角度分析 P2P 网络借贷刑法规制中存在的问题。

上述研究多基于小样本的裁判文书数据，通过人工判读来讨论文书背后所反映的法律问题，但随着裁判文书网公开的数据越来越多，对于海量的裁判文书数据很难再使用传统的逐个阅读方式开展相关研究。因此，使用信息分析和数理统计方法，对裁判文书网上公开发布的裁判文书数据开展数据分析，能够帮助研究者从海量数据中快速获得有价值的信息，具有一定的前瞻性和开拓性，逐渐成为当前的研究热点和趋势。如马超等[5]对中国裁判文书网公布的所有文书进行了重新提取与分类整理，以展示我国裁判文书公开的现状与趋势。李本森[6]基于中国裁判文书网公布的速裁程序试点期间速裁案件裁判文书，进行刑事速裁程序试点实效检验。唐应茂[7]统计中国裁判文书网 2008 年~2016 年裁判文书上网状况，分析权威、市场化水平和公众信任三个外部因素对代表司法公开程度的上网率高低的影响。通过对相关文献进行调研发现，现有的裁判文书数据分析研究多基于裁判文书网上直接得到的检索结果，数据分析角度单一，很少进行深入的数据挖掘，且容易出现结果偏差。

科学计量学是以社会环境为背景，运用数学方法计量科学研究的成果，描述科学的体系结构，分析科学系统的内在运行机制，揭示科学发展的时空特征，探索整个科学活动的定量规律的一门学科。[8]在图书情报领域，运用科学计量学分析方法对文献进行统计分析的相关研究已趋于成熟，研究者多利用数学统计原理和计算机文本挖掘分析手段，研究文献的外部特征，包括作者、关键词、参考文献等，探索文献的特点、学科的知识结构和发展脉络。

与文献相同，裁判文书有着丰富的外部特征，如标题、案号、审理法院、案件类型、文书类型、案由、上诉人等。在相关法律法规的严格要求下，裁判文书有着相对统一、规范的书写样式，如 2017 年修订的《民事诉讼法》第 152 条规定：“判决书应当写明判决结果和作出该判决的理由。判决书内容包括：（1）案由、诉讼请求、争议的事实和理由；（2）判决认定的事实和理由、适用的法律和理由；（3）判决结果和诉讼费用的负担；（4）上诉期间和上诉的法院。判决书由审判人员、书记员署名，加盖人民法院印章。”因此，将科学计量学方法应用于裁判文书的分析研究有很大的适用性。将科学计量学方法引入司法裁判文书研究，可以更好地描述裁判文书的发展概况，分析司法裁判过程的内在运行机制，甚至可以探索整个法治过程的定量规律。

随着社会的发展和科技的进步，知识产权已成为重要的经济资源而受到越来越多的关注。随着公众知识产权保护意识逐渐提高，知识产权纠纷案件也随之增多。为推动实施国家创新驱动发展战略，进一步加强知识产权司法保护，根据《宪法》和《人民法院组织法》，第十二届全国人民代表大会常务委员会第十次会议（2014 年 8 月 31 日）决定在北京、上海、广州设立知识产权法院。这对于推动司法体制改革、保护权利人合法权益、落实知识产权强国战略意义重大。

对北京、上海、广州知识产权法院的裁判文书数据进行科学计量分析，可以多角度展示知识产权案件诉讼过程和审判活动全貌，帮助创新团体了解在创新活动中可能出现的法律问题，及时规避风险，对于推动自主知识产权核心技术和关键产品转化运用，具有十分重要的研究意义。

2 研究方法

2.1 数据来源

根据裁判文书所处理法律关系的不同性质，将裁判文书分为民事案件裁判文书、刑事案件裁判文书、行政案件裁判文书、知识产权案件裁判文书、赔偿案件裁判文书和执行案件裁判文书。知识产权案件裁判文书，是指人民法院在审理知识产权案件时，为解决当事人之间知识产权权利义务关系争议以及专利人与专利复审委员会之间的权利义务关系，就案件程序问题与实体问题所作出的具有法律效力的司法文书。

本研究基于中国裁判文书网，得到北京、上海、广州知识产权法院公布的2014年~2018年间知识产权案件裁判文书全文数据共计49 949份，通过筛选得到专利类裁判文书全文数据共计11 303份，以上述数据为基础，进行北京、上海、广州知识产权裁判文书总体分析和专利类裁判文书专题分析。

2.2 研究流程

知识产权案件裁判文书科学计量学分析框架和研究流程如图1所示。在数据处理阶段，基于北京、上海、广州知识产权法院公布的2014年~2018年间知识产权案件裁判文书全文数据，采用自然语言处理和文本挖掘方法，基于正则表达式的文本匹配功能，对裁判文书的待分析字段进行提取，通过数据清洗，包括去重、规范化等流程，最终对每一份知识产权案件裁判文书提取到标题、案号、审理法院、案件类型、文书类型、案由、原告、被告、受理时间、判决时间、法定代表人、委托代理人、上诉人、被上诉人、标的额、赔偿、裁定赔偿等20余字段。在数据分析阶段，分别从裁判文书量、文书类型、案件量、案件类型、审理程序、审理时长、案由、审判人员、当事人、律师、标的额等维度展开知识产权案件裁判文书总体分析和专利类案件裁判文书专题分析。

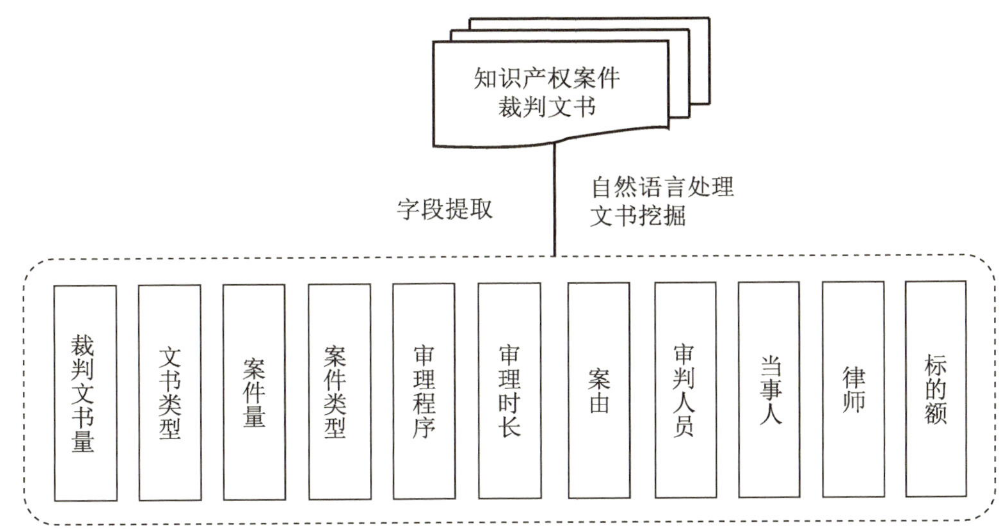

图1 知识产权案件裁判文书科学计量学分析框架

3 研究结果

3.1 裁判文书量

通过对北京、上海、广州知识产权法院的裁判文书数量进行年份统计分析，得到结果如图2所示。从图中可以看出，知识产权案件裁判文书量在2017年达到巅峰，其中北京知识产权法院裁判文书量最多，广州知识产权法院次之，上海知识产权法院裁判文书量最少。专利类裁判文书量随时间变化总体趋势与知识产权案件全部裁判文书量变化趋势相一致，如图3所示。专利类裁判文书数量于2017年达到巅峰。但与总体不同的是，广州知识产权法院专利类裁判文书量最多，多于北京和上海知识产权法院专利类裁判文书量。2018年裁判文书数量普遍有所回落，可能原因为数据获取时2018年裁判文书尚未全部上传到裁判文书网。

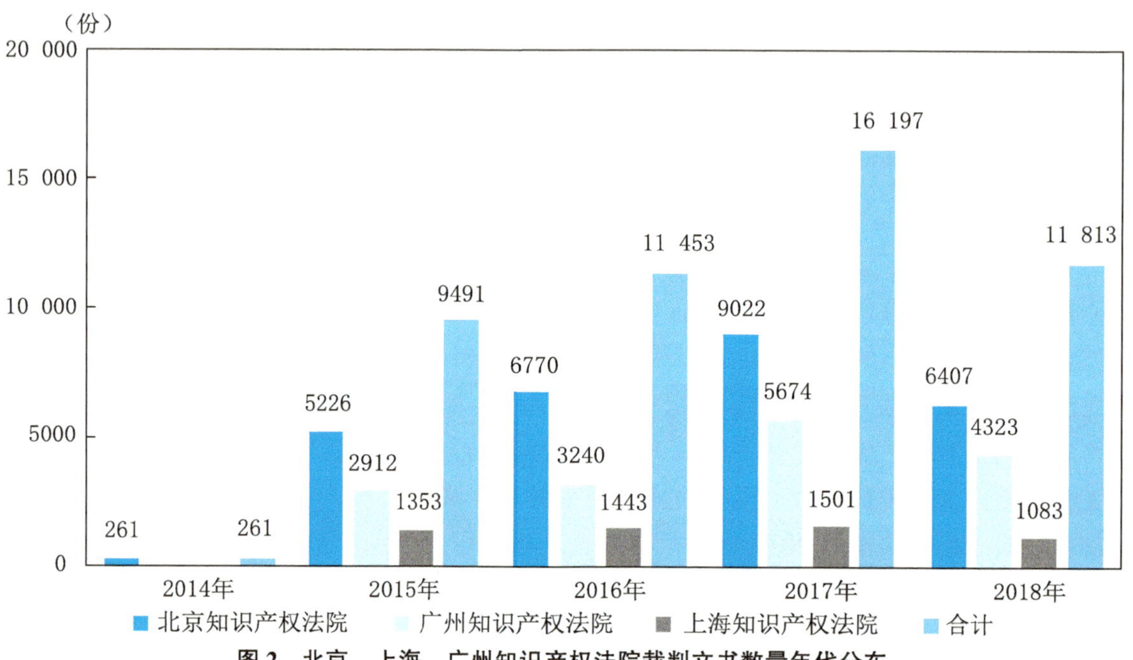

图2　北京、上海、广州知识产权法院裁判文书数量年代分布

图3　北京、上海、广州知识产权法院专利类案件裁判文书数量年代分布

3.2　裁判文书类型

根据裁判文书所裁决问题的性质是实体问题还是程序问题，可以将裁判文书分为判决书、裁定书和决定书。判决是指人民法院经过对案件的审理，根据查明的事实和有关法律，就案件的实体问题作出的权威性判断；裁定是指人民法院在案件审理和执行过程中，就案件的程序问题和部分实体问题作出的判定；决定是指人民法院在诉讼中，就案件的特殊事项作出的判定。法院通过对不同的事项进行裁断，有针对性地制作不同的裁判文书，进而对当事人的实体性权利和程序性权利进行处分。对裁判文书类型按年代进行分类统计，分别得到知识产权案件裁判文书类型分布和专利类案件裁判文书类型分布如图 4 和图 5 所示。从图中可以看出，知识产权案件判决书多于裁定书，2014 年~2017 年间，裁定书和判决书数量逐年增加，在 2017 年达到巅峰，2018 年裁定书判决书相比 2017 年都有所减少。专利类案件裁判文书与知识产权案件裁判文书类型年代分布大致相同，但 2015 年判决书数量为 5 年内最高值，2016 年判决书数量有所回落，2017 年判决书数量小幅增加，2018 年又开始减少。

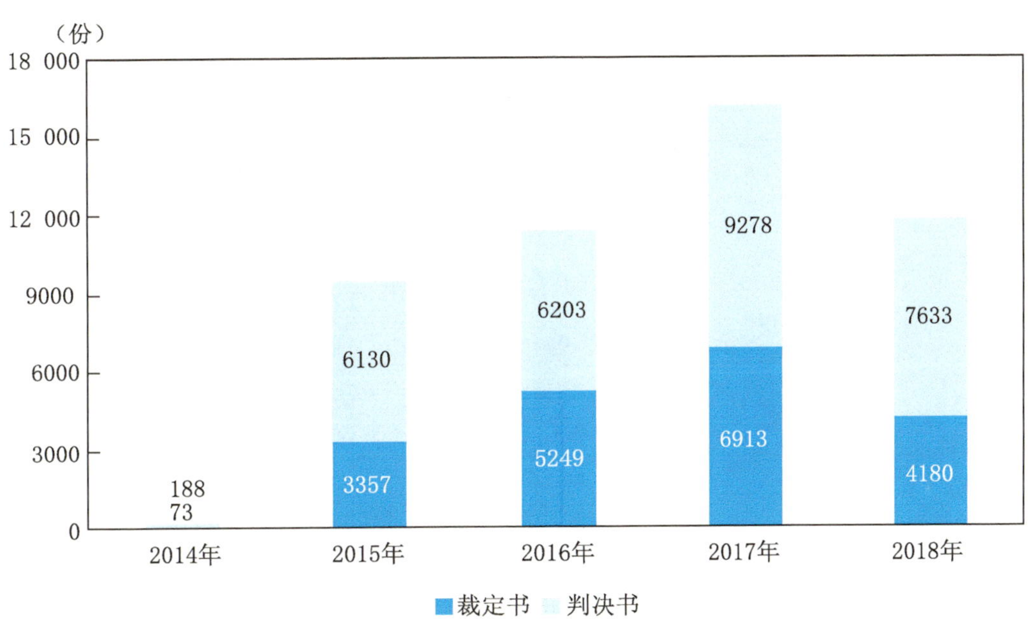

图 4　北京、上海、广州知识产权法院裁判文书类型年代分布

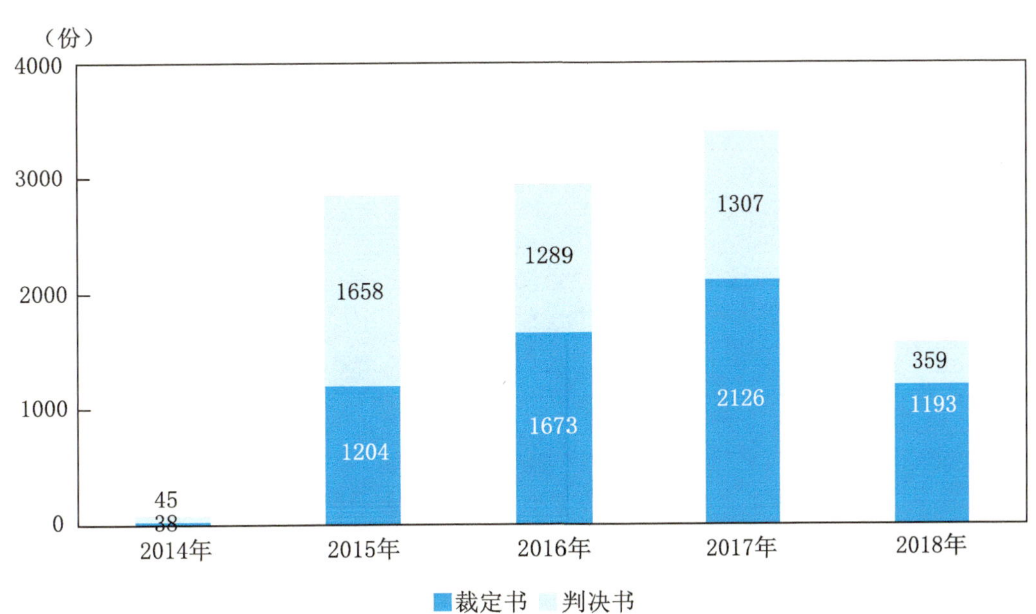

图 5　北京、上海、广州知识产权法院专利类案件裁判文书类型年代分布

3.3 案件量

如前文所述，由于具体裁判的事项不同，对于一个案件（案件号相同），可能既会出现裁定书，也会出现判决书。对相同案件号的裁判文书进行去重处理，得到 2014 年~2018 年北京、上海、广州知识产权法院处理知识产权案件量和专利类案件量随时间变化情况如图 6 和图 7 所示。从图中可以看出，北京、上海、广州知识产权法院审理的知识产权案件量与裁判文书数量随时间变化基本一致，在 2017 年达到高峰，北京知识产权法院审理的案件量最多，上海知识产权法院审理的案件量最少。专利类案件量于 2017 年达到巅峰，但广州知识产权法院专利类案件量最多，多于北京和上海知识产权法院专利类案件量。

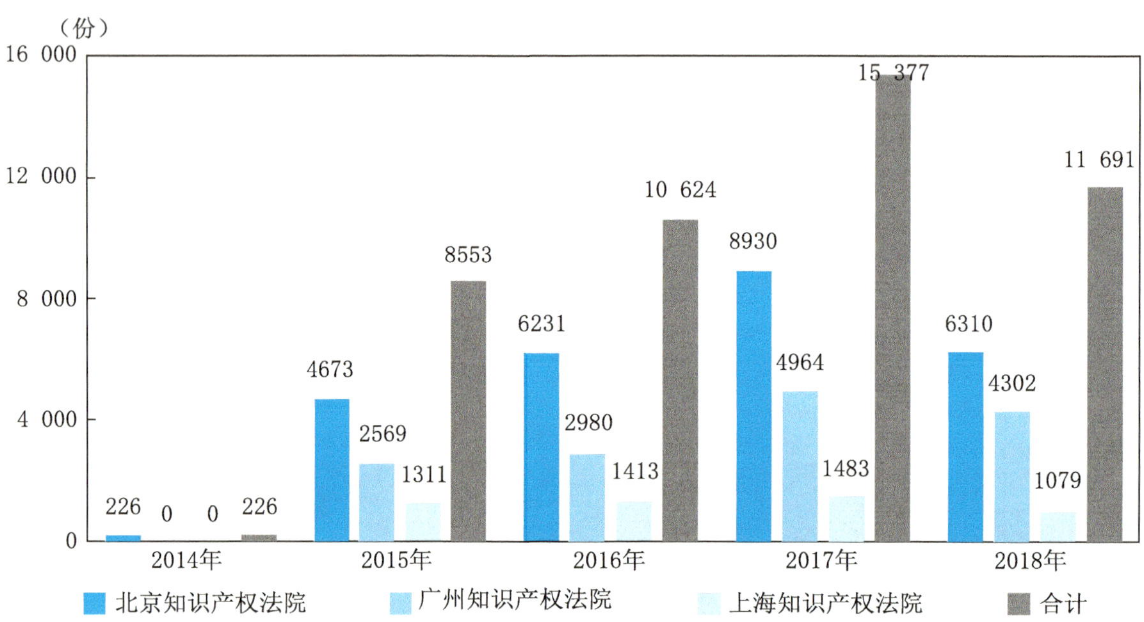

图 6　北京、上海、广州知识产权法院审理知识产权案件量年代分布

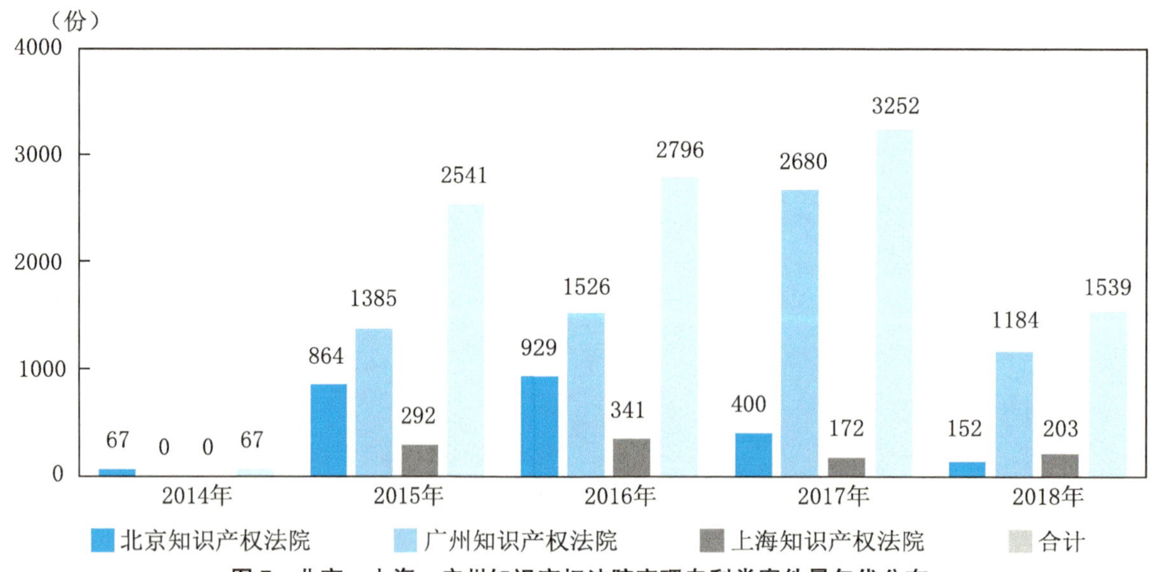

图 7　北京、上海、广州知识产权法院审理专利类案件量年代分布

3.4 案件类型

严格按照法律关系而言，知识产权法属于民法的一部分，法院审理知识产权案件所作出的裁判文书，应当属于民事裁判文书的一种，是对当事人民事权利和义务所作出的具有法律效力的司法文书。但是在知识产权法，尤其是专利法中，有些主体比如专利复审委员会具有其特殊地位，不能完全等同于民事法律关系，反而具有行政法律关系的成分。

对知识产权案件按照案件类型进行年代统计分析，得到北京、上海、广州知识产权法院审理知识产权案件类型年代分布如图 8 所示。从图中可以看出，民事案件多于行政案件，同样，2014 年~2017 年行政案件和民事案件逐年增多，2018 年有所回落。

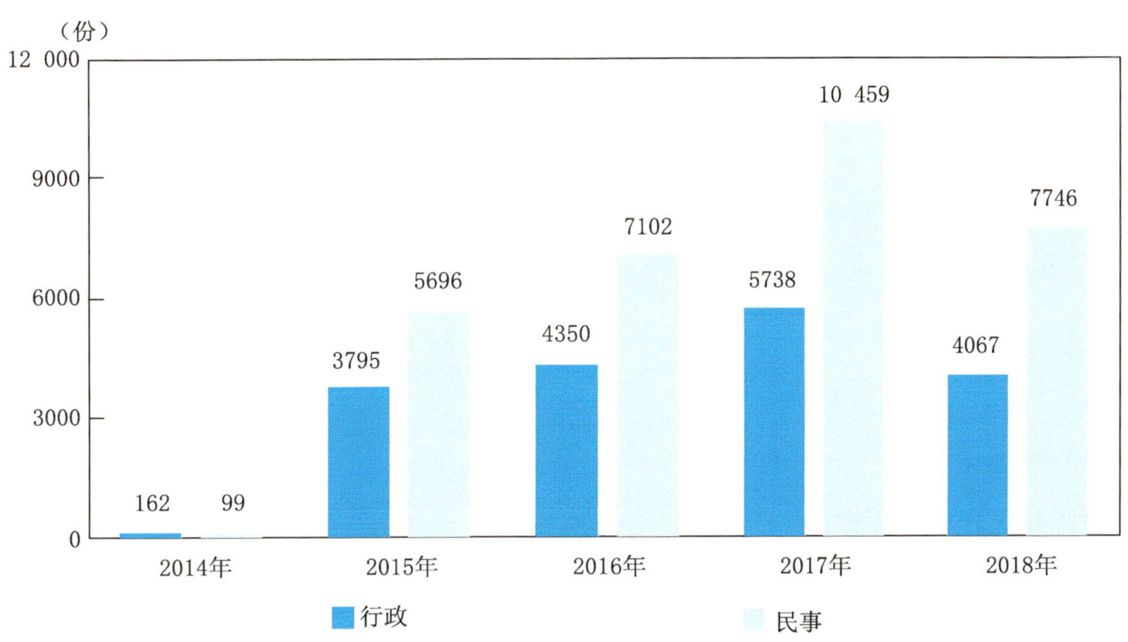

图 8　北京、上海、广州知识产权法院审理知识产权案件类型年代分布

3.5　审理程序

根据作出裁判文书所体现的不同程序功能设置和裁判事项的差异，可以将裁判文书分为一审裁判文书、二审裁判文书、再审裁判文书以及死刑复核裁判文书。北京、上海、广州知识产权法院不承担刑事案件审理职责。对知识产权案件按照审理程序分别进行年代统计分析，得到北京、上海、广州知识产权法院审理知识产权案件不同审理程序年代分布如图 9 所示。从审理程序的年度变化可以看出，2015 年~2017 年，一审、二审数据都在不断快速增长，每年知识产权法院一审、二审文书上传量都在万篇以上，2018 年数据同样有所下降。

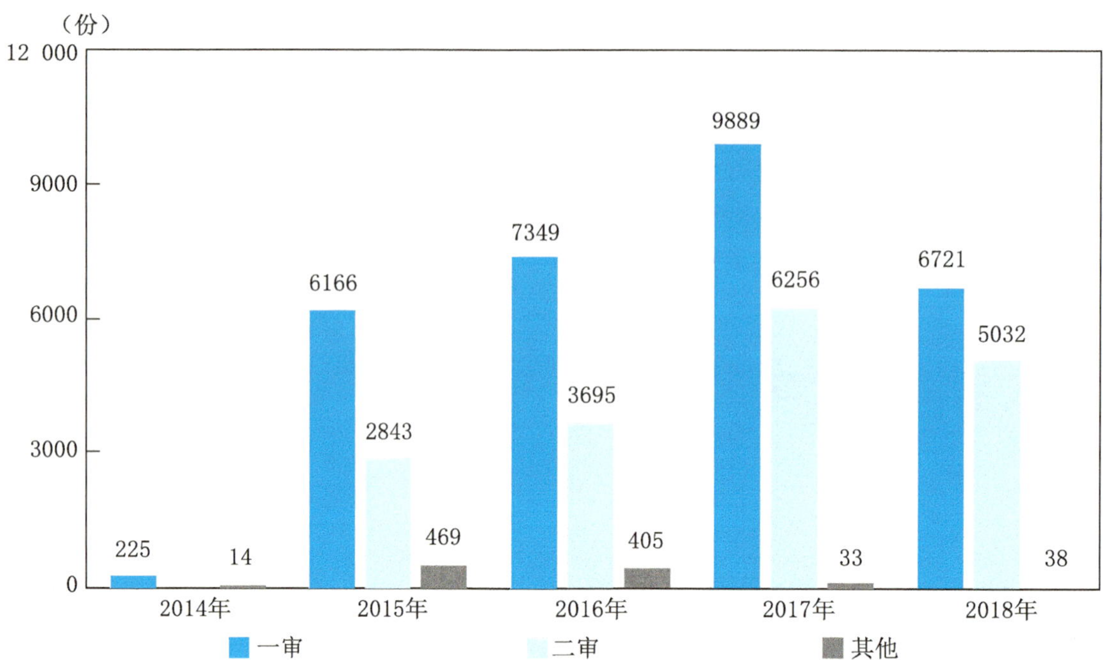

图9 北京、上海、广州知识产权法院审理知识产权案件不同审理程序年代分布

3.6 审理时长

审理时长是指案件从受理到审判结束所经历的时间长度。对案件审理时长进行统计分析，得到北京、上海、广州知识产权法院审理知识产权案件审理时长分布如图10所示。从图中可以看出，30.06%的案件审理时长都在100天以内，案件量随着周期的增大而减少，在100天以内的案件分布则较为均衡。其中一审平均审理时长是293天，超出了民事诉讼和行政诉讼规定的一审审限时长，审限延长案件比例为57.91%；二审平均审理时长为99天，审限延长案件比例为34.97%。对知识产权类案件来说，案件的审理时间拖得越长，案件不可控风险也就越大，这会对原被告双方的企业创新活动产生负面影响。

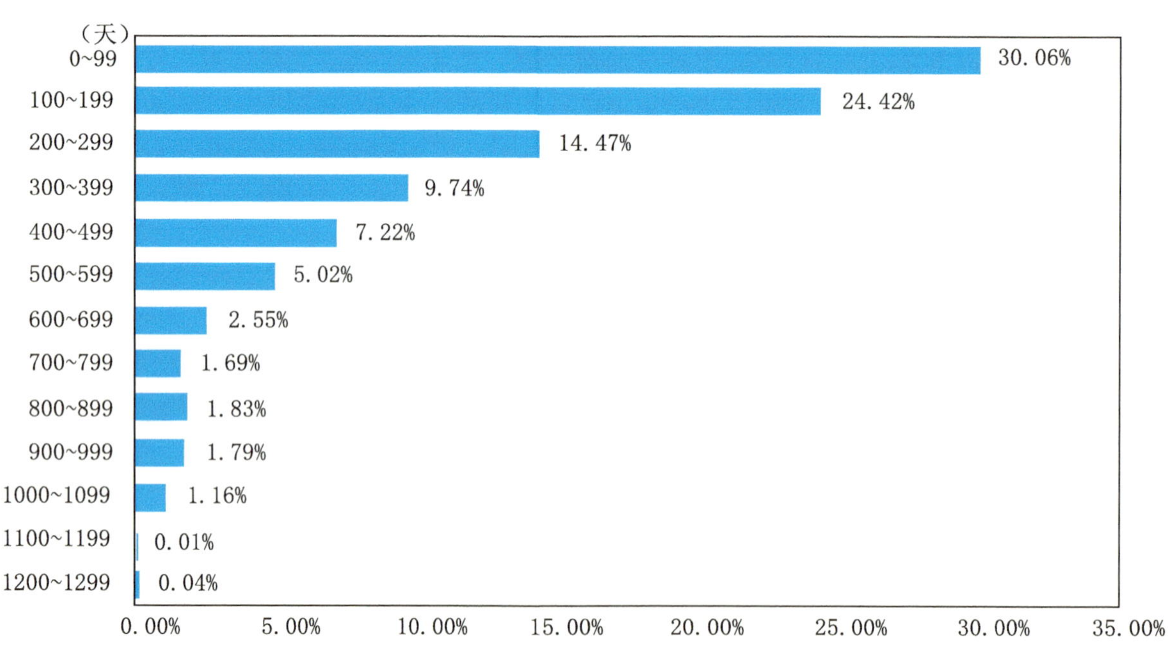

图10 北京、上海、广州知识产权法院审理知识产权案件审理时长分布

3.7 案由

对北京、上海、广州知识产权法院审理案件案由进行统计分析，得到北京、上海、广州知识产权法院审理知识产权案件主要案由排名及数量分布如图 11、图 12、图 13、图 14 所示。从案由排名中可以看出：侵害作品信息网络传播权纠纷案件量较大，远远高于其他类型案件，其次为著作权权属、侵权纠纷类案件，侵害商标权纠纷类案件量排名第三。同样，北京知识产权法院审理的案件中，侵害作品信息网络传播权纠纷类案件量最多，其次为侵害著作权权属、侵权纠纷案件，侵害计算机软件著作权纠纷类案件排名第三，在三大知识产权法院中排名最高。对于上海知识产权法院而言，与其他两法院相比，其案件量较少。侵害作品信息网络传播权纠纷类案件在上海知识产权法院审理的案件案由量中排名第一。侵害商标权纠纷类案件在北京知识产权法院和广州知识产权法院审理案件案由量排名中分别居第四和第五，但在上海知识产权法院审理案件案由量排名中居第二。侵害发明专利权类案件均出现在北京和广州知识产权法院审理案件案由量排名前十中，但未出现在上海知识产权法院审理案件案由量排名前十中。特许经营合同纠纷类案件在北京知识产权法院和广州知识产权法院审理案件案由量排名中位居第七，但未出现在上海知识产权法院审理案件案由量前十中。对于广州知识产权法院而言，与其他两法院相比，该法院审理的侵害外观设计专利权纠纷类案件量最大，侵害作品信息网络传播权纠纷类案件量位居第三。侵害计算机软件著作权类案件在北京知识产权法院和上海知识产权法院审理的案件案由量排名中分别位列第三和第十，但未出现在广州知识产权法院审理的案件案由量排名前十中。

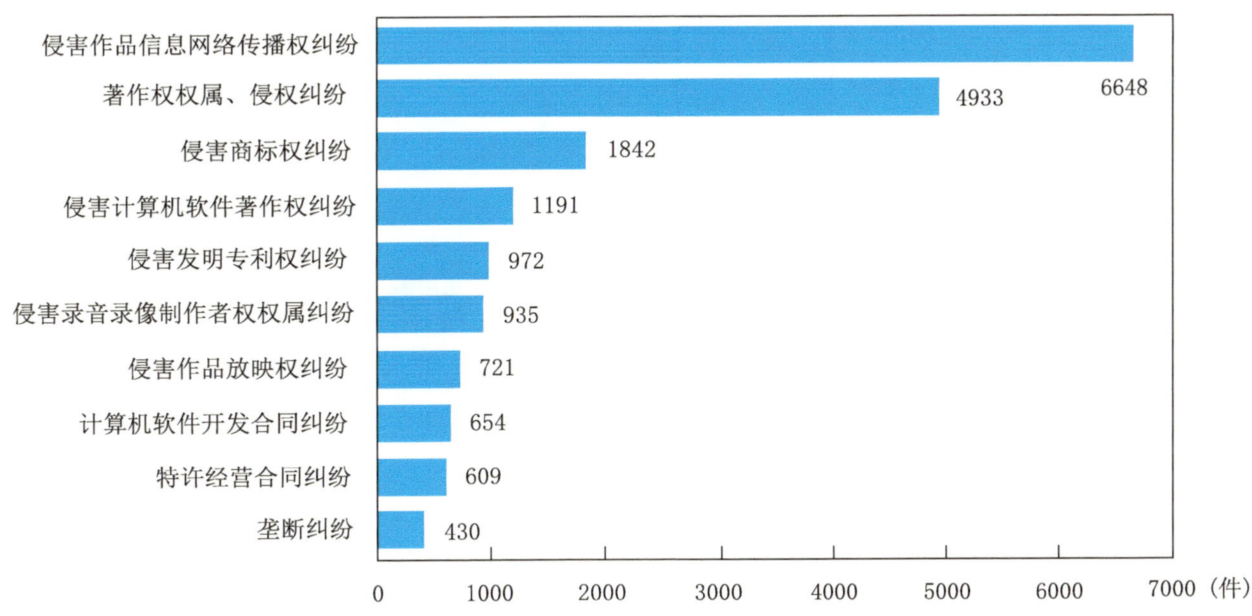

图 11　北京、上海、广州知识产权法院审理知识产权案件主要案由排名及数量分布

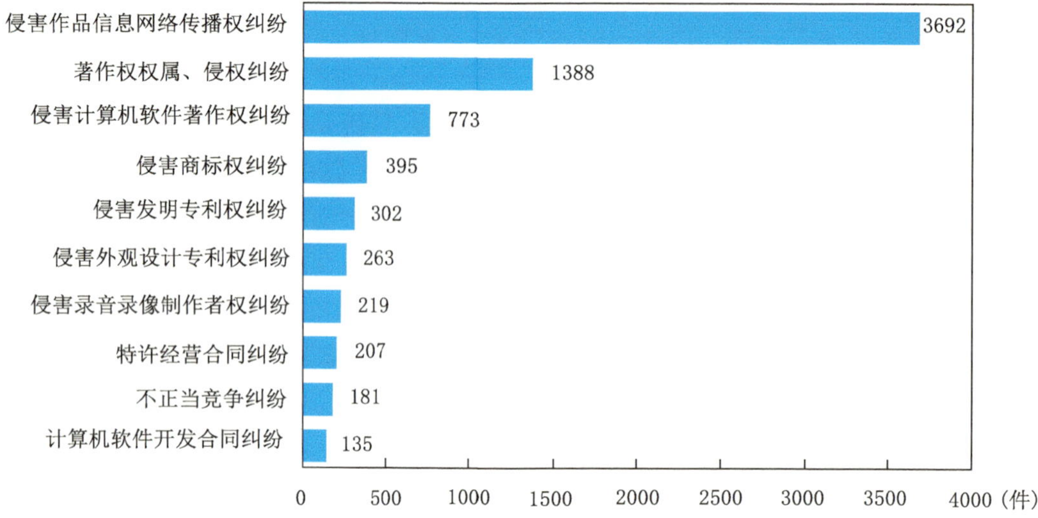

图 12　北京知识产权法院审理知识产权案件主要案由排名及数量分布

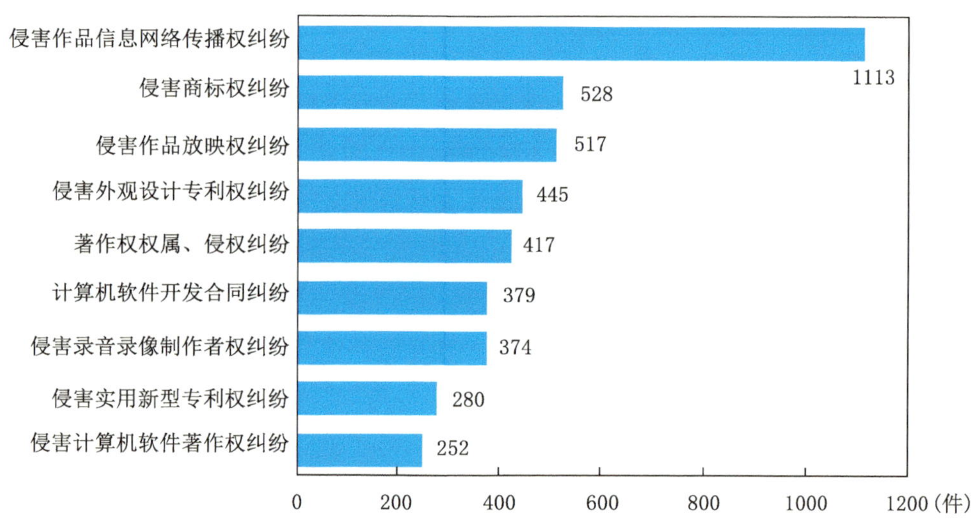

图 13　上海知识产权法院审理知识产权案件主要案由排名及数量分布

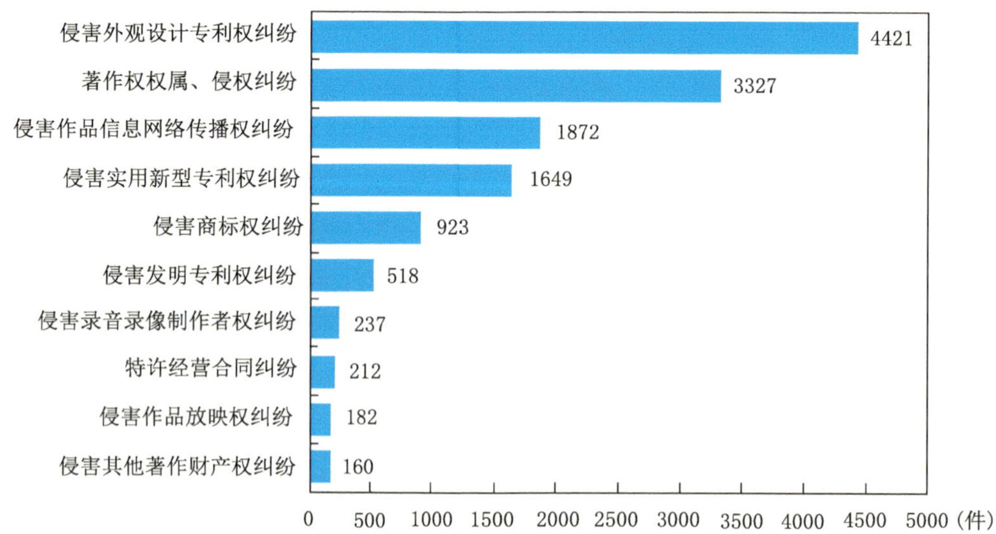

图 14　广州知识产权法院审理知识产权案件主要案由排名及数量分布

对北京、广州、上海知识产权法院受理案件案由分别按年代进行统计分析，得到结果如图 15、图 16、图 17 所示。由北京知识产权法院审理案件案由历年数据的变化可以看出，2017 年侵害作品信息网络传播权纠纷类案件，著作权权属、侵权纠纷类案件量最大。上海知识产权法院审理侵害作品信息网络传播权纠纷类案件在 2015 年、2016 年、2018 年数量最多。2017 年，侵害作品放映权纠纷类案件数量最多。广州知识产权法院审理侵害外观设计专利权纠纷类案件在 2017 年最多，同时在该年审理案件案由量排名中位列第一。著作权权属、侵权纠纷类案件在 2018 年最多，同时在该年审理案件案由量排名中位列第一。

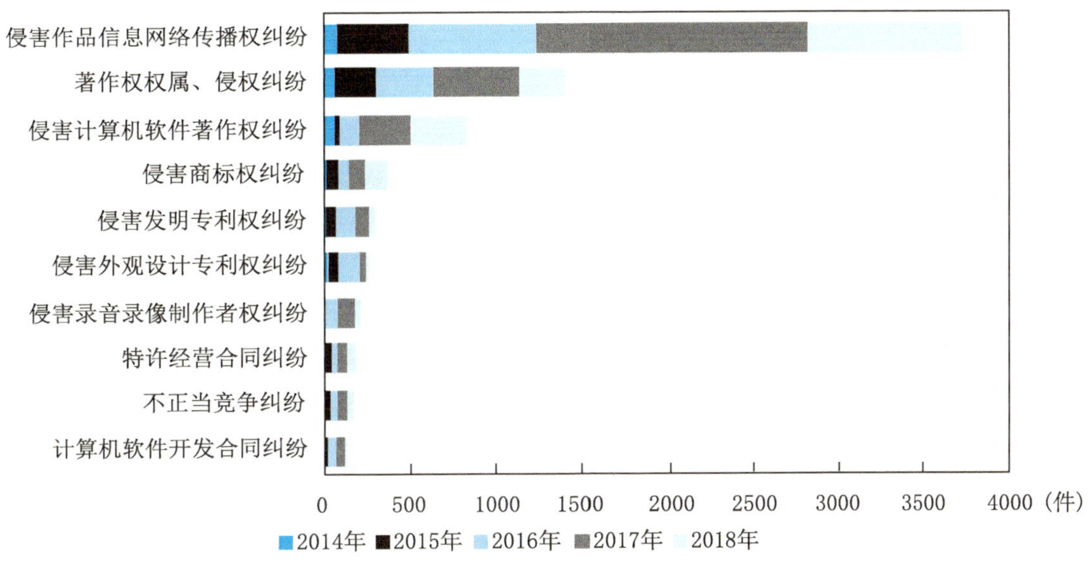

图 15　北京知识产权法院审理知识产权案件主要案由年代分布

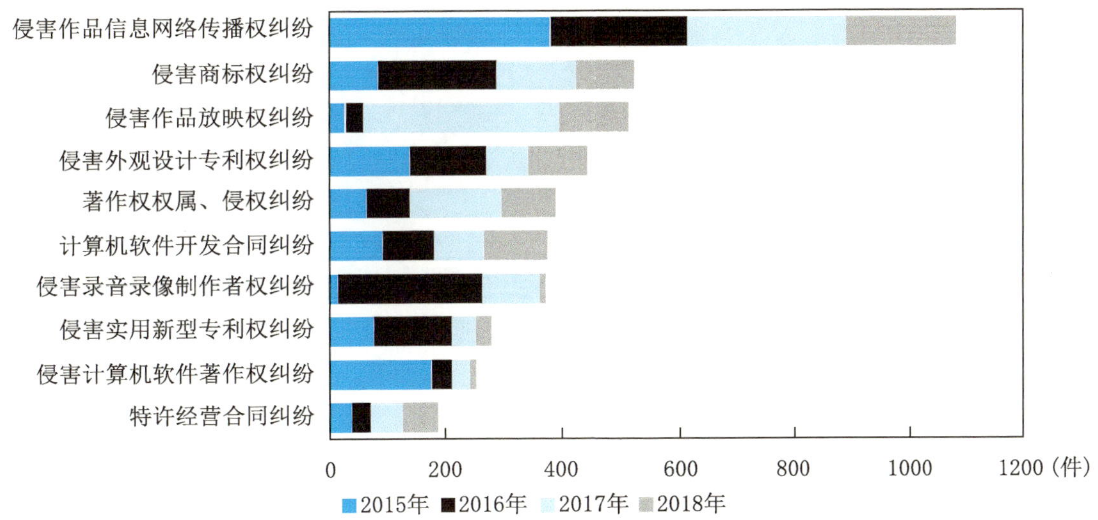

图 16　上海知识产权法院审理知识产权案件主要案由年代分布

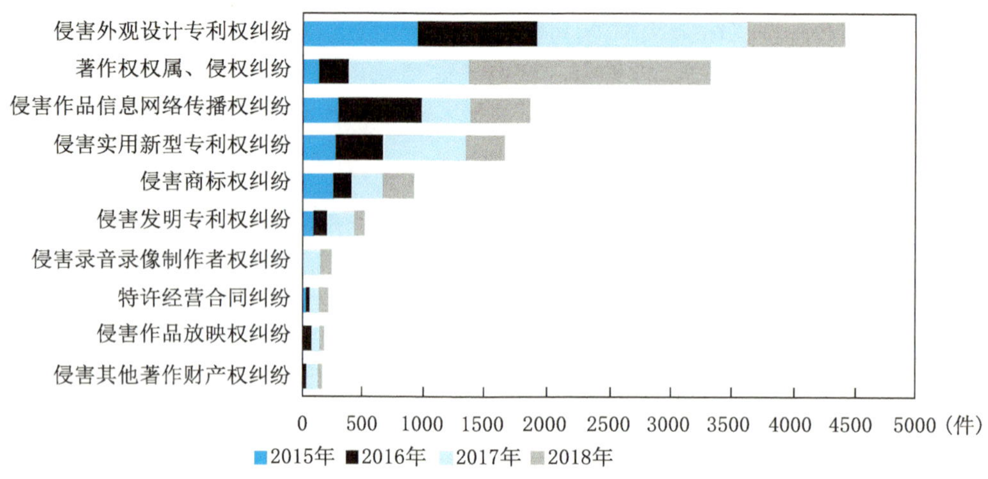

图 17　广州知识产权法院审理知识产权案件主要案由年代分布

对北京、上海、广州知识产权法院专利类案件案由进行统计分析，得到结果如图 18 所示。从图中可以看出，侵害外观设计专利权纠纷类案件数量最多，案件量远远高于其他案由的案件，其次为侵害实用新型专利权纠纷类案件，侵害发明专利权纠纷类案件量排名第三。北京知识产权法院审理专利类案件案由统计结果如图 19 所示，侵害发明专利权纠纷类案件排名第一，垄断纠纷类案件排名第四，但垄断纠纷类案件并未出现在上海知识产权法院和广州知识产权法院排名前十的案由中。拒绝交易纠纷类案件排名第八，此类案由未出现在其他两个法院排名前十的案由中。上海知识产权法院审理专利类案件案由统计结果如图 20 所示。侵害外观设计专利权纠纷类案件在北京知识产权法院中排名第二，在上海和广州知识产权法院均排名第一。侵害实用新型专利权纠纷类案件在北京知识产权法院排名第三，在上海和广州知识产权法院均排名第二，侵害发明专利权纠纷类案件在北京知识产权法院中排名第一，在上海和广州知识产权法院中排名第三。确认不侵害专利权纠纷类案件在上海知识产权法院中排名第七，在广州知识产权法院中排名第十，未出现在北京知识产权法院排名前十的案由中。广州知识产权法院审理专利类案件案由统计结果如图 21 所示。侵害外观设计专利权纠纷类案件排名第一，发明创造发明人、设计人署名权纠纷类案件均出现在北京与上海知识产权法院排名前十的案由中，但未出现在广州知识产权法院排名前十的案由中。

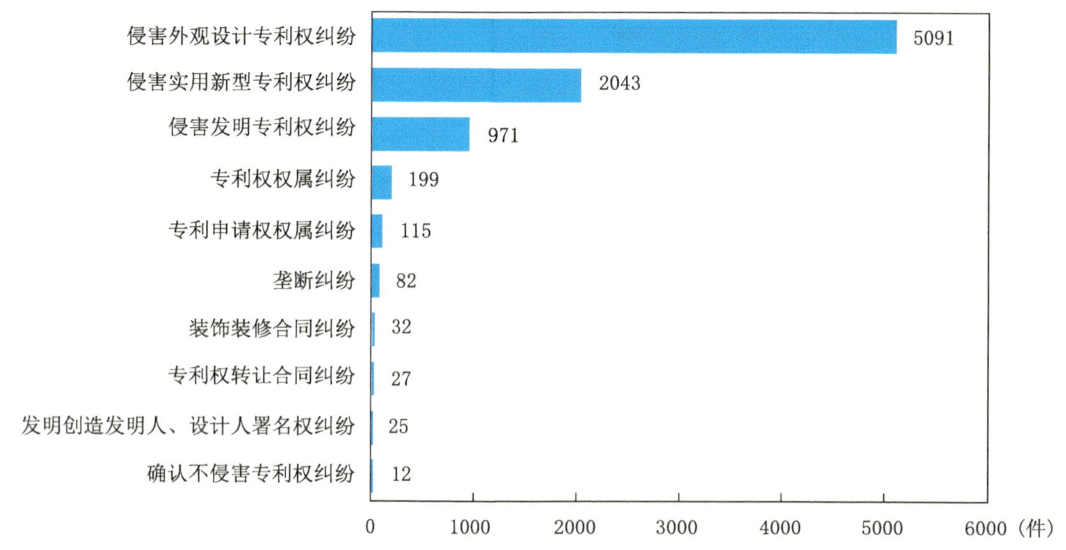

图 18　北京、上海、广州知识产权法院审理专利类案件主要案由排名及数量分布

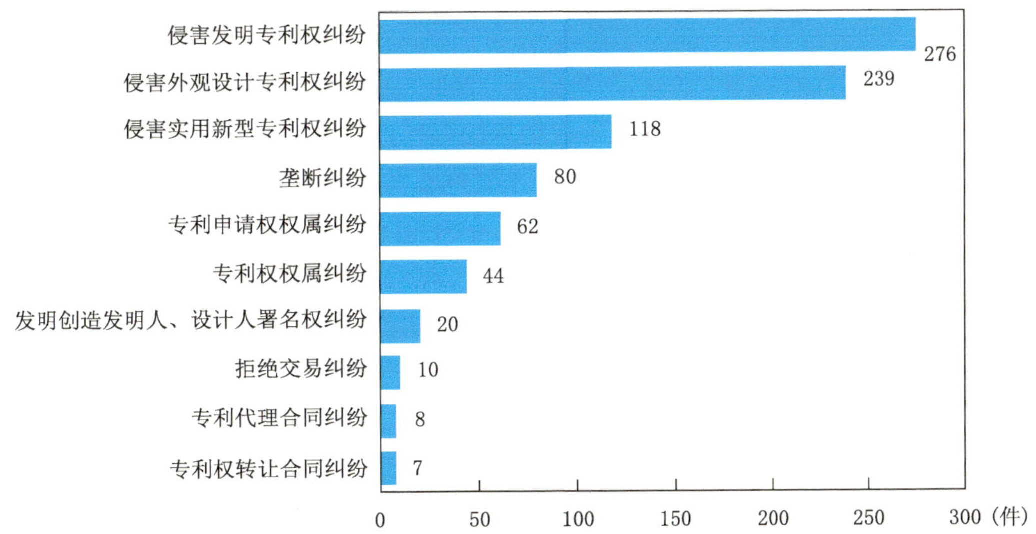

图 19　北京知识产权法院审理专利类案件主要案由排名及数量分布

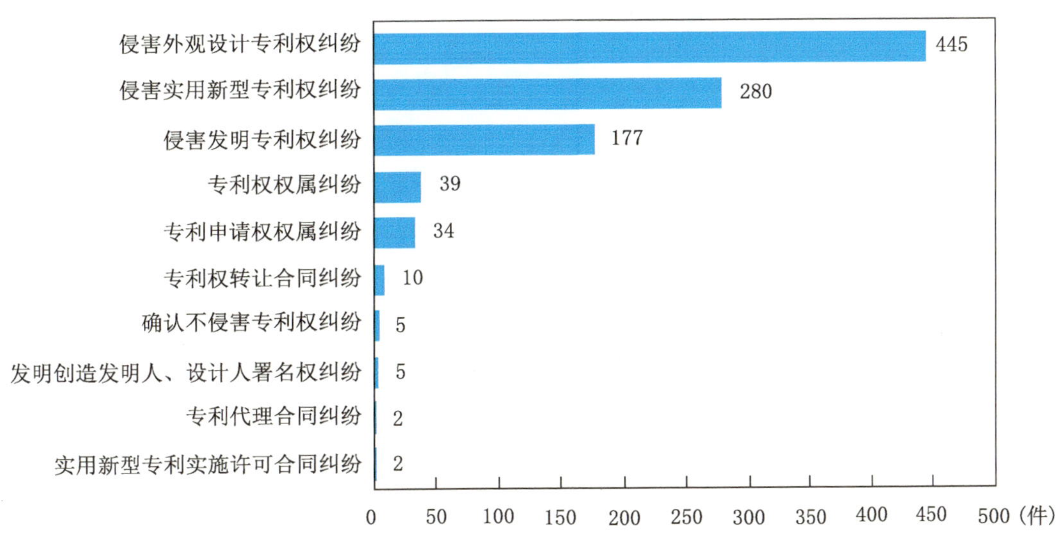

图 20　上海知识产权法院审理专利类案件主要案由排名及数量分布

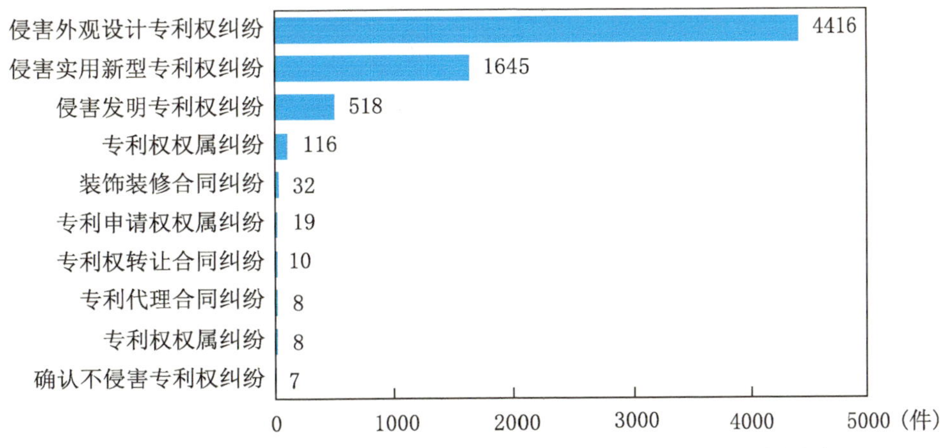

图 21　广州知识产权法院审理专利类案件主要案由排名及数量分布

3.8 审判人员

（1）审判长

对北京、上海、广州知识产权法院审理的专利类案件审判长进行统计分析，得到审理案件量排名前十的审判长如图22、图23、图24、图25所示。从图中可以看出，广州知识产权法院审判长处理的专利类案件量最多，广州知识产权法院审理案件量排名前十的审判长同时也是三大知识产权法院审理案件量排名前十的审判长。2014年~2018年期间，佘朝阳、彭盎、郭小玲审理的专利类案件量分别在三大知识产权法院全部审判长和广州知识产权法院审判长中位居前三；张晰昕、崔宁、彭文毅审理的专利类案件量在北京知识产权法院审判长中位居前三；陆凤玉、胡宓、凌崧审理的专利类案件量在上海知识产权法院审判长中位居前三。

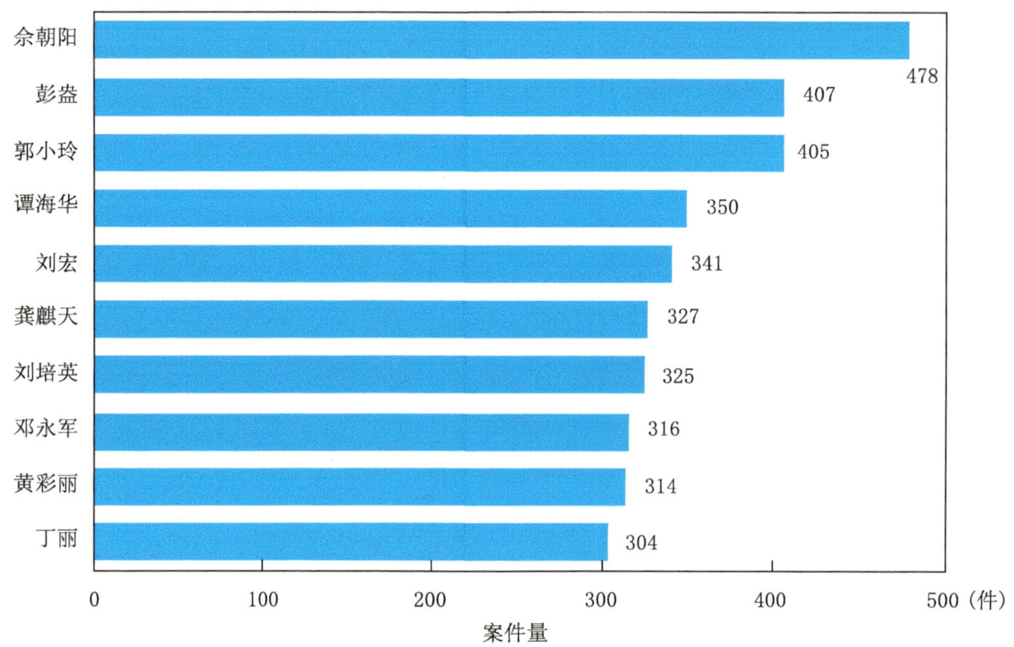

图22　北京、上海、广州知识产权法院审理案件量排名前十的审判长

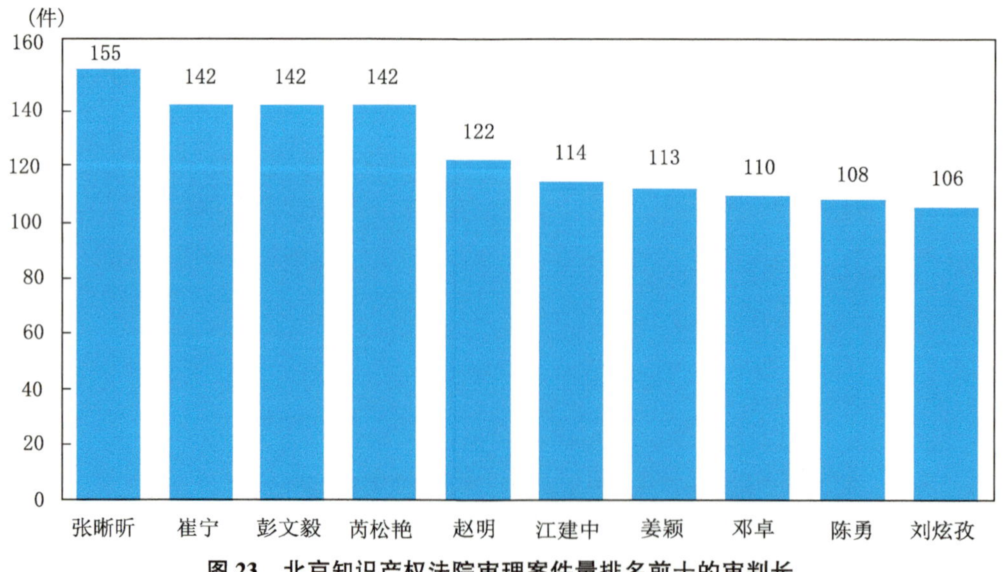

图23　北京知识产权法院审理案件量排名前十的审判长

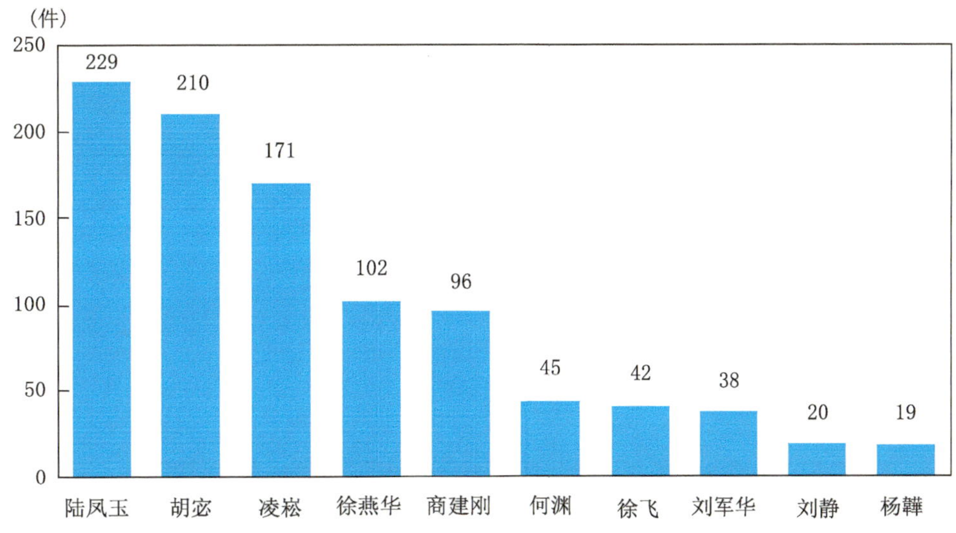

图 24　上海知识产权法院审理案件量排名前十的审判长

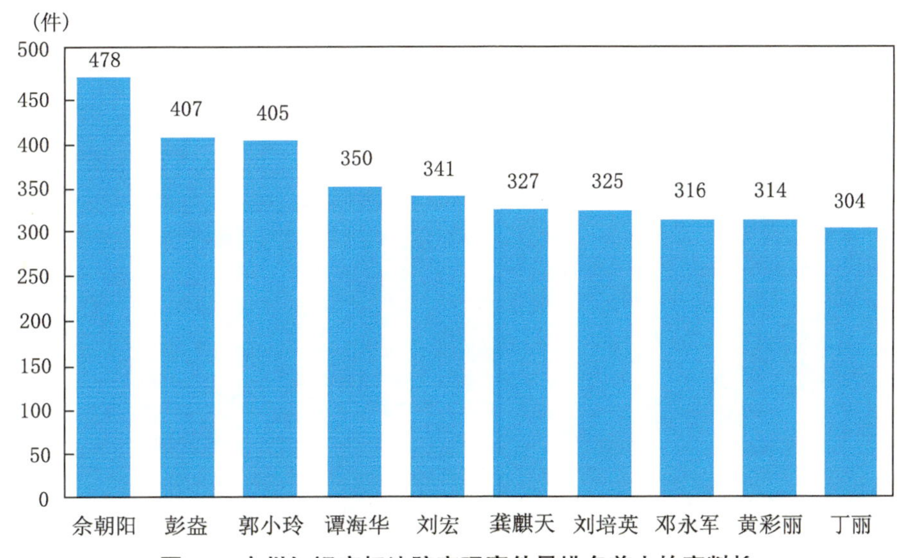

图 25　广州知识产权法院审理案件量排名前十的审判长

(2) 审判员

对北京、上海、广州知识产权法院审理的专利类案件审判员进行统计分析，得到审理案件量排名前十的审判员如图 26、图 27、图 28、图 29 所示。从图中可以看出，广州知识产权法院审判员处理的专利类案件量最多，三大知识产权法院处理案件量排名前十的的审判员中有 8 位来自广州知识产权法院，两位来自上海知识产权法院。2014 年~2018 年期间，广州知识产权法院的彭盎、上海知识产权法院的杨馥宇、广州知识产权法院的刘培英审理的专利类案件量分别在三大知识产权法院全部审判员中位居前三；彭文毅、崔宁、张晰昕审理的专利类案件量在北京知识产权法院审判员中位居前三；杨馥宇、易嘉、胡宓审理的专利类案件量在上海知识产权法院审判员中位居前三；彭盎、刘宏、刘培英审理的专利类案件量在广州知识产权法院审判员中位居前三。值得注意的是，不同的审判员不仅在一个知识产权法院审理案件，因此三大知识产权法院审判员分别审理案件量与审理案件总量不完全一致。

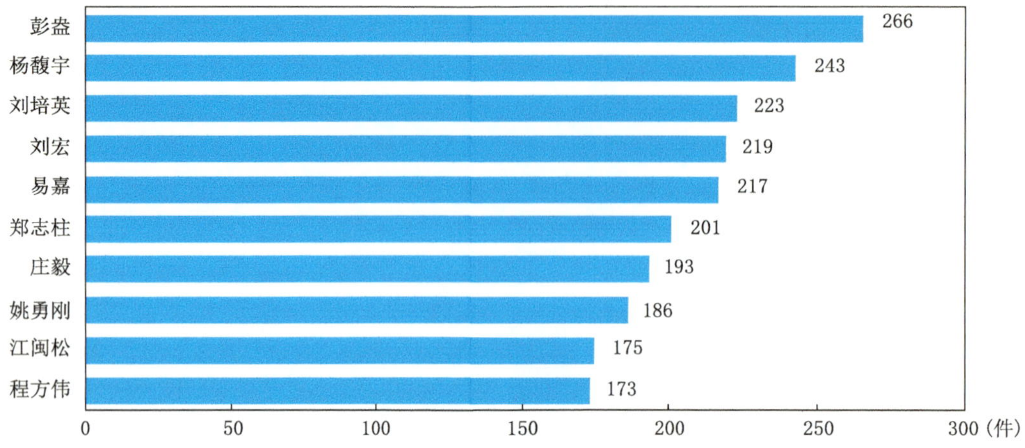

图 26　北京、上海、广州知识产权法院审理案件量排名前十的审判员

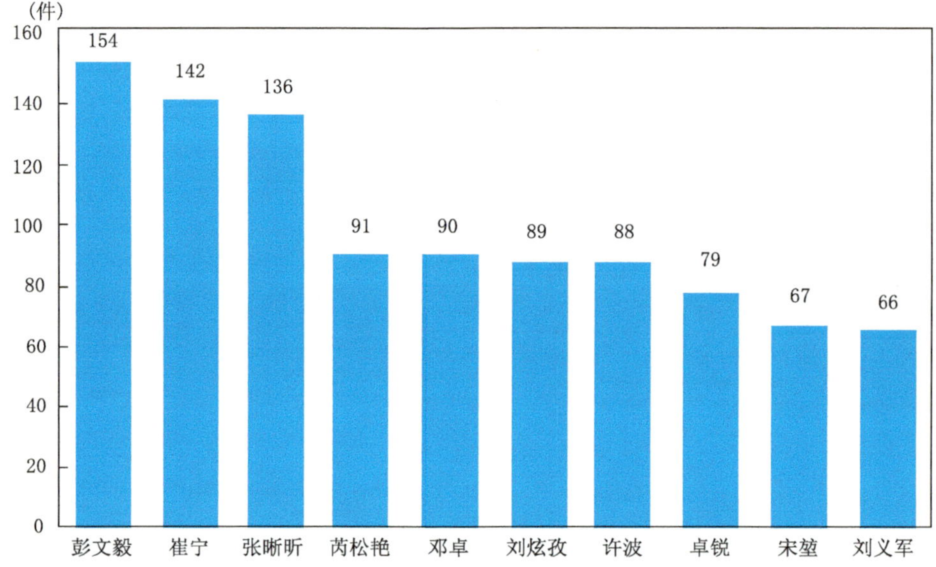

图 27　北京知识产权法院审理案件量排名前十的审判员

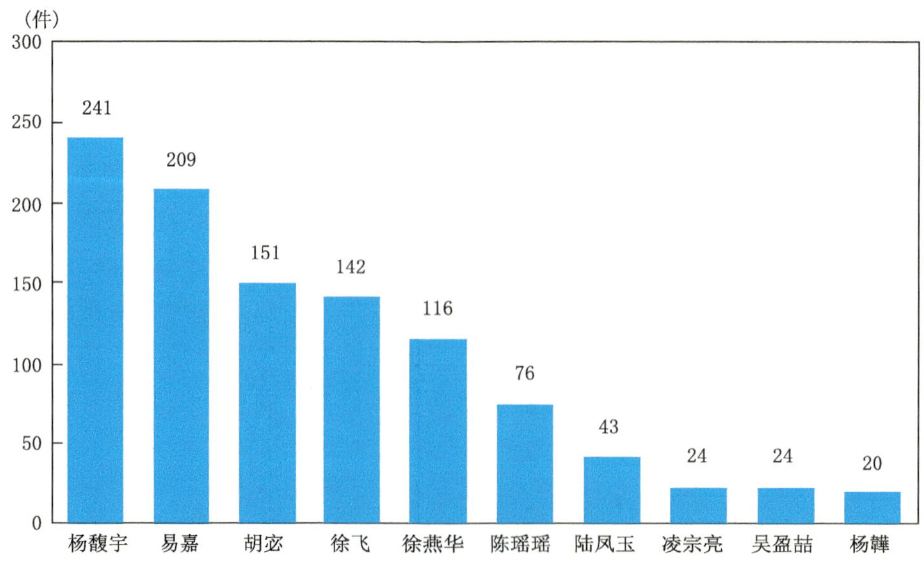

图 28　上海知识产权法院审理案件量排名前十的审判员

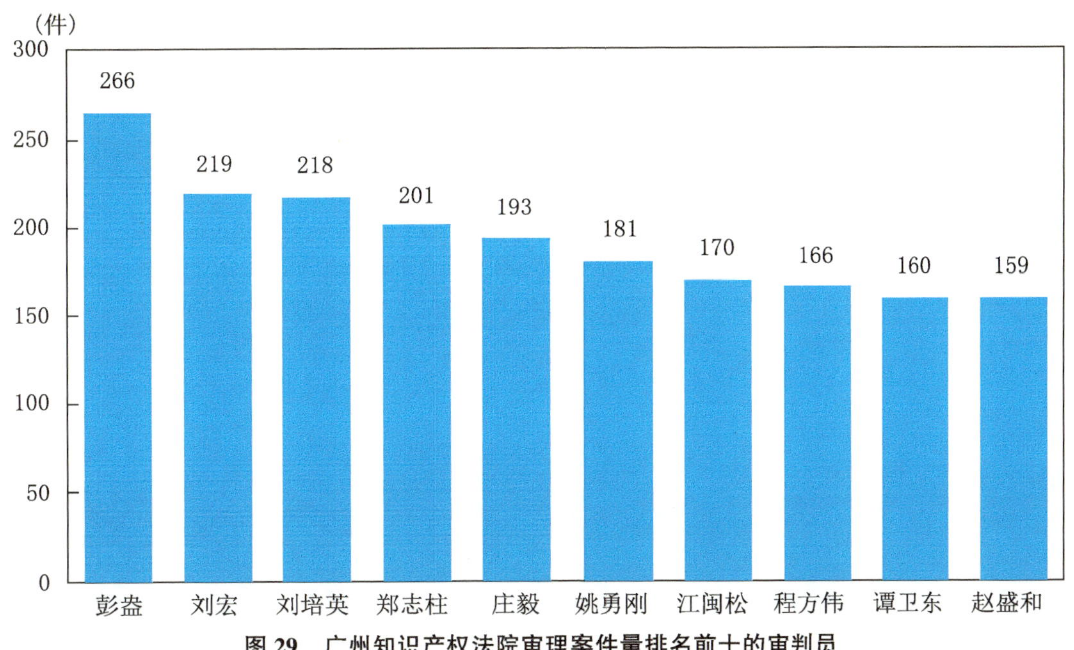

图 29　广州知识产权法院审理案件量排名前十的审判员

（3）陪审员

对北京、上海、广州知识产权法院审理的专利类案件陪审员进行统计分析，得到审理案件量排名前十的陪审员如图 30、图 31、图 32、图 33 所示。从图中可以看出，广州知识产权法院陪审员审理的专利类案件量最多，广州知识产权法院审理案件量排名前十的陪审员同时也是三大知识产权法院审理案件量排名前十的陪审员。2014 年~2018 年期间，吴桃辉、陈杰、吴紫芸审理的专利类案件量分别在三大知识产权法院全部陪审员和广州知识产权法院陪审员中位居前三；李淑云、刘敬文、仝连飞审理的专利类案件量在北京知识产权法院陪审员中位居前三；张艳培、黄田花、杨洪波审理的专利类案件量在上海知识产权法院陪审员中位居前三。

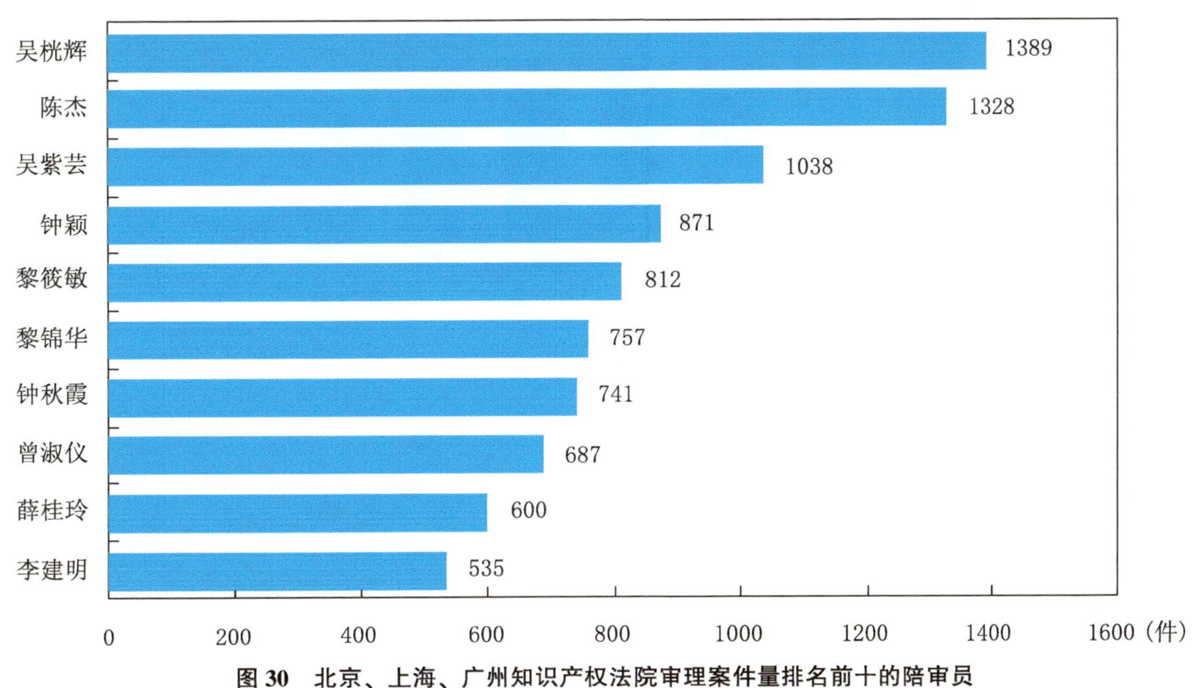

图 30　北京、上海、广州知识产权法院审理案件量排名前十的陪审员

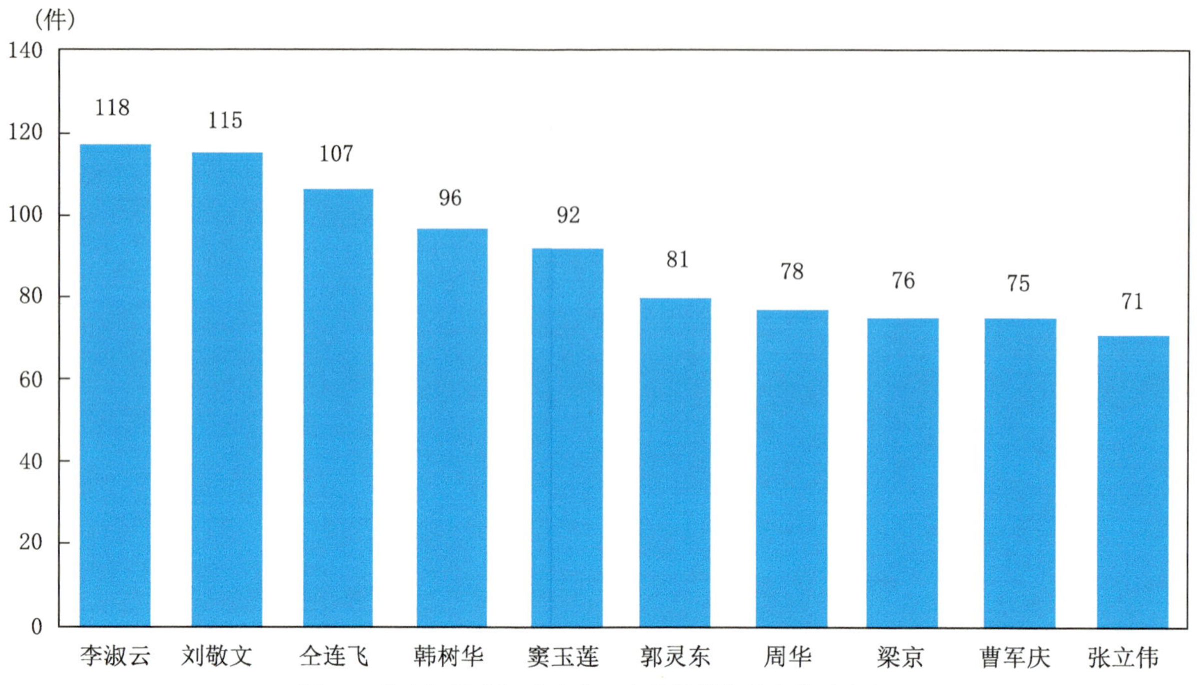

图 31　北京知识产权法院审理案件量排名前十的陪审员

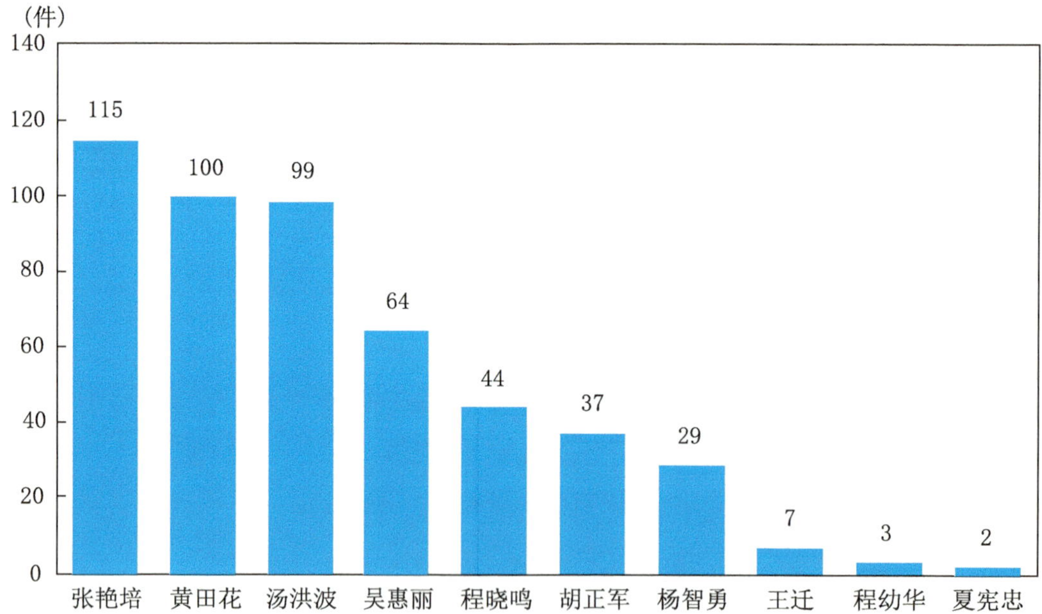

图 32　上海知识产权法院审理案件量排名前十的陪审员

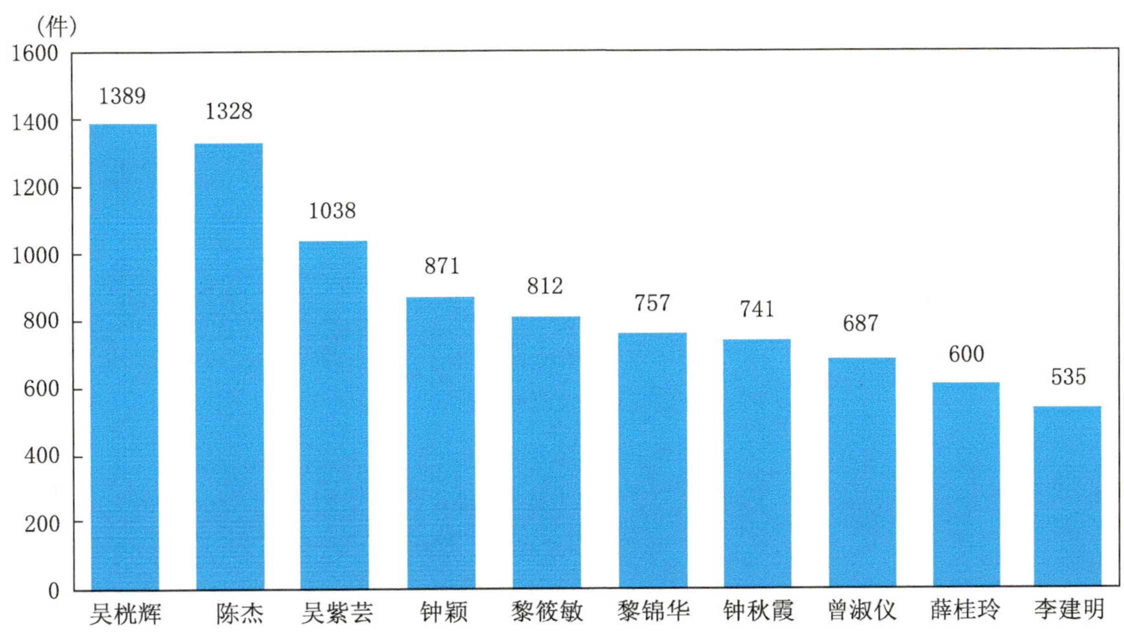

图 33　广州知识产权法院审理案件量排名前十的陪审员

3.9　当事人

（1）案件量

对专利类裁判文书当事人信息进行提取，并对当事人案件量按照案件类型进行统计分析，按案件量多少排名得到结果如表 1、表 2、表 3、表 4 所示。可以看出，原告和上诉人案件量排名前二十的单位和个人中，专利类行政案件原告和上诉人为单位的案件占比较多，个人案件占比较少，专利类民事案件原告和上诉人为个人的案件相对于行政案件占比较多。专利类涉外案件量排名如表 5、表 6 所示。2014 年~2018 年，邵鹏飞、上海铭轩家具有限公司、华为技术有限公司和张晶为案件量较多的专利类行政案件原告和上诉人；国家知识产权局专利复审委员会、广东省知识产权局、国家工商行政管理总局商标局为案件量较多的专利类行政案件被告和被上诉人；源德盛塑胶电子有限公司、广东东箭汽车用品制造有限公司、吴华为案件量较多的专利类民事案件原告和上诉人；北京京东叁佰陆拾度电子商务有限公司、浙江淘宝网络有限公司、北京大工简筑科技有限公司为案件量较多的专利类民事案件被告和被上诉人；弓箭控股、朴振奎、戴森技术有限公司为案件量较多的专利类涉外案件原告和上诉人；国家知识产权局专利复审委员会、开平市同新五金卫浴有限公司、北京守护者网络工程技术有限公司为案件量较多的专利类涉外案件被告和被上诉人。

表 1　北京、上海、广州知识产权法院专利类行政案件原告和上诉人案件量排名

序　号	单位/个人	案件量（件）
1	邵鹏飞	17
2	上海铭轩家具有限公司	15
3	华为技术有限公司	14
3	张晶	14
5	昆山尚丽包装制品有限公司	12

续表

序　号	单位/个人	案件量（件）
6	建准电机工业股份有限公司	10
6	上海诚龙木业有限公司	10
8	宁波奥克斯空调有限公司	9
8	上海翠凌玻璃制品有限公司	9
8	珠海格力电器股份有限公司	9
11	东莞市力源电池有限公司	8
11	高域智能科技研究院有限公司	8
13	艾利森电话股份有限公司	7
13	中山市太力家庭用品制造有限公司	7
15	北京百度网讯科技有限公司	6
15	北京环能海臣科技有限公司	6
15	广州高乐皮具有限公司	6
15	任文林	6
15	上海专利商标事务所有限公司	6
15	友达光电股份有限公司	6

表2　北京、上海、广州知识产权法院专利类行政案件被告和被上诉人案件量排名

序　号	单　位	案件量（件）
1	国家知识产权局专利复审委员会	1519
2	广东省知识产权局	7
3	国家工商行政管理总局商标局	6
4	广东省东莞市知识产权局	3
4	广州市知识产权局	3
6	佛山市知识产权局	2
6	国家工商行政管理总局商标评审委员会	2
8	国家知识产权局	1
8	汕头市知识产权局	1
8	上海市知识产权局	1

表3　北京、上海、广州知识产权法院专利类民事案件原告和上诉人案件量排名

序　号	单位/个人	案件量（件）
1	源德盛塑胶电子有限公司	354
2	广东东箭汽车用品制造有限公司	145
3	吴华	96
4	黄飞达	93

续表

序　号	单位/个人	案件量（件）
5	叶祖威	92
6	杭州耐德制冷电器厂	88
7	梁明坤	86
8	王明海	68
9	比肯灯饰国际有限公司	67
10	徐先胜	55
11	北京世纪百强家具有限责任公司	52
11	杨力维	52
13	肖中发	51
14	广东奥飞动漫文化股份有限公司	48
15	九牧厨卫股份有限公司	47
15	图们惠人电子有限公司	47
17	北京英特莱技术公司	45
17	曾俊傅	45
17	东莞怡信磁碟有限公司	45
20	王万川	43

表 4　北京、上海、广州知识产权法院专利类民事案件被告和被上诉人案件量排名

序　号	单　位	案件量（件）
1	北京京东叁佰陆拾度电子商务有限公司	82
2	浙江淘宝网络有限公司	68
3	北京大工简筑科技有限公司	51
4	上海寻梦信息技术有限公司	47
5	上海佐必林木业有限公司	39
6	浙江天猫网络有限公司	29
7	杭州阿里巴巴广告有限公司	19
8	立德高科数码科技有限责任公司	18
9	汕头市澄海区新航线航模玩具厂	17
10	湖北吉阳食品有限公司	15
10	温州铭展标牌科技有限公司	15
12	温州宏大警用器材股份有限公司	14
13	东莞博源家具有限公司	13
13	湖南快乐阳光互动娱乐传媒有限公司	13
13	上海圆迈贸易有限公司	13
16	中山市古镇深为灯饰配件门市部	12

续表

序 号	单 位	案件量（件）
17	佛山市恒元达金属材料有限公司	11
18	东莞市匡合电子科技有限公司	10
18	佛山市顺德区沣笙金属材料贸易有限公司	10
28	广东江门市宇鼎五金制品有限公司	10

表 5　北京、上海、广州知识产权法院专利类涉外案件原告和上诉人案件量排名

序 号	单位/个人	案件量（件）	国 家
1	弓箭控股	25	法国
2	朴振奎	22	韩国
3	戴森技术有限公司	9	爱尔兰
3	菲尼萨公司	9	美国
3	皇家飞利浦有限公司	9	荷兰
6	NeoperlGmbH（纽珀有限公司）	7	德国
6	艾利森电话股份有限公司	7	瑞典
8	SEB 公司（SEB. S. A）	6	法国
8	三星电子株式会社	6	韩国
8	向阳技研株式会社	6	日本
8	新秀丽 IP 控股有限责任公司	6	卢森堡
8	株式会社 MTG	6	日本
8	CHODONGHEE（中文名赵东熙）	5	韩国
8	巴斯夫欧洲公司	5	德国
8	高通股份有限公司	5	美国
8	古丽亚诺集团股份公司	5	意大利
8	霍沃思公司	5	美国
8	维睿格基础设施公司	5	美国
8	维氏股份有限公司	5	瑞士
20	IGUS 有限公司	4	德国
20	达特工业股份有限公司	4	美国
20	法国法国弓箭国际	4	法国
20	惠而浦股份有限公司	4	巴西
20	挪度医疗器械有限公司	4	挪威
20	施特里克斯有限公司	4	英国
20	浴美健品牌管理公司	4	美国
20	知识产权之桥一号有限责任公司	4	日本
20	株式会社百乐	4	日本

表 6 北京、上海、广州知识产权法院专利类涉外案件被告和被上诉人案件量排名

序号	单位	案件量（件）
1	国家知识产权局专利复审委员会	221
2	开平市同新五金卫浴有限公司	7
3	北京守护者网络工程技术有限公司	6
4	鹤山市博森家具有限公司	5
4	珠海市魅族科技有限公司	5
6	北京亨通达百货有限公司	4
7	菲比特公司	3
7	广州市白云区圣洁美美容仪器厂	3
7	广州市番禺区伊迪家用美容电器具厂	3
7	合肥荣事达小家电有限公司	3
7	河南当代国际贸易有限公司	3
7	惠州七芯膜净化环保有限公司	3
7	科星汽车设备有限公司	3
7	汕头市潮阳区和平法兰特文化用品厂	3
7	上海爱彼此家居用品股份有限公司	3
7	天津清研智束科技有限公司	3
7	天津三星通信技术有限公司	3
7	威海市天罡仪表股份有限公司	3
7	中达电子有限公司	3

（2）性别和年龄结构

对专利类裁判文书当事人性别和年龄信息进行提取，并进行性别和年龄结构统计分析，得到结果如图 34、图 35 所示。对当事人为个人的性别进行统计分析发现，原告和上诉人 90% 为男性，10% 为女性。被告和被上诉人 67% 为男性，33% 为女性。对原告和上诉人年龄结构分析发现，原告和上诉人主要分布在 30 岁 ~50 岁，其中男性多分布在 40 岁 ~50 岁，女性多分布在 30 岁 ~40 岁，也在一定程度上反映了创新团体的年龄分布。被告和被上诉人年龄多分布在 30 岁 ~40 岁。

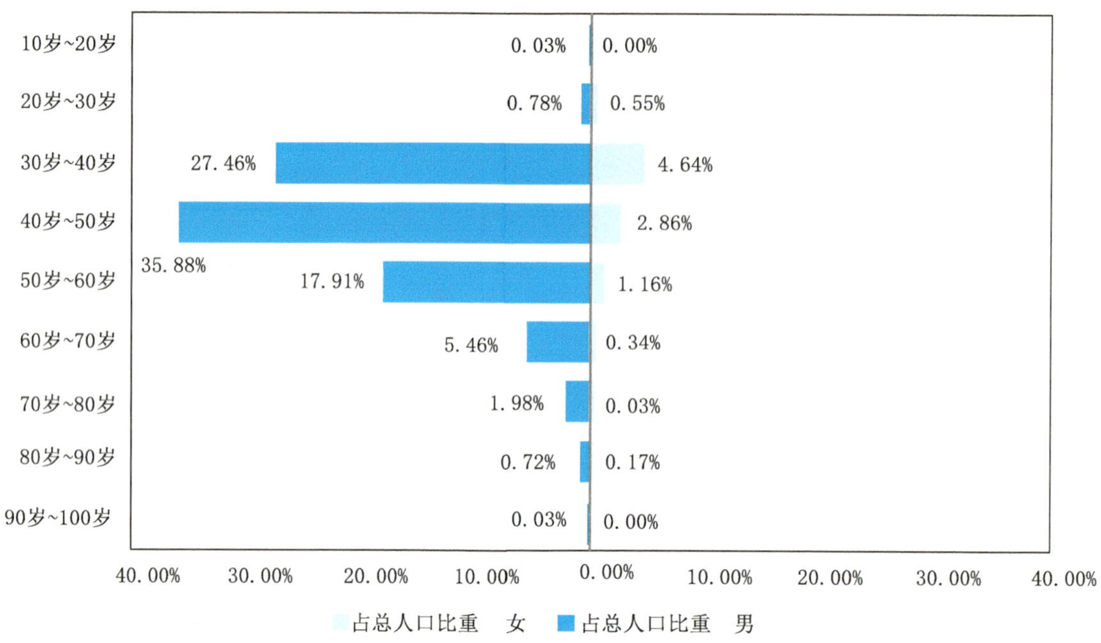

图 34　北京、上海、广州知识产权法院专利类案件原告和上诉人性别及年龄结构分布

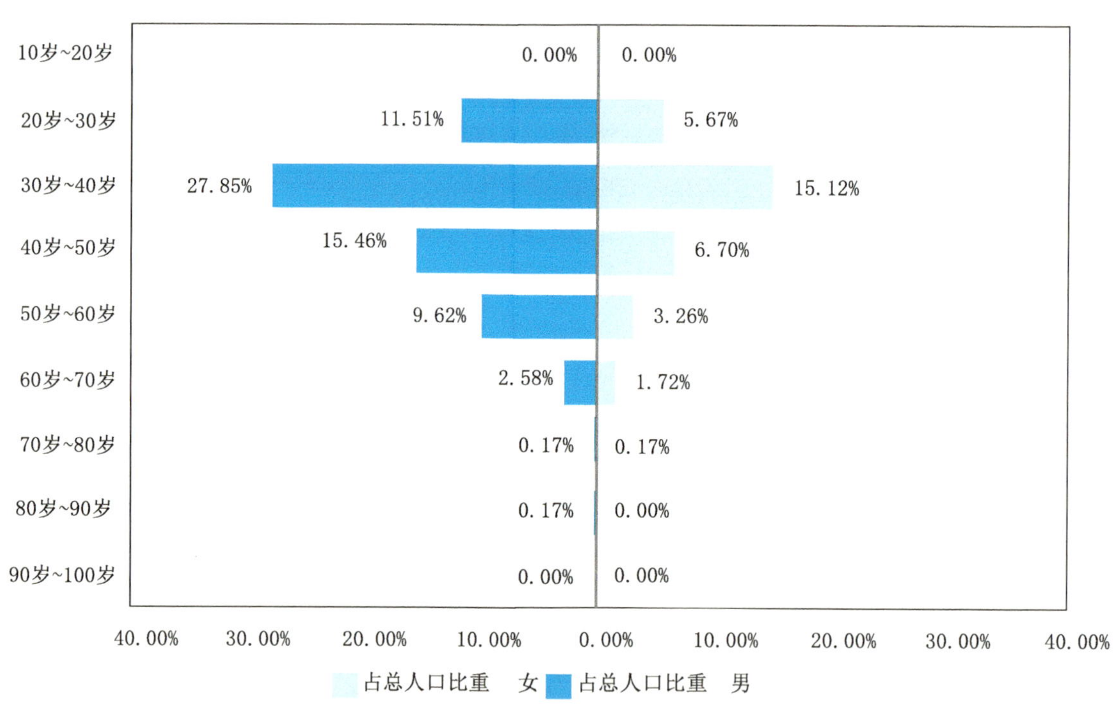

图 35　北京、上海、广州知识产权法院专利类案件被告和被上诉人性别及年龄结构分布

（3）行业类别

对当事人为单位的行业类别信息进行提取和归类，通过云图展示当事人行业类别分布如图 36、图 37 所示。图中字的大小表示行业涉及案件数量多少，从图中可以看出，原告和上诉人的行业多涉及科技、电子、塑胶等领域，除知识产权专利复审委员会和知识产权局外，被告和被上诉人的行业多涉及科技、电子、电器、贸易等领域。

图 36　北京、上海、广州知识产权法院专利类案件原告和上诉人行业类别分布

图 37　北京、上海、广州知识产权法院专利类案件被告和被上诉人行业类别分布

3.10　律师律所

通过对专利类裁判文书原告、被告委托代理人信息进行提取，并对律师、律所办理案件数量进行统计分析，分别得到 2014 年~2018 年三大知识产权法院专利类案件律师办理案件量排名如表 7 所示。每个律师在不同时间段可能所属不同律所，当然重名现象尚未排除。可以看出广东省的律所律师处理的案件量相对较多，2014 年~2018 年间，张毅、薛金波、黄丽为三大知识产权法院处理专利类案件量最多的前三位律师。

对案件量排名前二十的律师办理专利类案件的合作情况进行分析，得到专利类案件律师合作图如图 38 所示。图中每个节点表示一个律师，节点的大小表示律师处理案件量的多少；连线表示律师之间合作关系，连线越粗，表示两个律师间合作强度越高。从图中可以看出，以李向东、刘志伟、裴银州、任宝新为中心的律师团体为主要合作团体，黄丽、薛金波，张毅、梁红艳之间合作强度较强。

表7　北京、上海、广州知识产权法院专利类案件律师办理案件量排名

律　师	案件量（件）	律　所
张毅	178	广东允中律师事务所 上海金亭律师事务所
薛金波	171	广东格新律师事务所 广东泽正律师事务所 广东至专律师事务所
黄丽	121	广东格新律师事务所 广东至专律师事务所
梁红艳	120	广东允中律师事务所
黎莉	116	广东中亿律师事务所
裴银州	113	广东法制盛邦律师事务所
彭海棠	109	福建文融律师事务所
刘志伟	104	北京隆安（深圳）律师事务所
张小华	96	广东梵意律师事务所 广东鸿康律师事务所 广东以泰律师事务所
李林辉	90	广东弘新君睿律师事务所 广东金硕律师事务所
王礼靖	89	广东顺晖律师事务所 广东力创律师事务所
温丽莉	88	北京德恒（广州）律师事务所
任宝新	87	北京路浩律师事务所 北京市国凯律师事务所
熊燕文	83	福建文融律师事务所
刘婷婷	78	广东卓建律师事务所
杜戈卫	74	广东绅源律师事务所
李向东	69	北京恒都律师事务所
叶永清	69	广东聚理律师事务所 广东品高律师事务所
黄仁东	68	广东莞信律师事务所 广东君熙律师事务所
杨少忠	64	广东洋航律师事务所

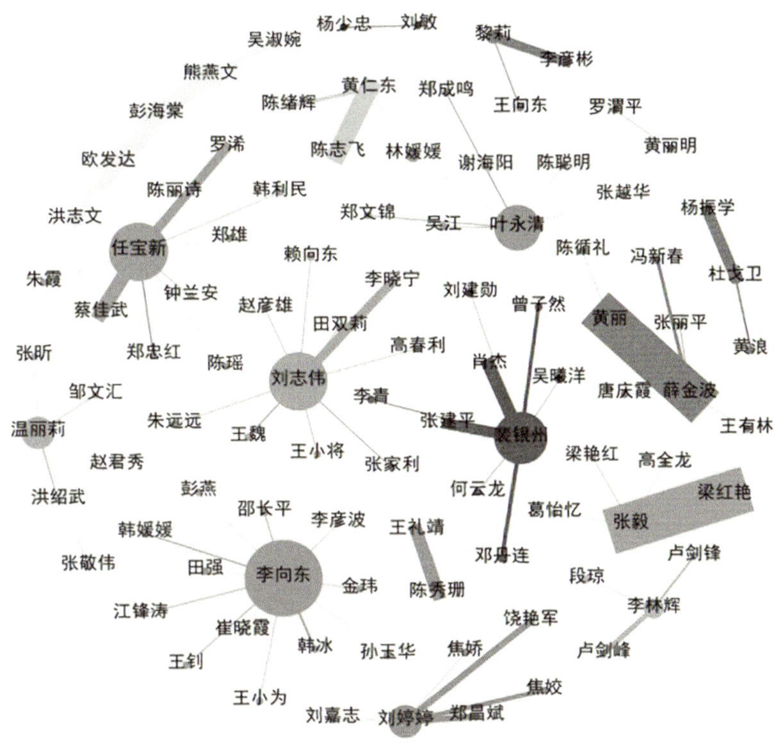

图 38　北京、上海、广州知识产权法院专利类案件律师合作情况

2014 年~2018 年三大知识产权法院专利类案件律所办理案件量排名如表 8 所示，与律师相同，广东省为办理专利类案件量最多的律所，这也在一定程度上反映了广东省创新创造能力。在办理专利类案件量排名前二十的律所中，所属广东省的律所有 12 家，所属福建省的律所有 1 家，所属北京的律所有 7 家。2014 年~2018 年间，广东中亿律师事务所、广东法制盛邦律师事务所、广东格新律师事务所为办理专利类案件量最多的前三家律所。

对案件量排名前二十的律所办理专利类案件的合作情况进行分析，得到专利类案件律所合作图如图 39 所示。从图中可以看出，以广东君厚律师事务所、广东法制盛邦律师事务所、广东格新律师事务所等为中心的律所团体为主要合作团体，但各个律所间合作较为分散，合作强度普遍不高。

表 8　北京、上海、广州知识产权法院专利类案件律所办理案件量排名

律　所	案件量（件）	省　份
广东中亿律师事务所	244	广东
广东法制盛邦律师事务所	243	广东
广东格新律师事务所	205	广东
福建文融律师事务所	187	福建
广东允中律师事务所	177	广东
广东君厚律师事务所	175	广东
北京市盈科（广州）律师事务所	148	北京
北京恒都律师事务所	129	北京
广东泽正律师事务所	119	广东

续表

律　所	案件量（件）	省　份
广东三环汇华律师事务所	111	广东
北京市隆安（深圳）律师事务所	108	北京
北京市金杜律师事务所	103	北京
北京市盈科律师事务所	97	北京
广东卓建律师事务所	96	广东
广东普罗米修律师事务所	93	广东
广东聚理律师事务所	93	广东
北京德恒（广州）律师事务所	88	北京
北京路浩律师事务所	84	北京
广东法制盛邦（东莞）律师事务所	83	广东
广东红棉律师事务所	81	广东

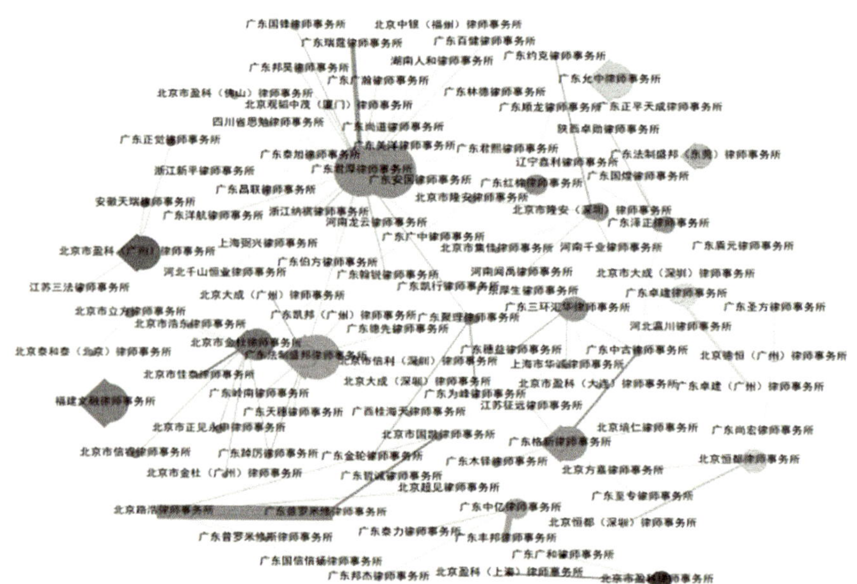

图 39　北京、上海、广州知识产权法院专利类案件律所合作情况

3.11　标的额

根据案由进行标的额统计，结果如图 40 所示。有诉讼标的额的专利类案件为 3944 件，占所有专利类知识产权案件的 38.7%。这些案件又主要集中在广州知识产权法院，该法院此类占有诉讼标的案件的 85%以上。其中超过 98%案件的诉讼标的额在 1 万~50 万之间，1 万~10 万之间的占 42%。实际有执行金额的专利权案件 2043 件，占诉讼标的案件的 51.8%。83%以上的案件实际裁决金额为 1 万~10 万。诉讼标的额与裁定金额之间的差额多集中在 1 万~50 万，其中差额在 1 万~10 万的案件占有诉讼标的额案件的 52%。诉讼标的额最大为 3000 万，其中超过 1 千万的案件 25 件，其中，诉讼标的额最高的是两项外观设计专利纠纷，但判决支持标的额度均为 0。

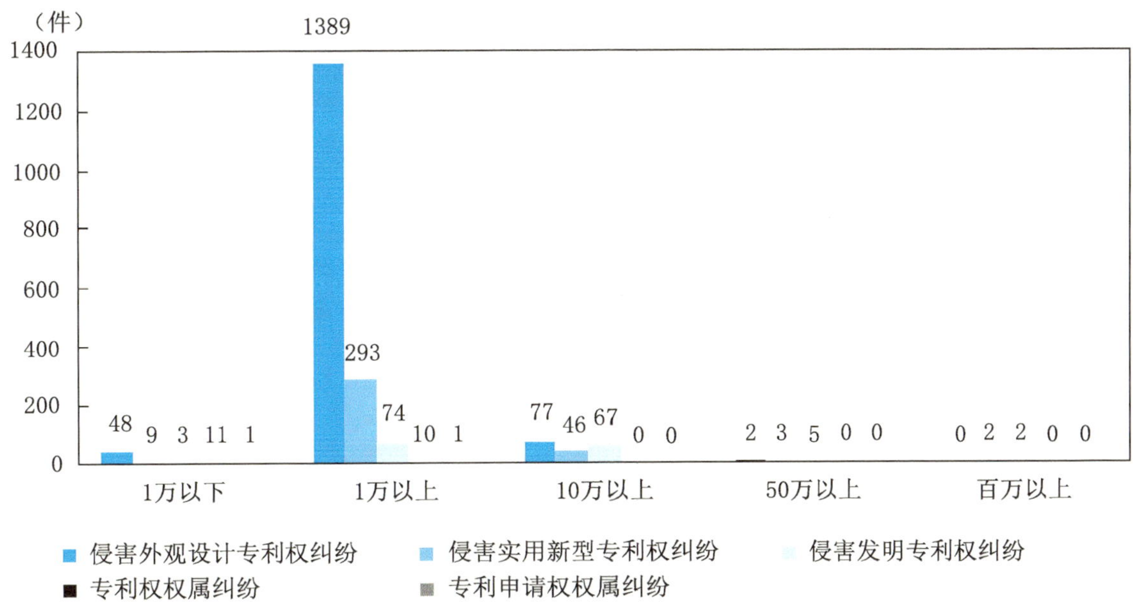

图 40 北京、上海、广州知识产权法院专利类案件裁判文书（文数量≥100）案件标的额分布

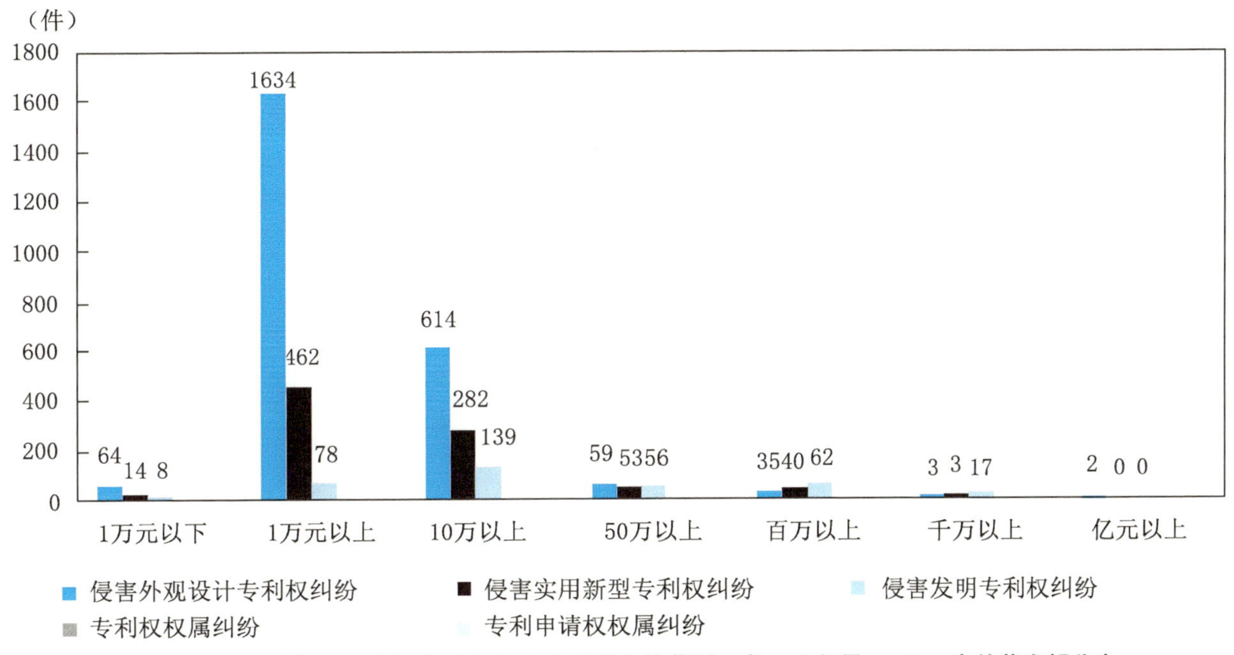

图 41 北京、上海、广州知识产权法院专利类案件裁判文书（文数量≥100）案件裁定额分布

4 总结与讨论

本研究以中国裁判文书网公布的北京、上海、广州知识产权法院裁判文书为分析对象，引入科学计量学方法从裁判文书量、裁判文书类型、案件量、案件类型、审理程序、审理时长、地域分布、案由角度定量分析知识产权案件裁判文书现状，并对专利类案件进行审判人员、当事人、律师、标的额维度的深入分析，以期从裁判文书中挖掘更多信息，多角度展示诉讼过程和审判活动全貌，有助于当事人和社会公众更好地了解裁判过程和结果，把握审判关键信息；有助于司法人员在办理相关案件时进行参考和借鉴，从而作出更加准确、公正的判断；有助于研究者探讨裁判文书背后所反映的法律问题，为相关法律法规完善提供政策建议。

对知识产权进行司法保护对个人和企业的自主创新有着关键作用，对已有知识产权类案件裁判文书进行科学计量分析可以从不同角度对案件中出现的影响因素进行深入剖析，分析知识产权案件在审理过程中所出现的问题以及造成问题的原因，从而可以对具体条款的调整、具体措施的推行以及审判过程中裁判尺度的把握发挥积极效果。

本研究的不足之处主要包括对不同维度的分析还停留在数据描述，尚未进行深入分析，未分析可能导致出现现象背后的具体原因，此外研究仅基于裁判文书数据。下一步研究拟引入其他统计数据展开相关性分析，分析产生问题的相关影响因素，并尝试提出相应政策建议，同时拟进行其他知识产权方面的专题分析。

参考文献

[1] 刘昂等：《优秀裁判文书标准及实现》，中国法制出版社2015年版。

[2] 吕忠梅等："中国环境司法现状调查——以千份环境裁判文书为样本"，载《法学》2011年第4期。

[3] 胡铭："审判中心、庭审实质化与刑事司法改革——基于庭审实录和裁判文书的实证研究"，载《法学家》2016年第4期。

[4] 李永升、胡冬阳："P2P网络借贷的刑法规制问题研究——以去了近三年的裁判文书为研究样本"，载《政治与法律》2016年第5期。

[5] 马超等："大数据分析：中国司法裁判文书上网公开报告"，载《中国法律评论》2016年第4期。

[6] 李本森："刑事速裁程序试点实效检验——基于12 666份速裁案件裁判文书的实证分析"，载《法学研究》2017年第5期。

[7] 唐应茂："司法公开及其决定因素：基于中国裁判文书网的数据分析"，载《清华法学》2018年第4期。

[8] 邱均平等编著：《科学计量学》，科学出版社2016年版。

中国司法改革的重点与方向探析

——基于中国司法文明指数 2018 年调查数据的分析*

王殿玺**

中国政法大学

摘　要：文章利用中国司法文明指数 2018 年调查数据，分析了近年来中国司法改革的现实重点、阶段成效以及未来建设方向。研究发现，受访者对司法权力，当事人诉讼权利，民事、刑事、行政三大诉讼程序和司法公开等领域的指标评价较高，说明近年来，我国在司法权力行使、诉讼程序改革、当事人诉讼权利保障以及司法公开等领域取得了显著的成就，构成了我国司法改革的建设重点和司法文明进步的主要维度；相比而言，证据制度、司法腐败遏制、法律职业化与司法文化等领域的指标得分并不理想，成为我国司法文明建设的弱项领域，为未来的司法改革提供了可能空间。因而，完善证据制度、加强司法文化和法律职业化建设、继续打击和遏制司法腐败应是未来我国司法改革的主要方向。

关键词：司法改革；司法文明指数；司法文明

分类号：D926

1　引言

近年来，中国司法改革进程与司法文明建设不断加快，司法改革的深刻实践彰显着司法文明的稳步提升，成为中国司法文明发展变迁的牵引力。党的十八大报告明确提出“要进一步深化司法体制改革，坚持和完善中国特色社会主义司法体制”，新一轮的司法体制改革得以启动；党的十八届三中全会审议通过的《中共中央关于全面深化改革若干重大问题的决定》提出“推进法治中国建设，坚持法治国家、法治政府、法治社会一体建设”，成为司法体制改革的重要举措；2013 年，新《刑事诉讼法》正式施行，成为司法文明建设新的里程碑；[1]党的十八届四中全会强调，“加强人权司法保障，强化诉讼过程中当事人和其他诉讼参与人的知情权、陈述权、辩护辩论权、申请权和申诉权的制度保障”，法治人权保障取得新进展；党的十九大报告亦指出：“全面依法治国是中国特色社会主义的本质要求和重要保障，必须坚定不移走中国特色社会主义法治道路，深化司法体制改革，提高全民族法治素养和道德素质”，力求通过司法体制改革创造更高水平的社会主义司法文明。上述这些改革措施无疑已成为中国司法体制改革的重要结点，表征着中国司法文明建设的显著成就。

随着转型期中国司法领域的持续改革，新一轮司法体制改革的成效已然逐步显现，如建立巡回法庭制度，在最高人民法院设立 6 个巡回法庭，以整合审判资源；实施人民陪审员制度，扩大司法民主，加强审判监督；实施立案登记制改革，变审查立案为登记立案，做到有案必立、有诉必理，依法制裁虚假诉讼，维护正常诉讼秩序等。[2]然而，在这样的背景下，现有文献较少利用定量数据资料揭示当前司法体制

* 基金项目：本文系国家社科基金重大项目“司法评估的理论与方法研究”（17ZDA129）的阶段性研究成果。

** 作者简介：王殿玺，男，山东聊城人，博士，中国政法大学博士后研究人员，研究方向：司法评估、法律社会学，通讯作者邮箱：wangdianxigod@ sina. com。

改革的成效或现实成就，以及描绘司法体制改革的未来方向。本研究试图弥补这一研究空白，利用中国司法文明指数 2018 年调查数据的分析，识别司法体制改革的现实重点和阶段成效，并据此探讨未来司法体制改革的方向和路径选择，从而为司法体制改革的未来实践提供参考和借鉴，促进司法改革的历史进程。

2 研究数据：中国司法文明指数调查（2018）

本研究所使用的数据来自于中国司法文明指数（China Justice Index，CJI）调查，采用该项目 2018 年最新收集的调查数据，试图利用该数据分析当前司法改革的重点、成效以及未来方向。中国司法文明指数是由“2011 计划”司法文明协同创新中心开发的综合法治量化评估工具，[3]通过实地访问普通民众和法律职业群体的亲身经历和感受，调查和评估可能影响人民群众日常生活和诉讼活动的司法文明现状，以反映人民群众对本地司法文明状况的满意度，为全国各地加强司法文明建设提供一面可供自我对照的“镜子”，从而在“保证公正司法，提高司法公信力”方面发挥一种咨询作用。[4]

中国司法文明指数的测量指标体系由 10 个一级指标和 32 个二级指标构成，其中一级指标包括司法权力、当事人诉讼权利、民事司法程序、刑事司法程序、行政司法程序、证据制度、司法腐败遏制、法律职业化、司法公开以及司法文化等，如图 1 所示。32 个二级指标用来具体化所对应的一级指标，其中司法权力一级指标包括司法权力依法行使、司法权力独立行使、司法权力公正行使、司法权力主体受到信任认同、司法裁判受到信任认同等 5 个二级指标；当事人诉讼权利一级指标包含当事人享有不被强迫自证其罪的权利、当事人享有获得辩护与代理的权利、当事人享有证据性权利、当事人享有获得救济的权利等 4 个二级指标；民事司法程序一级指标包括民事审判符合公正要求、民事诉讼中的调解自愿合法、民事诉讼裁判得到有效执行等 3 个二级指标；刑事司法程序一级指标涵盖侦查措施及时合法、审查起诉公正有效、刑事审判公正及时有效等 3 个二级指标；行政司法程序一级指标包含行政审判符合公正要求、行政诉讼裁判得到有效执行 2 个二级指标；证据制度一级指标包括证据裁判原则得到贯彻、证据依法得到采纳与排除、证明过程得到合理规范等 3 个二级指标；司法腐败遏制一级指标包含警察远离腐败、检察官远离腐败、法官远离腐败 3 个二级指标；法律职业化一级指标涵盖法律职业人员获得职业培训、法律职业人员遵守职业伦理规范、法律职业人员享有职业保障等 3 个二级指标；司法公开一级指标包含司法过程依法公开、裁判结果依法公开 2 个二级指标；司法文化一级指标包括公众参与司法的意识及程度、公众诉诸司法的意识及程度、公众接受司法裁判的意识及程度、公众接受现代刑罚理念的意识及程度等 4 个二级指标。

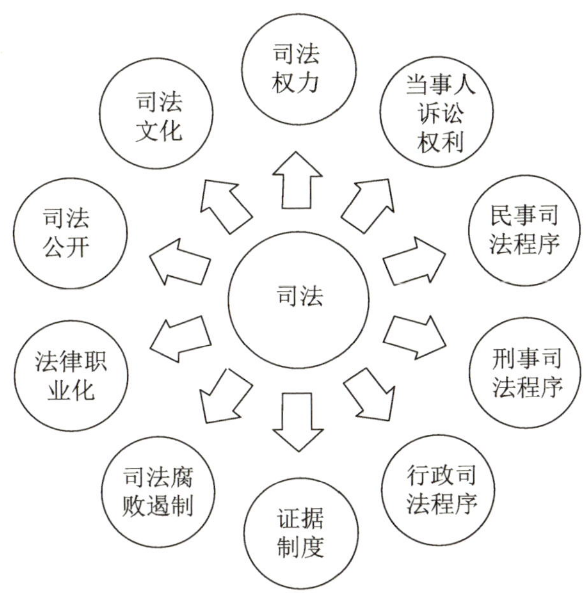

图 1　司法文明指标调查测量指标体系

综上所述，中国司法文明指数调查在考虑司法机构运作的体制环境下，从制度、运行、公共利益或公众主观感知等多元视角出发，建构了多维度、综合性的测量指标体系，以衡量司法体系对公平、正义及法律适用正当性等法治价值的实践程度。该调查能够对当前司法改革的效果进行科学、客观的评价，能够总结和发现司法体制改革实践的阶段成果和改进空间，故其调查结果能够反映司法体制改革实践的阶段成果，并能够发现未来司法改革的可能空间。本研究即利用中国司法文明指数 2018 年调查数据，分析当前司法改革的现实重点、阶段成效以及未来建设方向。

3　近年来司法改革实践的重点领域和主要成就

党的十八大以来，司法体制改革持续稳步推进，先后实行了最高人民法院巡回法庭制度、以审判为中心的刑事诉讼制度改革、法官与检察官员额制改革等诸多改革举措，经过这些调整和变革，司法体制改革的阶段性成果逐步显现，而司法改革的显著效果也会在司法文明指数调查数据中有所体现。因此，本研究以司法文明指数调查 2018 年数据为依托，试图通过数据分析的结果剖解近年来司法体制改革的累积性效果，从而识别近年来司法体制改革的重点领域和主要成效，以实现对持续性的司法改革实践进行阶段性总结。根据数据分析结果，本研究发现：司法权力，当事人诉讼权利，民事、刑事、行政三大诉讼程度以及司法公开等一级指标是近年来司法体制改革的重点领域，改革成果显著，具体论述如下。

3.1　司法权力

根据 2018 年司法文明指数调查数据的分析结果，司法权力一级指标的得分为 70.9 分，排在了 10 个一级指标的第二位，要比 2018 年的指数总得分高 1.6 分，得分等级处于领先位置。这一结果表明，近年来，司法权力这一指标表现较好，司法权力的依法、公正、公开行使得到公众认可。从司法权力一级指标下辖的 5 个二级指标来看，可以得到更有说服力的结论。

就司法权力依法行使这个二级指标而言，该指标得分为 67.7 分。从具体的测量问题来看，在“法院依法行使审判权的可能性”这一问题的回答中，选择很可能与非常可能的合计百分比为 70.4%，说明大多数受调查者认为法院会依法行使审判权，主观评价较高；对于“被批准逮捕后不再具有社会危险性的犯罪嫌疑人，检察机关依法予以变更或者解除逮捕措施的可能性”这一问题，大约有一半以上的人选择了有可能，选择很可能与非常可能的受访者合计达到了28.4%；上述结果说明受访者认为检察机关能够依法行使权力，主观认可度较高。详见表1。

表1　司法权力依法、独立、公正行使二级指标测量问题的选择分布

二级指标	测量问题	非常不可能	不太可能	有可能	很可能	非常可能
司法权力依法行使	法院依法行使审判权的可能性	17（0.3%）	125（2.1%）	1651（27.2%）	2439（40.2%）	1835（30.2%）
	对于被批准逮捕后不再具有社会危险性的犯罪嫌疑人，检察机关依法予以变更或者解除逮捕措施的可能性	92（1.5%）	1050（17.3%）	3202（52.8%）	1283（21.1%）	442（7.3%）
司法权力独立行使	法官办案受到本院领导干涉的可能性	431（7.1%）	1706（28.1%）	2562（42.2%）	835（13.8%）	530（8.7%）
	法院办案受到党政机关干涉的可能性	418（6.9%）	1534（25.3%）	2395（39.5%）	1094（18.0%）	624（10.3%）
	检察院办案受到党政机关干涉的可能性	431（7.1%）	1565（25.9%）	2351（38.9%）	1097（18.2%）	599（9.9%）
司法权力公正行使	法院公正办案的可能性	49（0.8%）	194（3.2%）	1367（22.5%）	2623（43.2%）	1840（30.3%）
	检察院公正办案的可能性	53（0.9%）	207（3.4%）	1433（23.6%）	2580（42.5%）	1799（29.6%）
	公安机关公正办案的可能性	78（1.3%）	305（5.0%）	1711（28.2%）	2413（39.8%）	1516（25.7%）

从司法权力独立行使这个二级指标来说，该指标得分为60.9分。就具体的测量问题而言，被调查者认为法官办案不可能受到本院领导干涉的占到35.2%，认为有可能受到本院领导干涉的占到42.2%，而认为很可能和非常可能的合计占到22.5%；认为法院办案非常不可能和不太可能受到党政机关干涉的合计百分比为32.2%，有可能的占到39.5%，很可能和非常可能的合计百分比为28.3%；认为检察院办案非常不可能与不太可能受到党政机关干涉的合计占到了33%，而有可能的占到了38.9%，很可能与非常可能的合计占到了28.1%。上述结果说明，受访者总体上表示司法权受本院领导、党政机关干涉的可能性较小，认为法院、检察院能够实现独立行使司法权，赞同度较高。参见表1。

从司法权力公正行使二级指标来看，该指标得分为78.6分。根据表1，对于“法院公正办案的可能性”，选择很可能与非常可能的合计占到了73.5%，占比较大，仅有4%的受访者认为非常不可能和不太可能；对于“检察院公正办案的可能性”，选择很可能与非常可能的占比最多，合计占到了72.1%，而选择非常不可能与不太可能的受访者合计仅占到了4.3%，占比较小；对于“公安机关公正办案的可能性”，选择很可能与非常可能的受访者合计亦占到了一半以上（65.5%），而选择非常不可能与不太可能的受访者合计仅占到了6.3%，占比同样较小。上述结果表明，受访者对司法公正行使这一指标的评价较高，认为司法机关能够公正地行使司法权力。

以司法权力主体受到信任与认同这个二级指标来说，该指标得分为72.1分。由表2，在具体测量问题上，从受访者对于法官、检察官和警察三类法律职业群体的总体满意程度来看，受访者对检察官队伍的总体满意程度最高，选择比较满意与非常满意的合计占到了55.2%，对法官的总体满意度次之，比较满意与非常满意的合计占到了55%，对警察的总体满意度则相对较低，比较满意与非常满意的合计占到了48.4%。总体而言，受访者对三类法律职业群体的满意程度要高于不满意程度，主观评价较为正向，满意程度较高。

表2　司法权力主体受到信任与认同二级指标测量问题的选择分布

二级指标	测量问题	非常不满意	不太满意	一般	比较满意	非常满意
司法权力主体受到信任与认同	您对自己所在地区法官队伍的总体满意程度	252（1.0%）	1049（4.3%）	9644（39.7%）	10638（43.8%）	2710（11.2%）
	您对自己所在地区检察官队伍的总体满意程度	213（0.9%）	1187（4.9%）	9462（39.0%）	10612（43.7%）	2796（11.5%）
	您对自己所在地区警察队伍的总体满意程度	576（2.4%）	2387（9.8%）	9582（39.4%）	8958（36.9%）	2786（11.5%）

根据表3中司法裁判受到信任与认同这个二级指标，该指标得分为75.4分。从具体的测量问题来看，对于“法庭审判过程公正可能性”的回答，有5.2%的受访者选择了非常不可能与不太可能，有34%的受访者选择了有可能，而选择很可能与非常可能的受访者合计占到了60.4%；对于“案件判决结果公正可能性”的回答，选择非常不可能与不太可能的占比较小，选择有可能的占到了37.7%，而选择很可能的占比最多，占到了39%。上述说明，受访者对司法裁判的信任程度较高，对判决过程和结果的认同度较强。

表3　司法裁判受到信任与认同二级指标测量问题的选择分布

二级指标	测量问题	非常不可能	不太可能	有可能	很可能	非常可能
司法裁判受到信任与认同	法庭审判过程公正的可能性	127（0.7%）	827（4.5%）	6221（34.0%）	7821（42.8%）	3224（17.6%）
	案件判决结果公正的可能性	146（0.8%）	1014（5.5%）	6885（37.7%）	7136（39.0%）	3009（16.5%）

综上所述，通过对司法权力一级指标的剖解性分析，可以发现，其所辖的五个二级指标的得分较理想，受访者的主观评价比较高，从而说明司法权力一级指标是司法改革和司法文明建设中的强项领域或

重点方面，代表着司法改革和司法文明建设过程中的阶段性成就。

3.2 当事人诉讼权利

根据2018年司法文明指数调查数据的分析结果，当事人诉讼权利一级指标的得分为68.9分，与2018年的指数总得分持平，排在了10个一级指标的第六位。这一结果表明，当事人诉讼权利指标处于平均水平，当事人诉讼权利得到较为有效的保障。根据当事人诉讼权利一级指标下辖的二级指标及其具体测量问题，我们作进一步的分析，详见表4。

就当事人享有不被强迫自证其罪的权利这个二级指标而言，关于“警察要求犯罪嫌疑人自证其罪的可能性”，合计有66.4%的受访者选择了非常不可能与不太可能，选择很可能与非常可能的仅占5.3%，这说明受访者认为当事人不被强迫自证其罪的权利得到了有效保障。

根据当事人享有获得辩护、代理的权利这个二级指标，关于“被告人如果请不起律师，得到免费法律援助的可能性”，尽管有22.1%的受访者选择了不太可能，但是却有44.5%的受访者选择了有可能和23%的受访者选择了很可能，占比较多；关于“律师被追究‘律师伪证罪’的可能性”，有44.3%的受访者选择了不太可能与非常不可能，要明显高于选择很可能与非常可能的合计百分比（15.5%）；关于“律师办案过程中被公检法人员羞辱的可能性”，合计有61.1%的受访者选择了非常不可能与不太可能，也要明显高于选择很可能与非常可能的合计百分比（12.9%）。上述说明该二级指标的表现较好，受访者总体呈现正向评价，当事人的辩护、代理权利得到了切实保障。

从当事人享有证据性权利这个二级指标来看，关于“如果被告人要求证人出庭作证，法官传唤该证人出庭作证的可能性”，选择有可能这一选项的占比最多，占到了48.7%，选择很可能与非常可能的受访者占比也较多，合计占到了37.6%，而选择非常不可能与不太可能的较少，合计占到了13.7%，这说明受访者对这一指标的评价较为正向，当事人证据性权利的保障比较到位。

由当事人享有获得救济的权利这个二级指标来看，关于“对确有错误的民事案件生效判决，法院启动再审程序予以纠正的可能性”“对确有错误的刑事案件生效判决，法院启动再审程序予以纠正的可能性”“对确有错误的行政案件生效判决，法院启动再审程序予以纠正的可能性”这三个问题，均是选择有可能这个选项的占比最多，而选择可能所占的百分比也要高于选择不可能所占的百分比。总体而言，受访者对这一指标的正向评价要高于负向评价。

总体而言，根据上述分析结果，当事人诉讼权利一级指标的表现较为理想，受访者对该指标的评价较高，这进一步说明，当事人不被强迫自证其罪权利、获得辩护和代理权利、证据性权利以及获得救济权利得到保障，成为近年来司法改革和司法文明建设的重点领域和显性成就。

表4　当事人诉讼权利所辖二级指标各测量问题的选择分布

二级指标	测量问题	非常不可能	不太可能	有可能	很可能	非常可能
不被强迫自证其罪	警察要求犯罪嫌疑人自证其罪的可能性	841（13.9%）	3185（52.5%）	1726（28.4%）	258（4.3%）	59（1.0%）

续表

二级指标	测量问题	非常不可能	不太可能	有可能	很可能	非常可能
当事人享有获得辩护、代理的权利	被告人如果请不起律师，得到免费法律援助的可能性	581（3.2%）	4033（22.1%）	8134（44.5%）	4212（23.0%）	1253（6.9%）
	律师被追究“律师伪证罪”的可能性	551（9.1%）	2134（35.2%）	2444（40.3%）	669（11.0%）	271（4.5%）
	律师办案过程中被公检法人员羞辱的可能性	1357（22.4%）	2351（38.7%）	1580（26.0%）	485（8.0%）	297（4.9%）
当事人享有证据性权利	如果被告人要求证人出庭作证，法官传唤该证人出庭作证的可能性	97（1.6%）	736（12.1%）	2953（48.7%）	1556（25.7%）	724（11.9%）
当事人享有获得救济的权利	对确有错误的民事案件生效判决，法院启动再审程序予以纠正的可能性	102（1.7%）	712（11.7%）	2691（44.3%）	1677（27.6%）	892（14.7%）
	对确有错误的刑事案件生效判决，法院启动再审程序予以纠正的可能性	132（2.2%）	806（13.3%）	2551（42.2%）	1604（26.5%）	954（15.8%）
	对确有错误的行政案件生效判决，法院启动再审程序予以纠正的可能性	180（3.0%）	957（15.8%）	2641（43.7%）	1448（24.0%）	814（13.5%）

3.3 民事、刑事、行政三大诉讼程序

根据2018年司法文明指数调查数据的分析结果，民事诉讼程序一级指标的得分为70.6分，要比2018年的指数总得分高1.3分；刑事诉讼程序一级指标的得分为70.4分，要比2018年的指数总得分高1.1分；行政诉讼程序一级指标的得分为70.2分，要比2018年的指数总得分高0.9分；三大诉讼程序指标得分分别排在了10个一级指标的第三位到第五位。上述结果表明，三大诉讼程序指标得分明显高于总平均水平，诉讼程序改革得到积极肯定。下面，我们根据这3个一级指标下辖的二级指标作进一步的分析，参见表5。

在民事司法程序一级指标中，从民事审判符合公正要求二级指标来看，对于“法院对民事诉讼贫富不同的当事人‘不偏不倚’的可能性”这一问题，分别有36.5%和29.7%的受访者选择了很可能与非常可能，有26.9%的受访者选择了有可能，而选择非常不可能与不太可能的则占比较少；关于“贫富不同的当事人受到法院平等对待的可能性”这一问题，有20.6%的受访者选择了不太可能，有43.9%的受访者选择了有可能，有25%的受访者选择了很可能，其他选择则占比较小。从民事诉讼中的调解自愿合法这个二级指标来看，对于“法官强迫或变相强迫当事人接受调解的可能性”这一问题，选择有可能的占到40.8%，选择不太可能的占到39.1%，而选择非常不可能与非常可能的则占比较小。从民事诉讼裁判得到有效执行这一二级指标来看，对于“民事案件生效判决得到有效执行的可能性”这一调查问题，同样是选择有可能和很可能的占比较多，分别占到了43.8%和37.6%。从上述数据分析结果可以发现，民事审判符合公正要求、民事诉讼中的调解自愿合法、民事诉讼裁判得到有效执行这3个二级指标的表现良

好，受访者对民事司法程序指标的认可程度较高。

在刑事司法程序一级指标中，就侦查措施及时合法这一二级指标而言，关于“警察对犯罪嫌疑人刑讯逼供的可能性”，有36.6%的受访者选择了不太可能，有39.3%的受访者选择了有可能，其他选项占比则较少；关于“犯罪嫌疑人被超期羁押的可能性”，有18.7%和43.9%的受访者选择了非常不可能与不太可能，选择有可能的受访者也较多，占到了29%；关于“侦查机关滥用权力进行非法监听的可能性”，有45.7%的受访者选择了不太可能，有33%的受访者选择了有可能，而选择其他选项的则较少。就审查起诉公正有效这个二级指标而言，对于“公安机关移送审查起诉的案件，检察机关经过审查后认为犯罪情节轻微，依照刑法规定不需要判处刑罚或者可以免除刑罚的，其作出不起诉决定的可能性”这一问题，选择有可能的占比最多，占到了46%，其次为很可能，占到了27.9%；对于“公安机关移送审查起诉的案件，检察机关经过审查后认为证据不足，直接作出不起诉决定的可能性”这一问题，有51.3%的受访者选择了有可能，有20.1%的受访者选择了很可能，有18.6%的受访者选择了不太可能。就刑事审判公正及时有效这一二级指标而言，关于“刑事案件审判久拖不决的可能性”，有46.7%的受访者选择了有可能，有32.1%的受访者选择了不太可能，而选择其他选项的则较少；关于“法院对刑事诉讼控辩双方‘不偏不倚’的可能性”，有27.9%的受访者选择了有可能，有35.1%的受访者选择了很可能，有27.5%的受访者选择了非常可能。上述数据分析结果表明，刑事司法程序这一指标各个问题的得分较理想，受访者对刑事司法程序的认可度较高。

在行政司法程序一级指标中，就行政审判符合公正要求这个二级指标而言，关于“法院对行政诉讼原告与被告‘不偏不倚’的可能性”，分别有31.7%和31.5%的受访者选择了有可能与很可能，也有24.3%的受访者选择了非常可能。就行政诉讼裁判得到有效执行这个二级指标而言，关于“行政诉讼中行政机关败诉的生效判决得到有效执行的可能性”，占比较多的为有可能和很可能，分别占到43.3%和28.7%。上述结果说明受访者对于行政司法程序这一指标的评价较高，大多数受访者认为行政司法程序符合公正性和有效性的要求。

综上而言，数据分析结果显示，受访者对民事、刑事、行政三大诉讼程序的正向评价占主流，三大指标下辖的二级指标的得分均较高，这表明，近年来，司法改革进一步确保了当事人充分行使法律赋予的各项诉讼权利，对于保证司法程序的公正公开、维护社会主义法治秩序具有重要的意义。

表5　民事、刑事、行政三大诉讼程序所辖各二级指标测量问题的选择分布

二级指标	测量问题	非常不可能	不太可能	有可能	很可能	非常可能
民事审判符合公正要求	法院对民事诉讼贫富不同的当事人“不偏不倚”的可能性	74（1.2%）	346（5.7%）	1636（26.9%）	2218（36.5%）	1802（29.7%）
	贫富不同的当事人受到法院平等对待的可能性	567（3.1%）	3773（20.6%）	8029（43.9%）	4561（25.0%）	1311（7.2%）
民事诉讼中的调解自愿合法	法官强迫或变相强迫当事人接受调解的可能性	1709（7.0%）	9482（39.1%）	9907（40.8%）	2601（10.7%）	564（2.3%）
民事诉讼裁判得到有效执行	民事案件生效判决得到有效执行的可能性	164（0.7%）	1504（6.2%）	10628（43.8%）	9113（37.6%）	2839（11.7%）

续表

二级指标	测量问题	非常不可能	不太可能	有可能	很可能	非常可能
侦查措施及时合法	警察对犯罪嫌疑人刑讯逼供的可能性	1864（7.7%）	8896（36.6%）	9537（39.3%）	3224（13.3%）	766（3.1%）
	犯罪嫌疑人被超期羁押的可能性	1136（18.7%）	2668（43.9%）	1762（29.0%）	375（6.2%）	131（2.2%）
	侦查机关滥用权力进行非法监听的可能性	868（14.3%）	2773（45.7%）	2001（33.0%）	338（5.6%）	87（1.4%）
审查起诉公正有效	对于公安机关移送审查起诉的案件，检察机关经过审查后认为犯罪情节轻微，依照刑法规定不需要判处刑罚或者可以免除刑罚的，其作出不起诉决定的可能性	78（1.3%）	671（11.0%）	2797（46.0%）	1680（27.9%）	851（14.0%）
	对于公安机关移送审查起诉的案件，检察机关经过审查认为证据不足，直接作出不起诉决定的可能性	155（2.6%）	1132（18.6%）	3114（51.3%）	1221（20.1%）	449（7.4%）
刑事审判公正及时有效	刑事案件审判久拖不决的可能性	1121（4.6%）	7795（32.1%）	11321（46.7%）	3242（13.4%）	770（3.2%）
	法院对刑事诉讼控辩双方“不偏不倚”的可能性	85（1.4%）	494（8.1%）	1693（27.9%）	2135（35.1%）	1669（27.5%）
行政审判符合公正要求	法院对行政诉讼原告与被告“不偏不倚”的可能性	126（2.1%）	635（10.5%）	1928（31.7%）	1911（31.5%）	1475（24.3%）
行政诉讼裁判有效执行	行政诉讼中行政机关败诉的生效判决得到有效执行的可能性	681（2.8%）	3713（15.4%）	10460（43.3%）	6940（28.7%）	2372（9.6%）

3.4 司法公开

根据 2018 年司法文明指数调查数据的分析结果，司法公开一级指标的得分为 76.1 分，要比 2018 年的指数总得分高 6.8 分，排在了 10 个一级指标的第一位，这一结果表明，司法公开指标得分处于领先位置，旨在推进司法公开的系列改革措施得到认可。司法公开一级指标包含司法过程依法公开、裁判结果依法公开 2 个二级指标。根据表 6，就司法过程依法公开这个二级指标而言，关于“法院允许公众旁听审判的可能性”，选择最多的为有可能，占到了 37.1%，其次为很可能，占到了 32.7%，选择非常可能的也占到了 19.9%；就裁判结果依法公开这个二级指标所下辖的问题而言，关于“法院依法及时公开判决的可能性”，有 37.2%的受访者选择了有可能，有 33.1%的受访者选择了很可能，选择非常可能的受访者也占到了 19.2%；关于“判决书对证据采纳与排除的理由予以充分说明的可能性”，选择很可能的占比最多，占到了 37.5%，其次为非常可能与有可能，分别占到了 28.8%和 28.7%，而选择非常不可能与不太可能的则占比较少。上述表明，受访者对司法公开的评价较高，说明近年来积极开展的司法公开举措取得了很好的效果。

表6　司法公开下辖二级指标的测量问题选择分布

二级指标	测量问题	非常不可能	不太可能	有可能	很可能	非常可能
司法过程依法公开	法院允许公众旁听审判的可能性	207（0.9%）	2277（9.4%）	8949（37.1%）	7899（32.7%）	4816（19.9%）
裁判结果依法公开	法院依法及时公开判决的可能性	241（1.0%）	2294（9.5%）	9005（37.2%）	8022（33.1%）	4642（19.2%）
	判决书对证据采纳与排除的理由予以充分说明的可能性	22（0.4%）	280（4.6%）	1740（28.7%）	2277（37.5%）	1746（28.8%）

近年来，新一轮的司法体制改革取得了很好的效果，成为司法文明水平不断提升的内在动力。比如，加强最高人民法院巡回法庭建设，深化以审判为中心的刑事诉讼制度改革，全面落实司法责任制，加强审判流程、庭审活动、裁判文书、执行信息四大公开平台建设，加强建设智慧法院等，[5]均取得了很显著的改革成就。司法体制改革的效果在司法文明指数调查2018年数据中得到确认。司法文明指数调查2018年数据显示，司法权力，当事人诉讼权利，民事、刑事、行政三大诉讼程序和司法公开这4个一级指标的得分较高，受访者的主观评价较好，成为近年来司法体制改革和司法文明进步的主要维度，而这些维度构成了近年来司法改革的重点领域，代表了司法体制改革的显著成效。

4　未来司法改革的路径选择与可能方向

通过司法文明指数调查数据也可以分析司法改革和司法文明建设的弱项或短板，而这些短板也成为未来司法改革的主要方向，从而为司法改革提供路径选择。根据2018年司法文明指标调查数据的分析发现，法律职业化、司法文化、司法腐败遏制、证据制度等指标是下一步司法改革中需要强化的领域。

4.1　证据制度

证据制度一级指标的得分为67.5分，指标得分排在了10个一级指标的倒数第四位。证据制度包括3个二级指标，表7呈现了证据制度所辖各二级指标测量问题的选择分布。在证据裁判原则得到贯彻这个二级指标中，关于“认定被告人有罪的证据不足，法院‘宁可错放，也不错判’的可能性”这一问题，选择有可能这一选项的占比最多，占到了40.0%，而选择很可能与非常可能的合计百分比为38.2%；关于“您觉得‘打官司就是打关系’的可能性”这一问题，选择很可能与非常可能的合计百分比为25.8%，选择有可能的也占到了46.2%。在证据依法得到采纳与排除二级指标中，关于“在审查起诉时如果发现有利于犯罪嫌疑人的证据，检察院及时调取该证据的可能性”这一问题，尽管选择很可能与非常可能的合计百分比也占到了47.8%，但是选择有可能等不确定态度的受访者也有相当多的比例，为42.6%，而选择非常不可能与不太可能的合计百分比也占到了9.7%；关于“辩护律师向法庭申请排除非法口供，并履行了初步证明责任，而公诉人未证明取证合法的，法官排除该证据的可能性”这一问题，选择有可能的占到50.6%，而选择非常不可能与不太可能的也占到了一定的比例，合计百分比为15.2%。在证明过程得到合理规范中，“庭审经过严格举证、质证程序，侦查人员出庭作证才作出判决的可能性”这一问题，有36.1%的受访者选择了有可能，而选择不太可能与非常不可能的受访者合计百分比为14.1%；“庭审经过严格举证、质证程序，证人证言在法庭上得到质证才作出判决的可能性”这一问题，选择有可能等不确定态度的受访者占到了35.3%，也有9.8%的受访者选择了非常不可能与不太可能；“律师调查取证权力行使受到限制的可能性”这一问题，有37.8%的受访者选择了有可能，选择很可能与非常可能的受访者合计占到33.5%；关于“律师庭审中的质证权行使受到限制的可能性”这一问题，有31.4%的受访者选择了有可能，而选择很可能与非常可能的受访者合计占到16.4%。这说明对于证据制度一级指标下的相关测量问题，受访者的评价并不高，特别是证据裁判原则得到贯彻、证明过程合理规范等二级指标的得分并不理想，证据制度体系建设刻不容缓。

表7　证据制度所辖各二级指标测量问题的选择分布

二级指标	测量问题	非常不可能	不太可能	有可能	很可能	非常可能
证据裁判原则得到贯彻	认定被告人有罪的证据不足，法院“宁可错放，也不错判”的可能性	225（3.7%）	1100（18.1%）	2429（40.0%）	1530（25.2%）	790（13.0%）
	您觉得“打官司就是打关系”的可能性	543（3.0%）	3400（22.8%）	8450（46.2%）	3400（18.6%）	1319（7.2%）
证据依法得到采纳与排除	在审查起诉时如果发现有利于犯罪嫌疑人的证据，检察院及时调取该证据的可能性	53（0.9%）	536（8.8%）	2586（42.6%）	1692（27.9%）	1206（19.9%）
	辩护律师向法庭申请排除非法口供，并履行了初步证明责任，而公诉人未证明取证合法的，法官排除该证据的可能性	102（1.7%）	818（13.5%）	3074（50.6%）	1493（24.6%）	588（9.7%）
证明过程得到合理规范	庭审经过严格举证、质证程序，侦查人员出庭作证才作出判决的可能性	128（2.1%）	729（12.0%）	2188（36.1%）	1804（29.7%）	1217（20.1%）
	庭审经过严格举证、质证程序，证人证言在法庭上得到质证才作出判决的可能性	70（1.2%）	519（8.6%）	2130（35.3%）	1865（30.9%）	1444（24.0%）
	律师调查取证权力行使受到限制的可能性	331（5.4%）	1415（23.3%）	2299（37.8%）	1097（18.1%）	933（15.4%）
	律师庭审中的质证权行使受到限制的可能性	722（11.9%）	2450（40.4%）	1906（31.4%）	696（11.5%）	295（4.9%）

4.2　司法腐败遏制

司法腐败遏制一级指标的得分为66.1分，指标得分排在了10个一级指标的倒数第二位。司法腐败遏制一级指标包含3个二级指标，表8列示了该指标所属测量问题的选择分布。在警察远离腐败指标中，关于“警察办‘关系案’的可能性”这一问题，有39.5%的受访者选择了有可能，选择很可能与非常可能的合计百分比为20.4%；关于“警察收受贿赂的可能性”这一问题，有38.6%的受访者选择了有可能，选择很可能与非常可能的合计百分比为24.2%。在检察官远离腐败指标中，关于“检察官办‘关系案’的可能性”这一问题，选择有可能的占37.1%，占比最多，而选择很可能与非常可能的比例也占到了14.3%；关于“检察官收受贿赂的可能性”这一问题，选择有可能的占到36.4%，选择很可能的占到12.2%，而选择非常可能的也占到了17.8%。在法官远离腐败指标中，关于“法官办‘关系案’的可能性”这一问题，选择有可能的占到了 38.2%，选择很可能与非常可能的合计占到了 17.6%；关于“法官收受贿赂的可能性”这一调查问题，选择有可能的占 37.4%，选择很可能与非常可能的也占到了一定的比例，合计为 21.1%。上述结果表明，尽管近年来开展了强有力的司法腐败遏制工作，并且取得了不错的效果，但是从司法文明指数 2018 年调查数据来看，司法腐败遏制这一指标的得分并不算高，继续推进司法腐败遏制工作仍任重道远。

表 8　警察、检察官、法官远离腐败二级指标测量问题的选择分布

二级指标	测量问题	非常不可能	不太可能	有可能	很可能	非常可能
警察远离腐败	警察办“关系案”可能性	748（12.3%）	1684（27.8%）	2396（39.5%）	754（12.4%）	486（8.0%）
	警察收受贿赂的可能性	2061（8.5%）	6943（28.7%）	9342（38.6%）	3661（15.1%）	2195（9.1%）
检察官远离腐败	检察官办“关系案”的可能性	808（13.3%）	2142（35.3%）	2251（37.1%）	580（9.6%）	287（4.7%）
	检察官收受贿赂可能性	2234（8.9%）	8428（33.7%）	9111（36.4%）	3043（12.2%）	4457（17.8%）
法官远离腐败	法官办“关系案”可能性	741（12.2%）	1942（32.0%）	2318（38.2%）	663（10.9%）	408（6.7%）
	法官收受贿赂的可能性	2079（8.6%）	7983（32.9%）	9073（37.4%）	3438（14.2%）	1689（6.9%）

4.3　法律职业化建设

法律职业化一级指标的得分为 65.6 分，指标得分排在了 10 个一级指标的最后一位。法律职业化一级指标包括 3 个二级指标。就法律职业人员具有适格性这个二级指标来看，关于表 9 中“过去三年，您获得业务培训的总时长是多长”这一问题，培训时间在二周以内的占到了 42.3%，而培训时间在 4 周以上的仅占 34.3%，这说明近一半的法律专业人员所接受的培训并不充足，法律专业人员获得培训的状况并不理想。

表 9　法律职业人员具有适格性二级指标测量问题的选择分布

二级指标	测量问题	没有	1 周以内	1 周~2 周	2 周~4 周	4 周以上
法律职业人员具有适格性	过去三年，您获得业务培训的总时长是多长	525（8.7%）	915（15.1%）	1115（18.5%）	1416（23.4%）	2070（34.3%）

根据法律职业人员遵守职业伦理规范这一二级指标，关于“律师虚假宣传的可能性”，选择有可能的占到了 42.2%，而有 21.7%的受访者选择了很可能与非常可能；关于“律师虚假承诺的可能性”，选择有可能的占到了 42.7%，而有 22.1%的受访者选择了很可能与非常可能；关于“律师与法官有不正当利益往来的可能性”，选择有可能的占到了 40.9%，而有 19%的受访者选择了很可能与非常可能；关于“律师尽职尽责为委托人服务的可能性”，选择有可能的占到了 36.8%，而有 14%的受访者选择了不太可能与非

常不可能。这说明受访者对法律职业人员遵守职业伦理规范这一指标的打分并不理想，负向评价占据了一定的比例。参见表10。

表10　法律职业人员遵守职业伦理规范二级指标测量问题分布情况

二级指标	测量问题	非常不可能	不太可能	有可能	很可能	非常可能
法律职业人员遵守职业伦理规范	律师虚假宣传的可能性	1373（5.7%）	7340（30.4%）	10207（42.2%）	3970（16.4%）	1283（5.3%）
	律师虚假承诺的可能性	1439（5.9%）	7054（29.2%）	10341（42.7%）	3929（16.2%）	1428（5.9%）
	律师与法官有不正当利益往来的可能性	1805（7.5%）	7893（32.6%）	9901（40.9%）	3242（13.4%）	1349（5.6%）
	律师尽职尽责为委托人服务的可能性	663（2.7%）	2734（11.3%）	8917（36.8%）	8208（33.9%）	3677（15.2%）

在法律职业人员享有职业保障这个二级指标中，根据表11，关于“法律职业人员职务晋升前景的满意程度”，有42%的受访者选择了一般，选择非常不满意与不太满意的合计百分比为16.3%；关于“法律职业人员职业待遇的满意程度”，选择非常不满意与不太满意的占到了16.8%，而选择一般的也占到了41.7%；关于“法律职业人员履行法定职责保护机制的满意程度”，有19.4%的受访者选择了非常不满意与不太满意，也有41.9%的受访者选择了一般；关于“法律职业人员感受到的绩效考核工作压力情况”，选择压力大与很大的占到了42.6%，而选择无压力和压力小的则仅占22.7%；关于“法律职业人员感受到的来自当事人及其家庭方面工作压力情况”，选择压力大与很大的合计占到了47.2%，而选择无压力和压力小的仅为18.5%。上述说明法律职业人员享有职业保障这一指标的得分并不高，法律职业人员的职业保障有待提升。

表11　法律职业人员享有职业保障二级指标测量问题的选择分布

二级指标	测量问题	非常不满意/无	不太满意/小	一般/中	比较满意/大	非常满意/很大
法律职业人员享有职业保障	您对自己的职务晋升前景的满意程度	352（5.8%）	634（10.5%）	2546（42.0%）	1847（30.5%）	676（11.2%）
	您对自己的职业待遇的满意程度	300（5.0%）	714（11.8%）	2523（41.7%）	1898（31.4%）	614（10.2%）
	您对履行法定职责保护机制的满意程度	310（5.1%）	862（14.3%）	2525（41.9%）	1706（28.3%）	624（10.3%）
	您感受到的来自绩效考核方面的工作压力情况	594（9.8%）	783（12.9%）	2096（34.6%）	1642（27.1%）	935（15.5%）
	您感受到的来自当事人及其家庭方面的工作压力情况	374（6.2%）	749（12.3%）	2083（34.3%）	1854（30.5%）	1013（16.7%）

4.4 司法文化建设

司法文化一级指标的得分为67.2分，指标得分排在了10个一级指标的倒数第三位。司法文化一级指标包括四个二级指标。根据表12，在公众参与司法的意识及程度这个二级指标中，关于“如果有当人民陪审员的机会，您参与法庭审判的意愿如何”这一问题，尽管选择比较愿意与非常愿意的受访者占到了一半，但是仍有14.9%的受访者选择非常不愿意和不太愿意，而选择一般的也占到了32.1%。这些分析结果说明，公众参与司法的意识及程度还有进一步提升的空间。

表12 公众参与司法的意识及程度二级指标测量问题的选择分布

二级指标	测量问题	非常不愿意	不太愿意	一般	比较愿意	非常愿意
公众参与司法的意识及程度	如果有当人民陪审员的机会，您参与法庭审判的意愿	397（2.2%）	2325（12.7%）	5863（32.1%）	5782（31.6%）	3844（21.0%）

根据表13，在公众诉诸司法、公众接受司法裁判的意识及程度这两个二级指标中，关于“当矛盾双方无法通过协商、调解等方式解决纠纷时，人们到法院起诉的可能性”这一问题，选择有可能选项的最多，占到了42.9%，但是也有12.1%的人选择了不可能。关于“假设法院审判程序没有问题，但判决结果对您不利，您尊重裁判的可能性”这一问题，选择有可能的占到了43.3%，而选择非常不可能与不太可能的也占到21.1%。上述数据说明，公众诉诸司法、公众接受司法裁判的意识还不高，需要进一步提高。

表13 公众诉诸司法、公众接受司法裁判的意识及程度二级指标测量问题的选择分布

二级指标	测量问题	非常不可能	不太可能	有可能	很可能	非常可能
公众诉诸司法的意识及程度	当矛盾双方无法通过协商、调解等方式解决纠纷时，到法院起诉的可能性	157（0.9%）	2043（11.2%）	7844（42.9%）	5621（30.8%）	2575（14.1%）
公众接受司法裁判的意识及程度	假设法院审判程序没有问题，但判决结果对您不利，您尊重裁判的可能性	524（2.9%）	3318（18.2%）	7906（43.3%）	4888（26.7%）	1555（8.5%）

表14呈现了公众接受现代刑罚理念的意识及程度这一二级指标的分布情况，关于“在公共场所举行公捕、公判大会，您的总体态度”，坚决支持的占到23.6%，一定程度支持的占到38.8%，而不太支持与强烈反对的合计百分比仅占到了20.8%；关于“与枪决相比，您对以注射方式执行死刑的态度”这一问题，坚决支持的占到26.4%，不关心、无所谓的占到17.4%，而不太支持与强烈反对的合计百分比也占到了10.6%。这些结果表明，公众接受现代刑罚理念的意识还不强，仍需要不断强化。

表 14　公众接受现代刑罚理念的意识及程度二级指标测量问题的选择分布

二级指标	测量问题	坚决支持	一定程度支持	不关心无所谓	不太支持	强烈反对
公众接受现代刑罚理念的意识及程度	对于在公共场所举行公捕、公判大会，您的总体态度	4318（23.6%）	7085（38.8%）	3027（16.6%）	2787（15.2%）	1030（5.6%）
	与枪决相比，您对以注射方式执行死刑的态度	4829（26.4%）	8295（45.4%）	3178（17.4%）	1513（8.3%）	415（2.3%）

综上所述，根据2018年司法文明指标调查数据的分析，证据制度、司法腐败遏制、法律职业化与司法文化这四个指标是当前司法改革过程中得分相对较低的领域，构成了司法文明建设的短板，而这也表明，在不断推进的司法体制改革过程中，需要重点加强这些领域的建设，从而为下一步司法体制改革提供了方向指引。换言之，完善证据制度、遏制司法腐败、强化法律职业化与司法文化建设，成为未来司法体制改革的路径选择和方向。

5　结论与讨论

建设高水平的社会主义司法文明离不开司法改革的深度实践，需要不断推进司法体制改革。正如有的学者所言，在建设社会主义现代司法文明的进程中，要始终明确目标，高扬司法改革旗帜，全面推进司法制度创新，健全完善司法程序，不断扩大司法参与，大力弘扬司法关怀，为实现司法公正与效率、保障社会公平和正义作出积极的努力。[6]在上述背景下，本研究利用中国司法文明指数2018年调查数据，分析司法体制改革的现实重点、阶段成效以及未来建设方向。研究发现，司法权力，当事人诉讼权利，民事、刑事、行政三大诉讼程序和司法公开等领域的指标得分较高，说明近年来，我国在司法权力行使、诉讼程序改革、当事人诉讼权利保障以及司法公开等领域取得了显著的成就，构成了我国司法改革的建设重点和司法文明进步的主要维度；证据制度、司法腐败遏制、法律职业化与司法文化等领域的指标得分并不理想，成为我国司法文明建设的弱项领域，故加强司法文化和法律职业化建设、继续打击和遏制司法腐败、切实保障当事人诉讼权利应是未来司法改革的发展方向。

根据本研究的发现，在当前的情势下，进一步深化司法体制改革，需要从以下几个维度着手：第一，证据是法治的基石，[7]司法体制改革应不断完善证据制度，贯彻证据裁判原则，强化证据法律体系的建设；第二，遏制司法腐败的强度及效果直接反映了司法系统有序运行的可能及限度，[8]因而，有必要通过制度和机制创新，有效预防司法腐败行为的衍生，建立公正、公开的司法环境；第三，法律职业化是衡量一个国家司法文明水平的指标之一，[9]司法改革的目标之一为提升法律职业人员的职业化水平，需要通过法律职业人员的适格性培养、职业伦理精神与服务意识的培育以及职业保障体系的建立等途径，不断提升法官、检察官、警察、律师等司法职业队伍的职业素养；第四，发展社会主义司法文化也是司法改革的重要任务，需要通过加强司法文化宣传和鼓励群众参与，弘扬社会主义法治价值观和法治精神，不断提升公众参与司法的能力和意识，培育现代化的司法文化和理念。总之，未来司法体制改革的接续开展，必须要有利于全面落实依法治国基本方略和社会主义法治国家建设，需要通过司法组织体系的不断调整与制度设置创新，努力创造出更高水平的社会主义司法文明，[10]不断促进法治中国建设。

本研究也存在一定的局限性，一是由于本文所采用的数据为截面数据，只能揭示调查时点司法改革的基本情况，并不能描绘司法改革的历时性变迁，但由于司法体制改革的效果是累积性的结果，利用

2018 年调查数据亦能透视司法改革的累积成效，能够观察过去一段时间司法体制改革的阶段性效果；二是本研究通过 2018 年的数据分析司法改革的阶段成就和可能方向，但是并未对司法改革具体措施进行分析，只是揭示了数据呈现的结果，以期对未来的司法改革提供参考；三是本研究对数据缺失值的处理采用了删除法，在一定程度上可能会影响数据结果的有效性。

参考文献

[1] 张文显："司法文明新的里程碑——2012 刑事诉讼法的文明价值"，载《法制与社会发展》2013 年第 2 期。

[2] 鄂振辉："中国司法体制改革 40 年"，载《前线》2018 年第 10 期。

[3] 张保生等：《中国司法文明指数报告 2018》，中国政法大学出版社 2019 年版。

[4] 张保生："司法文明指数是一种法治评估工具"，载《证据科学》2015 年第 1 期。

[5] 姜伟："司法体制改革在四方面取得突破性进展"，载 http://www.scio.gov.cn/xwfbh/xwbfbh/wqfbh/2015/33456/zy33461/document/1449565/1449565.htm，最后访问日期：2019 年 9 月 6 日。

[6] 缪蒂生："价值与实证：现代司法文明的评价标准体系"，载《江苏社会科学》2005 年第 3 期。

[7] [美] Ronald J. Allen，张保生等译："刑事诉讼的法理和政治基础"，载《证据科学》2007 年第 Z1 期。

[8] 施鹏鹏："我国司法腐败的现状与遏制——以 20 个省/自治区/直辖市的实证调查为分析样本"，载《证据科学》2016 年第 1 期。

[9] 吴洪淇："法律人的职业化及其实现状况——以九省市实证调查数据为基础"，载《证据科学》2015 年第 1 期。

[10] 张文显："中国法治 40 年：历程、轨迹和经验"，载《吉林大学社会科学学报》2018 年第 5 期。

中国政法大学诉讼法学科竞争力分析*

李雪梅**
中国政法大学图书馆
中国政法大学法治科学计量与评价中心

摘　要：为全面了解中国政法大学及国内诉讼法领域的整体状况和研究热点，基于中国知网（CNKI）数据库，采用文献计量方法，对2009年~2018年诉讼法研究相关文献进行统计分析。分析结果显示，中国政法大学发文量最高，北京大学、清华大学、中国人民大学研究实力较强，中国政法大学在国内诉讼法研究合作中处于核心地位。各高校合作呈现出区域性特点，总体分为南方与北方两大区域。诉讼法学研究目前主要关注刑事和解、非法证据排除规则研究、公益诉讼研究等。

关键词：诉讼法研究；文献计量；共现分析；发展态势；可视化

分类号：G353.1

1　引言

诉讼法作为我国重要的同类部门法群，在我国的宏观法律体系中具有重要地位。诉讼法的研究与适用在我国法治建设的过程中也极为重要。鉴于诉讼法研究的重要意义，国内学者开展了许多关于民事诉讼法、刑事诉讼法、行政诉讼法等相关领域内容研究。随着研究的深入，相关文献量开始出现井喷式增长。1980年~1989年，诉讼法相关期刊文献量近1500篇；1990年~1999年，诉讼法期刊发文量增至8000篇左右；2000年~2009年，诉讼法发文量迅猛增长，达到近40 000篇；2010年至今，发文量达55 000多篇。诉讼法领域文献量的急剧增长，加大了相关研究人员及时全面获取相关知识的难度。

综上，虽然诉讼法研究受到广泛关注，但国内研究中尚无近十年来诉讼法研究整体状况的文献计量分析，更没有分析中国政法大学诉讼法研究整体状况的文献计量分析。为了在浩如烟海的诉讼法相关文献中迅速掌握诉讼法研究全貌，本文利用文献计量方法对中国政法大学诉讼法研究整体状况进行了解析，同时结合中国人民大学、北京大学、清华大学、华东政法大学、武汉大学、西南政法大学等六大高校的诉讼法研究现状，展开中国政法大学诉讼法研究的竞争力分析，并根据上述七大高校相关文献题录信息，运用关键词词频统计和关键词共现分析方法对诉讼法研究热点进行解读。本文根据2017年教育部第四轮教学评估中法学A+学科与法学A学科所在院校，选定中国人民大学、北京大学、清华大学、华东政法大学、武汉大学、西南政法大学作为标杆，通过对中国政法大学诉讼法研究竞争力分析，为聚焦研究目标和寻找突破口提供科学依据，以期为中国政法大学诉讼法相关研究和决策提供参考。

---

* 基金项目：本文系中央高校基本科研业务费专项资金资助项目“中国政法大学青年教师学术创新团队资助项目”（项目编号：100010817453）研究成果之一。

** 作者简介：李雪梅（1989~），馆员，通讯作者邮箱：lixuemei0211@cupl.edu.cn。

2 数据与方法

本文通过文献计量学的方法来揭示中国政法大学诉讼法的发展态势。文献数据来源于中国知网（CNKI）数据库，该科技期刊文献检索系统收录了国内各学科领域的优秀科技期刊，收录论文能够反映我国各类学科的前沿发展动态。本文利用汤森路透集团开发的数据分析工具 Thomson Data Analyzer（TDA）进行期刊引文数据分析，利用社会网络分析工具 Gephi 进行文献数据挖掘与可视化处理。本文以检索文献数据为基础，开展了文献计量分析：通过数量统计得出中国政法大学诉讼法学领域和六大高校的诉讼法学领域的发文量变化及占比情况；通过被引分析得出中国政法大学和六大高校的总被引频次、篇均被引频次、高被引频次、高被引频次论文占比、高被引论文篇均被引频次、未被引频次等以分析各机构影响力；通过基于合作发文的社会网络分析得出中国政法大学内部以及七大高校之间的研究合作情况，同时也分析了中国政法大学内部以及七大高校之间的作者合作情况；通过学科统计及关键词统计，得出诉讼法学研究的主要研究方向。其中，发文量和总被引频次分别指研究主体发表相关论文的总数量和全部论文被引次数的总和，可以反映研究主体该领域的研究体量。篇均被引频次指研究主体发表论文的总被引次数与总发文量的比值，可反映论文的平均受关注程度。高被引论文篇均被引频次是指研究主体发表的论文被引频次大于某一数值的论文总被引频次与论文被引频次大于某一数值的论文数量的比值。高被引论文占比是指研究主体发表的论文被引频次大于某一数值的论文数量与该研究主体发表相关论文的总数量的比值，可以反映论文的高影响力分布情况。

2.1 数据来源

以 CNKI 数据库为基础，在中国知网（CNKI）中文期刊数据库中进行高级检索，文献分类目录选择“诉讼法”，检索年限设置为 2009 年~2018 年，作者单位设置为“中国政法大学（模糊）”，选择“中文文献”进行检索，其他为默认设置。检索时间是 2019 年 9 月 6 日，共检索到中国政法大学发表的诉讼法相关文献 2857 篇。文章中全国诉讼法学相关文献检索条件仅是去除作者单位设置这一检索条件，检索出相关文献 59 150 篇；中国政法大学法学类文献检索条件是将文献分类目录中的“法理法史”“宪法”“行政法及地方法制”“民商法”“刑法”“经济法”“诉讼法与司法制度”“国际法”子目录选中，同时将检索年限设置为 2009 年~2018 年，作者单位设置为“中国政法大学（模糊）”，选择“中文文献”进行检索，共检索出相关文献 12 605 篇。

2.2 研究工具与方法

本文的研究和分析基于科学计量学和文献计量学理论，重点运用了引文分析、共现分析等方法，结合科学知识图谱理论，以可视化的方式展示诉讼法研究领域的合作关系和主题前沿知识。本文的数据清洗与统计处理利用了 SATI 与 TDA。SATI（Statistical Analysis Toolkit for Informetrics）是国内学者刘启元等设计开发的文献题录信息统计分析工具，该软件可导入八种格式的国内外文献题录数据进行处理，具有题录格式转换、字段信息提取与统计以及字段信息矩阵构建等功能。[1]本文利用 SATI 对获取的文献题录信息按照发文量、期刊种类、学科分布以及具体期刊分布、被引频次、关键词等信息进行统计，并对关键词进行人工清洗。TDA（Thomson Data Analyze）是美国 Thomson 公司开发的专业文本挖掘分析工具，能够对数据进行清洗、分析和可视化。[2]本文利用 TDA 对获取的文献题录信息进行关键词统计并进行可视化展示。对于机构合作、作者合作以及热点主题的研究，本文采用共现方法利用 Gephi 对机构、作者和关键词展开共现分析。Gephi 是一款基于 Java 开发、多平台支持的网络分析与可视化工具，可以处理任何能够表示为节点和边的网络数据，并运用网络科学的方法对其进行统计分析和处理，并进行可视化。[3]本文利用 Gephi 对中国政法大学以及包括中国政法大学在内的七所高校合作情况进行了分析，并通过关键词共现分析，解读诉讼法研究热点方向。

3 结果与讨论

3.1 研究总体趋势

3.1.1 发文量历年分布

（1）全国诉讼诉法学领域发文量

2009 年~2018 年，全国诉讼法学领域发表的国内期刊论文数量的历年变化趋势如图 1 所示。从图 1 中可以看出，2009 年~2018 年，诉讼法学领域期刊发文量处于平稳态势，在 2013 年达到发文高峰以后逐年减少，总体呈下降趋势。核心期刊发文量也有逐年减少的趋势，2018 年发文量最少。2011 年的核心期刊发文数量占比达到 26%，处于十年内峰值状态。2011 年之后，全国诉讼法学领域的核心期刊论文占比总体呈现出逐年下降的趋势。此处核心期刊发文量包括北京大学中文核心期刊要目总览（北大核心期刊）、南京大学中文社会科学引文索引期刊（CSSCI 核心期刊）与中国科学院文献情报中心中国科学引文数据库期刊（CSCD 核心期刊）的发文量去重总和。

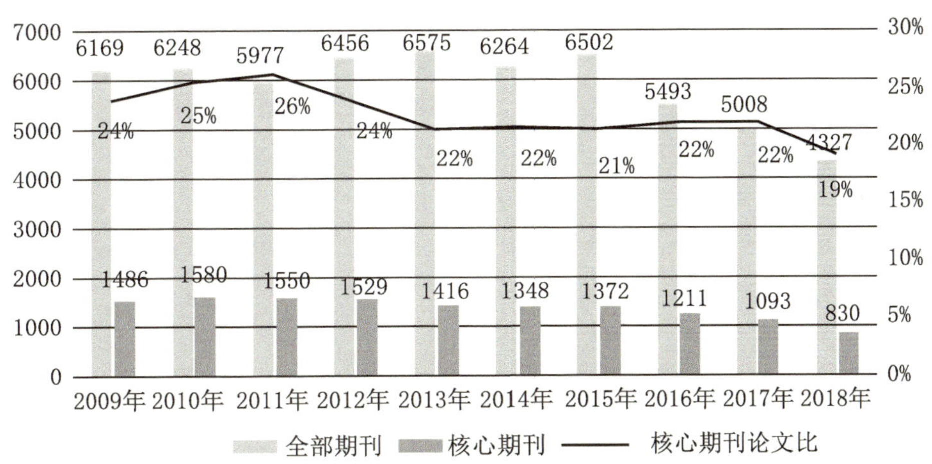

图 1 全国诉讼法学期刊论文与核心期刊论文历年发文量及其占比（单位/篇）

（2）中国政法大学法学领域发文量

中国政法大学法学领域发表的国内中文期刊论文数量的历年变化趋势如图 2 所示。从图 2 中可以看出，在 2009 年~2018 年间，前五年发文量明显高于后五年发文量，2013 年发文量为 1464 篇，达到发文高峰，以后逐年减少，总体呈下降趋势，发文量极差是 459 篇。与全国法学领域核心发文量呈下降趋势不同的是，中国政法大学法学领域核心期刊发文量则整体保持平稳状态，且后五年发文量平均值比前五年发文高出约 72 篇。据此可以看出，虽然中国政法大学法学发文总量近年有所下降，但发文质量则明显提升，中国政法大学法学核心期刊发文比例在近十年内呈现在波动中上升的趋势，并于 2018 年出现峰值。此处核心期刊发文量包括北京大学中文核心期刊要目总览（北大核心期刊）、南京大学中文社会科学引文索引期刊（CSSCI 核心期刊）与中国科学院文献情报中心中国科学引文数据库期刊（CSCD 核心期刊）的发文量去重总和。

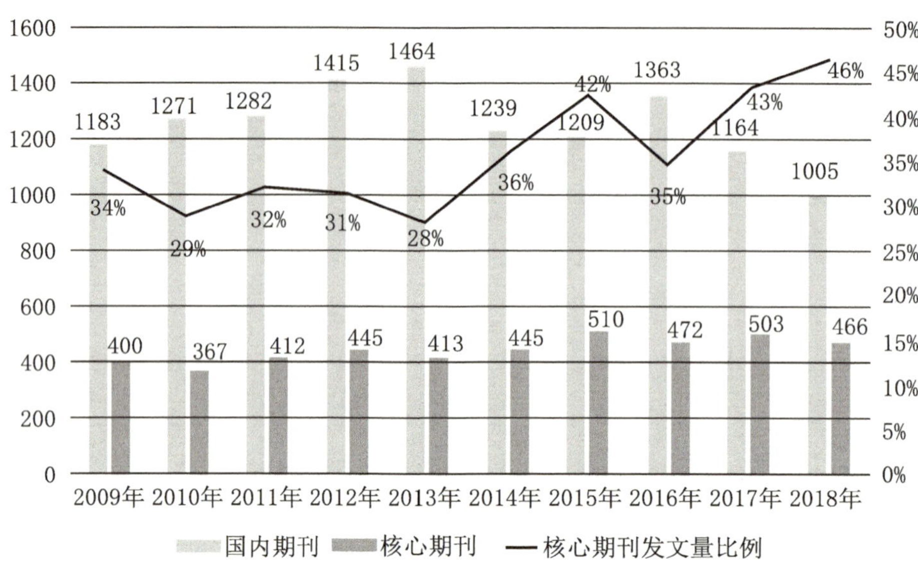

图 2　中国政法大学法学期刊论文与核心期刊论文历年发文量及其占比（单位/篇）

对中国政法大学诉讼法学领域发文量的年度变化进行统计分析后发现（图 3），中国政法大学诉讼法学领域整体上呈现平稳发展，该领域发表的中文期刊论文总量在 2009 年～2018 年间的前五年发文量为 1502 篇，后五年的发文量为 1355 篇，整体呈现出些许下降的趋势。与中国法学的发文量、中国政法大学法学的发文量一样，中国政法大学诉讼法学领域期刊论文的发文量在也在 2013 年达到峰值状态。其核心期刊发文量在 2015 年达到峰值，发表了 129 篇核心期刊论文。与全部发文量相比，中国政法大学诉讼法学领域的核心论文数量则呈上升趋势，核心论文占比在波动中上升，2014 年、2015 年和 2018 年发表的核心论文数量占比均超过 40%。2015 年中国政法大学诉讼法学领域发表的核心期刊论文数量占发表全部论文数量的 44%，是近十年来的最高占比。结合图 1、图 2 和图 3 可以看出，与全国法学领域的核心论文占比相较，中国政法大学法学领域核心论文占比与诉讼法学领域的核心论文占比处于迅速上升的状态。

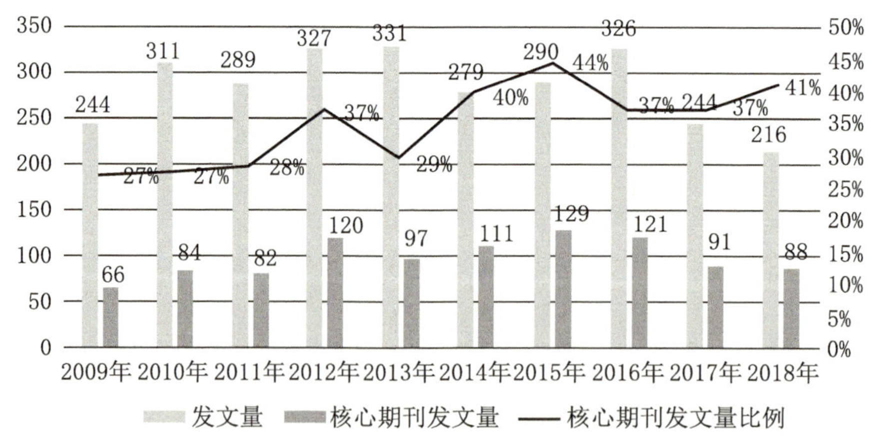

图 3　中国政法大学诉讼法学期刊论文与核心期刊论文历年发文量及其占比（单位/篇）

3.1.2　发文量期刊种类分布

（1）全国诉讼诉法学领域期刊种类分布

2009 年～2018 年全国诉讼法学领域不同种类期刊历年发文数量及其占比如表 1 和图 4 所示。从图中可以看出，在全国诉讼法学领域，北大核心期刊论文发表数量在 2010 年达到最大值，此后呈逐年下降趋势。北大核心期刊发文量占全部发文量的比例在 2011 年达到 23.44%，为近十年最大值。CSSCI 核心期刊发文量及其所占比例均于 2012 年达到顶峰，此后整体呈逐步下降趋势。2009 年～2018 年间，CLSCI（中国法学核心科研评价来源期刊）发文量及其所占比例总体保持平稳。国家基金论文的发文量及其所占比例则逐步攀升。

表 1　全国诉讼法学领域不同种类期刊发文量及其所占比例历年分布（单位/篇）

年份	发文总量	北大核心期刊	北大核刊发文占比	CSSCI 核心期刊	CSSCI 发文占比	CLSCI	CLSCI 发文占比	国家基金	国家基金发文占比
2009 年	6169	1334	21.62%	1098	17.80%	227	3.68%	132	2.14%
2010 年	6248	1429	22.87%	1088	17.41%	249	3.99%	105	1.68%
2011 年	5977	1401	23.44%	1048	17.53%	248	4.15%	145	2.43%
2012 年	6456	1365	21.14%	1202	18.62%	259	4.01%	202	3.13%
2013 年	6575	1233	18.75%	1042	15.85%	216	3.29%	211	3.21%
2014 年	6264	1204	19.22%	1005	16.04%	218	3.48%	262	4.18%
2015 年	6502	1258	19.35%	1029	15.83%	221	3.40%	326	5.01%
2016 年	5493	1085	19.75%	938	17.08%	223	4.06%	333	6.06%
2017 年	5008	1001	19.99%	852	17.01%	189	3.77%	307	6.13%
2018 年	4327	741	17.13%	795	18.37%	191	4.41%	376	8.69%

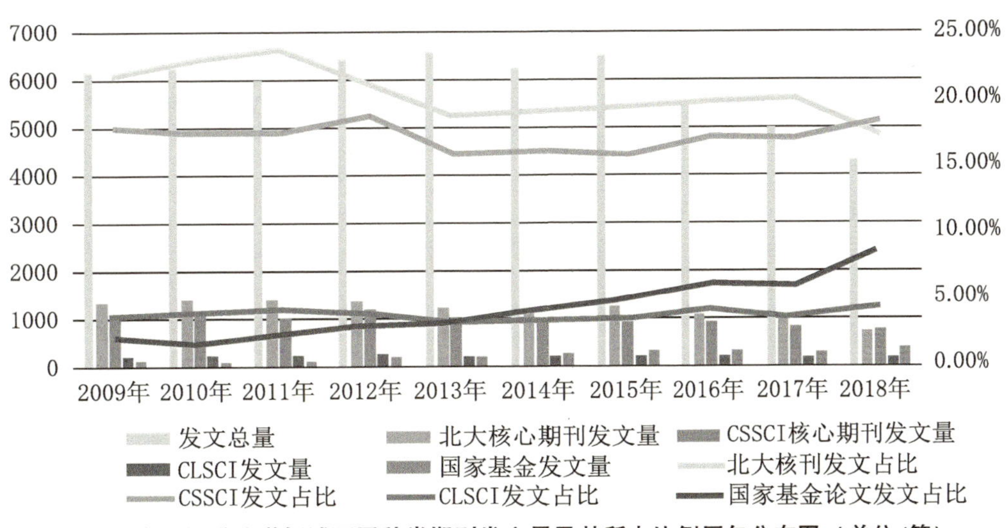

图 4　全国诉讼法学领域不同种类期刊发文量及其所占比例历年分布图（单位/篇）

2009 年～2018 年中国政法大学法学领域不同种类期刊历年发文量及其占比如表 2 和图 5 所示。从图中可以看出，在中国政法大学法学领域，北大核心期刊论文发表数量及其所占比例整体呈逐年上升趋势。中国政法大学法学领域在 2017 年的北大核心期刊发文量是 423 篇，是近十年内最大值。北大核心期刊发文占比于 2018 年达到顶峰，为 40.4%。CSSCI 发文量及所占比例亦是呈逐年上升趋势，尤其是 2018 年 CSSCI 的发文占比已达到 45.67%，处于近十年峰值状态。2009 年～2018 年间，CLSCI（中国法学核心科研评价来源期刊）发文量及其所占比例总体保持平稳。国家基金论文的发文量及其所占比例则逐步攀升，尤其是 2015 年以后，呈快速上升状态。

表2 中国政法大学法学领域不同种类期刊发文量及其所占比例历年分布（单位/篇）

年份	发文总量	北大核心期刊	北大核刊发文占比	CSSCI 核心期刊	CSSCI 发文占比	CLSCI	CLSCI 发文占比	国家基金	国家基金发文占比
2009 年	1183	355	30.01%	346	29.25%	49	4.14%	39	3.30%
2010 年	1271	339	26.67%	305	24.00%	40	3.15%	32	2.52%
2011 年	1282	377	29.41%	349	27.22%	38	2.96%	55	4.29%
2012 年	1415	380	26.86%	399	28.20%	43	3.04%	64	4.52%
2013 年	1464	364	24.86%	369	25.20%	32	2.19%	71	4.85%
2014 年	1239	366	29.54%	387	31.23%	38	3.07%	81	6.54%
2015 年	1209	413	34.16%	461	38.13%	20	1.65%	113	9.35%
2016 年	1363	422	30.96%	430	31.55%	24	1.76%	123	9.02%
2017 年	1164	423	36.34%	455	39.09%	19	1.63%	153	13.14%
2018 年	1005	406	40.40%	459	45.67%	26	2.59%	176	17.51%

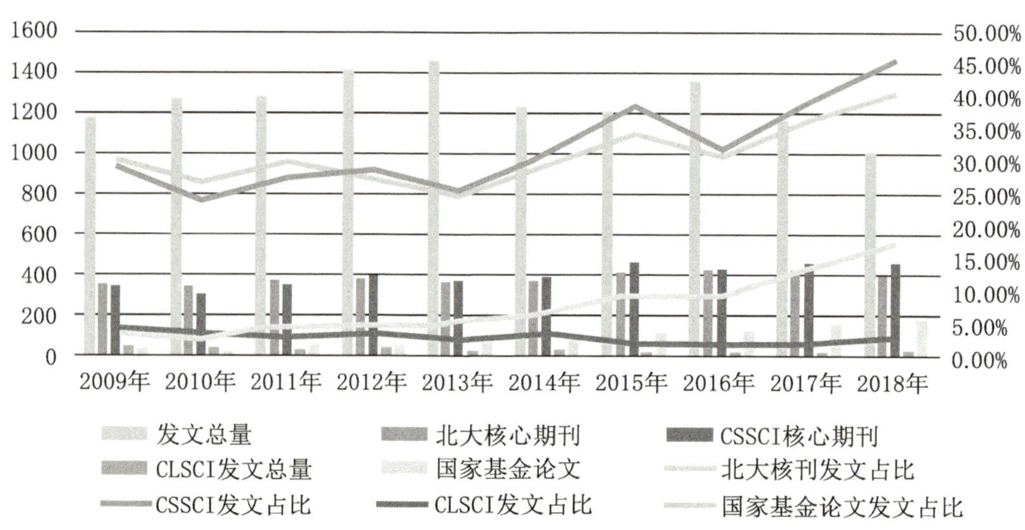

图5 中国政法大学法学领域不同种类期刊发文量及其所占比例历年分布图（单位/篇）

中国政法大学诉讼法学领域不同种类期刊在2009年~2018年的发文量及其所占比例如表3和图6所示。从表3和图6中可以看出，中国政法大学诉讼法学领域北大核心期刊发文数量整体保持平稳，2009年~2018年发文量极差是36篇，2015年发表北大核心期刊论文106篇，是近十年内最大值。中国政法大学诉讼法学领域北大核心期刊论文占比整体呈现出在波动中上升的趋势，近五年的占比均高于30%。从图6中可以明显看出，中国政法大学诉讼法学领域在2009年~2018年的CSSCI发文占比趋势与北大核心期刊的发文占比趋势大体保持一致，在波动中呈上升趋势。中国政法大学诉讼法学领域CSSCI发文占比在2009年~2018年间的前三年低于北大核心期刊发文占比，但此后几乎均稍高于北大核心期刊发文占比，并于2018年拉开差距。2009年~2018年间，CLSCI（中国法学核心科研评价来源期刊）发文量及其所占比例总体保持平稳。国家基金论文的发文量及其所占比例则逐步攀升，尤其是2015年以后，呈快速上升状态。

表 3 中国政法大学诉讼法学领域不同种类期刊发文量及其所占比例历年分布（单位/篇）

年份	发文总量	北大核心期刊	北大核刊发文占比	CSSCI 核心期刊	CSSCI 发文占比	CLSCI	CLSCI 发文占比	国家基金	国家基金发文占比
2009 年	242	81	33. 47%	55	22. 73%	12	4. 96%	7	2. 89%
2010 年	308	80	25. 97%	63	20. 45%	6	1. 95%	8	2. 60%
2011 年	288	70	24. 31%	67	23. 26%	8	2. 78%	20	6. 94%
2012 年	329	94	28. 57%	97	29. 48%	9	2. 74%	20	6. 08%
2013 年	331	81	24. 47%	83	25. 08%	6	1. 81%	17	5. 14%
2014 年	279	91	32. 62%	92	32. 97%	11	3. 94%	10	3. 58%
2015 年	292	106	36. 30%	111	38. 01%	5	1. 71%	18	6. 16%
2016 年	323	103	31. 89%	104	32. 20%	6	1. 86%	27	8. 36%
2017 年	244	78	31. 97%	82	33. 61%	2	0. 82%	18	7. 38%
2018 年	211	78	36. 97%	88	41. 71%	6	2. 84%	36	17. 06%

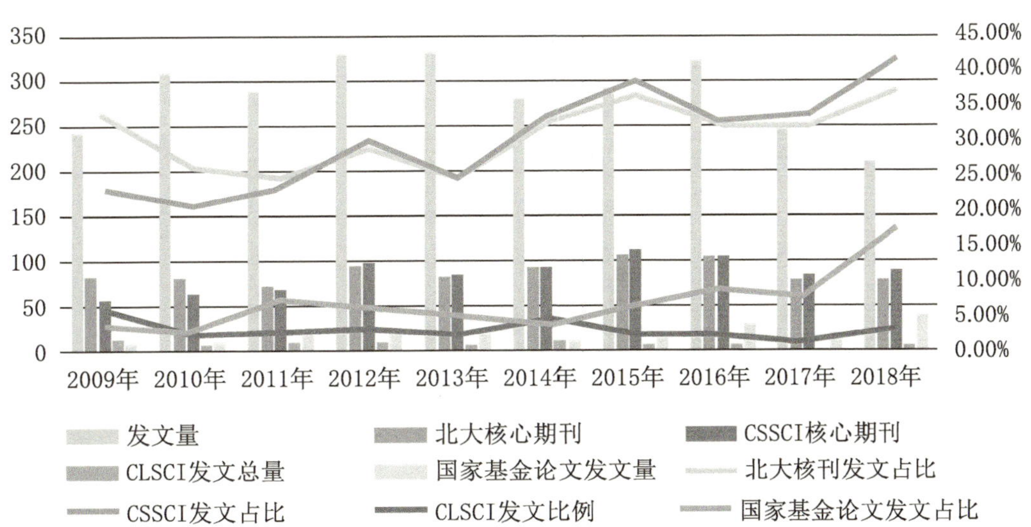

图 6 中国政法大学诉讼法学领域不同种类期刊发文量及其所占比例历年分布图（单位/篇）

结合全国诉讼法学领域、中国政法大学法学领域的北大核心期刊论文占比，从图 7 中可以看出中国政法大学诉讼法学领域北大核心期刊论文所占比例高于全国水平，与中国政法大学法学领域的比例大体一致。根据图 7 和图 8 可以看出，中国政法大学法学领域与诉讼法学领域发文中，北大核心期刊发文占比趋势与 CSSCI 发文占比趋势总体相似，且均高于全国发文占比。

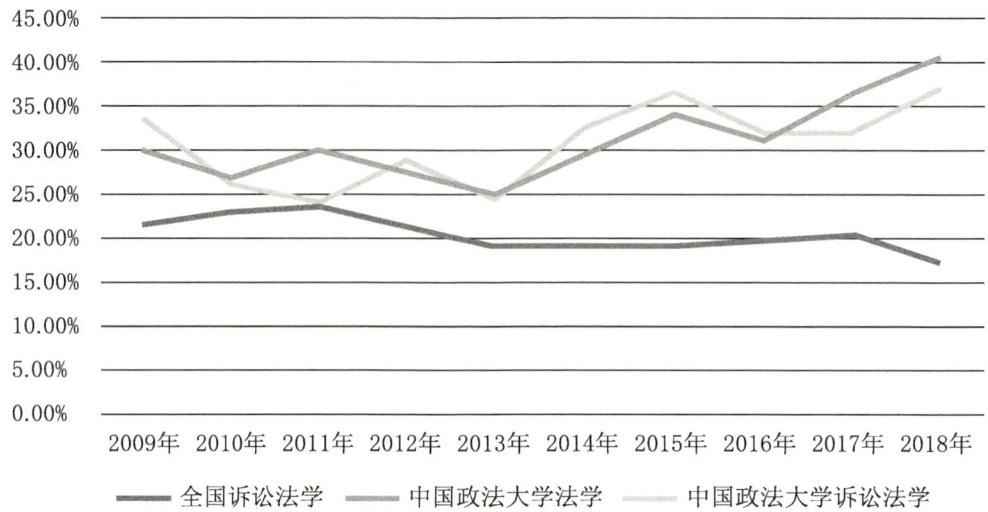

图7 全国诉讼法学、中国政法大学法学与中国政法大学诉讼法学领域北大核心期刊发文占比图

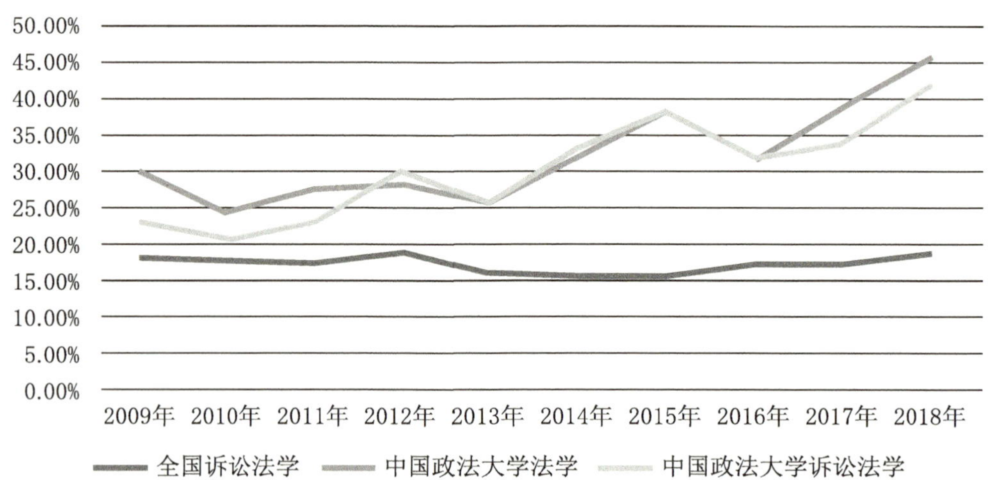

图8 全国诉讼法学、中国政法大学法学与中国政法大学诉讼法学领域CSSCI发文占比图

从图9可以看出，与北大核心期刊发文占比以及CSSCI发文占比不同的是，全国诉讼法学CLSCI发文占比高于中国政法大学法学领域CLSCI发文占比，亦高于中国政法大学诉讼法学领域CLSCI的发文占比。

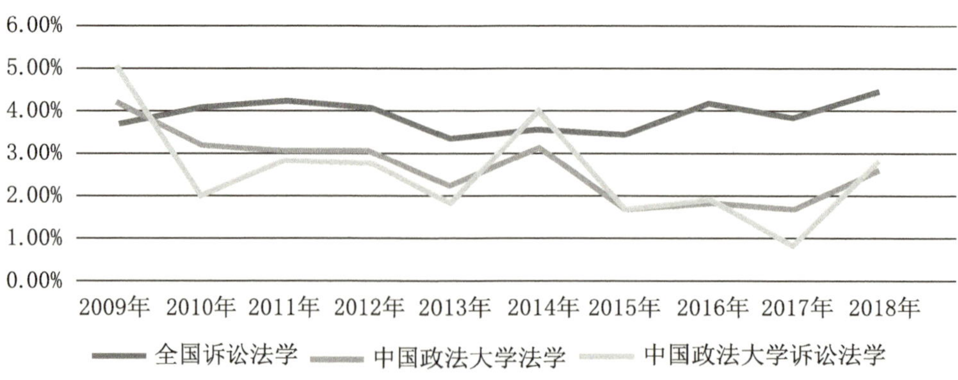

图9 全国诉讼法学、中国政法大学法学与中国政法大学诉讼法学领域CLSCI发文占比图

无论是北大核心期刊论文发文占比、CSSCI发文占比还是CLSCI发文占比，全国诉讼法学领域在2009

年~2018 年间均保持平稳趋势，但国家基金论文占比却明显呈现出逐步上升趋势。中国政法大学法学领域和诉讼法学领域的国家基金论文占比也处于快速上升状态。从 2010 年~2013 年间，中国政法大学诉讼法学领域的国家基金论文占比高于中国政法大学全部法学期刊论文中国家基金论文的占比。2013 年~2018 年，中国政法大学诉讼法学论文中的国家基金论文占比则低于中国政法大学全部法学论文中国家基金论文的占比。北大核心期刊论文占比、CSSCI 核心期刊论文占比、CLSCI 论文占比和国家基金论文占比的值存在较大差异与上述核心期刊集合的数值大小存在相关关系。

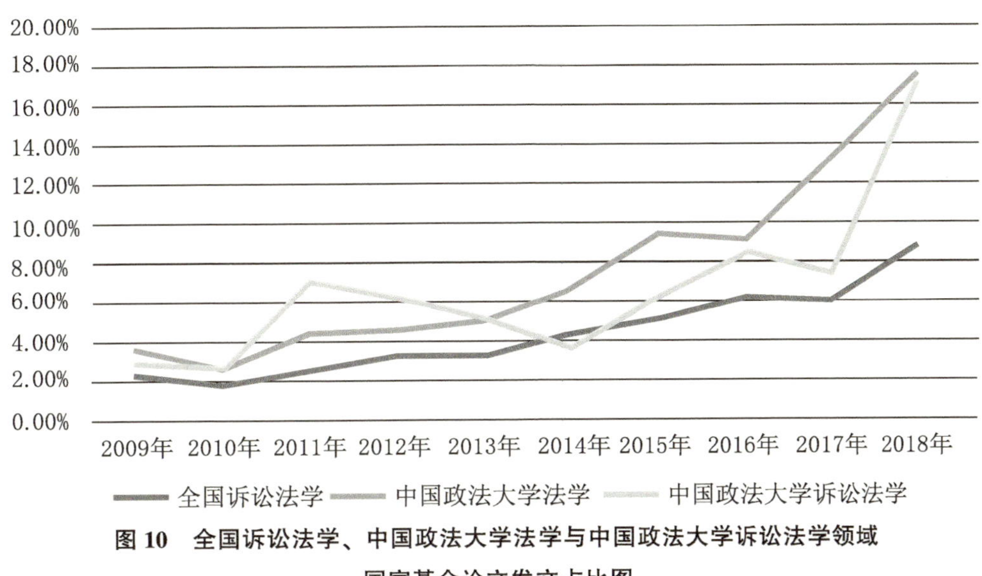

图 10　全国诉讼法学、中国政法大学法学与中国政法大学诉讼法学领域国家基金论文发文占比图

3.1.3　发文量学科分布

2009 年~2018 年，中国政法大学诉讼法学领域的期刊论文在不同子学科下的分布如图 11 所示。其中刑事诉讼法领域发文量最高，为 1868 篇，占全部发文量的 65%；其次是民事诉讼法，发文量为 479 篇，占比 17%；行政诉讼法排名第三，发文量为 209 篇，占比 7%；仲裁法排名第四，发文量为 91 篇，占比 3%。从图 11 中可以看出中国政法大学诉讼法领域的发文多集中于刑事诉讼法领域，在全部诉讼法学领域相关期刊论文中，刑事诉讼法学的期刊论文数量占据半壁江山，达到 65%。

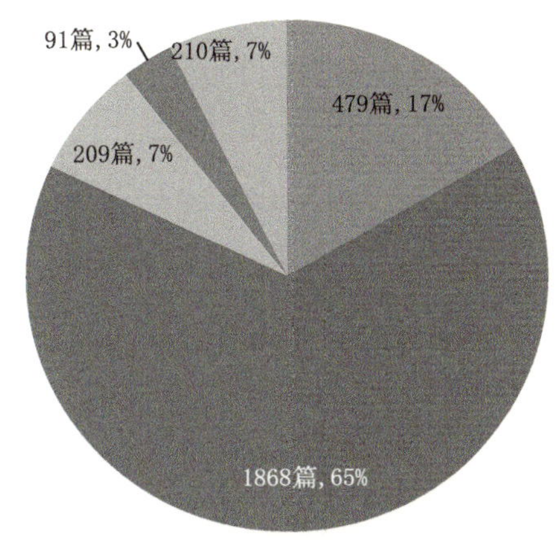

图 11　中国政法大学诉讼法学领域期刊论文子学科分布（2009 年~2018 年）

中国政法大学诉讼法学领域核心期刊论文在不同子学科的数量分布及占比与总体期刊分布大致相同。结合图 11 和图 12 可以看出，刑事诉讼法学领域的核心期刊论文数量占全部诉讼法核心期刊论文数量的比例是 65%，民事诉讼法核心期刊论文占比达 15%，均稍低于刑事诉讼法学领域和民事诉讼法学领域整体发文量在全部诉讼法整体发文量的比例。与刑事诉讼法、民事诉讼法和仲裁法不同的是，行政诉讼法领域和其他领域的核心期刊比例则稍高于普通全部期刊发文占比。因此也可以发现，相较于整体而言，核心期刊论文的主题分布更为广泛。

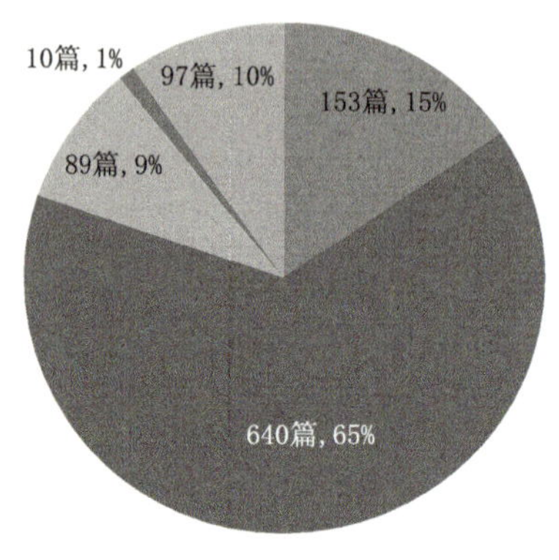

图 12　中国政法大学诉讼法学领域核心期刊论文子学科分布（2009 年～2018 年）

3.1.4　发文量期刊分布

2009 年～2018 年中国政法大学在诉讼法学领域发表论文数量 TOP20 的期刊如表 4 所示。在 TOP20 期刊上共发表论文 1064 篇，占总发文数量的 37%，其中在《证据科学》上发表论文数量最多，共计 147 篇。

表 4　中国政法大学在诉讼法学领域发表论文数量 TOP20 的期刊

发文 TOP20 期刊	发文量（篇）
证据科学	147
人民检察	99
法制与社会	96
黑龙江省政法管理干部学院学报	71
研究生法学	70
法学杂志	62
中国司法	46
法律适用	45
政法论坛	44
中国检察官	43
国家检察官学院学报	41
中国刑事法杂志	40
中国政法大学学报	40

续表

发文 TOP20 期刊	发文量（篇）
河南社会科学	38
公民与法（法学版）	36
人民法治	32
比较法研究	30
学理论	30
山西省政法管理干部学院学报	28
法制博览	26

3.2 主要研究力量对比

根据2017年教育部第四轮教学评估中法学A+学科与法学A学科所在院校，选定中国人民大学、北京大学、清华大学、华东政法大学、武汉大学、西南政法大学作为标杆，以上高校涵盖了双一流建设中全部一流法学学科所在高校。本文通过各高校诉讼法学领域的期刊发文量、期刊论文被引频次、期刊论文下载量等指标进行对比分析，以期准确把握中国政法大学诉讼法学学科的发展状况。

3.2.1 机构发文量分布

按照主要高校统计，2009年~2018年间，诉讼法学领域发文量最多的是中国政法大学，第二是西南政法大学，华东政法大学位居第三，中国人民大学位居第四位，以上学校的发文量均超过1000篇。从图13中可以看出，中国政法大学在诉讼法学领域的发文量为2857篇，占七所高校诉讼法学领域发文总量的32%；西南政法大学发文量是2014篇，占七所高校诉讼法学领域发文总量的23%；华东政法大学发文量是1262篇，占发文总量的14%；中国人民大学发文量为1100篇，占发文总量的12%。前三所高校均以政治法律类学科为主，中国人民大学则是一所综合类高校，诉讼法学领域的相关文章大多为其法学院所发表，鉴于此，可以看出中国人民大学对诉讼法学领域发展的重视，中国人民大学诉讼法学研究力量的强劲也清晰明了。

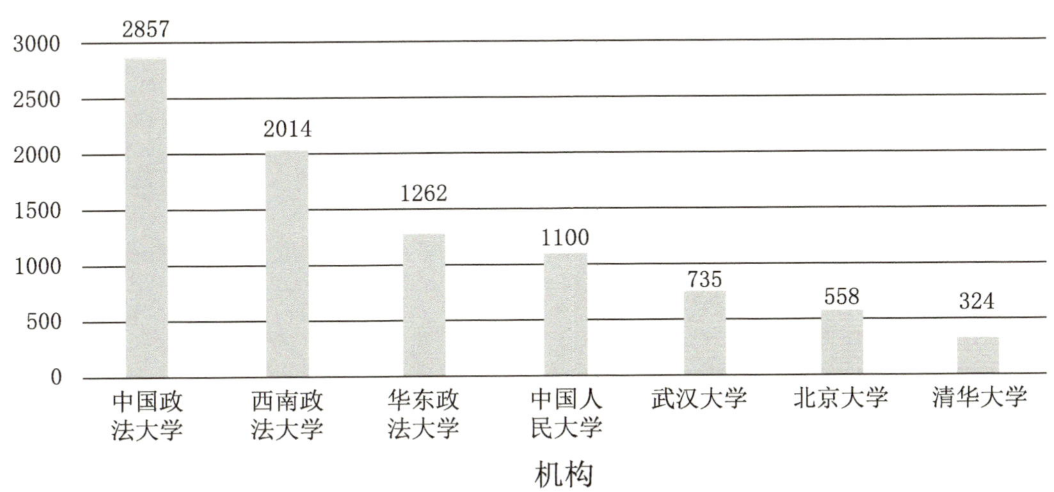

图13 2009年~2018年诉讼法学领域主要高校发文量（单位/篇）

上述七所高校近十年的发文情况如图14所示，从2009年~2018年的发文情况可以看出，清华大学与北京大学在诉讼法学领域的发文量波动浮动较大，武汉大学在诉讼法学研究方面增长迅速，中国人民大学增幅较缓，中国政法大学与华东政法大学发文趋势比较一致，整体保持平稳状态。2017 年和 2018 年，在其他五所高校发文量均出现下降的情况下，北京大学和西南政法大学的发文量依然保持平稳状态。这在一定程度上表明近两年北京大学与西南政法大学的诉讼法学研究热度不减。

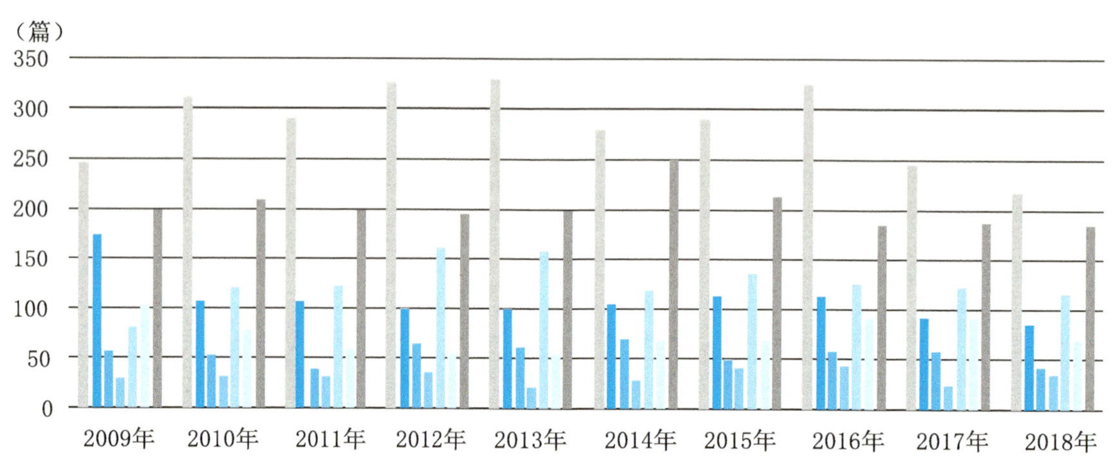

图 14　2009 年～2018 年诉讼法学领域主要高校发文变化情况（单位/篇）

3.2.2　机构影响力分布

表 5　2009 年～2018 年部分高校诉讼法学领域发文影响力统计

学　校	中国政法大学	中国人民大学	北京大学	清华大学	华东政法大学	武汉大学	西南政法大学
发文量（篇）	2857	1100	558	324	1262	735	2014
总被引频次	25 561	16 253	12 781	7643	6635	5764	13 528
篇均被引频次	8.95	14.78	22.91	23.59	5.26	7.84	6.72
被引频次≥50 论文篇均被引频次	98.06	92.31	106.54	99.73	68.81	93.27	76.76
被引频次≥50 论文比例/%	3.50%	7.64%	13.62%	14.81%	1.27%	2.04%	1.44%
被引频次≥100 论文篇均被引频次	161.50	161.13	165.79	164.88	149.00	185.67	125.50
被引频次≥100 论文比例/%	1.20%	2.09%	5.02%	4.94%	0.08%	0.41%	0.20%
未被引用文章比例/%	21.00%	13.82%	12.72%	10.49%	26.07%	18.23%	22.79%
篇均下载量	518.77	746.58	1091.49	1261.09	366.70	474.65	381.18

在中国政法大学、中国人民大学、北京大学、清华大学、华东政法大学、武汉大学和西南政法大学的总被引频次中，中国政法大学、中国人民大学、西南政法大学、北京大学的总被引频次较高，总被引

频次超过 10 000 次，其中中国政法大学的总被引频次超过 20 000 次；篇均被引频次较高的高校有清华大学、北京大学、中国人民大学，均超过 10 次/篇，其中清华大学和北京大学均超过 20 次/篇；被引频次≥50 次的论文比例较高的机构是清华大学、北京大学和中国人民大学，被引频次≥100 次论文比例较高的机构是北京大学、清华大学和中国人民大学。可以看出，清华大学被引频次≥50 次的论文比例虽然高于北京大学，但北京大学被引频次≥100 的论文比例则高于清华大学。具体统计指标见表 5。

中国政法大学诉讼法领域发文总量是 2857 篇，在这七所高校中排名第一位；总被引频次 25561 篇，排名第一位；篇均被引频次 8.95 次/篇，仅排名第四位；被引频次≥50 论文篇均被引频次是 98.06 次/篇，排名第四位；被引频次≥50 论文比例为 3.50%，排名第四位；被引频次≥100 论文篇均被引频次是 161.50 次/篇，排名第四位；被引频次≥100 论文比例为 1.20%，排名第四位。总体看来，中国政法大学诉讼法学研究的论文规模占绝对优势，但研究质量和影响力有待进一步提升，主要是篇均被引频次和高被引论文比例均低于北京大学、清华大学和中国人民大学，上升空间很大。

3.2.3 机构合作分析

在机构合作方面，中国政法大学是国内诉讼法研究合作中最重要的合作机构，其次是中国人民大学、华东政法大学、北京大学等。各机构合作呈现出区域性特点，总体分为南方与北方两大区域，中国政法大学、中国人民大学、清华大学、北京大学等位于中国偏北方的高校合作强度较高，而华东政法大学、西南政法大学、武汉大学三所偏南方的高校合作组成一个社区。从图 15 中也可以看出，中国政法大学与中国人民大学、华东政法大学、武汉大学和西南政法大学也存在一定的合作关系，是七所高校中合作范围最广泛的高校。研究成果的合作可以反映出该领域的重要程度和机构影响力。我国南北地区的高校合作仍有一定的进步空间。例如，可以加强北京大学、清华大学与武汉大学、华东政法大学、西南政法大学等机构的合作。

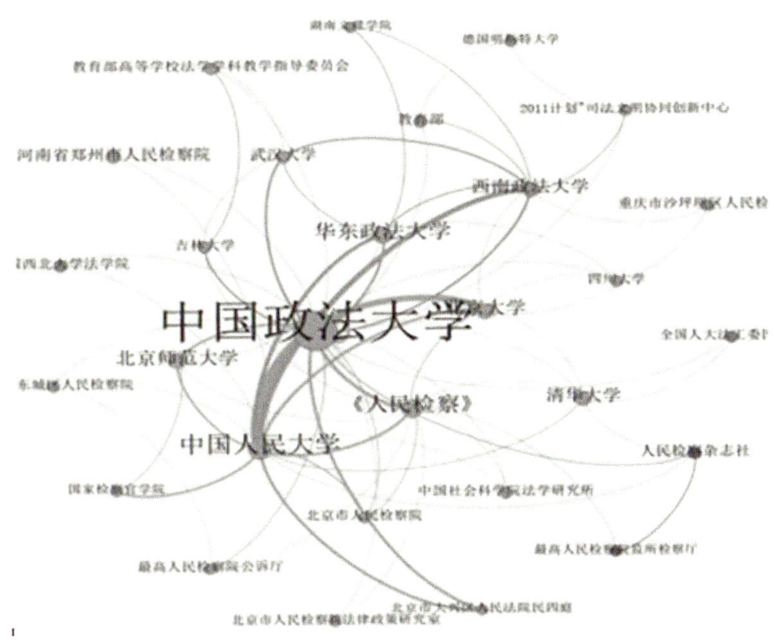

图 15　2009 年～2018 年诉讼法学领域主要机构合作情况

中国政法大学研究诉讼法学领域的机构有中国政法大学诉讼法学研究院、中国政法大学证据科学研究院、中国政法大学刑事司法学院、2011 计划司法文明协同创新中心、中国政法大学民商经济法学院等校内机构。从图 16 中也可以看出，中国政法大学刑事司法学院、中国政法大学诉讼法学研究院、中国政法大学证据科学研究院以及中国政法大学 2011 司法文明协同创新中心的合作强度较高，以上机构是中国政法大学诉讼法学研究的主力军。

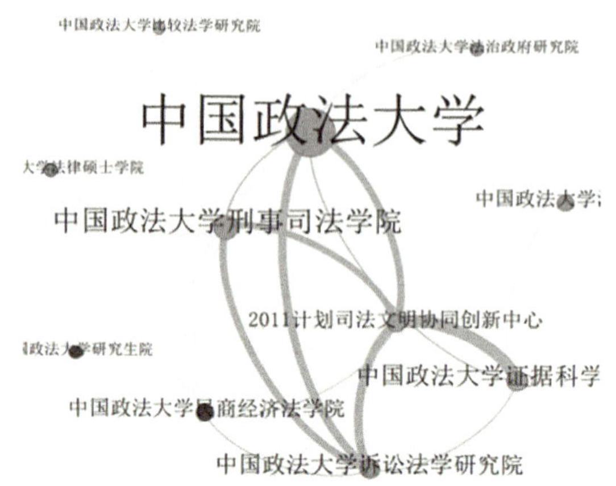

图 16　2009 年～2018 年中国政法大学诉讼法研究校内机构合作情况

3.2.4　作者合作分析

卞建林、陈光中、陈卫东、张建升是国内诉讼法研究合作中重要的合作人员，其次是叶青、孙长勇、肖建华、高一飞、占善刚等。卞建林、陈光中、陈卫东、张建升在各自合作社区中的合作人数最多，中心度最高，位于合作社区的中心位置，如图 17 所示，以陈光中、卞建林和陈卫东为中心的合作社区是 2009～2018 年诉讼法学合作图谱中最大的三个子图，同时，上述三子图通过张文静、张佳华、肖沛权、陈旭、郭志媛、王进喜、罗纳德・J. 艾伦等中介节点形成了合作图谱中最大的子图。

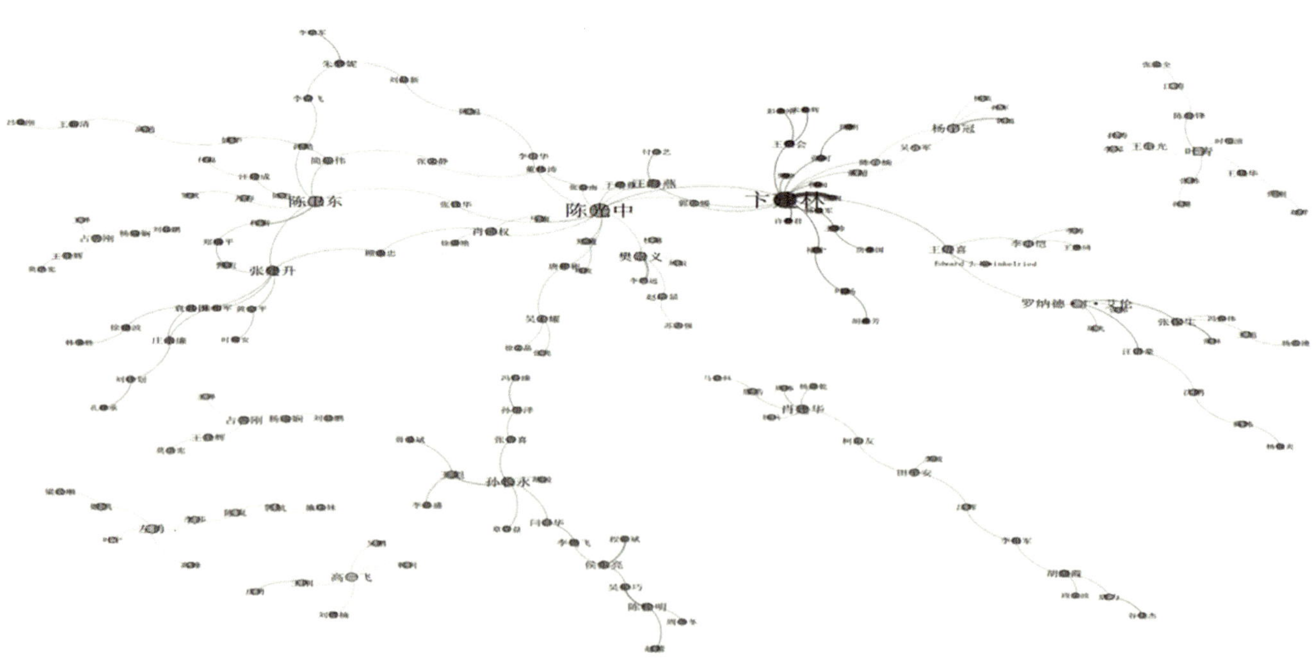

图 17　2009 年～2018 年诉讼法学领域主要作者合作情况

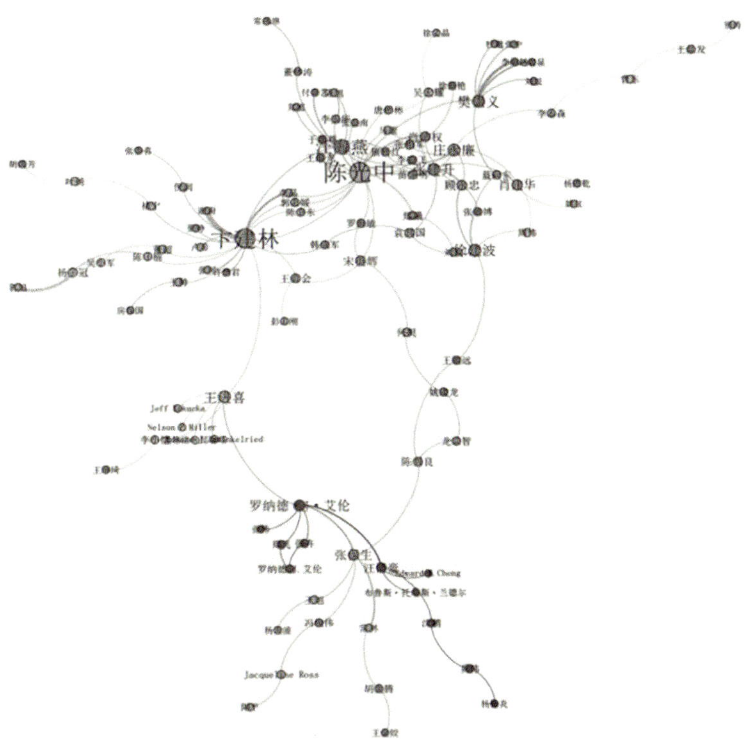

图 18 2009 年~2018 年中国政法大学诉讼法研究校内作者合作情况

3.3 研究热点

3.3.1 主题分布

按照中国知网（CNKI）数据库的学科分类，诉讼法学研究主题的分布如图 19 所示。其中，刑事诉讼法研究相关论文数量比例为 54%，民事诉讼法研究发文量比例为 28%，行政诉讼法研究发文量占比 8%，制度与方法相关论文数量占比 7%，仲裁法研究发文量占比 3%。刑事诉讼法研究是诉讼法研究的主要内容，占据诉讼法论文的半壁江山。

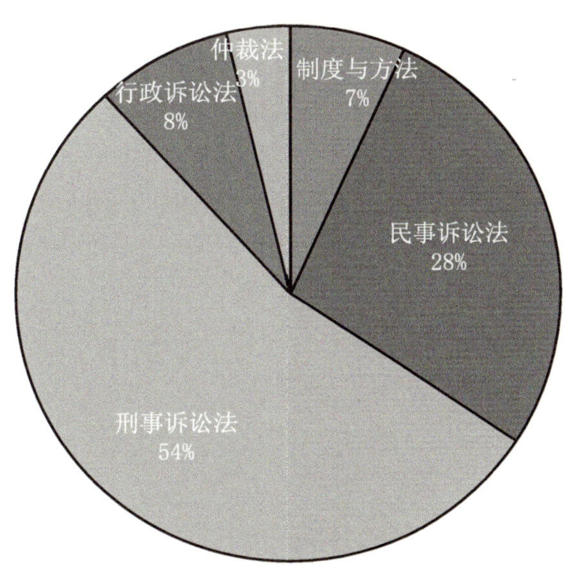

图 19 2009 年~2018 年诉讼法研究主题分布

3.3.2 研究热点分析

（1）高频关键词

通过统计分析文献中的作者关键词，可以发现诉讼法研究涉及的关键词除“民事诉讼”“刑事诉讼”“行政诉讼”以外，还包括“被告人”“刑事和解”“证明标准”“公益诉讼”“刑事诉讼法”“检察机关”“证明责任”等。本文从中选取出现频次≥100的20个关键词作为高频关键词。从关键词词频统计可以看出诉讼法研究比较关注以下三大类研究：（1）刑事和解：刑事和解、被告人；（2）非法证据排除规则研究：非法证据排除规则、非法证据排除、非法证据、证据、当事人、犯罪嫌疑人、证明标准、刑讯逼供、人权保障、完善；（3）公益诉讼研究：公益诉讼、检察机关、司法机关等。

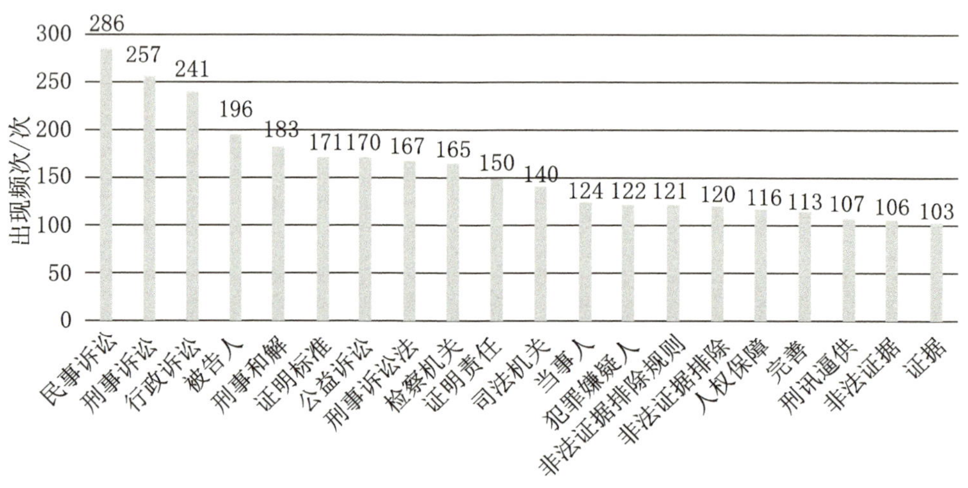

图20 2009年~2018年诉讼法研究主要涉及的关键词

（2）高频关键词年度变化分析

为了更直观地了解诉讼法研究的热点变化，本文利用TDA对排名前20的关键词年度变化进行了可视化分析，如图21所示。可以发现，近十年来，诉讼法研究整体保持平稳，研究热点分布较为均匀。有关刑事和解的研究一直是近十年来的研究热点，尤其在2009年~2018年的前五年间，研究热度居高不下，2013年实施的修改后的《刑事诉讼法》对刑事和解的公诉案件诉讼程序进行了专门规定；2014年以后研究热度相对较低一些。从图中可以看出，非法证据排除规则、非法证据排除、非法证据等关键词不仅是高频关键词，而且出现频次整体呈现递增状态，可知关于非法证据排除的研究热度逐年递增。公益诉讼的研究热度居高不下，2012年修订的《民事诉讼法》首次确立了民事公益诉讼制度，2013年修订的《消费者权益保护法》确定了消费者权益保护公益诉讼的主体，2015年开展试点工作，2017年检察机关提起公益诉讼明确写入《民事诉讼法》和《行政诉讼法》。公益诉讼的实践及其完善一直是公益诉讼研究的动力，从2012年起，公益诉讼研究开始持续增长，2016年稍稍有所回落。证明标准、证明责任相关研究也是持续的研究热点。证明标准层次化、位阶、完善以及各阶段证明标准等都是研究关注点。证明责任的倒置、分配、转换、分割等有关证明责任制度的研究也是重要研究方向。

表 6 2009 年～2018 年诉讼法研究关键词频次 TOP20 年度变化

序号	关键词 / 时间	2009 年	2010 年	2011 年	2012 年	2013 年	2014 年	2015 年	2016 年	2017 年	2018 年
1	民事诉讼	43	33	41	31	23	19	34	25	24	13
2	刑事诉讼	19	31	22	24	33	24	32	36	19	17
3	行政诉讼	22	22	18	19	32	29	33	26	20	20
4	被告人	28	31	27	24	15	13	12	18	14	14
5	刑事和解	32	39	25	21	24	19	6	9	6	2
6	证明标准	14	18	16	11	19	25	14	18	20	16
7	公益诉讼	12	17	11	20	26	21	26	13	11	13
8	刑事诉讼法	12	12	8	38	23	20	11	18	11	14
9	证明责任	21	17	19	17	19	15	11	16	8	7
10	司法机关	25	19	12	24	14	15	14	11	5	1
11	非法证据排除规则	5	15	16	11	14	13	14	11	12	10
12	非法证据排除	3	7	8	12	15	19	18	12	14	12
13	完善	12	6	16	22	15	13	14	7	5	3
14	刑讯逼供	13	22	7	8	13	14	17	1	8	4
15	非法证据	4	14	11	14	16	9	16	5	10	7
16	证据	12	9	10	11	8	12	10	12	14	5
17	环境公益诉讼	7	12	3	6	10	7	13	15	9	7
18	辩护律师	6	10	6	6	13	14	10	4	8	7
19	民事诉讼法	9	8	16	12	8	5	10	4	8	2
20	刑事司法	7	9	12	7	6	8	9	9	7	7

（3）高频关键词共现分析

通过对所分析文献的高频关键词进行关联可视化分析（图 21），得到目前诉讼法研究领域的关键研究方向。该图是利用 Gephi 通过高频关键词共现矩阵绘制的关键词共现关系图。图中节点和标签的大小表示该关键词出现频次的高低，出现频次越高，节点和标签字体越大；连线的粗细表示两个关键词共现的频次，共现频次越高，两个关键词之间的连线越粗。从图中可以看出，目前诉讼法研究的主要方向有：[4~7]（1）以非法证据排除规则研究为中心，通过完善和构建非法证据排除的相关制度，解决律师申请排除非法证据的困难，抑制非法取证的发生，尊重和保障犯罪嫌疑人、被告人的人权，尤其包括未成年犯罪嫌疑人的非法证据排除适用。（2）以审判为中心的诉讼制度改革，重点包括非法证据排除规则的贯彻落实，刑事证明标准的内涵、适用，以及证明责任制度研究，以期防止执法机关及其工作人员企图通过非法取证提高办案效率的行为，减少冤假错案。（3）基于民事诉讼证据制度研究，分析互联网诉讼研究中电子证据的认证规则和司法实践。（4）以检察机关公益诉讼制度研究为核心，重点关注民事公益诉讼中的环境公益诉讼和消费者公益诉讼以及行政公益诉讼。（5）将被告人-被害人关系置于刑事诉讼中心的刑事和解制度研究。

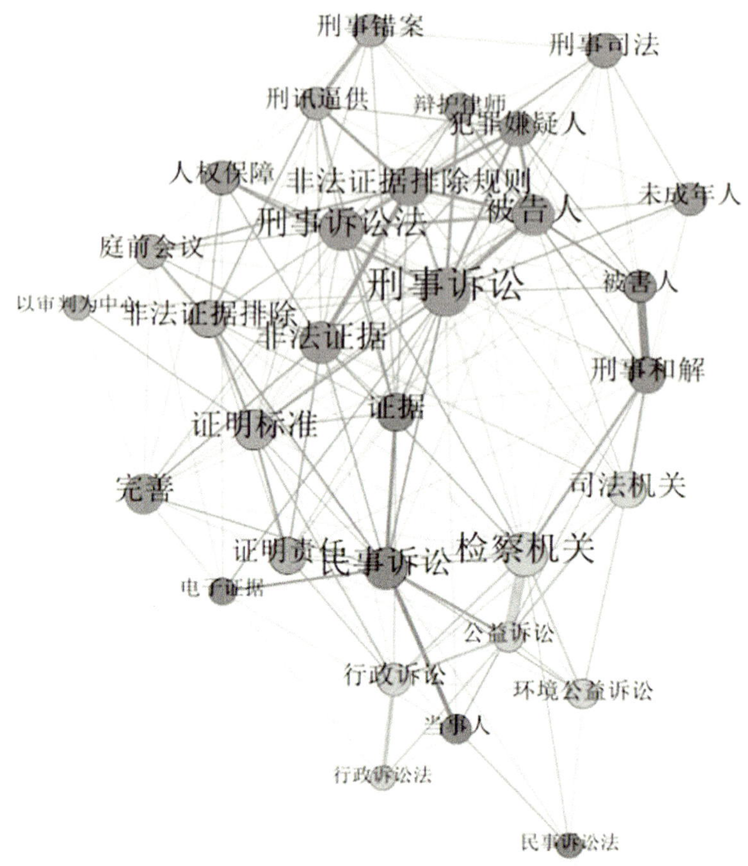

图 21　2009 年～2018 年诉讼法研究前 20 个关键词共现关系图

4　结论

通过对中国政法大学、中国人民大学、北京大学、清华大学、华东政法大学、武汉大学、西南政法大学诉讼法研究领域的相关文献进行统计分析，本文对国内诉讼法研究的研究力量和大致研究方向有了文献计量层面的认识。基于文献计量分析，本文对诉讼法研究有以下几个方面的认识：

（1）中国政法大学诉讼法学领域发文量整体呈现稳态发展趋势。中国政法大学法学领域核心论文发文占比与诉讼法学领域的核心论文发文占比高于全国法学领域的核心论文发文占比，增长迅速。中国政法大学诉讼法领域的期刊发文多集中于刑事诉讼法研究领域，一半以上的诉讼法论文关注刑事诉讼法研究。

（2）中国人民大学、中国政法大学、北京大学、清华大学、华东政法大学、武汉大学、西南政法大学七所高校中，在诉讼法研究领域，中国政法大学发文量最高，其次是西南政法大学，华东政法大学位居第三。在发文影响力方面，北京大学、清华大学、中国人民大学的影响力较高，中国政法大学的发文规模虽然遥遥领先，但论文影响力有待进一步提高。

（3）中国政法大学是国内诉讼法研究合作中最重要的合作机构，中国人民大学次之。各高校合作呈现出区域性特点，总体分为南方与北方两大区域，南北地区的高校合作仍有一定的进步空间。

（4）诉讼法学的主要研究内容是刑事诉讼法学研究内容，其次是民事诉讼法学研究和行政诉讼法学研究内容。诉讼法学研究目前主要关注刑事和解、非法证据排除规则研究、公益诉讼研究等。主要关注的研究方向包括完善和构建非法证据排除相关制度研究、以审判为中心的诉讼制度改革、民事诉讼证据制度研究以及检察机关公益诉讼制度研究等。

参考文献：

[1] 刘启元、叶鹰："文献题录信息挖掘技术方法及其软件 SATI 的实现——以中外图书情报学为例"，载《信息资源管理学报》2012 年第 1 期。

[2] 高娟、王静芬："基于 TDA 和 CiteSpace 的文献计量分析——以人工智能的应用研究为例"，载《内蒙古科技与经济》2019 年第 12 期。

[3] 刘勇、杜一：《网络数据可视化与分析利器：Gephi 中文教程》，电子工业出版社 2017 年版。

[4] "福建省法学会诉讼法学研究会 2018 年年会综述"，载《福建法学》2019 年第 1 期。

[5] 卞建林、陶加培："新时代刑事程序法治研究新发展——2018 年刑事诉讼法学研究综述"，载《人民检察》2019 年第 2 期。

[6] 汤维建："新突破　新拓展　新发现——2018 年民事诉讼法学研究综述"，载《人民检察》2019 年第 3 期。

[7] 拜荣静："刑事诉讼法学研究的变迁与展望"，载《政法论坛》2019 年第 5 期。

2018 年高水平法学研究的一些形式特点
——基于三大期刊法学论文统计的分析

曹 明*

南京大学法学院图书馆

摘 要：本文选取 2018 年《中国社会科学》、《法学研究》和《中国法学》三大最具权威期刊所发表的法学研究论文为样本，通过三大期刊的载文量、载文长度以及所发表论文的地区分布、活跃机构、活跃作者、合作研究、关键词等方面的统计和分析，结合 2009 年以来三大期刊所反映出来的法学研究特点，评述其中所反映出来的 2018 年高水平法学研究活动的一些形式特征。

关键词：法学研究活动；三大期刊；数据分析；研究现状；研究热点

分类号：D90

通过论文来度量一个国家的科学研究的质量和水平，是在科技评价研究与实际中获得广泛应用的定量指标之一。其中，论文数量是度量科学研究的一个最基本、最常见的指标。[1] 自 2009 年以来，相关文献[2]一直着眼于通过论文来描述和揭示高水平法学研究活动，即通过对最具权威期刊上发表的法学研究论文数量进行统计、分析，试图清楚描绘和准确把握高水平法学研究活动的基本状况和态势。本文是这一研究的延续，即通过定量与定性相结合的方式，描述、揭示和分析高水平法学研究活动在 2018 年展现出来的基本态势和发展状况。

1 样本来源与数据的选取

本文无意于介入“核心期刊”的纷争，也无意于界定“高水平法学研究成果”，因而仅从形式上选取了权威性最没有争议的三大期刊，即选取《中国社会科学》中的法学研究论文（以下简称《中国社会科学》）以及《法学研究》和《中国法学》三种最具权威期刊中的法学研究论文为统计样本，目的在于通过对最具有权威性、典型性、代表性样本的统计和分析，描述和揭示 2018 年具有引领性质的法学研究活动的一些表征特点，进而为描述和揭示 2018 年法学研究活动的一些基本特征和动态、趋势提供一些参考。

经统计，2018 年《中国社会科学》共发表法学相关研究论文 21 篇，另有 2 篇与法学相关的专题研究；《法学研究》和《中国法学》分别发表论文 69 篇和 88 篇。另外，《中国法学》每期均有 1 篇“中国法学纪事”，成为其办刊特色之一。一个很有意思的现象是，“笔谈”曾经是《法学研究》坚持了多年并且很有特色的一种刊物特质，但从 2016 年开始不再秉承和坚持；《中国法学》在 2016 年、2017 年推出“笔谈”后，2018 年也不再继续推出。对于期刊研究而言，这是一种很值得观察、分析和跟踪的现象，但不是本文的观察重点。由于“纪事”不属于真正意义上的研究论文，因此没有将其计入统计数据之中。

据此，2018 年三大期刊纳入统计范围内的法学研究论文共有 180 篇，除特别说明外，本文即以该 180

* 作者简介：曹明（1965~），男，江苏南京人，副研究馆员，研究方向：法律文献研究、法律图书馆研究。通讯作者邮箱：caoming@nju.edu.cn。

篇法学研究论文为依据，进行相应的统计和分析。

2　统计与分析

2.1　载文量

期刊的载文量是反映期刊信息含量的重要指标，也是最基础的一个指标，其他指标或直接或间接都与载文量指标有关。尤其是对于综合性期刊或多学科期刊，某一学科的载文量和载文长度直接关系到该学科的信息含量。

表 1　2018 年三大期刊载文情况

	论文总数（篇）	期均论文数（篇）	最大篇幅（页）	最小篇幅（页）	平均篇幅（页）
中国社会科学	23	1.92	26	10	21.82
法学研究	69	11.50	21	12	17.87
中国法学	88	14.67	28	14	20.30

《中国社会科学》（月刊）2018 年共发表法学研究论文 23 篇，其中包括 2 篇与法学相关的专题研究，论文总数与 2017 年持平。在 23 篇论文中，论文最大篇幅是 26 页，最小篇幅 10 页，论文最小篇幅有较大幅度减少。但如果排除 2 篇专题研究，只按照正式论文计算，论文的最小篇幅是 18 页，与 2017 年的最小篇幅持平。从论文的平均篇幅来看，2018 年大体上与 2017 年持平，但如果只计算正式论文，平均篇幅则增至 22.67 页，较 2017 年有所增加。

《法学研究》和《中国法学》都是双月刊，两刊 2018 年分别发表了 69 篇和 88 篇论文。《法学研究》的发文量较 2017 年增加了 1 篇，《中国法学》则减少了 2 篇。与之相对应的是，《法学研究》的最大篇幅、平均篇幅均有所降低，而《中国法学》的最大篇幅、最小篇幅、平均篇幅均有所增加。但总体来看，两刊的年发文量以及论文的篇幅方面基本处于比较稳定的状态。

从载文量情况来看，三大期刊均保持了一个较低的载文量水平，且没有大起大落，保持了一种比较稳定的办刊状态。从论文篇幅的情况来看，三大期刊均保持在一个比较高的水平，使得单篇论文可以有比较充分地系统阐述、深入讨论的空间，从而保证论文的学术质量和学术水平，进而保证了期刊的高质量、高水平。

2.2　地区分布

三大期刊论文来源的地区分布，可以反映三大期刊论文的覆盖面，但更重要的是可以反映高水平法学研究活动的区域特征，有助于了解高水平法学研究活动的区域分布、区域活跃程度及区域竞争力。

作者标注的单位或机构有多种情况，为统一统计口径，均按第一作者所在省市或地区进行统计；作者标注出现 2 个及以上单位，且标注单位出现 2 个及以上省市或地区，均按第一标注省市或地区进行统计；国家 2011 计划“司法文明协同创新中心”以牵头高校中国政法大学所在地北京进行统计。以“课题组”等名义出现的集体作者，如其成员来自同一省市或地区，则计入该同一省市或地区；如成员来自不同省市或地区，则按“跨地区”进行统计。

表2　三大期刊所载论文第一作者所在地区分布情况

地区	论文数	所占比例	地区	论文数	所占比例	地区	论文数	所占比例
北京	67	37.22%	吉林	5	2.78%	福建	1	0.56%
上海	28	15.56%	四川	5	2.78%	贵州	1	0.56%
湖北	19	10.56%	重庆	5	2.78%	河南	1	0.56%
江苏	13	7.22%	湖南	4	2.22%	江西	1	0.56%
广东	9	5.00%	山东	3	1.67%	云南	1	0.56%
浙江	8	4.44%	陕西	3	1.67%			
			辽宁	2	1.11%			
			天津	2	1.11%	跨地区	2	1.11%

总体来看，2018年地区分布的大的基本格局没有明显变化，整体上延续了地域分布极不均衡、地区社会科学生产力差异大[3]的格局特征。北京以及上海、湖北、江苏依然是高水平法学研究活动最为活跃的省市。2018年共有19个省市在三大期刊上有论文发表，比2017年增加了4个。其中，连续两年都有论文发表的省市有14个。说明2018年高水平法学研究活动的区域有所扩散。与2017年相比，陕西、贵州、河南、江西、云南是新出现的省份，安徽是唯一没有继续在三大期刊上发文的省份。

从地域角度来看，2018年高水平法学研究活动也表现出一些新的特点。

（1）2018年北京发文数比2017年有较大幅度减少，由90篇减至67篇，是2009年以来发文数最少的年份之一，所占比例则创出新低，只占37.22%。但从全国来看仍处于最高水平。毋庸置疑，北京在高水平法学研究活动中有着巨大的地域优势和领先水平，但2018年北京发文数比较显著地减少，至少说明北京以外地区在这一年高水平法学研究活动的活跃程度有所增加，北京的竞争压力在加大。

（2）北京以外区域中，江苏、上海、湖北具有比较明显的竞争优势，尽管位次互有变化，但自2009年以来，该3省市始终位列于北京以外地区的前三，具有相对的区域竞争优势。2018年这种区位竞争格局在质的方面大体上仍然延续着原有的基调，但在量的方面还是有一些变化的亮点。首先，上海的发文数达到了2009年以来的最大值28篇，比2017年的16篇有了大幅增加，在区域占比中超过了15%，这是2009年以来北京以外区域中的最高比例，也是北京以外地区首次超过15%，对于高水平法学研究活动的区域竞争性增强具有重要意义。此外，湖北的发文数也较2017年有较大幅度增加，由13篇增加到19篇，占比超过了10%。在北京以外地区中，上海和湖北的占比均超过了10%，这种情况自2009年以来并不多见，上海和湖北具有很强的竞争实力。在这一阵营中，江苏是唯一发文数有所减少的省份，发文数由2017年的16篇小幅减至13篇。尽管发文数依然可以保证江苏处于这一阵营，但与上海、湖北的差距有所加大。2018年北京发文数的减少，很大程度上是上海和湖北发文数增加形成的局面。

除上海、湖北、江苏外，广东发文数较2017年微幅增加1篇，发文数达到9篇。自2014年以来广东发文数一直处于上升阶段，并在2018年达到了广东的最大发文数。此外，浙江发文数增至8篇，比2017年的3篇有了较大幅度增加，但从发文数的绝对数量来看也不足够大，且未达到浙江的较高水平。

另外，吉林、四川、重庆发文数都是5篇，其中吉林、四川的发文数较2017年都有小幅增加，重庆则由2017年的11篇较大幅度降至2018年的5篇，是除北京外的最大降幅。

（3）发文数在5篇以下的有10个省市，湖南、山东、辽宁、天津、福建都是继2017年后继续在2018年有高水平法学研究成果发表的省市，其中除湖南小幅增加2篇外，其他4省市的发文数均有减少。

陕西、贵州、河南、江西、云南是2018年新出现的有高水平法学研究成果发表的省份，其中，陕西发文数为3篇，属于增幅较大但绝对数量不大的情况。发表高水平法学研究成果省市的增加，扩大了高水平法学研究活动的面，客观上成为北京减少发文数的影响因素。

（4）2018年有2篇以“课题组”[4]名义发表的论文。其中，吕忠梅课题组成员分别来自北京、浙江、广东和福建；徐向华课题组成员分别来自上海和贵州。从作者所属地域角度来看属于“跨地区”的情况。

另外，2018年三大期刊中没有来自国外的高水平法学研究论文，也没有来自我国港澳台地区的高水平法学研究成果。

2.3　机构统计

机构统计的意义在于揭示机构在高水平法学研究活动中的成果产出状况、成果产出能力以及机构的活跃程度和竞争能力。

作者标注的机构存在多种情况，为统一统计口径，均按第一作者所在机构进行统计；第一作者标注2个及以上机构时，按第一个标注机构确定机构性质并进行统计；协同创新中心是一种多学科、多功能、多机构合作研究的新机制，有别于传统的机构性质，在机构统计中，作为一种独立的机构性质加以统计。

在这项统计中，由于作者在标注机构名称时存在不规范的情况，本文在统计时均进行了相应的统一标准化处理。此外，如果某机构发表的全部论文，其作者标注的都是同一机构，即按该同一机构进行统计，而不考虑标注机构所处的层级。如果全部论文作者标注了同一机构中的不同层级或同一机构中的并列机构，则按其上级机构名称统计，这种情况在政法院校的统计中显得尤为明显。

2.3.1　按机构性质统计

表3　三大期刊论文第一作者所在机构性质情况

机构性质	论文数（篇）	所占比例
高校	166	92.22%
研究机构	6	3.33%
学会	3	1.67%
国家机关	2	1.11%
编辑部	1	0.56%
创新中心	1	0.56%
检察院	1	0.56%

总体上来看，高校仍然是高水平法学研究论文最为主要的贡献者，高等院校一枝独大的格局没有变化。[5]但从机构性质的角度来看，2018年也出现了一些变化。

首先从“面”的角度来看，与2017年相比机构类型在2018年减少了1种，即2018年没有来自法院系统的高水平法学研究论文，这是2009年以来很少出现的情况。从另一个角度来说，高校、研究机构、学会、国家机关、编辑部、创新中心、检察院包括法院系统应该是高水平法学研究活动最基本的机构类型，但最稳定、最活跃的机构类型就是高校和研究机构，其他类型的机构由于发文数量非常少，很容易受到偶然因素的影响。

再从“点”的角度来看，与2017年相比，高校的高水平法学研究活动的活跃程度进一步提升，2018年共发表166篇论文，占全部论文的比例超过了92%，比2017年的86.19%有较大幅度提升，基本恢复到正常水平状态。高校在中国高水平法学研究活动中发挥着极其重要的引领和推动的主导作用。

与2017年相比，高校以外的其他类型机构的发文数均有不同程度减少，除研究机构有6篇论文发表外，其他类型机构的发文数均基本在3篇以下。总体来看，研究机构是高校以外最重要、也是最稳定的高水平法学研究成果的贡献者，其他类型的机构发文量都不大。

值得注意的是，2017年与“司法文明协同创新中心”相关的论文多达11篇，但2018年只有1篇论文作者标注的第一单位是“创新中心”，另有3篇论文的作者在第二单位中标注为“创新中心”。也就是说，2018年只有4篇论文与“创新中心”相关，与2017年相比减少的幅度很大。创新中心高水平法学研究成果产出的能力及持续性有待进一步观察。

2.3.2 机构发表论文的数量分布状况

机构发表论文的数量分布状况主要是考察论文数量分布与机构数量分布之间的关系，进而为确定活跃机构以及机构的活跃程度提供一个宏观的视角。

经统计，2018年共有61个机构有论文发表，比2017年增加了6个。

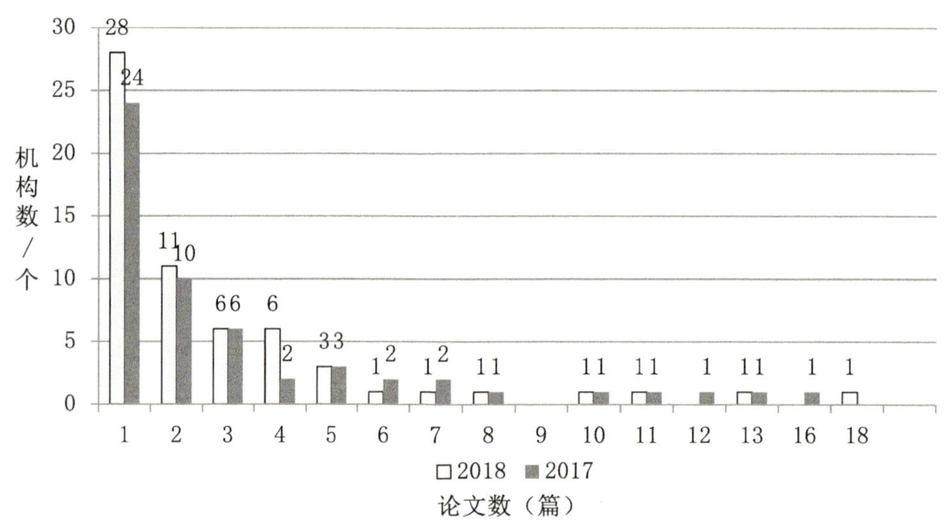

图1 论文数与机构数关系

从图1机构发文数的分布来看，2018年发表5篇以上论文的机构数在减少，由2017年的10个减至7个，发文数也由96篇减少到73篇，有较大幅度减少。这说明，2018年高水平法学研究中发表5篇以上论文的难度在加大。换言之，活跃机构的活跃程度有所降低。再结合2018年发文的机构数有所增加来看，可以说，发文数在5篇以下的机构侵蚀了活跃机构发表论文数量上的空间。这是三大期刊考虑了来稿分布因素还是机构高水平法学研究活动全面活跃，还需要进一步观察。

从图1还可以观察到，发表5篇以下论文的机构数，尤其是发表4篇和1篇的机构数分别增加了4个。与2017年相比，发表5篇以下论文的机构数由42个增加到了51个，但发文数却由70篇较大幅度地增加到了92篇。这也进一步印证了前述观点，即发文数在5篇以下的机构侵蚀了活跃机构发表论文数量上的空间。换言之，2018年机构之间在高水平法学研究中的竞争更加激烈。

2.3.3 活跃机构统计

对于研究机构，尤其是活跃机构，其学术生产能力以及重点研究机构分布大体上没有特别大的变化。[6]但具体到某一个年份，会出现一些亮点或者是一些时间性很强的特征。

表 4　发表 5 篇及以上论文的活跃机构情况

机构名称	论文数（篇）	机构名称	论文数（篇）	机构名称	论文数（篇）
中国人民大学	18	清华大学法学院	8	北京大学法学院	5
中国政法大学	13	上海交通大学	7	吉林大学法学院	5
中南财经政法大学	11	中国社会科学院法学研究所	6	西南政法大学	5
华东政法大学	10				

表 4 统计了 2018 年在三大期刊发表 5 篇及以上论文的高产机构，并将该类机构定义为活跃机构。2018 年活跃机构第一个变化是活跃机构数量的减少。2018 年发文的机构数共有 10 个，比 2017 年减少了 3 个。在 10 个活跃机构中，有 8 个是 2017 年的活跃机构，包括 4 个政法大学以及中国人民大学、清华大学、北京大学、社科院法学研究所，据此可以认为活跃机构的基本格局变化不大。上海交通大学和吉林大学法学院 2018 年论文数分别为 7 篇和 5 篇，是新晋活跃机构阵营。北京师范大学、南京师范大学法学院、司法文明协同创新中心、武汉大学法学院和南京大学法学院 5 家机构发文数均在 5 篇以下，跌出了活跃机构行列。

第二个变化是论文数增加的活跃机构数在减少。2018 年只有中国人民大学、中南财经政法大学、华东政法大学的发文数在增加，且增幅相对也比较小。3 所高校的发文数分别比 2017 年增加了 6 篇、6 篇和 4 篇。中国人民大学发文数达到 18 篇，虽然自 2009 年以来不算特别高的发文数，但在 2018 年是最高的发文数，成为 2018 年高水平法学研究活动最活跃的机构。中南财经政法大学和华东政法大学的活跃度也较 2017 年有所增加。另外，中国政法大学的发文数与 2017 年持平。新晋的上海交通大学和吉林大学法学院发文数较 2017 年分别增加了 6 篇和 1 篇，分别达到了 7 篇和 5 篇，也成为为数不太多的论文数有所增加的机构。

第三个变化是论文数减少的活跃机构数在增加。2018 年，北京大学法学院、西南政法大学、清华大学法学院、社科院法学研究所虽然仍处于活跃机构阵营，但发文数均有不同程度减少。其中，北京大学法学院的发文数减少的幅度最大，比 2017 年减少了 11 篇，2018 年发文数只有 5 篇，勉强保留在了活跃机构行列，这一发文数也创出了 2009 年以来的新低。除此之外，西南政法大学的发文数减幅也较大，发文数比 2017 年减少了 5 篇，这也直接影响到了重庆在区位竞争中的地位。另外，清华大学法学院、社科院法学所的发文数也有不同程度减少。如果再加上跌出活跃机构的 5 个机构，2018 年发文数减少的机构达到了 9 个。

2.3.4　作者统计

作者群是学术期刊的关键因素之一，通过分析作者群及作者的相关情况，有助于了解在高水平法学研究活动中作者群体情况以及作者发文情况、作者的活跃程度以及合作研究状况。

（1）作者职称统计

职称是衡量专业人员工作能力和学术水平的重要指标。尽管职称不能完全与个人的学术水平和学术能力挂钩，但职称从整体上来说仍然可以反映出作者的研究实力，是一种具有参考意义的指标。

表5　三大期刊所载论文第一作者职称分布

<table>
<tr><th>标注职称</th><th>作者数（人）</th><th>标准职称</th><th>论文数（篇）</th><th>所占比例</th></tr>
<tr><td>教授</td><td>108</td><td rowspan="2">教授级</td><td rowspan="2">115</td><td rowspan="2">63.89%</td></tr>
<tr><td>研究员</td><td>7</td></tr>
<tr><td>副教授</td><td>40</td><td rowspan="3">副教授级</td><td rowspan="3">46</td><td rowspan="3">25.56%</td></tr>
<tr><td>副研究员</td><td>4</td></tr>
<tr><td>副编审</td><td>2</td></tr>
<tr><td>讲师</td><td>10</td><td rowspan="3">讲师级</td><td rowspan="3">14</td><td rowspan="3">7.78%</td></tr>
<tr><td>助理教授</td><td>2</td></tr>
<tr><td>助理研究员</td><td>2</td></tr>
<tr><td>博士生</td><td>2</td><td>博士生</td><td>2</td><td>1.12%</td></tr>
<tr><td>副会长</td><td>2</td><td rowspan="2">不明</td><td rowspan="2">3</td><td rowspan="2">1.67%</td></tr>
<tr><td>委员；主任</td><td>1</td></tr>
</table>

三大期刊发表的论文中，有些职称标注不是很规范，有的是因为分属不同的职称序列，有的是分属不同性质的机构，也有的标注不明确。在职称统计中，有些作者标注了多个职称，也有标注了职级和职称的情况，为统一统计口径，均按第一作者标注的职称进行统计；在多个标注职称或职级中，按最明确的职称进行统计。同时将职称统一为教授级、副教授级、讲师级、博士生、不明等几种情况。需要特别说明的是，“不明”中最主要包含的是国家机关、法院、检察院系统，也包括将来有可能出现的其他序列，因为没有明确的“职称”，没有办法将其序列中的职级对应于统计中的职称，其中绝大部分甚至全部都是比较高的职级，但对于职称而言仍然是不明确的，因此仍将这一类归入“不明”中。由于“不明”的论文数不是很多，对各职称统计的影响不是非常大，本文对“不明”中的各种职级不再细分。

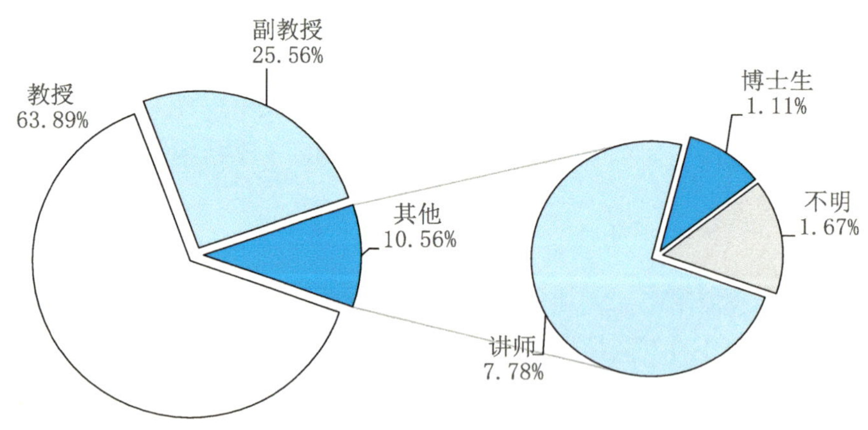

图2　三大期刊作者职称分布情况

图2显示，教授、副教授仍然是三大期刊最重要的作者群，所占比例分别达到了63.89%和25.56%，教授和副教授所占比例接近90%，比2017年有微幅回落。更准确地说，教授群体才是三大期刊最主要的作者群，教授作者群体在高水平法学研究活动中始终处于领先地位。这一基本格局没有变化。

与2017年相比，教授级作者的发文数有小幅回落，所占比例由66.30%小幅回落至63.89%，但副教授级和讲师级的作者发文数均有所上升，分别由2017年的23.76%和4.97%上升至25.56%和7.78%，成为2018年发文数有所增加的作者群体。其中，讲师级作者包括了讲师、助理教授、助理研究员，共发文14篇，如果再加上第二作者中的讲师和助理研究员作者，与讲师级相关的论文数达到16篇，展现出这一作者群体的研究活力。助理教授、助理研究员等职称形式的出现恐怕与各个机构实行的“科研岗”制度有关，这一群体的高水平法学研究能力及其持续性有待进一步观察。

总体而言，2018年教授、副教授作者群体仍然是三大期刊最主要的作者群体。教授作者群体发文比例的回落，为副教授、讲师作者群体的论文发表拓展了些许空间。但讲师级作者群体的不错表现，成为2018年的一个亮点。

（2）作者发文量统计

文献计量领域往往以发文量的多少来评价作者科学研究的学术能力和学术成就，尽管对这一指标作为评价标准有争议，但在最具权威性的期刊上发表专业论文的数量，应该与作者研究能力、研究水平有较高的正相关性。

2018年在三大期刊发表论文的第一作者有170人，第二作者9人，除第一作者外的课题组成员共7人，全部作者数为186人。在第一作者中，只发表1篇论文的作者有161人，发表2篇论文的作者有8人，发表3篇论文的作者有1人。与2017年相比，2018年发表2篇及以上论文的活跃作者数由10人小幅下降到9人。其中，发表3篇论文的特别突出作者数与2017年持平，均为1人；发表2篇论文的活跃作者共有8人，比2017年减少了1人。

表6　发表2篇及以上论文的活跃作者

活跃作者	职称	所在机构	论文数（篇）
左卫民	研究员；教授	国家2011计划“司法文明协同创新中心”；四川大学	3
柏浪涛	副教授	华东师范大学法学院	2
程雷	副教授；研究人员	中国人民大学刑事法律科学研究中心； 中国人民大学未来法治研究院	2
程啸	教授	清华大学法学院	2
钱玉林	教授	华东政法大学经济法学院	2
徐汉明	教授	中南财经政法大学	2
许多奇	教授	上海交通大学凯原法学院	2
朱孝清	教授	中国法学会	2
庄加园	教授	上海交通大学凯原法学院	2

表6列举了2018年在三大期刊发表2篇及以上论文的作者，在总共9位作者中，有教授、研究员共5人，副教授3人，副会长1人，教授群体无疑是活跃作者的主体。左卫民教授共有3篇论文发表，作者单位有2篇标注为四川大学，另有一篇标注为司法文明协同创新中心和四川大学，成为2018年在三大期刊上发文最多的作者。

在9位活跃作者中，除1位来自中国法学会外，其他8位基本都来自高校，可以看出高校仍然是最主要的活跃作者的来源机构。活跃作者中，来自华东政法大学的作者有2位，来自上海交通大学法学院的作者有2位，共有4位活跃作者来自上海。可见，上海在2018年能在发文数上有很大突破，与活跃作者的活跃程度的提高有很大关系。

（3）合作研究成果分析

论文合著现象是科学研究中的普遍现象，也是现代科学发展的必然趋势。合作研究活动的数量、内涵和质量也就成为一种重要的参考指标。

2018 年三大期刊发文数是 180 篇，其中合作研究成果只有 11 篇，较 2017 年小幅回落 1 篇。在 11 篇合作研究成果中，《中国社会科学》发表了合作研究成果 5 篇，《中国法学》发表了 4 篇，《法学研究》发表了 2 篇，合作率分别是 21. 74%、4. 55%、2. 90%。《中国社会科学》和《法学研究》的合作率有不同程度回落，《中国法学》则有 4 篇合作研究成果，较 2017 年有较大幅度增加，但绝对数量不大。比较来看，综合性人文社会科学权威期刊中的法学研究论文的合作率显然比专业性法学权威期刊的合作率高很多。

单纯从数据角度来看，《中国社会科学》与《法学研究》、《中国法学》的合作率数据的解释会有较大矛盾。综合性人文社会科学权威期刊《中国社会科学》中的法学研究成果显示出的较高的合作率数据，表示高水平法学研究中需要有较多的合作研究，总体超过了 20%；但专业性法学权威期刊《法学研究》和《中国法学》却呈现出很低的合作率数据，合作率不超过 5%甚至更低，似乎又在表示高水平法学研究活动最主要的方式仍然是研究者个人独立完成。这种数据上的矛盾，恐怕与“目前在法学学术评价体系内享有较高地位的专业核心期刊，有相当一部分对发表联署的合作论文持谨慎、不鼓励乃至排斥、抵制的态度”[7]不无关系。

但在独立作者完成的论文中，有 21 篇出现了致谢、特别说明等内容，感谢在论文完成过程中的贡献者，包括参与研讨者、资料的收集整理者、匿名评审人等，贡献的形式包括宝贵意见、修改意见、批评指正、评议、指导、帮助以及资料收集、整理、翻译、技术协助等，这从一个侧面反映出，即使是独立完成的研究成果，在其研究过程中很多得到不同人、不同方式的帮助，呈现出合作研究的影子。

表 7　合作研究作者情况

第一作者	职称	第一作者单位	第二作者	第二作者职称	第二作者单位
徐汉明	教授	中南财经政法大学	张新平	博士生	中南财经政法大学
万鄂湘	首席专家；教授	国家高端智库武汉大学国际法研究所	余晓汉	博士生；二级高级法官	武汉大学法学院；最高人民法院民四庭
朱新力	教授	浙江大学光华法学院	余军	教授	浙江大学光华法学院
石佑启	教授	广东外语外贸大学	杨治坤	副教授	广东外语外贸大学
张清	教授	扬州大学法学院	武艳	博士生	扬州大学法学院
高铭暄	教授；特聘教授	中国人民大学法学院；北京师范大学刑事法律科学研究院	孙道	博士后；讲师	北京师范大学刑事法律科学研究院
周仲飞	教授	中国浦东干部学院	李敬伟	副研究员	对外经济贸易大学国际经济研究院

续表

第一作者	职称	第一作者单位	第二作者	第二作者职称	第二作者单位
冯晓青	教授	中国政法大学民商经济法学院	付继存	助理研究员	中国政法大学民商经济法学院
房绍坤	特聘教授	吉林大学法学院	曹相见	讲师	山东农业大学文法学院
吕忠梅课题组	教授	清华大学法学院	吕忠梅　竺效　巩固　刘长兴　刘超	教授/教授/教授/副教授/教授	清华大学法学院；中国人民大学法学院；浙江大学光华法学院；华南理工大学法学院；华侨大学法学院
徐向华课题组	教授	上海交通大学	徐向华　石俏伟　林彦　卢飚	教授/法官助理/教授/主任	上海交通大学；上海第二中级人民法院；上海市杨浦区人民法院；上海交通大学；贵州省高级人民法院研究室

表 7 显示，从地域角度来看，同城同机构合作仍然是最主要的合作形式。在 11 篇合作研究成果中，有 7 篇属于同城合作完成的论文，而且都属于同机构合作完成的成果。4 篇属于跨城合作研究，包括 2 篇课题组完成的合作研究。其中，吕忠梅课题组 5 个成员来自 4 个不同的省市，从地域角度来说，属于难度较大的“跨地区”合作研究。

从合作研究的机构性质来看，11 篇合作研究成果中有 10 篇属于同性质机构合作，而且全部都属于大学与大学合作完成。真正属于不同性质机构之间的合作研究成果只有 1 篇，即徐向华课题组完成的合作研究成果，属于大学与法院系统合作完成的研究。

从合作研究成果的作者职称分析，教授无疑处于合作研究的中心地位。11 篇合作研究成果的第一作者的职称均为教授。其中，“老师带学生”模式占很大比重的格局有所改变。在 11 篇合作研究成果中，教授与博士生、博士后合作完成的研究成果有 4 篇，教授与讲师、助理研究员完成的合作研究成果有 2 篇。教授之间、教授与副教授之间的合作，比较明显地增多。2018 年教授之间合作完成的研究成果有 1 篇，教授与副教授、副研究员合作完成的论文各有 1 篇。另外，2 篇“课题组”完成的合作研究成果，基本也属于高级研究人员之间的合作研究。如果仅仅从职称的角度进行形式上的判断，2018 年真正意义上的合作研究正在增多，而且已经占了相当大的比重。

从合作研究规模角度来看，2018 年的合作研究规模总体上还是“两人合作”形式。在 11 篇合作研究成果中，“两人合作”完成的合作研究成果有 9 篇。合作研究规模比较大的是 2 篇以“课题组”名义完成的合作研究，“吕忠梅课题组”的课题组成员有 5 人，“徐向华课题组”的成员有 4 人，属于规模较大的合作研究。

2.3.5 基金论文统计

基金论文比常被看成是衡量期刊论文学术质量的重要指标。尽管对这一指标存在争议，但基金项目通常要经过比较严格的评审，选题的科学性和创新性、研究背景和技术手段以及研究团队的人员构成和研究能力等方面，往往比较有保障。因此，基金论文统计在揭示研究活动的形式特征中仍具有积极意义。

表 8　三大期刊基金论文统计

	论文总数（篇）	基金论文数（篇）	所占比例
中国社会科学	23	15	65.22%
法学研究	69	42	60.87%
中国法学	88	65	73.86%
合计	180	122	67.78%

表 8 统计显示，2018 年三大期刊共发表法学研究成果 180 篇，其中有 122 篇论文受到各种资金、项目的资助，占发文总量的 67.78%。这一比例较 2017 年的 58.56%有较大幅度回升。通过比较可以发现，三大期刊发表的论文中，除《中国社会科学》基金论文比由 69.57%小幅回落到 65.22%外，《中国法学》和《法学研究》的基金论文比都有不同程度的回升。其中，《法学研究》的基金论文比由 57.35%回升到 60.87%；《中国法学》则由 56.67%大幅上升到 73.86%。但无论如何，未受到基金、项目、课题等支持的高水平法学研究成果的发表空间在 2018 年受到了挤压，发表论文变得更难。

2.3.6　参考文献数

引文分析是一种重要的文献分析方法。法学研究中的引文有一定的特殊性，本文的目的只是从形式上揭示法学研究活动中的一些特点，因此只是简单地统计三大期刊发表论文的引文数量，不讨论引文的实质问题，且在统计引文数量时，仅统计了引文的条目数，而没有统计 1 条引文中的援引数量，也不区分引文条目中的内容。只是从一个简单的数量角度，揭示法学研究活动中论文、作者的信息吸纳能力。

表 9　三大期刊参考文献数情况

	论文总数（篇）	最大引文数（篇）	最小引文数（篇）	引文总数（篇）	篇均引文数（篇）
中国社会科学	23	123	19	1496	65.04
法学研究	69	141	21	4881	70.74
中国法学	88	143	17	5823	66.17
合计	180	143	17	12 200	67.78

表 9 统计显示，2018 年三大期刊法学论文的篇均引文量达到 67.78 篇，较 2017 年的 62.72 篇有小幅上升。与 2017 年相比，《中国社会科学》的篇均引文数从 67.83 篇微幅下降至 65.04 篇，《法学研究》和《中国法学》的篇均引文数则出现不同程度上升，分别从 2017 年的 67.90 篇和 57.51 篇上升至 70.74 篇和 66.17 篇。三大期刊参考文献指标中最突出的变化是最小引文数，2017 年最小引文数只有 7 篇，2018 年上升至 17 篇。从形式上来看，单篇论文需要参考、吸收更多的相关信息才能完成，可以从一个侧面反映出完成论文的难度在加大。

2.3.7　关键词统计

关键词是论文作者自行从论文中提取、标注、表达论文内容的词，属于非规范词。尽管关键词的统计严格意义上来说并不必然反映研究内容的主题，也不能简单地说关键词分析可以揭示研究活动的热点、动向和趋势，但至少可以说是在形式层面上更多反映内容的一种指标。此外，关键词是作者本人从论文中概括出来的词，最能准确反映作者的研究意图和作者研究突破的重点、关键点，即使是专业人员也很难达到这样的标引精度和深度，因此，关键词分析应该是更接近于内容层面上的分析。

在2018年三大期刊总共180篇论文中，《中国社会科学》上有2篇专题研究没有提供关键词，[8]提供关键词的论文总数是178篇。在全部178篇论文中有176篇采用3个~5个关键词，采用6个关键词的只有2篇。

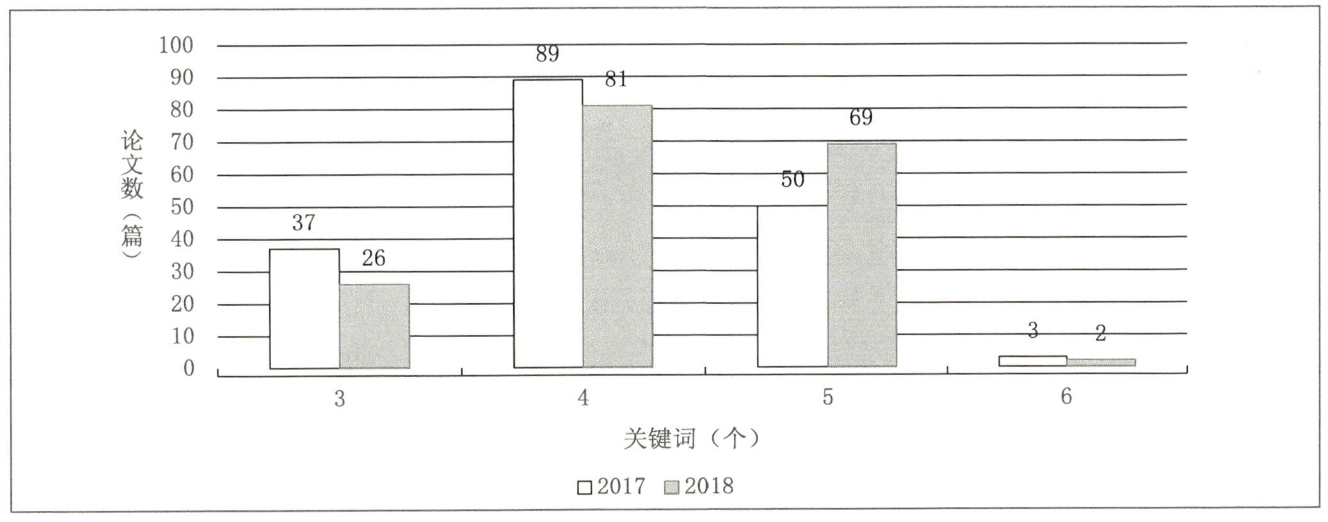

图3 关键词数量分布

图3显示，2018年的关键词分布更多向4个和5个关键词集中，采用3个关键词的论文数下降比较明显，采用5个关键词的论文数有较大幅度增加。这可以说明，在一般情况下，3个~5个关键词能够满足绝大部分法学研究论文对论文内容关键部分的揭示，但2018年的论文需要用更多的关键词才能概括论文内涵。

关键词统计中，由于选取关键词主要是作者的主观判断和习惯，而且法学研究中词的内涵非常丰富，因而在统计时没有将含义相同或相近的词进行去重处理。2018年三大期刊发表的有关键词的178篇论文共有关键词697个，共出现759次，平均每篇论文含有4.26个频次关键词，含有3.92个关键词。相较2017年，关键词的数量、出现的频次等均有微幅增加。总体来看，2018年三大期刊上发表的法学研究论文延续了前几年的基本格局，研究论文涉及的领域非常宽泛。

表10 未经人工处理的出现2次以上的关键词

关键词	词频	关键词	词频	关键词	词频
个人信息	6	规范性文件	2	涉外民事关系法律适用法	2
大数据	6	国家治理体系	2	实行犯	2
法治	5	合宪性审查	2	数据	2
司法改革	5	技术侦查措施	2	税收构成要件	2
比例原则	3	劳动法	2	私人自治	2
个人信息保护	3	民法典	2	庭审实质化	2
监管科技	3	民法总则	2	土地经营权	2
金融科技	3	权力清单	2	网络社会	2
民法基本原则	3	权利客体	2	网络治理	2
全球治理	3	人工智能	2	文义解释	2
诚信原则	2	人类命运共同体	2	信义义务	2

续表

关键词	词频	关键词	词频	关键词	词频
党内法规	2	认罪认罚	2	以审判为中心	2
法律效力	2	任意撤销权	2	证据使用	2
风险治理	2	商品化权	2	证明标准	2

表 10 列举了未经人工处理的出现 2 次及以上的关键词，共有 42 个，较 2017 年的 33 个有所增加，说明 2018 年三大期刊关注的关键词更加宽泛。“个人信息”和“大数据”作为关键词各出现了 6 次，是 2018 年最受关注的关键词。出现 5 次的关键词有 2 个，分别是“法治”和“司法改革”，是 2018 年受关注度比较高的关键词；比例原则、个人信息保护、监管科技、金融科技、民法基本原则、全球治理 6 个关键词各出现 3 次，也受到比较多的关注；另外，出现 2 次的关键词有 32 个，出现 1 次的关键词有 655 个。

从词频角度来看，“个人信息”无疑是出现最多的关键词之一，共出现 6 次，也就意味着有 6 篇论文将该词作为关键词。6 篇文章中有 5 篇出自《法学研究》，有 1 篇出自《中国社会科学》，可见 2018 年《法学研究》对“个人信息”方面研究的重视。《中国法学》论文中虽然没有直接以“个人信息”标注的关键词，但出现了与之相关的关键词“个人信息保护”“个人信息安全规范”等。与“个人信息”相关的关键词还包括：侵犯公民个人信息罪、个人信息保护、个人信息保护法、个人信息控制权、个人信息社会控制等。可以说，“个人信息”是三大期刊 2018 年共同关注的热点。

另一个出现最多的关键词是“大数据”，也有 6 篇论文将“大数据”作为关键词。6 篇论文中三大期刊各有 2 篇以“大数据”为关键词的论文。与该词相关的关键词还有：大数据法律研究、大数据侦查、大数据时代。“大数据”成为三大期刊 2018 年共同关注的另一个热点。

共词分析方法主要是通过对能够表达某一学科领域研究主题或研究方向的专业术语共同出现在一篇文献中的现象分析，判断科学领域中主题间的关系，从而展现该学科的研究内容与结构。[9] 共词分析可以通过关键词之间的连接以及连接强度，分析关键词覆盖的研究范围以及关键词关联的主流与分支，对启发、拓展研究思路、研究领域以及掌握研究重点、热点，都有非常重要的意义。本文通过 SATI[10] 构成关键词矩阵，运用 UCINET[11] 对 2017 年三大期刊上的关键词进行可视化[12] 呈现。

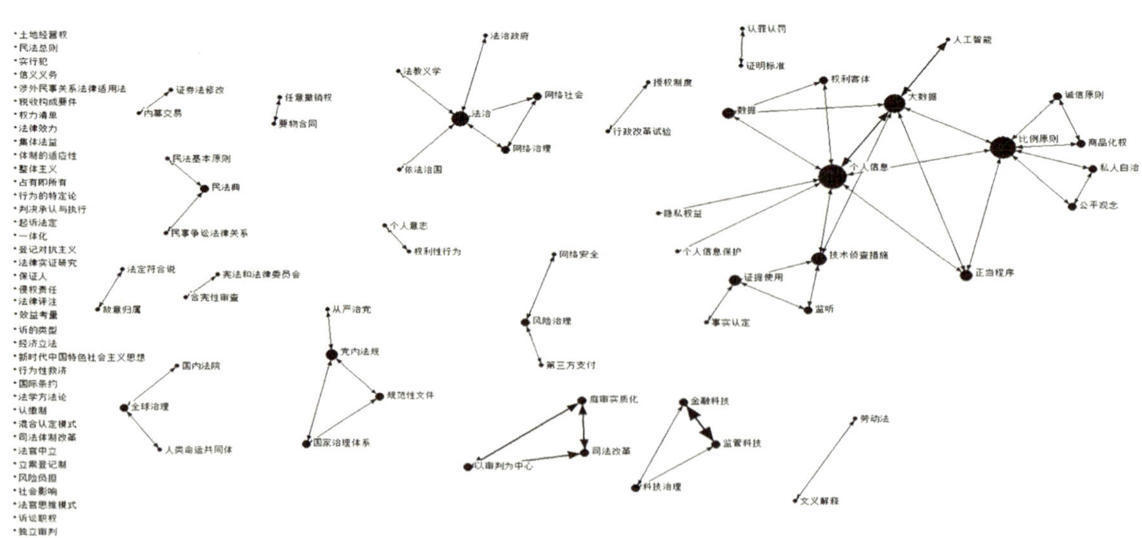

图 4　关键词构成的共现网络

图4是2018年三大期刊法学研究论文100＊100关键词矩阵构成的关键词共现网络。总体来看，2018年关键词共现网络比较分散，网络规模比较小，孤立的点比较多，说明关键词不集中，讨论的问题相对比较分散、独立。最大的关键词共现网络是以“个人信息”为中心构成的网络。相对比较大的网络，还有以“法治”“党内法规”为中心构成的网络。“法治”网络中的关键词包括：法教义学、依法治国、法治政府以及网络社会、网络治理构成的关键词网络。“党内法规”网络中的关键词包括：从严治党、规范性文件、国家治理体系构成的网络。另外，还有几个规模较小的共现网络，包括：以“民法典”为中心，以民法基本原则、民事争讼法律关系为关键词构成的网络；以“全球治理”为中心，以国内法院、人类命运共同体为关键词构成的网络；以“风险管理”为中心，以第三方支付、网络安全为关键词构成的网络。

从词频角度来看，2018年“个人信息”和“大数据”是出现频率最高的关键词，各出现6次，由这2个关键词为中心构成的关键词共现网络也是2018年最大的网络。

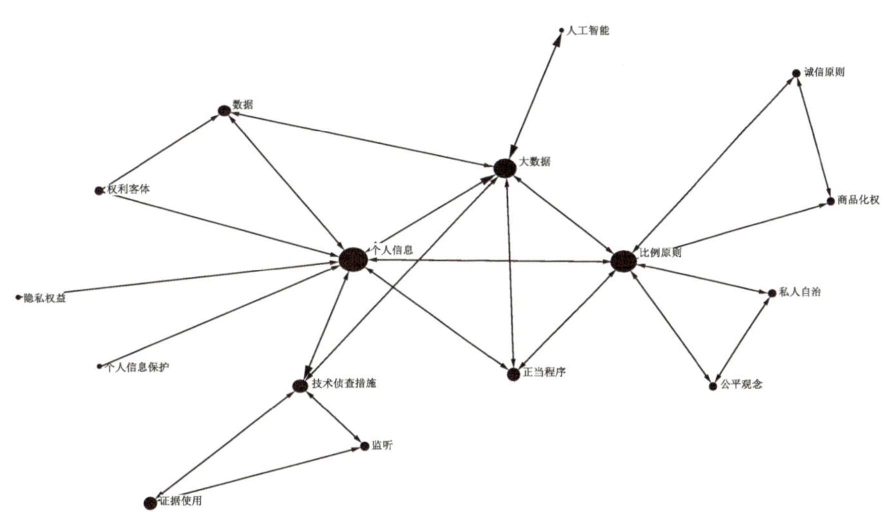

图5 关键词“个人信息”和“大数据”构成的关键词共现网络

从图中可以看出，关键词“个人信息”与大数据、人工智能是联系强度最强的3个关键词；“个人信息”涉及的面较为广泛，包括：大数据、比例原则、正当程序、技术侦查措施、隐私权益、个人信息保护、权利客体、数据。从网络点度中心性来看，“比例原则”是网络中另一个比较关键的关键词，与之相关的关键词还包括：大数据、个人信息、正当程序以及私人自治、公平观念、商品化权、诚信原则。可以看出，“比例原则”讨论的内涵在2018年有所拓展。

3 基本结论

通过对2018年三大期刊高水平法学研究论文的统计和分析，可以总结、归纳出以下基本结论，尽管这些研究在很多方面仍然需要挖掘，或者说仍然值得挖掘。

从期刊本身来看，三大期刊的载文量以及所载论文的篇幅，均保持着一种“较低载文量但较大篇幅”的基本形态，这一基本形态2018年没有改变。

从所载论文的地域构成来看，地域不均衡性以及地域竞争的基本格局没有改变。但北京发文数明显减少、上海发文数较大幅度增加以及发文省份增加、跨地区情况的出现，都成为2018年的新特点。

从所载论文的机构角度来看，高校“一枝独大”的格局没有变化，但法院系统没有发文是2018年的一个变化；2018年另一个特点是机构的活跃程度有所降低、但发文机构数有所增加；中国人民大学、中国政法大学、中南财经政法大学是2018年发文数超过10篇的最活跃机构。

从作者构成角度来看，教授、副教授级作者是三大期刊最主要的作者群体，这一基本形态没有变化，但2018年讲师级作者群体的活跃性有所增加；从作者合作研究的角度来看，合作研究的基本形态没有变化，法学专业学术期刊合作研究偏少、综合性期刊中法学合作研究较多的基本形态也没有变化；左卫民教授是2018年唯一发文数达到3篇的最活跃作者。

从基金论文比来看，获得各种资助支持的论文所占比例在2018年有较大幅度回升。

从论文的参考文献数来看，参考文献数量仍然保持在一个比较大的数量级，并且在2018年还有所增加，证明高水平法学研究论文需要一个较大的文献数量作为研究支撑。

从关键词数量构成来看，关键词数量保持在3个~5个数量级的基本状况没有改变，但2018年出现了向4个、5个集中的现象；另一方面，“研究领域宽泛”的基本格局也没有改变，2018年甚至有更加宽泛的迹象；此外，“个人信息”和“大数据”是2018年的热词；但讨论的问题比较分散、独立，由“个人信息”和“大数据”等关键词构成的网络是2018年最大的关键词共现网络。

参考文献

[1] 贺德方：“中国高影响力论文产出状况的国际比较研究”，载《中国软科学》2011年第9期。

[2] 本文所引用的相关数据参见曹明：“2009年法学研究的一些形式特点——基于三大期刊法学论文统计的分析”，载《法律文献信息与研究》2010年第2期。曹明：“2010年法学研究的一些形式特点——基于三大期刊法学论文统计的分析”，载《法律文献信息与研究》2011年第1期。曹明：“2011年法学研究的一些形式特点——基于三大期刊法学论文统计的分析”，载《法律文献信息与研究》2012年第1期。曹明：“2012年法学研究的一些形式特点——基于三大期刊法学论文统计的分析”，载《法律文献信息与研究》2014年第1期。曹明：“2013年高水平法学研究的一些形式特点——基于三大期刊法学论文统计的分析”，载《法律文献信息与研究》2014年第Z1期。曹明：“2014年高水平法学研究的一些形式特点——基于三大期刊法学论文统计的分析”，载《法律文献信息与研究》2015年第Z1期。曹明：“2015年高水平法学研究的一些形式特点——基于三大期刊法学论文统计的分析”，载《法律文献信息与研究》2016年第1期。曹明：“2016年高水平法学研究的一些形式特点——基于三大期刊法学论文统计的分析”，载《法律文献信息与研究》2017年第Z1期。曹明：“2017年高水平法学研究的一些形式特点——基于三大期刊法学论文统计的分析”，载《法律文献信息与研究》2018年第1期。

[3] 曹明：“2009年~2013年高水平法学研究论文产出的地域格局——基于三大期刊法学论文统计的分析”，载北大法律信息网组编：《专业源于热爱：北大法律信息网文萃（2013~2014）》，北京大学出版社2014年版。

[4] 吕忠梅课题组、吕忠梅等：“‘绿色原则’在民法典中的贯彻论纲”，载《中国法学》2018年第1期。徐向华课题组：“审判委员会制度改革路径实证研究”，载《中国法学》2018年第2期。

[5] 曹明：“2016年高水平法学研究的一些形式特点——基于三大期刊法学论文统计的分析”，载《法律文献信息与研究》2017年第Z1期。

[6] 曹明：“2009年~2013年高水平法学研究论文产出的机构格局——基于三大期刊法学论文统计的分析”，载北大法律信息网组编：《信念超越热爱：北大法律信息网文萃（2014~2015）》，北京大学出版社2015年版。

[7] 戴昕：“联署发文、合作研究与法学学术品质的提升”，载《中国法律评论》2017年第2期。

[8] 王利明：“新时代中国法治建设的基本问题”，载《中国社会科学》2018年第1期。徐显明：“中国法理学进步的阶梯”，载《中国社会科学》2018年第11期。

[9] 董伟：“国内近十年数字图书馆领域研究热点分析——基于共词分析”，载《图书情报知识》2009年第5期。

[10] 刘启元、叶鹰：“文献题录信息挖掘技术方法及其软件SATI的实现——以中外图书情报学为例”，载《信息资源管理学报》2012年第1期。

[11] Borgatti S. P., Everett M. G., Freeman L. C., *Ucinet VI for Windows: Software for Social Network Analysis*, Harvard, MA: Analytic Technologies, 2002.

[12] Borgatti, Stephen, *NetDraw: Graph Visualization Software*, Harvard, MA: Analytic Technologies, 2002.

新兴技术风险领域热点及前沿研究

谭　晓*

北京市科学技术情报研究所

摘　要：文章通过科学计量及内容分析法，对当前国内新兴技术风险主题的论文进行分析，展示了当前的热点问题，并以此为依据，对相关问题进行了对应文献的解读，总结出当前新兴技术存在的风险种类、风险评估采用的方法以及目前新兴技术风险存在的主要领域及问题。

关键词：新兴技术　风险类型　共现　评估方法

分类号：G350

从20世纪50年代起，公众越来越关注与新兴技术有关的各种风险。“新兴技术”的“不确定性”以及“风险性”具有全球性和不可逆性特征。全球竞争已将新兴技术推向一种远离“常规”的状态，导致新兴技术发展中涌现出多种事实不确定、价值有争议、风险巨大、决策紧迫的典型争端，致使“没有一个机构能够提供支撑决策的全部知识”。比如，像核能这样低概率、具有灾难性潜能的技术，在技术领域本身的试错法几乎不可行；而像转基因食品这样充满不确定性的技术的社会后果则要积累很长时间的证据才能语义解释和预测；新一代网络技术在实现更大的正向价值的同时也带来了个人隐私泄露、不良行为追查等方面的社会争议；人类胚胎干细胞技术则带来了无法回避的伦理风险。种种迹象表明，在新兴技术发展的过程中，传统的政府单一主导的技术发展模式导致了风险规避乏力、风险评估不足，继而引发了社会公众对于新兴技术发展的信任缺失。此种情形下，如何规约新兴技术的发展，有效预测新技术的应用前景，新兴技术所带来的风险评估，成为当代新兴技术政策设计的重要内容。

1　新兴技术风险的界定

新兴技术是伴随着技术的成长和应用发展而形成的。基于科学基础上的创新或应用，具有创造一个新行业和改变原有行业的潜力，它既包括了从根本性创新中获得的不连续技术如高温超导体、微型机器人和便携计算机等，也包括了集中前人分散的研究而合成的改进技术如互联网技术、核磁共振成像等。

新兴技术风险是在人类社会中，一些新近出现的、正在发展的、具有潜在产业前景的科学技术，在其产生、科研、应用等一系列过程中，由于自身存在着高度的不确定性，加之人们对其知识了解远跟不上其发展步伐，极有可能将技术本身的不确定性转移到人类社会的各个领域，在政治、经济、社会、生态、伦理等方面产生更大的不确定性影响，打破人类社会与自然环境原有的秩序和平衡状态，给人类社会和生态环境带来难以估量的损失和伤害。

新兴技术风险的不确定性主要体现在两个方面：一是无法确切了解和掌握技术的内在机理，导致掌

* 作者简介：谭晓（1983~），女，籍贯：山东邹平人，职称：助理研究员；学位：博士；研究方向：战略情报、文本挖掘、计量科学。通讯作者邮箱：tantan46227@163.com。

握信息不完全性；二是因为掌握信息的不全面，导致结果的偶然性和不可预知性。

2 新兴技术风险的数据及清洗、工具选择

对于新兴技术风险领域主题的分析，本文主要采用科学计量法和内容分析法。数据源采用 CNKI 论文数据集，以（“新兴技术” or “新技术”）and（“风险” or “不确定性” or “事故” or “损失” or “伤害” or “失控”）作为检索策略选用主题和关键词，并在检索集中除去不符合主题的文献。

本部分计量方面欲采用的分析方法是词频、关键词共现、共被引情况分析。但是从目前 CNKI 提供的 Refworks 的下载格式（CiteSpace 所能接受的 CNKI 的格式）不提供引文，故，在此部分中暂将不考虑共被引分析。但共被引分析作为前沿分析的重要基础，该部分欲通过试探国内几大数据库进行选取，作为 CNKI 关键词分析的补充。下述主要从关键词词频、关键词共现及聚类分析几部分进行热点分析，因 CiteSpace 在中文中处理聚类的局限性，在类团名称自动标签的过程中，需要进行二次处理，通过分析聚类词中的各关键词，进行类团标注的最终选取。

表 1 关键词词频、中心度列表（选取关键词词频≥3）

词　频	中心度	关键词
33	0. 43	新兴技术
7	0. 16	新兴技术企业
6	0. 26	实物期权
5	0. 11	新兴产业
5	0. 08	技术风险
5	0. 20	社会风险
5	0. 07	影响因素
5	0. 17	信用风险
5	0. 16	不确定性
4	0. 01	风险
4	0. 18	技术创新
3	0. 03	风险资本
3	0. 14	风险评估
3	0. 05	风险投资
3	0. 30	财政管理
3	0. 09	战略性新兴产业

选取关键词词频≥3 的关键词，同时结合关键词的中心度（一个包含 N 个节点的网路中，节点的度最大为 N-1，归一化后，度为 k_i 的节点的归一化的度中心性值定义为：$DC_i=\frac{k_i}{N-1}$,），通过中心性和词频刻画关键词的重要性。

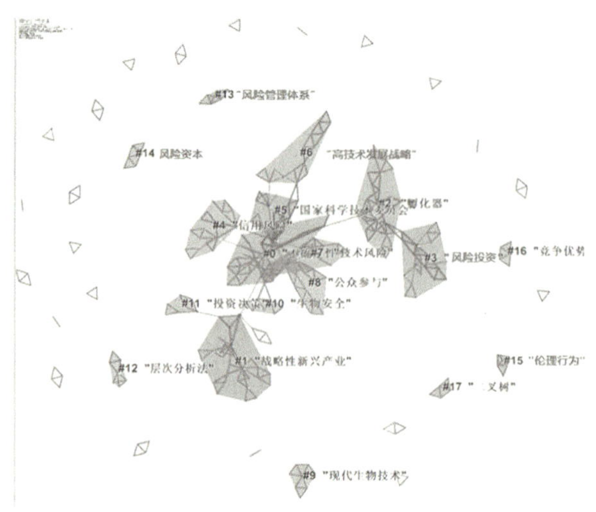

图 1　关键词共现网络聚类图

ClusterID	Size	Silhouette	mean(Year)	Label (TFIDF)
0	29	0.921	2006	(17.78) “不确定性”；(16.8) “纳米技术”；(16.8) “纳米技术”；(15.54) “新兴”；(14.52) “科学实践哲学”
1	28	0.917	2011	(18.07) “战略性新兴产业”；(18.07) “战略性新兴产业”；(17.15) “技术创新”；(17.15) “技术创新”；(15.07) “资本市场”
2	27	0.954	1999	(15.57) “孵化器”；(15.57) “孵化器”；(14.52) “韩宝”；(14.52) “科技创业者”；(14.52) “创业中心”
3	22	0.956	1998	(13.89) “中止决策”；(13.58) “风险投资”；(13.45) “新兴产业”；(13.2) “风险投资”；(12.3) “大洋洲”
4	19	0.992	2004	(15.07) “信用风险”；(12.3) “违约概率”；(12.11) “新兴技术企业”；(12.11) “新兴技术企业”；(11.25) “北欧”
5	17	0.918	1998	(14.52) “国家科学技术委员会”；(14.52) “天津”；(14.52) “资源密集”；(14.52) “武汉”；(14.52) “技术开发区”
6	16	0.96	1995	(13.92) “企业”；(13.16) “高技术发展战略”；(13.16) “工业革命”；(13.16) “产业革命”；(13.16) “风险性”
7	15	0.968	2009	(13.58) “技术风险”；(13.58) “技术风险”；(13.16) “技术不确定性”；(13.16) “技术不确定性”；(11.25) “研究开发”
8	13	0.976	2004	(14.24) “公众参与”；(13.92) “公众参与”；(12.78) “决策”；(12.78) “意识”；(12.78) “思维形式”
9	8	1	2007	(14.52) “现代生物技术”；(13.89) “现代生物技术”；(12.3) “产业集群”；(12.3) “技术评估”；(12.3) “生物技术企业”
10	7	0.983	2012	(10.43) “生物安全”；(9.53) “合成生物学”；(8.39) “监管”；(8.39) “伦理”；(7.98) “综合治理”
11	7	0.991	2006	(11.77) “投资决策”；(11.25) “客观评价”；(11.25) “主观评价”；(11.25) “商业化潜力”；(9.89) “投资时机”
12	7	1	2011	(13.89) “层次分析法”；(11.25) “战略变化”；(11.25) “传递函数”；(11.25) “企业战略风险”；(9.89) “模糊综合评价法”
13	6	1	2005	(13.16) “irgc)2005”；(13.16) “风险管理体系”；(13.16) “国际风险管理”；(13.16) “人类社会”；(13.16) “北京”
14	6	1	2011	(13.16) “磨料”；(13.16) “杏谷”；(13.16) “人造金刚石”；(13.16) “硅谷”；(13.16) “办事处”
15	5	1	2014	(12.3) “应对”；(12.3) “失范”；(12.3) “规范”；(12.3) “伦理行为”；(11.25) “技术主体”
16	5	1	2005	(12.3) “竞争优势”；(12.3) “集群”；(12.3) “高新区”；(12.3) “地理集中指数”；(11.25) “信息产业”
17	5	1	2010	(12.3) “二叉树”；(12.3) “规则提取”；(12.3) “可变精度粗糙集”；(12.3) “属性约简”；(11.25) “信用风险识别”

图 2　对关键词共现网络聚类标签的二次解读（只截取了 TFIDF 部分，还有 LLR 部分标签作为团簇主题参考）

通过关键词共现网络以及聚类网络可以看出，在新兴技术风险领域，有很多分散的主题，中间几大团簇体现出来较大的灰色团簇的主题分为五大类：关于新兴技术风险的界定、风险的种类、风险评估的方法、新兴技术风险的例证领域以及风险对策。下文主要围绕新兴技术风险种类、风险评估方法和新兴技术风险举例领域进行详细阐述。

3 分析过程和解读

3.1 新兴技术风险种类

一是技术风险，新兴技术一般都具有高科技、高风险性，最大的风险可能是技术风险。如果不能认识和把握其核心技术，尤其是技术被国外垄断，那么我们就不可能占领居高点，形成核心竞争力，发展战略性新兴产业就可能变成一句空话。

二是市场风险，新兴技术产业和传统产业相比，其产业生命周期有较大不同，产业成长和衰退是突发性的，而不是缓慢的成长过程。如果它率先成长起来，市场占有率会迅速提高，市场机会大于风险；如果起步晚，又不能后发制人，那么很可能衰退下去，则市场风险大于机会。

三是产业风险。新兴技术一般带动系数较大，形成的产业链较长，所以其发展要考虑联动开发，形成产业链和产业集群。如果单兵突进容易遭遇两大问题：被其他新兴技术扼杀；上下游产业价值缩水，难以引领经济可持续发展。

四是政策风险。存在三个方面的风险：（1）盲目发展，不考虑其发展的生命周期和特征，形成重复建设，不仅浪费资源，也容易造成过度竞争；（2）政策的短期行为，只考虑早出成效，不考虑研发和开拓的艰巨性和长期性；（3）新兴技术的法律和政策严重滞后，没有企业去做开拓研究，都想搭便车，不能开发和形成核心技术，从而难以形成自己的核心产品、核心品牌和核心竞争力。

五是社会风险。在人类社会中，一些新出现的、正在发展的、具有潜在产业前景的科学技术，在其产生、科研、应用等一系列过程中，由于自身存在着高度的不确定性，加之人们对相关的知识了解远跟不上技术发展的步伐，技术本身的不确定性影响极有可能打破人类社会与自然环境原有的秩序和平衡状态，给人类社会和生态环境带来难以估量的损失和伤害。

六是知识产权风险。在新兴技术研发、转移和扩散的过程中，基于知识产权法律制度和竞争者、合作者以及其他利益相关者的知识产权，创新者的价值和竞争优势受到成本增加而非收益上涨的可能影响。在新兴技术创新的不同阶段，知识产权风险的表现形式不同，主要包括三类，即技术研发中的知识产权成本沉没风险、技术转移中的知识产权价值分享风险和技术扩散中的知识产权诉讼正义风险。

3.2 评估方法

3.2.1 多层次模糊综合评价模型

由于新兴技术的高风险性和高度不确定性，若仅从技术风险、市场风险、管理风险方面来评价投资新兴技术时的风险是片面的，为了对新兴技术风险进行全面的评价，可以用多层次综合评价模型，步骤包括：确定评价指标体系，包括六个评价指标，技术风险、市场风险、管理风险、融资风险、政府干预风险、信息及知识风险；确定各评价指标的权重，可以采用专家评分法、层次分析法、熵方法、根据选择顺序重要程度的心理感受来确定权重大小关系；确定模糊评价矩阵；得出评价向量和评价结论。

3.2.2 可变精度粗糙集

粗糙集理论（Rough Set Theory，RST）是波兰学者 Z. Pawlak 于 1982 年提出的一种数据分析理论，是一种刻画不完整和不确定性的数学工具，有效分析不精确、不一致、不完整等各种不完备信息，并从中发现隐含的知识，揭示潜在的规律。[1] 1993 年将 RST 扩展为 VRPS，考虑了一定置信水平的分类分析。[2] 基于可变精度粗糙集的新兴技术风险识别的基本步骤：(1) 导出识别规则并构建识别规则库；应用 Mean/mode 法进行数据补缺。为了最大程度地保留原有的决策规则，对缺失的数值样本属性值用该属性的其他样本属性值的平均数补充，从而得到完备数据关系表；样本分类，按一定比例将数据分为训练样本和测试样本；应用启发式算法对数据离散化；识别规则库的形成。(2) 基于二叉树建立识别方法。(3) 检验识别方法。

3.2.3 动态评估模型

风险除了与不确定性紧密联系外，还有一种定义，即由于各种因素的复杂和变动性的影响，实际结果和预期发生背离导致利益损失的可能性。因此要找出所有关于此项技术的不确定时间和可能导致企业利益算式的原因和条件，需按照四个步骤和两个重要环节动态地进行风险识别，这同时也是将技术机会、市场机会与公司资源和能力匹配的过程。

(1) 划定范围中的风险，这个范围或领域的定位是在诸多不确定性条件下进行的，有可能与日后的现实结果出现偏差或完全错误而带来的风险；

(2) 研究寻找过程的风险，围绕公司确定的技术范围或领域，研究或发现适合的候选技术；

(3) 评估过程中的风险，主要来自评估小组的综合能力，特别是对企业所处的宏观环境、微观环境的判断和理解，以及如何与企业自身资源和能力相匹配所带来的风险。

(4) 付诸实施中的风险，如何使选定的技术得以发展。

两个重要环节中的风险：一是研究技术的改进与发展，二是市场战略和策略的修正与创新。风险主要来源于实施过程受挫时，公司过早或盲目判断技术选择错误而转向其他技术，导致前期的付出变为损失；或是对划定的技术范围和领域，也就是市场机会产生质疑，导致否定前期评估而另辟蹊径造成的损失。

3.3 新兴技术风险领域

风险已有早期的“遇到的危险”泛指在将来的时期内可能遇到的各种不确定性。风险可以被界定为系统地处理现代化自身引致的危险和不安全的方式。关于新兴技术领域的案例，本文主要介绍转基因技术、纳米技术、网络技术、核技术、生物安全领域。

国外对新兴技术引起的社会风险及问题从 20 世纪 50 年代出现了类似的讨论。在转基因技术方面，德国哲学家赫费在《作为现代化之代价的道德》[3]一书中就已谈到基因技术在伦理方面的风险，他认为基因技术随着科研的越发现代化，就越容易深入到物质的基石，也就越可能导致更加严重道德的可错性。皮埃尔认为转基因技术的设计目的不是改善农民生计，而只是迎合少数国家和跨国公司的利益。

在纳米技术方面，来自伍德罗·威尔逊国际学者中心的安德鲁·麦纳德（Andrew Maynard）认为应当加强纳米技术安全性方面的研究。他认为即便碳纳米管已经非常安全，但仍可能像石棉一样对人体产生伤害；[4] 2006 年剑桥大学的克里斯托夫·彼得森博士发现，在纳米技术取得巨大商业效应的同时也常常伴随着一些尚未可知的生物和环境影响，可能会引起一些难以预料的风险。[5]

在网络技术方面，美国的 W. 麦吉弗·吉尔教授针对“因特网数字技巧分享技术的伦理和观念”这一问题进行了深入探讨，他认为这种技术破坏了我们一直以来所持有的观念，并且会有产生新矛盾的可能性，使法律观念和伦理问题出现两难。[4,6] 白燕燕认为网络引发的社会风险体现在网络媒介的舆论风险以及信息淹没现象，应形成并完善相应的法律法规、形成应急预案、完善政府的信息发布机制、同时对网络媒介的管理以疏导为主，并进行信息公开。[7]

核技术是一门包括核能技术、核动力技术、核燃烧技术、核辐射技术等领域的科学技术。核技术应用目前形成了具有一定规模和水平的科技研发与产业化体系，在工业、农业、医学、能源、环保、军事等多个领域发挥了重要作用。但核技术存在一定风险，首先在生态环境风险方面，核冬天理论假说认为在一场大规模的核战争之后，地球会面临黑夜的延长、一场猛烈的风暴、有毒的烟雾以及持久性的放射颗粒回落；[8]1986 年切尔诺核电站事故爆发，出现了上百个无人村镇；2011 年日本福岛核电站受地震影响，放射性物质泄漏到外部，7 年来核辐射区仍空无一人，核泄漏附近的动植物发生了变异现象，这种现象一直没有得到控制。在社会伦理风险方面，其风险体现在核技术无时无刻不在威胁着人类的生命安全；核技术的开发导致了政治伦理风险，核技术的出现成为左右国际力量对比的重要筹码，某种程度而言，世界已进入核政治时代，因核技术引发的政治纷争不断升级；核能在作为清洁能源被广泛利用的同时，一些安全问题又严重危害了人类赖以生存的自然生态。

新兴技术的不确定性可能会导致生物安全风险，生物安全风险主要指合成生物学技术通过设计、合成制造的微生物可能对其他物质和环境产生副作用和不利影响，具有特定功能的合成生物产品释放到环境中，可能产生意想不到的后果，合成生物体可能与自然生物体进行遗传交换，导致自然基因污染等。随着生物安全水平 3 级和 4 级设施的构建和危险病原菌的大规模研究，如果缺乏详细的安全评估，研究人员会面临潜在的生物安全风险。新兴技术监管缺失带来生物安全挑战，新兴技术的特点还在于新颖性，目前人工生命密码子、非天然氨基酸实现人工设计与合成，已开始突破生命的自然范畴，现行的法律法规无法适应新技术的发展速度，存在评估监管的漏洞。例如，原细胞系统和不具有生命性质的自下而上的合成衍生物，以及 XNA/正交系统等不同于转基因法令中所指的传统核酸，游离在现有法律法规范围之外，带来潜在的安全风险。新兴技术资源开放引发生物安全隐患，人工智能技术、大数据和互联网带来了前所未有的创新平台工具和技术，创新门槛降低，会导致大众创新等活动，带来安全隐患，对生物安全管理提出挑战。

参考文献

[1] Pawlak Z, “Rough sets”, *International Journal of Computer & Information ences*, Vol. 11, No. 5, 1982, pp. 341-356.

[2] Ziarko W, “Variable precision rough setmodel”, *Journal of Computer and System Sciences*, Vol. 46, No. 1, 1993, pp. 39-59.

[3] 奥特弗利德·赫费：《作为现代化之代价的道德——应用伦理学前沿问题研究》，邓安庆等译，上海译文出版社 2005 年版。

[4] 徐军伟：“新兴技术发展的社会风险及其应对策略研究——以影响较大的四种新兴技术为例”，华南理工大学 2015 年硕士学位论文。

[5] Preston, J. Christopher , “The promise and threat of nanotechnology: Can environmental ethics guide US?”, *Nanotechnology Challenges: International Journal for Philosophy*, *Ethice and Society*, 2006.

[6] 陈凡等：“技术与自然：国外技术哲学研究的新思考——第 12 届国际技术哲学学会（SPT）会议述评”，载《自然辩证法研究》2002 年第 10 期。

[7] 白燕燕：“网络媒介给风险社会带来的社会风险”，载《新闻窗》2012 年第 4 期。

[8] 刘斌：“核冬天理论及其对人类社会的作用”，载《自然辩证法通讯》1990 年第 5 期。

基于 MapReduce 的分布式文本挖掘系统研究*

曹奇敏**
中国政法大学法治科学计量评价中心

摘　要：为了实现文本挖掘全流程的自动化处理，本文提出了分布式文本挖掘增强系统，系统对改进的文本挖掘算法进行封装与集成，系统根据数据的特点来选择合适的挖掘算法，即若数据无类别标签，则进行聚类；若数据类别标签充足，则进行分类；若数据的类别标签不充足，则选择半监督分类。为了提高系统的运算效率和便于处理大数据集，把集成在系统中的算法模块进行了基于 MapReduce 的并行化处理。实验结果证明了系统的有效性，系统中对算法进行的 MapReduce 并行化处理在保持较高的挖掘性能的同时还大大提升了其运行效率。

关键词：文本挖掘；分布式系统；MapReduce 模型；并行计算

分类号：TP391.1

1　概述

在互联网上的信息呈现出指数增长趋势的同时，对于在线应用处理信息的速度的要求也是越来越高，信息处理的速度不仅要比信息产生的速度更快，更重要的是需要满足用户个性化的需求。虽然传统的分布式系统已经能够在一定程度上满足用户的需求，但是 MPI 等传统的分布式模型仍然存在一些问题，比如进行扩展的成本较高，任务的分配与集群管理工作还需要自然语言处理人员自己来编写代码等缺点，对初学者的专业基础要求较高，它的实现速度与运行成本也不尽如人意等。[1]

为了适应人们对大数据的需求和信息技术日新月异的进步，MapReduce 等分布式编程模型应运而生，此类模型进行并行化数据挖掘的方式便捷、实现成本也较低。本文将在 MapReduce 框架下，对基于相似度矩阵的 K-Means 算法、混合加权 KNN 算法进行了并行化处理，并且将这些算法作为模块集成于一个完

* 基金项目：本文系中央高校基本科研业务费专项基金资助项目“中国政法大学青年教师学术创新团队资助项目”（项目编号：1000-10819320）研究成果之一。

** 作者简介：曹奇敏（1985~）副研究馆员，通讯作者邮箱：qiminc@ cupl. edu. cn。

整的文本挖掘系统中，本文称此系统为分布式文本挖掘增强系统，使得文本挖掘的整体工作流程实现自动化。

2　MapReduce 编程模型

MapReduce 编程模型适合用于对大数据的处理，[2]其中起关键作用的两个函数为 Map 函数和 Reduce 函数。这两个函数可以根据用户的需求进行自定义实现，输入输出的数据格式均为< key，value>对。

Map 函数实现的基本思路：首先由 MapReduce 框架对所输入的数据集进行划分，将其分为若干个均等的数据片段（splits），然后将每份数据都解析成$< k_i, v_i >$对的格式。每个数据片段都会对应一个 Map 函数，函数的输入就是与数据相匹配的$< k_i, v_i >$对，运算结果则记录为$< k_m, v_m >$对。之后 Map 函数的输出将会作为 Reduce 函数的输入进行下一步的处理。[2]

Reduce 函数的实现思路：首先由 Reduce 函数将所有 Map 函数输出的数据$< k_m, v_m >$对进行预处理，比如整合、排序等，将其记录为$< k_m, \text{list}\ \{v_m\} >$对，然后将这组预处理过的结果输入到 Reduce 函数中，运算的最终结果记录为$< k_o, v_o >$对。[2]

MapReduce 编程模型的核心思想就是将大数据拆分成 Map（映射）和 Reduce（化简）函数进行运算的过程。MapReduce 模型框架如图 1 所示。

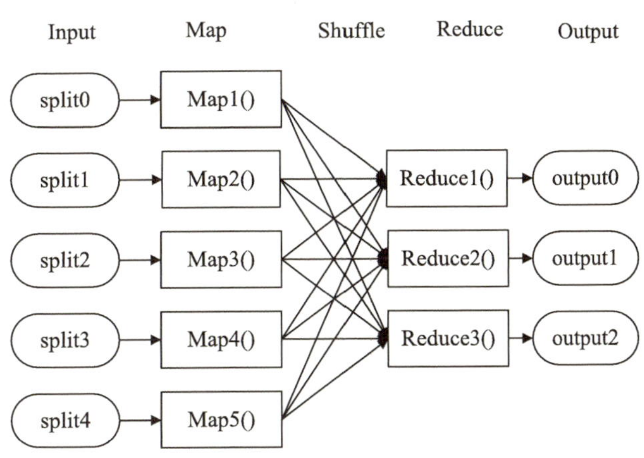

图 1　MapReduce 编程模型

3　SMK-means 算法的并行化

K-means 算法是一种用于文本聚类的经典算法，其聚类结果容易受初始聚簇中心点选择得影响，换句话说就是初始聚簇中心选择得越准确，聚类的精度才会越高。[3]SMK-means 算法是对经典算法 K-means 算法进行了某些改进得到的，它主要是通过选择较为理想的初始中心点来提高聚类的精度。[4]SMK-means 算法是通过计算相似度矩阵来选择初始中心点，其选择过程中需要对矩阵的行进行求和与排序。

SMK-means 算法的基于 MapReduce 的并行化步骤如下：

（1）构造相似度矩阵，利用相似度矩阵来选取 K 个初始中心点。

（2）把用于聚类的数据集保存为 MapReduce 模型可识别的行的形式，然后由 MapReduce 模型自动完成数据的划分，划分的原则是保证数据之间是互不相关的。

（3）对数据进行聚簇的划分，此并行化过程用到的是 Map 函数。Map 函数所输入的数据是数据集中的全部样本点和上一轮迭代过程计算出的聚簇中心（或初始聚簇中心），其格式为< 行号，数据的向量表示>。Map 函数通过计算每个数据点与聚簇中心之间的距离，将该数据点划分在距离最近的聚簇中心点所属的聚簇中，然后将计算结果进行输出，其格式为< 聚簇标签，数据的向量表示>。

（4）更新聚簇中心，此并行化过程用到的是 Reduce 函数。Reduce 函数的输入数据是上一步 Map 函数的输出结果，通过将数据进行整合把属于同一聚簇的数据输入给同一个 Reduce 函数，其数据格式则变为< 聚簇标签，{数据的向量表示} >。Reduce 函数根据上一步的输出结果，计算每个聚簇中数据样本的均值，将其记录为新的聚簇中心，然后将计算结果进行输出，其格式为< 聚簇标签，聚簇中心的向量表示>。

（5）计算迭代更新前后聚簇中心点之间的距离值，这一过程用到的也是 Reduce 函数，与上一步骤不同的是，这一过程仅需一个 Reduce 函数来执行即可。Reduce 函数通过计算迭代更新前后聚簇中心点之间的距离，然后将其值与预先设置的阈值进行比较，若其值小于阈值，则结束此算法，否则返回步骤 3。

4 MW-KNN 算法的并行化

KNN 算法是一种用于文本分类的经典算法，该算法的分类精度容易受训练语料分布的影响，也就是标注语料分布越均衡，分类结果的准确度就越高，反之则会导致准确度降低。[5] MW-KNN 算法针对传统 KNN 算法的这一缺点对其进行了改进，改进的核心部分就是对标注语料的每个样本赋予一个权重，通过将比例倒数加权与距离加权相结合的方法为样本加权。[6]

MW-KNN 算法基于 MapReduce 的并行化步骤如下：

（1）计算数据集中每项数据的比例倒数权重。

（2）把用于分类的数据集保存为 MapReduce 模型可识别的行的形式，然后由 MapReduce 模型自动完成数据的划分，划分的原则是保证数据之间是互不相关的。

（3）计算待分类数据（测试数据）与标注语料中的数据（训练数据）之间的距离，此并行化过程用到的是 Map 函数。Map 函数的输入数据是标注语料中的所有数据样本和一些待分类的数据样本，其中标注语料的数据样本的格式为< 训练数据的类号，<比例倒数权重，数据的向量表示>>，测试数据的格式为< 序号，数据的向量表示>。Map 函数通过使用余弦距离公式来度量数据样本之间的相似度，然后将计算结果进行输出，所输出数据的格式为< 序号，< 训练数据的类号，加权相似度>>，相似度值采用余弦距离度量。

（4）将 Map 函数的输出结果进行整合，此过程使用的是 Combiner 函数。通过比较输出数据中的 key 值，将具有相同 key 值的数据放入一个新的列表中，然后按照加权相似度的值进行降序排列，选取前 k 项进行合并，将合并后的结果进行输出，输出数据的格式为< 序号，list（ < 训练数据样本的类号，加权相似度>）>。

（5）计算出各测试数据样本的类号，即完成测试数据的分类，此并行化过程用到的是 Reduce 函数。Reduce 函数的输入的是上一步 Combiner 函数输出的数据，格式为< 序号，list（ < 训练数据样本的类号，加权相似度> ）>。Reduce 函数通过决策规则公式计算出每个测试数据样本所属的类别，将结果进行输出，其格式为< 序号，测试数据样本的类号>。

（6）若测试数据样本已全部被赋予类号，则算法结束，否则返回第三步。

5 功能集成与系统框架

5.1 系统架构

整体的系统建立在 Hadoop 平台上，首先使用 HDFS 对系统文件进行分布式存储，然后使用 MapReduce 框架来实现数据与算法的调用，最后将运行结果传输到文件型数据库 MongoDB 中。除此之外，本文将基于 MapReducc 编程模型的算法模块封装成应用程序接口（API），通过 API 可以实现各系统之间数据与算法的共享。系统的技术架构如图 2 所示。

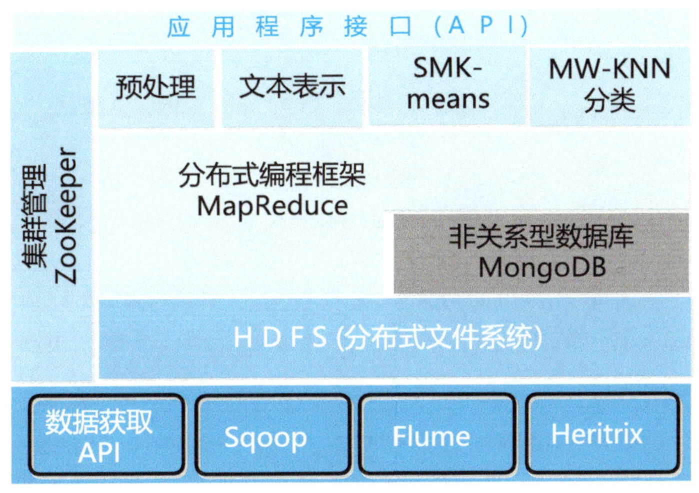

图 2 系统的技术架构

在图 2 中，处于最底层的技术为数据获取类，其中用于实时访问各类不同系统的数据的是数据获取 API，数据提取工具则使用的是 Hadoop 平台中的 Sqoop，它可以对数据库中的数据进行批量抽取，记录日志的模块采用的是 Flume。为了能够从互联网中实时地抓取到所需要的开放数据，在系统的数据获取层中集成了开源工具 Heritrix。

HDFS[7] 是 Hadoop 分布式计算中的数据文件存储系统，能够使用流数据模式进行访问，可以处理超大文件，容错性较好。HDFS 系统可以在比较廉价的硬件集群上运行，其文件命名空间也是唯一的。该系统可以较好地满足“一次写入，多次读取”的需求，换句话说就是，一个数据集一旦生成，就可以被复制到不同的存储结点中，进而响应不同的数据处理任务的请求。一般地，数据处理请求都会涉及数据集中的大部分数据，因此 HDFS 请求读取整个数据集要比读取一条更加高效。HDFS 默认的最基本的存储单元为 64MB 的数据块，如果一个文件的大小小于一个基本存储单元，那么该文件是不需要占用整个存储单元的。每个数据块都会存放于多个数据节点（DataNode）中，客户端通过元数据节点（NameNode）找到所需要的数据块，然后从数据块对应的数据节点中获取数据。

HDFS 是一种主/从模式的结构体系，由相互关联的节点集群组成。HDFS 系统中的元数据节点是唯一的，称作 master，它的功能是管理文件系统中的命名空间，维护客户端访问文件的规范。该系统中的数据节点不是唯一的，是真正用于存储数据的地方，客户端和元数据节点可以向数据节点请求对数据块的读写。除此之外，数据节点还需要定期向元数据节点反馈其存储的数据块信息。HDFS 的体系架构如图 3 所示。

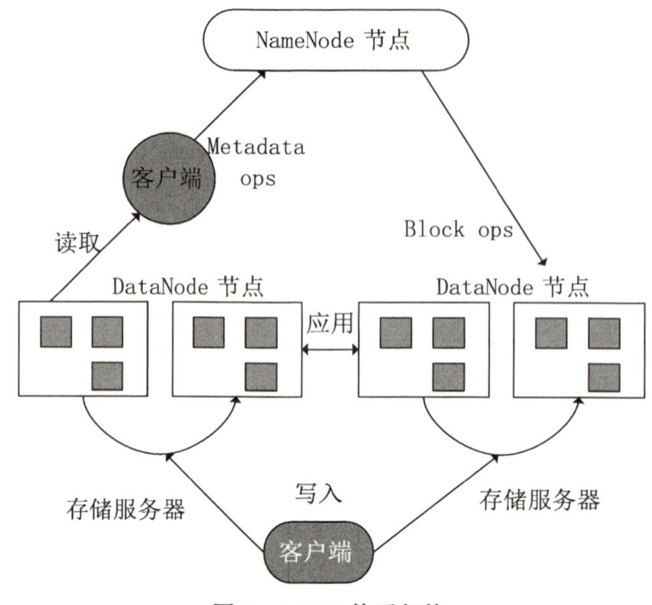

图 3　HDFS 体系架构

本文系统中的数据管理层由 MapReduce 分布式编程框架和 MongoDB 非关系型数据库组成。其中 MapReduce 与 HDFS 系统和 MongoDB 数据库都有关联，这使得 MapReduce 模型可以同时使用两种数据处理的模式，对于进入 HDFS 系统的数据，其处理方式为输入到系统之后再进行处理；对于进入 MongoDB 数据库的数据，其处理方式为经过处理后再输入到数据库。本系统对这两种处理方式都是兼容的，这样便于不同应用和数据形式之间的灵活运用。关于 MapReduce 编程框架的概述可查看第一小节的内容。

分布在最上层的是文本挖掘模块，包括预处理、文本表示、文本分类算法与文本聚类算法等，其中文本分类和文本聚类的算法模块都进行了 MapReduce 并行化处理，并且封装成了 API 的形式，这样便于系统之间算法功能、数据以及结果的调用。

纵贯于系统中的 ZooKeeper 是一个分布式服务框架，是 Hadoop 的重要组件，它主要用来解决分布式任务中的集群管理、状态同步服务、统一命名服务等。ZooKeeper 负责维护与监控一个类似文件系统的数据结构，它将复杂易于出错的服务进行封装，然后将简单易用的接口和高性能、稳定的系统提供给用户。ZooKeeper[8] 的三大特点为高性能、高可靠性与有序访问。高性能的特点得以保证 ZooKeeper 可以在大型的分布式系统中运行；高可靠性则降低了它受单节点故障的影响；有序访问的特点则可以保障客户端实现复杂的操作同步性。

5.2　系统功能

本文所提出分布式文本挖掘增强系统的功能架构如图 4 所示。

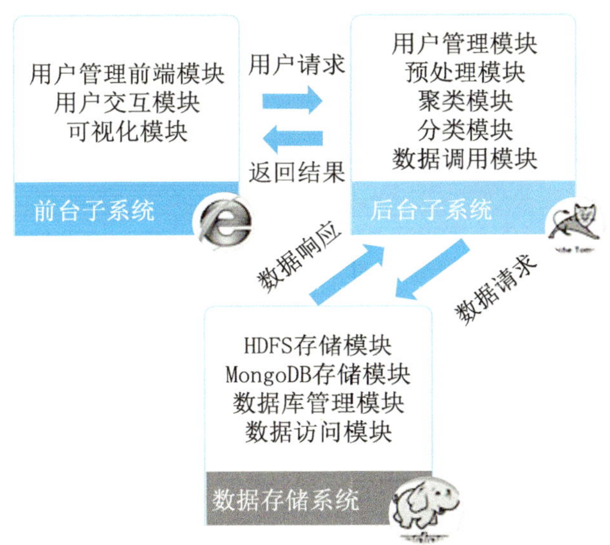

图 4　系统功能架构

如图 4 所示，该系统共包含三个部分，分别是前台子系统、后台子系统和数据存储系统。其中前台子系统的组成模块有可视化模块、用户交互模块、用户管理前端模块等，后台子系统的组成模块有数据调用模块、文本分类模块、文本聚类模块、文本预处理模块、用户管理模块等，数据存储系统的组成模块有数据访问模块、数据库管理模块、HDFS 存储模块等。上述三个子系统之间的交互是使用 Java API 完成的。

5.3　系统处理流程

分布式文本挖掘增强系统的工作流程如图 5 所示。

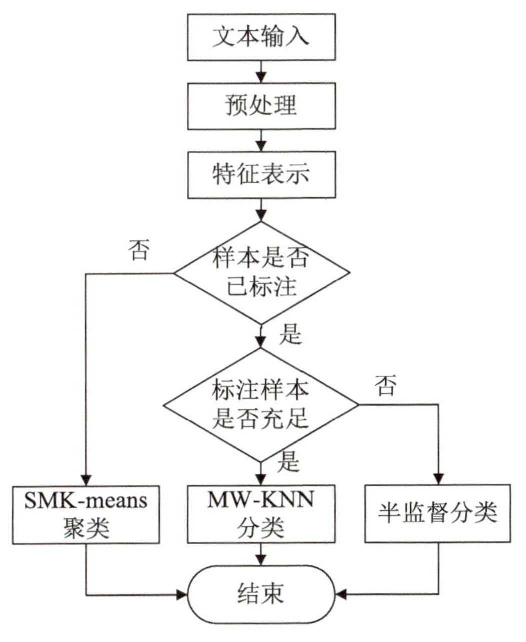

图 5　分布式文本挖掘增强系统流程图

从图 5 的工作流程可以看出，待分析的数据集输入系统后，首先要经过预处理和文本的特征表示，然后通过判断文本的标注情况来分配挖掘算法，如果数据集中的数据没有被标注，则使用 SMK-means 算法进行聚类，如果数据集中有足够的标注数据，则使用 MW-KNN 算法进行分类，若数据集中的标注数据较少，则使用半监督分类算法进行分类，即先通过半监督 K-means 算法获取足够的标注数据，然后再用分类算法进行分类，系统最终可完成文本的聚类与分类。

6 实验

6.1 系统环境部署与实验语料

文中分布式文本挖掘增强系统所部署的 Hadoop 集群由 8 台电脑服务器组成。其中有一台为主控制服务器，它同时承担两种节点角色分别为 NameNode 和 JobTracker，其余 7 台均为从节点服务器，也都分别有两种节点角色为 DataNode 和 TaskTracker。集群的拓扑结构如图 6 所示。实验中搭建 Hadoop 平台使用的是 Hadoop1.1.2，JDK1.6，各节点服务器的集成环境是 Eclipse，仿真工具使用的是 Matlab。

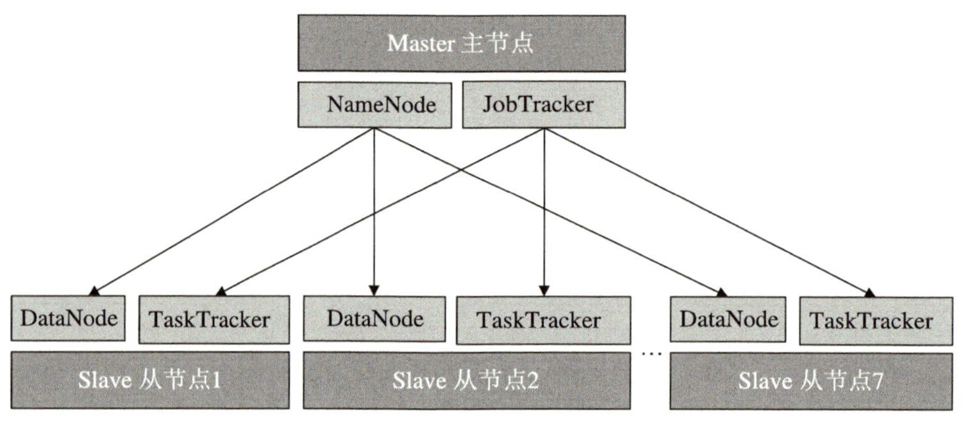

图 6 集群的拓扑结构

实验中使用的语料是北京大学的人民日报语料库，该语料库是由北京大学计算语言研究所和日本富士通公司合作完成的，是我国第一个大型的现代汉语标注语料库。

6.2 聚类性能对比分析

为验证本系统中 MapReduce 并行化的 SMK-means 聚类算法的性能，将 Filtering 算法、SMK-means 算法、传统的 K-means 算法、DE+K-means 算法和 MapReduce 并行化的 SMK-means 算法分别进行实验并对比其实验结果。实验过程中，从语料库中选取经济类、娱乐类、文化类、政治类、科技类和体育类的样本各 20 000 篇。实验结果如表 1 所示。

表 1 各聚类算法的 F 值对比

算法 / 类别	并行化的 SMK-means	SMK-means	Filtering	DE+K-means	K-means
经济类	0.835	0.835	0.814	0.793	0.763
娱乐类	0.824	0.826	0.807	0.777	0.735
文化类	0.827	0.829	0.808	0.803	0.757

续表

类别＼算法	并行化的SMK-means	SMK-means	Filtering	DE+K-means	K-means
政治类	0. 829	0. 828	0. 811	0. 785	0. 756
体育类	0. 824	0. 824	0. 813	0. 771	0. 731
科技类	0. 832	0. 830	0. 815	0. 790	0. 732

表 1 中的数据显示，系统中 MapReduce 并行化的 SMK-means 算法的聚类 F 值明显高于传统 K-means 算法、DE+K-means 和 Filtering 算法的 F 值；与 SMK-means 算法进行比较，并行化的 SMK-means 算法的聚类 F 值也不低，二者属于同一个量级。以上分析结果说明并入系统中的 MapReduce 并行化的 SMK-means 算法的聚类性能仍保持在较高的水平。

6.3 分类性能对比分析

为验证本系统中 MapReduce 并行化的 MW-KNN 算法的性能，将 SVM 算法、LMNN 算法、MW-KNN 算法、WDKNN 算法、传统 KNN 算法和 MapReduce 并行化的 MW-KNN 算法分别进行实验并对比其实验结果。实验过程中，从语料库中选取经济类文本 200 篇、娱乐类文本 2000 篇、文化类文本 9000 篇、政治类文本 15 000 篇、体育类文本 25 000 篇和科技类文本 32 000 篇。实验结果如表 2 所示。

表 2　各分类算法的 F 值对比

类别＼算法	并行化的MW-KNN	MW-KNN	WDKNN	KNN	LMNN	SVM
经济类	0. 871	0. 872	0. 826	0. 412	0. 782	0. 383
娱乐类	0. 872	0. 871	0. 833	0. 610	0. 784	0. 581
文化类	0. 874	0. 873	0. 827	0. 713	0. 783	0. 678
政治类	0. 873	0. 872	0. 826	0. 714	0. 785	0. 682
体育类	0. 872	0. 868	0. 831	0. 711	0. 781	0. 685
科技类	0. 876	0. 875	0. 825	0. 717	0. 787	0. 684

表 2 中的数据显示，并行化的 MWKNN 算法的分类 F 值明显高于传统的 KNN 算法和 SVM 算法的 F 值；与 LMNN 算法与 WDKNN 算法进行比较，并行化的 MW-KNN 算法的分类 F 值也有一定程度地提高；与 MW-KNN 算法对比，并行化的 MWKNN 算法的分类 F 值的变化并不明显，二者属于同一个量级。以上结果分析说明并入系统中的 MapReduce 并行化的 MWKNN 算法仍然可以保持较高的分类性能。

6.4 聚类时间开销对比分析

为验证本系统中 MapReduce 并行化的 SMK-means 聚类算法的运行效率，将 Filtering 算法、SMK-means 算法、传统的 K-means 算法、DE+K-means 算法和 MapReduce 并行化的 SMK-means 算法分别进行实验并对比其实验结果。实验过程中，依然是从语料库中选取经济类、娱乐类、文化类、政治类、科技类和体育类的样本各 20 000 篇。实验结果的对比如图 7 所示。

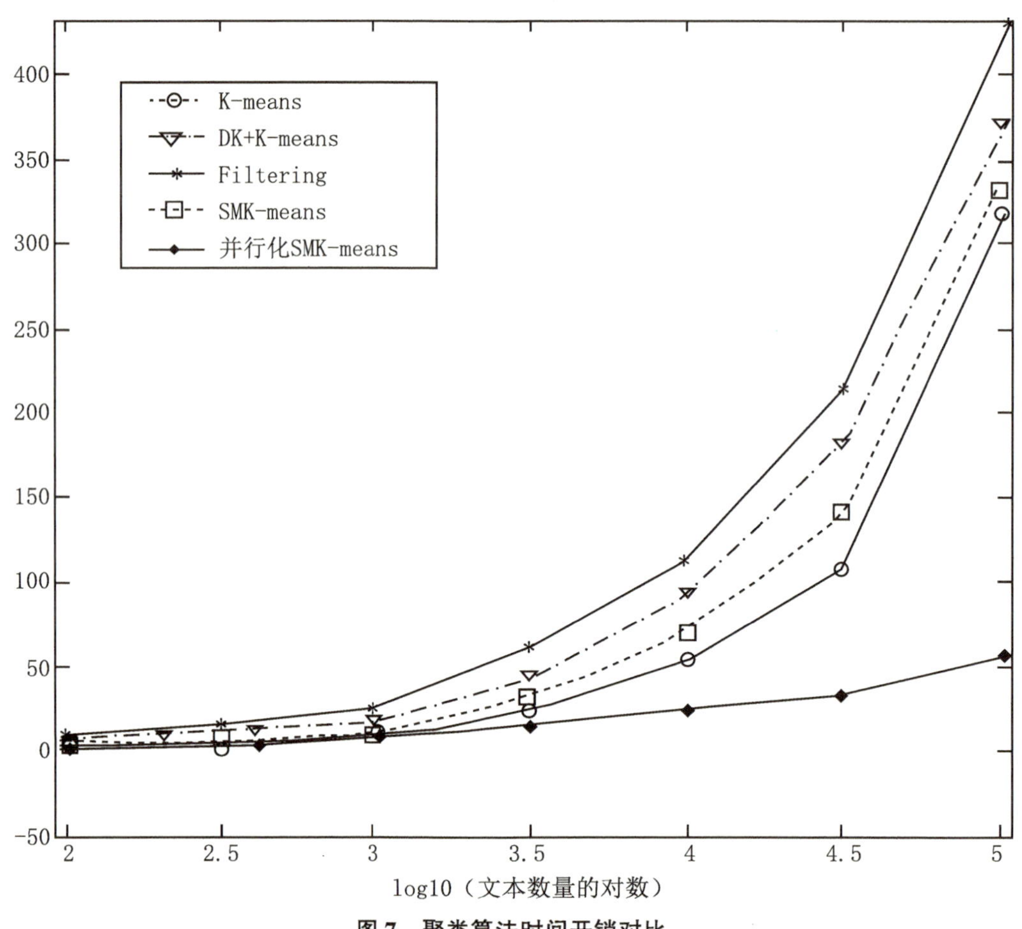

图 7　聚类算法时间开销对比

图 7 的数据显示，MapReduce 并行化的 SMK-means 算法的时间开销最低，其次是 K-means 算法，运行效率最低的是 Filtering 算法。DE+K-means 算法、Filtering 算法和 SMK-means 算法的运行效率之所以较低，是因为这三种算法为了提高聚类性能，增加了计算成本，时间开销也就较大。但是 SMK-means 算法经过 MapReduce 并行化之后大大降低了运行时间，这说明 SMK-means 算法的并行化处理使运行效率得到了很好的提高。

6.5　分类时间开销对比分析

为验证本系统中 MapReduce 并行化的 MW-KNN 算法的运行效率，将 SVM 算法、LMNN 算法、MW-KNN 算法、WDKNN 算法、传统 KNN 算法和 MapReduce 并行化的 MW-KNN 算法分别进行实验并对比其实验结果。实验过程中，依然是从语料库中选取经济类文本 200 篇、娱乐类文本 2000 篇、文化类文本 9000篇、政治类文本 15 000 篇、体育类文本 25 000 篇和科技类文本 32 000 篇。实验结果的对比如图 8 所示。

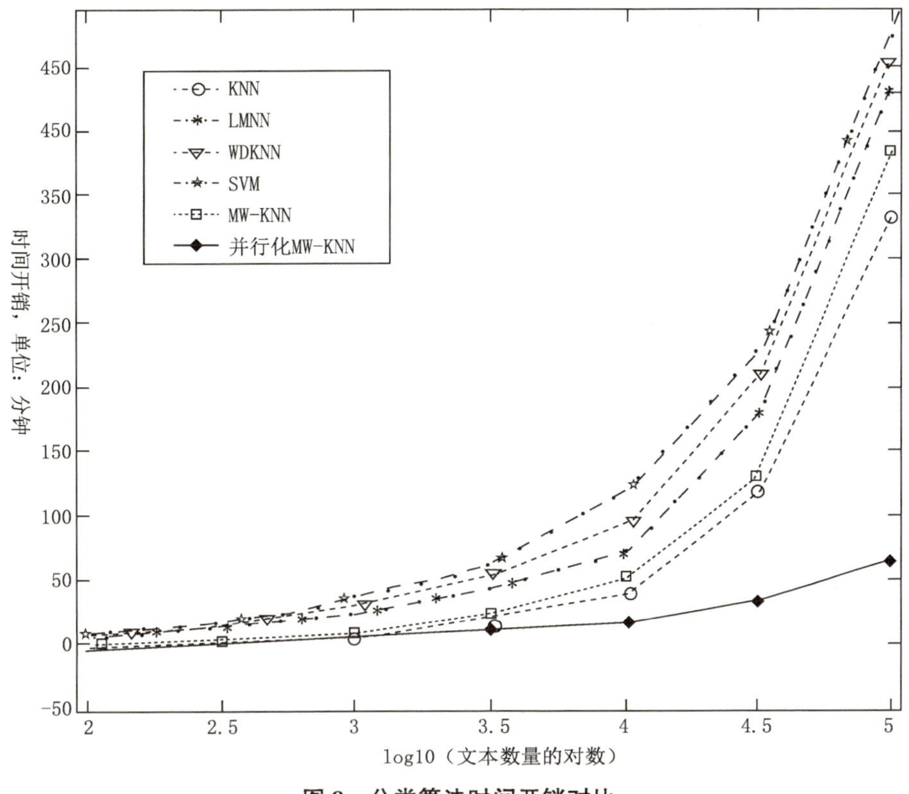

图 8　分类算法时间开销对比

图 8 的数据显示，MapReduce 并行化的 MW-KNN 算法的运行效率最高，其次是 KNN 算法，运行效率最低的是 SVM 算法，MW-KNN 算法的运行效率高于 LMNN 算法与 WDKNN 算法。结果表明 MW-KNN 算法的并行化处理使得运行效率得到了很好的提高。从图中还可以看出数据量越大，运行效率提高得越明显，这说明 MapReduce 并行化的 MW-KNN 算法能够胜任大数据集的分析任务。

总之，本系统中的 MW-KNN 算法和 SMK-means 算法经过 MapReduce 并行化处理之后仍然具有较高的文本挖掘性能，同时在数据量急增时可以快速提高运行效率。

7　结束语

为了实现文本挖掘的自动化处理，本文提出了分布式文本挖掘增强系统，系统中集成了基于 MapReduce 并行化的 MW-KNN 算法和 SMK-means 算法，系统依据数据的标注情况来分配算法。若数据没有被标注，则使用聚类算法；若数据已被标注，则分配其分类算法；若数据被标注得不够充足，则使用半监督算法。

通过对比实验验证了系统的有效性，对系统中的改进算法进行并行化处理也是一种有效的方式。实验结果表明，该分布式系统在保持较高的文本挖掘性能的同时，运行效率也得到了大幅度的提升。

参考文献

[1] 王益："分布式机器学习的故事"，载 http://www.52ml.net/13329.html. 最后访问日期：2018 年 12 月 10 日。

[2] Lämmel R.，"Google's MapReduce Programming Model—Revisited"，*Science of Computer Programming*，Vol. 1，2008，pp. 1-30.

[3] Jain A K，Dubes R C.，*Algorithms for Clustering Data*，Prentice Hall，Englewood Cliffs.，1988.

[4] CAO Qi-min, GUO Qiao, WU Xiang-hua, "Similarity matrix-based Kmeans algorithm for text clustering", *Journal of Beijing Institute of Technology*, Vol. 4, 2015, pp. 566-572.

[5] Japkowicz N, Stephen S. ,"The Class Imbalance Problem: A Systematic Study", *Intelligent Data Analysis*, Vol. 6, No. 5, 2002, pp. 429-449.

[6] Cao Qimin, La Lei, Liu Hongxia, Han Si. , "Mixed weighted KNN for imbalanced datasets", *International Journal of Performability Engineering*, Vol. 14, No. 7, 2018, pp. 1391-1400.

[7] [美] Eric Sammer:《Hadoop 技术详解》，刘敏等译，人民邮电出版社 2013 年版。

[8] 周品主编:《Hadoop 云计算实战》，清华大学出版社 2012 年版。

医学领域语义关系抽取与知识网络构建研究*

范少萍　安新颖　单连慧**

中国医学科学院医学信息研究所

摘　要：目的：利用领域内概念及相互间语义关系构建领域知识网络，有利于科研人员了解某一领域的知识结构及发展趋势。方法：基于医学领域UMLS语义网络，自动抽取研究领域内的概念及相互间语义关系，设计基于KL散度的语义关系排序算法，遴选更加符合文献内容的语义关系。结果：通过对比KL散度与频次方法，发现KL散度方法可以更加清晰准确地揭示知识内部结构。结论：利用KL散度方法筛选主要关系，并构建以疾病为中心的知识网络，发现与疾病相关的基因、药物、蛋白等相互作用关系与变化趋势，从而为医学科学研究提供支撑。

关键词：语义关系；KL散度法；知识网络；SemRep

分类号：G350

1　引言

在生物医学领域，经领域本体映射或机器学习算法自动抽取之后得到概念及其相互间语义关系，即可构成知识网络。利用领域知识网络，可以清晰地描述知识内部疾病、基因、蛋白、药物等实体间的相互作用关系，帮助科研人员了解某一领域的知识结构及发展趋势。

医学领域现有语义关系抽取与知识网络构建研究一般分为两类：

一类是根据已有本体或语义网络，通过抽取其中的实体与实体关系，构建知识网络。如医学信息检索平台CoreMine medical，利用本体语言技术支持MEDLINE数据库相关数据、文献、信息、知识资源的检索、分析和获取。通过构建术语关联共现网络和术语类型组织发现相关概念，概念来自MeSH、GO等知识组织体系。[1] CoPub[2,3]是以共现关系为中心的检索工具，利用文本挖掘技术检测PubMed摘要中共现的生物医学概念，如基因本体中的人类/鼠基因、生物过程、分子功能、细胞组成以及病理、疾病、药物和途径等。

另一类是借助自然语言处理、机器学习等方法，从文献资源中识别实体，挖掘实体间关系。如Quertle[4]是一个关系驱动的生物医学文献检索工具，使用基于语义的自然语言处理方法从生物医学文献集中抽取主谓宾关系，发现生物医学实体（如疾病、基因、药物）之间的一般或特殊关系。用“咖啡因偏头痛”作为搜索词，Quertle会发现两个检索词之间的关系如“咖啡因治疗偏头痛”，而不是通常搜索PubMed所返回的同时包含“咖啡因”和“偏头痛”两个检索词的记录。[3]龚乐君等[5]利用基于模式匹配、生物医学本体及共现技术，设计了一种自动抽取基因与疾病、基因与基因关系的方法，并在此基础

---

* 基金项目：本文系国家自然科学基金项目（项目编号：71704188；71303259）的研究成果之一。

** 作者简介：范少萍，女，助理研究员，博士，山东德州人；安新颖，女，黑龙江大庆人，研究员，博士，通讯作者邮箱：an.xinying@imicams.ac.cn；单连慧，女，副研究员，硕士，黑龙江佳木斯人。

上开发了一个可以处理海量数据的基因疾病文本挖掘（GDMiner）系统，并已成功应用于乳腺癌及相关基因的研究。其中，第二类研究对训练语料的规模要求比较高，且部分结果直接抽取自文献，未得到专家审核，具有不确定性，对生物医学领域的指导意义尚不确定。而第一类方法因借助已有本体或语义网络，有效实现了知识间的关联与扩展，通过继承本体内的词义、概念及相互间关系，实现概念关联，更加深入地揭示知识内部与知识间的关系。

基于此，本文采用第一类方法，基于医学领域 UMLS 语义网络，自动抽取研究领域内的概念及相互间语义关系，并设计语义关系排序算法，遴选更加符合文献内容的语义关系，构建以疾病为中心的知识网络，发现与疾病相关的基因、药物、蛋白等相互作用关系与变化趋势，为医学科学研究提供支撑。

2 概念及语义关系抽取研究

医学领域知识网络构建主要基于领域内已有的成熟且完备的本体与知识组织体系，而知识网络构建的关键是概念及其相互间语义关系的抽取。

2.1 概念及语义关系抽取工具

目前利用自然语言处理与机器学习方法进行语义关系抽取的研究较多，如 Stanford Parser、Tregex、iHop、MedScan 等，但这些工具抽取的准确率与召回率还不够高，针对生物医学领域丰富的语义关系抽取效果较差。此外，受限于后台词表等内容，抽取结果难以控制。

SemRep 基于生物医学 UMLS 语义网络，是一个自动从文献中识别生物医学概念以及概念之间关系的自然语言处理系统。通过 MetaMap 将文本中的名词短语映射成概念，依据专家词典（SPECIALIST Lexicon）和 Xerox 词性标注器进行语义关系分析。具体过程如下：

（1）将句子分块，形成名词短语，利用 MetaMap 将这些名词短语映射成超级叙词表中的概念；

（2）分析名词短语的语义类型，以及句子中词语的词性结构；

（3）如果一个句子中存在多种关系，SemRep 通过算法对每个关系打分，取得分最高的关系进行输出，形成预测关系。

SemRep 映射结果举例：

例如，将“Association between brain-derived neurotrophic factor val66met gene polymorphism and progressive brain volume changes in schizophrenia”输入到 SemRep 工具中，映射结果为“tx. 1 | relation | C0678951 | gene polymorphism | genf | genf | | | AFFECTS | C0036341 | Schizophrenia | mobd | mobd | | ”，识别出 gene polymorphism（基因多态性）AFFECTS（影响了）Schizophrenia（精神分裂症）。

SemRep 较其他已开发的语义关系抽取或平台的优势在于：

（1）集成于 UMLS 之中，可以直接调用与使用 UMLS 丰富的词表、本体等资源；

（2）免费开放使用，易获取、操作较简单；

（3）针对生物医学领域文献进行抽取与挖掘，效果较好。

因此，本文采用 SemRep 自动抽取文献中涉及的概念及其相互间的语义关系。

2.2 UMLS 语义网络

SemRep 自动抽取的语义类型与语义关系主要来自于 UMLS 语义网络。UMLS 语义网络是一套类别和关系，用于对超级叙词表中的条目加以分类和关联。超级叙词表中的每个概念都指定有至少一种“语义类型”（Semantic type）。某些“语义关系”可以存在于多种语义类型的成员之间。语义网络正是这些语义类型和语义关系所构成的一种网络式目录。目前，UMLS 的语义网络中共有 135 种语义类型，[6] 语义关系 54 种。[7] 其中，语义类型划分按照“最具体”的原则，如“trout”的语义类型为“fish”而不是“animal”。54 种语义关系可大体分为两种：层级结构关系（或类属关系）、非层级结构关系（或关联关系）。

（1）层级结构关系：语义类型之间的基本链接是“is-a”链接，为语义网络提供“是”结构，依靠这种关系建立起来的是一种由语义类型构成的层级结构。

（2）非层级结构关系：“physically related to”（物理上与……相关）、“spatially related to”（空间上与……相关）、“temporally related to”（时间上与……相关）、“functionally related to”（功能上与……相关）以及“conceptually related to”（概念上与……相关）。

每种语义关系映射后还会有类型值，PREP（preposition）（介词）、MOD/HEAD（intra-NP relation）（NP 内关系）、VERB（verb）（动词）、NOM（nominalization）（名词化）、SPEC（hypernymy）（位关系）、INFER（inference）（推理）。[8] 如映射结果为 ASSOCIATED_ WITH（INFER），说明这是推理性相关关系。

UMLS 语义网络内容与结构的梳理有助于后续语义类型归并与语义关系排序研究。

2.3 语义类型遴选

UMLS 语义网络涉及基因、蛋白、研究发现、人口特征等 135 种类型。本文以构建以疾病为中心的知识网络为目的，从而发现与疾病相关的基因、药物、蛋白等实体间相互作用关系。因此，需对 135 种语义类型进行分类与筛选，分为疾病、基因、药物与蛋白质四大类，每类涉及的主要语义类型如表 1 所示。

表 1　语义类型分类与筛选结果

序号	实体类型	包含的语义类型
1	疾病	Acquired Abnormality, Anatomical Abnormality, Congenital Abnormality, Cell or Molecular Dysfunction, Disease or Syndrome, Experimental Model of Disease, Injury or Poisoning, Mental Process, Mental or Behavioral Dysfunction, Neoplastic Process, Pathologic Function, Sign or Symptom
2	基因	Genetic Function, Gene or Genome, Nucleic Acid, Nucleoside, or Nucleotide, Nucleotide Sequence
3	药物	Antibiotic, Carbohydrate, Clinical Drug, Carbohydrate Sequence, Eicosanoid, Element, Ion, or Isotope, Hormone, Inorganic Chemical, Indicator, Reagent, or Diagnostic Aid, Lipid, Organophosphorus Compound, Organic Chemical, Pharmacologic Substance, Steroid, Vitamin
4	蛋白质	Amino Acid, Peptide, or Protein, Amino Acid Sequence, Enzyme, Immunologic Factor, Neuroreactive Substance or Biogenic Amine

基于上述四类实体类型，分别识别疾病-基因、疾病-药物、疾病-蛋白、基因-药物、基因-蛋白、蛋白-药物等相互间不同的语义关系。

3　语义关系排序方法研究

3.1 排序方法

由于本文使用 SemRep 工具得到句子中的概念及其关系，如果可视化展示全部关系效果较差，不利于识别关键关系。本文提出两种方法：频次法与 KL 散度方法，并结合实际案例，选择语义关系排序方法。

频次法：直接统计疾病-基因、疾病-药物、疾病-蛋白、基因-药物、基因-蛋白、蛋白-药物等实体类型间不同关系类型的不同关系谓词出现频次，按从大到小顺序排序。

Kullback-Leible 散度法：KL 散度，又称相对熵，是对两个概率分布 p 和 q 差别的非对称性的度量，广泛应用在信息论中。设 p（x）和 q（x）是 x 取值的两个概率分布，则 p 对 q 的相对熵为：

$$D(p||q)=\sum_{i}^{n}=1p(x)\log\frac{p(x)}{q(x)} \quad (1)$$

KL 散度主要用于衡量两个概率分布的相对距离。在这里，以疾病-基因关系为例，将某关系名称如 AFFECTS 在疾病-基因关系对中出现的概率 p 和其在所有关系中出现的概率 q 进行 KL 距离计算。KL 值越大，说明该关系的重要性越强。最后通过 KL 值进行关系排序。

3.2 结果对比

分别利用频次法和 KL 散度法对前期研究采用的“肝癌致病机制”研究领域中 1999 年～2000 年“HBV 和 P53 基因对酒精性肝炎及肿瘤突变的作用机制”这一主题进行知识结构分析，以探索早期肝癌致病机制研究中的主要内容与关系。

利用 SemRep 工具，得到每篇文章中标题和摘要映射得到的概念词及其语义类型、概念间存在的关系。按照表 1 中实体类型与语义类型的对应关系，将知识内映射出的语义类型归并为相应的实体类型，分别计算疾病-基因、疾病-药物、疾病-蛋白、基因-药物、基因-蛋白、蛋白-药物等实体类型间存在的所有关系的重要程度。结果如表 2 所示。

表 2 语义关系识别方法结果对比

方法与内容	KL 散度法		频次法	
关系类型	0 疾病-基因	KL 散度值	0 疾病-基因	频次
关系名称	ASSOCIATED_ WITH	0.173 0	ASSOCIATED_ WITH	17
	AFFECTS	0.032 5	PART_ OF	4
	PRODUCES	0.020 4	TREATS	2
	ASSOCIATED_ WITH（SPEC）	0.0204	PRODUCES	2
	PART_ OF	0.011 9	ASSOCIATED_ WITH（SPEC）	2
关系类型	1 疾病-药物	KL 散度值	1 疾病-药物	频次
关系名称	CAUSES	1.114 7	ASSOCIATED_ WITH	1
	TREATS	0.517 4	TREATS	1
	ASSOCIATED_ WITH	-0.060 8	CAUSES	1
关系类型	2 疾病-蛋白	KL 散度值	2 疾病-蛋白	频次
关系名称	ASSOCIATED_ WITH	0.153 4	ASSOCIATED_ WITH	16
	TREATS	0.034 8	PART_ OF	4
	PRODUCES	0.023 2	TREATS	3
	ASSOCIATED_ WITH（SPEC）	0.023 2	PRODUCES	2
	PART_ OF	0.016 7	ASSOCIATED_ WITH（SPEC）	2

续表

关系类型	3 基因-药物	KL 散度值	3 基因-药物	频次
关系名称	COEXISTS_ WITH	0.776 1	COEXISTS_ WITH	2
	same_ as	0.590 8	same_ as	1
	compared_ with	0.590 8	compared_ with	1
关系类型	4 基因-蛋白	KL 散度值	4 基因-蛋白	频次
关系名称	COEXISTS_ WITH	0.599 2	COEXISTS_ WITH	6
	STIMULATES	0.515 3	STIMULATES	4
	INHIBITS	0.257 7	PART_ OF	2
	PART_ OF	0.027 7	INHIBITS	2
关系类型	5 蛋白-药物	KL 散度值	5 蛋白-药物	频次
关系名称	same_ as	0.883 6	COEXISTS_ WITH	1
	compared_ with	0.883 6	same_ as	1
	COEXISTS_ WITH	0.382 3	compared_ with	1

从表 2 中数据可以看出，KL 散度与频次法的关系排序存在一定差异。如在疾病-药物相关关系结果中，CAUSES、TREATS 和 ASSOCIATED_ WITH 三种关系出现频次相同，无法进一步区分重要程度。但结合每种关系在全局表现后，可以发现，CAUSES 关系是最重要的，其次为 TREATS，疾病与药物间存在“引起”与“治疗”关系也是正常的，而 ASSOCIATED_ WITH 关系描述相对宽泛。由于 KL 散度方法同时考虑了知识内部和知识间语义关系的概率情况，且实际得到的效果比频次法有更好的区分度，因此，本文选用 KL 散度方法作为语义关系排序方法，以识别并可视化展示不同实体间主要语义关系及其变化。

4　知识网络构建

4.1　领域选择与数据预处理

（1）领域选择

目前，心血管疾病（Cardiovascular Diseases，CVD）的发病率仍在不断攀升，发病年龄也有所提前。这种不断上升的趋势与人们的生活习惯、人口老龄化、环境变化、生活压力等息息相关，导致 CVD 的防治负担日益加重，已成为我国当今社会人群健康所面临的重要公共卫生问题。[9] 由顾东风教授等完成的《应用中国冠心病政策模型预测中国未来心血管疾病流行趋势》的研究预测：到 2030 年，仅由于人口老龄化与人口增长，中国每年的心血管疾病事件数就将上升超过 50%，如果考虑高血压、高胆固醇血症以及糖尿病的增长所导致年心血管事件数将额外增长 23%，如果不加以控制，在 2030 年中国心血管疾病患者将增加 2130 万，心血管疾病死亡人数将增加 770 万。[10] 加强心血管疾病的治疗与预后研究刻不容缓。

本文以“心血管疾病治疗与预后”这一研究领域为分析对象，采用 Web of Science 数据库，时间跨度为所有年份，共检索到 13 458 篇文献。为展示主题内部知识网络的变化情况，本文在分析同一类语义关系时将前后两个时间窗结果进行对比分析。

（2）数据预处理

为使生成的主题内容更加合理，需对检索得到的文献进行预处理。

①首先采用 MetaMap 对文献标题和摘要进行概念映射，目的是将文章中出现的自由词映射为概念词，

以达到描述的一致性。

②随后利用 TFIDF 方法基于概念词进行特征选择，进一步筛选对揭示主题内容有意义的词汇，去掉宽泛概念词。

③时间窗选择。采用重叠时间窗方法，将三年作为一个时间窗，并与前一时间窗重叠一年。选用重叠时间窗划分方法主要是考虑知识的延续性，如果采用独立时间窗无交叉的方法，会导致知识的断裂，不符合知识延续发展的实际。同时，选用 3 年重合 1 年的划分方法，是由于每个知识从出现到发展一般需要 2 年的时间，选用 3 年充分考虑了知识的发展实际，而不是直接使用 1 年的划分方法。

④选择经典的 LDA 主题模型生成相关主题，其中，主题数量依据经验设定为 10 个。

⑤利用 SemRep，对每个主题内文献进行语义类型与关系抽取。

⑥在得到的语义类型与关系基础上，进行语义类型合并与关系排序计算，最终构建主题内知识网络。

4.2 疾病-药物语义关系抽取与知识网络构建

2008 年~2010 年 1 号主题与 2010 年~2012 年 1 号主题在疾病-药物间关系上存在差异与演化。主题内部疾病-药物两类实体间结构的变化如表 3、图 1 和图 2 所示。可以看出，两个时间窗内疾病-药物二者间关键关系为治疗（TREATS）与预防（PREVENTS）。

表 3 心血管疾病治疗与预后研究领域 2008 年~2010 年 1 号主题与 2010 年~2012 年 1 号主题中疾病-药物关系类型及 KL 散度值

2008 年~2010 年 1 号主题		2010 年~2012 年 1 号主题	
疾病-药物关系	KL 散度值	疾病-药物关系	KL 散度值
TREATS	0.327 468 999	TREATS	0.488 896 542
PREVENTS	0.070 243 609	PREVENTS	0.227 606 802
TREATS（INFER）	0.070 243 609	TREATS（INFER）	0.092 761 777
TREATS（SPEC）	0.044 364 384	AFFECTS	0.060 618 822
CAUSES	0.025 488 649	PREDISPOSES	0.051 473 972
AUGMENTS	0.021 881 651	NEG_ AFFECTS	0.024 870 525
PREDISPOSES	0.019 861 203	CAUSES	0.016 897 965
DISRUPTS	0.008 971 185	PREDISPOSES（SPEC）	0.016 580 350
NEG_ AFFECTS	0.004 485 592	NEG_ PREVENTS	0.016 580 350
AFFECTS	0.002 127 986	DISRUPTS（SPEC）	0.008 290 175
ASSOCIATED_ WITH	-0.018 700 48	TREATS（SPEC）	0.002 029 194
-	-	PRODUCES	-0.006 958 733
-	-	ASSOCIATED_ WITH	-0.025 234 225

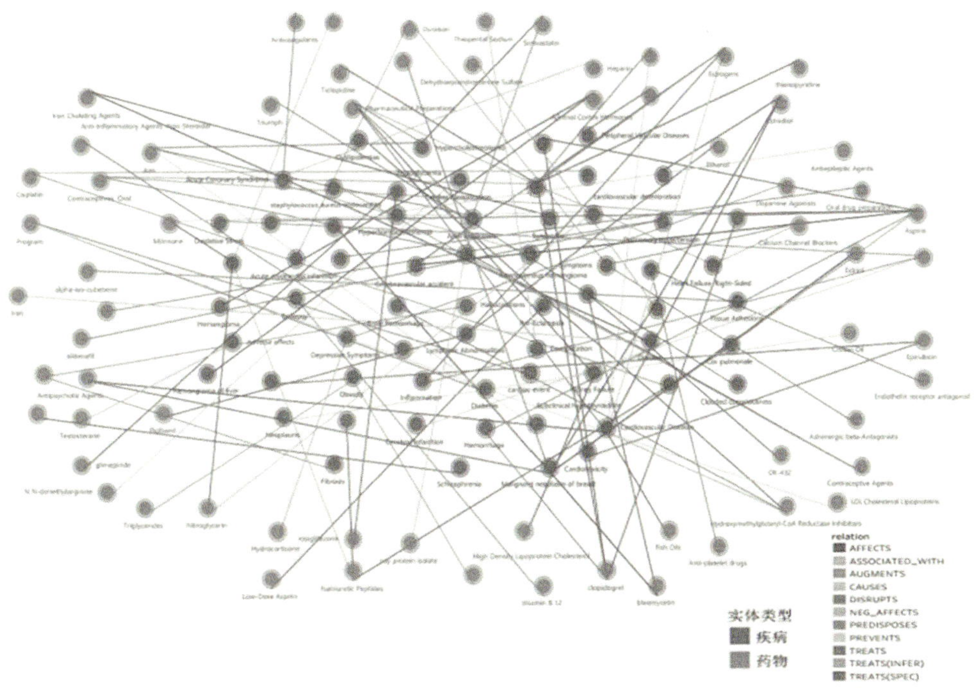

图 1　心血管疾病治疗与预后研究领域 2008 年~2010 年 1 号主题内部疾病-药物关系展示图

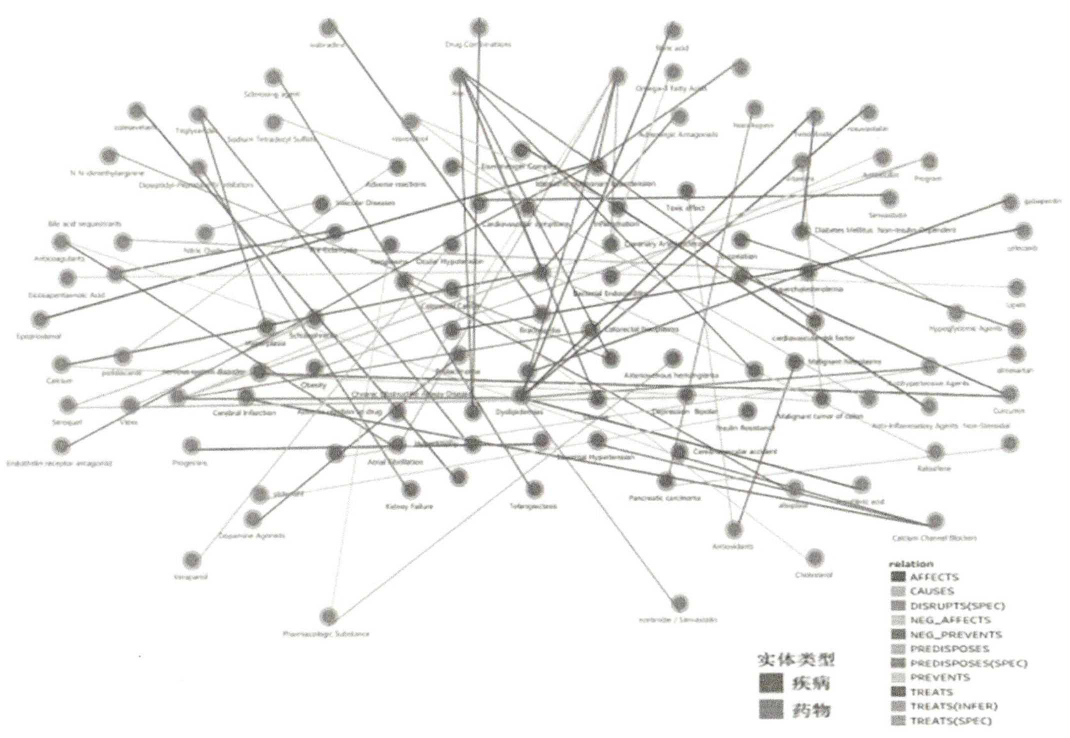

图 2　心血管疾病治疗与预后研究领域 2010 年~2012 年 1 号主题内部疾病-药物关系展示图

以“Cardiovascular Diseases（心血管疾病）”这一疾病为例，探究两个时间窗内关键关系“治疗”（TREATS）与“预防”（PREVENTS）涉及药物品种的变化情况，如表 4。可以看出，两个时间窗内，心血管疾病治疗药物变化比较明显，由 2008 年~2010 年的鱼油（Fish Oils）、雌二醇（Estradiol）、雌三醇（Estriol）等药物或有机物，演变成 2010 年~2012 年的钙（Calcium）、抗肾上腺素药（Adrenergic

Antagonists）等。经查阅文献发现 León 等[11]于 2008 年通过系统综述的方式阐述了鱼油可显著减少心源性死亡。Jeon 等[12]2010 年研究发现雌二醇可降低绝经后妇女冠状动脉钙化斑块负担。Bolland[13]和 Chen[14]等分别于 2010 年和 2012 年阐述了钙离子和抗肾上腺素药在心血管疾病中的作用机制。上述研究内容与本文所采用方法所得结果基本相符。

表 4 Cardiovascular Diseases 与相关药物关系的变化情况

2008 年~2010 年	2010 年~2012 年
Cardiovascular Diseases【TREATS】Fish Oils	Cardiovascular Diseases【TREATS】Calcium
Cardiovascular Diseases【TREATS】Hydroxymethylglutaryl – CoA Reductase Inhibitors	Cardiovascular Diseases【TREATS】Adrenergic Antagonists
Cardiovascular Diseases【TREATS】Estradiol	Cardiovascular Diseases【TREATS】Hydroxymethylglutaryl – CoA Reductase Inhibitors
Cardiovascular Diseases【TREATS】Estriol	Cardiovascular Diseases【PREVENTS】Eicosapentaenoic Acid
Cardiovascular Diseases【TREATS】Progesterone	Cardiovascular Diseases【PREVENTS】Raloxifene
Cardiovascular Diseases【PREVENTS】Estrogens	Cardiovascular Diseases【PREVENTS】Hydroxymethylglutaryl –CoA Reductase Inhibitors
Cardiovascular Diseases【PREVENTS】Pharmacologic Substance	Cardiovascular Diseases【CAUSES】Lipids
Cardiovascular Diseases【PREVENTS】LDL Cholesterol Lipoproteins	
Cardiovascular Diseases【PREVENTS】Hydroxymethylglutaryl –CoA Reductase Inhibitors	
Cardiovascular Diseases【TREATS（INFER）】Aspirin	
Cardiovascular Diseases【TREATS（INFER）】Hydroxymethylglutaryl–CoA Reductase Inhibitors	

4.3 疾病-基因语义关系抽取与知识网络构建

随着在分子水平对疾病认识的加深，基因治疗已成为心血管疾病治疗研究的热点话题之一。因此，本文简要分析近年来心血管疾病治疗与预后研究领域疾病-基因二者间关系的变化情况。

2012 年~2014 年 8 号主题与 2014 年~2016 年 0 号主题内疾病-药物两类实体间结构的变化如表 5、图 3 和图 4 所示。可以看出，两个时间窗内疾病-基因二者间的关键关系为相关（ASSOCIATED_ WITH）与因果（CAUSES）。2012 年~2014 年间，扰乱（DISRUPTS）和产生（PRODUCES）重要程度略高于其他关系，而 2014 年~2016 年间，增加（AUGMENTS）和治疗（TREATS）的重要程度升高。

表 5 心血管疾病治疗与预后研究领域 2012 年～2014 年 8 号主题与 2014 年～2016 年 0 号主题中疾病-基因关系类型及 KL 散度值

2012 年～2014 年 8 号主题		2014 年～2016 年 0 号主题	
疾病-基因关系	KL 散度值	疾病-基因关系	KL 散度值
ASSOCIATED_ WITH	0. 393 726 456	ASSOCIATED_ WITH	0. 473 196 637
CAUSES	0. 113 762 838	ASSOCIATED_ WITH （INFER）	0. 110 078 231
ASSOCIATED_ WITH （INFER）	0. 093 555 689	CAUSES	0. 093 298 962
DISRUPTS	0. 085 142 615	AUGMENTS	0. 063 650 291
PRODUCES	0. 076 069 606	TREATS	0. 032 068 530
AUGMENTS	0. 027 898 134	PREDISPOSES	0. 018 454 873
PREDISPOSES	0. 026 257 703	TREATS （INFER）	-0. 015 735 784
AFFECTS	0. 016 414 226	AFFECTS	-0. 015 735 784
TREATS （INFER）	-0. 021 129 641	PREVENTS	-0. 016 202 486
TREATS	-0. 040 136 294	-	-

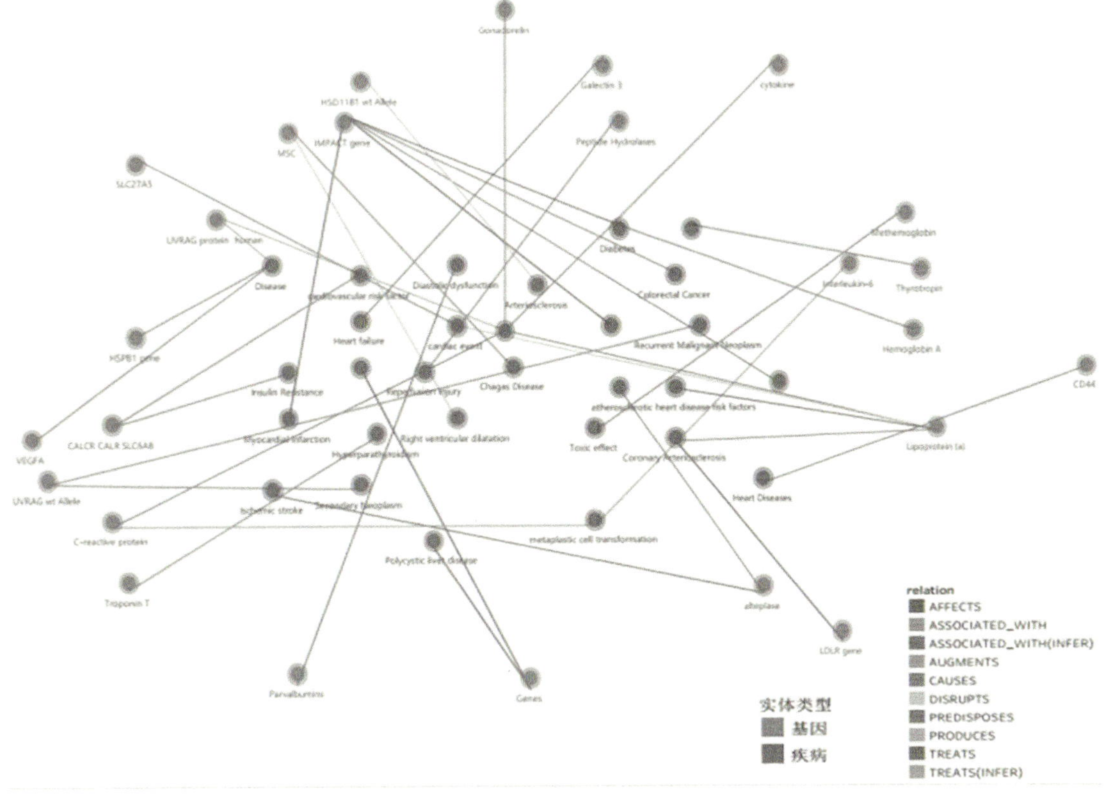

图 3 心血管疾病治疗与预后研究领域 2012 年～2014 年 8 号主题内部疾病-基因关系展示图

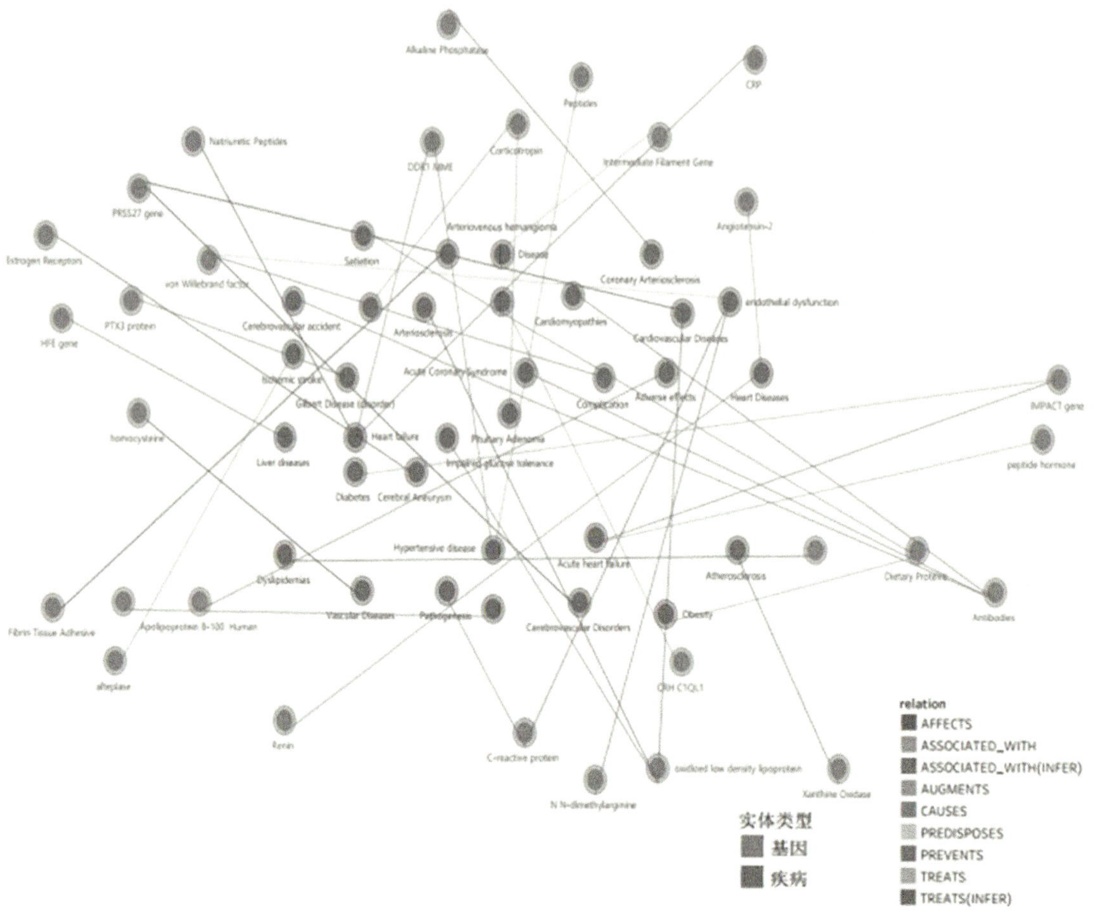

图 4　心血管疾病治疗与预后研究领域 2014 年~2016 年 0 号主题内部疾病-基因关系展示图

以“Heart failure”（心力衰竭）这一疾病为例，探究两个时间窗内疾病与基因关系的变化情况，如表 6。可以看出，两个时间窗内，心力衰竭相关基因发生了变化，由 2012 年~2014 年的半乳糖凝集素 3（Galectin 3），演变成 2014 年~2016 年的 C 型反应性蛋白（CRP）、DDR1（DDR1 MME）和利钠肽（Natriuretic Peptides），且利钠肽对心力衰竭具有治疗作用。[15] 基于基因与关系类型的变化发现，学术界 2012 年~2014 年对导致心力衰竭的相关基因研究较多，2014 年~2016 年，则进一步开展与心力衰竭相关基因及治疗基因的研究。

表 6　Heart failure 与相关基因关系的变化情况

2012 年~2014 年	2014 年~2016 年
Heart failure【PREDISPOSES】Galectin 3	Heart failure【ASSOCIATED_ WITH】CRP
-	Heart failure【ASSOCIATED_ WITH】DDR1 MME
-	Heart failure【TREATS（INFER）】Natriuretic Peptides

5　小结

本文利用医学领域语义网络特色，采用 UMLS 语义网络与 SemRep 工具，自动抽取主题内部概念、概念类型及相互间语义关系，并根据语义类型定义其所属实体类型。通过对比 KL 散度法与频次法在关系排序中的优缺点，确定了 KL 散度法的关系排序方法。利用心血管疾病治疗与预后研究领域不同时间窗主题进行可视化分析，揭示了主题在疾病-药物、疾病-基因等方面关系及知识网络的变化。在今后研究中，将加强多元关系的抽取与可视化研究，以挖掘并预测疾病、基因、蛋白等实体间已经存在或潜在有价值的知识。

附录：检索式

TS=（（"Cardiovascular Disease" OR "Disease, Cardiovascular" OR "Diseases, Cardiovascular" OR "Cardiovascular Abnormalities" OR "Cardiovascular Infections" OR "Heart Diseases" OR "Diseases, Heart" OR "Heart Disease" OR "Cardiac Diseases" OR "Diseases, Cardiac" OR "Pregnancy Complications, Cardiovascular" OR "Vascular Diseases" OR "Heart Defects, Congenital" OR "Vascular Malformations" OR "Endocarditis, Bacterial" OR "Syphilis, Cardiovascular" OR "Tuberculosis, Cardiovascular" ）AND（"therapeutic use" OR "drug effect" OR "prevention and control" OR "Biological Therapy" OR "Combined Modality Therapy" OR "Complementary Therapies" OR "Conservative Treatment" OR "Drug Therapy" OR "Electric Stimulation Therapy" OR " Emergency Treatment" OR "Radiotherapy" OR "Respiratory Therapy" OR "Patient Care" OR "Nutrition Therapy" OR "Antineoplastic Protocols" OR "Chelation Therapy" OR "Chemoprevention" OR "Chemoradiotherapy" OR "Chemotherapy, Adjuvant" OR "Consolidation Chemotherapy" OR "Drug Administration Routes" OR "Drug Administration Schedule" OR "Drug Delivery Systems" OR "Drug Dosage Calculations" OR "Drug Prescriptions" OR "Drug Therapy, Combination" OR "Drug Therapy, Computer-Assisted" OR "Electrochemotherapy" OR "Enema" OR "Enzyme Therapy" OR "Fluid Therapy" OR "Home Infusion Therapy" OR "Hormone Replacement Therapy" OR "Inappropriate Prescribing" OR "Induction Chemotherapy" OR "Maintenance Chemotherapy" OR "Medication Errors" OR "Molecular Targeted Therapy" OR "Opiate Substitution Treatment" OR "Orthomolecular Therapy" OR "Photochemotherapy" OR "Pleurodesis" OR "Polypharmacy" OR "Premedication" OR "Prescription Drug Misuse" OR "Sclerotherapy" OR "Self Administration" OR "Self Medication" OR "Thrombolytic Therapy" OR "Outcome, Treatment" OR "Clinical Effectiveness" OR "Clinical Effectivenesses" OR "Effectiveness, Clinical" OR "Effectivenesses, Clinical" OR "Patient-Relevant Outcome" OR "Outcome, Patient-Relevant" OR "Outcomes, Patient-Relevant" OR "Patient Relevant Outcome" OR "Patient-Relevant Outcomes" OR "Clinical Efficacy" OR "Efficacy, Clinical" OR "Treatment Effectiveness" OR "Effectiveness, Treatment" OR "Treatment Efficacy" OR "Efficacy, Treatment" OR "Rehabilitation Outcome" OR "Outcome, Rehabilitation" OR "Prognoses" OR "Prognostic Factors" OR "Factor, Prognostic" OR "Factors, Prognostic" OR "Prognostic Factor" OR "Surgical Procedures, Operative" OR "Operative Surgical Procedure" OR "Operative Surgical Procedures" OR "Procedures, Operative Surgical" OR "Surgical Procedure, Operative" OR "Operative Procedures" OR "Operative Procedure" OR "Procedure, Operative" OR "Procedures, Operative" OR "Procedure, Operative Surgical" OR "Surgery, Ghost" OR "Ghost Surgery" ））

参考文献

[1] "Coremine Medical"，载 https://www.coremine.com/medical/help.html#Search，最后访问日期：2018 年 3 月 10 日。

[2] Alako B T, Veldhoven A, Baal S V, et al., "CoPub Mapper: mining MEDLINE based on search term co-publication", *BMC Bioinformatics*, Vol. 6, No. 1, 2005, pp. 1-15.

[3] 王颖等："面向科技文献的语义检索系统研究综述"，载《现代图书情报技术》2015 年第 5 期。

[4] "Quertle"，载 http://www. quertle. com/，最后访问日期：2018 年 3 月 10 日。

[5] 龚乐君等："一种面向基因与疾病关系的文本挖掘方法"，载《东南大学学报（自然科学版）》2010 年第 3 期。

[6] "Current Semantic Types"，载 https://www. nlm. nih. gov/research/umls/META3_ current_ semantic_ types. html，最后访问日期：2018 年 3 月 10 日。

[7] "Current relations in the semantic network"，载 https://www. nlm. nih. gov/research/umls/ META3_ current_ relations. html，最后访问日期：2018 年 3 月 10 日。

[8] "A Guide to Understanding SemRep Full-Fielded Output"，载 https://semrep. nlm. nih. gov/SemRep. v1. 7 _ full_ fielded_ output. html#fn6，最后访问日期：2018 年 3 月 10 日。

[9] 姚震、陈林："我国心血管疾病现状与展望"，载《海南医学》2013 年第 13 期。

[10] León H, Shibata M C, Sivakumaran S, et al.，"Effect of fish oil on arrhythmias and mortality: systematic review"，*BMJ*，Vol. 338，No. 7687，2009，pp. 149-152.

[11] Bolland M J, Avenell A, Baron J A, et al.，"Effect of calcium supplements on risk of myocardial infarction and cardiovascular events: meta-analysis"，*BMJ*，Vol. 341，No. 7767，2010，p. 289.

[12] Chen B, Li Y, Jiang S, et al.，"beta-Adrenergic receptor antagonists ameliorate myocyte T-tubule remodeling following myocardial infarction"，*The FASEB Journal*，Vol. 26，No. 6，2012，pp. 2531-2537.

[13] Han Z J, Wu X D, Cheng J J, et al.，"Diagnostic Accuracy of Natriuretic Peptides for Heart Failure in Patients with Pleural Effusion: A Systematic Review and Updated Meta-Analysis"，*Plos One*，Vol. 10，No. 8，2015，e0134376.

FP-growth 算法在法规清单关联规则挖掘中的应用

陈叶楠*

安纬同（上海）管理咨询有限公司

摘　要：法规清单是企业合规管理的重要工具，FP-growth 算法是目前关联规则挖掘较为高效的算法之一。将 FP-growth 算法简化至仅挖掘频繁 2-项集，使用频繁 1-项集和法规清单构建法规-清单布尔值表，以此为基础从法规清单中挖掘法规之间的关联规则，在挖掘效率和算力之间取得了最佳平衡，从而极大降低法规知识发现的成本。

关键词：数据挖掘；关联规则；FP-growth 算法；合规；法规清单；环境管理体系；健康安全管理体系

分类号：TP301.6

1　现实背景

根据《企业境外经营合规管理指引》（发改外资〔2018〕1916 号）的定义，合规是指“企业及其员工的经营管理行为符合有关法律法规、国际条约、监管规定、行业准则、商业惯例、道德规范和企业依法制定的章程及规章制度等要求”。为更好管理企业的合规，一般将其细分为财务、商业、人事、产品质量、环保和健康等多个专业领域。履行组织的全部合规义务方可称为合规，企业的合规义务包括合规要求和合规承诺。[1]合规要求主要指法律法规，守法是合规管理中最重要的部分。守法经营是企业运营的底线，《公司法》第 5 条中规定：“公司从事经营活动，必须遵守法律、行政法规……。”

从纷繁复杂的法律法规体系中识别适用于组织活动的法律法规是一项高技术难度的工作，通常需要不同领域的专家介入，尽管成本高昂，却是整个合规管理工作的基础和起点。例如，在通过 ISO14001 环境管理体系认证的企业中，作为管理体系的一个重要组成部分，企业必须满足以下要求：

“6.1.3 合规义务

组织应：

a）确定并获取与其环境因素有关的合规义务；

b）确定如何将这些合规义务应用于组织；

c）在建立、实施、保持和持续改进其环境管理体系时必须考虑这些合规义务。

组织应保持其合规义务的文件化信息。”[2]

ISO45001 职业健康安全管理体系（对应过去的 OHSAS18001 管理体系）中也有类似的要求。[3]

上面条款中所要求的文件化信息，即 EHS 行业内常说的法规清单。过去其媒介多为电子媒介如 excel 文件或 word 文件形式。如今，代表未来发展趋势的 SaaS 产品则在行业内的使用率日渐增加。在一个典型

* 作者简介：陈叶楠，通讯作者邮箱：qehs@outlook.com。

的 SaaS 服务模式中，企业将法规清单托管于服务提供商的服务器上，清单中包含的法规来自于服务提供商建立的法规数据库。SaaS 服务提供商负责保持法规数据库中法规元数据的完整性、准确性和法规更新的及时性，并提供一定的清单在线编辑功能，以及附加的其他增值服务，例如基于法规清单的合规性评价功能等。

由此，SaaS 合规服务过程中积累下了大量的法规清单数据，使得数据挖掘成为可能。观察表明，这些来自各行各业的分布于各个行政区域各种企业的法规清单当中，完全不同的法规清单是不存在的。譬如对于环境法规清单，任何一家企业的清单都会至少包含《环境保护法》；对于职业健康安全清单，至少会包含《安全生产法》和《职业病防治法》。但因为行业、行政区域、设备和制程的差异，也很难找到完全相同的法规清单。同时，非常容易发现一些法规表现出关联性，它们经常会出现在同一份法规清单中，例如《环境保护法（2014 修订）》、《环境影响评价法》、《危险化学品安全管理条例（2013 修订）》、《GB 15603-1995 常用化学危险品贮存通则》、《职业病防治法》和《GBZ 2. 2-2007 工作场所有害因素职业接触限值 第 2 部分：物理因素》等。

通过对法规清单的数据挖掘发现具有关联性的法规，属于关联规则数据挖掘的研究范畴。法规关联规则可用于法规推荐系统，使用场景包括：识别适用法规、制作法规清单过程中根据现有的确定的适用法规，主动推荐更多的关联法规；在展示关键字匹配结果之外，法规搜索引擎的搜索结果还可适当展示具有高度关联性的法规等，其应用增加了法规知识发现的维度，降低了法规知识发现的难度。

2 形式化定义

从集合的角度来看，法规是法规数据库的元素，法规清单相当于法规数据库的子集，法规数据库是法规清单的超集，据此，给出以下的形式化定义。

设 $L=\{l_1, l_2, \cdots, l_n\}$ 是全体项的集合，其中每一项 l 代表一条法规。给定法规清单数据库 $C=\{R_1, R_2, \cdots, R_m\}$，其中 $R_i(i=1, 2, \cdots, m)$ 是 L 中项的集合，代表一份法规清单，$R_i \subseteq L$。

设 A_k 为 k-项集（k 为 A 中项的个数），且同样有 $A_k \subseteq L$，A_k 的支持度（support）定义为：C 中包含 A_k 的法规清单个数。此处定义的支持度为绝对支持度，是一个整数数值，代表出现频度。

如果 A_k 的支持度不小于用户预先设定的最小支持度阈值 min_ sup（A_k. support≥min_ sup），则称 A_k 为频繁 k 项集。

所谓“频繁项集挖掘”，就是找出蕴含在 C 中的所有频繁项集。

所谓“关联规则挖掘”，其目标就是从上一步发现的频繁项集中，提取所有高置信度（confidence）的频繁项集，也即置信度大于等于给定最小置信度阈值 min_ conf（A_k. confidence≥min_ conf）。

下面通过举例进一步说明：设 A_2 为频繁 2-项集，且 $A_2=\{l_x, l_y\}$。若包含 l_x 的法规清单也趋向于包含 l_y，则可以用关联规则（association rule）的形式表示。例如：

$$l_x \Rightarrow l_y [\text{相对支持度}=3\%;\ \text{置信度}=60\%] \qquad (1.1)$$ [4] 159

上式中支持度使用了相对支持度，代表 C 中包含 A_2 的法规清单数量占总体法规清单数量的百分比。

关联规则的支持度和置信度是关联规则兴趣度的两种度量，分别反映所发现关联规则的有用性和确定性。关联规则（1.1）的支持度为 3%，意味着所分析的所有法规清单中有 3%的法规清单同时包含了法规 l_x 和 l_y。置信度 60%意味着包含 l_x 的法规清单有 60%也包含了 l_y。

同时满足最小支持度阈值和最小置信度阈值的规则称为强规则。最小支持度阈值和最小置信度阈值由用户或专家根据观察和经验设定。

关联规则 $l_x \Rightarrow l_y$ 的支持度等价于概率 $P(l_x \cup l_y)$，即

$$支持度(l_x \Rightarrow l_y) = P(l_x \cup l_y) = \frac{绝对支持度(l_x \cup l_y)}{n} \quad (1.2)^{[4]\,159}$$

关联规则 $l_x \Rightarrow l_y$ 的置信度符合条件概率 $P(l_y \mid l_x)$，即

$$置信度(l_x \Rightarrow l_y) = P(l_y \mid l_x) = \frac{支持度(l_x \cup l_y)}{支持度(l_x)} = \frac{绝对支持度(l_x \cup l_y)}{绝对支持度(l_x)} \quad (1.3)^{[4]\,159}$$

支持度和置信度不足以过滤掉无趣的关联规则，为解决这个问题，引入相关性度量提升度（lift）。其定义如下：如果 l_x 的出现独立于 l_y 的出现，则有 $P(l_x \cup l_y) = P(l_x)P(l_y)$；否则 l_x 和 l_y 是依赖的（dependent）和相关的（correlated）。l_x 和 l_y 的提升度可以通过计算下式得到：

$$提升度(l_x \Rightarrow l_y) = \frac{P(l_x \cup l_y)}{P(l_x)P(l_y)} = \frac{P(l_y \mid l_x)}{P(l_y)} = \frac{置信度(l_x \Rightarrow l_y)}{支持度(l_y)} \quad (1.4)^{[5]}$$

如果式（1.4）的值小于 1，则 l_x 和 l_y 的出现是负相关的，意味着一个出现可能导致另外一个不出现；如果结果值大于 1，则 l_x 和 l_y 的出现是正相关的，意味着一个出现可能导致另外一个出现；如果结果值等于 1，则 l_x 和 l_y 是独立的，它们之间不具有相关性。

3 算法介绍

关联规则的挖掘一般可分成两个步骤：（1）找出所有频繁模式；（2）由频繁模式生成满足要求的关联规则。其中，第一步是关联规则挖掘中的关键步骤。由 R. Agrawal 等人提出来的 Apriori 算法是关联规则挖掘的一个经典算法。算法的名称来源于算法中应用了频繁项集的先验知识，即一个频繁项集的任一非空子集必定是频繁项集。因此，只要某一项集是非频繁的，则其超集就无须再检验。算法首先扫描一遍数据库计算各个 1-项集的支持度，从而得到频繁 1-项集 A_1；然后采用迭代的方式，逐步找出频繁 2-项集，3-项集，……，直至不再产生新的频繁项集为止。在计算频繁 k-项集 A_k（k=2，3，…）时，先通过 A_{K-1} 自连接产生候选集，利用一定的剪枝策略缩减候选项集；再通过扫描数据库来计算候选集的出现频率，消除非频繁项，从而得到频繁 k-项集 A_k。许多早期的研究大都采用类似于 Apriori 的先产生候选集再进行测试的方法。

J. Han 等人提出了一种利用频繁模式树（FP-树）进行频繁模式挖掘的 FP-growth 算法。与 Apriori 算法相比，该算法具有以下特点：（1）采用 FP-树存放数据库的主要信息。算法只需扫描数据库两次，然后将关键信息以 FP-树的形式存放在内存中，避免了因多次扫描数据库而带来的大量的 I/O 时间；（2）不需要产生候选集，从而减少了由于产生和测试候选集需要耗费的大量时间；（3）采用分而治之的方式对数据库进行挖掘，从而在挖掘过程中，大大地减少了搜索空间。实验结果表明[4]，FP-growth 算法的性能比 Apriori 算法快了一个数量级。

4 算法实现

无论法规推荐系统应用于搜索引擎还是清单制作，必须使用可视化（visualization）技术保持用户的密切参与，用户将使用先验经验以主观的方式调整关联规则的兴趣度。数据挖掘系统认为有趣的关联规则，有可能是用户认为无趣的规则。囿于服务器算力的局限性，以及应用过程中用户界面的对法规展示数量的限制和基于对用户的使用模式了解，挖掘频繁 2 项集所蕴含的关联规则可以在需求和资源间达到最佳平衡。

经过简化后的 FP-growth 算法通过以下伪代码实现。

法规清单关联规则挖掘算法

输入：

C：事务数据库（清单数据库）

min_ sup：最小支持度阈值

min_ conf：最小置信度阈值

输出：关联规则

清单数据库 C 中有 m 个法规清单，扫描 C 一次，搜集频繁 1-项集及它们的支持度计数，将其按照支持度计数降序排列，支持度计数（l_n）$\geq min\_sup$，丢弃支持度计数小于 min_ sup 的频繁 1-项集，剩余 n 个元素，用 L 表示；

转换各法规清单 R_k 中法规为布尔值：

For$iinn$，$kinm$：

if $l_i in\ R_k$：

值（l_i，R_k）= 1

else 值（l_i，R_k）= 0

Return 法规-清单的布尔值表（表 1）

从表 1 的 L 列中最小支持度计数的频繁 1-项集向上挖掘：

#在表 1 中，与 l_i 相关的列（单元格中值为 1 的列）的集合记为 lc_i

$For\ l_i in(l_n, l_1)$：

  $l_x \leftarrow l_i$

  支持度计数(l_x) ← 支持度计数(l_i)

  $For\ l_y in(l_{i-1}, l_1)$：

    支持度计数（l_y）为 lc_i 中与 l_y 相关的列（单元格中值为 1 的列）的值的合计

    if 支持度计数(l_y) ≥ $min\_ sup$ and 置信度($l_x \Rightarrow l_y$) ≥ $min\_ conf$ and 提升度($l_x \Rightarrow l_y$) > 1：

    return 关联规则 $l_x \Rightarrow l_y$

    else 丢弃 l_y

表 1　法规-清单布尔值表

L	R_1	R_2	R_3	…	R_m
l_1	1	1	0	…	1
l_2	1	0	1	…	0
l_3	0	1	1	…	1
…	…	…	…	…	…
l_n	1	1	0	…	1

接下来通过实验验证该算法。验证环境为 Intel i5 处理器，主频 1.8G Hz，内存 8G，运行 windows 10 家庭版操作系统，算法采用 Python 3.7.3 编码，数据库使用了 sqlite3。事务数据库取自于 Nimonik 在线数据库，由随机挑选的 32 份法规清单组成，环境法规清单的法规数量一般平均为 100 条左右，健康安全法规清单包含的法规数量一般平均为 200 条左右。共涉及 1824 条独立的法规，以 3 为最小支持度，筛选之后剩余 620 个频繁 1 项集。数据挖掘过程中，使用支持度 ≥ 3 并且提升度 > 1 两个指标过滤无趣的关联规则，共获得 56 201 个频繁 2 项集，没有使用置信度过滤数据。观察到这些数据的置信度区间为 [37.5%，95%]。在算法未作优化，而且程序中包含了很多磁盘读写操作的前提下，整个数据挖掘过程耗费大约 25 分钟，尚有很大的提升空间。关联规则挖掘结果示例如表 2。观察可以发现，表中所列的关联规则是有趣的。

表 2　关联规则挖掘结果示例

l_x	l_y	支持度	置信度	提升度
GB 15603-1995 常用化学危险品贮存通则	危险化学品安全管理条例（2013 修订）	19	95.00%	1.45
GB 15258-2009 化学品安全标签编写规定	GB 15603-1995 常用化学危险品贮存通则	18	94.74%	1.52
GB 15258-2009 化学品安全标签编写规定	危险化学品安全管理条例（2013 修订）	18	94.74%	1.44
GB 13690-2009 化学品分类和危险性公示通则	GB 15258-2009 化学品安全标签编写规定	17	94.44%	1.59
GB 13690-2009 化学品分类和危险性公示通则	GB 15603-1995 常用化学危险品贮存通则	17	94.44%	1.51
GB 13690-2009 化学品分类和危险性公示通则	危险化学品安全管理条例（2013 修订）	17	94.44%	1.44
GB/T 16483-2008 化学品安全技术说明书内容和项目顺序	GB 15258-2009 化学品安全标签编写规定	15	93.75%	1.58
GB/T 16483-2008 化学品安全技术说明书内容和项目顺序	GB 15603-1995 常用化学危险品贮存通则	15	93.75%	1.50
GB/T 16483-2008 化学品安全技术说明书内容和项目顺序	危险化学品安全管理条例（2013 修订）	15	93.75%	1.43
危险化学品目录（2015 版）	危险化学品安全管理条例（2013 修订）	14	93.33%	1.42

5　结论与展望

本文将 FP-growth 算法应用于法规清单的数据挖掘，并基于专家经验和应用场景将算法简化为挖掘频繁 2-项集，提出了法规-清单布尔值表的挖掘方法，适合结合流行的 SQL 数据库语言开发利用算法，提高了算法的可伸缩性以及处理大规模数据的潜力。该算法的推广应用对法规的知识发现具有非常大的意义，可减少企业对昂贵的法规专家的依赖，降低合规成本。

需要指出的是，该算法对算力和内存的消耗较大，如果需要处理更大规模的数据需要对算法和程序进一步优化后才具备投入生产的价值。同时注意到结果集中仍包含大量无趣的冗余的规则，如何结合专家系统（例如行业分类）降低数据噪音，值得进一步的探讨。

参考文献

[1] GB/T 35770-2017，合规管理体系-指南。

[2] ISO 14001-2015, Environmental Management Systems —— Requirements with Guidance for Use.

[3] ISO 45001-2018, Occupational Health and Safety Management Systems —— Requirements with Guidance for Use.

[4] [美] Jiawei Han，Micheline Kamber，Jian Pei：《数据挖掘：概念与技术》，范明等译，机械工业出版社 2012 年版。

[5] [美] Pang-Ning Tan、Michael Steinbach、Vipin Kumar：《数据挖掘导论》，人民邮电出版社 2011 年版。

在线法律术语词库构建研究*

赵　心**

中国社会科学院法学研究

摘　要：研究法律术语的规范化，实际上是研究汉语文明的法律表意系统，促进这一表意系统的专业性与表现力。法律术语数据库是在法律术语规范化研究基础之上的互联网在线词典，提供概念的一般含义及概念与概念之间的逻辑关系，可以说是一种法律概念谱系。法律术语有关的理论与研究方法在字典编纂中有着重要的基础作用，从阐释理论与词典编纂实践的整合有助于提高词典的质量。本文就法律术语词库构建的理论基础及设计等方面进行了深入系统地分析，以期为将来更加专业、科学的法律术语在线词典构建奠定理论基础。

关键词：法律术语；在线词典；数据库

分类号：TP301.2

法律术语是指在法律专业领域中一般概念的词语指称，术语学研究旨在澄清概念以及概念与概念之间的逻辑关系。将术语学研究方法引入法律领域，编纂法律术语词典可以为许多人提供帮助。例如，法律从业者、学者和法律学生需要理解法律文本中的概念和短语；专业翻译人员经常需要使用双语词典，来完成翻译任务；任何人都可以在词典中查找法律词汇，以获得特定法律主题的知识。直到20世纪90年代，这些词典都是印刷书籍，但现在很多都以各种电子形式出版，因此，有关互联网词典的理论和实践以及词典学的最新发展研究有助于为未来法律术语词典的编纂奠定基础。高级在线词典可以让用户访问与特定需求相关的数据。构建在线法律词典过程中，通过关注特定类型情况下用户的需求，用户可以访问和检索满足特定需求类型的数据，并确保用户可以将其转换为有用信息的方式呈现数据。上述在线法律词典的编纂与构建涉及分析法律词典的功能、用户对词典相关需求、用户在不同情况下所需的数据类型以及用户访问这些数据的方式。

1　构建法律术语词库设想的提出

信息活动和信息工具的数字化是影响词典编纂的一个重要因素，数字化趋势的一个后果是印刷词典将逐渐被在线词典所取代。在当今的知识和信息社会中，人们不断接触来自许多不同来源的大量数据，特别是互联网，这种信息化趋势仍然将不断加剧。在线词典与互联网搜索引擎都可以作为数据（以及信息）提供者，但是互联网搜索引擎倾向于在非结构化数据的巨大环境中提供过多搜索结果，并且结果通常与搜索特定信息无关。词典编纂者可以克服上述精确搜索问题，使用户通过有针对性的搜索以访问结构化数据，并以结构化的方式呢现搜索结果，准确地告诉用户他们需要知道什么。在描述涉及在线词典

* 基金项目：中国科技名词委员会 法学名词规范化立法问题研究 项目编号 WT2017006。

** 作者简介：赵心（1987~），女，河南安阳人，中国社会科学院法学研究所助理研究员，研究方向法理学，法学博士，通讯作者邮箱：zhao-xin@cass.org.cn。

的项目时，词典编纂者应该首先确定词典功能。原因有两个：首先，词典编纂者选择的词典功能为所有其他编纂提供了基础，包括输入词的初始选择、数据类型的选择和数据的最终表示。其次，词典编纂者应该确定目标用户的基本需求，并尝试将这些需求与词典功能相匹配。这符合现代词典原理，它不将字典视为语言结构，而是将印刷和在线词典视为信息工具，旨在实现与特定类型的使用情况相关的一个或多个功能。

法律术语词库可以概括描述为如下：它旨在开发一个数据库，作为一套双语词典的核心，旨在帮助特定类型的用户理解汉语和英语法律文本，用汉语和英语撰写法律文本，将中国法律文本翻译成英语，反之亦然，并获得有关中国和英语国家法律事务的知识。目标用户群包括律师、法律从业者、法律学者、专业翻译和法律学生。上述群体都需要处理涉及一般类型的汉语和英语法律知识的情况，法律术语词典可以提供帮助。例如，在国际环境中代表客户，阅读法律教科书和用英语撰写法律论文。在撰写本文时，该项目已经完成了第一阶段，该阶段建立了规范化的名词词条，数据库将在词典基础之上进行构建。法律术语词典，无论是印刷品还是电子词典，都是一种信息工具，它为与法律相关的一般类型的交流和认知情境中的预期用户提供帮助。

2 构建法律术语词库的重要意义

对法律术语的分析不仅限于法律概念的理论分析，它还可以建立一个详尽的法律语言数据库，并建立其在各种法律语言操作中的使用方式。法律概念的词典可能具有映射整个概念领域的优点，其中包括概念的内涵定义与概念之间的逻辑关系。法律术语词典的特点有助于在法学研究、司法实践中确定法律文本的意义。

2.1 法律术语内涵定义有助于确定文本含义

法律文本的解释是法律实践的重要组成部分。法律纠纷经常涉及合同、意志、规则、法规或宪法规定的含义。我们如何确定法律文本的含义？在普通法系国家，一种可能性是依靠法官的自由心证。另一种可能性是使用词典。然而，最近，律师、法官和法律学者发现了一种数据驱动的方法来确定有争议语言的语义。这种被称为“法律词库”的技术方法已经被法院使用，并在法律领域中发挥着越来越重要的作用。法律术语规范化为法律语料库的建立提供了理论基础。为什么语料库语言学在当代法律理论和实践中变得重要？这个问题的答案很复杂。一个重要的动力源于一般法律理论中形式主义的复兴：复兴反映了法律和宪法解释的法律和理论的发展。20 世纪 60 年代和 70 年代的法定解释主要是强调立法意图和法定目的的方法，但在过去的 40 年中，文本主义（或“一般含义文本主义”）一直处于优势地位。同样，近年来西方宪法学界“原旨主义”（originalism）在学术界和法院都变得越来越重要。文本主义和原旨主义的转向部分基于对两种理论区别的重要性的认识。第一个区别在于“交际内容”和“法律内容”。法律文本向受众传达内容：文本的交际内容大致是我们所说的文本的“语言意义”。但是，有效的法律文本也会产生“法律内容”。例如，《宪法》条款产生了宪法学说。法律内容可能是文本语言意义的直接表达，但有时法律内容可能与交际内容有很大不同。例如，我国《宪法》第 5 条第 1 款规定：“中华人民共和国实行依法治国，建设社会主义法治国家。”第 5 条的交际内容包含上述文本内容，但是还包含了科学立法、严格执法、公正司法、全民守法的一种良性法律秩序，涉及立法、司法等一系列复杂的法律规则。《宪法》中规定的各种权利也是如此。

2.2 法律术语概念体系有助于确定交际内容

法律文本由符号、字母和标点符号组成。符号被组织成有意义的单元、单词和短语，它们通过语法关联性的语句形成有意义的表达式、句子，进而组织成更大的单元。例如，子句或更大的单位如合同、规则、法规和其他具有交流内容的法律文本。简而言之，“交际内容”是通过写作或话语传达的语言意义，但我们可以更精确一些：单词和短语传达了这些事物之间的概念、名称和关系。

与交际内容和法律内容之间的区别密切相关的是解释与构建的区别。“解释”的含义是交际内容的发现，而“构建”则意味着法律效力的确定。交际内容的一个重要组成部分是“传统语义”，即通过使用一定模式确定单词和短语的含义。文本相关的法律内容应受到文本传达的交际内容的约束。例如，宪法原旨主义者认为，当法院参与法律学说的建构时，他们应该认为自己受到文本的原始公共意义的约束，而非原旨主义者则认为宪法学说的法律内容可以修改、覆盖，甚至取消原始的公共意义。同样，一般含义的文本主义者认为，从事法定建构的法院应该认为自己受法定文本的交流内容约束。假设一种情况，法院不认为自己受到单词和短语含义的约束，因此对于意义的细微区分远不如确定宪法和法定纠纷结果的目的和价值观那么重要，但是论理、价值的判断对一个法官的综合素质要求是如此之高，而且很难得到切实论证。但是如果参考在法律术语规范化基础上的法律词库，则其论证结果与判断将会更显而易见。

传统语义含义的一种方法依赖于语言直觉和字典定义。但这种方法有很重要的局限性。语言直觉并非绝对可靠，它们可能受到动机推理的影响。词典定义基于编辑词典的词典编纂者的有限数据收集和主观判断。这就提出了一个问题，即是否有更好、更准确、更客观的方法。法律术语规范化的主要对象是概念之间的关系，通过概念、相关概念及其之间的关系，更容易确定法律文本的交际内容。正是经验法学研究的兴起，法律语言学转向是强调法律文本（形式主义）意义和转向跨学科方法（经验法律研究和语言学）的结果，上述这些理论为法律术语规范化研究提供了更加科学的平台。

3 构建法律术语词库的理论基础

考虑到术语研究一直侧重于整个专业知识领域的表征，术语研究和认知语言学之间的相互关系似乎是不言而喻的。基于框架的术语和社会认知术语都借鉴了认知语义及其对意义表征的提议（如框架和理想化的认知模型）。不仅重视意义，而且重视意义和认知之间的联系，更重要的是，创造了促进知识获取的资源，因为概念是作为知识结构的单元呈现的。总而言之，将理论原则应用于法律术语词库构建方法论是非常重要的。

3.1 术语

“术语”一词来源于日本。1888 年日本出版了日本第一部物理学术语集——《物理学術語対訳字書》。[1]在我国，“术语”一词出现于 1902 年，章太炎翻译的日本学者岸本能武太的《社会学》一书序言中提到“术语”：“社会所始，在同类意识，俶扰于差别觉，制胜于模效性，属诸心理，不当以生理术语蓁蓁乱之。”[2]“术语”的定义有多种。从术语标准化的角度来看，国家标准《术语工作词汇第 1 部分：理论与应用》（GB/T15237.1-2000）给“术语”下的定义是最权威的：“在特定专业领域中一般概念的词语指称。”概念分为一般概念和个别概念。一般概念是对应于具有共性的多个客体的概念，如“宪法”“法律规范”。许多国家都有自己的宪法，宪法对应不止一个客体，因此是一般概念。简单来说，法律术语指的是在法律专业领域内一般概念的词语指称。客体、概念、术语之间的关系可以如图所示（如图 1）：

---

〔1〕 日本现在一般不用“術語”，而是使用“学術用語”或“用語”，如《学術用語集数学編》《鉄道技術用語辞典》。

〔2〕 朱维铮、姜义华编注：《章太炎选集》（注释本），上海人民出版社 1981 年版。

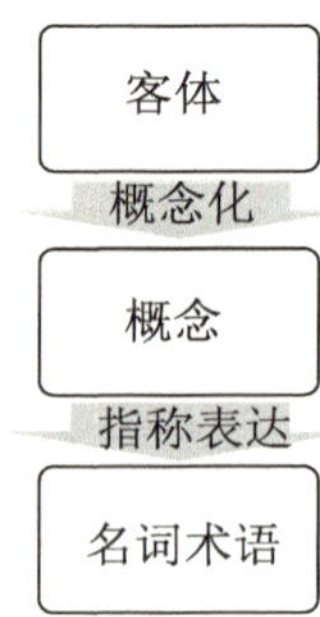

图1 客体、概念、术语之间关系

术语涉及制作数据库和词典等术语资源的实践。一般而言，它旨在提供专业领域术语的系统描述。我们之前已经提到了法律词典编纂，而不是法律术语，没有区分两者。值得注意的是，专业词典编纂和术语之间的差异并不那么显著。因为术语词典和专业词典都集中在该领域的专业语言。词典编纂和术语之间的主要区别可以描述为方法的差异。虽然传统的词典编纂者使用传统的语义学方法，但是术语学从概念而不是语义开始。然而，“称名学”（onomasiological）方法更符合术语中的认知取向，应该被纳入法律词典制作的理论框架。基于概念结构，法律词典不描述词语或术语；相反，它们代表了更广泛的知识结构中的概念，并与相同结构的其他概念相互关联。该定义是这种概念表示的核心，因为它为字典用户提供了额外的法律信息。根据认知术语的原则命题，这样的词典不仅仅是术语列表，而是旨在表示特定域的结构，从而使用户能够获得有关该知识领域结构的信息。领域概念和概念化过程都反映了研究领域的特征和概念结构。同样的论证也适用于法律词典或法律术语。未能有效识别法律词典的概念功能之含义及其描绘的概念域是法律词典编纂面临的最大问题。总而言之，词汇编纂应该首先与代表其感兴趣对象的领域相关联，而不是坚持专业/一般的传统二分法。

3.2 概念的中心性

术语作为概念的指称，由于概念的中心性，术语中的基本描述对象是概念，而不是单词。这导致了术语和词汇学之间的根本区别。术语试图分析、记录和描述特定学科的概念，法律领域中法律术语主要涉及法律分支或法律学科的概念。法律概念代表知识的单元，它们是在特定社会中随着时间的推移而演变的法律体系的一部分。有学者将法律概念定义为“法律规则的结晶”[2]。法律概念，其定义和范围的本质特征在于它们是法律体系的一部分，因此它们由其法律背景定义，即它们与邻近概念的关系以及在特定法律环境中的嵌入性。根据术语学理论认为应该从主题领域的角度来看待概念。某个主题领域的概念之间的关系可以在图形概念图中示出或者表示为术语中的特定链接。在法律中，主题领域可以是法律的特定分支如继承法、商业法、选举法等。然而，最重要的是确定可以进行这种划分的法律制度的总体框架。这种系统特性在不同法律制度的概念之间产生了根本的差异，因为每个概念都将嵌入到同一法律体系的其他概念的系统中，可能与另一法律制度的概念有很大不同。因此，加入法律体系是法律术语的关键参数，比语言或主题领域更为重要。它决定了在概念之间建立等价的过程，因为我们可以独立于其术语的语言来比较属于不同法律体系的概念。

法律规范通过法律概念表达，而法律概念可以被定义为涉及某种情况和命令人类行为的所有法律规则的总和。语言学家欧根·维斯特（Wüster）曾清楚说明术语与概念的关系：术语作为语言表示传达了一个概念，而概念又是在特定领域内定义的。简而言之，法律术语是法律概念的语言表示，而法律概念反过来构成法律知识。法律概念构成了在更广泛的背景下推断和理解的法律知识。法律概念的这一特征必须在法律翻译和法律术语词典编纂中加以考虑。理解法律术语和概念取决于从各自的法律制度和领域衍生出来的语言外知识，作为使用概念的更广泛的背景。本文认为，这种语言学知识还包括目的论标准，即概念在其领域内实现的目的。这里描述的观点与对意义的认知理解是一致的，这种理解是超出单词限制并依赖于语言外知识的现象。简单说就是只有在概念背景下观察概念时，才能理解概念的含义。考虑到这一点，法律概念应该作为其更广泛的概念结构的一部分进行研究，因为它们并不独立于法律体系。下面将转向不同类型的法律概念，通过澄清不同类型概念以期解决法律概念模糊的问题。

3.3 法律术语的概念化

在术语研究中，概念通常被定义为知识单元，而法律概念构成了法律知识。同时，术语有可能就概念进行沟通，并反映出专家在脑海中构建特定知识的方式。但是，术语不是孤立的语义单元，[3]因为它们总是与概念的语义表示相关联。术语是在专业文本中传达概念意义的语言单位，打开了一个概念结构和概念背后的语言知识的窗口。从认知语言学角度来看，知识可以被视为相互关联的概念。法律概念不能脱离它所属的概念结构，而概念在其中实现其全部意义。

首先从语言学角度理解概念化，概念化是一个含义建构操作的过程。这些过程通过诸如理解、结构化、分类等认知能力在语言中表现出来。对于一些语言学学者，这种认知处理是概念化。语言学家郎克尔（Langacker Ronald W）首先使用术语概念图像，[4]后来使用不同方式理解一个概念内容的结构。为简化起见，概念化可以等同于在概念结构中理解概念的过程。从这个意义上说，它与定义范畴不可分割，占据了语义研究的中心地位。因此，概念化是将术语推向定义的原因。尽管法律专业人士主要关注构成法律知识的法律概念，但是语言类别和语义同样构成了法律运作的组成部分。此外，法律专业人士使用语言工具来表示法律概念时使用的是在特定法律体系中概念化的专业术语。因此，概念化不能仅限于语言；它取决于很多其他的语言元素，如法律文化和法律制度。也就是说，法律概念化的问题可以而且应该通过使用语言工具来解决。在这方面，深入了解法律概念的语义至关重要。

总而言之，从术语研究的角度来看，术语可以被描述为语言单位，它们表示概念，这些概念反过来在专业领域内传达概念意义。[5]在普通术语学的初始阶段，概念被设想为抽象的认知实体，它们指的是现实世界中的对象，并且与它们的语言表示（术语）分开。然而，今天普遍的看法是语言和语言水平相互交织。现代术语理论，如语言学学者特曼（Rita Temmerman）的社会认知术语，提出了一种从术语开始并以其在交际语境中如何实际使用术语的描述为基础的语义学方法。例如，为了统一适用欧盟法律，有必要假设所有 24 个同等真实的欧盟语言版本都表示同一个欧盟法律概念，即根据欧盟法律划定的具有自主意义的概念。

4 法律术语数据库构建的操作路径

任何在线词典的核心都在于数据库。当词典被视为基于技术的信息工具时，为了制作出优良的在线词典，词典编纂者应该在扎实的理论基础上进行规范化处理。在讨论在线词典时，经常考虑用户从界面中查询的数据库，该界面可以直接访问数据库以及信息。该数据库包含以法律术语条目为首的记录，以及包含如定义、翻译等相关信息的固定数据字段。咨询这些“词典数据库”的用户会看到搜索的词条记录，通常以传统词典文章的形式出现：数据库和词典是一致的。然而，可用的技术选项使词典编纂者能够设计具有不同整体结构的词典。尼尔森（Nielsen）和阿曼德（Almind）设计了一套完全可操作的词典数据库，并解释了在线词典可以被设计为具有三个主要组件的复杂词典工具：

第一个组件是具有特定选择数据的数据库，其结构以确保访问的方式和数据的检索。这种类型的数据库分为不同的数据字段，每个字段包含特定类型的数据，示例包括包含条目字词的字段、包含定义的字段、包含类型信息数据的字段（例如，屈折范例）以及包含搭配和短语的字段。这些字段通过链接连接，这些链接在包含特定条目字词的字段与具有适当定义的字段之间建立关系，该字段具有适当的语法数据，依此类推。重要的是，这种类型的数据库使词典编纂者能够向用户呈现符合用户需求的不同搜索选项和结果。

第二个组件是数据库可以提供多个词典。例如，数据库可以作为定义字典和文本生成字典的核心。数据库和字典将作为一个实体显示给用户，但编译器应将它们视为两个独立且相互作用的组件。因此，字典包括提供对数据的访问的用户界面和用作结构化数据的电子存储库的数据库。

第三个组件是作为用户界面和数据库之间的中介操作的搜索引擎。该组件允许用户搜索数据库中的各个数据字段，检索相关数据并根据编译器选择的设置呈现它们，即编译器可以为不同的用户和不同的字典功能采用不同的设置。例如，定义词典将显示输入词和定义，而文本产生词典将显示如词条、定义、使用范例、搭配和短语。在这种类型的结构设置中，数据库、搜索引擎和字典一起形成整体，即词典数据库。

具有三个主要组成部分的词典数据库具有重要的实践和理论意义。首先是数据库可以提供多个词典，每个词典都有自己的搜索引擎，允许用户在特定的数据字段中进行有针对性的搜索。此外，在线词典可能包含几个独立的词典部分，因为搜索引擎可以直接访问支持词典功能和词条部分，例如用户指南、主题字段部分，给出了精心安排的法律概念领域，提供帮助翻译语言结构和类型约定的部分，以及翻译法规。[6]最后，基于复杂关系数据库的在线词典没有传统意义上按字母顺序排列的单词列表，因为它们让编译器填写数据以随机顺序排列的字段允许用户访问各个数据字段中的数据，并使编译器能够以各种方式呈现搜索结果。例如传统字典文章或仅仅是搭配和短语列表。这意味着输出设备在技术上支持高级在线词典，该输出设备根据类型排列从数据库检索的数据，并以符合用户需求的预定顺序呈现它们。

4.1 关注用户需求

关注用户需求和可能的词典反应的理论基础是开发现代信息工具的适当手段。词典编纂的功能理论提供了一个框架，将词典功能定义为满足特定类型的需求，这些需求可能出现在特定类型的潜在用户将数据放入数据库之前。词典编纂者应该确定所需的词典信息输出。词典设计用于表示使用情况类型的各种功能。例如，用户需要有关通信行为的法律信息；再比如律师用他们的母语或外语撰写文本，他们想查阅双语词典，以便准确用词；法律领域内的语言工作，如翻译、审校和文案编辑，需要查阅词典以寻求帮助；专业翻译人员在将法律文本翻译成母语时使用双语词典；律师和学生阅读文本时可以使用双语和单语法律词典，并且需要查阅词典以理解单词或短语。上述使用需求都由词典数据库来满足，相关的词典函数称为“通信函数”。

其他词典功能独立于正在进行的交际行为。律师和法律专业的学生可能希望获得有关法律或法律语言的一般知识，以扩大他们的知识基础。法律从业人员和语言工作人员可能希望获得有关特定主题的特定知识。例如，拉丁语中法律短语的正确拼写。最后，律师和专业翻译人员可能希望学习有关语言使用的具体内容，以便他们为与同事的讨论、论文的发表、法庭的口译等做好准备。这些类型的使用情况也由词典数据库来满足，并且相关的词典功能被称为认知功能，因为词典在用户推导和验证命题知识以及获取事实或语言知识的情况下提供帮助。识别这两种一般类型的功能使词典编纂者能够制作多功能法律词典。如上所述，法律术语词典旨在提供交际和认知的情境类型帮助，这反映了法律术语词典的功能[7]如下：

（1）帮助理解汉语和英语法律文本；

（2）提供汉语和英语法律文本的翻译参考；

（3）提供帮助，以获得汉语和英语有关法律和语言事务的一般和特定知识。

重要的是要注意使用发生在所谓的外部环境中的情况。例如，正在编写文本的法律专业人士处于词典外环境中，即独立于词典存在的环境，因为他们可能是法律文本的编写者，此时仅仅是潜在的词典用户。他们可能会遇到与法律文本制作相关的问题，并认为他们可以在写作过程中的某个时刻在词典中找到解决方案。在查阅词典时，他们已经作为实际词典用户进入词典环境，一旦他们找到了所需的帮助，他们就会离开词典环境并返回在词典外环境中编写文本。这一系列事件很可能会重复几次，直到写作任务圆满完成。法律领域内的交流活动通常涉及几类行为者。律师以其母语或外语撰写的法律文本通常受到由证明和修改文本的语言学家进行的质量保证过程的约束。同样，翻译成译者母语的法律文本往往受法律专业人士的质量保证程序的约束，因为翻译在事实上和专业术语上都必须是正确的。这意味着旨在为法律交际和认知情境提供帮助的在线词典需要包含适当类型数据的数据库，词典编纂者的下一步是将使用情况和用户需求与用户类型联系起来。预期各种类型字典用户的能力起着重要作用，因为能力不同导致理解能力与需求都不一样。能力水平表明预期用户需要哪些词典相关信息，并为选择满足此类需求所需的数据提供有价值的指导。[8]法律术语词典的预期用户组可指定为：

（1）法律专家和半专家；

（2）专业翻译；

（3）法律专业学生。

这些是不同的群体，他们的成员具有不同的文化、语言、翻译和写作能力；因此，词典需要包含帮助其能力不足的用户的数据。词典编纂的功能理论可以指导词典编纂者尝试识别用户能力，一种方法是通过用户分析。伯根豪斯（Bergenholtz）和尼尔森（Nielsen）建议用户能力可以通过回答以下问题列表来表征：[9]

（1）哪种语言是他们的母语？

（2）他们掌握母语在什么级别？

（3）他们掌握外语在什么级别？

（4）他们在相关语言的翻译经验有多广泛？

（5）他们的一般文化和事实知识水平如何？

（6）他们在什么水平上掌握了法律学科领域？

（7）他们在何种程度上掌握母语的法律语言？

（8）他们在何种程度上掌握外语的法律语言？

（9）他们在什么水平上掌握用母语撰写法律文本？

（10）他们在什么水平上掌握用外语撰写法律文本？

这些问题的答案将指出词典的预期用户具有哪些一般类型和能力水平，并使词典编纂者能够将数据放入字典中，以帮助那些能力不足的用户。实际上不可能识别和分组每个潜在词典用户的个人能力，因此只需要确定理想类型的用户的一般特征就足够了，至少在词典项目的初级阶段，可以合理地假设，作为一个理想的类型，法律专家和一般法律从业者通常对自己的法律制度有相当的事实认识，但对外国法律制度中的事实仅有部分知识。从翻译能力看，他们在撰写母语法律文本方面具有中等到高级的能力，在外语中撰写一般法律文本的能力较小。专业翻译人员具有相当大的一般语言能力和中等至高级的法律语言能力、法律的实际知识，从小到深，相当大的翻译能力以及用母语撰写一般法律文本的相当大的能力。法学院学生通常可以被认为在所有列出的案例中具有中下层次能力，因此将与其他两个团体分享许多级别的能力。因此，专业翻译和法律专业学生比法律专家和一般法律从业者需要更多的关于两个系统中事实法律问题的数据，而律师和法律专业学生需要更多的数据来帮助他们解决语言、写作和翻译问题。所有用户组都需要有关术语及其等价词之间的概念差异以及外国文化中的法律细节的数据，因为他们不能被期望拥有这些特定知识。因此，需要考虑几种类型的数据，以满足具有不对称能力和各层级知识水平的词典用户的需求。

4.2 选择特定功能数据

在为法律术语词库选择词条时，词典编纂者应将其选择标准建立在词典功能上。词条包含定义，有关使用限制的搭配、短语、示例和注释，双语词典分别包含汉语和英语的翻译，以帮助用户编写、翻译和理解法律文本以及获取一般或特定关于法律问题的知识。在准备法律词典的基础时，重要的是要记住，法律基本上是一个依赖于司法管辖的领域。每个司法管辖区以适合该司法管辖区的方式构建其法律制度，所使用的法律语言反映了个别制度的结构。因此，在法律背景下使用的英语一词不仅可以指特定国家的法律框架，例如美国英语或英国英语，还可以指涉及不同法律制度的通信中使用的各种英语。在国际背景下，国际英语被用于条约和公约，例如“联合国国际货物销售合同公约”（CISG）。这些文本的目的是用一种语言来描述监管框架，无论它们属于哪种法律体系，都可以尽可能多地理解和接受。因此，在线法律词典应规定其地理和司法限制，在本项目中，英语是指以下司法管辖区使用的语言，并标明其缩写代码：英国（UK）、欧盟（EU）、美国（USA）和国际英语（INT）。一般情况下都选择国际英语。

选择数据而不仅仅是输入词的整个过程受相关原则的支配。与词典选择相关，相关性意味着与所讨论的主题领域直接相关的信息、词典的功能、词典使用情况的类型以及预期的各种类型的用户相关性是一种定性特征，因为它可用于收集和整理有用的词典数据，即直接支持词典功能的数据。例如，显示输入词和等价词（equivalence）的数据是相关的，因为在编辑、翻译和编写法律文本时，预期用户的语言能力不足。类似地，选择搭配和短语是因为它们在编写和翻译法律文本时很重要，并且通常因为它们难以从汉语翻译成英语，反之亦然。并且选择了示例，因为它们专门展示了如何编写和翻译法律文本以及为知识获取提供数据。因此，相关性概念有助于词典编纂者决定在词典中包含哪些数据类型以支持特定的词典功能，以及如何以满足用户需求的方式呈现数据。根据预期用户概要分析显示的能力，已选择以下数据类型包含在数据库中：

a. 词条（包括相关的同音词索引）；

b. 等价词；

c. 定义；

d. 搭配（单词的短期和长期组合，但不是完整的句子）；

e. 例子（完整的句子）；

f. 反义词和同义词（输入词和/或等效词）；

g. 来源（参考和/或链接）；

h. 使用说明（针对词条或等效词）；

i. 对比说明（输入词和等效词之间的概念差异）；

j. 交叉引用（对相关数据）。

总而言之，给定词典咨询中呈现的数据集取决于用户选择的搜索选项。

4.3 搜索选项反映用户需求

用户可以根据需要访问词典中的数据。通过关注用户在各种使用情况下的需求，词典编纂者可以确保数据满足特定类型的用户需求，并且数据以易于转换为有用信息的方式呈现。这个目标可以通过制作词典来实现，该词典为用户提供与用户在查阅词典时所处的情况相关的搜索选项。在特定类型的使用情况下，用户需要特定类型的帮助并查阅他们认为最有可能帮助他们的词典。单语法律词典将为用户提供以下类型的帮助：

（1）帮助理解术语；

（2）帮助编写表达式已知的文本；

（3）帮助查找已知含义的术语；

（4）帮助获取知识。

双语法律词典将提供以下类型的帮助：

（1）帮助翻译术语；

（2）帮助翻译搭配或短语；

（3）帮助获取知识。

法律术语词典的设计将使其易于使用，无论用户寻求何种类型的帮助。当他们查阅词典时，用户会访问词典网站，搜索引擎将访问数据库并检索相关数据。这些数据将以预定的顺序和格式呈现给屏幕前的用户。尽管该项目仅在第一阶段结束时进行，但以下讨论说明了词典在完全开发后如何工作以及数据库如何与词典交互。下面的示例是原型，并举例说明了词典编纂者如何操纵搜索引擎以检索用户在各种使用情况下所需的数据类型。例如，想要了解法律文本中的知识产权法“商标”含义的法学院学生可以查阅法律术语词典并选择“帮助理解术语”选项。搜索引擎将针对包含特定数据的字段中的数据库中的术语进行目标搜索，即仅在预定数据字段中。这种数据类型包括输入词的规范形式以及它们的概念相关词，这允许用户搜索相关信息。搜索引擎将检索寻址到搜索词的数据，对于该特定功能，该搜索词包括词条、同音词索引（如果有的话）、多义词索引（如果有的话）和定义。图 2 显示了词典中的搜索结果和原型表示（图 2）。

商标

定义

商标是交易者用作区分与其他人的商品或服务的标志。标志可以是文字、字母、数字、设计、商品的形状或包装。商标所有人有权将商标专用于其商品和服务。

图 2　搜索结果原型

图 2 中的搜索结果包含定义数据，旨在帮助用户理解法律文本中的术语：搜索术语的含义，因为这是用户需要的。但是，专门为法律专家编写的定义对于所有预期用户而言往往难以理解，因此定义的编写考虑了用户的能力。目的是编写准确反映法律专家定义的术语含义的定义，并着重解释术语的含义，定义通常会回答两个问题：它是什么？它的功能是什么？这意味着法律领域的定义具有狭隘和具体的参考

焦点，因为它们包含在语境化通信中的法律领域中发现的概念特征。最后，所有定义都写成完整的使用自然语言的句子，以便最大限度地减少用户的获得信息成本。词典数据库可以包含不同类型的定义。从理论上讲，每个定义的不同版本在理论上和实际上都是可能的，因为术语的定义可以用三个版本编写：一个用于法律专家、一个用于半专家、一个用于学生。但是，该项目未采用此程序，因为预期用户群的事实和语言能力水平足以理解定义。此外，可以将英语定义机器翻译成汉语。

最后，决定性因素不是定义是长还是短，而是它们是否包含满足用户需求的数据。为了实现这一目标，词典编纂者没必要将所有数据放在定义中，或者将补充和补充数据放在单独的主题-字段部分中，用户通过嵌入式链接进行交叉引用。这将减少定义的长度和复杂性。与理解法律术语的含义有关的重要方面是同义词和多义词。为了正确理解法律术语，用户必须能够识别拼写相同的单词（同形异义词）的正确含义，但具有不同的参考焦点。组合标准“词性”用于区分属于不同词类的同形异义词如名词“协议”和动词“协议”，在少数情况下，标准是参考焦点，例如，其含义受管辖权约束：术语协议可以是指满足特定形式要求的法律文件的一般术语。由于不能指望预期用户知道这一点，因此词典应明确告知他们这种情况。

定义通常被认为有助于理解文本，但它们也支持其他词典功能。律师可能需要协助才能用英文撰写文本，并且需要知道如何使用“商标”这一术语。在这种情况下，他们将选择“帮助编写表达式已知的文本”选项，因为他们已经确定了他们想要使用的术语。将搜索数据库以寻找两种类型的数据：搭配和示例。将检索寻址到搜索词的以下数据类型：词条、同音词索引、多义词索引、定义、搭配、示例、同义词、反义词。律师将获得如图3所示的结果。

商标 名词 Trademark

定义

商标是交易者用作区分与其他人的商品或服务的标志。标志可以是文字、字母、数字、设计、商品的形状或包装。商标所有人有权将商标专用于其商品和服务。

同义词

商品标志

使用说明

中国有“注册商标”与“未注册商标”之区别。注册商标是在政府有关部门注册后受法律保护的商标，未注册商标则不受商标法律的保护。

在美国英语中，首选拼写是单词，即“Trademark”，而EN和EU英语中的首选拼写是两个词：“Trade Mark”。

搭配

放弃商标申请、注册商标专有权、使用商标、不使用商标、商标所有人、商标所赋予的商标权

例子

该提案未涉及与商标有关的实质性规则。

该商标从注册簿中删除。

图3　搜索结果原型

图3中的数据类型支持编写法律文本的帮助功能。该定义对于确定该词上下文具有正确含义以及特定数据是必要的，如同义词、用法注释、搭配和示例支持等。通常可以说，文本的写作涉及规划阶段、执行阶段和完成阶段，并且出于实际目的，尼尔森（Nelsen）建议词典编纂者应该集中精力在执行和完成阶

段提供帮助。[10] 执行阶段涉及写作草稿、文本设计以及编辑，涉及检查文本以确保遵守语法和拼写规则以及修订，确保术语一致并且文本没有错误。[11] 这些活动涉及词汇和句法、语法（例如连贯性）和语用学（例如，交际推理和预设）。旨在提供法律文本编写帮助的词典应包含此类数据，以帮助法律专业人士和语言工作人员成功完成写作过程的各个步骤。

法律术语词典还可以帮助用户处理认知情境。举例来说，法律专业人士如律师、翻译和学生可能希望获得关于公司法概念的一般或特定知识，即所谓的股权，并选择“帮助获取知识”的搜索选项；此选项将显示发送到输入词的所有数据。搜索引擎将在数据库中以两种类型的数据进行有针对性的搜索，包括定义、翻译、概念群等，并检索相关的数据类型：词条、同音词索引、多义词索引、定义、同义词、反义词、搭配、示例、交叉引用（包括同名和多义指数）来源（包括链接）和使用说明（图 4）。

未催缴股本 Uncalled share/ Uncalled capital

定义

公司的非公开股本是股东尚未支付的已发行股本的一部分，股东已经认购但尚未缴纳股款，而公司随时可向股东催缴的那部分资本。所以，催缴资本总是等于发行资本减去实缴资本后的余额。

同义词

又称“未收资本”

反义词

已催缴股本（called up share capital）

相关概念

注册资本

实缴资本

例子

任何未催缴股本金额必须单独列出。

图 4　搜索结果原型

图 4 中的定义解释了该术语的含义并附有一个例子；同义词和反义词的提供有助于专业人士将术语“未催缴股本”置于法律范畴的术语层级中。交叉引用包括两个带有嵌入链接的术语，当他们单击这些链接时，用户将被引导到已催缴股本，其中可以找到相关的附加数据；类似地，指示定义来源的项目是可点击的，因为它包含嵌入式链接，并且将用户发送到注释网站。用户可以在其中找到有关输入词的更多信息。在相关的情况下，词典编纂者应考虑通过链接到特别准备的词典部分，包括法律领域的介绍、翻译特定领域语言结构和类型惯例的指导和信息插图（例如，图片和视频）。正在撰写或翻译法律文本的专业人士可能不知道使用的确切词汇，因为他们只知道他们想要写的内容的含义，因此可以查阅法律术语词典。那些想要使用正确词语来表示“废除某些东西”的人可以在搜索框中输入这个词语，然后选择搜索选项“帮助找到意义已知的术语”。搜索引擎将搜索数据库中的以下数据类型：定义、使用说明、同义词和反义词，将为用户提供以下数据类型：条目词、同音词索引、多义词索引、定义、搭配、示例、同义词和反义词，如图 5 所示：

撤销 动词 revoke

定义

撤销先前已经完成的事情的手段。

搭配

撤销要约

示例

如果要约表明它是不可撤销的，则不能撤销该要约。

近义词

撤回　动词 withdraw

对称

保留

定义

撤回意味着废除以前做过的事情或不再属于某事的一部分。

withdraw 有两层含义，其最常见的含义是“取款”，比如 withdraw cash（取现）、withdraw deposit（提款）等，这层含义没有太多需要强调的地方，这里我重点要讲的是这个词在合同中的另外两种含义：（1）撤回；（2）退出。

（1）撤回，常见搭配如 withdrawal of offer 撤回要约、withdraw a charge 撤回指控、withdrawal of capital contribution 撤回出资等。（2）退出，这层含义常在 limited partnership agreement（有限合伙协议）中出现。

例子

您有权在 14 个工作日内撤销合同。

图 5　搜索结果原型

图 5 包含两个适当的单词、搭配和例句，使法律专业人士在写作文本的过程和定稿阶段获得需要信息。例如，词典清楚地表明，表达“废弃遗嘱”含义的正确方法是“撤销遗嘱”。也可以使用“布尔运算符”[1]执行搜索，例如“annul+will”，然后词典将仅呈现与撤销相关的数据。数据库和双语词典之间的交互类似于数据库和单语词典之间的交互。应该指出的是，搜索是在同一个数据库中进行的，并且从同一个数据库中检索结果，无论词典是双语还是单语。翻译法律文本的用户可能需要知道如何翻译英文术语商标并查阅英语-汉语法律词典。他们将选择搜索选项“帮助翻译术语”。输出单元将呈现寻址到词条和等效词的数据：词条、同音词索引、多义词索引、语言代码、定义、同义词、反义词、搭配和示例，所有这些都写入词条。此外，可能存在对相关术语的交叉引用以及具有嵌入链接源的指示。

4.4　法律术语词库的局限性

法律术语词典编纂可以识别合同、法规或宪法规范的起草人可用的常规（一般）语义含义，但有一些重要的限制，包括以下内容：

（1）技术含义：许多法律文本使用“艺术术语”或“技术语言”。

（2）对频率数据的概率值的限制：频率数据可用于识别法律文本的“一般”含义，特别是如果一个含糊不清的词或短语的意义占主导地位时。但是，如果存在多个词或短语的意义，频率数据虽然相关，但应该通过语境来补充，这通常会揭示哪种意义传达给目标读者。

[1] 布尔运算是数字符号化的逻辑推演法，包括联合、相交、相减。

(3) 一些特殊问题。

法律术语词典在确定法律文本的语义含义方面发挥着重要作用，但文本的语义含义并不一定等同于文本的完整交际内容。交际内容比语义内容（字面意义）更丰富的原因之一是作者可以通过所谓的“语境丰富”来传达额外的意义。法律术语的概念定义主要是以内涵定义确定其一般含义，而不是其外延。外延需要在考虑具体适用语境情况下才能确定。总之，由于上述这些限制，法律术语词典提供的语料库并不提供完整的法律解释方法。

5 结语

基于传统语言和文本语言方法的在线法律词典并不能完全满足帮助法律专业人士在特定类型情况下的需求。根据可用于在线信息工具和现代词典原理的技术，重新评估在线词典的实践和理论基础，可以纠正这种状况。上述讨论表明，数据库是服务于在线词典的结构化数据的存储库，其搜索数据库中的数据，检索相关数据并以预定方式将它们呈现给用户。因此，律师、学生和翻译人员等法律专业人士可以通过直接与他们需要解决的问题相关的有针对性的搜索来访问数据，因为搜索引擎是根据词典功能设计的，即帮助词典在某些类型的情况下可以提供的类型。词典具有交际和认知功能，因为它们帮助用户解决交际情境中的问题，例如理解、编写和翻译法律文本，并帮助用户获得有关认知情境中一般或特定法律问题的知识。法律术语规范化工作，乍一看只是一本词条的列表，实际上必须被看作是一项重要的学术工作，需要全面、系统、细致地研究，实用性与可靠性兼具。尽管术语已经成熟为一个具有巨大潜力的既定学科，几乎应用于所有科学领域，但它在法律研究中的应用却是落后的。本文的目标是通过对法律术语进行研究来填补这一空白。

参考文献

[1] Rita Temmerman, *Towards New Ways of Terminology Description: The Sociocognitive Approach*, Amsterdam/Philadelphia: John Benjamins Publishing Company, 2000, p. 231.

[2] Heikki E Mattila, *Comparative Legal Linguistics*, Ashgate Publishing, 2006, p. 105.

[3] Cabré Maria Teresa, *Terminology, Theory, Methods and Applications*, Amsterdam/ Philadelphia: John Benjamins Publishing Company, 1999, p. 42.

[4] R. W. Langacker, *Foundations of Cognitive Grammar*, Volume I. Stanford CA: Stanford University Press, 1987, p. 5.

[5] Faber Pamela, Clara Inés López Rodríguez, *A Cognitive Linguistics View of Terminology and Specialized Language*, Berlin: De Gruyter Mouton, 2012, p. 11.

[6] Henning, Bergenholtz, Sandro Nielsen, “Subject-field Components as Integrated Parts of LSP Dictionaries”, *Terminology*, Vol. 2, No. 2, 2006, p. 281.

[7] “L. V. Shcherbai. Towards a general theory of lexicography”, *International Journal of Lexicography*, Vol. 8, 1995, pp. 314-350.

[8] Sandro Nielsen, *The Bilingual LSP Dictionary. Principles and Practice for Legal language*, Gunter Narr, 1994, pp. 8-12.

[9] Henning, Bergenholtz, and Sandro Nielsen, “Subject-field Components as Integrated Parts of LSP Dictionaries”, *Terminology*. Vol. 2, 2006, pp. 281-285.

[10] Sandro Nielsen, “Monolingual accounting dictionaries for EFL text production”, *Ibérica*, Vol. 12, 2006, p. 49.

[11] Carolyn D Rude, *Technical Editing*, Longman, 2002, pp. 15-16; Brian Mossop, *Revising and Editing for Translators*, St. Jerome, 2007, pp. 23-28.

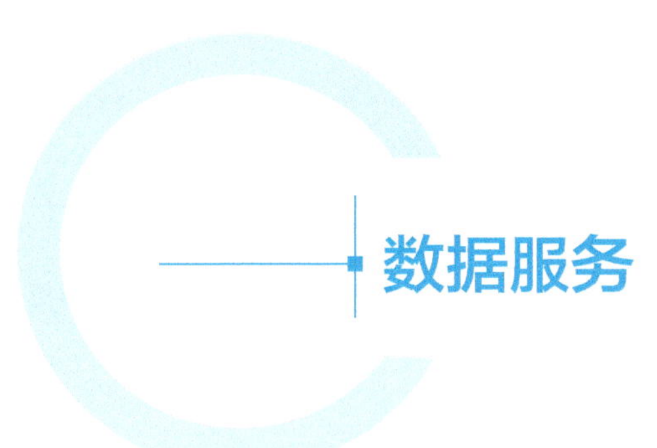

基于便利性的“以本为本”阅读推广个案实证研究

徐菊香*
中南财经政法大学图书馆

摘　要：高校图书馆“以本为本”的阅读推广应该以实体资源推广为根本。有实效的实体资源推广应该以超市式大流通的便利性为逻辑起点。以便利性为基点的服务本科教育的阅读推广，应该充分发挥同龄效应的作用、参照超市经典促销案例并注重阅读推广海报的作用，通过嵌入式服务“本科博雅教育”项目，既秉承博雅教育理念，提供抱朴守拙精耕细作的阅读便利，又注重创新，提供多层次、多形式的线上与线下的情感互动体验平台；既要有阅读推广形式，又要能深入到阅读过程中予以指导；既要有专门的人事设置来策划阅读推广活动，又要有渗透全馆工作中的阅读推广考核机制。

关键词：高校图书馆；便利性阅读推广；超市式大流通；本科教育；博雅教育
分类号：G252.1

2018年6月21日，教育部在四川成都召开新时代全国高等学校本科教育工作会议，“回归常识、回归本分、回归初心、回归梦想”的四回归及“以本为本”成为高等教育界的宣言，走一条“通识教育与专业教育相结合之路”，成为高等教育界对本科教育的共识。[1]

2019年6月5日~6日在大连的“2019高校图书馆发展论坛”上，除包含图书馆新生态新服务、数字人文、图书馆管理系统、文化空间服务、创新服务案例等五个分论坛外，还专设“面向本科教育的学习支持服务论坛”（下文简称“本科论坛”）。[2]

在不忘初心“以本为本”的共识下，本文以中南财经政法大学图书馆（下文简称“我馆”）为个案，探讨高校图书馆为本科教学服务必须加强对实体资源的阅读推广的必要性，以及推广的逻辑起点与重点。文中实体资源是指与电子资源相对应的纸本书刊以及光盘碟片等非网络虚拟资源。

* 作者简介：徐菊香，女，研究馆员，通讯作者邮箱：juxiangxu@zuel.edu.cn。

1 面向本科生实施实体资源推广的逻辑起点

1.1 实体资源阅读推广是为本科教育服务的必然选择

某一约六成以上为本科生的调研样本的研究项目显示，“中国大学生群体在进行与学术相关的阅读活动时，多数仍偏好使用纸质载体”，该项目调研结果与“学术阅读载体国际研究”（The Academic Reading Format International Study，ARFIS）调研平均值近似。该项目也是36国参与的ARFIS的一部分。ARFIS起源于加州大学洛杉矶分校的2009年及2014年对该校本科生阅读载体偏好的调研，后拓展成国际大型研究课题。[3]

无独有偶，浙江大学有一个本科生占调研样本66.82%的电子书的研究项目表明，“当前国内大学生对纸本书的依赖性依然很强”“研究生比本科生更经常使用电子书”，也就是说，本科生比研究生更依赖实体资源。[4]

西南交通大学的有关使用图书馆情况与其学业成绩关联研究的一个本科教改项目研究结果显示，不仅“实体图书馆是学生日常学习生活的重要场所”，而且“访问实体图书馆越频繁、借阅图书册数越多的学生，其平均绩点越高，学习成绩更好，获奖比例越高”。该研究成果由原西南交通大学图书馆馆长、现该校公共管理与政法学院书记高凡教授，以“重构高校图书馆学生支持服务体系”为题，在“2019高校图书馆发展论坛”的“本科论坛上”分享。该项目正是基于该校2013级全体本科生8个学期利用图书馆数据（门禁通道1 008 319条+图书借阅143 633条），以及学习成果数据（学习成绩474 950条+获奖7274条）的研究。

1.2 实体资源阅读推广是为本科教育服务的应然状态

我国大陆的高校，除典型研究型的北京大学[5]和清华大学[6]外，其他高校的本科生在人数上占在校生的绝对优势。[7]以中南财经政法大学（以下简称中南大）为例，该校在校本科生20 000余人，硕士研究生8000余人，博士1300余人，其中本科占全部在校生的68.26%。[8]通过中南大办公系统，笔者搜集并统计了2006年~2018年间“中南大学位字”文件授予的学位数。该校授予普通高等教育本科学士学位占其整个普通高等教育学位（不含辅修双学士学位及成教本科学士学位）授予的64.36%（见图1）。该校授予普通本科学士学位，一直保持着平稳上升的曲线。也就是说，本科教育是高等教育的压舱石。把“以本为本”当作图书馆的服务根本是普通高等学校图书馆的应然选择。

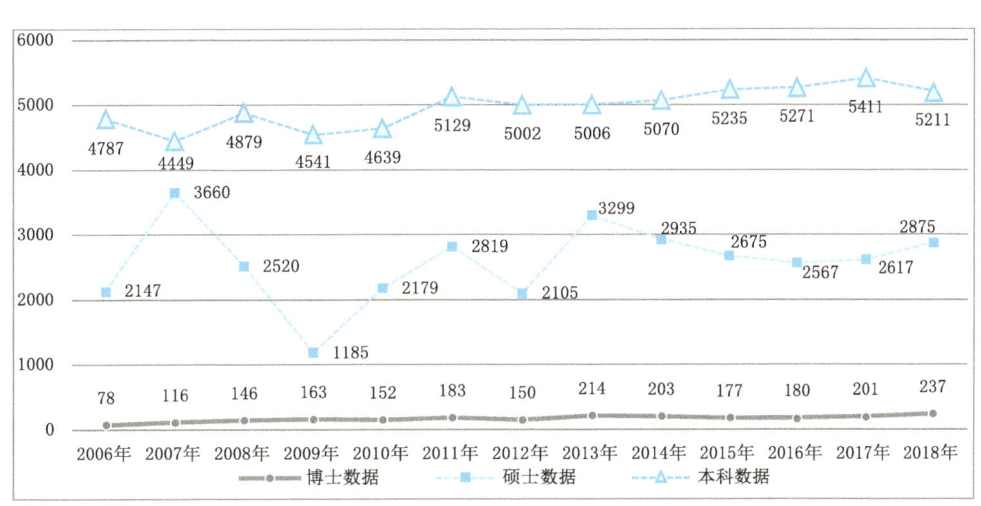

图1 2006年~2018年中南财经政法大学授予普通高等教育授予学位一览（单位：人）

但是，该校图书馆纸质馆藏外借量从2006年至2015年直线下降（见图2）。尽管前文所述的研究结果表明，本科生的学术阅读偏好，多数仍是实体资源，但纸质资源外借量下降的现实，却向高校图书馆人提出了重要课题——实体资源阅读推广。

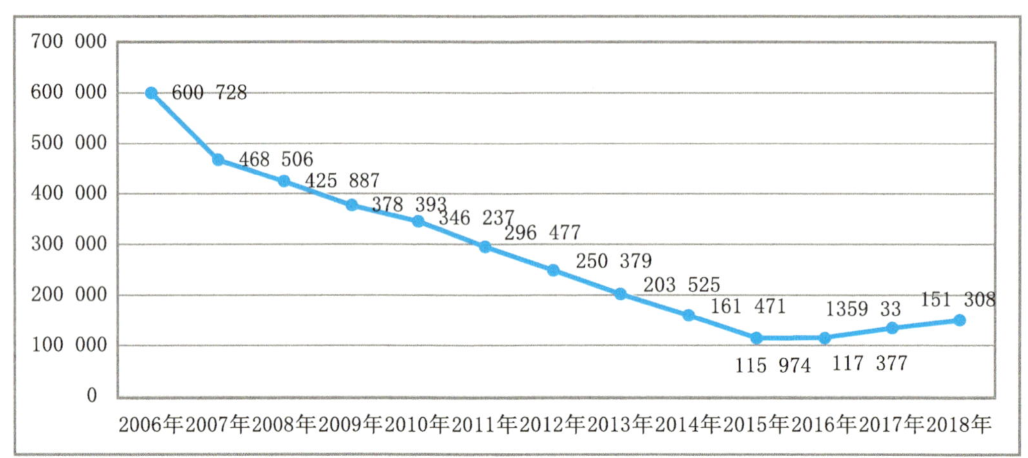

图2　中南财经政法大学图书馆纸质图书外借量一览（单位：本）

1.3　实体资源阅读推广具体实施的逻辑起点是便利性

根据知网中文学术期刊网的数据，国内高校图书馆自从2000年第一次在学术期刊上提出“全开架是高校图书馆服务发展的必然趋势”[9]，到2010年~2011年经历了全开放超市式大流通的实践与研究的高峰后，实体资源的流通热点于2011年转向了RFID技术在超市式图书流通服务上的应用，并与电子资源一起成为智慧图书馆一部分（见图3[1]）。

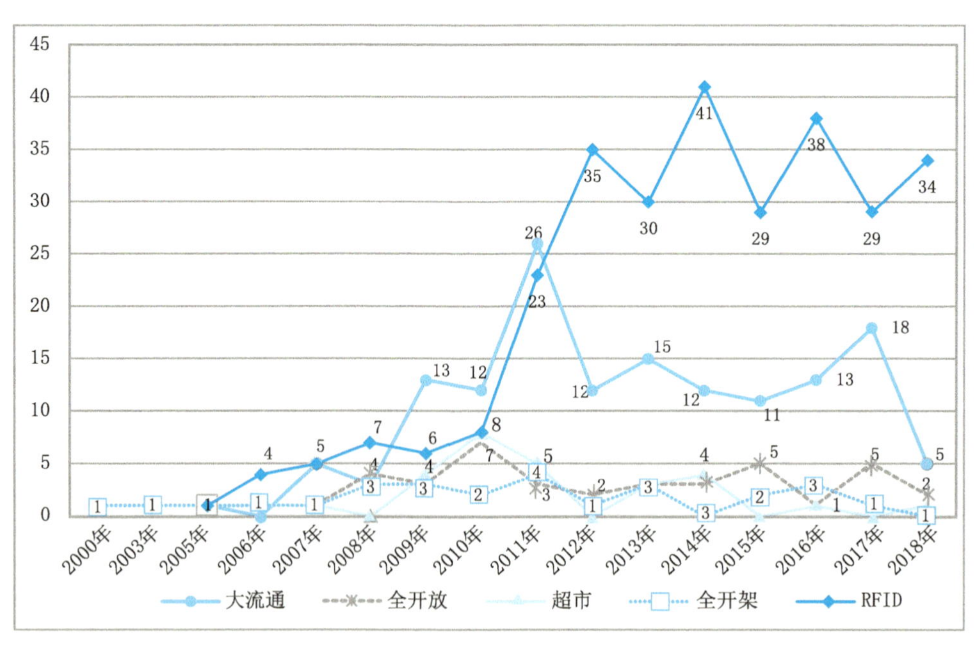

图3　高校图书馆超市式全开放的大流通研究论文一览（单位：篇）

〔1〕图3各项指标皆是在知网学术期刊网中，以主题为“高校图书馆”并分别含“大流通”、“全开放”、“超市”、“全开架”及“RFID”的检索途径，检索出的中文期刊论文。

图3呈现了国内高校图书馆一改原来的闭架、半开架为全开架的超市式大流通大阅览的服务实践及研究态势。从图3中可知，基于高校图书馆的大流通、全开放、超市式以及全开架等话题的研究，在2010年和2011年间达到高位后，被RFID话题接棒，并继续走高。RFID技术的应用，正是基于全开架的超市式大流通大阅览服务的需要。实际上，就是为读者借阅实体资源提供便利，也即提供类似对超市货品货架新技术支持，保证超市的购前、购中、购后的便利。RFID技术在图书馆的应用正是为提高实体资源的利用提供便利。

图书馆实体资源的服务一直沿着超市的便利性的方向发展，图书馆的阅读推广也应依循提供便利性的方向进行设计与实践，从实体资源的布局、借阅的便利、感性的营销推广等方面，借鉴超市促销策略。[10]

总之，从图书馆服务发展路径看，为本科教育服务的阅读推广必须基于实体资源的超市特点，从便利角度出发，实施感性推广策略。

2 沿超市式大流通的方向，走便利性的推广路线

2.1 基于同龄仿效的“学长荐书”与新生书单

大学是同龄人最多的社区，知觉经验假说（perceptual expertise hypothesis）认为，人们与同龄人接触较多，获得的知觉经验相对于非同龄人更丰富。[11]研究表明同龄效应广泛且稳定存在，同龄学习（朋辈学习、同辈学习）也是大学生极其重要的学习方式。[12]同龄学习中又以仿效学长较为常见。高校的各项教育工作，也常搭建同辈交流互助平台，设学长学姐答疑解惑专栏，并请优秀毕业生返校与师弟师妹座谈。[13]有鉴于此，2016年的毕业季，图书馆向全校本科毕业生发起了“学长荐书”（为行文简洁，下文中的“学长荐书”指活动、藏书及书目）的倡议。在校领导的关注关怀下，图书馆与校团委、校就业指导服务中心联合，借力校宣传部的宣传，发起了毕业生为师弟师妹推荐图书的倡议——“学长荐书”。该活动已成为每年学校毕业季的常规工作。

照理说，2007年我馆实施超市式大流通大阅览项目后，图书的外借量应该有所回升。但事实是，2008年~2010年三年间进馆人数的确大幅度上升，三年年均进馆读者人数是2005年~2007年三年年均进馆人数的2.34倍，[14]并且读书月、读书会等阅读推广活动也一直持续进行，可借阅量却一直在下降。原因也许是超市式大流通大阅览，导致图书的错架乱架以及丢失现象突出，在知网中文期刊网中以主题为“图书馆”并含“大流通”并且“乱架”的途径检索，可以发现，从2010年到2017年仅仅乱架问题每年都有人讨论。我馆的咨询平台，最多的意见及咨询的问题就是“找书难”“帮找书”。有鉴于此，基于便利性原则，图书馆收到毕业生推荐书目后，筛选并购买入藏，专区专架管理陈列于两校区馆进出口休闲阅读区，供阅览外借。

2017年我馆又与学生工作部配合，将“学长荐书”精选后以新生书单形式，与入学通知书一起，寄到准新生的手中。

为了充分发挥“学长荐书”同龄仿效的作用，“学长荐书”在图书加工上下功夫，在图书的书名页上有“学长荐书”的艺术藏书章，还有推荐相关信息，如毕业生所在学院届次等。寄给准新生的“新生书单”也是由馆员进行艺术设计，并附上电子版网址和扫码阅读的二维码。

2.2 基于“啤酒与尿布”经典营销的新书展阅与休闲赠阅

“啤酒与尿布”的案例是零售界的神话，也是大数据领域最早出现的案例之一。20世纪80年代，沃

尔玛发现啤酒与尿布存在关联关系，将二者摆在一起销售，进而提升销售额。

2017 年 9 月，我馆在图书馆出口，也即总借还台附近设新书总展阅区，即新书加工入藏后，先送入新书总展阅区，一个月后再撤展下架，各入其类，各入其库。读者进出馆会顺便逛逛新书展阅区，遇到想看的新书就借走。一位 2019 届法学博士在网上表达对设置新书展阅区的赞赏，感谢了图书馆这一举措，原因是他在图书馆准备学位论文期间，出入馆时能顺便发现他需要的新书。遗憾的是，我馆一直有在各书库室设新书展阅专架的传统。由于新书展阅区与各库室新书展阅专架的部分重合和管理上的不完善，2019 年新书没被送进总的新书展阅区，而是直接入各库室的新书展阅专架。

休闲赠阅，是图书馆文献资源建设部将收到的捐赠图书，查重审核后，对不符合图书馆收藏原则的图书，放置在休闲阅读区，专架陈列供读者选择带走的图书。

“学长荐书”、新书展览区及休闲赠阅区放在图书馆入口，与总借还台搁置在一块儿，希望能达到“啤酒与尿布”案例的推广效果。

2.3　基于超市促销单的“每周一书”与每月荐读

2016 年 10 月 24 日，我馆推出“每周一书”（并附介绍数据库的“每周一库”，两年后改为附“每周一讲”）。“每周一书”以实体海报和网络虚拟海报的形式推荐实体图书馆馆藏，海报内容包括图书的基本信息、内容提要、排架号以及所在的书库。“每周一书”海报张贴于两校区馆图书馆入口，并在图书馆网站及微信公众号推出。

2018 年 12 月，我馆在公众号及图书馆网页上推出专题、节假日荐读，成熟后于 2019 年 3 月推出每月荐读。每月荐读以专题的形式推出系列图书，如“［六月荐读］暑假泡馆，硬核知识，精品超大部头”。“每月荐读”致力于以专题的形式，呈现系列图书，比如 2018 年 11 月荐读“中南大经典文库先贤文集系列”。每月荐读的目的是为书找人，将珍贵的大型或系列馆藏介绍给读者。

同样，我馆文献资源建设部长期以来一直坚持在办公系统中将进馆的外文原版新书及港台书，在办公系统中发送给读者，也类似超市寄送促销海报。

这类似于大型超市每周、每月以及节假日都会有新鲜出炉的特价促销商品海报，顾客可通过海报获取商品价格等重要信息，同时美化门店，营造生意兴隆之气氛，节假日尤其如此。同样，图书馆荐读海报，既可以是阅读推广广告，只要被读者看到就可以在无形中吸引读者前来借阅，同时也是装饰美化图书馆，营造阅读氛围，让图书馆浸润翰墨弥漫书香。截至 2019 年上学期末，“每周一书”共推出 106 期。

3　助推本科博雅创新教育项目，开展博雅系列经典推广

3.1　配合“大学本科生博雅教育项目”，举办每周“博雅读书会”

2009 年 9 月，为全面建设法治国家培养具有多学科理论素养、人文精神以及国际视野的卓越法律人才，中南大正式实施法学博雅教育项目，每周定期读书会是博雅教育项目的核心，其宗旨是“读一流的书成就一流的人”，经典阅读贯穿大学四年全过程。[15]

在配合法学“大学本科生博雅教育项目”实施的同时，2013 年 10 月，我馆开始与法学院联合面向全校推广周末“博雅读书会”系列“阅读经典”的活动。活动地点为中南大两校区图书馆，并在南湖逸夫馆设置西贤阅读社区。图书馆为阅读社区配备博雅读书会所需的经典系列图书。读书会每周日在图书馆举办经典分享活动，每周一本，提前一周广告公布书目。读书会在每年 9 月入学季从法学专业大学一年级学生中招新，持续每周阅读经典名著并撰写读书报告，参加读书会。以图书馆与法学院第一次合作举办

的活动为例，2013 年 10 月 8 日发布公告消息，指定 10 月 13 日至 19 日阅读的经典图书分别为柏拉图的《理想国》和亚里士多德的《政治学》，主题是“阅读法学经典，认识人类治理国家和社会的经验教训”。[16]

图书馆尽可能地为该项目提供丰富的服务内容，如联系组织武汉市法律实务部门的读书会，来西贤阅读社区举行分享活动。[17]

3.2 放大“博雅项目”溢出效应，开展每月“博雅百科读书会”

溢出效应是指，一个组织在进行某项活动时对组织之外的人或社会产生的影响。图书馆在帮助推广“博雅读书会”面向全校学生开放后，影响范围渐渐扩大。随着全校参与学生的增加，非法学本科生已不满足于仅仅旁听法科学生的分享，“博雅百科读书会”应运而生。

2014 年 3 月起，博雅百科读书会每月一次，交流内容以法学、经济学、国学、哲学等社会科学类书籍为主，每期邀请相关领域的专家老师担任嘉宾。[18]

该活动与博雅读书会相同的是，提前在网上发布通知指定相关阅读书目。不同的是，活动地点不仅仅限于图书馆，还会设于其他学院；活动周期是在正常教学期间每月一次读书会活动；全校本科生将读书报告发给读书会工作组，工作组遴选出的读书报告在读书会上交流；点评及现场指导嘉宾来自全校各学院，以及校外相关领域专家。比如，第十期与北京大学出版社合作，活动地点设在文治楼，现场交流指导的嘉宾有来自法学院、经济学院、公共管理学院、统计与数学学院的教师，还有北京大学出版社编辑以及中南大校长，[18]而第二十期则在文澜楼举行，指导老师是中南大马克思主义学院的教师。

图书馆在“博雅系”读书会活动中，尽量促使溢出效应的再溢出。

3.3 秉承博雅理念，主办“博雅高峰论坛”年度赛事

博雅教育也即通识教育，它起源于英国纽曼的大学教育理念，即大学是传承知识的地方。这里的“知识应该是博雅知识，是学术机构关注的范围”[19]。博雅教育是“使学生形成一种终生受益的心智习惯”，这种“心智习惯的特点有自由、公平、冷静、温和与智慧”[19]。博雅教育的“心智的培养在于使其能够领会并思考真理”并有“建构思想”的能力。“这种能力是科学头脑形成的结果，它是一种后天获取的判断力、观察力、洞察力、智慧之力。”这一培养过程叫做博雅教育。[19]中南大法学博雅教育项目的目标正是“培养完整人格之精英”“使法科毕业生成为德才兼备的卓越法律人”。随博雅系读书会的影响扩大，面向全校一年一度的“博雅高峰论坛”赛事诞生，由全校本科学生组队参加。赛事分初赛、复赛和决赛。

比赛内容由团队成员共同选择一本博雅百科书单图书，合作完成读书报告，连同报名表提交到组委会邮箱。相关专业教师及博雅读书会高年级成员组成的评审组审核遴选 10 支队伍进入复赛。复赛和决赛于每年国际读书日在南湖校区逸夫图书馆学术报告厅举行。进入复赛的团队，辅以 PPT 和其他形式对读书报告进行展示演讲。复赛由评委根据展示综合打分，确定进入决赛队伍。决赛则是随后根据复赛的综合打分，以及评委针对读书报告展示演讲的提问进行答辩与打分，最终评选出一、二、三等奖共 6 个团队并颁奖。后两轮比赛评委由校内外教授专家组成。

2019 年“第六届博雅读书会高峰论坛”由校图书馆和法学院团委主办、法律援助与保护中心承办。进入复赛的有来自法学院、刑事司法学院、金融学院、外国语学院以及统计与数学学院的 10 支团队。论坛复赛决赛的五位评委和两位嘉宾，包括我馆正副研究馆员各一位、三位校内评委和两位校外专家评委，嘉宾包括校图书馆宣传推广部主任和法律援助与保护中心主任。最后，上帝的梦队、慢慢的后花园队、

豫读中州队、TWO PERCENT 队、两个农民种洋芋队以及新火相传队等 6 个团队分别获得一、二、三等奖。[20]

博雅系阅读推广，尽量让读者感觉便利，所有阅读图书皆由图书馆根据读书会组委会提供的书目，进行采选配备或从书库提取，放置西贤阅读社区，提供给会员以及参赛队员阅读。

4 常规的多层次连续定期的阅读推广

4.1 与学院思政系列教师联合的阅读推广——大学生讲坛

2009 年起由图书馆主办，统计与数学学院本科生学术部承办的，面向全校学生一年一度的“大学生讲坛”，以书籍、电影等为演讲素材的演讲比赛，至今举办了十届，成为图书馆阅读推广品牌之一。[21] 该品牌初赛由统数学院学术部遴选来自全校的参赛选手，参加由图书馆主办的决赛。与前文所述的博雅系列相比，讲坛系列的展示或演讲的内容，则由选手自由选定图书和电影中的赏析主题和内容。赛程基本稳定，评委嘉宾及时间地点由图书馆根据每年读书月的日程与学院学术部协商安排。评委通常由图书馆正副研究馆员和统数学院思政系列教师组成。[22]

4.2 协助学生读者管理委员会的阅读推广——中南书话

2011 年开始，由图书馆协助图书馆学生读者管理委员会（下文简称图管会）主办一年一度的普及性读书活动“中南书话”，至今举办了九届。由于中南书话由图书馆协助图管会主办，因此形式与内容灵活多变，地点与时间也灵活。第四届是以座谈的形式在文澜楼的 205 教室举办。评委和嘉宾包括来自新闻与传播学院的三位老师和图书馆的三位老师。[23] 而 2019 年的第九届以“飞花令”茶话会在图书馆学术报告厅举行，形式更为灵活，分影视配音、诗词接龙、童话接龙三环节，最后由观众投票选出优胜者。[24]

4.3 虚拟空间的“啤酒与尿布”推广——“每周一讲”

“每周一讲”是 2018 年 9 月 11 日与“每周一书”相伴的网络及公众号定期推出并配以海报的活动。推广的是图书馆学术讲座数据库中有关图书或专题讲座。“30 分钟视频微课，带你进入一个全新的学习视界，与名师相约，与大咖共谈。”

这些视频是专家教授的学术视频课程。受前文所述的“啤酒与尿布”经典案例启发，如果把视频推荐当作向年轻爸爸推荐必须买的尿布，在虚拟空间中与这些视频紧紧相连的图书则是随手放进购物篮的啤酒。如第一期视频是吴晓波的《中国经济的下个十年，你在哪里?》，紧紧相随的是对作者介绍中提到其著作《大败局》及《激荡三十年》。[25] 根据本馆成蹊图书馆管理系统借还明细查询，这两种书在“每周一讲”推出的当天，共被借出 4 册次，隔天后则被借出 9 册次（见图 4）。

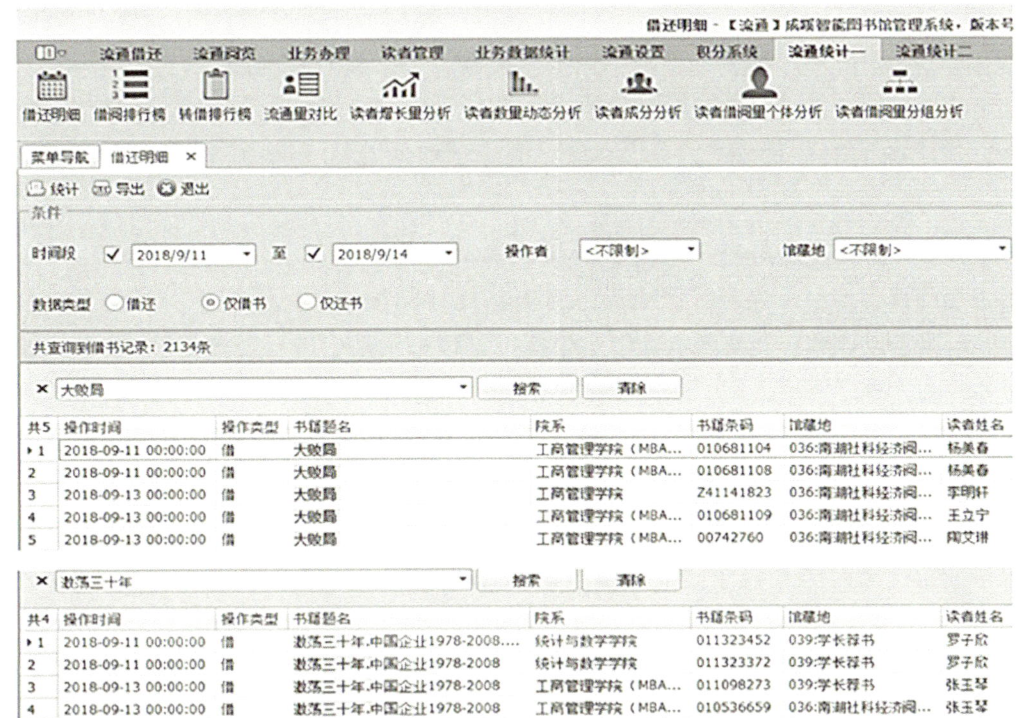

图 4　仿效“啤酒与尿布”虚拟阅读推广效果图

5　基于感性营销的情感体验及互动的推广

5.1　基于感性营销的情感体验的“周六影院”

图书馆收藏有经典电影光碟，如何提高这些光碟的利用率？随着技术的发展外借光碟效果不佳，而图书馆的学术报告厅有良好的影院设备。播放这些影片有利于提高实体图书资源和空间设备资源的利用率，尤其是让读者在图书馆有情感体验，留下周末影院情感回忆，是图书馆提供精神食粮的又一途径。

2016 年，由图书馆信息咨询部（现为宣传推广部）负责，委托图管会开始举办周六经典电影展播。通过图书馆公众号、网页公告，以及纸质海报提前一周发布播放的影片消息。目前周末影院已经成为图书馆固定品牌，读者通过手机扫码入座。周六影院开播的当年平均上座率 60%，到 2017 年平均上座为 95%以上，目前一直保持着高上座率，且常常超员。[14]

5.2　丰富多彩的情感互动

我馆除上述常规性基本实体资源的阅读推广项目外，为使读者与图书馆有更多的情感交流，长期开展的有以下三类互动：

（1）年度之星分享互动

年度之星活动是从 2013 年的读书月开始，至 2019 年已办至第七届。我馆每年对读者在前一年度的借阅、荐购及文献传递的数据进行梳理，选出不同类型（本科、硕博、教师）读者的前 10 名，举行颁奖活动并座谈。[26]在 2016 年~2018 年除“阅读之星”、“荐购之星”以及“文献传递之星”外，增加了“泡馆达人”奖项。[27]2019 年“泡馆达人”让位于“微信年度积分之星”（微信利用图书馆）。[28]该活动在 2018 年又丰富了同龄学习的内容，增加了学生阅读之星的故事分享。[29]

（2）实体互动与虚拟互动

“印象图书馆”是始于2015年的印象图书馆摄影大赛。图书馆对收到的读者作品，进行挑选评奖后，于每年读书月在图书馆大厅进行展出，截至2019年读书月已办至第五届。[30]2019年的毕业季图书馆又在网上推出“来自图书馆的时光档案”。[31]由于时光的主体是集体而非个人，它类似于图书馆的时间线影像。

“阅跑中南”基于移动图书馆APP的阅读活动。读者在每年读书月，通过30天（2018年第一届21天）在移动图书馆阅读打卡，并参与社区互动，希望借此让阅读成为一种习惯。活动根据阅读打卡、互动、阅读笔记等情况予以评奖，获奖者再在图书馆举行的读书活动中进行现场分享。[32]

（3）参与各级阅读推广委员会组织的阅读推广活动

图书馆除了自己组织的各类阅读推广活动外，还积极参与了以下六种全国范围和湖北省的阅读推广活动：中国图书馆学会阅读推广委员会组织的全国中华经典美文诵读大赛[33]、“悦读之星”读书演讲风采展示活动、“全国书偶创意设计”征集活动、湖北省高校“寻找最美之声”朗读大赛[34,35]、省“图书馆杯”主题海报创意设计大赛[36]及省高校“掌上诗词大赛”[37]。

6 实践效果评价及展望

6.1 基于同龄效应和超市营销策略的实践使外借量止跌回升

我馆自2009年起开始以本科生为推广对象，以国际读书日为契机组织一年一度阅读推广活动赛事。2013年开始了年度之星（对象含本科生，有阅读之星、泡馆达人、微信积分之星）的互动式阅读推广。但这些活动并未阻止外借量的下跌。另外，由于博雅系读书活动专区专室提供馆藏图书供读书会自行管理自行使用，未经图书馆外借系统，其外借使用量不包含在馆藏图书外借数据中。直到2016年以便利性为出发点的实体资源推广的“学长荐书”以及“每周一书”海报的出现，图书馆实体资源的外借量止跌回升（见图2）。

通过借阅排行统计，笔者发现2017年和2018年被外借12次（1次/月）以上图书，分别为638种和640种，其中“学长荐书”分别占24.45%（156种）和35.94%（230种）。排名越靠前“学长荐书”所占比例越大，如2018年借阅排行榜上前50种图书中，“学长荐书”占45种。实际上，“学长荐书”的藏书量极小，年均入藏300余种。2016年~2017年共入藏956种，到2018年总共入藏1219种。也就是说，“学长荐书”实现了“同龄仿效”和基于便利性阅读推广的初衷。

“每周一书”的海报效果也值得一提。2018年共推出38种馆藏图书的海报。笔者根据海报推出时间在图书馆管理系统中查阅图书外借记录，发现这些图书中被推出一周内被借出的占被推荐总种数的42.11%（16种），其中推出的当天以及第2天被借出的图书占26.32%（10种）。

基于“啤酒与尿布”超市成功营销案，2017年~2018年，我馆继续扩大便利范围，新增了新书展阅区以及“每周一讲”海报，借阅量明显攀升。2018年实体资源外借量相较2016年提高了28.9%（见图2）。

6.2 基于情感体验和交流互动的实践使图书馆人气攀升

2009年	2010年	2011年	2012年	2013年	2014年	2015年	2016年	2017年	2018年(设宣传推广部)	2019年(设宣传推广部)
大学生讲坛	大学生讲坛	大学生讲坛	大学生讲坛	大学生讲坛	大学生讲坛	大学生讲坛	大学生讲坛	大学生讲坛	大学生讲坛	大学生讲坛
		中南书话	中南书话	中南书话	中南书话	中南书话	中南书话	中南书话	中南书话	中南书话
				年度之星	年度之星	年度之星	年度之星	年度之星	年度之星	年度之星
				博雅读书会	博雅/博雅百科读书会	博雅/博雅百科读书会	博雅/博雅百科读书会	博雅/博雅百科读书会	博雅/博雅百科读书会	博雅/博雅百科读书会/高峰论坛
						印象图书馆	印象图书馆	印象图书馆	印象图书馆	印象图书馆/时光档案
							学长荐书	学长荐书 新生书单	学长荐书 新生书单	学长荐书 新生书单
							每周一书 每周一序	每周一书 每周一序	每周一书 每周一讲	每周一书/每月荐读 每周一讲
							周六影院	周六影院	周六影院	周六影院
								新书展阅	新书展阅	新书展阅(停止上新)
									阅跑中南	阅跑中南
									全国中华经典美文诵读	全国中华经典美文诵读
									湖北寻找最美之声	湖北寻找最美之声
									湖北主题海报创意设计	湖北主题海报创意设计
										全国悦读之星
										全国书偶创意设计
										湖北省掌上诗词

表 1　阅读推广活动形式一览表

我馆基于情感体验和交流互动的推广活动逐年增加（见表 1）。这些活动如周六影院、读书月活动等，提高了图书馆人气，对借阅量应该是有帮助的（见图 5）。始于 2018 年的“阅跑中南”的第二届有 680 余人参与，打卡分享记录总计 7760 条，收到朗读作品 240 余件，成功完成 30 天阅读马拉松挑战赛的共有 181 名同学。在“2019 高校图书馆发展论坛”的“本科论坛”上，重庆大学图书馆杨新涯馆长介绍该馆与京东读书合作电子图书外借与阅读项目数据显示，以阅读次数为单位，10 分钟以下的碎片式阅读占总阅读次数的 92. 69%。也就是说，在目前网络阅读多呈碎片式的情况下，能坚持跑完 30 天阅读马拉松，的确难得。

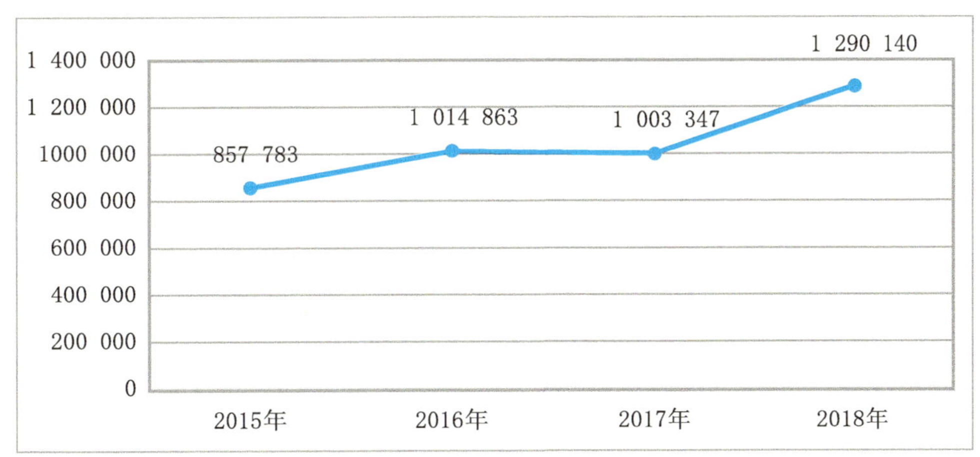

图 5　阅览座位数稳定区间阅览人数一览（单位：人）

另外，图书馆 2018 年开始组织参与的全国及省级阅读推广赛事活动中，参与的皆是本科学生。一年多的时间，我校获得全国三等项，全省二等奖和三等奖各一项。

这些只是数据可反映的实践短期硬指标，至于长期的对读者内在的影响，目前无法获得数据，但影响是必然的。

6.3 结论与展望

我馆对本科生的阅读推广，以实体资源推广为主，如新书展阅区与“学长荐书”，辅以阅读实体书的网址及二维码，如移动图书馆的微信积分；既有在教师指导下与经典作者的历史纵向对话，如博雅系读书会，又有图书馆提供的多种平台在评委嘉宾指导下与同龄人的现实横向对话，如分享会、讲坛、赛事等。期望博雅经典阅读能在中南大蔚然成风！

我馆的阅读推广，既不乏炫酷创新的活动形式，如阅跑马拉松，又有抱朴守拙的提供实际便利的新书展阅区与“学长荐书”。但由于创新的活动常局限在形式上，比如“来自图书馆的时光档案”，如果能结合每位学生实际利用图书馆的情况，提供一份真正个人的档案写真（如借的第一本书、借到了排行榜上的某本书、借书数量等）与集体平均值对照，则能更好地发挥同龄仿效和情感互动作用。期望我馆的阅读推广未来能深入到阅读的过程中发挥指导作用！

图书馆设置有专门的推广部门，又邀请图书馆其他部门的同仁参与，但参与的仅仅是被邀请的图书馆人。既然目前实体图书馆的利用是沿着超市方向前行，也应仿效超市的营销业绩管理，将外借量作为绩效考核。期望我馆图书馆各项工作，皆朝着闪耀的阅读推广目标坚定前行！

参考文献

[1] 万玉凤：“不抓本科教育的高校不是合格高校”，载 http://www.moe.edu.cn/jyb_ xwfb/s5147/201806/t20180622_ 340615.html，最后访问日期：2019 年 7 月 15 日。

[2] “‘2019 高校图书馆发展论坛’会议日程”，载 http://2019gxlt.calis.edu.cn/Home/Menu/154，最后访问日期：2019 年 7 月 15 日。

[3] 肖鹏等：“中国大陆大学生学术阅读载体偏好与行为研究：基于全球调查数据的比较研究”，载《中国图书馆学报》2018 年第 1 期。

[4] 王素芳等：“高校学生对电子书的认知、使用和态度研究：以浙江大学为例”，载《大学图书馆学报》2014 年第 5 期。

[5] “北京大学 2017 年基本数据”，载 https://xxgk.pku.edu.cn/docs/20180410192941232836.pdf，最后访问日期：2019 年 7 月 15 日。

[6] “清华大学基本数据”，载 https://www.tsinghua.edu.cn/publish/newthu/newthu_ cnt/about/about-6.html，最后访问日期：2019 年 7 月 15 日。

[7] 余贝贝：“高校图书馆借阅制度分析与研究——基于国内 12 所高校图书馆的调查与分析”，载《河北科技图苑》2013 年第 5 期。

[8] “学校简介”，载 http://www.zuel.edu.cn/about/.

[9] 兰端碧：“关于高校图书馆全开架服务的几点思考”，载《贵图学刊》2000 年第 2 期。

[10] 敦平：《商场（超市）营销模式与活动策划》，广东经济出版社 2017 年版。

[11] 唐卫海等：“同龄效应的类别化-个体化模型”，载《心理科学》2017 年第 3 期。

[12] 郝秀娟等：“大学生朋辈学习互助的研究与实践”，载《中国教育学刊》2015 年第 S1 期。

[13] 刘书萤、王琳：“试析心理咨询在低年级大学生思想政治教育中的运用——以内观认知干预为例”，载《名医》2019 年第 4 期。

[14] 中南财经政法大学图书馆：《中南财经政法大学学术史·图书馆史》（下册），经济科学出版社 2018 年版。

[15] 韩桂君：“法学博雅教育探索”，载《高等教育评论》2018 年第 1 期。

[16] “中南财经政法大学图书馆系列读书活动之一：阅读法学经典，认识人类治理国家和社会的经验教训”，载 http://lib.zuel.edu.cn/newlib/index.php? m=content&c=index&a=show&catid=1919&id=4419，最后访问日期：2019 年 7 月 17 日。

［17］朱攀："记希贤悦读社区和法韵深深读书会联谊活动——'数据之巅'读书会"，载 http://library. zuel. edu. cn/2018/0428/c5993a190256/page. htm，最后访问日期：2019 年 7 月 21 日。

［18］"关于举办第十期博雅教育百科读书会的通知"，载 http://library. zuel. edu. cn/2015/1023/c5996a149793/page. htm，最后访问日期：2019 年 7 月 17 日。

［19］［英］约翰·亨利·纽曼：《大学的理念》，高师宁等译，贵州教育出版社 2003 年版。

［20］张雅琪等："图书馆举办第六届博雅读书会高峰论坛"，载 http://lib. zuel. edu. cn/newlib/index. php? m=content&c=indcx&a=show&catid=805&id=174，最后访问日期：2019 年 7 月 18 日。

［21］"书香伴行 朗声中南——第十届大学生讲坛决赛来了！"，载 http://library. zuel. edu. cn/2019/0419/c5996a214472/page. htm，最后访问日期：2019 年 7 月 20 日。

［22］张夏欣、吴承洁："'大学生讲坛——我是演说家'决赛顺利举行"，载 http://lib. zuel. edu. cn/newlib/index. php? m=content&c=index&a=show&catid=805&id=98，最后访问日期：2019 年 7 月 18 日。

［23］蓝瑶瑶："中南书话，话书会友"，载 http://lib. zuel. edu. cn/newlib/index. php? m=content&c=index&a=show&catid=1891&id=15，最后访问日期：2019 年 7 月 18 日。

［24］秦博洋："中南书话之'飞花令'茶话会在图书馆举行 "，载 http://library. zuel. edu. cn/2019/0529/c5994a218547/page. htm，最后访问日期：2019 年 7 月 18 日。

［25］"图书馆第一期'每周一书''每周一讲"，载 http://library. zuel. edu. cn/2018/0911/c5996a198725/page. htm，最后访问日期：2019 年 7 月 20 日。

［26］"图书馆 2012 年度'阅读之星''荐购之星''文献传递之星'评选结果"，载 http://library. zuel. edu. cn/2013/0510/c5996a149169/page. htm，最后访问日期：2019 年 7 月 20 日。

［27］"2015 年度'阅读之星''泡馆达人'结果揭晓"，载 http://library. zuel. edu. cn/2016/0427/c5996a149932/page. htm，最后访问日期：2019 年 7 月 20 日。

［28］"2018 年度'阅读之星''荐购之星''文献传递之星''微信年度积分之星'评选结果揭晓"，载 http://library. zuel. edu. cn/2019/0424/c5996a215653/page. htm，最后访问日期：2019 年 7 月 20 日。

［29］"榜样青春：中南大'阅读之星'的故事"，载 http://library. zuel. edu. cn/2019/0613/c5996a219790/page. htm，最后访问日期：2019 年 7 月 20 日。

［30］"第五届'印象图书馆'主题摄影大赛评选结果揭晓"，载 http://library. zuel. edu. cn/2019/0424/c5996a215649/page. htm，最后访问日期：2019 年 7 月 20 日。

［31］"2019 年毕业季：ZUELers，你有一份来自图书馆的时光档案 "，载 http://library. zuel. edu. cn/2019/0614/c5996a219853/page. htm，最后访问日期：2019 年 7 月 20 日。

［32］唐豪杰等："'阅跑中南'举行颁奖典礼暨阅读分享会"，载 http://wellan. zuel. edu. cn/2018/1026/c1671a202050/pagem. htm，最后访问日期：2019 年 7 月 21 日。

［33］杜丰宁："我校学生李赫然同学荣获全国中华经典美文诵读大赛三等奖"，载 http://library. zuel. edu. cn/2018/1213/c5994a206655/page. htm，最后访问日期：2019 年 7 月 21 日。

［34］王中婧："全省高校'寻找最美之声'朗读大赛我校学子获佳绩"，载 http://wellan. zuel. edu. cn/2018/0516/c1671a191717/pagem. htm，最后访问日期：2019 年 7 月 21 日。

［35］王中婧："我校学子在第二届湖北省高校'寻找最美之声'朗读大赛荣获佳绩"，载 http://library. zuel. edu. cn/2019/0605/c5994a219050/page. htm，最后访问日期：2019 年 7 月 21 日。

［36］叶颖："中南大师生学子获湖北省首届'图书馆杯'主题海报创意设计大赛多项殊荣"，载 http://library. zuel. edu. cn/2018/1213/c5994a206602/page. htm，最后访问日期：2019 年 7 月 21 日。

［37］"首届湖北省高校'掌上诗词大赛'"，载 http://library. zuel. edu. cn/2019/0404/c5996a213140/page. htm，最后访问日期：2019 年 7 月 21 日。

开放获取期刊的创新发展战略与实施

——以 PLoS 近 5 年为例

韩正琪[1,2]　顾立平[3,4]　寇晶晶[5]　邢霞[6]　冯凌子[3,4]*

[1]中国政法大学图书馆

[2]中国政法大学法治科学计量与评价中心

[3]中国科学院文献情报中心

[4]中国科学院大学经济与管理学院图书情报与档案管理系

[5]国际关系学院

[6]山西云时代技术有限公司

摘　要：［目的］以 PLoS 为例，针对目前开放获取期刊发展所存在的问题，调研 PLoS 近五年来发布的开放获取政策和创新发展战略，旨在为国内开放获取期刊创新发展战略的制定提供借鉴；［方法］使用案头研究（Desk Research）作为研究方法，通过资料收集、评估以及筛选，对 PLoS 针对开放获取期刊所面临的问题所提出的政策和战略进行梳理与总结；［结果］我国开放获取期刊应进一步完善开放获取政策体系，发展成熟的商业模式，加强国际合作与交流，并注重人才的培养与建设；［结论］通过对 PLoS 进行调研，参考其提出的创新发展战略与实施，对我国开放获取期刊建设具有重要参考价值和意义。

关键词：PLoS；开放获取期刊；案头研究；创新发展战略

分类号：G230.7

1　研究背景和意义

目前，大多数出版商对其刊载的文章拥有一定的权利，读者需经出版商许可才能够获取想要的文章，而获得这种许可通常需要支付额外的费用。随着信息技术和互联网的发展，越来越多的开放期刊出现。期刊的开放获取表示读者通过网络可以免费、及时且永久地获取其刊载的文献，目的是让研究人员更有效率地进行知识传播。

自 2002 年“布达佩斯开放获取倡议”[1]发布，开放获取日益成为科技界信息交流的主流范式。世界各国出版商、图书馆以及信息服务机构纷纷投入全球开放获取运动的浪潮中，推动开放获取的发展。伴随着开放获取事业的发展，开放出版作为开放获取的一个重要组成部分日益受到重视，其在实践过程中出现了许多问题有待进一步探索。国内许多学者通过国外优秀案例并结合国内需求对开放出版在国内如何推进问题进行探讨。如张晓林[2]等通过调研 SCOAP 和 PLoS 开放获取出版模式，探讨并分析了开放获

* 作者简介：韩正琪（1992~），馆员，硕士，主要从事情报理论与方法等研究；顾立平（1978~），研究员，博士，主要从事开放科学、科技信息政策等研究，通讯作者邮箱：gulp@mail.las.ac.cn；寇晶晶（1991~），助理馆员，主要从事信息资源建设、长期保存等研究；邢霞（1992~），硕士，主要从事信息资源组织与建设、产业技术分析等研究；冯凌子（1993~），博士研究生，主要从事科学计量学、科研诚信等研究。

取期刊的发展趋势。初景利[3]等介绍了开放获取的背景及发展，并探讨了政府部门、出版商、赞助商、以及大学和学术团体对开放获取的推动作用，提出中国在发展开放获取时面临的问题。[4]刘建华[5]等通过调查高校师生对开放获取的认同度情况，分析了影响开放获取发展的因素，并提出相应建议。李麟[6]通过调查中国科学院科研人员对开放获取的态度，分析了科研人员对科技信息开放获取意愿的影响因素。顾立平[7]等则探讨了开放获取期刊新的评价角度和指标，提出从质量和影响力、开放程度、成本和服务三个角度对开放获取期刊进行全面的评价。若干学者也从经营管理的角度来考虑开放获取的健康发展。Spezi V[8]等对大型开放式期刊（Open-Access Mega-Journals，OAMJs）的规模、学科范围、同行评议政策以及经济模型进行综述，探讨了 OAMJ 在学术出版中的影响力。Laakso M[9]等从开放获取期刊文章出版增长率、占有率等探索了 1993 年到 2009 年间开放获取期刊的发展情况，表明在这 15 年间开放获取期刊取得了快速的增长。James E R[10]认为如果为作者提供正确的指南或建议使其能够避免将文章发表在劣质的开放获取期刊上，这样就能够为开放获取发展提供正确的导向。

在开放获取事业飞速发展的风口浪尖上，为开放获取提供积极正面导向的典型案例就是 PLoS。PLoS 是美国科学公共图书馆（Public Library of Science）的简称，该机构由生物医学科学家哈罗德·瓦尔缪斯（Varmus H E）、帕克·布朗（Brown P O）和迈克尔·艾森（Eisen M B）于 2000 年 10 月创立，是一家非盈利开放获取出版商，同时也是开放获取的主要倡导者和创新者。[11]国内已有许多学者从不同的角度对其进行引介和评述，本文引出开放获取期刊发展所面临的一些问题，通过观测 PLoS 近 5 年的创新发展与实施策略，已掌握全球开放获取出版脉络，以期为我国开放获取期刊政策的制定和战略部署提供一定借鉴。

2 研究问题和研究途径

2.1 研究问题

目前开放获取期刊所面临的首要问题就是开放获取期刊的影响力普遍偏低，主要原因有三方面：其一，开放获取期刊尚处于发展阶段，尚未形成成熟的期刊运营体系和出版模式，加之未有完善的硬件设备和软件系统，导致开放获取期刊与传统期刊相比缺乏竞争性。其二，由于马太效应，有名望的研究者更希望其文章发表在已在业界具有较高影响力的传统核心期刊上，而传统核心期刊因此会受到更多的学者关注。相对于传统的核心期刊，开放获取期刊知名度低，且尚未得到学术界广泛认可，其吸收的优秀稿源有限，受读者关注度不高，对开放获取期刊的科学发展产生不利影响。其三，由于开放获取期刊相对于传统期刊向作者收取更多的出版费用，越来越多的出版商看到开放获取的潜在经济利益，加之开放获取期刊的监管体制未完善，使开放获取期刊市场鱼龙混杂，出版大量低质量且未经同行评议的文章，拉低开放获取论文的质量和学术影响力的整体水平，阻碍开放获取期刊的健康发展。

如何平衡财务收支是开放获取期刊所面临的又一问题。目前开放获取的出版商、资助方以及投稿科研人员之间还未找到合适的利益分配模式。[12]相比于传统期刊，开放获取期刊缺少期刊订阅这一主要的收入来源，加之开放获取期刊需进行期刊网络平台建设，提供知识服务等工作需要大量运营成本的投入，其不得不通过提高作者投稿时收取的出版费用维持自身收支平衡。这样导致作者投稿时所支付的费用比传统期刊有着显著提高，那些没有科研项目经费资助的作者很难支付得起高额的出版费用，大大减少了开放获取期刊的投稿数量，而投稿数量的减少又进一步减少开放获取期刊的收入，影响开放获取期刊的持续发展。

2.2 研究途径

在开放获取期刊发展面临诸多问题的背景下，PLoS 作为全球领先的、非营利性的开放获取出版商，其一直致力于推动全球开放获取事业的健康发展。通过对 PLoS 进行调研，探讨 PLoS 在推动开放获取运动时所面临的问题以及其解决方法，可以为我国开放获取期刊政策的制定和战略部署提供一定借鉴。

本研究基于案头研究（Desk Research）对 PLoS 进行调研，案头研究是对已经存在并已为某种目的而收集起来的信息进行的调研活动，充分利用已有的材料来达到解决问题和调查的目的。[13] 主要研究过程如图 1 所示。根据前文提出的开放获取期刊目前所面临的问题，以 PLoS 为案例进行调研，调研范围包括中外文文献、PLoS 官方机构网站、专业图书馆与信息组织和机构网站以及新闻媒体网站中近五年有关 PLoS 的新闻和报道。然后对调研资料进行评估、筛选和整理总结，最终得出以期对我国开放获取期刊建设具有参考价值和意义的建议。

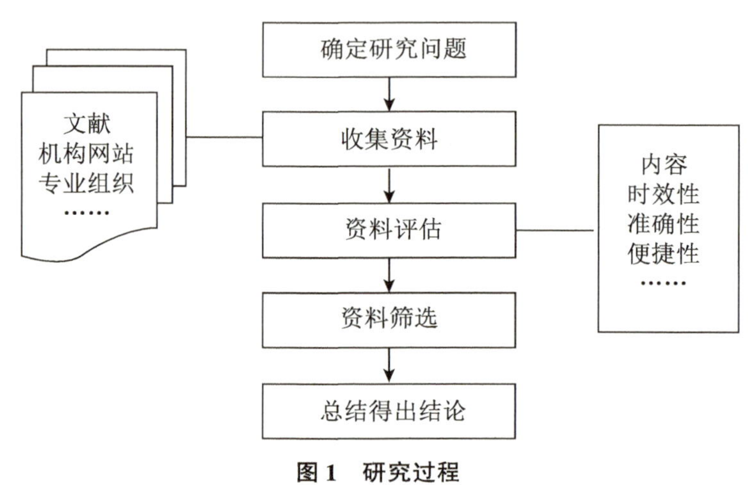

图 1　研究过程

3　PLoS 出版和稿件评审制度

面对开放获取期刊影响力偏低难以获得充足稿源的问题，PLoS 首先采取放松投稿要求的策略，且与传统期刊注重发表容易产生高被引率的综述以及侧重方法创新的文章不同，PLoS 侧重发表数据驱动的应用、验证性的文章。以 PLoS ONE 为例，其接收来自自然科学和医学甚至是人文社会科学的所有学科的原始研究文章，针对投稿有以下几方面的要求：（1）论文展示了研究的主要科学成果，不考虑发表评论、案例研究、假说、通讯、观点、政策、其他类型的二次文献以及专论等文献。（2）研究结果原创，并尚未公开发表。（3）涉及的实验、统计等其他分析方法需达到高技术标准，且需要详细描述。（4）结论要用适当的方式呈现，且有数据支持。（5）文章需使用标准的英语书写，用易懂的方式呈现。（6）研究结果符合学术道德和伦理要求。（7）文章需遵循适当的报告指南且数据可用。[14] 一方面，PLoS 接收所有领域的文章有助于打破学科与学科之间的界限，促进学科交叉和知识融合。另一方面，其放宽对投稿的要求，真正实现科技期刊的加速学术交流初衷，而不是进行学术水平的评判，同时也吸引了大量论文的投稿，保证了期刊的有效运作。

一方面，PLoS 放宽投稿要求，吸引越来越多的学者投稿；另一方面，PLoS 还采取严格出版的稿件评审制度，制定了一系列严格的标准要保证论文的学术质量。PLoS 已形成一套成熟、完整的作者投稿、同行评议、论文出版以及出版后交流的模式。作者通过 PLoS 开发的稿件提交系统 Aperta 进行投稿。[15] 稿件需经过内部编委会和外部评审专家严格的同行评议后方可出版，出版的文章会归档到 PubMed 中心，由各科研资助机构资助出版的文章可以请求或要求将文章存放在公共数据库内。此外，PLoS 提供各种信息服务平台，方便研究人员进行论文出版后的学术交流。[16]在整个出版流程中PLoS针对论文的版权、开放数据获取、作者唯一性认证以及论文出版前和出版后的学术评估制定了一系列开放获取政策以及创新制度，规范开放获取文章的出版以及出版后的学术交流，以扩大开放获取期刊的学术影响。

3.1 开放许可协议

作者向PLoS期刊投稿后，表示同意遵守开放使用协议，即知识共享署名许可协议（Creative Commons Attribution 4.0 license，CC BY 4.0）进行出版。CC（Creative Commons）协议是一个相对宽松的版权协议，仅保留了作者的署名（Attribution，BY）、非商业用途（Noncommercial，NC）、禁止演绎（No Derivative Works，ND）、相同方式共享（Share Alike，SA）四种权利，作者可以选择上述四种权利的组合。使用者可以明确地知道所有者的权利，从而避免侵犯其版权。CC BY协议是最为宽松的许可协议，即使用者只需按照作者或者许可人规定的方式对作品进行署名，就可以自由地以任何形式复制、发行该作品，甚至可以不管基于何种用途甚至是商业目的对该作品进行修改、演绎和再创作。[17]

3.2 开放数据

PLoS承诺转变科研交流不仅仅是实现文献的开放获取，还包括开放数据、开放科学和开放认可。PLoS于2014年3月3日起实施数据政策，要求作者在线提交稿件时，提供其文献中所提到的所有数据以及符合PLoS政策的数据可用性声明。如果文章通过审稿，该数据可用性声明将作为文章的最后一部分发布。如果作者拒绝数据的共享，那么投稿将被拒绝。另外PLoS期刊编辑鼓励读者在获取发表在PLoS期刊文献的研究数据受阻时与他们联系。如果文献在发表后数据访问受到限制，PLoS有权联系作者所属机构和资助者，并对其进行更正，严重情况下会撤回对该文献的发表。[18]

PLoS高度重视开放数据的获取，认为与论文相关的科研数据是论文出版的一个重要部分。PLoS不断制定并更新其开放数据政策，以确保整个学术界能够共享数据和获取数据，从而促进新的发现、重复、验证和荟萃分析，并将科研成果更加广泛地大规模地传递到资助者、机构和科研人员手中，旨在最大限度地推动科学进步。[19]此外，PLoS作为指导委员会的成员，与美国国立卫生研究院（NIH）、SPARC、惠康基金会（Wellcome Trust）、比尔与美琳达·盖茨基金会（Bill & Melinda Gates Foundation）、英国研究理事会（RCUK）以及其他机构一起，支持数据和软件引证、一致的共享政策和政策合规的自动监测。资助者和出版商之间围绕共享科研成果（从科研数据开始）的联合政策提高了信誉、认可和信息共享。

3.3 将ORCID嵌入出版流程

ORCID（Open Researcher and Contributor ID）是一个非盈利组织，为研究人员提供了其特有的身份识别数字编码（iD），通过这一iD可以将不同研究信息平台的研究活动关联，确保作者的特异性识别，促进知识发现流程并构建可信赖的数字化研究环境。PLoS遵循ORCID出版的最佳实践包括：（1）要求，出版商在出版文献时需要通讯作者提交其ORCID-iD，而其他作者不作要求；（2）收集，出版商通过ORCID的应用程序接口收集作者的ORCID-iD，不需要作者另外输入或者搜索其ORCID-iD，同时也能确保作者的ORCID-iD是经过验证的；（3）自动更新，出版商需将作者的ORCID-iD加入到其原有的数字对象唯一标志码（Digital Object Identifier，DOI）和CrossRef（基于DOI技术的开放式参考文献链接系统）元数据中，实现原有元数据的自动更新；（4）出版，文献的作者或者合作者的ORCID-iD会被嵌入至文献的元数据中，使作者的ORCID-iD出现在网络版甚至是纸质版的文献中，同时在文献的网络版或者元数据中，会建立作者和其ORCID-iD的超链接。[20]

此外，PLoS作为主要的出版商之一，与英国皇家学会（The Royal Society）、eLife、EMBO Press、电

气和电子工程师协会（IEEE）等其他出版商一起，签署了 ORCID 公开信，倡导在出版的过程中要求作者提供其 ORCID，以确保作者信誉，促进学界更好地进行学术交流和沟通，并且呼吁其他出版商一同加入。[19]

PLoS 加强稿件前置审查过程。论文提交后，需经过一系列严格的质量控制检查，包括原创性、学术道德以及数据存储标准检查等。[21]稿件通过质量审查后，进入同行评审流程，经评审专家评审后决定录用的论文才可发表。PLoS 的每一种期刊都拥有学术化、专业化、国际化的编委会，包括专业的领域编辑人员和学术专家，在提交、同行评议和出版的过程中会进行多次审查。

3.4 论文审查制度

PLoS 坚持论文审查是所有出版商有责任加强的一个问题，应加强前置审查及其质量保证过程。论文提交后，需经过一系列严格的质量控制检查，包括原创性、学术道德以及数据存储标准检查等。随后进入同行评审流程，经评审专家评审后决定录用的论文才可发表。PLoS 每一种期刊都拥有学术化、专业化、国际化的编委会，包括专业的领域编辑人员和学术专家，在提交、同行评议和出版的过程中会进行多次审查。

另外，PLoS 认为严格的论文质量检查和同行评议制度只能保证出版论文的科学性和可行性，而论文的重要性则需要根据出版后读者的关注和引用情况评判。为此，PLoS 与富有经验的科学家和 200 位 PLoS ONE 的学术编辑合作，提出一个“先出版、后评价”的开放性的研究评价方法对现有的同行评议进行补充。[22] PLoS 开发并使用 Ambra 创新开放资源平台发布开发获取的研究文章，并提供文章的出版后讨论和再版功能，使得文章能够随着进一步的科学发现而灵活地更新和变动。[16]开放性评价使研究评价变得及时、持续和包容。科研人员能够通过提供对发表的文章的优点、清晰、重要性和介绍进行开放的、结构化的反馈，快速地评价彼此的工作。开放性评价和论文出版后的持续评估将促进科学共识和跟踪先进知识。

PLoS 除制定上述制度外，还与国际其他相关组织或联盟建立广泛的联系，积极加入国际开放获取联盟，共同制定开放获取期刊相关政策。例如，PLoS 执行主管和理事在开放获取学术出版协会（OASPA）、管理信息研究标准推进联盟（CASRAI）、CrossRef、欧洲研究开放获取基础设施（OpenAIRE）和学术出版与学术资源联盟（SPARC）的开放获取工作组（OAWG）及其他机构的理事会中任职。为开放获取和开放科学政策学习或采用感兴趣的政府、学会和出版商提供建议。PLoS 也是国际开放获取周的发起成员之一，每年十月在这一全球性的活动周上会有超过 1500 个参与者突出展示开放获取的好处，共享并且激励更广泛的参与者在科研和学术交流环境下制定开放获取和开放科学的新规范。[19]

上述一系列开放获取出版和稿件评审的制度和政策，使得 PLoS 形成了一套规范的论文编辑出版流程和论文审查制度，增强了其刊载文章的被引优势。一方面，PLoS 为每个出版流程都制定了相应的标准和严格的规定，使论文的投稿、评审以及出版后论文评估过程有据可依，极大地保证了论文的质量和研究的真实性。另一方面，开放获取期刊扩大了学术成果的传播范围，使其获得更多的潜在读者。由于开放获取文章的网络公开性，学者们倾向于将质量较高的文章以开放获取的方式出版，使得开放出版的论文的质量也通常高于一般论文，从而获得较高的引用。[23]最后，PLoS 充分发挥开放获取的优势，为科研人员提供诸多信息服务，例如 PLoS 社区、播客、研讨会、论文级别计量（Article Level Metrics，AMLs）等，方便其与科研人员和相关研究者进行交流，及时获取领域研究热点和寻找合作伙伴，吸引更多的作者投稿。2015 年 PLoS 七大期刊的影响因子及其在同学科领域排名如表 1 所示，可以看出，PLoS 七大期刊在各自的学科领域内都具有较高的影响力。[24]

表 1 PLoS 七大期刊发文量、影响因子与排名

刊物名称	2015 年发文总量（篇）	2015 年影响因子	排名 *
PLoS ONE	29 807	3. 057	11/63
PLoS Biology	272	8. 668	2/86
PLoS Computational Biology	631	4. 587	5/56
PLoS Genetics	791	6. 661	15/166
PLoS Medicine	146	13. 585	7/155
PLoS Neglected Tropical Diseases	832	3. 948	1/19
PLoS Pathogens	710	7. 003	2/33

* 注：由于 WOS 一个期刊对应一个或者多个学科领域，此处仅选择期刊各学科领域中的最高排名。

4 PLoS 经营管理策略

PLoS 致力于科学传播转型以及加快科技进步。开放启发创新是其认为科学和出版的正确方式。PLoS 认为，科学观念和发现是公共物品。只有科学家有效地将自己的思想、研究结果和发现与他人进行交流并向更广泛的公众传播时，才能充分发挥其意义。PLoS 的核心理念主要有以下几点：[25]

（1）发表的研究应免费提供给公众：从而加快知识发现，提高知识发现的重现性和可用性；

（2）经过验证的科学值得公布：为研究人员、临床医生、决策者、教育工作者和公众提供帮助；

（3）持结论的数据应该可以获取：提高学术诚信、加强学术问责、促进学术合作；

（4）工作最好根据其价值来判断：及时获取来自不同作者、联盟和机构的各种研究成果；

（5）前瞻性解决方案必须满足作者需求：通过扩大已发表作品的内涵，为学术评议提供机会；

（6）对公共物品投资：通过改进出版系统和流程推动科学和医学的发展，促进社区的广泛参与，倡导开放获取。

PLoS 的管理机制为董事会制，其董事会由 8 名成员组成。在董事会管理机制之下，它还有一个由 7 人组成的执行团队。PLoS 下设部门包括行政管理部、咨询部、编辑部、财务部、人力资源部、法律部、市场部、项目管理办公室、产品开发和 IT、软件、web 服务部、出版部。[26]其中编辑部下属 PLoS 所创办的七大期刊，分别为 PLoS ONE、PLoS Biology、PLoS Computational Biology、Plos Genetics、PLoS Medicine、PLoS Neglected Tropical Diseases 以及 PLoS Pathogens。除 PLoS ONE 为综合类期刊外，其他均为生物医学类期刊。各期刊既相互独立又相互联系。每个期刊分别独立拥有自己的编辑团队和管理团队。各期刊的具体情况如表 2 所示。[27]

表 2 PLoS 七大期刊概况

刊物名称	主题
PLoS ONE	包括科学和医学的所有学科的原创性研究报告。涵盖从保护星球生物多样性到发现更有效的疾病治疗方法。不排斥基础学科。

续表

刊物名称	主题
PLoS Biology	生物学所有领域的有意义的、原创的研究，从分子水平到生态系统，包括其他交叉学科，包括化学、药学和数学。受众是科学界的教育工作者、决策者、病人团体和感兴趣的公众。
PLoS Computational Biology	国际计算生物学协会的官方期刊。将计算方法的应用和生物学的不同领域结合，提供生命系统所有尺度范围内的大量新见解，从纳米到宏，横跨分子科学、神经科学和生理生态学和种群生物学等多个学科。
PLS Genetics	生物学的所有领域的杰出的、原创的遗传学和基因组学技术研究。包括人体研究，包括大鼠、果蝇、植物、细菌等模式生物研究。
PLoS Medicine	生物医学，健康的环境、社会和政治方面的决定因素相关的文章。强调临床实践中取得的进步、卫生政策或者在不同环境下对健康获益的病理生理的理解。
PLoS Neglected Tropical Diseases	仅仅致力于世界上最容易被忽视的热带疾病（NTDs），发布世界上最容易被忽视的人所得的被遗忘的疾病的所有相关文章，包括科学、医学、政治和公共卫生方面的研究和评论。
PLoS Pathogens	包括病毒、细菌、真菌、寄生虫和病毒的研究。发表该领域的优秀的原创的研究和评论论文，显著促进对病原体的理解以及它们与宿主间的相互作用。

为保证开放获取，促进开放科学，PLoS 作为一个非营利组织需要有相对稳定的资金来源。PLoS 通过不断发展形成了一个多层级、多维度的资金来源体系，其资金来源大致分为两类，即自身盈利和他方资助。据 2015 年 PLoS 财政统计，PLoS 总收入为 4287 万美元，总支出为 4285 万美元。[28] 近五年具体收入与支出情况如表 4、表 5 所示。[29]

4.1 自身盈利

4.1.1 出版费

PLoS 通过向作者收取文章处理费用（Article Processing Charge ，APC）等出版费来填补同行评议、期刊编辑以及在线托管和归档等所需的花销。一般情况下，PLoS 不同期刊的付费标准不同，表 3 是 PLoS 七种期刊的付费方式。[30] 馆藏加载费是指当作者提供的作品为手稿时还需额外支付的费用。2015 年，PLoS 出版费收入为 44 603 620 美元。

除个人支付以外，PLoS 还提供诸多政策来减轻作者发文的经济负担。PLoS 将国家按照经济状况划分为三类，根据作者所在国家和地区的经济情况采取标准、部分减免以及免费三个等级的收费标准。[31] 在很多情况下，PLoS 提供机构账户，作者的出版费用可以由其所在的机构通过直接付款或者存款账户付款支付。[32] 除此之外，研究人员在 PLoS 发表文章所需的出版费用也可以从其课题经费中支出。[31]

表 3　PLoS 各期刊收费金额

期刊名称	文章处理费用	馆藏加载费	刊期
PLoS Biology	$ 2900	$ 1000	周刊
PLoS Medicine	$ 2900	$ 1000	月刊
PLoS Computational Biology	$ 2250	$ 750	月刊
PLoS Genetics	$ 2250	$ 750	月刊

续表

期刊名称	文章处理费用	馆藏加载费	刊期
PLoS Pathogens	$ 2250	$ 750	月刊
PLoS Neglected Tropical Diseases	$ 2250	$ 750	周刊
PLoS ONE	$ 1495	$ 500	周刊

4.1.2 广告

广告是 PLoS 另一个主要自身盈利来源，PLoS 下属七大期刊允许广告商刊登广告，提供多样的广告形式和类型。广告需通过 PLoS 严格的审查、批准后方可刊登。PLoS 不接受诸如药品、烟草、医疗器械相关广告，且注重市场分析，注重广告的质量和品位。通过开放获取，PLoS 期刊被世界范围内越来越多的学者所关注，使其具有相当可观的广告曝光量，吸引越来越多的广告商加盟。[33]

4.1.3 会员收费

PLoS 在成立之初推出会费制度，包括团体会员和个人会员两种形式，会员根据缴纳的会费不同而分为不同的级别，发表文章时享有不同的折扣。[34] 随着开放获取运动的推进和 PLoS 商业模式的日益成熟，会员费用已不再成为 PLoS 的主要收入来源，目前 PLoS 官网上已没有会员制度的相关说明。

除上述收益外，PLoS 自身盈利还包括纸质期刊出版、赞助以及在线商店等。PloS 在在线商店销售带有其标志的周边商品如衬衫、杯子等。虽然其收入所占比例不高，但是销售的商品对其期刊甚至是开放获取运动有一定的宣传作用。[35]

4.2 外部补贴

政府、资助机构、企业、科研院所、基金会以及学术团体通过对 PLoS 进行资助，支持开放获取运动。这些资助金一方面用于帮助 PLoS 进行与开放获取有关的政策制定、基础设施建设和社区建设等，另一方面这些资金还可以用于帮助那些在 PLoS 期刊上发表文章、但经济存在困难的作者。各种形式的资助是 PLoS 重要的资金来源。

PLoS 还支持并鼓励捐赠者通过各种途径进行捐赠，在 PLoS 的官网提供专门的捐赠页面，可以直接选择金额，然后写上个人信息即可直接打卡支付。此外，捐赠者还可以以股票、遗产等方式进行捐赠。[36]

表 4 PLoS 收益表（单位：美元）

收入（美元）	2015 年	2014 年	2013 年	2012 年	2011 年
资助	206 768	58 882	119 000	–	370 403
捐赠	1678	3232	13 110	3086	7590
出版费用	42 274 910	44 174 599	45 067 457	32 610 530	21 012 370
会员费用	–	19 683	313 000	334 098	276 955
再版印刷以及赞助	69 075	135 631	473 158	303 839	172 929
广告	496 381	479 840	483 903	518 640	463 153
利息和股息	849 033	1 022 241	719 523	393 561	140 775
其他（未知收益或损失）	−1 031 940	−336 613	−313 450	339 098	−168 606
总收入	42 865 905	45 557 495	46 875 701	34 502 852	22 275 569

4.3 支出

上述几个方面的资金来源确保 PLoS 每年有稳定的收入，以维持 PLoS 正常运作所需的花销，主要包括出版、硬件配置、员工工资、同行评审及相关管理等运营成本。PLoS 将其投资重点放在软件的开发，如 PLoS 重点投资开发 Aperta，旨在提供更高效的论文出版提交系统，进一步创新出版流程，截至 2015 年年底，PLoS 已投资 370 万美元用于开发 Aperta。[29]

表 5 PLoS 支出表（单位：美元）

支出	2015 年	2014 年	2013 年	2012 年	2011 年
薪酬福利	22 096 764	20 523 672	17 822 092	12 757 245	9 178 694
生产成本	11 265 093	11 166 541	11 731 595	8 989 989	5 890 405
专家费用	6 498 327	5 532 674	2 388 792	2 185 387	741 693
设施成本	2 929 776	2 874 186	1 595 504	1 150 495	934 443
差旅、餐饮和晋升	1 021 307	1 016 641	1 120 869	770 945	530 071
技术	940 424	879 146	619 341	519 734	225 840
办公室及其他	807 214	664 909	547 265	320 087	509 090
培训招聘	520 043	439 087	478 881	389 464	187 704
市场和广告	476 388	413 654	887 298	274 271	127 975
资本化成本调节	-3 705 716	-2 844 696	-187 600	-	-
总支出	42 849 620	40 665 814	37 004 037	27 357 617	18 325 915

与传统期刊相比，以 PLoS 为代表的开放获取期刊缺少个人或机构订阅费用这一主要的收入来源，同时增加了网站、数据库管理和维护以及提供相关服务的成本。为此，PLoS 采取许多措施来努力地达到收支平衡。一方面，PLoS 通过积极寻求与其他机构、学术团体合作来吸引资金资助，同时鼓励任何形式的捐赠来获得外部补贴。另一方面，PLoS 作为非盈利性出版商，与其他开放获取出版商不同，其所提供的绝大多数信息服务都是免费的，例如 PLoS 星期三研讨会、社群、博客以及其他文章订阅服务，研究人员可以自由地在 PLoS 所提供的平台上进行交流，这些信息服务使越来越多的科研人员加入 PLoS 社群，使 PLoS 期刊被越来越多的人所认知，进而扩大了 PLoS 的学术影响力，为 PLoS 挖掘更多的潜在用户，吸引更多的科研人员投稿，间接提高 PLoS 收益。[37]此外，PLoS 与马克斯·普朗克数字图书馆、德国研究基金会和共同出版社合作推进最佳实践——文章费用的效益和标准（Efficiency and Standards for Article Charges，ESAC），探讨开放获取文献处理费用相关的开放获取工作流程以及管理方案，致力于建立统一的金色开放获取（Gold Open Access）费用标准，以减少低效的成本管理。[38]

5 PLoS 对我国开放获取期刊建设的参考价值和意义

PLoS 的成立掀起了一场科学出版的革命，是对开放获取的价值和可行性的有力论证。创新是一场正在进行中的开放式革命。从一开始只是为实现免费获取研究成果的小目标，到开放获取成为一种趋势，再到现在的开放科学。PLoS 正在完善科学成果的定义、评估和认可，扩大开放科学，同时把科学家重新置于科学传播的中心位置。[39]通过对 PLoS 的调研，为我国开发获取期刊建设提出建议如下：

5.1 完善开放获取政策体系

政府和相关开放获取学术团体在倡导开放获取的同时，还需完善开放获取政策体系。一方面，应出台相应的开放获取出版政策以落实规范的期刊开放获取出版标准，使开放获取出版流程有一个业界统一遵循的标准，确保开放获取期刊的论文质量，避免开放获取论文的良莠不齐。另一方面，政府和开放获取联盟还应出台开放获取期刊的激励政策，加大国家对开放获取期刊建设的资金投入，缓解开放获取期刊经费紧张的困境，鼓励广大科研人员积极投稿开放获取期刊，激励开放获取出版商的创新发展。

5.2 发展成熟的商业模式

开放获取期刊出版商需寻求多样化的赞助方式，通过向国家、机构以及私人非盈利组织寻求资助来拓宽资金来源，同时鼓励机构或者个人进行任何途径的资助和捐赠，避免因资金缺乏阻碍期刊的开放获取。根据不同地区的经济水平制定不同的收费标准，积极帮助那些有经济困难的研究者支付开放获取期刊的文章处理费用。同时，开放获取出版商应充分发挥其开放获取优势，提供有特色的信息服务，为读者和作者提供线上交流平台，形成紧密的学者交流网络，挖掘潜在用户。此外，出版商应重视技术的发展。例如，充分利用开放获取的数据资源，利用数据挖掘技术对刊载的论文进行分析，为用户提供可视化的研究前沿，帮助科研人员发现潜在合作伙伴，以及通过数据分析对期刊商业模式进行改进与优化等。

5.3 加强国际合作与交流

我国开放获取出版商应加强国际联系，拓宽合作。加入国际开放获取联盟，积极参加国内外开放获取相关会议与活动。积极与国际一流的开放获取出版商交流，借鉴其开放获取的经验，使期刊向开放获取期刊顺利转型。通过与国际开放获取联盟合作，参与开放获取准则与政策的制定，共同推动开放获取事业的发展，可以进一步扩大期刊的影响力。同时，我国开放获取期刊还应借助开放获取期刊能够通过互联网在全球范围内自由获取和传播的优势，利用国际化平台，打造国际化期刊，使期刊所刊载的论文能够被国际权威检索系统收录，扩大其国际显示度，提高其国际学术影响力。

5.4 注重人才建设

一方面，开放获取出版商应重视内部编辑团队的建设，打造具有学科背景的专业编辑团队，注重编辑信息素质的培养，以适应当前学科知识日益交叉以及计算机网络技术飞速发展的环境变化。另一方面，开放获取出版商也需注重外部同行评审专家队伍建设，聘请高水平的同行评审专家，以保证出版论文的学术质量。同时，应注意编委会和同行评审专家的国际化，聘请来自世界各地的编辑和学术专家，培养国际化服务意识和观念，扩大期刊的国际影响。

参考文献：

[1] Budapest Open Access Initiative, “Read the Budapest open access initiative”, *Budapest Open Access Initiative*, 2002.

[2] 张晓林等：“开放获取学术信息资源：逼近‘主流化’转折点”，载《图书情报工作》2012年第9期。

[3] 初景利：“开放获取的发展与推动因素”，载《图书馆论坛》2006年第6期。

[4] 初景利、李麟：“国内外开放获取的新发展”，载《图书馆论坛》2009年第6期。

[5] 刘建华、黄水清：“国内用户对开放获取的认同度研究——以高校调查分析为例”，载《中国图书馆学报》2007年第2期。

[6] 李麟：“我国科研人员对科技信息开放获取的态度——以中国科学院科研人员为例”，载《图书情报工作》2006年第7期。

[7] 顾立平等："开放获取期刊的评价与遴选：质量水平、开放程度和服务能力"，载《图书情报工作》2013 年第 1 期。

[8] Spezi V, Wakeling S, Pinfield S, et al., Open-Access mega-journals: The future of scholarly communication or academic dumping ground? A review", *Journal of Documentation*, 2017.

[9] Laakso M, Welling P, Bukvova H, Nyman L, Bjork BC, "The Development of Open Access Journal Publishing from 1993 to 2009", *Plos One*, Vol. 6, No. 6, 2011.

[10] James E. Rohrer, "Open-Access Journals: Bane or Boon?", *Inquiry the Journal of Health Care Organization Provisiong & Financing*, Vol. 51, 2014.

[11] "The PLOS Story"，载 https://www.plos.org/history，最后访问日期：2017 年 6 月 20 日。

[12] 金永成、李文潇："近年国内外开放获取期刊发展产生的新问题"，载《情报杂志》2016 年第 10 期。

[13] 周力虹等："案头案例研究方法分析"，载《情报杂志》2013 年第 2 期。

[14] "PLoS one Criteria for Publication"，载 http://journals.plos.org/plosone/s/criteria-for-publication，最后访问日期：2017 年 8 月 20 日。

[15] "Submission System Help"，载 http://journals.plos.org/plosbiology/s/aperta-help，最后访问日期：2017 年 8 月 20 日。

[16] "AmbraProject"，载 https://plos.github.io/ambraproject/，最后访问日期：2017 年 8 月 20 日。

[17] "Attribution 4.0 International (CC BY 4.0)"，载 https://creativecommons.org/licenses/by/4.0/，最后访问日期：2017 年 5 月 26 日。

[18] "PLoS Data Availability"，载 http://journals.plos.org/PLoSone/s/data-availability，最后访问日期：2017 年 5 月 26 日。

[19] "PLoS Advocacy"，载 https://www.plos.org/advocacy，最后访问日期：2017 年 5 月 26 日。

[20] "ORCID in Publication Workflows: A Step-by-Step Guide for Publishers"，载 https://orcid.org/content/orcid-publication-workflows-step-step-guide-publishers，最后访问日期：2017 年 5 月 26 日。

[21] 韩婧："《PLOS ONE》开放获取出版模式研究"，载《编辑学报》2014 年第 2 期。

[22] 陈爱香："开放存取期刊 PLoS ONE 网络出版模式研究"，载《现代情报》2012 年第 9 期。

[23] 陈静、孙继林："学术期刊开放获取出版定量研究探析"，载《中国图书馆学报》2011 年第 6 期。

[24] "Journal CitationReports"，载 https://jcr.incites.thomsonreuters.com/JCRJournalHomeAction.action，最后访问日期：2017 年 6 月 20 日。

[25] "PLoS Core Principles"，载 https://www.plos.org/core-principles，最后访问日期：2017 年 5 月 26 日。

[26] "Executive Team"，载 https://www.plos.org/people，最后访问日期：2017 年 6 月 20 日。

[27] "PLoS Publications"，载 https://www.plos.org/publications，最后访问日期：2017 年 5 月 26 日。

[28] "PLoS 2015 Audited FinancialStatements"，载 https://www.plos.org/files/PLOS%202015%20AFS.pdf，最后访问日期：2017 年 6 月 19 日。

[29] "PLoS Financial Overview"，载 https://www.plos.org/financial-overview，最后访问日期：2017 年 6 月 20 日。

[30] "PLoS Special Collection PublicationFees"，载 http://collections.plos.org/s/finances-for-special-collections，最后访问日期：2017 年 6 月 20 日。

[31] "PLoS FeeAssistance"，载 https://www.plos.org/fee-assistance，最后访问日期：2017 年 6 月 20 日。

[32] "Choose from Two Account Options"，载 https://www.plos.org/institutional-account-program，最后访问日期：2017 年 6 月 20 日。

[33] "PLoS Media Kit 2017"，载 https://www.plos.org/files/MediaKit2017.pdf，最后访问日期：2017 年 6 月 20 日。

[34] 魏志鹏："开放存取期刊的盈利模式研究"，兰州大学 2014 年硕士学位论文。

[35] 葛建平等："国外开放存取期刊的盈利模式探析"，载《编辑学报》2011 年第 2 期。

[36] “Donate to PLoS”，载 https://www. plos. org/donate，最后访问日期：2017 年 5 月 26 日。

[37] “PLoS 2016 AnnualReport”，载 https://www. plos. org/files/PLOS-Annual-Update-2016-online. pdf，最后访问日期：2017 年 6 月 20 日。

[38] “Efficiency and Standards for Article Charges”，载 http://esac-initiative. org/，最后访问日期：2017 年 5 月 26 日。

[39] “PLoSinnovation”，载 https://www. plos. org/innovation，最后访问日期：2017 年 5 月 26 日。

谈高校图书馆的组织机构重构

——以中国政法大学图书馆为例

乔占学*

中国政法大学图书馆

摘　要：为应对信息技术发展、面对内外部环境对图书馆所带来的机遇和挑战，国内外大学图书馆纷纷进行机构重构。作者通过对我馆组织机构设计思路和改革实践情况进行梳理，介绍我馆组织机构设置的实践经验，以期对我国高校图书馆合理设置组织机构、更好地实现高校图书馆可持续性发展提供借鉴。

关键词：高校图书馆；组织机构重构；中国政法大学图书馆

分类号：G251

1　引言

现今高校图书馆不仅是满足学校教学科研文献信息需求的文献信息中心，而且还要成为为其提供深层次信息支持服务和知识服务的学术机构，这既是《普通高等学校图书馆规程》所要求的，又是现实需求。教育部2015年12月31日印发的《普通高等学校图书馆规程》（教高〔2015〕14号）第2条规定："高等学校图书馆（以下简称"图书馆"）是学校的文献信息资源中心，是为人才培养和科学研究服务的学术性机构，是学校信息化建设的重要组成部分，是校园文化和社会文化建设的重要基地。"与此同时，伴随着智慧时代的到来，智慧化信息已经成为社会所需的重要信息，依托于移动互联网的信息技术正在逐步地改变着整个社会风貌，利用信息技术与信息网络支持业务流程活动，形成以智慧化为基础的业务流程已经渗透到各行各业，作为保存信息资源与传播知识的高校图书馆必然也要努力适应这样的新环境，从传统高校图书馆管理向智慧化图书馆管理转变已是势在必行。这是因为伴随着信息技术的飞速发展，读者的信息需求在不断更新，加之学术交流和获取文献信息的方式方法发生了质的改变，读者学习和研究的理念与模式发生了新的转变，对图书馆的资源需求和利用方式也发生了变化。同时，随着智慧教室的出现，慕课、翻转课堂、网络课堂等新的教学方式的使用，读者已不再满足于图书馆的传统服务，而期待图书馆能提供给他们更深入的服务。内外部环境对图书馆所带来的机遇和挑战，必然引起高校图书馆的职能范围日益拓展，其传统职能必然受到挑战，其原有的服务理念、服务模式、岗位需求、机构设置和业务流程等已难以完全适应新的要求。为了适应图书馆在职能、提供文献类型、服务方式、业务活动需要等诸多方面的改变，图书馆界一直在进行传统岗位的职责调整以及内部机构的功能重构，可以说图书馆组织机构重构已经成为近年来图书馆组织管理实践与理论研究关注的热点。高校图书馆都力求通过适时地对组织机构设置做出合理调整来覆盖全馆业务并囊括各项服务，让重构后的组织机构更趋科学合理，实现图书馆文献资源数字化、信息传递网络化、读者服务特色化，彻底告别传统高校图书馆"重

* 作者简介：乔占学（1966~），男，研究馆员，书记兼副馆长，通讯作者邮箱：zhanxueq@ cupl. edu. cn。

收藏，轻利用”的现状，把图书馆打造成为以组织、传递和利用信息资源为中心，以读者至上为服务宗旨的一个没有“围墙”的提供深层次信息支持服务和知识服务的学术机构，从而实现高校图书馆的高效运作和可持续性发展，以不断适应智慧时代图书馆的发展需求。

2 我馆机构重构的原则

法律对高校图书馆组织机构并无明确规定，教育部 2015 年 12 月 31 日发布的《普通高等学校图书馆规程》第 6 条指出：“高等学校应根据图书馆实际工作需要设置图书馆内部组织机构和岗位，明确各组织机构和岗位的职责”，但并未对具体设置结构、机构和岗位的职责做明确的要求。各高校图书馆应充分结合自身情况，全面分析环境状况和自身矛盾现状，从图书馆整体管理和可持续发展角度来对组织结构进行重构，并依据各种变化而随时做出适当的调整。当前，伴随高校图书馆职能演变和信息技术的发展、学术研究与交流模式的转变以及读者信息需求和行为的变化，大学图书馆唯有主动变革，重构组织机构，再造业务流程，才能不断地提升图书馆的地位，最终重回高校舞台的中央。近年来，我馆面对自身发展的历史和现实以及馆舍的布局，结合“学校将遵循国家教育方针和高等教育规律，弘扬传统，与时俱进，努力办成开放式、国际化、多科性、创新型的世界一流法科强校”的办学目标和我馆“读者至上”的服务理念，在认真调研和对图书馆业务进行全面梳理的基础上，明确了新的发展思路和目标，提出了新的组织框架，并据此对我馆的组织机构进行了重构。我馆在组织机构重构过程中主要遵循了以下五个原则：

（1）统一认识。在走访调研多个兄弟院校图书馆、取经借宝的基础上，多次组织召开部室主任会和馆长办公会，并以举办全馆专题研讨会等多种形式进行动员，让全体馆员完全意识到图书馆业务流程在智慧型数字图书馆时代跟以往相比是存在巨大差异的，不仅要充分认识到图书馆的馆员、资源、读者、技术、馆舍五大要素与组织机构的联动关系，而且要充分认识到智慧型数字图书馆的发展对高校图书馆的资源建设、读者服务、教学科研、行政管理、知识信息五个服务模块所产生的影响。高校图书馆必须采取一定的措施和策略，通过对图书馆组织机构的重构，明确各个内部机构的责任和权利，从而达到馆员多能化、资源数据化、读者分层化、服务多样化、馆舍智慧化，让读者能短时高效找到自己所需的文献信息知识或者图书馆所提供的各项服务的目的，希望通过业务重组和机构重构，再造业务流程，有效整合和优化人力资源，提高图书馆的运行效率，实现图书馆的可持续发展。

（2）转变观念。随着我馆馆舍条件的改善、智能化设备不断增加、人员结构逐年优化、文献资源日益丰富，我馆在学校的文献信息中心地位得到进一步巩固。与此同时，日新月异的新技术和“花样百出”的读者需求也给我馆传统职能部门带来了巨大冲击，图书馆要适应内外环境的变化就需要不断地转变观念，对传统部门重构和业务进行整合，利用各种数据挖掘技术和手段来分析馆内的各类数据信息，改善图书馆的日常业务工作，提升图书馆的服务水平，实现服务的“立体化”，让读者成为真正的“上帝”，使全体馆员智慧化，让每位馆员都成为学科馆员，把参考咨询和导读、文献开发和利用、资源建设和利用以及用户分析和数据分析等高深层次的工作内容渗透到每一位馆员的工作之中，最后真正完成从“文献”到“信息”再到“人”的理念转变过程。

（3）强化协作。面对智慧型数字图书馆时代新的发展和转型需求，为了更好地满足读者从获取文献或咨询服务等单一需求到现代网络环境下的信息、知识、数据、技术等各方面综合性需求的转变，就要认真梳理业务服务流程，清理各业务间的关系，理顺业务职能的逻辑关系，根据不同层次和不同类型的服务来重构图书馆的内部机构，力争使重构的图书馆组织机构覆盖我馆各类业务并囊括各项服务，同时强调各个内部机构之间的协同合作，打造一体化、无缝链接式的业务流程体系，让各中心形成闭环，让服务形成闭环，实现图书馆的高效运转，让读者的需求得到最大满足，将越来越多的读者吸引到图书馆来获取服务，最终提升图书馆的整体服务水平，最大限度地满足学校教学科研需求。

（4）强调数据分析。为了避免图书馆被边缘化，站稳学校信息舞台中央，就必须清楚地认识到图书馆的核心竞争力不仅仅是文献数据信息的竞争，而主要是数据的整合、挖掘与分析水平的竞争。图书馆员应以特有的信息素养、信息技能及职业前瞻性，对图书馆的集成系统、一卡通系统、预约系统、自助借还系统、门禁系统等自动化业务系统所积累的采购数据、馆藏数据、文献资源、数字资源、网络资源、读者数据、检索浏览记录、服务活动记录等繁杂的信息资源和大量的相关数据进行深度挖掘和多维度分析，从海量的数据中去分析潜在的价值，让图书馆的数据发挥真正的价值，才能创新服务，推动图书馆精确化决策管理，不断升级图书馆服务，更好地满足读者多样性、个性化需求。因此，图书馆组织机构重构后的各部门要形成以“数据分析”为主线的全新机制。

（5）业务规范化。制度规范化是图书馆赖以有序运转并促进事业健康发展的重要手段之一，作为图书馆管理制度的重要组成部分之一的业务制度当然也要规范化，只有如此，图书馆各部门的目标才能依靠规范的制度来实现。只有明确了图书馆各部门的工作职责、岗位设置、业务流程，才能使各岗位工作有章可依，让业务考核有据可循，从而保证图书馆各项服务规范化、程序化、稳定化，高效优质地实现图书馆的办馆目标。

3 我馆组织机构的演变历程和重构现状

中国政法大学图书馆是新中国成立后国内最早建立的以政治法律资料信息为重点的高校图书馆。其前身是1952年成立的北京政法学院图书馆，1978年复办，1983年北京政法学院图书馆与中央政法干校图书馆合并，组建成立中国政法大学图书馆。图书馆由学院路校区图书馆和昌平校区图书馆两个分馆组成，昌平校区图书馆有文渊阁和法渊阁两个馆舍。截至2018年年底，我馆保有馆藏纸质文献约251万册，其中图书约240万册，期刊约11万册。我馆的组织机构总体上是沿着图书馆作为文献保管、文献服务、信息服务、知识服务的职能定位历程，并伴随着计算机技术、高密度存储技术、通信技术、数字化技术、多媒体技术、网络技术、智能技术等现代信息技术不断升级，以及图书馆由传统图书馆向初始自动化图书馆、传统互联网时期的数字图书馆、移动互联网时期的数字图书馆以及智慧型数字图书馆的变革过程而不断地调整与重构。但是，随着新职能和新服务的不断涌现，新设部门也由图书馆服务的不断深入和细化而衍生出来。拿我馆近两次的组织机构设置为例，来看一下我馆的变化情况，表1是我馆组织机构及实聘岗位人数对比表。

表1 我馆组织机构及实聘岗位人数对比表

序号	部门设置 2014年	实聘岗位人数 2014年	部门设置 2018年	实聘岗位人数 2018年
1	办公室	4	办公室	4
2	文献资源部	13	资源建设中心	8
3	信息咨询部	8	信息教育与咨询中心	4
4	系统部	7	技术支持中心	8
5	借阅一部	12	读者服务中心一部	11

续表

序号	部门设置 2014 年	实聘岗位人数 2014 年	部门设置 2018 年	实聘岗位人数 2018 年
6	借阅二部	8	读者服务中心二部	16
7	报刊一部	5	特色资源服务中心	4
8	报刊二部	5	学科服务与评价中心	4
9	典藏部	3	资源调配与分析中心	3

通过上述表 1 的分析，可以看到我馆近两次组织机构变化情况。2014 年我馆在兼顾信息流的基础上，主要遵循的是传统的业务流程模式，即根据图书馆的内部工作需要按业务来对整体流程进行设计和规划的。业务流程重点是对文献的加工再处理，从采访、加工、分类、编目、典藏、流通到阅览形成了分工明确的“流水线”，形成了从采编到典藏再到流通阅览，最后到达用户的“单行道”，从而形成了图 1 中所列的我馆 2014 年组织机构。而 2018 年我馆则主要遵循了知识流为主的业务流程模式，即根据知识在人们之间流动的过程或者知识处理的机制来对整体流程进行设计和规划。知识流程是一个动态的过程，是知识在组织内外经过获取、积累、转化、交流、应用、创新等阶段，以实现知识的传递、转移与共享，达到知识价值的实现与增值的过程，强调的是在智慧型数字图书馆基础上的人机交互知识流和读者与馆员交互知识流。在对我馆的业务结构进行全面梳理和整合之后，以现代化的智慧型数字图书馆系统作为运行基础，重构了我馆组织机构，并最终形成了图 2 的我馆 2018 年组织机构。

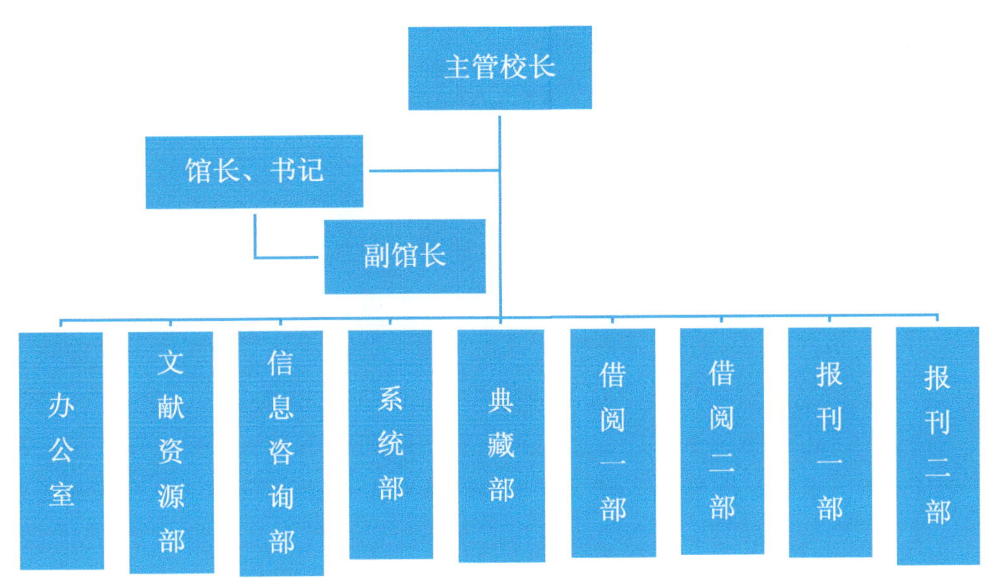

图 1　我馆 2014 年组织机构

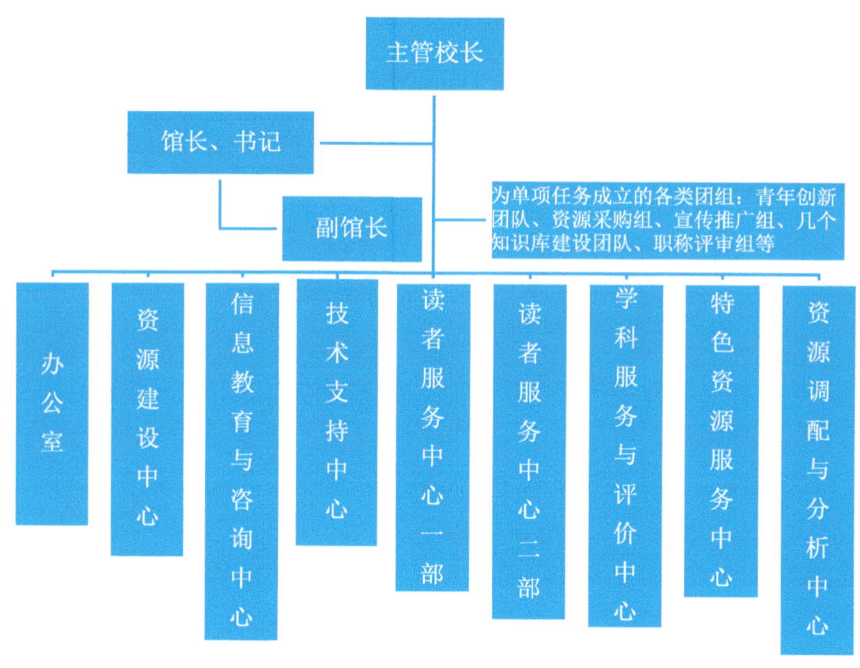

图 2　我馆 2018 年组织机构

从图 1 我们不难看出，这是直线—职能式结构，即根据组织职能划分部门，在决策层下设各个职能机构，是实行领导统一管理和专业化管理相结合的结构模式。但是，信息技术的发展、读者需求的变化、内外部环境的变迁以及图书馆职能转变，要求图书馆在组织机构设置上进行重构并配备相应的岗位人员，一方面从人力资源上配置具有相应能力的馆员，另一方面从行政管理上打破传统的部门壁垒，为此，优化和完善图书馆传统直线—职能式组织机构设就成为智慧型数字图书馆时代的必然选择。从图 2 我们不难看出，我馆目前采用的是改良型的直线—职能综合式结构，设立的部门不仅有办公室这样的职能部门，而且还设有资源建设中心、读者服务中心、技术支持中心、信息教育与咨询中心、学科服务与评价中心、资源调配与分析中心、特色资源服务中心等业务部门，同时还增加以团队或小组为基础的结构，即为了完成某一特定任务，将不同部门的馆员编入团队或小组，暂时或永久性地承担某一项目，例如，青年创新团队、资源采购组、宣传推广组、职称评审组等各类团组。这种改良型的直线—职能综合式组织机构模式虽然不是最先进的，但它是目前最符合我馆现状和最好满足我校需求的结构，既能减少管理层级，提升馆员参与馆内决策程度，提高决策的执行力，又能够明晰岗位职责，充分发挥馆员的特长，调动馆员的积极性与主观能动性。此次组织机构重构，图书馆实现了从“部室”向“中心”的转变，这种转变不仅仅是名称的改变，更重要的是服务理念的转变与服务质量的升级，基本打破了传统机构上的严格界限，突破部门间的壁垒，强调协调合作，目的只有一个，那就是使每位馆员都能人尽其才、让每位读者能短时高效地得到自己所需的文献信息知识或者图书馆提供的各项优质服务。本学期是新一轮组织机构重构的伊始之年，各部门明确工作职责、内容与目标，全力配合图书馆的各项工作，全心为读者服务，积极开拓新业务，认真开展与本部门业务相关的资源利用数据统计，各部门的主要职责和工作亮点如下：

资源建设中心主要职责是研究制定图书馆文献资源建设的发展规划和工作方案，负责全馆文献信息资源的建设和管理，其中主要是各种载体文献的采购和书目数据的建设。工作最大的亮点有两方面：一是负责文献资源（纸、电）的数据统计分析、评价工作，优化资源配置比例，支撑馆藏学科资源建设，从而科学指导图书馆资源采购；二是建立学科化采访方案，实现“读者导向”与“馆员导向”相结合的多模式采购机制。

读者服务中心主要职责是科学地组织管理馆藏文献并为读者提供图书报刊等各类文献借阅服务，负责馆际互借和文献传递工作，做好两校区通借通还与预约、委托服务。工作最大的亮点是研究读者需求、藏书动态，负责纸质书刊利用情况的数据统计和分析评价，掌握读者的阅读习惯、资源需求、信息行为等，采取新的服务措施，全面提升服务品质，加强读者对图书馆的认可度和依赖度。

技术支持中心主要职责是负责图书馆信息系统建设及相关设备维护工作，负责图书馆自主开发系统的规划、建设和维护工作，同时为其他部门提供技术支持。工作最大的亮点是从信息技术角度进行思考分析，提供相关系统数据及报表。

信息教育与咨询中心主要职责是负责文献信息资源咨询培训宣传工作，提供参考咨询服务，负责读者教育与培训工作。工作最大的亮点是积极推广线上线下两种机制，发展多种形式的教学培训模式，分析各类型读者信息需求的特点。

资源调配与分析中心主要职责是承担图书馆文献资源的典藏工作，并参与调配文献资源等工作，与其他中心合作规划本馆的文献资源布局。工作最大的亮点是负责馆藏文献资源动态统计分析与上报工作，为建立布局科学合理的书库奠定良好的基础。

特色资源与服务中心主要职责是管理、维护、揭示、利用我馆或我校特有的文献资源，负责古籍特藏文献、馆藏专题文献、学位论文、法大文库等工作，积极推进机构知识库和电子教参系统的建设。工作最大的亮点是将馆藏特色珍贵资源进行数字化转化和知识再生产，并打造沈家本木刻等特色资源展室。

学科服务与评价中心主要职责是以数据分析为基础，提供学术影响力分析、科研态势分析与竞争力分析报告，为学校科研团队、职能部门与科研决策提供支持，负责查收查引工作和集刊《法治科学计量与评价研究》的编辑出版。工作最大的亮点是做学校的科研分析、学科评价分析，以本校为对象、以全国为参照，摸索创建独特的数据模型，争取最终形成全国法学评价分析报告。

办公室主要职责是负责处理图书馆日常行政事务、财务、资产、人事、宣传和对外联系工作，同时还需要将各中心依赖于大数据挖掘分析机制所上报的分析数据结果进行汇总后，交予图书馆领导层做出合理的决策方案。工作最大的亮点有两方面：一是牵头组建图书馆对外宣传推广小组；二是将各部门信息汇总后，对外统一发布全校或各学院利用图书馆情况的分析报告。

项目团队化服务。高校图书馆不仅仅是信息资源的提供者，而是应该成为学校教学科研的重要参与者和推动者。为此，图书馆除了注重各中心日常工作之外，还应高度重视以项目制管理形式来开展的各项服务工作。根据具体的项目任务跨部门成立各种团队或组，项目团队化服务对图书馆工作协同与合作提出了更高要求，涉及多个业务板块，这就要求图书馆在跨部门工作方面创新机制，进行相应的政策支持，采用刚柔并济的管理模式。每个团队负责的项目要想保质保量地完成好，不仅需要学科馆员、采编馆员、技术馆员、咨询馆员、行政馆员、数据分析馆员等各类馆员的通力合作，而且还应该注意动态调整人员配置及服务方案。就拿我馆的青年创新团队来说，为了提高图书馆的教学科研水平和服务能力，加强青年馆员之间的协作，在副校长兼图书馆馆长时建中教授的关怀下，在图书馆的大力支持下，2017年9月图书馆青年创新团队正式成立，青年创新团队由来自不同业务部门的近30名成员组成，专业涵盖图书情报、计算机科学与技术、信息资源管理、法学、档案学等相关学科，创新团队以图书馆业务工作为研究对象，从图书馆特色资源开发管理与数字化集成研究、大数据环境下的我校图书馆服务创新模式研究、“互联网+”环境下图书馆信息技术研究等三个方向开展研究工作。

4 结语

综上所述，对高校图书馆的组织机构进行重构已势在必行，由于高校图书馆组织机构重构受到网络环境、职能定位及信息技术等诸多因素的影响，加之每个高校图书馆的历史、特点和使命及人员构成等又不尽相同，其组织机构必将各具特色。高校图书馆组织机构重构要做到以我为中心，要充分体现“读者至上”的办馆理念，要以方便读者为出发点，要以智慧型数字图书馆系统为支撑，要以学科化服务为重心，要以数据分析为核心，要以跨部门工作团队或小组作为图书馆协同的主要方式，来重构高校图书馆科学合理的组织机构，并且组织机构重构后要跟进评估，根据反馈及时调整，让图书馆组织机构形成一个动态的不断演进的循环体系。只有如此，才能实现高校图书馆岗位需求向多元化、复合型转变，才能使图书馆机构设置走向集约化、先进性发展之路，才能使高校图书馆永葆青春活力。

参考文献：

[1] 郑琪、王丽媛：“数字学术背景下北美高校图书馆组织机构变革研究——以布朗大学和多伦多大学为例”，载《新世纪图书馆》2018 年第 8 期。

[2] 陈思彤、那春光：“‘985’高校图书馆组织机构设置的调查与思考”，载《图书情报工作》2018 年第 4 期。

[3] 严丹、马吟雪：“高校图书馆岗位需求变化与机构设置趋势探析”，载《图书馆建设》2018 年第 10 期。

[4] 李锦兰：“21 世纪高校图书馆机构设置现状研究——基于‘211 工程’高校图书馆网站调研”，载《现代情报》2017 年第 7 期。

[5] 朱强、别立谦：“面向未来的大学图书馆业务与机构重组——以北京大学图书馆为例”，载《大学图书馆学报》2016 年第 2 期。

[6] 教育部：“普通高等学校图书馆规程”，载《大学图书馆学报》2016 年第 2 期。

[7] 任晓辉等：“《普通高等学校图书馆规程》2002 版与 2015 版比较分析”，载《图书馆杂志》2018 年第 6 期。

[8] 李菲等：“现代信息技术与图书馆员素质提升的内在逻辑”，载《图书与情报》2018 年第 4 期。

[9] 彭玉兰、黄黄：“基于知识流的智慧图书馆功能结构模型探析”，载《图书馆研究》2016 年第 5 期。

需求驱动的智慧型大学图书馆服务体系构建*

范静怡
中国政法大学图书馆

摘　要：在智能技术发展、用户需求的驱动下，大学图书馆向智慧图书馆发展已成为必然趋势。智慧图书馆的核心是知识服务，构建智慧型大学图书馆的服务体系，实现服务的转型与升级，打造用户、资源和知识之间多维、广泛的互联互通，使传统图书馆服务向“面向数据智能计算”的智慧型知识服务转换，是当今大学图书馆面临的挑战。

关键词：智慧图书馆；大学图书馆；大数据；服务体系；资源；技术；馆员；用户

分类号：G252

印度图书馆学家阮冈纳赞1931年在《图书馆学五定律》一书中指出：“图书馆是一个生长着的有机体。”[1]从古代的藏书楼到以收藏物理馆藏为主、提供借阅服务的现代图书馆，再到如今蓬勃发展的复合图书馆、数字图书馆、移动图书馆乃至智慧图书馆，图书馆始终在满足用户信息需求的过程中不断自我认识、自我调整，随着社会进步及用户需求而实现动态的可持续发展，不断呈现出新的活力和生命力。特别是互联网、物联网、大数据、云计算、移动互联网、人工智能、虚拟现实等新技术的发展和应用，改变了图书馆的基础设施，改变了图书馆的资源类型和服务方式，更改变了用户对图书馆的需求以及利用图书馆的行为习惯。传统的、基于OPAC的图书馆管理模式和服务体系难以适应和满足新技术发展下的用户需求。图书馆应积极主动谋求变革和转型，逐步从传统的以资源为中心向以用户为中心的服务模式转变。面对生存环境的变化，借助新技术的发展，基于用户需求构建智慧型服务体系，是大学图书馆发展的必然趋势。

1　智慧图书馆的概念及特征

智慧图书馆目前没有一个公认的、准确的定义。由于智慧图书馆与人工智能技术的发展密不可分，因此有人简单地认为人工智能技术应用于图书馆即智慧图书馆。但人工智能仅停留在技术层面，智慧图书馆基于技术又超越了技术，是一个综合的、智慧化的有机体。图书馆的核心业务是服务，从其本质上看，智慧图书馆更是一种图书馆需要长期坚守的发展理念，重心应放在如何根据用户需求提供务实的知识服务上面，由此来凝聚和激发智慧。[2]2000年张晓林提出图书情报工作的核心能力应该定位于知识服务的创新观点，认为知识服务是以用户的目标为驱动，旨在为用户解决问题。[3]在智慧环境下，知识服务是一种全新的、智能化的服务。

国内外对智慧图书馆的认识经历了从具体、片面到整体、宏观的过程，陈进等提出了智慧图书馆是一个智慧协同体和有机体，有效地将资源、技术、服务、馆员和用户（五要素）集成在一起，在基于物

* 作者简介：范静怡（1964~），女，研究馆员，中国政法大学图书馆副馆长。

联网和云计算为核心的智能技术支撑下，通过智慧型馆员团队的组织，向（高素质的）用户群体提供发现式和感知化的按需服务。[4]“资源、技术、服务、馆员和用户”五要素缺一不可，互为依托。刘兹恒提出智慧图书馆是在物联网环境下，以云计算为基础，以智能化设备为手段，实现书书相联、书人相联、人人相联，为用户提供智慧化服务的图书馆。[5]初景利等提出智慧图书馆是智慧化的综合体，由智能技术、智慧馆员和图书馆业务与管理系统这三个主体要素相互融合发展而成，是智能技术和智慧馆员作用于图书馆业务和管理体系所形成的智慧系统。[6]

综上，智慧图书馆最主要的特征是运用云计算、大数据、物联网等技术在图书馆、用户、资源和知识之间实现多维、广泛的互联互通。通过云计算服务，实现图书馆各种介质资源从采集、编目、组织、到利用的一体化管理；通过分析与挖掘海量的资料库数据、图书馆在运行中以及用户在利用图书馆过程中产生的各种数据，为图书馆运行提供精准的数据和依据，避免盲目的资源和服务管理，及时为用户提供所需的、精准的、个性化的知识和信息；通过人工智能技术为图书馆提供自助服务、自动响应用户需求服务等，通过图像、语音等识别技术、智能感知技术，实现对图书馆服务功能的融合。

2 用户需求是大学图书馆服务智慧化的内在驱动

图书馆最根本的作用就是对承载知识的资源载体进行收集与传播，促进知识的应用和转化。[7]但目前大多图书馆无论在馆藏资源、提供的知识内容以及能够提供给用户所需的主题精细化、个性化知识产品及知识服务方面，还是在响应用户对新知识更新速度、节省用户获取知识的时间方面均存在明显不足，难以满足用户需求。

2.1 馆藏资源

从资源载体上看，在新技术浪潮的推动下，图书馆的上游——信息资源的出版模式发生了巨大变化，出现了如纸+电、语义出版、数据出版、专题出版、众筹出版、云出版、OA 出版、自媒体出版等过去从未有过的模式，在移动互联时代，用户的阅读需求与获取信息方式也发生了变化，更多依赖于不受时空限制的网络资源；从资源建设经费看，用户对资源内容、类型需求不断发展变化，图书馆需要投入更多的经费来支持资源建设，但大多图书馆的经费增长赶不上资源价格上涨幅度；从大学教育的发展来看，学校的教学模式从以教师为中心转向以学生为中心，学习方式从以教师集中教学为主扩展为分散学习、个体学习、协同学习，学校用户对知识的需求和获取方式发生了根本变化，图书馆的实体资源和虚拟资源都难以满足用户的学习需求，且各馆资源建设趋同化比较严重；从新兴类型资源的收集来看，信息社会中知识、信息的生产是流动的而不是静止的，图书馆对于这部分资源几乎没有关注、收集、整理加工、组织。图书馆馆藏资源与用户需求之间存在着较大的差异性。

2.2 文献信息的组织

在当前移动互联、信息过剩、知识和数据爆炸的时代，用户面临更多的是海量的、碎片化的数据和知识信息，用户如想在海量的、多元化的知识信息中完整、准确地获取自己学习、研究领域的相关资源和知识，发现新的研究兴趣和方向，需花费大量的时间和精力阅读、筛选、抽取相关的知识内容进行甄别分析。“节省读者时间”是图书馆永恒的服务宗旨，而目前的馆藏资源组织体系是以揭示纸质文献为主，对纸质文献的外部特征加以编辑提供给用户，并没有对多种类型、多种载体文献以及数据资源的知识内容加以编辑、组织，形成具有本校学科特色的学科资源和知识产品，有效、快速地推送给用户。

2.3 图书馆的空间资源及服务难以满足用户的需求

学术图书馆发展到今天，馆藏量不再是图书馆唯一引以为傲的资本。2017 年 2 月，新媒体联盟（New Media Consortium）和 EDUCAUSE Learning Initiative 联合发布了《2017 年地平线报告（高等教育版）》，其中预测高等教育领域的六大关键趋势为“推动创新文化、深化学习方法、更加注重评估学习效果、重塑学习空间、混合式学习设计、合作式学习”。[7] 现代大学用户个性化学习、协作式学习、慕课、翻转课堂及混合式学习的许多环节都期望在图书馆环境中进行，但目前大学图书馆仍以阅览空间为主体，没有提供适应用户需求的、多元化的、与大学教育紧密结合的空间资源和服务。大多图书馆的物理空间已趋于饱和，如何处置物理馆藏以满足用户对空间的期望和需求，是大学图书馆发展亟待解决的问题。

2.4 服务体系和服务模式

传统图书馆服务以资源建设为中心，注重文献资源的积累和利用，提供的是被动服务；随着技术和学科的发展，学科融合与交叉越来越多，大学用户对新知识及相关学科知识的学习与更新要求愈加迫切，传统的、以文献利用为主的被动服务模式难以适应时代的发展。虽然部分图书馆的服务内容和深度有了很大的进步和提升，如开展嵌入式信息素养教育、针对科研的学科服务及情报分析服务等，但被动服务仍是主流，没有真正为不同用户提供不受时空限制的、主动的、精准的、个性化专业服务。

2.5 馆员的知识素养和服务能力

长期以来，大学图书馆的馆员队伍在数量和质量上难以满足日新月异的用户服务需求，表现在没有针对本馆特色和发展需要制定清晰的岗位配置和馆员发展规划；在馆员面对新岗位和新业务时没有积极有效的培训计划；智慧环境对图书馆员的理念、技能、服务等提出了新的目标，但目前许多馆员自身的知识素养和服务能力难以达到提供智慧服务的要求。

2.6 管理系统和管理方式

传统的图书馆管理系统是以印刷型文献资源采、编、典、流为核心设计的，面对爆炸式增长的数字资源、数据资源束手无策。在图书馆资源、服务、管理与运行方式发生深刻变化的今天，这种基于 OPAC 的资源服务模式少有用户所喜欢的交互、交流、讨论等社交功能，相对比较封闭；图书馆的行政管理方式也是粗放式管理，在制定各种条例、规章制度时未能充分体现“以人为本”“一切使用户满意”的宗旨，未能充分发挥人的能动性及价值，馆员、用户的意见和建议不能及时、畅通地反映到管理系统中，领导、馆员、用户三者之间的互动性较差。

3 智能技术催生大学图书馆服务的智慧化

《NMC 地平线报告：2017 图书馆版》预测了学术研究图书馆今后重要的技术发展趋势是大数据、数字学术技术、图书馆服务平台、网络身份识别、人工智能、物联网。[8] 现代信息技术驱动了高等教育及图书馆的快速、多元发展，新兴技术的应用改变了受教育者获取信息和知识的方式、沟通交流的方式，也改变了学校教学模式及研究人员的研究范式。我们已进入一个以互联网特别是移动互联网技术为引擎，以大数据分析为依据，以人工智能为标志的时代，大学图书馆生存的外部环境发生了巨大变化。技术的发展催生了图书馆管理系统的革命性变革——以 Alma、WMS、Folio 等为代表的新一代图书馆服务平台（Library Service Platform，LSP）的快速发展与应用，为解决图书馆在资源建设、管理上的不足以及服务效率和水平低下的局面、提供智慧服务提供了可能，同时也为图书馆收集海量、复杂的知识、用户行为等数据并进行分析利用提供了支撑。数据是图书馆进行技术创新、管理创新，提供智慧服务的基础，对数据的挖掘分析可极大地提高图书馆资源建设及利用、服务管理的效率，使图书馆的服务手段、范围与空间得到延伸，为智慧图书馆发展带来机遇。云计算、大数据、RFID与物联网、移动互联网、3D虚拟技术等为代表的智能技术的运用可实现图书馆服务场所泛在化、服务空间虚拟化，使图书馆用集成化的服务方式，将知识内容个性化、精准化地传递给用户，从而实现主动的智慧化服务，达到用户体验满意最大化。

4 智慧型大学图书馆服务体系构建

大学图书馆服务对象以教学科研人员、学生为主，兼顾管理和教辅层面，其服务体系宜由多种服务模式构成，针对不同的服务对象开展不同形式的服务。需求驱动的智慧型图书馆服务体系的核心是提供主动服务，“先知用户所想，后解用户所惑”，向“面向数据智能计算”的智慧型知识服务转换，为用户提供“基于用户信息行为数据挖掘分析的需求感知与传递、知识生成与发现、服务策略创建与调整、用户反馈与优化等服务产品”。[9]智慧型大学图书馆的服务体系是在智能技术的支持下，以新一代智慧图书馆服务系统（Smart Library Service Platform，SLSP）为基本平台和支撑，通过智慧馆员对资源、数据的收集、挖掘、分析、组织加工，充分整合馆藏文献资源、各类数据资源乃至技术、空间、设备等条件，从馆藏数据、用户行为等数据中找出关联、发现规律，分析用户潜在的个性化需要，预测用户的需求和需求趋势，形成个性化的知识产品，建立本馆特色馆藏体系，以用户需求为驱动提供感知化的、互联、高效、便利的智慧型知识服务。

4.1 馆藏资源建设——知识内容构建

4.1.1 制定馆藏资源评价体系和发展规划

智慧型大学图书馆馆藏资源建设的核心是收集、获取、挖掘、分析各类资源和数据，特别是本校独有的资源和数据，通过智慧化手段，为用户提供经过深层次挖掘的、精准的知识单元和知识产品。馆藏资源不仅仅是基本的办学条件，更是大学进行科研创新的必要保障。教育部在2015年12月颁布的《普通高等学校图书馆规程》中，强调大学图书馆的主要任务是“建设全校的文献信息资源体系，为教学、科研和学科建设提供文献信息保障”。[10]因此，智慧型图书馆知识内容的构建要紧紧围绕学校发展总的战略目标展开，通过数据从学科、专业、课题等多角度分析用户的知识需求，利用机器学习等智能技术来对这些需求进行研究，从而建立和制定与本校学科建设与发展相符的资源建设评价体系和发展规划。

4.1.2 馆藏资源类型

从印刷型文献、数字文献，到数据资源、原生数字资源，以及支持教学科研的情报分析工具、文献管理软件、科研成果管理系统、教学辅助、学习培训类等复杂化的多种类型资源是大学图书馆馆藏资源类型的主要构成。本校学者、学术机构、学术会议信息，课题及项目信息，用户信息行为数据等，乃至用户利用图书馆知识和服务过程中产生的数据和知识（用户生成内容），都是馆藏内容的一部分甚至是图书馆建设特色馆藏、体现核心竞争力的重要资源。

4.1.3 馆藏资源建设模式

智慧型大学图书馆应关注用户信息行为及其需求的发展变化，充分利用现代技术和网络工具，积极探索更符合用户需求的文献采选方法，如用户驱动采购（Patron Driven Acquisition，PDA）或需求驱动采购（Demand Driven Acquisition，DDA），适应智慧环境下网络技术、信息技术、研究方式、用户需求、出版动态等方方面面的变化和发展，充分体现用户需求驱动的原则。开放获取（Open Access，简称OA）资源是图书馆资源建设的重要组成部分，大学图书馆应关注OA资源的收集、整理、组织和利用，建立本校机构仓储，服务教学科研。更主动的资源建设方式是图书馆在收集用户信息行为相关数据的基础上，借助智能化数据分析手段和研究方法，挖掘、甄别、分析与发现数据背后的隐含信息和关联信息，发现用户需求特点，寻找读者隐性需求，预测图书馆的资源建设趋势，有针对性地建设馆藏。为克服各馆馆藏资源趋同、重复建设的弊端，提高大学图书馆资源建设的保障率，大学图书馆还应积极参加行业协作、地区协作乃至国家间的协作，通过采用智能技术实现广泛的互联互通，实现馆与馆之间资源与服务的共建、共享。

4.1.4 馆藏资源建设工作流程

通过云计算服务，实现图书馆各种介质资源从采集、编目、组织到利用的一体化管理，依托新一代智慧型管理服务平台，制定科学合理的印刷型、数字化、数据化资源建设工作流程，保障图书馆资源建设质量和水平。

4.2 空间及设施建设——智慧知识环境构建

图书馆知识环境包括图书馆空间形态及智能设施，图书馆空间形态指以用户为中心，整合服务、资源、技术，具有某种功能的空间模式。美国大学与研究图书馆学会（Association of College and Research Libraries，ACRL）在《环境扫描2017》中将“规划和设计大学图书馆的空间”列为重要的发展趋势之一。[11]智慧型图书馆空间建设既要考虑技术层面，也要兼顾人文层面，充分体现以人为本的原则。智慧空间是以用户体验为中心，通过感知、分析、记忆、服务用户，整合WEB3.0技术、设备、资源、服务、环境及整个图书馆网络，由物理空间、虚拟空间、用户感知空间、支持空间等构成的多维自优化系统。智慧空间的核心是用户体验，特征是高度的感知性、互联性和智能化。[12]如通过引入VR、AR、RFID等技术，构建3D立体图书馆，使用户不仅能在任何时间、地点如亲临图书馆，同时还能在虚拟场景的辅助下更好地与图书馆的真实场景进行交互，随时查找、获取所需资源、知识，真正使用户享受泛在化的、交互式的智慧服务；通过各种智能设备（智能门禁、智能书架、智能桌椅、智能控制设备、智能互动设备、人脸识别设备、智能引导设备等）的引进和使用，来实现空间感知与引导、智能交互、自助服务等功能，达到空间服务的智慧化。在实体空间的布局上，除了传统的藏书和阅览空间，大学图书馆应紧紧围绕“知识、学习、分享、创新”来打造交互式学习空间、数字学术空间、创客空间、文化空间和休闲空间于一体的多功能创意空间。可借助数据分析手段解决目前图书馆物理空间饱和的问题，通过分析馆藏、用户借阅行为数据等来确定常用的实体馆藏所需空间，建立储存图书馆，将更多的空间让位于用户的交互式、协作式、个性化学习。通过实现空间的虚实结合及全面感知，为用户构建智慧化的知识环境。

4.3 智慧型知识服务——服务内容和方式创新

知识服务的主要研究对象是知识，在大数据和人工智能时代，知识可由人工智能辅助产生，因此，要加强知识之间的相关性研究，不仅从用户需求角度挖掘知识，还应主动在相关性中发现知识，预测用户未来的需求。智慧型大学图书馆不仅是知识服务的提供者，更是知识管理、传播与研究创新的合作者，以共同合作的模式为学科、学者提供专业化的特色服务。

4.3.1 集成基础信息服务

基础服务是大学图书馆普遍开展的常规性服务，包括基础信息服务、空间与设施的利用服务等，如图书馆日常的文献借阅、信息咨询、资源发现和获取服务、信息素养教育、阅读推广、自助设备利用等。在空间和设施的利用上，提供自助借还、自助复印打印服务；通过 RFID 技术的运用为用户提供文献的定位导航；针对不同群体开展不同形式、内容的有知识、有系统、有深度的阅读推广活动等。在基础信息服务上，利用智能设备扩展咨询服务的时间、空间范围如虚拟参考咨询等；通过对零散的、无规律的用户信息行为数据进行挖掘、分析，判断预测其可能发生的信息行为、阅读需求与信息素养需求，主动推送智能咨询、个性化智能检索、个性化信息推荐以及利用新技术手段开展多种内容和方式的信息素养教育等；将图书馆的各种信息服务功能整合在 Web 站点，为用户提供泛在、高效、一站式信息资源发现和获取服务，利用一个搜索引擎入口为用户集成图书馆基础信息服务。

4.3.2 提升学科服务

学科建设是大学发展的基础和重要的评价指标。智慧环境下大学图书馆知识服务最核心的内容即学科服务，图书馆应提供与用户教学科研全过程融为一体的学科服务。基于智慧型图书馆自动感知的大量数据，利用机器学习、数据挖掘等技术手段从海量的数据中挖掘、收集知识，进行知识关联、知识整理和组织，为教学科研、学术交流提供支持服务，包括基础学科服务和面向管理层的科研决策支持、人才评估服务。基础的学科服务包括为教学提供数字教参书系统、针对本校特色课程建设课程资源库；为用户提供学科前沿、学科热点分析、学科文献评价等学科知识产品；对馆藏文献信息进行深度开发建设学科知识库、科研专题库、机构知识库等；为用户提供个性化的资源推荐、课题服务；对用户的个人属性如其学科背景、知识结构以及利用图书馆的行为特征、学科需求等进行统计分析，为其提供个性化学科服务方案，节省用户发现与获取知识的时间。科研决策支持服务是以科研管理层的需求为目标驱动，利用图书馆员专业化的知识技能，通过对搜集的学科信息、数据进行筛选归纳、数据统计、综合分析，建立科学的学科评估指标体系，形成系统、综合的决策知识产品如学科评估评价报告、学科发展态势报告及趋势分析等，供科研决策者在短时间内全面掌握本校科研信息和发展态势，提高决策效率。

4.3.3 扩展服务内容

建立完整的数字文献生命周期（digital life cycle）设施，包括数字文献生产、数据管理、数据保存和数字出版与发布，提供数据服务、数字人文研究、知识产权及出版服务等。互联网、大数据对图书馆的知识服务功能提出更高的要求，知识的生产、整合、传播、扩散和利用全过程必须打通。

（1）数据服务。数据和数据集是科研的重要组成部分，数据服务是为用户提供数据的收集、保存、管理（标引及规范化处理）、分析、应用及相关培训（数据素养〔1〕教育）、数据应用工具的支持服务。数据服务是开放数据运动的产物，特别是大数据时代，数据服务已经是科研生命周期中不可或缺的重要环节，可以通过重复使用数据来扩大研究的边界。[13] 2018 年 1 月 23 日，中央全面深化改革领导小组第二次会议审议通过了《科学数据管理办法》，并强调：加强和规范科学数据管理，要适应大数据发展形势，积极推进科学数据资源开发利用和开放共享，加强重要数据基础设施安全保护，依法确定数据安全等级和开放条件，建立数据共享和对外交流的安全审查机制，为政府决策、公共安全、国防建设、科学研究提供有力支撑。[14] 大学图书馆是科研数据存放与管理的重要机构，为用户提供数据服务可以在学术环境中建立数据共享机制，使科研数据服务于更大的群体。图书馆传统的数据服务主要局限于数据收集和编目，以期帮助用户发现和获取资源。在大数据及云计算环境下，科研数据数量巨大、类型复杂且分布分散，

〔1〕 是对媒介素养、信息素养等概念的一种延续和扩展，包括以下五个维度：对数据的敏感性；数据的收集能力；数据的分析、处理能力；利用数据进行决策的能力；对数据的批判性思维。

用户的科研需求也丰富多变，需图书馆对用户的服务需求进行动态化获取与挖掘，搭建开放研究数据服务平台，提供按需的科学数据服务并深度参与科学数据的传播。

（2）参与和推动数字人文研究。数字人文，也称人文计算（Humanities Computing 或 Computing in the Humanities），它是一个将现代计算机和网络技术深入应用于传统的人文研究与教学的新型跨学科研究领域，它的产生与发展得益于数字技术的进步及其在科学领域的普及应用。[15]“数字人文”是一个不断发展着的概念，是计算或数字技术与人文学科交叉的学术活动领域，属于典型的跨学科研究活动，大学图书馆应主动承担桥梁作用，促进人文学者和信息技术专家之间的合作与创新。如开展基于智能技术创造数字学术环境，推动和参与数字人文研究中心建设；建设数字人文研究基础设施，包括建设人文专题数据库和建设开放性的数据分析平台；发展标准化的数据获取、保存、整合、分析、透视和展示方法；开发数字人文课程，提高人文学者的信息素养，推动数字人文研究、传播和教育活动可持续发展。[16]

（3）知识产权及学术出版服务。数字时代，出版商、图书馆、集成商和作者在知识信息的创造和传播方面的角色将相互融合。图书馆是知识产品的中介，上游联系着出版商、集成商，下游联系着用户即知识产品的创造者和使用者，最了解出版和出版媒介，可以在为用户提供知识产权服务和学术出版特别是数字出版上发挥自己的优势，如为教学科研的知识产权需求提供咨询服务，承担知识产权信息及其他数据文献情报收集、整理、分析工作，提供出版咨询（如写作技巧格式、出版媒介选择）；更要探讨并实践新的学术出版模式，发展开放获取，为学校用户建立在线出版平台，构建本校的数字学术出版生态。

4.4 智慧服务平台建设——智慧型知识服务的关键基础设施

图书馆大多数业务和工作，都会涉及大量甚至海量的数据，通过人力或一般的分析处理工具，在合理的时间和成本内，难以实现对相关数据的有效分析、选取，并提炼成为用户所需的有效信息或知识，需要专门的知识库及知识服务系统作为支撑。图书馆系统平台是支持服务体系的管理与控制平台，智慧图书馆平台与传统的集成化管理系统不同，是一个智慧服务平台（Smart Library Service Platform，SLSP），是智慧图书馆提供智慧服务的关键基础设施。“SLSP 是一个基于数据云和元数据的，整合纸质、电子和数字等各类资源的，带有标准化接口并支持各类（含移动）终端的，具备统计和分析功能并支持知识关联与管理的，一站式发现与获取的智能化平台”。[4]智慧图书馆服务平台的服务以知识数据库为基础，知识数据库即涵盖各类数据的数据中心，包括常见数据库的元数据、本馆各类资源的数据、用户行为数据、图书馆运行数据及评价分析数据。平台使用统一的数据规范、接口和规范的界面。SLSP 通过智能技术进行数据采集、统计、挖掘，继而进行用户分析、决策判断、效果评价等过程，进行资源建设与揭示，提供智慧化的基础服务、学科服务、数据服务、统计分析、系统管理等功能。

4.5 业务体系重构与智慧馆员队伍建设——智慧图书馆的主体

传统图书馆以纸质资源采、编、流、阅为核心的业务体系严重滞后于数字环境的发展，影响图书馆服务质量的提升。大学图书馆必须以用户为中心，以服务为导向，对现有机构、业务内容、业务流程、业务规范进行重构，建立与智慧图书馆服务体系相适应的业务体系，才能实现服务的转型与升级。同时，智慧图书馆环境下业务内容和体系的重构对馆员的能力和素质提出更高的要求，指南式和引导式的服务已经无法满足用户需求，需要馆员提供能够解决问题的方案或者有助于问题解决的智慧和知识内容。智慧图书馆馆员需要具备 12 项技能：批判性思维、人际交往能力、环境适应能力、跨文化沟通能力、数据管理能力、新媒体素养、多学科研究能力、合作能力、终身学习能力、保护隐私能力、职业管理能力以及领导能力。[17]馆员是智慧图书馆的主体，智慧图书馆是由智慧馆员为用户提供专业服务从而使用户获得智慧，没有智慧馆员就没有智慧图书馆。一方面馆员自身要善于沟通、学习，勇于接受新事物、善于创新、具有团队合作精神，成为学习型馆员；另一方面图书馆应为馆员提供以人为本的文化氛围，体现人文关怀，为馆员创造开放共享、创新向上的团队组织、工作环境，重要的是建立智慧馆员准入与分级、分类培训机制，利用先进的学习工具和智慧化学习手段，开展系统的、全面的综合能力培训；同时建立绩效考评与激励机制，鼓励终身学习。

4.6 用户—智慧型知识服务的合作者

用户在信息技术发展驱动下多元化的需求是图书馆生存和发展的动力。在智慧图书馆服务体系中，用户不仅仅是知识的接受者和服务对象，更是知识内容的创建者、智慧图书馆进行知识创造与管理的合作者。用户在利用图书馆资源与服务的同时，也在自觉或不自觉地参与图书馆的资源建设与服务。用户信息行为产生的数据是智慧图书馆服务的基础；用户主动为图书馆建设和发展反馈意见与建议，又为完善智慧图书馆服务体系提供智慧。因此，图书馆与用户要建立积极有效的沟通与交流机制，吸引用户对图书馆建设与服务的主动参与。

智慧图书馆是一个新生事物，随着技术的不断创新和升级，智慧图书馆的建设也在动态发展中，大学图书馆的服务也要随着智慧图书馆的发展而不断深化。借助 RFID、物联网、移动互联网、大数据及人工智能等技术，智慧图书馆的观念、产品研发与利用正蓬勃发展，大学图书馆正处于一个重要转型时期，做出改变是必然的选择，如此才能实现需求驱动的服务能力和质量的提升，推动图书馆的可持续发展。

参考文献

[1]［印］阮冈纳赞：《图书馆学五定律》，夏云等译，书目文献出版社 1988 年版。

[2] 夏立新等："融合与重构：智慧图书馆发展新形态"，载《中国图书馆学报》2018 年第 1 期。

[3] 张晓林："走向知识服务：寻找新世纪图书情报工作的生长点"，载《中国图书馆学报》2000 年第 5 期。

[4] 陈进等："智慧图书馆的架构规划"，载《数字图书馆论坛》2018 年第 6 期。

[5] 刘兹恒："新媒体环境下图书馆的新发展——从图书馆空间变革说起"，载《上海高校图书情报工作研究》2018 年第 2 期。

[6] 初景利、段美珍："智慧图书馆与智慧服务"，载《图书馆建设》2018 年第 4 期。

[7] "Horizon Report：2017 Higher Education"，载 http://cdn. nmc. org/media/2017-nmc-horizon-report-he-EN. pdf，最后访问日期：2018 年 9 月 20 日。

[8] "Horizon Report：2017 Library Education"，载 http://cdn. nmc. org/media/2017-nmc-horizon-report-library-EN. pdf，最后访问日期：2018 年 9 月 20 日。

[9] 陆婷婷："从智慧图书馆到智能图书馆：人工智能时代图书馆发展的转向"，载《图书与情报》2017 年第 3 期。

[10] 教育部："教育部关于印发《普通高等学校图书馆规程》的通知"，载 http://www. moe. gov. cn/srcsite/A08/moe_ 736/s3886/201601/t20160120_ 228487. html，最后访问日期：2018 年 8 月 31 日。

[11] "ACRL. Environmental Scan 2017"，载 http://www. ala. org/acrl/sites/ala. org. acrl/files/content/publications/whitepapers/EnvironmentalScan2017. pdf，最后访问日期：2018 年 8 月 31 日。

[12] 单轸、邵波："国内图书馆空间形态演化探析"，载《图书馆学研究》2018 年第 2 期。

[13] Frederick DE，"Data，Open Science and Libraries the Data Deluge Column"，Vol. 33，No. 8，2016. pp. 11-16.

[14] 国务院办公厅："科学数据管理办法"，载 http://www. gov. cn/zhengce/content/2018-04/02/content_ 5279272. htm，最后访问日期：2018 年 8 月 30 日。

[15] 王晓光："'数字人文'的产生、发展与前沿"，载 http://www.360doc.com/cont_ ent/18/0420/14/54594107_747274660.shtml. 最后访问日期：2018 年 8 月 30 日。

[16] 王晓光："数字人文与智慧数据"，载《上海高校图书情报工作研究》2018 年第 2 期。

[17] Paula Kaufman："实现 21 世纪图书馆的愿景：图书馆员今日所需具备的技能"，载上海图书馆编：《智慧城市与图书馆服务：第六届上海国际图书馆论坛论文集》，上海科学技术文献出版社 2012 年版。

高校图书馆网络安全现状及对策*

夏振华

中国政法大学图书馆

摘　要： 随着物联网、大数据、云计算、AI技术的发展，高校图书馆进入智能化、智慧化发展的快车道，也成为网络安全事故的重灾区，长期关注信息系统性能，忽视网络安全规划、安全技术积累的后果日渐显露。为保障智慧图书馆建设，巩固高校图书馆文献信息资源中心地位，梳理网络安全现状特别是图书馆网络安全风险，制订、修订网络安全规章，推动网络安全工作部署、提升读者网络安全意识工作重要性日益凸显。

关键词： 图书馆；网络安全；现状；对策

分类号： G250.7

1　网络安全概述

1.1　网络安全现状

根据瑞星联合国家信息中心信息与网络安全部发布的《2017年中国网络安全报告》：2017年瑞星"云安全"系统共截获病毒样本总量5003万个，病毒感染次数29.1亿次，病毒总体数量比2016年同期上涨15.62%。

新增病毒所占总体数量比重如图1所示：其中排名前三位的病毒是木马、蠕虫和灰色软件，分别占新增病毒总数的51.83%、24.49%和10.21%。

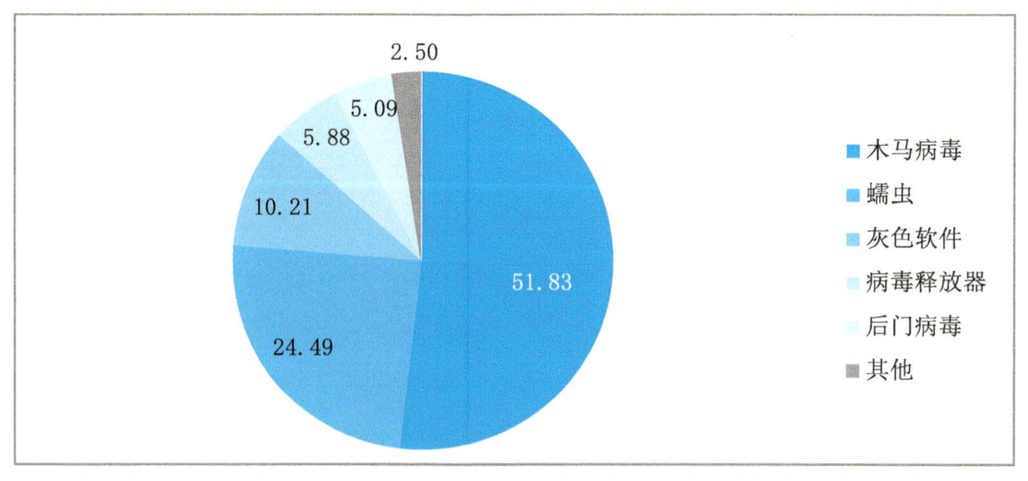

图1　2017年病毒类型统计

* 作者简介：夏振华（1981~），男，副研究馆员，中国政法大学图书馆副馆长。

按省域划分，2017 年感染病毒前八的省份如图 2 所示，其中北京、新疆、山东、广东、江苏分列前五，分别为 3.01 亿人次、2.49 亿人次、2.03 亿人次、1.91 亿人次和 1.67 亿人次。

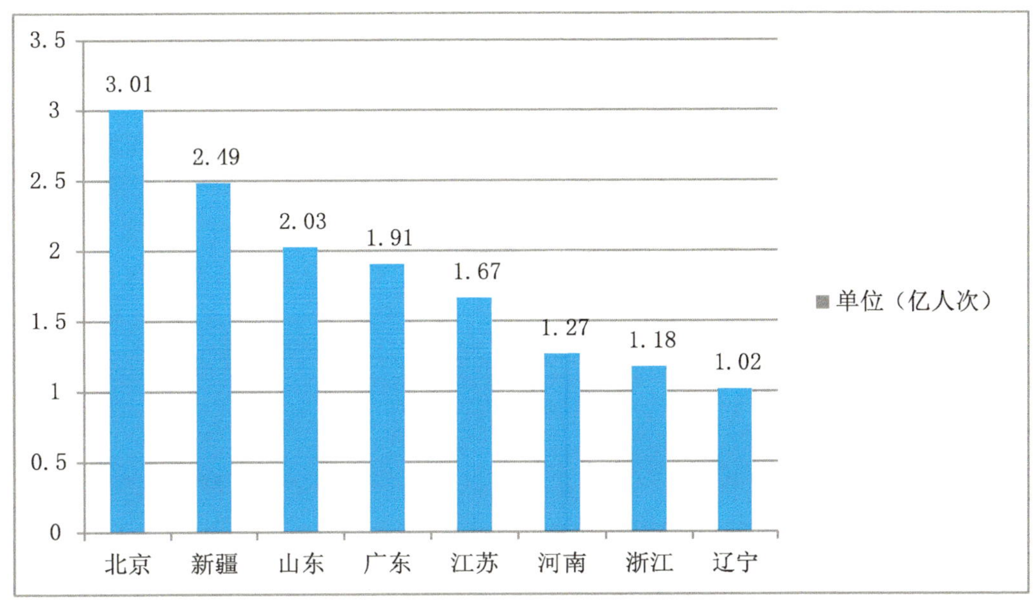

图 2　2017 年病毒感染省域 TOP8

1.2　网络安全的发展进程

网络安全经历了信息安全、网络安全和网络空间安全几个阶段。20 世纪 50 年代，科技文献中开始出现“信息安全”用词，至 20 世纪 90 年代，“信息安全”一词陆续出现在各国和地区的政策文献中，相关的学术研究文献也逐步增加。[1]

信息安全的英文表述为“information security”，其落脚点在信息的安全。信息安全关注信息本身的安全，而不管是否运用计算机作为信息处理的处理手段。信息安全既包括传统的信息安全又包括网络信息安全。信息安全的任务是保护信息财产，防止未经授权对信息进行恶意泄露、修改和破坏，从而导致信息的不可靠或者不能处理等。[2]

随着互联网普及与发展，信息安全聚焦于网络世界里的信息安全，信息的网络安全问题成为信息安全的新内涵和新特点。“信息安全”不能涵盖网络安全和网络空间安全。“网络安全”和“网络空间安全”开始与“信息安全”一起使用，如“国际联网安全”“互联网安全”“网络安全”“网络空间安全”等。20 世纪 90 年代以来，网络安全被使用的频率越来越高。[3]

网络安全的英文表述为“network security”，其关注的是网络本身的安全。根据《网络安全法》第七章附则有关规定：网络安全通常是指通过采取必要措施，防范对网络的攻击、侵入、干扰、破坏和非法使用及其他事故，使网络处于稳定可靠运行的状态，保障网络数据的完整性、保密性、可用性的能力。网络设备、设施安全、网络信息安全、网络管理安全都属于网络安全的范畴。

2011 年美国国防部发布的《网络空间行动战略》[4] 明确将网络空间与陆、海、空、太空并列为五大行动领域。2012 年中国共产党第十八次全国代表大会的报告中，提到了信息安全、太空安全、网络空间安全。

网络空间安全的英文表述为“security in cyberspace”，其基本内涵是网络空间的安全问题，是基于对全球五大空间的新认知，网络空间与陆域、海域、空域、太空一起，共同形成了人类社会的五大公域空间。

《国民经济和社会发展第十三个五年规划纲要》第6篇第28章中信息化重点工程第8项就是网络安全保障。其中提到：实施国家网络空间安全重大科技项目，突破核心芯片、基础软件、关键元器件及重点整机系统等关键技术，构建国家网络空间安全和涉密技术保障体系。

信息安全、网络安全及网络空间安全三者出现的时代背景不同。信息安全早期指社会信息安全，随着互联网的兴起逐步过渡到网络信息安全，侧重信息的安全；网络安全是指网络本身的安全问题，基于互联网时代，包括互联网及网络社会面临的安全挑战，包含互联网信息安全；网络空间安全是指网络空间内的安全问题，基于人们提出五大空间的新认知，侧重空间和安全。三者全都属于非传统安全范畴，侧重点不同又都聚焦于信息安全。

1.3 网络安全事件（案例）

1.3.1 北京某高校图书馆书目检索系统被黑事件

2015年元旦前，北京某高校图书馆OPAC被黑，挂载非法标语，由于未联系到技术负责人，图书馆主管安全的副馆长紧急回校处理。经学校网络中心和网络警察调查，起因是其他应用系统安装包含有木马病毒，没有及时发现。经过为期2个月的整改，图书馆采取将服务器统一存放于网络中心，由网络中心代为监管的模式预防风险。

这一事件给高校图书馆网络安全管理人员的启示：(1)网络安全部门应该建立网络安全应急机制。(2)加强新建设系统漏洞、病毒检测，确保新系统安全。(3)与系统建设厂商签署网络安全保障协议或条款，明确系统建设方网络安全主体责任人，应急联系人。

1.3.2 远程访问系统访问异常事件

2015年秋中国政法大学远程访问系统出现访问量激增情况，单日峰值访问量达到授权上限。技术人员观察这一情况后，没有简单地认为是同时使用人数增加，而是及时调取系统日志，分析具体情况。经查发现存在一个IP地址使用多个账号不断尝试登陆远程访问系统服务器，破解用户密码。

这一事件后，中国政法大学图书馆技术部门做了如下工作：(1)通过各种途径呼吁用户修改原始密码，增加密码复杂性。(2)通知学校网络中心协查。(3)通知设备厂商，采取登陆验证保护措施。

1.3.3 勒索病毒爆发事件

2017年5月12日，互联网上出现针对Windows操作系统的勒索软件（Wannacry）攻击案例。勒索软件利用此前披露的Windows SMB服务漏洞（对应微软漏洞公告：MS17-010）攻击手段，向终端用户进行渗透传播，并向用户勒索比特币或其他价值物。包括高校、能源等重要信息系统在内的多个国内用户受到攻击，已对我国互联网络构成较为严重的安全威胁。据CNCERT（国家互联网应急中心）公布的信息，5月13日9时30分至12时，境内境外约101.1万个IP地址遭受“永恒之蓝”SMB漏洞攻击工具的攻击尝试，发起攻击尝试的IP地址（包括进行攻击尝试的主机地址以及可能已经感染蠕虫的主机地址）数量9300余个。[5]

该勒索软件在传播时基于445端口并利用SMB服务漏洞（MS17-010），总体可以判断是由于此前“Shadow Brokers”披露漏洞攻击工具而导致的后续攻击威胁。

各高校网络中心发布病毒应急通知，例如，中国政法大学信息化建设办公室发布《关于近日勒索病毒大量爆发的紧急通知》，[6]北京师范大学网络与安全服务平台发布《重要通知：勒索病毒防治指南》[7]

等，给出了紧急处理意见：通知校园网用户，网络中心在校园网防火墙、核心交换机配置安全策略，对服务器和个人 PC 进行检测。建议个人电脑定期备份重要数据特别是不同存储介质间备份，升级操作系统安装 MS07-010 补丁，关闭“文件和打印机共享”功能，增强网络安全意识，不打开可疑邮件、链接等。建议 windows 服务器做好数据备份，及时升级更新操作系统和杀毒软件，做好端口配置：关闭 445 等不必要的端口，并加强对相关端口的访问审计。

2 图书馆网络安全的现状与应急预案

图书馆在信息化建设的前沿，随着越来越多的系统应用于图书馆，从图书馆门户网站到各管理系统，比如，论文管理系统、核心业务系统、座位管理系统、IC 空间、自助复印系统、数据库本地镜像系统、服务器虚拟化系统、桌面虚拟化系统、远程访问系统等，图书馆机房的服务器、交换机、存储设备越来越多，网络基础设施安全、应用系统安全直接关系到图书馆的日常服务。高校图书馆网络是高校网络的一个节点，图书馆网络安全不仅仅关乎图书馆的服务，也有可能对整个校园网络服务产生影响。做好高校图书馆网络安全维护是其网络管理部门的重点工作之一。

2.1 外网的防护

高校图书馆的网络和应用一般在校园网的范围内，面对校园外的网络攻击，有一定的防范能力。学校网络中心一般对校园网络安全有一定的整体规划和防护措施。

2.1.1 网络中心防火墙

网络中心通过防火墙的方式，对来自校园外的网络攻击进行物理隔离。防火墙是基于预定安全规则来监视和控制传入和传出网络流量的网络安全系统。计算机流入流出的所有网络通信均要经过此防火墙。[8]防火墙一般分为网络层防火墙、应用层防火墙、数据库防火墙。

网络层防火墙相当于一种 IP 封包过滤器，作用于三层 TCP/IP 协议堆栈上。网络层防火墙可以只允许符合特定规则的封包通过，其余一概禁止通过防火墙。

应用层防火墙是在 TCP/IP 堆栈的“应用层”上运作，FTP、浏览器、即时通讯软件等应用所产生的数据流都在这一层。应用层防火墙可以对某应用程序的所有封包进行隔离和丢弃，能够阻止外部的数据流进到受保护的机器里。

数据库防火墙可称作数据库安全系统，其工作原理一般基于数据库协议分析与控制技术，建立主动防御机制，可实现控制数据库访问、审计可疑操作、拒绝风险性较高的行为等。

2.1.2 开放端口限制

防火墙对流经它的网络通信进行扫描，这样能够过滤掉一些攻击，以免其在目标计算机上被执行。防火墙还可以关闭不使用的端口。而且它还能禁止特定端口的流出通信，封锁特洛伊木马。最后，它可以禁止来自特殊站点的访问，从而防止来自不明入侵者的所有通信。

对于开放外网访问的应用，采取一定的端口限制，只开放应用提供服务需要的端口，可以减少黑客利用网络漏洞进行攻击的可能。目前，图书馆对外开放服务的系统一般为 OPAC 书目查询系统，远程访问系统，座位管理系统，图书馆门户网站等。

2.1.3 信息备案制度

信息备案制度是指高校网络中心的信息备案制度。包括图书馆在内的学校二级单位根据业务实际情况，按照网络中心要求，提供备案信息，方便网络中心进行监管。

信息备案一般包括系统名称、服务器IP、系统类别（如网站类、系统类）、负责人及联系方式、是否开通校外访问等。信息备案制度除了有助于网络中心进行监管以外，一旦出现网络安全隐患，方便通知系统负责人，及时进行处置，调取系统日志，分析安全事件等。

2.2 内网的防护

2.2.1 应用层防火墙

应用层防火墙可以实时防护最新威胁。应用防火墙一般提供对数据丢失、DDOS及应用层面攻击的防护能力。支持自动更新，可提供对最新威胁的防御。一般支持反向代理，具有强壮的认证和访问控制机制，能通过对敏感应用或数据严格的授权访问来保证数据安全性和机密性。集成安全漏洞扫描工具，可以提供安全评估和监控。

2.2.2 上网行为管理系统

上网行为管理系统是对局域网进行安全管理的辅助工具。通过上网行为管理系统，可以对网络攻击进行监控，定期调整安全策略，可以阻止用户访问某些不安全的网站，可以记录用户在互联网上的行为，在有需要的时候，进行追查或者监督。进行流量管控，针对用户或者应用设置带宽，如对一组用户设置总带宽，同时可以对组成员设置平均分配带宽。

2.2.3 桌面虚拟化

桌面虚拟化技术一般是指通过服务器下发给计算机终端操作系统，操作系统可以存储在服务器端也可以存储在计算机本地。桌面虚拟化技术使阅览室PC、学生检索机等的维护变得简单，取代了传统的保护卡技术，减少了硬件的故障节点，同时具有一定的防病毒能力。每次重启电脑，操作系统自动恢复或者定期自动恢复计算机操作系统，为大批量计算机维护和局域网安全提供了较好的解决方案。

2.3 目前的安全机制

2.3.1 设置应用系统防火墙

设置应用系统防火墙，在应用系统和校园网之间建立一个有效保护措施。一般网络中心在校园网络接入端设置了网络防火墙，高校图书馆在图书馆局域网接入端配置应用型防火墙。应用型防火墙可以有效地防护应用层的攻击，同时校园网防火墙只能防护来自校外的网络攻击，对来自校园网内、图书馆外的攻击无法起到有效的防护作用。

2.3.2 按需求区分管理

按需求区分管理，对提供外网服务的系统，采用反向代理等方式开通外网访问IP，其他应用系统只使用内网IP。对开放外网访问的应用，一般根据应用的具体需求，仅针对性地开放端口，这样既可以满足系统要求，又能够尽可能减少来自校园外的网络攻击可利用的网络端口。仅开放内网访问的应用，校园网外的设备无法通过网络直接连接到系统，增加了外网攻击的成本。

2.3.3 设立读者账号保密机制

设立读者账号保密机制，定期要求用户更换相应系统管理密码，例如，设置密码有效期，减少因密码泄露带来的安全隐患。增加密码复杂性，尽量避免不同系统应用相同的管理密码。要求管理人员避免用户名、密码在网上传递，如果不可避免在网络传播，尝试采用已加密文件的方式。使用已加密文件传递密码可以减少网络泄露的风险，以保障系统的网络安全。

2.3.4 安装杀毒软件

杀毒软件在病毒入侵后，能第一时间进行处理，病毒库由专业杀毒软件公司维护，是应对传统病毒入侵威胁比较有效的手段。安装正版杀毒软件，可以保证病毒库及时更新，同时借助安全软件公司的专业技术来帮助图书馆提升网络安全。一般正版的杀毒软件提供突发病毒的应急解决方案和系统、数据、漏洞修复帮助服务。

2.3.5 采用学校统一认证方式

采用学校统一认证方式，减少用户因多套密码而易产生的混淆。随着大数据、云计算、人工智能的发展，越来越多的新技术、新应用被图书馆用以提升业务和管理服务水平。在图书馆应用各种工具和系统来提升自身科研和服务水平的同时，也给读者和管理人员带来一定的困扰：越来越多的账户信息，给系统本身的应用、管理带来困扰。很多图书馆技术人员已经意识到校园统一认证系统建设的重要性。[9]

2.3.6 划分 VLAN 管理网络

把图书馆内部网络，根据一定规则设置成不同 VLAN，形成若干个局域网，防止广播形式传播的病毒侵害，减少部分学生用机的病毒传播对其他楼层学生用机和办公计算机的影响。VLAN（Virtual Local Area Network）的中文名为“虚拟局域网”，是一组逻辑上的设备和用户，这些设备和用户并不受物理位置的限制，可以根据功能、部门及应用等因素将它们组织起来，相互之间的通信就好像它们在同一个网段中一样。VLAN 工作在 OSI 参考模型的第 2 层和第 3 层，一个 VLAN 就是一个广播域，VLAN 之间的通信是通过第 3 层的路由器来完成的。它具有以下优点：设备的移动、添加和修改的管理方便；可以控制广播活动；可提高网络的安全性。含有敏感数据的用户组可与网络的其余部分隔离，从而降低泄露机密信息的可能性。不同 VLAN 内的报文在传输时是相互隔离的，即一个 VLAN 内的用户不能和其他 VLAN 内的用户直接通信。[10]

3 存在的问题及解决方案

3.1 存在的问题

3.1.1 信息备案更新不及时

目前的备案形式是年度备案或者学期备案，即每一年度或每一学期二级部门的应用系统变化以备案表的形式提交给网络中心。网络中心对信息系统更新的掌握不够及时准确。随着信息化、数字化技术的发展，智慧图书馆方兴未艾，每年图书馆要进行大量的设备更新。及时准确地更新信息系统备案成为迫切需要。建设信息备案系统或者信息备案与学校资产管理系统打通，成为潜在的发展趋势。

3.1.2 网络安全意识不足

系统管理人员往往更重视系统功能、系统稳定性，忽视了系统漏洞或设计缺陷可能带来的安全隐患。比如，信息泄露、信息被篡改、账号被盗用等。网络管理部门的网络安全主体责任不明确，一般没有专门的网络安全人员，或者明确的网络安全职责。

3.1.3 应急响应机制不健全

应急响应机制不健全通常是指在出现网络安全事件时，处理规范不健全。建立应急响应机制是网络安全的重要制度保障。比如，在网站被攻击，发布了非法信息或不实信息时，管理人员应该第一时间断网，然后再处理页面信息，查找漏洞，打补丁，恢复网站上线。又如，在比特币勒索病毒爆发时，工作人员应及时了解相关情况，根据相应机构发布的处理建议，进行有效处置，同时积累经验，形成网络安全常规方案：在病毒传播高峰期，断网开机；有计划地、经常性地基于不同存储介质甚至异地备份重要数据；关闭不常用的端口，比如 445 端口及其他相关端口，临时需要的端口，临时打开并及时关闭；及时更新操作系统和应用系统补丁，减少安全漏洞带来的潜在风险；面对突发事件应该积极研究对策，慎重操作计算机；关注重点网络安全平台，及时获取病毒警情；加强防病毒演练等。

3.1.4 实名认证不完善

实名认证主要指网络接入认证、用户名密码认证、互联网设备认证等。对网络上的违法犯罪行为能够实现过程监管、事后追踪，维护网络安全。

实名认证的意义：实名认证把网络虚拟空间的网民和现实世界中的人联系起来，每个网民在网络空间的行为和人建立起对应关系，人人对自己在网络上的行为负责，一方面有利于规范网络空间行为，另一方面能够保障网民的合法权益，比如互联网金融、网络监管等。

3.1.5 密码管理不规范

很多系统的初始密码设置比较简单，甚至有的用户名和密码一致，用户对密码的重视程度不够。周围的同事、同学熟悉彼此的用户名信息，很容易根据初始密码规则推断出对方密码，一旦发生账号盗用，被盗用方很难说清楚，同时也给管理人员造成困扰。要求用户第一次登陆时，强制修改密码成为必要。

很多系统没有密码复杂度要求。一些用户设置的密码过于简单，比如纯数字，或者字母，且密码长度不超过 8 位，比较容易被黑客通过计算工具破解。系统对用户密码复杂度要求可以减少用户密码被猜测到甚至暴力破解情况的可能。用户密码的复杂性，是保证用户个人信息不被泄露、资源不被占用或者滥用的重要保障路径。

密码重置流程不完善，管理人员对用户要求查询密码或者帮助重置密码，仅凭个人经验判定是否本人操作，没有形成规范，管理人员个人经验占主导，容易出现个别核对身份信息不严谨的情况。

自助修改密码共识未建立，很多系统没有自助找回密码功能，用户一旦忘记密码，往往需要管理人员人工参与，一方面增加了工作人员负担，也容易因工作时间等原因增加用户的等待时间等情况；另一方如果系统设计规范，管理人员不是帮助重置密码，而是查看密码，不符合通常意义上的密码的保密规范。

3.1.6 新系统建设注重性能忽视安全

系统采购和建设过程中，技术人员往往更关注产品的性能、稳定性，忽视了系统的安全性。图书馆特别是高校图书馆，在高校各二级单位中信息化建设一般走在前列，每年度新建设或者更新的系统比较多，以中国政法大学图书馆为例：2018 年年度拟建设新生入关小程序、智能问答系统 2 项，更新门禁系统、座位管理系统、自助复印终端等 4 项。在新系统建设过程中，技术人员的注意力主要集中在系统功能实现、易用性等方面，安全方面投入的精力相对较少。但随着系统数量的增多，系统安全漏洞引发的网络安全风险会越来越高。

3.2 解决方案

《普通高等学校图书馆规程》（2015 年修订版）第 2 条规定：高等学校图书馆（以下简称“图书馆”）是学校的文献信息资源中心，是为人才培养和科学研究服务的学术性机构，是学校信息化建设的重要组成部分，是校园文化和社会文化建设的重要基地。图书馆的建设和发展应与学校的建设和发展相适应，其水平是学校总体水平的重要标志。高校图书馆是高校信息化建设的重镇，物联网、云计算、大数据、人工智能的兴起，给图书馆科研和教学服务插上了科技的翅膀，但也给图书馆的网络安全提出了更严格的要求，是高校网络安全建设的重点区域。

3.2.1 加强网络安全意识

《网络安全法》第 6 条规定：国家倡导诚实守信、健康文明的网络行为，推动传播社会主义核心价值观，采取措施提高全社会的网络安全意识和水平，形成全社会共同参与促进网络安全的良好环境。网络安全意识是维护网络安全的基础。高校图书馆工作人员特别是信息技术部门工作人员，须要牢固树立网络安全意识，严格遵守国家、教育部及有关主管部门的法律、法规、规章、制度，定期开展网络安全意识培训。提高本部门的网络安全责任意识，提升图书馆工作人员、读者的网络安全意识，是切实维护图书馆网络空间安全的思想基础。

3.2.2 及时更新备案表，备份关键数据

根据公安部、国家保密局、国家密码管理局、国务院信息工作办公室关于印发《信息安全等级保护管理办法》的通知规定，二级以上信息系统需要到设区的市级以上公安机关备案。

高校图书馆的信息系统绝大部分达不到二级以上标准，但也应遵守学校网络中心着重其他主管部门关于信息系统备案的有关规定。为了保障备案表信息的及时性和准确性，建设高校信息设备管理系统或者信息设备管理系统与学校资产管理系统打通，使之成为信息系统建设中的一环。用管理系统替代填写备案表，成为信息系统备案制度的发展方向之一。

图书馆的关键数据主要包括：图书管理系统数据、自建系统数据（如机构知识库、自建数据库等）、论文系统数据、门禁系统数据、座位管理系统数据、远程访问系统数据、自助复印系统数据等。对关键数据进行备份，是应对网络安全和突发事件的重要保障措施。尤其是在图书馆科研和服务过程中产生的、独一无二的数据，是维护信息安全的根本需求。

3.2.3 建立图书馆网络安全应急响应机制

根据公安部、国家保密局、国家密码管理局、国务院信息工作办公室《关于印发〈信息安全等级保护管理办法〉的通知》第19条的有关规定，信息系统运营、使用单位应当如实向公安机关、国家指定的专门部门提供：信息安全事件应急预案，信息安全事件应急处置结果报告。高校图书馆是学校的文献信息资源中心，是为人才培养和科学研究服务的学术性机构。图书馆是高校信息化建设的重镇，应该建立网络安全响应机制，安全责任人制度，系统负责人制度，安全值班人员制度，网络安全事件规范操作流程，动态更新系统安全指标，用制度来把好图书馆网络安全关。

3.2.4 加强实名上网认证管理

《国民经济和社会发展第十三个五年规划纲要》第6篇第28章第2节科学实施网络空间治理中指出要完善网络安全法律法规，完善网络信息有效登记和网络实名认证。

实名认证主要包括网络接入认证、网络设备认证、网络交互认证、用户身份认证等。对网络上的违法犯罪行为能够实现过程监控、事后追踪，多渠道、全方位提升网络安全。

实名认证能够把网络空间的用户和其现实世界中的身份信息对应起来，为网络追责奠定基础，有利于网络行为监管，保障网民的合法权益，形成良性互动的网络社会秩序。例如，互联网金融监管、网络诈骗治理、网络交易保护等。

3.2.5 加强密码复杂性设计，妥善保管密码

账户是系统认证用户或者管理人员身份的基本手段，保护个人账户就是维护个人利益。随着技术的发展，日志技术也越来越完善，一个用户登陆了系统，做了什么操作，往往被详细记录下来，密码复杂性不够或者保管不当，很容易导致密码被盗。如果被他人冒用账户进行了一些非法操作，可能给用户的信用带来不良记录。管理人员更应该重视密码的复杂性和保密性，最好给有管理权限的系统管理人员分配独立的账号信息，这样可以加强管理人员的责任意识，使系统管理工作处于可监督的范围内，同时有利于对错误操作的核查和系统恢复。

3.2.6 加强系统网络安性能要求

《网络安全法》第23条规定：网络关键设备和网络安全专用产品应当按照相关国家标准的强制性要求，由具备资格的机构安全认证合格或者安全检测符合要求后，方可销售或者提供。信息系统建设过程中，根据国家网信部门及有关部门制定的网络关键设备和网络安全专用产品目录，及安全认证和安全检测结果互认等方面的有关规定，在技术指标上对产品认证、漏洞检测、漏洞修复提出具体要求。积极配合学校网络中心的系统安全审查，把网络安全作为信息系统建设和维护过程的关键一环，确保信息安全和网络空间安全。

3.2.7 加强日志系统建设，保留证据

日志系统记录了系统运行状况、管理操作记录、用户活动信息等。好的日志系统可以帮助系统管理人员了解系统的运行状况、分析事件发生的原因，监督用户的活动信息等，是系统管理常用的辅助工具。信息系统不仅应该有完善的功能、稳定的性能、较高的网络安全性，也需要有好的日志系统。在系统建设之初，除了考虑安全技术指标，也应该考虑日志技术指标。管理人员在系统管理过程中，应该重视发挥系统日志的功能，及时发现系统运行、管理、安全等方面的线索或问题，提出应对措施或应急方案，弥补系统缺陷或漏洞、做好系统监管。

3.2.8 加强漏洞扫描与入侵检测

计算机漏洞扫描技术是通过对信息系统和计算机网络进行预检查、模拟攻击等方式来发现计算机系统漏洞并进行修复的技术。漏洞扫描是主动发现系统安全隐患的防护方式。漏洞扫描技术一般基于服务器、网络、应用系统和目标设备等进行漏洞扫描，其中基于主机的安全漏洞扫描和基于网络的漏洞扫描是最常见的漏洞扫描技术。[11]

漏洞管理可以通过以下途径实现：(1)获得权威机构的安全认证；(2)通过网络中心的漏扫测试；(3)通过第三方漏扫工具检测入侵检测系统（Intrusion Detection System，简称为IDS），通过对网络和系统记录日志文件的分析来发现非法入侵行为以及合法用户的滥用行为。[12]入侵检测还可以发现系统漏洞，更新漏扫工具的漏洞库，提醒管理人员发现并修复安全漏洞。

3.2.9 提升应对网络安全的技术水平

网络技术发展日新月异，网络安全领域风云变幻。系统建设方网络安全意识薄弱，缺少对系统安全的上层设计，将导致系统建设过程中重性能、轻安全。高校图书馆网络维护人员、网络安全责任人，应该加强与学校网络中心、网络安全研究机构、防病毒企业，如瑞星、360等的交流合作，主动更新病毒防范技术，开展相关技术研究，提升图书馆在网络安全领域的科研水平，为图书馆信息化建设，特别是智慧图书馆建设保驾护航。国家没有网络安全核心技术，网络发展就要受制于技术大国，高校图书馆专家不掌握网络安全技术，信息化建设就是空中楼阁。

4 结语

往往在发生严重后果之后安全才被重视，但安全事故的后果往往是惨痛的和深刻的。高校图书馆在信息化建设方面走在学校二级部门的前列，自然也是网络风险的高发地、网络安全防范和安全意识教育的重镇。梳理网络安全问题，提升网络安全管理水平一直在路上。

参考文献

[1] 王世伟：“论信息安全、网络安全、网络空间安全”，载《中国图书馆学报》2015年第3期。

［2］牛少彰等编著：《信息安全概论》，北京邮电大学出版社 2016 年版。

［3］上海社会科学院信息研究所编著：《信息安全辞典》，上海辞书出版社 2013 年版，第 103 页。

［4］“关于防范 Windows 操作系统勒索软件 Wannacry 的情况通报”，载 http://www.cert.org.cn/publish/main/9/2017/20170513170143329476057/20170513170143329476057_.html，最后访问日期：2017 年 5 月 13 日。

［5］“关于近日勒索病毒大量爆发的紧急通知”，载 http://www.cupl.edu.cn/info/1021/31983.htm，最后访问日期：2017 年 5 月 13 日。

［6］“重要通知：勒索病毒防治指南”，载 http://security.bnu.edu.cn/tzgg/，最后访问日期：2017 年 5 月 15 日。

［7］“网络防火墙”，载 https://baike.baidu.com/item/网络防火墙/7112674，最后访问日期：2018 年 7 月 30 日。

［8］夏振华：“浅论‘互联网+’时代高校图书馆门户网站的出路”，载《农业图书情报学刊》2018 年第 3 期。

［9］“虚拟局域网”，载 https://baike.baidu.com/item/虚拟局域网/419962?fromtitle=VLAN&fromid=320429&fr=aladdin，最后访问日期：2018 年 7 月 30 日。

［10］李俊：“基于风险数据挖掘追踪的云计算网络漏洞检测技术”，载《科技通报》2016 年第 5 期。

［11］段丹青等：“漏洞扫描与入侵检测联动系统的研究”，载《计算机应用研究》2007 年第 7 期。

高校图书馆自主研发信息服务实践与思考

——以中国政法大学图书馆为例*

翟羽佳**

中国政法大学图书馆

摘　要：中国政法大学图书馆的自主研发工作起步较晚，又由于资金、技术、人员等条件限制，面临一些困难，但馆员们秉承“用户导向”理念，依托开源资源，实现了几个自主研发服务。目前较成熟的项目一是针对毕业生的“图书馆记忆”，基于Java的开源架构Struts实现；二是面向新生的“入馆答题闯关小游戏”，借助iH5平台实现。基于馆内现有条件，馆员们在探索读者需求的过程中，将开发重点集中在阅读推广服务与信息素养教育，使“小”应用也尽可能体现“大”服务。针对目前自主开发工作对于数字资源管理和资源揭示未能涉及的缺憾，馆员们将不断向先进的院校学习，弥补自身技术不足，立足实践继续探求技术与服务的融合。

关键词：中国政法大学图书馆；自主研发；用户导向；信息服务

分类号：G250.7

随着信息技术的进步，图书馆的信息化建设日益受到重视，购买各种各样的信息系统成为各个高校图书馆提升服务品质的主要做法。然而，通用的图书馆应用软件时常不能完全满足图书馆的实际需要，图书馆的个性化需求有时在已有的系统中难以得到解决。近年来，高校图书馆吸收了越来越多的计算机相关专业毕业生的加入，相当一部分图书馆具有了自主研发软件系统的实力，为图书馆进行信息服务创新提供了机遇。许多技术能力较强的高校图书馆结合自身需求率先开展了各种类型系统的自主研发工作。如重庆大学图书馆的图书馆自动化管理系统[1]、深圳大学的“电子资源管理”[2]、北京大学的“图书馆微信小程序”、“GIS地理信息系统”[3]、北京科技大学的“离校系统和入馆教育系统”和“3D打印创客服务”[4]、中国海洋大学图书馆的“实时交互综合数据墙”[5]等。在建设数字图书馆乃至智慧图书馆的大环境下，高校图书馆都面临着网络情报组织化、知识资源便捷化、信息服务个性化的挑战，馆员利用软件开发技术实现技术创新，升级图书馆的信息服务，将变得越来越重要，也更能体现本馆的特色。

1　背景概述

1.1　“用户导向”是中国政法大学图书馆信息服务的人文内涵

中国政法大学是“211”工程院校中以法学学科见长的文科强校，中国政法大学图书馆（以下简称法大图书馆）作为新中国成立后国内最早建立的以政治法律资料信息为重点的高校图书馆，一直着力提升信息服务水平，信息化建设方面取得了一些成果，为信息服务奠定了一些物质基础。但仅有物质基础是不够的，在以技术手段解决问题的同时，要注重以用户的需求为出发点和归宿的服务创新。只有“软”

* 基金项目：中国政法大学青年创新团队项目——“中国政法大学青年教师学术创新团队资助项目”（项目编号：100010817453）。

** 作者简介：翟羽佳（1986~），女，山西运城人，研究方向为技术与图书馆应用，馆员，通讯作者邮箱：yujiazhai@cupl.edu.cn。

“硬”兼施，技术与服务并重，才能够形成“效益更高、更能满足用户需求的系统工程”[6]。

随着2015年国务院发布《统筹推进世界一流大学和一流学科建设总体方案》[7]，以及2017年中国政法大学的多门学科进入了9月公布的“双一流”名单，这给予了法大图书馆极大的动力。法大图书馆一直紧跟技术的脚步，自主研发作为一种创新的工作逐渐受到了重视。今后，法大图书馆将更加明晰自身定位与职能，秉承“用户导向”的服务理念，利用自主研发开展特色服务，扩展已有系统的功能，增进工作效率，助力学校的“双一流”建设。

1.2 开源运动是中国政法大学图书馆自主研发工作的机遇和挑战

相较其他“211”工程高校，法大图书馆的自主研发工作起步较晚，还处在发展的前期阶段。20世纪九十年代开源运动的展开，使开源软件在各个领域呈繁荣之势，国内外诸多高校都在使用开源软件，利用开源技术。如美国有纽约大学图书馆、哥伦比亚图书馆等，国内有清华大学图书馆、北京大学图书馆等。[8]在技术开源的大环境下，图书馆拥有了利用开源技术和软件实现创新服务目标的机遇。

但即使如此，开源软件是必须要进行二次开发才能得到有效利用的，这就对馆员提出了技术上的要求，如何对开源软件本身做拓展性的评估？如何在已有技术的基础上开发出满足自身需求的服务？这是图书馆进行自主研发的永恒课题。法大图书馆对此也进行了一些思考，并依托开源技术，结合本馆工作实际，自主研发了一些服务案例。下文介绍的两个案例，一是针对毕业生的“图书馆记忆”，二是面向新生的“新生入馆答题闯关小游戏”。这两个案例从设计到实现完全基于开源的技术资源，从框架、平台，到IDE工具、各种类库，甚至前端设计的字体，均没有使用任何商业化的解决方案。

2 中国政法大学图书馆自主研发案例

2.1 图书馆记忆

为了增加毕业生的归属感，法大图书馆自2014以来，在毕业季推出“法大图书馆记忆”系统（以下简称“图书馆记忆”）。2017年，在世界第21个读书日来临之际，法大图书馆为配合阅读推广活动，变更了“图书馆记忆”的技术架构，推出以“玉兰花开，书香法大”为主题的“图书馆记忆读书日版”。

2.1.1 技术架构变迁

“图书馆记忆”的架构最早采用的是经典的PHP+MySQL的动态网站式开发模式，系统的所有功能由用户通过Web页面访问和交互实现，[9]以MySQL为底层数据库支持，将读者利用图书馆的数据，如门禁系统的进馆数据和汇文系统的借阅数据，按需导入“图书馆记忆”系统的自建库中。使用PHP语言编写数据交互业务，用HTML+CSS完成前端的页面设计。“图书馆记忆”一开始选择B/S架构进行设计，就在于Web具有的动态性、交互性、分布性、跨平台等特点，而之所以选择PHP，在于PHP作为一种开源的网页脚本语言，具有网络程序开发方面的突出优势。MySQL搭配PHP和Apache可以组成良好的开发环境，最初“图书馆记忆”的开发环境就是基于XAMPP搭建的，这是一个MySQL、PHP和Apache发行版的集成软件包。[10]早期的“图书馆记忆”为了门禁系统和汇文系统的数据安全，没有采用逻辑层代码与实际数据库直接连接查询的方式，而在2017年，由于“图书馆记忆读书日版”的需求，需要实现每一位在校生阅读记忆的实时展示，因此“图书馆记忆”做了技术方案的变更，将PHP+MySQL的动态网站式开发架构更改为基于Java的开源架构Struts的Java Web项目。

作为最早的Java的开源架构，Struts完美地体现着MVC的设计模式。MVC（Model-View-Controller），即模型-视图-控制器，指用业务逻辑、数据、界面显示相互分离的方法组织代码，将所有的业务逻辑聚集到一个部件里面，改进和个性化定制界面及用户交互时，不需要重新编写业务逻辑。Struts 定义了通用的 Controller（控制器），通过配置文件“Struts-config. xml”隔离了 Model（模型）和 View（视图），用 Action 对用户的请求进行了封装，使代码更加清晰易读。它的技术架构如图 1。MVC 模式同时也提供对 HTML、CSS 和 JavaScript 的完美控制。“图书馆记忆”的前端最早基于 HTML4，后变更为 HTML5，体现了对 HTML、CSS 和 JavaScript 三个方面的创新[11]。

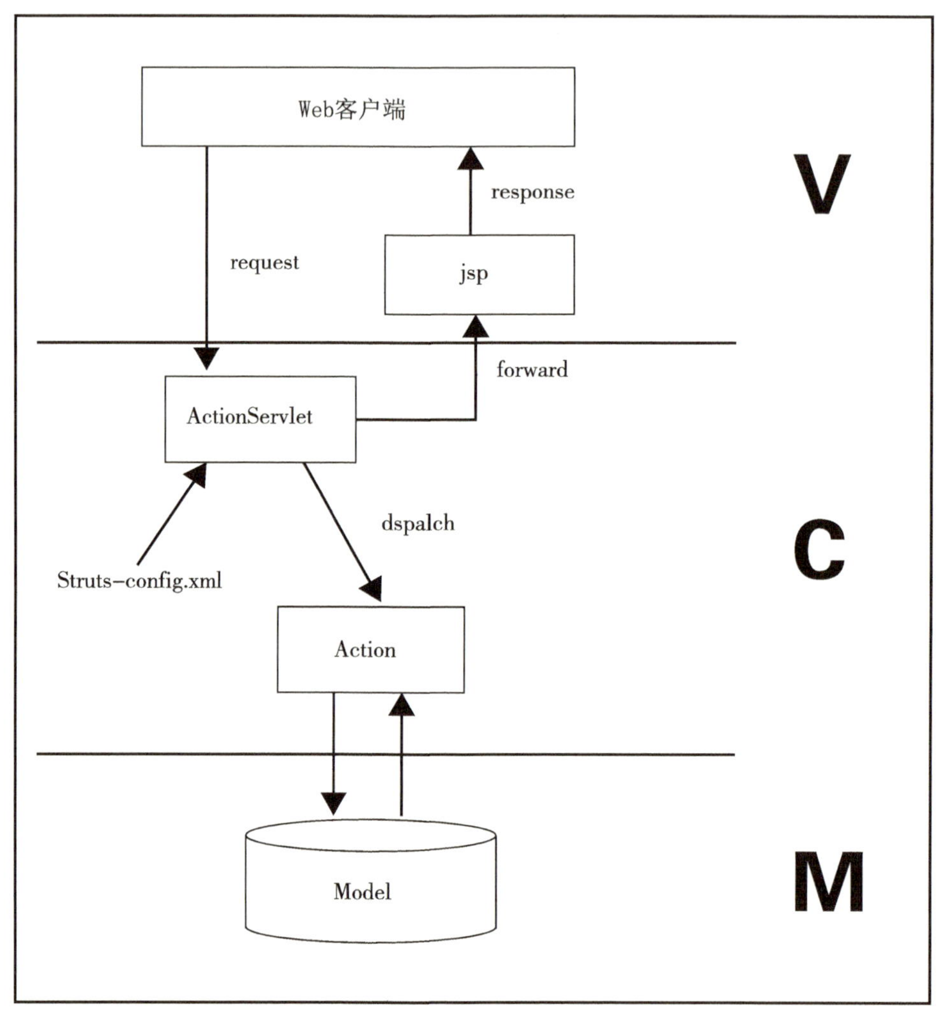

图 1　Struts 架构

2.1.2　设计与实现

（1）总体设计

“图书馆记忆”功能模块包括：读者认证、数据库连接查询、数据分析、数据展示、报表打印，开发的重点是数据的查询与呈现。在 PHP 的解决方案中，数据的查询以 PHP 连接自建数据库 MySQL 实现，在 Java Web 的解决方案中，数据的查询以编写数据库连接接口类的方式实现。以下主要以最新版的“图书馆记忆”为例说明。

系统基于 Java Web 开源框架 Struts，把程序分成三层结构，使其以最小的耦合协同工作。[12] Model（模型）封装了所有的业务逻辑以及规则，通常用 JavaBean 实现。“图书馆记忆”从后台数据库（门禁系统和汇文系统）抽取读者的进馆与借阅数据，传递给前台界面，数据库的传输信息被封装在 javabean 里，数据库的信息（地址、库名、用户名、密码等）均以属性文件流的方式读取。Controller（控制器）管理和控制所有用户和应用程序间的交互，“图书馆记忆”使用 Servlet 实现这一层。

在数据呈现方面，“图书馆记忆”的 View（视图）层将业务逻辑处理后的结果呈现给客户端，采用 JSP 实现。自 2016 起，“图书馆记忆”基于 HTML5 技术和 CSS3 标准，利用 Turn. js 设计了虚拟翻书效果来实现对读者的阅读记忆的展示。“图书馆记忆”系统工作流程如图 2。

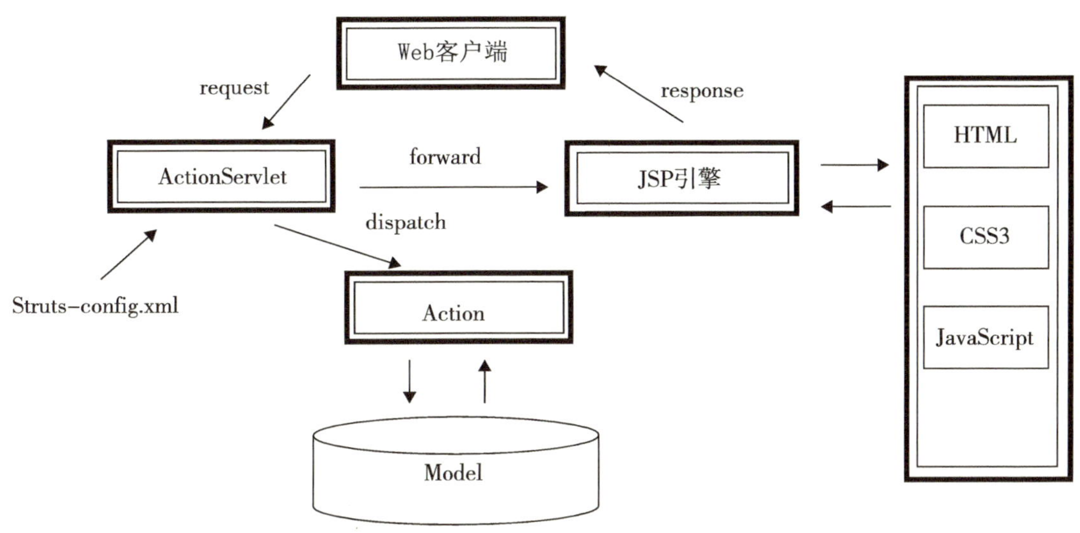

图 2　“图书馆记忆”系统工作流程图

（2）后台逻辑

“图书馆记忆”的两个版本因其数据处理方式上的不同在后台逻辑的实现上有很大差异。第一版不要求动态实时查询，所有数据事先准备在自建的 MySQL 数据库中，而“图书馆记忆读书日版”则通过 DAO（Data Access Object，数据访问对象）连接门禁系统和汇文系统，实现在校读者数据的动态实时查询。查询出的数据有些可以直接使用，有些需要进行处理，如在我校学院路校区，门禁系统的安装晚于汇文系统，需要比较两个时间。又如，对借阅兴趣的分析需要将汇文系统的借阅记录表和书籍信息表进行联合查询，再与中图分类法进行匹配，得出读者的借阅偏好。在大数据时代，许多高校已经构建了一些个性化信息服务模式，对用户偏好、需求以及行为进行分析，满足用户的信息需求，[13]这也是用户为导向的信息服务的客观要求。

“图书馆记忆”添加了 LDAP 验证逻辑，使毕业生可直接通过一卡通的用户名和密码进行登录，流程图如图 3。同时，需将读者输入的学号保存在 session 中，进行页面传值。

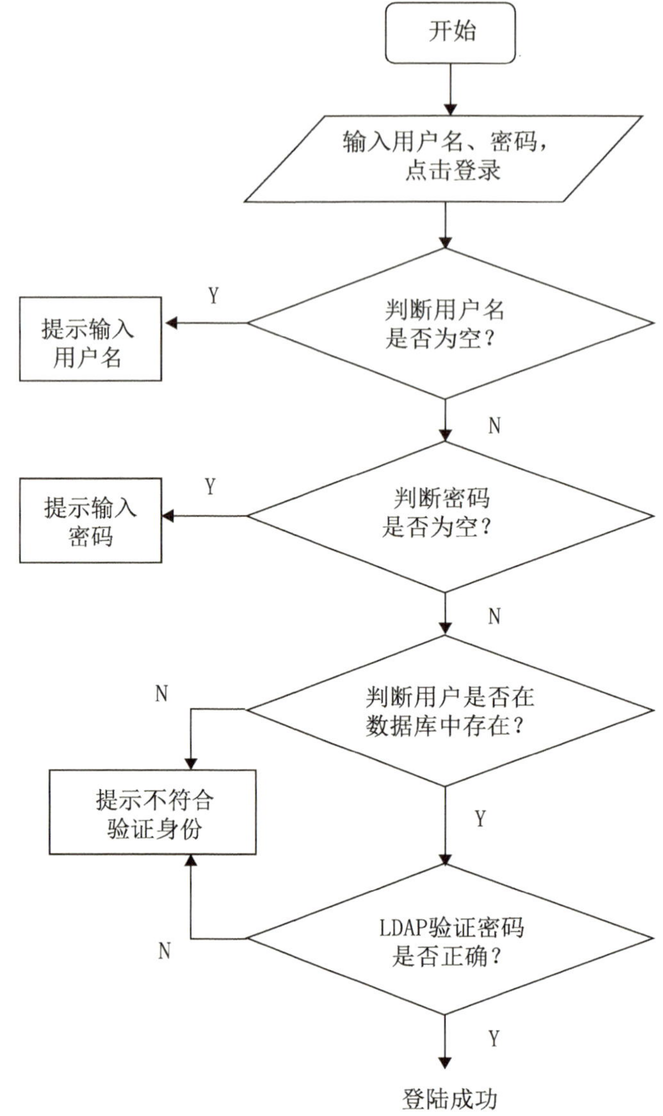

图 3 “图书馆记忆”读者认证流程图

作为毕业留念系统，为毕业生下载纪念卡片和借阅记录是一个重要需求。早期的“图书馆记忆”通过 FPDF 类来实现 PDF 文件在 HTML 页面中的生成，利用 PHP 自身对数据输出到 Excel 的支持来实现查询结果的 Excel 输出。[14] 变更技术架构后，阅读记忆报告的生成利用开源项目 iText 来实现 Java 对 PDF 的操作，[15] 借阅记录的下载则利用开源项目 Jxl（Java Excel API）来实现 Java 对 Excel 的操作。[16]

（3）前端界面

作为阅读推广服务的成果，“图书馆记忆”在前端界面设计上要求良好的视觉体验，在毕业季迎合毕业生的感情需求，给毕业生留下温馨和感动，读书日时期侧重新颖独特的宣传方式。在文字设计上馆员们考察了当前流行的字体设计模型，采用了开源的创意字体。在部分数据的呈现上，用了一些开源的数据可视化类库，如早期基于 PHP 的 JpGraph 类库，近两年基于 JavaScript 的 D3. js。

图 4 是 2015 年毕业季“图书馆记忆”的截图，背景以怀旧为主题风格，并在其中加入了胶片、时钟、相片等元素来体现青春岁月的珍贵和美好。图 5 是 2016 年读书日的“图书馆记忆”截图，基于 Turn. js 框架实现翻书效果，虚拟书籍的单数页以名人名言为内容，双数页以读者利用图书馆情况的数据

信息为内容。使用 Turn. js 时要注意先保证 CSS 的预加载，再创建 flipbook，在与浏览器进行交互时，监听事件 when 用来判断是否有 turn 实例。系统基于 JpGraph 类库实现了读者每学期借阅册数据的可视化。

图 4　2015 年毕业季版“图书馆记忆”

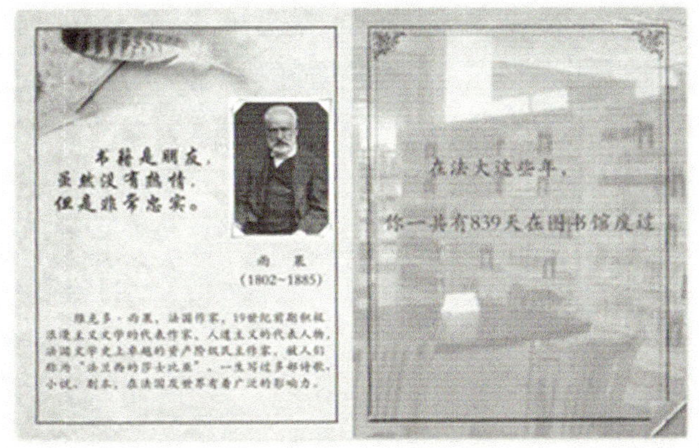

图 5　2016 年读书日版“图书馆记忆”

2.1.3　运行效果

“图书馆记忆”自上线以来，受到了广泛欢迎。在每一个毕业季，图书馆前台都会为毕业生打印“图书馆记忆”的生成报告，并加盖图书馆的印章，前往图书馆打印纪念卡片的毕业生络绎不绝。中国政法大学每一届毕业生约 5000 人，借阅数据和门禁数据达到百万量级，在高并发时期，“图书馆记忆”一直保证了顺畅运行。通过后台统计，毕业季时期的访问量可以达到毕业生全体数量的 70%。2016 年以来，每一个读书日阅读推广活动期间，四月的日均访问量也能达到 1000 人次。

2.2　新生入馆答题闯关小游戏

新生入馆教育是法大图书馆读者服务中关键的一环，多年来，法大图书馆在新生入馆教育上一直采用馆员举办讲座、网上分享图书馆资源与服务介绍等传统的入馆教育形式。而面对当前信息技术、移动技术发展的现状，传统的授课培训模式已经事倍功半，更加没有依据和评定新生究竟掌握多少的标准。目前，很多高校都采用了新形式的入馆教育手段，如北京大学图书馆、北京体育大学图书馆以游戏化的方式和寻宝闯关的故事情节，生动、直观地使读者了解图书馆。但法大图书馆的经费有限，在参考了这些新生入馆教育平台之后，自主设计了一款新生入馆答题闯关小游戏（以下简称新生小游戏），新生可以直接通过手机进行在线学习、答题来掌握图书馆的资源与服务，并以闯关形式提升入馆教育的趣味性，后台数据库记录闯关成功的新生，使馆员对入馆教育情况做到心中有数。

2.2.1　技术架构选择

新生小游戏的需求提出后，馆员曾经试图利用微信小程序来实现。由腾讯公司开发的微信小程序（Weixin mini programs）自 2017 年 1 月 9 日正式上线后，许多图书馆跟随着这一技术趋势开发了一些应用，如山东师范大学图书馆基于微信小程序制作的图书排架小游戏。[17]然而，在利用微信小程序开发的过程中发现这种解决方案并不适用于本案例。原因主要有三点：第一，微信小程基于 xml+js，尽管它的架构 wxml、wxss、js 与当前的 HTML 结构非常相似，但不支持也不兼容 HTML，特别是它的 js 部分，无法使用 JavaScript 的许多开源库和框架，HTML5 的优势在小程序上无法很好地体现。而我馆的新生小游戏，对数据级应用的要求不高，追求一定的界面效果，在闯关之前还需使用多媒体技术让新生先学习再闯关，使用小程序并不方便。第二，小程序占内存局限于 1MB，游戏对于音乐、画面的要求，新生学习对于素材的要求，使得无法将源代码控制在 1MB 以内。第三，微信小程序的最终上线也需要一定的门槛，为使 HTTPS 完成与服务端的通信，需要开发者申请 SSL 证书、购买云服务、搭建部署 HTTPS 服务。流程冗长且需要一定的资金投入。

因此，对于新生小游戏这个案例，需要寻找一种解决方案，能够满足基于移动端展现、方便微信生态圈使用和分享、满足页面效果与学习功能需求，经过调研最终选取 iH5 平台来实现。[18] 原因也有三点：第一，iH5（原型为 vxplo）作为一种基于云端的在线编辑 H5 网页和交互的平台工具，将 js 代码做了合理的封装，成为一种“生产 SaaS 的 SaaS”，在实现了逻辑的可视化的同时集成了网页前后端几乎所有功能，感应式设计、前后台数据库组件、通信组件、物理引擎等均能涵盖。第二，iH5 采用了 VUE 的内核进行优化，对于开发者来说，就可以全面支持 VUE 库的嵌入。而经过 iH5 编译能够生成原生代码，大大方便开发者进行修改。第三，能够适用于各种场景的 iH5 对于游戏的支持非常友好，它对时间轴做了优化，把所有的运动控制“帧化”（量子化）。作为新生小游戏这个案例，iH5 对 flash 和 HTML5 的较好支持，对各种移动端设备和主流浏览器的较好兼容，能够满足新生小游戏展示和交互的功能需求。同时 iH5 支持二维码分享，能够在微信生态圈完美生存。在性能方面，作为一个云计算平台，iH5 能够动态分配计算、存储数据库和带宽资源，满足突发流量暴增的需求，图 6 为其技术架构。

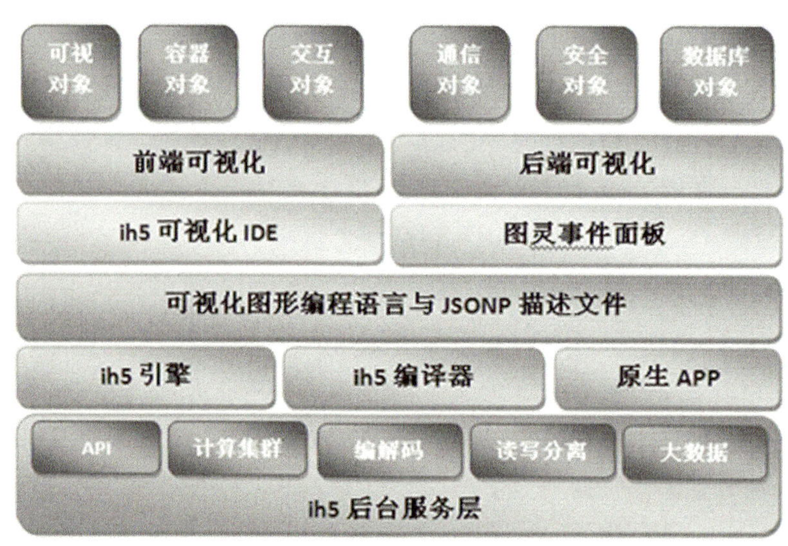

图 6　iH5 平台技术架构

2.2.2　设计与实现

（1）总体设计

新生小游戏采取先学习再闯关的形式，读者无需登录即可以进行学习。但是如果要答题闯关，需要输入学号和密码登录认证，只有当年的新生有权限答题闯关。登录以后倒计时开启，未在规定时间内通关则闯关失败。闯关部分共设置四个关卡——“入门篇”、“进阶篇”、“得分篇”和“终极篇”，每关五道题，总计二十道题，题目设置由简到难。题目范围涵盖馆藏资料、馆舍布局、规章制度、自助服务、文献资源的使用与获取、馆际互借、书刊荐购等。读者答对当前题目时才会出现下一道题，当前关卡题目全部回答正确时才可进入下一关，只要回答错误则闯关失败。新生小游戏的流程图如图 7。

作为一个以页面展示和交互为重点的游戏，新生小游戏功能逻辑的实现全部依赖于页面之间的层次结构。此外，页面的美化渲染工作基于 iH5 的排版容器和素材组件即可实现，新生小游戏所涉及的一些简单动效，基于为对象添加轨迹和路径的方式也可方便达成。

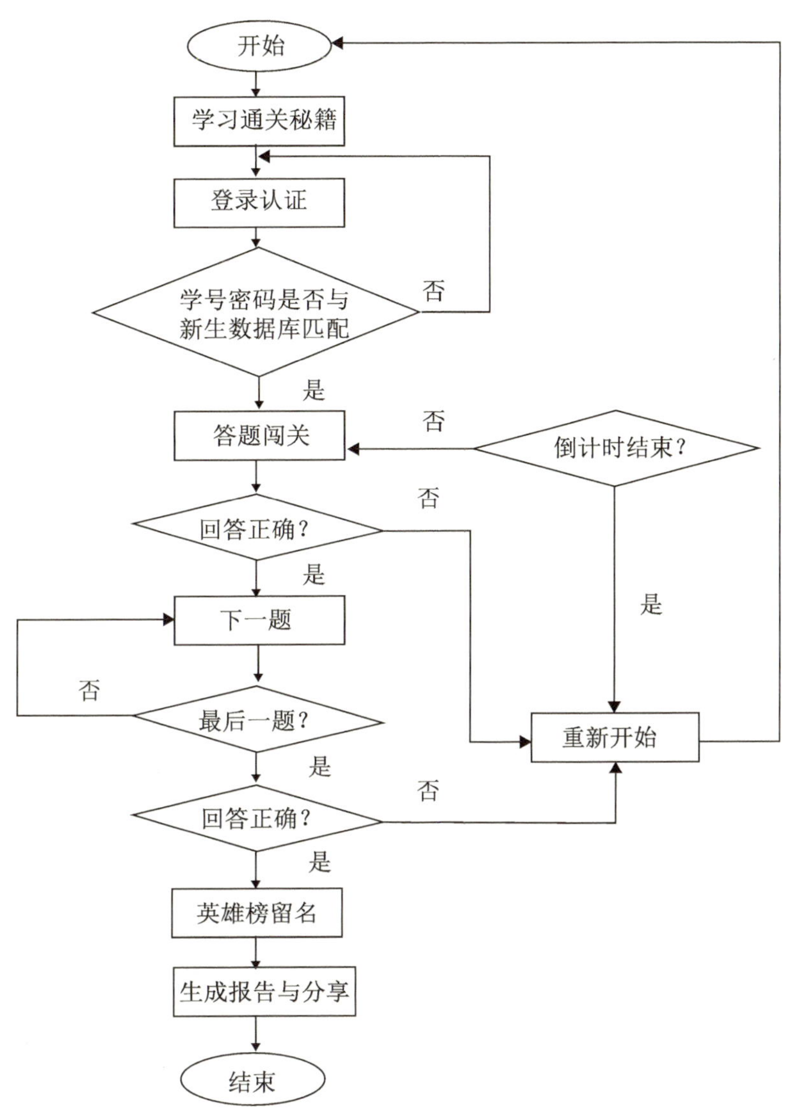

图 7　新生小游戏流程图

（2）关卡与题目设计

关卡是游戏设计的精髓，合理的关卡设计能够实现对玩家和游戏节奏的把控，引导玩家达成目标，使游戏富有趣味性。新生小游戏作为答题类游戏，需要在关卡设计和题目选取做合理的设计。馆员首先将新生入馆教育内容以及图书馆的常见咨询问题整理成题库，划分成了不同的类别；再将各个类别的题目设计成简、中、难三种等级的题目；最后再从不同的类别中按照如下规则选取题目："入门篇"简 60%、中 40%，"进阶篇"简 40%、中 60%、"得分篇"中 60%、难 40%，"终极篇"中 40%、难 60%。为了增强趣味性，将部分题目的选项也尽量处理得较为幽默。为了实现较好的互动娱乐体验，通关提示也尽量使用了富有青春气息的话语。如通关"入门篇"时弹出："哎呦，不错呦！看来你已经对我们图书馆的情况有了基本了解！"；通关"进阶篇"时弹出："童鞋，这还只是热身！还敢继续闯一闯吗？"；通关"得分篇"时弹出："真令人刮目相看！你简直可以当图书馆的代言人了！"；通关"终极篇"时弹出：

“恭喜通关！英雄，你已经参透图书馆的奥秘！资深馆员也惊叹于你的信息素养。”

（3）关键功能实现

小游戏的后台需要有数据库存放新生名单以供登录认证。iH5 的数据库组件可以很方便地在对象树下添加数据库，并添加相应的字段和导入数据。导入成功后，采用绑定事件的方式，加入判断读者输入的用户名和密码与数据库是否匹配的逻辑。此外，由于需要对通关成功的读者依据通关顺序和通关时长给予奖项，需要再设计一个数据库存放通关成功的新生数据，并记录通关时间和所用时长，事件绑定的方法与用户认证的处理类似，但获取所用时长需要用到触发器。

iH5 的触发器组件可以实现触发后定时执行的操作。新生小游戏在认证成功后使触发器播放，最后一题回答正确时触发器暂停，将触发器的用时时长插入数据库的相关字段，这就是通关时长的数据来源。图 8 显示通关读者数据的提交，此时系统将触发器的用时计数插入数据库。姓名和学号的值是两个静态变量，取自读者认证成功后在新生数据库中查找到的学号和姓名值，查找成功时将值赋给一维数组，再从数组中动态获取该值。

新生小游戏利用 iH5 的倒计时组件设计了 300 秒的通关倒计时。未在此规定时间内答完全部题目者，闯关失败的提示对象会出现。读者确认重新开始后整个小游戏将重新加载。为渲染游戏的轻松氛围，小游戏设计了背景音乐，读者开始闯关时自动触发，可通过点击音乐组件的标志停止或播放音乐。

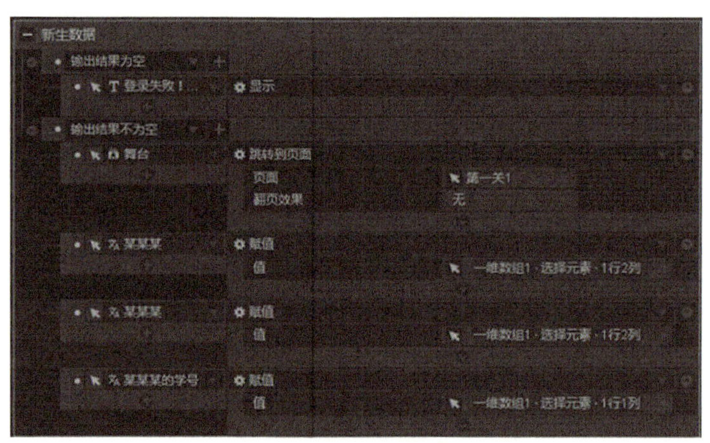

图 8　姓名与学号的动态赋值

2.2.3　运行效果

新生小游戏封面设计为收到一封新邮件的动效，引导读者点开邮件读取游戏攻略，并将新生入馆教育内容嵌入其中；利用 iH5 的微信组件，小游戏实现闯关成功后基于微信生态圈的分享，并与移动设备和微信生态圈良好融合，如图 9 所示。

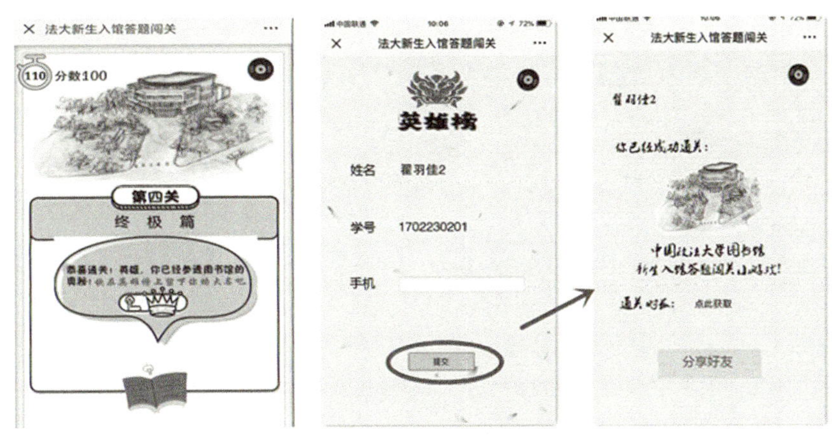

图 9 通关成功及信息提交

3 总结与思考

法大图书馆由于资金、技术、人员等条件的限制，所有的自主研发工作既没有像大部分高校那样与软件服务公司进行合作，也没有成立专门的系统研发团队，而是全靠图书馆系统部的部分馆员在繁忙的系统维护中完成。而事实上，法大图书馆面临的这两个条件的不足正是制约自主研发工作的瓶颈。重庆大学图书馆在推广其自主研发经验时曾说过，“图书馆需求设计+软件服务商开发的建设模式值得推广”,[14]而即使没有商业公司的支持，部分理工类院校或综合类院校的图书馆采取与学院合作的方式完成自主研发，政法大学作为文科院校也没有这方面的支持。面对着新技术的不断冲击与现有客观条件局限性的张力，法大图书馆的自主研发工作“艰难”地历时五年，在服务中寻找需求，在实践中获取成长，取得了一些经验的同时，也总结了一些不足。

优势在于积累了较好的关于阅读推广和信息素养教育方面的研发经验，即所谓“前端”技术的储备，使“小”应用窥见“大”服务，实现技术与服务的融合；缺憾在于数字资源管理和资源揭示方面，即“后端”技术少有涉及，因而无法实现数字化资源集成系统的自主建设。因此，下一步法大图书馆自主研发的努力方向，一方面是保持优势，加强前端服务的开发，如移动服务就是一个重点，图书馆可将自主研发向移动应用拓展，朝智能化、趣味化、多元化的方向发展。另一方面是弥补不足，即对数据、算法、逻辑等服务器端开发技术栈的储备，实现诸如继续利用开源技术和开源软件，构建符合我校法学学科强校发展诉求的法学学科服务平台等需求。

事实证明，仅凭单个馆员对现有的开源软件进行开发和使用是远远不够的，如果不与其他馆或者软件公司的技术力量进行联合，只会越走越慢。因此，既要加强对技术人员专业知识的培养，还要走出去，加强同行之间的交流，以便更好地为自主研发工作提供坚实的技术基础。

尽管在法大图书馆的自主研发工作有着诸多局限，从事技术开发工作的馆员们一直秉承“读者至上”的服务理念和“终身学习”的专业精神，这些已有的研发实践相信对其他高校图书馆的自主研发信息工作也有一定的启发。无论图书馆打算如何实施自主研发，最重要的是切忌概念的空谈和炒作，信息技术之于图书馆的发展，已经历数代，图书馆界也相应提出了诸多理念。自主研发是图书馆在发展过程中出现的贴合图书馆新理念、紧跟技术新潮流的概念，如果图书馆把这个工作铺开得太大，技术涉及得太泛，而研发重点放在技术对本馆服务的应用上，那么自主研发永远只是纸上谈兵。实践是检验真理的唯一标准，这一点是自主研发的核心价值。

阮冈纳赞曾说，“图书馆是生长着的有机体”。图书馆之所以是有机体，就是因为馆员们始终以人的需求为起点，以自我价值的实现为旨归，不断学习和充实自己，只有馆员自身成为了不断生长着的有机体，图书馆才能与时俱进。

参考文献

［1］许天才等：“自主创新为主导的图书馆系统研发历程——以重庆大学图书馆为例”，载《图书馆论坛》2017 年第 4 期。

［2］陈大庆：“国内外电子资源管理系统研究综述”，载《图书馆论坛》2014 年第 7 期。

［3］刘昆雄等：“国内外高校图书馆科研数据管理工具应用现状调查——以部分‘双一流’和世界一流大学图书馆为例”，载《新世纪图书馆》2019 年第 6 期。

［4］牛雪峰等：“基于汇文系统的第三方读者服务实践——离校系统和入馆教育系统的实施与成效”，载 http://www. chinalibs. net/ArticleInfo. aspx? id=447224，最后访问日期：2019 年 12 月 31 日。

［5］齐晓晨、孙臻：“数据与读者互动的新模式：实时交互综合数据墙的自主研发及应用——以中国海洋大学图书馆为例”，载《情报探索》2019 年第 10 期。

［6］刘雪兰：“基于用户导向的图书馆服务创新路径研究”，载《图书馆工作与研究》2014 年第 10 期。

［7］国务院：“统筹推进世界一流大学和一流学科建设总体方案”，载 http://www. gov. cn/zhengce/content/2015-11/05/content_ 10269. htm，最后访问日期：2019 年 12 月 31 日。

［8］都平平等：“开放源码软件及开源软件 DSpace 在图书馆的应用”，载《现代情报》2009 年第 3 期。

［9］刘增杰、姬远鹏：《精通 PHP MySQL 动态网站开发》，清华大学出版社 2013 年版。

［10］翟羽佳：“基于 Web 的高校图书馆毕业留念系统设计与实现”，载《软件导刊》2015 年第 9 期。

［11］“W3C 中国”，载 http://www. chinaw3c. org，最后访问日期：2019 年 10 月 19 日。

［12］陈恒、张一鸣编著：《Struts2 框架应用教程》，清华大学出版社 2016 年版。

［13］胡昌平等：“个性化信息服务中的用户偏好与行为分析”，载《情报理论与实践》2008 年第 1 期。

［14］软件开发技术联盟编著：《PHP 开发实例大全（提高卷）》，清华大学出版社 2016 年版。

［15］“iText 项目主页”，载 http://www. lowagie. com/iText，最后访问日期：2019 年 10 月 19 日。

［16］“java excel api（jxl. jar）库基础操作学习”，载 http://blog. csdn. net/cloud_ huan/article/details/61416467，最后访问日期：2019 年 10 月 19 日。

［17］朱玉强：“微信小程序在图书馆移动服务中的应用实践——以排架游戏为例”，载《图书馆论坛》2017 年第 7 期。

［18］“iH5 互动平台”，载 https://www. ih5. cn，最后访问日期：2019 年 10 月 19 日。

高校人权专业中文图书文献资源保障实证研究
——以中国政法大学人权研究院为例

宋姗姗*

中国政法大学图书馆

摘　要： 文章以中国政法大学人权研究院近三年的硕博士学位论文的引文为样本，对引文量、引文文献类型、引文语种等情况进行统计分析，重点对中文图书和译著的收藏和缺藏情况进行了分析。通过数据分析硕士、博士学位论文引用的中文图书的保障率分别为92%和89%，馆藏资源基本满足读者的文献需求。

关键词： 人权研究院；引文分析；图书保障率

分类号： G647

1　引言

图书馆作为高校重要的教学科研服务机构，提升其文献保障水平是文献资源建设的重要工作内容。高校在期刊资源和图书专著方面的资源投入必不可少，包括电子数据库的购置和纸质藏书库的建设。在经费一定的情况下，高校在结合自己的办学优势和专业特色，如何提高文献保障水平非常值得研究。目前文献保障水平的技术研究主要集中在期刊方面，而关于图书专著资源的保障情况对高校学科建设和优质专业的保障和促进作用的研究较少。因此，针对图书专著等文献资源保障水平提升方面的研究非常必要。

学位论文具有较高的科研水平，在一定程度上代表着该学科的前沿和创新。读者在撰写学位论文时，需要多方面搜集支撑其研究的文献资料。对某专业学位论文进行引文分析，可以发现该学科科研信息需求的一般规律和特点，一定程度上能够反映图书馆现阶段的文献保障能力。

* 作者简介：宋姗姗（1981～），女，辽宁大连人，研究方向为图书馆资源建设，副研究馆员，硕士研究生，通讯作者邮箱：songshanshan@ cupl. edu. cn。

2 高校文献资源保障研究现状

2.1 概念释析

引文分析（Citation Analysis）是指利用数学及统计学等逻辑方法对科学期刊、论文、著者等各种分析对象的引证与被引证现象进行分析，进而揭示其数量特征和内在规律的一种文献计量分析方法。[1]作为一种能够将用户利用与馆藏资源建设相结合的研究方法，该方法可以评价某一学科或某一领域的文献保障情况。加菲尔德提出将引文索引用于检索科技文献资源的设想。从此引文分析开始逐渐成为科学计量学研究领域的重要研究方法。

文献资源保障水平标志着馆藏建设或文献资源建设的水平，是国家地区或机构研究管理和决策能力的组成要素之一。[2]

2.2 研究现状

目前国内对文献资源的保障研究按照文献类型可以分为期刊保障研究和图书保障研究，由于引用图书的信息导出后与馆藏的匹配工作比较复杂和繁琐，所以对图书专著的研究保障较少。华东师范大学图书馆对传统文科中文图书保障统计分析，[3]北京师范大学以民俗学学位论文为研究对象对高校特色人文社科专业图书文献保障研究[4]，北京工业大学图书馆以面向专业评估的图书馆文献保障服务进行实践研究[5]，通过相关研究了解图书资源的保障程度，对缺藏文献进行分析，从而为图书馆文献资源建设提供策略。

3 数据来源及保障程度划分

中国政法大学人权研究院，以法学优势专业为基础，开展人权理论研究，推动大学人权教育，组织实施面向教师和实际工作者的人权培训，向公众传播普及人权知识，为政府部门和社会团体提供咨询服务，与国内外相关机构和个人进行学术交流与合作，培养了大批法学人才。[6]为了更深入地分析挖掘图书采购技巧，有效保障专业发展，本文以我校人权专业近三年（2016 年~2018 年）的硕博学位论文为例进行了小样本分析，研究发展新型创新学科与增强文献资源保障能力的相关性，进行图书保障程度的评价分析，从而研究在有限经费下，通过合理采书提升和增强我校优势专业的方法，合理节约书费，实现高效利用，为图书馆文献资源建设提供参考与借鉴。

3.1 数据采集

本次研究从中国政法大学图书馆博硕士论文提交系统收集到近三年（2016 年~2018 年）人权研究院 33 篇学位论文，其中硕士论文 27 篇，博士论文 6 篇，同时将论文中的参考文献按照相应的类型进行了区分。引文总体分布情况见表 1：

表 1 2016 年~2018 年中国政法大学人权研究院博硕士论文及引文数量分布（数量：条）

学位论文类型	论文总数	引文总数	篇均引文数	中文图书引文数	外文图书引文数	中文译著引文数
硕士	27	2352	87.1	363	83	99
博士	6	1505	251	121	186	144

续表

学位论文类　型	论文总数	引文总数	篇 均引文数	中文图书引文数	外文图书引文数	中文译著引文数
总计	33	3857	338.1	484	269	243

3.2 图书保障程度划分

本次研究根据图书字段的匹配程度，设置图书文献的保障等级。A 级等级为完全保障即书目信息（题名、出版社、责任者、出版年）这四个字段完全一致；B 级等级为题名、出版社、责任这三个字段一致，出版年和版本不同，比如再版图书；C 级等级为图书馆无纸本资源，但是图书馆有电子文献资源全文作为补充；D 级保障为无纸本资源，图书馆仅有电子文献资源的试读、文献传递等；E 级保障为最低，纸质和电子资源本馆均未收录。

3 图书引文的保障率实证研究

3.1 引文基本情况分析

3.1.1 引文数量分析

引文数量是论文中所著录的参考文献数量。通过引文数量的分析，不仅可以揭示文献引证与被引证双方的相互联系，而且还可以从定量的角度反映出主体之间的联系强度[7]。从表 1 中我们看出，硕士和博士研究生在撰写论文的过程中，所引用的文献数量有一定差距。在博士研究生阶段，篇均引文数达到了 251 条，远远高于硕士研究生的篇均引文 87.1 条。

3.1.2 引文类型分析

科学研究中引用的文献类型覆盖范围很广，有期刊论文、图书、学位论文等。对被引文献的类型进行分析，将有利于确定参考文献搜集的重点。引文的数量、类型等数据能够反映该领域文献资源需求的特征和规律。本文将 33 篇学位论文的引文类型进行了统计分析。6 篇博士论文的引文类型中图书类共计 451 条，占据了全部引文的 30%；期刊论文类 688 条，占全部引文的 45.7%。27 篇硕士论文的引文类型中图书类共计 545 条，占据全部引文的 23.2%。论文类 889 条，占全部引文的 37.8%。除了图书、论文的引用，学位论文引文中还覆盖了法律法规、案例以及法律文件等，博硕士分别占 24.3% 和 40% 的比例。从上述数据中可以看出博士学位论文的引文更倾向于图书和期刊，多为学术类专著类的正式出版物。硕士学位论文的引文在文献类型上更具有多样性，参照案例法规以及网站的信息较多，说明博硕士在利用文献的途径和偏好上有所不同。

表 2　博硕士论文引文类型情况（数量：条）

引文类型	中文图书	中文译著	外文图书	中文期刊论文	外文期刊论文	其他类型（判例、法规等）
博士	121	144	186	323	365	366
硕士	363	99	83	616	273	994

3.1.3 引文语种分析

引用文献是由不同语种的文献构成的。某一语种的文献被引用量愈大，则说明该语种比较常用和重要。考察和分析引文语种的分布，对于图书馆引进外文文献、译文选题、外语教育等，颇有参考价值。对人权研究院近三年的博硕士学位论文的引文进行分析，发现引文的语种以中英文为主，占据了本次引文的 100%，并没有其他小语种引文。

3.2 博硕士学位论文图书引文具体情况

在图书的引用方面，引文数量反映出作者收集材料以及吸收、借鉴他人研究成果的情况，通过将图书馆购买的纸质资源与电子图书进行对比分析，也能在一定程度上反映图书馆的文献保障率[8]。本次主要分析博硕士学位论文引文中的中文图书和中文译著的保障率情况。

博士学位论文中引用的图书共计 451 条，其中中文图书 121 条，共覆盖 43 家出版社，引用最多的为法律出版社 23 条，其次为中国政法大学出版社 12 条和中国社会科学出版社 10 条，排名前五的出版社与该学科核心出版社保持一致。在图书的引用年代上分布比较分散，最早的一本图书为 1937 年，最新的为 2016 年。同时近三年（2016 年~2018 年）的博士学位论文所引用的中文图书出版年度以 2006 年、2007 年、2008 年这三年出版的图书为主，这说明人权专业学位论文引用的图书并非是最新出版的，而是出版发行十年左右的经典图书。其中 2007 年出版的图书引用最多为 13 条，其次为 2008 年的 11 条和 2013 年的 10 条。

表 3 博士学位论文引用中文图书排名前十出版社和出版年

出版社	引用的条数	出版年度	引用的条数
法律出版社	23	2007	13
中国政法大学出版社	12	2008	11
中国社会科学出版社	10	2013	10
北京大学出版社	8	2006	9
中国法制出版社	8	2009	8
山东人民出版社	5	2011	8
社会科学文献出版社	5	1999	7
元照出版有限公司	4	2004	7
群众出版社	3	2010	7
人民出版社	3	2016	6
小计（条数总和及占比）	81（66.9%）		86（71%）

硕士学位论文中引用的中文图书共计 363 条，共覆盖 95 家出版社，其中引用最多的为法律出版社 74 条，其次为中国政法大学出版社 33 条和北京大学出版社 22 条。硕士学位论文引用图书的出版社前五名和博士学位论文引用的保持一致，也是该学科的核心出版社。在引用的图书年代分布上虽然时间跨度上比较大，最早的一本图书为 1978 年，最新的为 2017 年，但是整体分布上还是相对比较集中，其中 2011 年出版的图书引用最多为 40 条，2006 年、2004 年和 2013 年出版的图书被引用了 80 条。

表 4　硕士学位论文引用中文图书排名前十出版社和出版年

出版社	引用的条数	出版年	引用的条数
法律出版社	74	2011	40
中国政法大学出版社	33	2006	28
北京大学出版社	22	2004	26
社会科学文献出版社	19	2013	26
中国人民公安大学出版社	16	2008	23
中国社会科学出版社	16	2012	20
中国人民大学出版社	11	2014	18
中国法制出版社	10	2016	18
商务印书馆	9	2005	17
知识产权出版社	8	2015	17
小计（条数总和及占比）	218（60%）		233（64.2%）

3.3　中文图书保障率实证研究

3.3.1　实证研究采用的方法

由于论文撰写者在著录参考文献的图书资源时缺乏统一标准，有些著录项目不全，或者著录得不规范，在与图书馆藏书进行比对之前，本文先对中文图书及译著的引文进行规范化处理，将图书引文参考文献按照题名、责任者、出版社、出版年进行细分。

鉴于馆内图书资源数量较大、无法实现自动匹配，因此本次研究采取人工判断的方式，使用中国政法大学图书馆的书目检索系统检索并判定保障类型与纸质资源保障情况，[9] 在纸质资源未保障的情况下再结合读秀知识库、中文电子书数据库核查数字资源的分布与获取，最终判定数字资源的保障情况[10][11]。

3.3.2　实证研究结果

根据设置的保障率等级，将博硕士学位论文的图书引文与馆藏书目检索系统和数据库资源进行了详细的比对，结果如表 5 所示：从表 5 中可以看出，博士学位论文引文中文图书 A 级、B 级、C 级的保障率达到了 89.3%，与此同时也有 4.1%的图书文献资源无论在纸质还是电子版都没有得到保障。在硕士学位论文的图书引文中，中文图书和译著的综合保障率都相对来说比较高，（前三个等级）达到了 92%，尤其是在中文图书的保障率中，仅有 1.2%的图书无纸质和电子资源。

表 5　博硕士学位论文中文图书和译著引文的具体保障率

等级	博士学位论文引文				硕士学位论文引文			
	中文图书（121 条）		中文译著（144）		中文图书（363）		中文译著（99）	
	保障条数	比率〔1〕	保障条数	比率	保障条数	比率	保障条数	比率
A 级	101	83.5%	126	87.5%	318	87.6%	83	84%
B 级	5	4.1%	9	6.3%	14	3.8%	6	6%

〔1〕比率：保障条数与该类型总条数的比值。

续表

等级	博士学位论文引文				硕士学位论文引文			
	中文图书（121 条）		中文译著（144）		中文图书（363）		中文译著（99）	
	保障条数	比率	保障条数	比率	保障条数	比率	保障条数	比率
C 级	2	1.7%	4	2.7%	8	2.2%	2	2%
D 级	8	6.6%	3	2.1%	19	5.2%	4	4%
E 级	5	4.1%	2	1.4%	4	1.2%	4	4%

3.3.3 实证研究对比分析

经过数据处理与分析，综合来看目前我馆中文图书的保障率比较高，在无纸质资源的情况下，电子图书弥补了相应的不足。在近 727 条图书引文记录中（包含多人引用同一条书目信息）仅未收录 15 条图书记录（含一种重复图书），缺藏率为 2%。

北京师范大学图书馆对 2014 年民俗学专业硕博士学位论文的图书引文保障率达到 80.8%，对于被引频次不少于 2 次的图书，97.5%在北京师范大学图书馆都有入藏，可见北京师范大学图书馆对高被引的重点图书保障程度比较理想[13]。

复旦大学图书馆以数学学科为例，对外文文献资源进行保障研究。外文图书的缺藏率为 15.54%，其中高被引图书（被引频次大于 10）的缺藏率只有 3.03%，复旦大学在数学学科经典图书资源的保障工作较为成熟和突出。[15]

与此同时我们也要注意到对于博士学位论文中引用的中文图书总体的保障率低于硕士学位论文中引用的中文图书保障率，在以后的采购中还应多倾向于专业性、学术性上更强的图书，重点考虑学术性文献的保障建设。

4 结语

由于本次分析只是基于学校的一个学院近三年的数据，而且仅统计了中文图书保障率情况，在后续的研究中可以根据重点学科分类分次调查不同学科的资源保障情况，做到“每位读者有其书，每本书有其读者[1]”，提升读者文献信息需求保障率。

参考文献

[1] 邱均平：《信息计量学》，武汉大学出版社 2007 年版。

[2] 侯利娟等：“高校图书馆外文文献资源保障研究——以复旦大学数学学科为例”，载《图书馆》2018 年第 1 期。

[3] 段双喜：“华东师大图书馆传统文科中文图书保障统计分析——基于‘联合保障’的数据”，载《图书馆》2016 年第 3 期。

[4] 秦婷玉等：“高校特色人文社科专业图书文献保障研究——以北师大民俗学学位论文为例”，载《图书馆论坛》2018 年第 7 期。

[5] 郭振英：“面向专业评估的图书馆文献保障服务实践——以北京工业大学图书馆为例”，载《情报探索》2018 年第 2 期。

[6] “中国政法大学人权研究院官方网站”，载 http://rqyjy.cupl.edu.cn/bygk1/byjj.html ，最后访问日期：2019 年 12

[1] [印] 阮岗纳赞：《图书馆学五定律》，夏云等译，书目文献出版社 1988 年版，第 355~356 页。

月 22 日。

[7]“中国政法大学图书馆书目检索系统”，载 http://202.205.72.204:8080/opac/search.php，最后访问日期：2019 年 12 月 22 日。

[8]“中华数字书苑”，载 http://www.apabi.com/cupl/? pid=dlib.index，最后访问日期：2019 年 12 月 22 日。

[9]“读秀知识库”，载 http://www.duxiu.com/，最后访问日期：2019 年 12 月 22 日。

[10][印] 阮冈纳赞：《图书馆学五定律》，夏云等译，书目文献出版社 1988 年版。

“互联网+法律信息资源”开放获取的研究*

孙红莺**

杭州师范大学沈钧儒法学院

摘　要：互联网的快速发展以及“互联网+”的兴起，对很多行业都产生深远的影响。通过对“互联网+”和国外法律资源开放获取的现状分析探讨，提出具体的“互联网+”与法律信息资源开放获取相融合的建议，即通过构建“互联网+法律信息”共享平台来实现法律信息资源开放获取的全面覆盖、可视化、移动互联、跨界融合、深度应用、透明便民以及线上线下相融合的创新服务。

关键词：法律信息资源；开放获取；“互联网+法律信息”；线上线下；移动互联

分类号：G250. 74

21世纪是以信息化为主要特征的知识经济时代，伴随着计算机技术、多媒体技术、网络技术、移动通讯技术、物联网技术的迅速发展，“互联网+”这一概念在2015年3月国务院总理李克强的政府工作报告中提出，代表了“互联网+”的兴起。这不仅成为社会关注度极高的焦点，而且将推动各行各业在“互联网+”的改革与发展。[1]在“互联网+”时代，法律信息资源的开放获取工作必须做好以适应“互联网+”用户需求。如何进一步挖掘法律信息资源的内在价值以及创新方式等将成为信息管理者、研究者和从业者所关注的热点。

1　“互联网+”内涵

“互联网+”中的互联网是指一种以云计算、大数据和人工智能为代表的新一代信息技术，其中的“+”是代表互联网对其他各行各业的催化作用，以新形态的互联网来引爆传统行业的改革和发展。[2]“互联网+”可以解释为“代表一种新的经济形态，即充分发挥互联网在生产要素配置中的优化和集成作用，将其创新成果深度融合在经济社会各领域之中，提升实体经济的创新力和生产力，形成更广泛的以互联网为基础设施和实现工具的经济发展新形态”。[3]

2　法律信息资源开放获取现状

2.1　法律信息资源

法律信息资源是指记录有立法机关制定的、国家政权保证执行的行为规则的一切载体，经过专业人员收集、鉴别、挑选和加工，使之有序化、系统化并方便用户获取利用的资源。它不仅是指法律信息，还包括法律信息服务和法律信息系统。

* 基金项目：杭州市哲学社会科学规划课题项目“人工智能背景下法硕人才培养新模式探究”（项目编号：Z19JC078）。

** 作者简介：孙红莺（1970～），女，浙江杭州人，副研究馆员，硕士，主要研究方向为信息资源管理服务；通讯作者邮箱：tongtong425@ 126. com。

随着现代化信息技术的进步，法律信息资源形态更加多样化，信息获取的手段以及信息存储的载体从纸质的扩展到了电子、在线等，互联网的广泛使用又为法律文献资源的利用创造了条件，通过互联网用户可以使用规模和质量相当的法律数据库，查询到世界各国的法律和判例等；通过网络可以订阅电子法律期刊读物，可以与全世界的专家学者同行进行交流和探讨；通过互联网可以促进法律教学相长，可以使律师事务所等法律实务机构更有效沟通。

2.2 开放获取的定义和政策内容

开放获取（Open Access，简称 OA）运动大规模兴起于 20 世纪 90 年代末，为缓解“学术期刊危机”，创建真正服务于科研的学术交流与传播体系，在世界各国的学术界、出版界和图书馆界引起广泛关注的一项创新运动，也是一种学术信息免费共享的理念和机制。按照“布达佩斯开放获取倡议”中的定义：开放获取的作品在互联网是免费提供的，允许任何用户阅读、下载、复制、分发、打印、检索或者链接至全文的内容，允许建立索引，用作软件的输入数据或其它任何合法用途。在上述使用中，不受财力、法律或技术的限制，而只需在存取时保持作品的完整性，以及作品被引用时要求注明相应引用信息。[4]开放获取定义的核心就是开放获取的作品是存在于互联网的、数字的、免费的以及不受版权等的限制。

目前实施开放获取政策的各机构主要集中在欧洲和美洲地区，在美洲的美国实施开放获取的机构占 66.84%；欧洲的英国机构数量占 26.34%，主要的机构分为五类：基金、基金与研究机构、多研究机构、整个研究机构和研究子机构。[5]开放获取政策保障内容的质量，对所收录的内容进行规定，保证存储内容的科学性和可靠性；对在论文处理和提交的过程中所需的费用由相关资助机构提供。开放获取政策具有强制性和激励机制共存，开放获取的形式灵活，有开放出版，即期刊或会议论文出版后立刻可以开放获取，鼓励通过开放出版实现免费获取；有开放存储，即期刊或论文出版后先存储到相关的知识资源库中，通常 6~12 个月后再开放获取，保证相关出版商的利益和研究者相应的权益。

随着区域性和全球性开放获取联盟的出现和发展，促进了开放获取知识库建制的进一步发展。据 OpenDOAR 户网站的统计，截至 2017 年 2 月 28 日，开放获取机构知识库的数量已经增长到 3335 个，且近 3 年来知识库数量呈稳步增长趋势，[6]许多国家和地区仍在不断加强知识库建设。

有关各级各类开放获取的实施战略、开放获取政策、开放获取模型以及更多文献类型的开放获取实践都在迅速发展。学者段美珍[7]认为开放获取已经从讨论走向实践，开放获取基础设施不断加强，已经取得强劲发展势头。除了欧美等国家之外，东南亚和非洲欠发达地区也积极响应并有参与；开放获取知识库中的存储、标识、标准和元数据、实现多台内容整合的索引类工具等服务成为优化开放获取资源利用的重要前提和保障；开放同行评议、质量控制、APC 价格和付费机制成为开放出版的关注重点；开放数据的采集、存储和共享成为实施关键。但针对法律信息资源开放获取的研究还不多见、邢启迪等从信息资源组织角度对各类法律资源之间关联进行深入分析，使用本体来构建法律资源的语义模型，[8]但是没有深入研究关联法律数据的框架建设以及数据集的挖掘和可视化等问题。

3 国外法律信息资源开放获取的情况

3.1 美国

美国官方和非官方的法律资源开放获取来源很多，包括美国国会、政府部门、图书馆、高校、社会团体和商业机构等提供的，读者用户可以通过这些开放获取来源全部、部分或通过链接获取美国法律资源。

美国自1996年颁布了《信息自由法》，规定除涉及国家秘密、商业秘密、个人隐私及其他法律明文规定免除披露义务的政府信息以外，各行政机构都有适当地记录、保存及公开信息的义务，以保证任何人都可以方便快捷和免费获取政府应该公开的信息。2003年美国的《免费获取法律宣言》提到：法律资源是人类的共同财产，应当尽最大可能提高其可获取性，宣传法律与正义；法律资源应尽可能免费获取；创建和控制法律的政府部门应向公众提供获取法律资源的途径以便非营利机构进行出版和传播。[9] 2009年美国知名法律图书馆联合签署《达拉谟声明》设想大规模建设生产和传播法律学术成果，号召法律学院仅仅使用机构知识库的方式发行期刊，并停止印刷型期刊的发行。[10]

美国开放获取法律资源的来源主要有美国国会、政府法律部门、民间机构、学术团体、商业机构等。法律资源的开放获取方式有门户网站，免费法律数据库，学术机构的开放获取期刊和知识数据库，学者专家的博客、个人主页、论坛等。其中，最有知名度的是“开放存取期刊目录”（Directory of Open Access Journal，简称DOAJ）[11]，收录包括法律在内OA期刊名录以及PDF期刊文章；还有“社会科学研究网”（Social Science Research Network，简称SSRN），一个免费的社会科学论文存储开放平台，内容包括法律等类别的专题知识库。[12]

政府部门提供的法律资源最具有权威性，多为原始法律信息，提供此类法律资源的网站多以gov为后缀名，美国50个州的法律信息多以州政府立法机构的官方网站形式公布，成立法律信息开放获取系统。例如，美国的新泽西州成立一个新泽西法律信息委员会（简称JLIB），主要有法律信息在线项目、刑事审判体系一体化和民事司法程序合理化，使得法律和法律程序更容易被大众获取。民间机构（行业协会）自发组织收集的法律资源既有原始法律信息，又有二次法律文献，网站以org为后缀名。

学术团体中最有名的是美国康奈尔大学法学院“法律信息研究中心”，汇集美国的法律资源，有最高法院的判例、超文本版的美国法典、美国宪法、联邦条例、联邦证据规则和联邦民事审判规则等。对收集的法律文献信息进行整合加工，学院自编制定法名称索引，可以为全球法律从业人员、普通公民提供法律信息服务。美国的一些高校和法学院主要通过开放期刊和知识库实现法律资源的开放获取，例如杜克大学法学院就是通过Web Journals期刊和Faculty Scholarship Repository来实现，利用Eprints软件在本地服务器创建本教职工学术知识库，其中的论文还可以在Google或OAIster检索到。[13]还有美国普林斯顿大学信息技术政策中心的“法律简要回顾”致力于法庭的记录开放获取，通过安装FireFox扩展插件从联邦司法部的收费系统获取资源，免费网络公开。[14] Westlaw、LexisNexis和HeinOnline是美国目前最具影响力的法律数据库，收录范围广泛完整，信息具有权威性，数据加工比较科学，同时拥有友好的用户界面和人性化的服务。

3.2 英联邦国家

英联邦国家的政府为了推进政府信息公开，一般通过网络通报政府法律信息，可以通过官方网站查找法律原始资源，英国没有成文宪法，只有有关最新宪法、平民两院改革的网站，英国的立法信息可以通过英国皇家文书局网站查询。英国制定法规出版物，按编年出版的《普通公法集》全文刊登议会当年制定和颁布的所有普通法律和法令。英国的议会在线网站收录英国官方文档、绿皮和白皮书、法令、议案和议会讨论文件等。英国法律在线收录自1987年以来的成文法、英国议会法令网站、英国州法院和高等法院网站资源。

澳大利亚的官网可以全文浏览澳大利亚宪法。澳大利亚联邦议会收录澳大利亚议会的议案、法案以及各州地区的链接站点等。澳大利亚联邦立法官网网站收录大量的原始法律资源和最新的二次资源，有立法消息和案例报道等，网站中的案例报道更新比较及时。

英联邦国家的高校网站建设十分成熟，尤其是高校法学院创办的网站，其专业性和学术性较强，非常实用，收录有丰富的原始法律资源和二次法律资源，通过链接还可以查询到更多的其他相关法律信息，如加拿大约克大学法律图书馆网站，澳大利亚各法学院通过互联网信息共享，将不同科目的在线法律资源汇集在一个网站。

3.3 韩国

韩国倡导“信息服务”理念，在亚洲乃至全球的网络法律资源建设中占有一席之地。其法律资源的开放获取主要来源于政府官方网站和政府建设的免费数据库。韩国作为大陆法系国家之一，其法律体系结构由国会制定的各种成文法为主要内容，还包括国际条约、条例和指令。大韩民国国会官网网站中的国会情报系统包括了立法综合信息检索库、法律知识信息库、预算决算信息库、国政监查信息库、议案信息库、会议记录库、网络议事转播、视频会议记录和多媒体资料馆等 9 个子库。大法院网页上有大法院和司法部的机构简介，可以通过检索端口进行案件的检索。司法统计的菜单栏目中有法院的月统计报表、司法年鉴和法院统计月报等，可以免费下载；大检察厅网页上可以检索到 1990 年以来的检察报告文本、各类犯罪统计、刑事犯罪动向及一些研究资料，并且可以免费下载；法务部网页中主要是法律文本共四十部法律英文原文，提供免费下载，还包括一些相关法律、规则、立法预告、法令修改等信息等。

韩国法律资源开放获取另一渠道是免费的法律数据库，主要有国家法律信息中心数据库，由法制处开发，无需注册即可以免费试用，有法律条文、行政法规、自治规则、条约、判例、现行审决例、释义例等官方文本，可以综合检索下载获取；判例数据库可以从韩国宪法裁判所网页进入，利用关键词检索到判例、判例摘要集、发行文献和英文判例等，均可免费下载；韩国法制研究院研制的韩国法令英文数据库是韩国法律英文文本最全的数据库，注册之后即可使用，检索免费；专利数据库网站由韩国知识产权信息中心建立，可以利用关键词查询专利、设计、商标等所有相关文案。

通过以上国外的法律资源开放获取情况的分析，可以看出，无论是制度方面还是实践方面均比我国完善，并且已经形成一套较为完整的体系机构。政府、民间机构、学术团体、商业机构等都可提供法律资源的开放获取，同时保障信息公开化、多部门参与、法律资源的类型丰富、学界和社会各界力量协调作业，尤其是技术支撑力量非常强大。而国内的法律信息资源发展处于初创阶段，研发的产品形式、服务模式还未真正成型。

“互联网+”带来的不仅是技术上的进步，更是思维观念的转变，开放、共享、协同、融合才是互联网时代的主流思维，为此本文建议构建法律数据资源开放获取的共享平台，以共享数据交换为目标，按照“一数一源、一次采集、全面共享”的标准进行建设。[15]

4 实现“互联网+”与法律信息资源开放获取的融合建议

通过构建“互联网+法律信息资源”共享平台来实现数据开放获取，从而实现法律信息资源的全面覆盖、可视化、移动互联、跨界融合、深度应用、透明便民以及线上线下相融合的创新服务模式。

4.1 法律信息和数据的开放要符合国家和政府数据开放

法律信息资源的开放存取必须要符合国家和政府数据开放的基本原则和思路，根据我国提出政府开放数据的八项原则，在此提出法律资源信息开放获取的六项原则，即开放原则、保障安全原则、价值导向原则、质量保障原则、责权利统一原则和数字连续性原则，法律信息资源以开放共享为原则，不以任何注册登记等理由设置访问数据的障碍。首先是依法明确开放与保护隐私的关系，根据安全等级原则来确定数据共享的范围，被开放的法律数据资源应维护其连续性、检索性、呈现性和理解性；其次是开放的法律数据资源应具有一定的经济和社会价值，内容要完整可信及时更新，数据格式要方便使用，用户对下载后数据的使用行为负责。

4.2 法律信息资源的收集与整合

我们需要收集的法律原始信息存在的形式主要为文本信息，如法律法规一般由多个法律条款组成，随着时间推移会变成多个版本；而裁判文书引用法律条款，之间又有相互引用的情况。我们可以在法律条款和裁判文书之间按照一定的路径，获取相关信息，对这些文本信息再进行结构化分割，形成法律信息的原始资源。[16]

可利用的基础法律信息大多来自于网上各种法律数据库、各司法机关公布的法律文书，还有纸质版的各类信息，格式规范，既有法律的专业逻辑又有数据的相关性，可以通过超链接和搜索引擎关键词检索的方法进行收集，形成原始法律信息资源。运用计算机技术对收集的法律数据进行分类和数据预处理，转换成适合网络传播的数据，形成法律数据信息库。

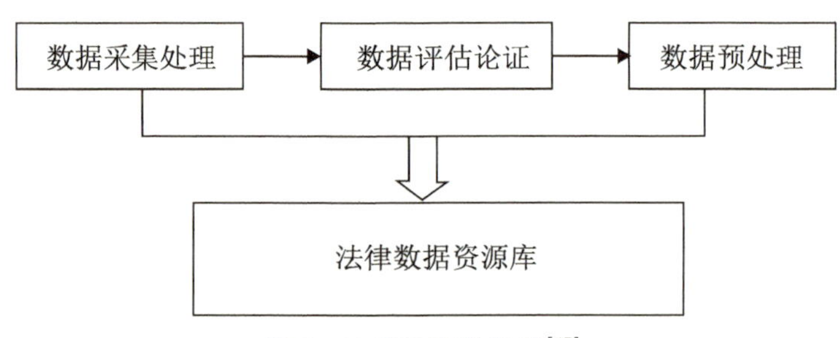

图1 法律数据信息库[17]

4.3 通过构建法律信息共享平台实现开放获取

法律信息共享平台整体构架，可采用MVC3层次体系结构（见图2），具体有信息存储层、业务逻辑层和应用服务层。信息储存层主要是数据库、用户数据等模型；业务逻辑层主要是对客户端服务器请求进行处理；应用服务层主要是对客户端提供应用程序的访问。

其中业务逻辑层是系统架构中体现核心价值的部分，可以应用先进的技术如文本挖掘、自然语言处理、概念关系词典等，对海量的法律信息进行智能检索、自动分类、自动聚类、关键词自动标引、自动文摘、信息过滤、关联规则挖掘，快速智能地进行信息挖掘，有效进行法律信息的知识管理（如图3所示）。

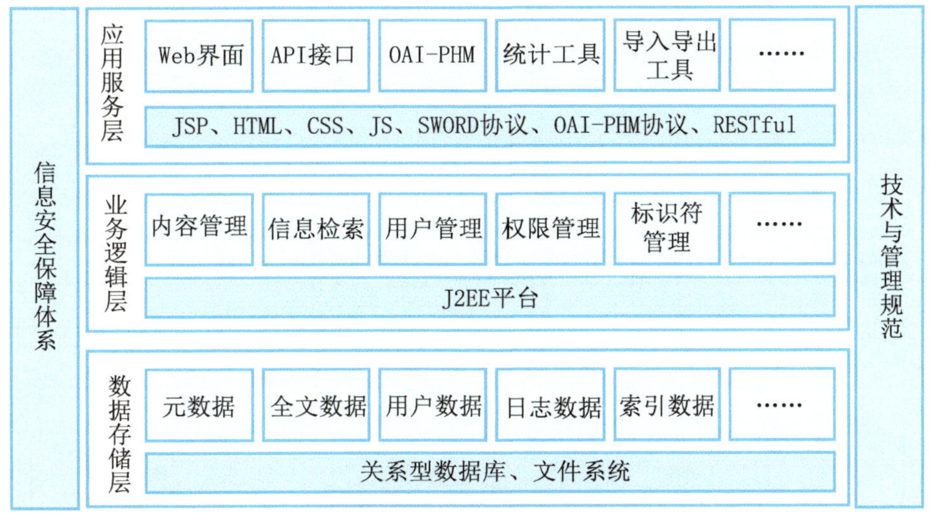

图 2 MVC3 层体系结构

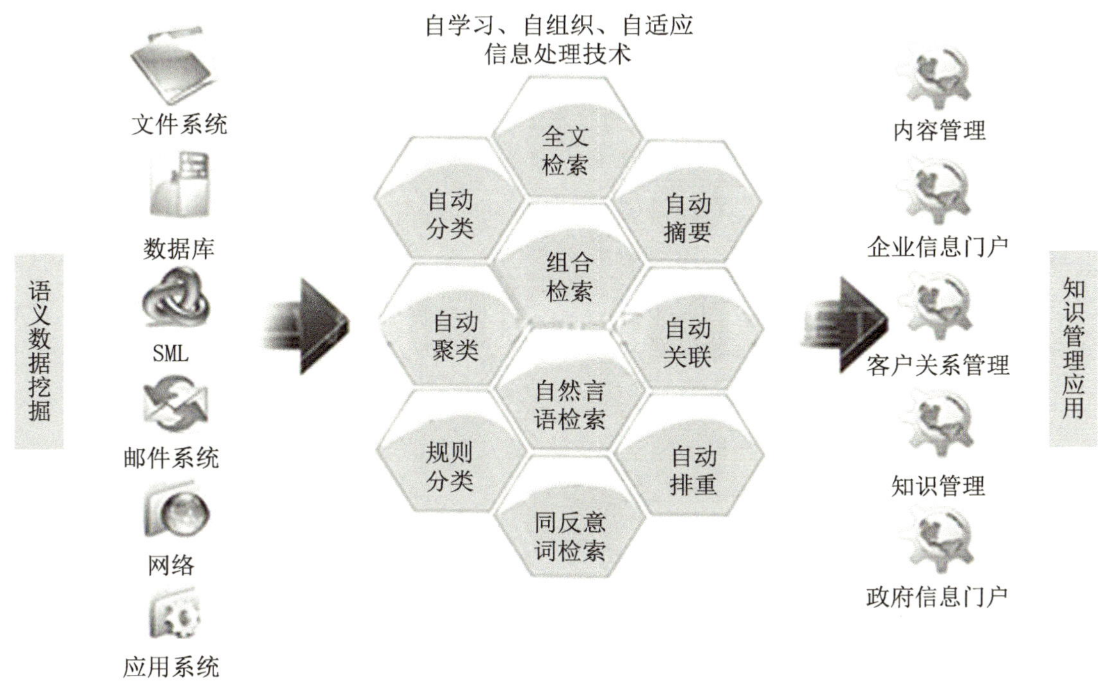

图 3 法律信息智能处理

4.4 构建“互联网+法律信息”线上线下（OTO）相融合模式

通过在“互联网+法律信息”系统中加入 OTO 模块，提供线上线下相融合的服务模式（见图 4）。首先需要制定和完善规则，提供规范的互联网工作系统以及先进的线上线下配套设备系统等，建立高效敏捷的平台。这样的融合可以打破时间和地域的限制，全程在网络上进行法律服务，包括在线的纠纷解决，可以通过网络提供法律依据来判断一些法律案件，如对一些银行信用卡纠纷、网上小额贷款纠纷及 P2P 民间借贷合同纠纷等事实清楚、案情简单的案件类型，当事人约定了网络仲裁条款和相应的网络送达条款，立案、送达、答辩、质证、审理均在线进行，从正式受理案件到作出裁决基本上在 30 天内即可完成，极大地创新了争议法律纠纷案件的解决方式。

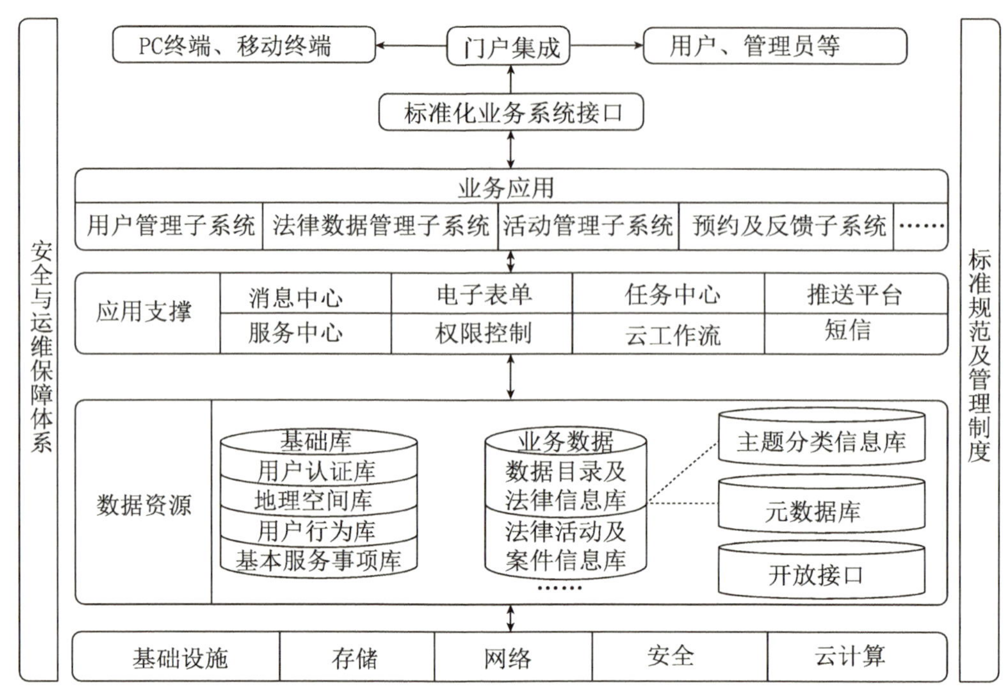

图 4　OTO 法律信息服务平台

4.5　实现“互联网+法律信息”移动互联模式

移动互联是移动互联网的简称，是运用互联网技术、平台、商业模式和应用于移动通讯技术相结合的总称。我们可以采用智能终端通用的 APP 技术，把法律信息资源库打造成一个体验感和便捷性很强的移动互联产品，将资源最大化地对用户开放。用户可以通过手机 QQ、微信、新浪微博等第三方认证注册的方式，在手机终端来访问法律信息资源共享平台，这样的模式可以给用户带来切实的诉讼“指尖上的便利”，网上办理各种法律事务，同时开通短信、网站、热线电话等多种渠道可以满足不同年龄阶段、文化层次、生活环境的人群的司法服务的用户体验。

4.6　通过“互联网+法律信息”创建良好沟通渠道

将法律信息资源广泛应用于国家网络安全、社会治理、积极管理等，可以实现司法为民、行政便民等基本政策。同时通过法律信息资源开放以及解释立法、司法、行政等信息，使社会管理者和被管理者之间的关系更加融洽，可以形成良好顺畅的沟通渠道。为此，我们可以将法律信息共享平台中的应用服务层，设计成法律信息查询、法律信息提交、法律信息导航、法律信息在线、个性化定制和帮助服务等不同端口，充分挖掘数据深度价值，提升数据附加值，使得公众可以轻松便捷地获取、分享和受益于法律信息资源，为办案提供“一站式”参考。当普通用户在遇到法律纠纷时，只需输入口语化（非法言法语）的案情描述，便可检索到与案情描述高度匹配的既往案件，预判自身纠纷在未来诉讼中的结果和走向。为群众提供更便捷、更智能的诉讼和普法服务，让司法更加贴近人民群众。

4.7　通过“互联网+法律信息”推广可视化运用

通过法律信息共享平台构建，可以采用 Unity3D 引擎建可视化，三维界面高度仿真，所见即所得。Unity 是免费的，官方为 Unity Pro 和 Unity iOS Pro 提供 30 天全功能试用期，使用 C++可以编程使用。针对多源异构的海量数据，通过数据处理、存储管理、可视化交互分析等技术，实现图形化数据查询、可视化关联分析、证据链和情报线索挖掘等功能。例如在这个平台上实现全面覆盖、跨界融合、深度应用、透明便民、安全可控的人民法院信息化 3.0 版的智慧法院，可以实现网上立案、办案、执行和网上办公，实现数据的实时统计、实时更新和互联互通，建成审判流程公开、庭审活动公开、裁判文书公开、执行信息公开四大内容，实现对审判、执行工作全程监督、全程留痕，加强对司法大数据的管理、分析和应用，促进审判体系和审判能力现代化。

5 结言

“互联网+”计划的提出和制定，移动互联网、大数据、云计算的出现，为法律信息资源的利用最大化创造了更好的条件。将法律信息资源作为基础性战略资源，加快推动法律信息资源共享开放和开发应用相结合，建设国家大数据平台、数据中心等基础设施，制定数据开放、保护等法律法规，实现“互联网+”与法律信息资源有机融合，推动国家治理体系和治理能力走向现代化。

参考文献

[1] 移动政务实验室：“‘互联网+’引领创新 2.0 时代创新驱动发展‘新常态’”，载《办公自动化》2015 年第 6 期。

[2] 漫游谷众创空间：“‘互联网+’的六大特征”，载 http://www.sohu.com/a/125671216_601995.

[3] 欧阳日辉：“从‘+互联网’到‘互联网+’：技术革命如何孕育新型经济社会形态”，载《人民论坛·学术前沿》2015 年第 10 期。

[4] “Budapest Open Access Initiative”，载 http://www.soros.org/penaccess/read.shtml.

[5] James A. Evans, Jacob Reimer, “Open Access and Global Participation in Science”, *Science*, Vol. 323, No. 5917, 2009, p. 1025.

[6] “Growth of the open DOAR database”，载 http://www.opendoar.org/one chart-legacy.php? Cid=&ctID.

[7] 段美珍：“2015-2016 年国际开放获取相关政策与实践进展”，载《图书情报工作》2017 年第 18 期。

[8] 邢启迪等：“法律资源的语义模型构建研究”，载《数字图书馆论坛》2017 年第 5 期。

[9] Danner R A., “Applying the Access Principle in Law: The Responsibilities of the Legal Scholar”, *International Journal of Legal Information*, Vol. 35, No. 3, 2007, pp. 355-395.

[10] Armstrong T K., “Crowdsourcing and Open Access Collaborative Techniques for Disseminating Legal Materials and Scholarship”, *Santa Clara Computer and High-Technology Law Journal*, Vol. 26, 2010, pp. 591-630.

[11] “DOAJ”，载 http://www.doaj.org/.

[12] “SSRN”，载 http://ssrn.com/.

[13] “DUKE LAW”，载 http://www.law.duke.edu/scholarship/journals.

[14] “Recap Firefox Extension”，载 http://www.recapthelaw.org.

[15] 刘芬：“政务信息资源共享交换平台研究”，载《决策与信息》2016 年第 36 期。

[16] 李鑫：“中国法律大数据产业发展研究”，载《经济与社会发展》2017 年第 2 期。

[17] 张继美：“‘互联网+’时代亳州中医药文化平台模型构建”，载《无线互联网科技》2016 年第 11 期。

雕版传书惠后人

——浅谈沈家本先生《沈寄簃先生遗书》《枕碧楼丛书》《吴兴长桥沈氏家集》三书雕版的价值

沈厚铎

在中国政法大学图书馆珍藏着一份号称“镇馆之宝”的藏品，这就是中国近代法治的奠基人、近代法学的先驱、近代法学教育的的开拓者沈家本先生的著作《沈寄簃先生遗书》《枕碧楼丛书》《吴兴长桥沈氏家集》三书的木刻雕版。

之所以是“镇馆之宝”，原因有三：

第一，雕版印刷本身就是珍贵的非物质文化遗产，而雕版又是这一非物质文化遗产的基本载体，存量少，文物价值高。

大约在公元4世纪的东晋时期，在之前已经很发达的石碑拓印，得到了广泛的应用。人们从碑拓和印章中得到启发，把印章扩大成一个版面，安照碑拓的方式，把纸铺到版面上印刷，成为早期雕版印刷。

世界上真正的最早的雕版印刷术诞生在唐初，也就是公元7世纪前期。为了使印刷出来的书籍更规制美观且便于阅读，人们开始策划版心的尺寸、页码的安置等，用今天的话来说，就是版面设计，逐渐形成了一套完整的技术流程。首先在纸上按所需规格书写文字，然后将写好的纸张反贴在加工平整光洁的木板上，再按纸上的文字雕刻出阳文文字（阴文，即刻出来的文字是凹下去的；阳文，就是刻出来的文字是凸起的），这样一片阳文反体字雕版，就制成了。然后在版上涂墨、铺纸，用棕刷刷匀，把纸揭起，就成为一页刷印成品。

雕刻版面是一种十分细致、很有技术的技艺，而不同技术水平雕出的版面，刷印出来的页面也具不同的感观，自然价值也大不相同。雕版制作虽然耗工很多，但雕版完成后一经开印，就可以成百上千地反复刷印，显示出了它与手工传抄截然不同的高效率的优越性。公元868年唐代印制的《金刚经》，是世界上现存最早的雕版印刷品，印制工艺非常精美，可以见证唐代雕版印刷术的水平。但当时的雕刻木版，已经荡然无存。

宋代，雕版印刷已发展到全盛。最具代表的是公元971年《开宝大藏经》（简称《开宝藏》）的印制，成为宋刻的极致精品。开宝四年（971年）或开宝五年（1972年），宋太祖派遣张从信至板木特产地益州（四川成都），督造《大藏经》雕板，费时十二年而成雕版13万块，运至汴京（开封）印经院印刷，成书计5048卷1067部。其版面为半叶六行，每行十四字的折本，无界线。此版雕刻精美，刷印量大，广泛流布于我国各地和朝鲜、日本、越南等周边各国，对这些地区后世《大藏经》的刊行影响很大。

宋版图书成为当今昂贵的珍藏品，而宋刻雕版已经难以见到了。

雕版印刷，作为我国传统图书印刷的基本工艺，一直沿用到现代铅字印刷术传入我国才逐渐退出历史舞台。北宋庆历间（1041年~1048年）毕昇（970年~1051年）发明的泥活字，标志着活字印刷术的诞生，是世界上最早使用活字的印刷术，比德国人约翰内斯·古腾堡活字印刷术早约400年。但是活字印刷，经过泥活字、木制活字、铜制活字一系列改革和印刷技术的改革，都因为使用不便、活字易损、价格昂贵等原因难以推广。雕版印刷仍是我国印刷术的主流，雕版印刷术是极具中华民族特征的传统技艺，是高度集中了我国古代人文智慧的非物质文化遗产。它凝聚着中国传统造纸术、制墨术、雕版术、刷印术，以及装帧、设计等优秀的传统工艺，成为独具特色的人类非物质文化遗产。

雕版印刷，在我国一直沿用至清末民初。西方的铅字印刷术传入中国后逐步替代了传统雕版印刷，以致雕版成为历史文化遗产。

由于雕版材质都是木材，保存起来非常困难。因为战争、自然灾害等原因，民间收藏的雕版几近消失，存留至今数量有限，且至今存世的古籍雕版都会遭受虫蛀、破裂、霉烂等溃损，能完整保存的更是难得。据资料显示，目前我国保存的雕版，大约只有四五十万片，而我校图书馆保存的三套书的雕版有近四千五百片，约占全国现存木质雕版的百分之一，可见其宝贵。因雕版印刷在印刷史上有“活化石”之称，雕版收集困难且稀有，所以古籍雕版为“骨灰级”藏家们竞相追逐。

在一些文物交易场所，能够见到的零星散版，也以绘画版为主，文字版则是稀见之物了。由于收藏市场流传极少，零散雕版一般都在每片三百元以上，如果是成套书籍雕版，则是无价之宝，无人肯出手了。

由此可见中国政法大学图书馆珍藏的三套书版的文物价值了。

第二，我校珍藏的沈家本先生著作的三套雕版，是现存于世的唯一法学家著作的私刻雕版。

与中国传统图书一样，雕版存在着官刻、坊刻、私刻之别。

官刻，顾名思义，就是由官方斥资统筹刻制的雕版。在官刻中，由王朝的最高学府国子监编辑校理刊版刷印的书籍，一般都作为科举考试的标准用书而颁行全国。地方学府也有不少类似刻本，也均称官刻。官刻因财资雄厚，书写人才充沛，所以选用板材精良，编辑校审精确，是上好的雕版，如故宫博物院保存的清武英殿刻《二十四史》的雕版，有两万多片，刻制精良，校对精确，是雕版中的精品。

坊刻，就是书商开设的书肆、书坊、书贾等以销售盈利为目的刻板印刷的雕版。坊刻自唐始，延绵不断，至清成全盛。坊刻质量参差不齐，有些坊肆印出了极好的书籍，但也有些为盈利，粗制滥造，胡乱删减，甚至拼接出奇等，无奇不有。

私刻则是私人延工刻制。私人刻版印书，起自唐朝，唐懿宗时期有王蚧刻制《金刚经》书版，刷印后普施于世，以为双亲祈福，其雕版或为已知最早的私刻。宋元时期，尤以明清私刻逐渐盛行，许多官刻极少见的子部、集部书籍，经学者校勘或作注，私人延工刻版印书，促进了文化传播。许多有识之士为保护古籍经典，对古籍图书精选、校勘集中刊刻雕版，形成丛书，对传统文化的流传发挥了重要作用。如宋代《儒学警悟》，就是俞鼎孙、俞经校勘整理，收集《石林燕语辨》十卷、《演繁露》六卷、《嫩真子録》五卷、《考古编》十卷、《扪虱新话》八卷、《莹雪丛说》二卷，编为丛书，是我国最早的丛书，以抄本流行，极为珍贵。清末为缪荃孙先生购得此抄本，经参校考订，费时六年，于1918年冬完成并于次年为本书作序，交给民初著名藏书家、刻书家陶湘付梓，时缪荃孙已病重卧床，不久去世。清代丛书出版为许多学者、藏书家所重视，他们收集经典、斟酌版本，经仔细校勘，雕版印制丛书，为传统古籍的流传发挥了重要作用。

私刻书籍多以自家堂号、书斋名、居宅名等作为书牌（书名），以崇尚学问、推广学识、传播书籍为目的，又尝以之传世留名，所以很重视校雠之工，一般文字品质优良，如纪晓岚《阅微草堂笔记》以书斋“阅微草堂”为书名。至于选用之版材、书写之抄手、雕刻之工匠，则要看财力而定了，但流传的私刻书籍，文字内容一般都很精良。

我校图书馆所藏沈家本先生三套雕版，即属私刻。其中《枕碧楼丛书》即以沈家本先生书斋“枕碧楼”为丛书命名。在私刻雕版中，这三部书的雕版，就版材而言，并非上好，但版刻是精工细作的，尤其是校雠更是精心。我们在沈家本先生的手稿，特别是几种校红书样中，可以看到沈家本先生亲自校对的痕迹，虽然刷印出书是在沈家本先生逝世之后，但可以说这三部书的雕版原样是大部分经过老人亲自校对的，可谓十分珍贵。他在《枕碧楼丛书》自序中说："天下之物以有用为贵，世苟知之，知而能用之，使物果足以副所用，则遂为有用之物矣。若有用之物而置诸无用之地，乌足贵。今夫，书，物之至贵者也；藏书，又名之至贵者也。挟至贵之名，储至贵之物，天下称之，而其病有二焉。一、失之贪多，贪多则鉴别不精，真伪杂糅。《四库全书存目》所鉴别而灼见其为伪者，不知凡几。二、失之固秘。固秘则孤本旧钞视为稀有，什袭唯恐有失，不以示人。即或著诸目录以炫他人，而原书则庋之深宫严宇之中，虽挚友亦不获一睹，次正所谓有用之物置诸无用之地者。"又说："窃谓藏书之家有二便焉。举藏本之精要者，叙厥源流，编成目录，风行于世，好学之士，得就目录中则其所必用者乞代迻写，不惮烦渎，力任钞胥，由是可变而为数家之书，且可为数十百家之书，流传遂广，则此不第为世知并为世用矣。此其便一也。传写固佳，刊刻尤善。其为宏编巨帙，集资困难，若数卷之书，以至十数卷之书，算字无多，匈工尚易，一付剞劂，则孤者不孤，秘者不秘，以一人好书之心，推之天下人好书之心，其心至公，其事斯溥。寻常之深藏固秘而等于无用者，如是则皆有用矣。此其二便也。"他深情地说："余抱此愿久矣。"然而忙碌一生，使他只有退出政坛的晚年，才有了实现愿望的时间，却已经"龄颓神衰，庚续无力"，只能"姑存此虚愿也。"《枕碧楼丛书》付梓之年，是"癸丑暮春之初"，而这一年的端午，沈家本先生便永离人世了。《枕碧楼丛书》的刊刻也诠释了他"其心至公"的理想与信念。

作为一代法学大家，留下的这三套书的雕版，也成为中国传统文化中，唯一一套法学家留下的私刻书版，其珍贵程度，不言而喻。

第三，中国政法大学图书馆珍藏三套书版，经百年沧桑，存留不易，捐赠予中国政法大学，是沈家本后人的一份真诚。

1.《沈寄簃先生遗书》《枕碧楼丛书》《吴兴长桥沈氏家集》三书木刻雕版的产生。

从时间顺序看《吴兴长桥沈氏家集》雕版印刷应该是最早的。从史料研究，沈家本先生在保定知府任上，大约是光绪十五年（1889 年）就已经开始整理《家集》，但因时局动乱，无法一气呵成，到 1905 年才略有眉目，又经校红付梓，在修律百忙中，直到清宣统元年（1909 年）雕版才刻制完成付印。中国政法大学图书馆所藏《吴兴长桥沈氏家集》木刻雕版即此。

现存《吴兴长桥沈氏家集》的最早印本，也就是 1909 年印本，在国家图书馆等处有藏，但为数很少，较多的是 20 世纪 80 年代中国书店刷印本。

《枕碧楼丛书》的付梓时间，从沈家本先生的自序中，是在 1913 年春，但印数不多，存世很少，偶有丛书十二种中之单种如《南轩易说》《粗解刑统赋》等在交易市场拍卖，价格昂贵，仅为藏书家顾目。天津图书馆有藏 1913 年版《枕碧楼丛书》十二种，中国政法大学图书馆藏《枕碧楼丛书》雕版就是这套书版。

《沈寄簃先生遗书》书稿的校订整理，讫于沈家本先生退出政坛的 1912 年。其中《寄簃文存》一书，最初由修订法律馆刊印发行，两册八卷共 45 篇；宣统三年（1911 年）修订法律馆又修改刊印了《寄簃文存二编》，上下两卷共 38 篇。这两次刊行的书版，是否有存，不得而知，如果有存，或许在故宫所藏的二十多万片雕版中藏身。民国三年（1914 年），《法学会杂志》又刊登了《寄簃文存三编》共 6 篇文章，不知是否有雕版保存。沈家本先生逝世后，沈家本先生三子沈承烈、四子沈承煌（笔者祖父）在长婿汪大燮的帮助下继续整理老人遗作时，删除与《历代刑法考》等书中重复的内容，如《律目考》《充军考》等文章，增加了如《答友人问夫亡守志例文书》《法学会杂志序》《学断四则》等文章，编为《寄簃文存》八卷90篇，收录在《沈寄簃先生遗书》甲编中。

《沈寄簃先生遗书》从校红稿（贴到板材上之前，用红格纸抄写的校对稿）看，一部分书稿是沈家本先生亲手校对，但老人未及完成。其时曾用《沈寄簃先生全书》命名，“文革”前笔者宅中还有一只箱盖刻有“沈寄簃先生全书”的书箱。《沈寄簃先生全书》因沈家本先生逝世而搁置。之后因种种原因，陆陆续续校对整理，一拖再拖。这之中请了不少人协助校勘、整理，如董康、闵锡来等，但所请之人各司其事，难得顾及，进度缓慢，待收集多数时已到了1928年夏。时间太久，不宜再拖，且长婿汪大燮年逾七旬，身体欠佳，急于完成此事，于是延工雕版，更名《沈寄簃先生遗书》刷印发行。因此《沈寄簃先生遗书》也留下了很大的遗憾，就是许多著作来不及校雠无法刊刻，只得留下一长串《未刻书目》。此书刷印刊行不久，1929年1月汪大燮便撒手人寰。这也算是这位民国风云一时的汪大燮了却的一份心愿。这份心愿，饱含了他对岳丈沈家本先生的敬仰，也包含了对十五年前逝去的夫人沈承琬的怀念与承诺。这一份心愿自然也增加了《沈寄簃先生遗书》雕版的收藏价值。

2.《沈寄簃先生遗书》《枕碧楼丛书》《吴兴长桥沈氏家集》三书木刻雕版之保存。

三套木刻雕版1927年印毕，即从印社运回金井胡同吴兴沈寓，因为西院两间北房，南北通透，易于通风防潮。于是用木箱收藏，贴好标志，把两间房摆得满满。

1940年年初，汉奸丁举人以市价八袋面粉的低价，强行买去金井胡同一号，沈氏四老爷沈承煌全家被迫迁居城隍庙街10号，院子小了，房子少了，仅可人住，书和书版不可能放在家里了。于是凭着沈家世代与来熏阁的关系，联系了来熏阁书店老板陈先生，将枕碧楼藏书和三套书版，一起存入来熏阁。来熏阁陈老板是个极有信用又有学问的人。60年代初，我学中文，喜欢逛旧书店，买不起也要看看，觉得那书香亲切。在来熏阁，认识了陈老板。陈老板是位和蔼可亲的老人，虽是长辈，但对我这个穷学生，毫无蔑视，总以当初笔者祖父、父亲好友的身份，亲切对待、指点、帮助。我最初的一点版本目录的知识都得益于陈老板。陈老板还是位极仗义正直的人，那么一大堆书和书版，存在那儿，从未提起过存贮费，而且保存得井井有条，丝毫无损。

枕碧楼藏书，在笔者1948年随父返京后取回，三套雕版继续存于来熏阁。经过公私合营，北京旧书业合并成为“中国书店”，来熏阁自然成了中国书店的一个门店，又经过“文化大革命”。我去琉璃厂，看到“打倒混进领导班子的阶级异己分子陈济川”，我知道陈老板倒霉了，那么好一个人。

“文革”后，我得暇再逛琉璃厂，中国书店还有一些老店员，我打听陈老板，他们告诉我，陈老板挨了无数批斗，没挨过去，66年没了，很是令人唏嘘不已。因为常去就和中国书店熟悉起来，也确认了书版还在。一次我在海王邨二楼喝茶，当时中国书店业务科长郑宝瑞先生忽然说，你们沈家存的书版，咱们刷他一回怎么样，这么放着可要毁了。我说：“太好了。”于是商定，中国书店冠名刷印，如果有毁坏的版子，由中国书店补刻，印好后送我五套书。

这就有了1984年中国书店版的《沈寄簃先生遗书》。后来他们又刷印了《枕碧楼丛书》和《吴兴长桥沈氏家集》。

不久郑宝瑞先生升任总经理，中国书店的管理也建起了完善的制度。

大约1996年的一天，我正在海王邨的一间书屋看书，一位认识我的店员和我说：“郑经理说，谁见到你，请你顺便去楼上一下。”楼上就是中国书店的管理部门，郑宝瑞的办公室也在那里。我便上楼到郑经理办公室。寒暄过后，泡上香片，点上烟，郑经理说：“现在得跟你商量一下，你家这书版，我们给你保存了几十年了，占着那么大的地方，是不是得有个说法啊。”我一听，这是要保管费还是有什么说道？就说：“郑经理，您说怎么着呢，咱们也认识这么多年了，就直说了吧。”郑宝瑞先生还是有点抹不开面子，慢吞吞地说：“是这样，书店经营，是要成本的，你这书版这么存着，也不是个事儿，咱们还是有个说法好。”我就说：“您就说怎么办吧，反正我是出不起仓储费的。”老郑哈哈大笑，说：“我知道你也出不起这个钱，你看这样吧，咱们说好，今后中国书店刷印这三套书，不付给你版税，你也不用付仓储费，咱们签个协议，你看如何。”我一听，就玩笑地说：“你们已经印了，我也没要过版税呀。”郑经理就说：“84年我们统共刷了500套，至今没卖完，你能拿几个版税，能和仓储费比吗？何况刷印时我们还修补了不少版子。”说得我张口结舌，无言以对。他一看我这样子，就说：“你别急，我是告诉你，总得有这个说法，不然仓储部门那边总是问我这事怎么办，我也是得有个交代啊。”我当然同意他的说法，这明明是为我着想啊。他说：“也不忙今天就签协议，等我准备一下，再通知你。”又聊了会儿别的书的事，我便告辞了。回来后我就一直等着他的通知，间或到书店看书，也留意有没有人找我。后来一天，我们在海王邨院子里碰上，他就叫我上楼，告诉我，协议先不用签，要不仓储部按协议算起来，没印书，还得算仓储费。他告诉我，他已经在办公会上说了，沈家和书店是几代人的关系了，说好中国书店刷印这三套书，不付版税，也不收仓储费。他说：“你先别管这事了，有人问起，你也这么说就行了。”后来，在印《海王邨古籍丛刊》时，出版部的人还真问起过这件事，我是当然照商量过的口吻回答，于是相安无事。

3. 三套雕版捐赠到中国政法大学

1999年初夏，那时我家已经装了电话，一天老郑来电，要我去书店聊聊。我去了，还是那间总经理办公室，还是香片和香烟，老郑却有点儿凄凉，他说，他就要退休了。我说：“以您的学识和收藏，退休不是更有时间钻研寻觅吗。”他说：“这倒是，不过操持了一生的书业，就此离开，真有点恋恋不舍啊。”我默然。他又说：“我找你来，是想和你商量书版的事，这回得有个彻底解决的办法了。”他说，他也知道，叫我出仓储费，我也付不起，叫我拿走也不现实。他还说，中国书店收购价格一定很低，有个香港书商有意要，不如你们商量一下。还说这些书版是民国刻制的，是可以出去的。我听了这话，心竟一下子沉了下来，他说的是实话，我没地方放，也出不起仓储费，而且我真的很缺钱，他说的对方出的价位，是我这辈子也挣不到的巨款。但我明白，祖传的东西是不能卖的，当年父亲为了养活我们一家，变卖枕碧楼藏书时那无奈与痛苦，我是亲视眼见到的。记得一次我放学回家，已经病入膏肓的父亲，默默地坐在椅子上，望着已经渐空的书箱，眼含痛苦的泪。见我进屋，凄凄惨惨地对我说：“孩子，我对不起你爷爷你太公啊。”我虽年幼，这一幕却扎在了我的心底。如今我焉能作此不肖子孙，何况这也是中华文化的遗产。既然已经将太公的大部分手稿捐给了国家，这雕版也必定是要捐给国家的。我告诉郑经理，卖是不可能的，怎么办，容我考虑。

之后，香港书商又是来电又是写信，价格一次次涨，还提出一些有吸引力的条件。但这时我已向中国政法大学党委和校领导写了捐赠书版的报告。我想，那虽是我沈家的财产，但也是历史的遗产，我只能把它留下，不能用它换钱。只有如此，才不辜负先曾祖的心血，不辜负我们“家承仁厚”的祖训。而且我是法大人，捐赠当然首选中国政法大学。

当然，我也想到，中国政法大学毕竟不是书局，或觉无用而拒绝，也未尝不可。我想到了60年代捐赠沈家本先生手稿时的情景，当然时代不同了，我觉得我的报告不会被拒绝。

这次的捐赠，终于没有重蹈60年代捐赠沈家本书稿时的尴尬，很快得到了校领导的支持，9月，图书馆用一辆汽车把书版运回了中国政法大学图书馆。

1999年12月，在学院路校区图书馆贵宾室，赵相林副校长主持了捐赠仪式，图书馆馆长曾尔恕、副馆长戴守义代表图书馆接受了我捐赠的书版和配套图书，徐世虹所长、田涛教授、李玺文参加了仪式。

我的一件大事就此了结，但书版在政法大学并没有得到利用，没有刷印、没有恒温恒湿保存，我已经看到雕版的龟裂，很是心痛。直到时建中副校长兼任图书馆馆长，才申请到经费，建起了恒温恒湿的储藏室，得以较好的保存。2018年校领导又筹资刷印，由此我更感欣慰。先曾祖的遗产，终于在中国政法大学得到了珍藏与利用，可以更好地发挥这份历史文物的作用。

综上所言《沈寄簃先生遗书》《枕碧楼丛书》《吴兴长桥沈氏家集》三套木刻雕版其珍贵不言而喻，在中国政法大学图书馆珍藏也是得其所哉！

沈家本四世孙八十叟沈厚铎

2019年6月挥汗小月河畔

新冠肺炎疫情下小微企业生存状况调研报告*

时建中　刘鸿霞　郜　庆　韩正琪　马　栋　王思捷
中国政法大学市场监管法治高端研究基地
中国政法大学法治经济研究院
中国政法大学法治科学计量与评价中心

摘　要

鉴于新冠肺炎疫情（以下简称“新冠疫情”）及必要的防控措施致使中小企业面临前所未有的严峻危机，为了有助于中央和地方政府及时出台帮扶政策措施，从财税、社保、用工、进出口等方面给予中小企业政策优惠，帮助中小企业渡过难关，中国政法大学与国家市场监督管理总局共建的市场监管法治高端研究基地、中国政法大学法治经济研究院、中国政法大学法治科学计量与评价中心联合，专题开展“政府帮扶中小企业走出疫情影响的政策落实情况调研”，于2020年3月9日发布《新冠肺炎疫情下小微企业生存状态调查问卷》，试图从小微企业的注册地、行业类别、规模、经营效益等多个基本维度出发，结合此次疫情影响下小微企业的生产经营情况、财务情况、用工复工情况、融资情况、政策扶持情况等多个方面，尽可能地通过所反馈的数据从不同角度对疫情下的小微企业进行精准地、立体地画像，以了解此次疫情影响下小微企业的生产经营情况、财务情况、用工复工情况、融资情况、对政策扶持的期待等多个方面的信息。本次问卷调研采用网络问卷方式，问卷截止日期为2020年3月18日。

在对调研数据运用科学计量分析等方法多维度分析的基础上，本报告分析了防疫抗疫背景下小微企业在生产经营、财务、用工等方面面临的主要问题，梳理了小微企业对政府扶持政策的期待：期待政府在税务、用工成本、贷款、租金等方面予以优惠和扶持；需要政府提供产业政策对接、防疫物资、产业销售渠道对接、学习交流培训以及技术研发合作等支持。同时，小微企业还希望金融机构能够适度延长贷款还款期和提供流动性支持。此外，接受调研的小微企业还表示，消费者消费能力不足、消费不振对小微企业生存会造成不利影响，希望政府帮助提振消费。本报告提出如下对策建议：

* 2020年3月22日

一、采取倾斜性扶持政策

调查发现，规模不同、盈利能力不同、成立时间不同、行业不同的小微企业面临的问题都是不同的，如规模小、盈利能力较低、成立时间短的小微企业受疫情影响最为严重，近半数直接面临停产歇业，且此类小微企业占比极大，提供了大部分就业岗位，因此对该类生存能力较弱的小微企业应给予较大力度的政策帮扶。此外，如酒店餐饮业、商贸物流、加工制造业和文化旅游业受疫情影响严重，因此在政策扶持的时候要优先、大力帮扶这些行业尽快恢复生产经营。

二、全面帮助小微企业解决生产经营困境

1. 切实缓减免小微企业房租成本、用工成本。受疫情影响，小微企业在面临营收赤字的情况下还要负担高昂的房租成本和用工成本，长此以往无疑会拖垮小微企业。因此，可以从房租减免、房租延缓缴纳、用工补贴等方面帮助小微企业暂时解决成本问题，使之能够继续生存下去。

2. 加强价格执法，控制原材料价格。疫情期间很多上游投机企业大幅上涨原材料价格的行为非常常见，尤其是建筑业、商贸物流业和农林牧副渔业面临的原材料购入成本上涨压力相对较大。

3. 刺激市场需求，助力小微企业获取订单。全面帮助小微企业解决生产经营困境是一套组合拳，如果企业一直没有订单，即使做到前两点也是徒劳的。疫情期间最严重的问题就是市场需求不足，只有盘活需求，小微企业才有收入来源。因此，可以借鉴南京的“电子消费券政策”，5 天时间里，南京共使用电子消费券 34 522 张，总消费金额 942. 93 万元，除去电子消费券抵减金额外，带动消费金额 613. 16 万元。另外，根据调查发现，酒店餐饮业、加工制造业、电子商务行业面临的订单减少问题是最严重的，所以对这些行业应加大政策扶持力度。

4. 减轻小微企业税负压力。对于受疫情影响严重的酒店餐饮业、娱乐文化旅游业、加工制造业等行业的小微企业，可以酌情减免相关税费的征收。对于规模较小、成立时间较短的小微企业，在现有的“月销售收入 10 万元以下的小规模增值税纳税人免税政策”基础上，继续出台其他税收优惠政策。例如，在 2020 上半年度均适度延长纳税申报期限。

三、加大金融助企纾困力度

1. 积极拓宽小规模小微企业融资渠道。规模较小的小微企业融资渠道单一，过度依赖银行信贷、政府可出台政策，加大民间资金对小微企业的帮扶力度。

2. 对小微企业实施利率、利息优惠政策。对于受疫情影响严重且高度依赖银行贷款的小微企业，可以给予利率优惠和贴息政策。同时，中西部地区小微企业对银行贷款依赖程度较高，在这些地区，金融机构也应当适度放宽放贷标准，给予小微企业支持。

3. 加大金融机构对小微企业的资金支持。对于产生了流动性困难的小微企业，金融机构可通过发放贷款予以支持；对于偿还贷款压力较大的农林牧副渔、娱乐文化旅游业等行业的小微企业，金融机构可适度延长还款期限，提高不良贷款容忍度，做到不抽贷、不断贷、不压贷。

4. 加大地方政府对于小微企业的融资担保支持。建立健全地方政策性融资担保制度，并进一步降低针对小微企业的融资担保费率。通过政策性融资担保基金，为小规模小微企业提供融资担保，解决小微企业融资难的问题。

四、进一步提高实际复工复产率

1. 加强防疫物资供应。对于亟需防疫物资的网约车或外卖等新经济行业的企业，要加强口罩、消毒液等防护物资供应，对于复工复产企业要及时予以防疫工作培训和指导。

2. 加强企业用工保障力度。引导企业进行自我防控管理和评估，对疫情平稳地区的工人优先安排回岗复工。政府可依托网络平台，为小微企业招工服务，拓宽小微企业招工渠道，缓解小微企业用工难的问题。

3. 推进实施灵活用工政策，加强员工培训费用补贴。鼓励受疫情影响订单数量下降、复工率不高的小微企业通过轮岗轮休、调整薪酬、弹性工作时间等制度稳定工作岗位，先行复工，待疫情缓解后再逐步恢复原有生产经营状态。对于暂时无法恢复正常生产经营的员工，政府可给予企业或个人适当培训费用补贴，鼓励企业工人积极学习其他技术和产业知识，丰富职业技能。

五、加强援企稳岗力度

目前，由于疫情影响，已经有超三成小微企业迫于疫情影响选择裁员。小微企业提供了80%以上的城镇劳动就业，现超三成小微企业选择裁员，这非常不利于就业稳定。因此，援助小微企业稳岗是当下非常紧迫的一个问题。

1. 推进实施失业保险稳岗返还政策。对于2020年不裁员、少裁员的小微企业，返还其一定比例的上年度实际缴纳失业保险费，缓解企业现金流压力，增强企业复工复产积极性。

2. 推迟调整社保缴费时间或给予社保缴纳补贴。对于2020年不裁员、少裁员的小微企业，可以推迟其缴纳社保的截止时间，或者给予一定的补贴。

3. 适当下调职工医保费率。对于2020年不裁员、少裁员的小微企业，可以暂将职工医疗保险费率下调0.5~1个百分点。

一、前言

（一）调研背景

2020年新年伊始，新冠疫情迅速蔓延，此次疫情对我国的经济冲击无疑是巨大的。

作为社会主义市场经济的重要组成部分，小微企业贡献了60%以上的GDP，50%以上的税收，80%以上的城镇劳动就业以及70%以上的技术创新。然而，在新冠疫情面前，具有先天脆弱性的小微企业遭受的经济冲击要远远大于其他市场主体，这不仅威胁到小微企业自身的存亡，也将进一步危及经济发展、科技进步、财政税收、就业稳定和民生保障。随着疫情向全球蔓延，全球经济和国际金融环境的巨大不确定性进一步增加，这就意味着全球供应链可能会出现中断，这反过来很可能对我国小微企业造成“二次经济冲击”。这对于本就摇摇欲坠的小微企业来说无疑是雪上加霜，因此为减轻疫情对我国经济的进一步损害，短期经济政策的重点在于盘活小微企业，帮助其复工复产，而短期经济政策的基本内容则取决于疫情下小微企业的具体生存状况。

因此，为了解新冠疫情对小微企业经营和用工等情况的影响，为政府科学决策、精准帮扶提供参考依据，中国政法大学法治科学计量与评价中心联合法治经济研究院共同推出《新冠肺炎疫情下小微企业生存状态调查问卷》，采用网络问卷方式，截止日期为2020年3月24日，试图从小微企业的注册地、行业类别、规模、经营效益等多个基本维度出发，结合此次疫情影响下小微企业的生产经营情况、财务情况、用工复工情况、融资情况、政策扶持情况等多个方面，尽可能地通过所反馈的数据从不同角度对疫情下的小微企业进行精准地、立体地画像。

（二）问卷结构-设计方案

本调查问卷的问题主要分为五个部分：小微企业基本情况、疫情下小微企业生产经营状况、疫情下小微企业财务情况、疫情下小微企业用工复工情况、小微企业对政府扶持政策的期待。共包括问题29道，其中单选题20道，多选题4道，填空题5道。

1. 小微企业基本情况

问卷针对小微企业进行注册所在地、成立时间、行业类别、员工数量、营业收入等基本信息的收集，用于了解受调查小微企业的基本情况，并与新冠疫情下小微企业生存状况问题进行多维度的交叉分析。

2. 疫情下小微企业生产经营状况

问卷设置疫情下小微企业生产经营状况问题共4道，包含单选题3道、多选题1道，就疫情对小微企业生产经营状况的影响、小微企业当前面临的生产经营困难展开深入的调查。

3. 疫情下小微企业财务情况

问卷设置疫情下小微企业财务情况问题共8道，包含单选题7道、多选题1道，就疫情对小微企业经营资金、营业收入、利润等方面的影响，小微企业当前账上资金支撑时间、支出压力以及现金流短缺应对方法展开深入的调查。

4. 疫情下小微企业用工复工情况

问卷设置疫情下小微企业用工复工情况问题共5道，包含单选题5道，就疫情对小微企业用工影响、小微企业近期裁员招聘计划、计划复工时间以及实际复工率展开深入的调查。

5. 小微企业对政府扶持政策的期待

问卷设置疫情下小微企业政策支持问题共4道，包含单选题1道、多选题2道、填空题1道，就疫情下小微企业希望政府出台扶持政策、政府资金支持、金融机构诉求展开深入调查。

二、问卷分析

（一）调查企业基本情况

本次调研最终回收有效问卷1334份，被调研小微企业注册所在地共分布在31个省份、自治区、直辖市，注册所在地为河北的小微企业最多，有211家，占比15.82%；其次为注册所在地为北京的小微企业，有171家，占比12.82%。由于此次疫情湖北省影响严重，此次问卷针对性地调研了注册所在地为湖北的小微企业共20家，其中武汉有14家。小微企业成立时间分布中，成立时间3年~5年596家，占比44.68%；成立时间2年内320家，占比23.99%；成立时间6年~10年279家，占比20.91%；成立10年以上的企业139家，占比10.42%。在行业分布中，酒店餐饮业、商贸物流、加工制造业占比较大，分别为33.13%、20.09%和14.62%。小微企业员工数量分布中，10人~49人的小微企业512家，占比38.38%，比例最大；100人以上的小微企业153家，占比11.47%，比例最小。在营业收入（2019年）分布中，100 万~500 万（不含 500 万）的小微企业 493 家，占比 36.96%，比例最大；1000 万以上的小微企业 149 家，占比 11.17%，比例最小。被调研小微企业具体分布情况如图 1 所示。

通过对被调研小微企业反馈的基本数据分析后可知，首先，此次问卷调研的小微企业主要集中在我国东部和中部，如图 2 所示。其中，东部地区的京津冀、长三角、珠三角等地是我国经济最具活力和潜力的地区，而中部六省的经济增长则稳居四大经济板块之首。从经济发展的角度来讲，东部和中部地区最为发达。从本次调研对象地域代表性的角度来讲，被调研企业集中在这两大经济板块，能够有效说明此次疫情对我国小微企业的影响程度。

其次，从被调研小微企业的存续时间角度来讲，76.1%的小微企业存续时间都在 3 年以上。众所周知，每年都有大量的小微企业因为各种原因倒闭，而能够存续 3 年以上的小微企业一般对市场风险有一定的抵御能力，如果此类小微企业都很难抵御疫情的冲击，那么存续时间更短的小微企业的处境则更加艰难。因此，本次问卷所采集的小微企业大多都具有一定的风险抵御能力，其所反馈的数据则更具有代表性。

最后，从问卷调研的行业分布角度来讲，参与问卷调研的小微企业主要集中在传统行业。这表明传统行业的小微企业参与本次问卷的积极性更高，那么这也可以从一定程度侧面说明，与互联网行业相比，传统行业受此次疫情的影响更大。

企业基本信息		数量（家）	占比
企业成立时间	2 年内	320	23.99%
	3 年~5 年	596	44.68%
	6 年~10 年	279	20.91%
	10 年以上	139	10.42%
行业类别	加工制造业	195	14.62%
	商贸物流	268	20.09%
	酒店餐饮业	442	33.13%
	农林牧副渔业	79	5.92%
	高科技（互联网与软件）	89	6.67%
	电子商务	59	4.42%
	建筑	47	3.52%
	网约车或外卖等新经济	46	3.45%
	娱乐文化旅游	42	3.15%
	其他	67	5.02%
员工数量	10 人以下	354	26.54%
	10 人~49 人	512	38.38%
	50 人~100 人	315	23.61%
	100 人以上	153	11.47%

续表

企业基本信息		数量（家）	占比
营业收入（2019 年）	100 万以下	356	26.69%
	100 万~500 万（不含 500 万）	493	36.96%
	500 万~1000 万（不含 1000 万）	336	25.19%
	1000 万以上	149	11.17%

图 1　小微企业基本情况（企业类别分布）

序号	注册所在地	数量（家）	占比	序号	注册所在地	数量（家）	占比
1	河北	211	15.82%	17	福建	19	1.42%
2	北京	171	12.82%	18	安徽	14	1.05%
3	山西	157	11.77%	19	海南	12	0.90%
4	天津	149	11.17%	20	江西	12	0.90%
5	广东	99	7.42%	21	湖南	11	0.82%
6	内蒙古	97	7.27%	22	重庆	10	0.75%
7	辽宁	54	4.05%	23	陕西	8	0.60%
8	河南	48	3.60%	24	广西	6	0.45%
9	山东	47	3.52%	25	新疆	5	0.37%
10	江苏	42	3.15%	26	云南	5	0.37%
11	浙江	31	2.32%	27	贵州	4	0.30%
12	上海	29	2.17%	28	宁夏	3	0.22%
13	四川	24	1.80%	29	甘肃	1	0.07%
14	吉林	22	1.65%	30	青海	1	0.07%
15	黑龙江	21	1.57%	31	西藏	1	0.07%
16	湖北	20	1.50%				

图 2　小微企业基本情况（企业地区分布）

（二）疫情下小微企业生产经营状况

1. 疫情下小微企业生产经营情况堪忧

疫情对绝大多数小微企业生产经营情况造成影响，近 8 成小微企业受疫情影响较大。如图 3 所示，在小微企业疫情影响程度的分布中，“影响严重，导致企业经营面临严重困难，可能倒闭”291 家，占比 22%；“影响很大，导致企业经营暂时停顿”342 家，占比 26%；“影响较大，导致企业经营出现部分困难，经营勉强维持”480 家，占比 36%；“影响较小，企业经营出现一些困难，但经营总体保持稳定”194 家，占比 14%；“没有明显影响”27 家，占比 2%。

可以发现，在此次新冠疫情的影响下，近 50% 的小微企业直接选择停产歇业。然而，小微企业是我国社会主义市场经济的重要组成部分，其贡献了60%以上的GDP、50%以上的税收、80%以上的城镇劳动就业以及70%以上的技术创新。由此可见，近乎一半的小微企业停产歇业，其所产生的影响不仅威胁到小微企业主自身的生存，还对经济增长、财政收入、就业稳定、技术发展等方方面面产生了巨大的冲击，可谓牵一发而动全身。

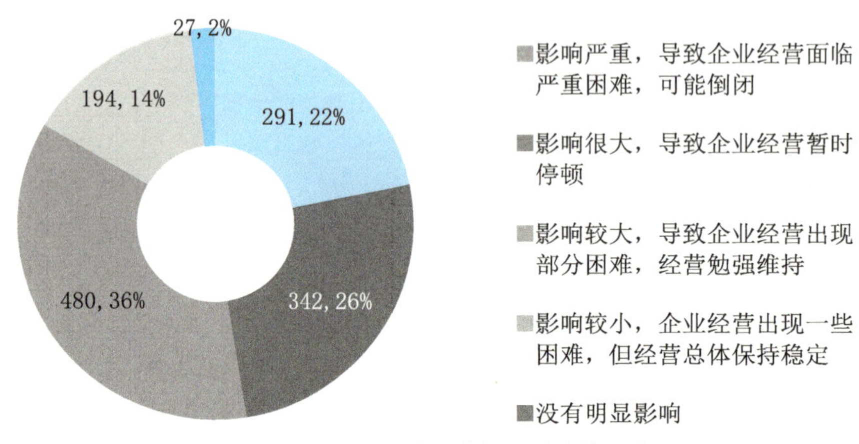

图3 小微企业生产经营状况受疫情影响

中部地区和东部地区遭受疫情严重影响的小微企业占比较多。在受调查的东部地区小微企业中，注册所在地为北京、河北、天津、江苏、浙江、上海、广东、山东、福建、海南的小微企业在疫情对企业经营资金方面的影响问题中选择“影响严重，导致企业经营面临严重困难，可能倒闭”选项的占比较多，分别占比23.98%、16.11%、14.09%、30.95%、32.26%、24.11%、33.33%、31.91%、47.37%、25.00%，平均占比30.83%，具体如图4所示。其中京津冀地区平均占比18.06%、长三角地区平均占比29.12%、珠三角地区平均占比33.33%。

在受调查的中部地区小微企业中，注册所在地为山西、安徽、江西、河南、湖北、湖南的小微企业在疫情对企业经营资金方面的影响问题中选择“影响严重，导致企业经营面临严重困难，可能倒闭”选项的占比同样较多，分别占比14.01%、7.14%、41.67%、33.33%、30.00%、54.55%，平均占比30.13%。

东北地区遭受疫情严重影响的小微企业占比较少。在受调查的小微企业中，注册所在地为辽宁、吉林、黑龙江的小微企业在疫情对企业经营资金方面的影响问题中选择“影响严重，导致企业经营面临严重困难，可能倒闭”选项的占比较多，分别占比11.11%、13.64%、9.52%，平均占比11.42%。

通过疫情地图我们可以发现，武汉身处中部地带，向东连接长三角经济带，向北连接京津冀经济带，向南连接珠三角经济带，向西连接成渝经济区。随着疫情的扩散，这些经济区内的近三成小微企业受疫情严重影响，可能面临倒闭。其中毗邻武汉的湖南省、江西省、河南省受严重影响的小微企业已经突破三成，而离疫情中心较远的东北地区小微企业受疫情严重影响的程度明显较低。

注册所在地	影响严重，导致企业经营面临严重困难，可能倒闭		影响很大，导致企业经营暂时停顿		影响较大，导致企业经营出现部分困难，经营勉强维持		影响较小，企业经营出现一些困难，但经营总体保持稳定		没有明显影响	
	数量（家）	占比	数量（家）	占比	数量（家）	占比	数量（家）	占比	数量（家）	占比
全部	291	21.81%	342	25.64%	480	35.98%	194	14.54%	27	2.02%
河北	34	16.11%	66	31.28%	73	34.60%	32	15.17%	6	2.84%
北京	41	23.98%	39	22.81%	49	28.65%	36	21.05%	6	3.51%
山西	22	14.01%	42	26.75%	72	45.86%	20	12.74%	1	0.64%
天津	21	14.09%	41	27.52%	57	38.26%	24	16.11%	6	4.03%
广东	33	33.33%	23	23.23%	33	33.33%	8	8.08%	2	2.02%
内蒙古	14	14.43%	25	25.77%	40	41.24%	15	15.46%	3	3.09%
辽宁	6	11.11%	17	31.48%	25	46.30%	5	9.26%	1	1.85%
河南	16	33.33%	14	29.17%	14	29.17%	4	8.33%	0	0.00%
山东	15	31.91%	10	21.28%	15	31.91%	6	12.77%	1	2.13%
江苏	13	30.95%	6	14.29%	11	26.19%	11	26.19%	1	2.38%
浙江	10	32.26%	4	12.90%	12	38.71%	5	16.13%	0	0.00%
上海	7	24.14%	7	24.14%	8	27.59%	7	24.14%	0	0.00%
四川	8	33.33%	5	20.83%	9	37.50%	2	8.33%	0	0.00%
吉林	3	13.64%	3	13.64%	12	54.55%	4	18.18%	0	0.00%
黑龙江	2	9.52%	6	28.57%	8	38.10%	5	23.81%	0	0.00%
湖北	6	30.00%	9	45.00%	4	20.00%	1	5.00%	0	0.00%
福建	9	47.37%	2	10.53%	7	36.84%	1	5.26%	0	0.00%
安徽	1	7.14%	3	21.43%	8	57.14%	2	14.29%	0	0.00%
海南	3	25.00%	7	58.33%	2	16.67%	0	0.00%	0	0.00%
江西	5	41.67%	2	16.67%	4	33.33%	1	8.33%	0	0.00%
湖南	6	54.55%	1	9.09%	4	36.36%	0	0.00%	0	0.00%
重庆	3	30.00%	4	40.00%	3	30.00%	0	0.00%	0	0.00%
陕西	3	37.50%	2	25.00%	2	25.00%	1	12.50%	0	0.00%
广西	1	16.67%	1	16.67%	2	33.33%	2	33.33%	0	0.00%
新疆	2	40.00%	0	0.00%	3	60.00%	0	0.00%	0	0.00%
云南	3	60.00%	1	20.00%	1	20.00%	0	0.00%	0	0.00%
贵州	2	50.00%	1	25.00%	1	25.00%	0	0.00%	0	0.00%
宁夏	1	33.33%	0	0.00%	1	33.33%	1	33.33%	0	0.00%
甘肃	0	0.00%	1	100.00%	0	0.00%	0	0.00%	0	0.00%
青海	1	100.00%	0	0.00%	0	0.00%	0	0.00%	0	0.00%
西藏	0	0.00%	0	0.00%	0	0.00%	1	100.00%	0	0.00%

图4　小微企业生产经营状况受疫情影响（企业地区分布）

从整体情况看，成立时间短、员工数量少、营业收入低的小微企业受疫情影响严重比例较高。如图5所示，成立时间在2年内的小微企业中，选择“影响严重，导致企业经营面临严重困难，可能倒闭”的小微企业有119家，占比37.19%。员工数量在10人以下的小微企业中，选择“影响严重，导致企业经营面临严重困难，可能倒闭”的小微企业有147家，占比41.53%。2019年营业收入在100万以下的小微企业中，选择“影响严重，导致企业经营面临严重困难，可能倒闭”的小微企业有146家，占比41.01%。成立时间短、员工数量少、营业收入低的小微企业生产经营受疫情影响程度比例均高于全部调查问卷中受疫情影响严重的小微企业占比。在行业类别的分类中，酒店餐饮业、商贸物流和加工制造业是受疫情影响最大的三类行业；高科技互联网与软件企业没有明显影响。

首先，从这个角度我们可以发现，此次疫情暴露出了小微企业一个很普遍的问题，即规模小、盈利能力较低、成立时间较短的小微企业数量居多，这些小微企业的普遍特点是抵御市场风险的能力很弱，而此次疫情的暴发无疑是雪上加霜。

其次，对于以创新为驱动力的高科技互联网与软件企业，疫情对其的影响程度较传统行业低。这表明我国大力推展和实施创新驱动发展战略，强化现代化经济体系的战略方向无疑是正确的，而以创新为驱动力的小微企业正是阻止此次经济断崖式下滑的中坚力量。

最后，从政策扶持的角度出发，应当加大对受疫情影响更为严重的传统小微企业的扶持力度，保障各个产业的均衡发展。

		数量（家）	占比	数量（家）	占比	数量（家）	占比	数量（家）	占比	数量（家）	占比
全部		291	21.81%	342	25.64%	480	35.98%	194	14.54%	27	2.02%
成立时间	2年内	119	37.19%	64	20.00%	107	33.44%	29	9.06%	1	0.31%
	3年~5年	112	18.79%	181	30.37%	219	36.74%	73	12.25%	11	1.85%
	6年~10年	36	12.90%	66	23.66%	120	43.01%	49	17.56%	8	2.87%
	10年以上	24	17.27%	31	22.30%	34	24.46%	43	30.94%	7	5.04%
行业类别	加工制造业	36	18.46%	49	25.13%	57	29.23%	48	24.62%	5	2.56%
	商贸物流	49	18.28%	75	27.99%	105	39.18%	37	13.81%	2	0.75%
	酒店餐饮业	134	30.32%	107	24.21%	168	38.01%	27	6.11%	6	1.36%
	农林牧副渔业	7	8.86%	18	22.78%	36	45.57%	15	18.99%	3	3.80%
	高科技互联网与软件	14	15.73%	20	22.47%	27	30.34%	20	22.47%	8	8.99%
	电子商务	15	25.42%	13	22.03%	17	28.81%	14	23.73%	0	0.00%
	建筑	5	10.64%	11	23.40%	19	40.43%	11	23.40%	1	2.13%
	网约车或外卖等新经济	8	17.39%	16	34.78%	15	32.61%	6	13.04%	1	2.17%
	娱乐文化旅游	7	16.67%	16	38.10%	12	28.57%	7	16.67%	0	0.00%
	其他	16	23.88%	17	25.37%	24	35.82%	9	13.43%	1	1.49%
员工数量	10人以下	147	41.53%	66	18.64%	115	32.49%	22	6.21%	4	1.13%
	10人~49人	92	17.97%	171	33.40%	185	36.13%	60	11.72%	4	0.78%
	50人~100人	36	11.43%	80	25.40%	136	43.17%	54	17.14%	9	2.86%
	100人以上	16	10.46%	25	16.34%	44	28.76%	58	37.91%	10	6.54%

续表

		数量（家）	占比	数量（家）	占比	数量（家）	占比	数量（家）	占比	数量（家）	占比
营业收入（2019年）	100万以下	146	41.01%	73	20.51%	105	29.49%	29	8.15%	3	0.84%
	100万~500万(不含500万)	89	18.05%	163	33.06%	175	35.50%	60	12.17%	6	1.22%
	500万~1000万(不含1000万)	34	10.12%	82	24.40%	153	45.54%	58	17.26%	9	2.68%
	1000万以上	22	14.77%	24	16.11%	47	31.54%	47	31.54%	9	6.04%

图5 小微企业生产经营状况受疫情影响（企业类别分布）

2. 疫情下企业面临生产经营困难多样

（1）“市场订单减少”“虽有订单但无法正常生产经营”“生产经营成本高”“融资难度加大”“企业因无法按时履行交易合同需支付违约金”为当前疫情影响下小微企业面临的主要生产经营困难。如图6所示，小微企业面临的困境中，“市场订单减少”“虽有订单但无法正常生产经营”“生产经营成本高”的企业占比较为均衡，分别为48%、46%和49%。“融资难度加大”和“企业因无法按时履行交易合同需支付违约金”分别为35%和22%[1]。

首先，在疫情的影响下，近五成小微企业面临“市场订单减少”“虽有订单但无法正常生产经营”“生产经营成本高”的生产经营困难，这三点原因也是加剧小微企业停产歇业的最直接原因。其中导致“市场订单减少”的原因一方面是停工政策导致的生产环节和销售环节等经济环节的脱节，进而导致供给不足，另一方面是停工政策导致消费者收入来源不足，进而导致需求不足。“虽有订单但无法正常生产经营”的原因一方面是停工政策导致无法进行生产作业，另一方面是生产资料受交通限制而迟迟无法到位。而“生产经营成本高”的原因则是多元的，如用工成本增加、原材料价格上涨、运输成本上涨、疫情期间的生产合规成本上涨等。

其次，即使排除疫情因素，融资难度大是很多小微企业面临的问题，而疫情的暴发进一步加大了小微企业的融资难度，这主要由于疫情期间一方面国家的金融政策倾向于医疗行业，另一方面受疫情影响，投资者的信心明显不足。

最后，可以看到只有两成企业因无法按时履行交易合同需支付违约金，这表明合同当事人以新冠肺炎疫情的暴发和防控措施为“不可抗力”主张免责的法律条款发挥了一定的作用。

以湖北为中心，周围各省的小微企业面临的主要生产经营困难为市场订单减少。在疫情导致企业目前面临的主要困难问题中，注册所在地为湖北、河南、湖南、四川、陕西、安徽、浙江、福建等地的小微企业选择“市场订单减少”的占比相对较多，分别为80.00%、81.25%、90.91%、83.33%、87.50%、78.57%、80.65%、89.47%，具体如图7所示。成立时间短、员工数量少、营业收入低的小微企业，市场订单减少也是其面临的主要生产经营困难。

我们可以发现，以疫情暴发中心湖北为圆心，随着疫情的扩散，湖北周边的各个省份的小微企业面临的生产经营困难最为严重，近八成小微企业直接面临市场订单减少的影响。

〔1〕 百分比计算方式为选择该选项的问卷数量/该类别下问卷总数量。对于多选题目，会出现选项百分比总和大于100%的情况。对于关联题目（选择前面题目的某些选项才会出现的题目），会出现百分比总和小于100%的情况。

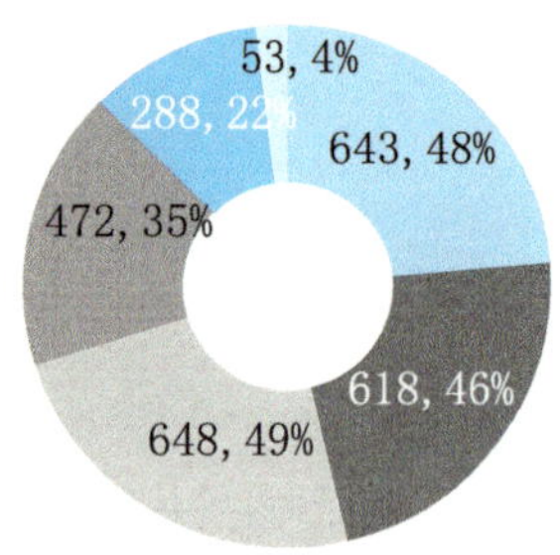

图 6　疫情导致小微企业面临的主要困难

注册所在地	市场订单减少		虽有订单但无法正常生产经营		生产经营成本高		融资难度加大		企业因无法按时履行交易合同需支付违约金		其他	
	数量（家）	占比	数量（家）	占比	数量（家）	占比	数量（家）	占比	数量（家）	占比	数量（家）	占比
全部	643	48.20%	618	46.33%	648	48.58%	472	35.38%	288	21.59%	53	3.97%
河北	69	32.70%	108	51.18%	105	49.76%	82	38.86%	58	27.49%	1	0.47%
北京	70	40.94%	84	49.12%	70	40.94%	72	42.11%	39	22.81%	7	4.09%
山西	45	28.66%	77	49.04%	74	47.13%	58	36.94%	45	28.66%	1	0.64%
天津	50	33.56%	89	59.73%	71	47.65%	68	45.64%	31	20.81%	1	0.67%
广东	78	78.79%	35	35.35%	52	52.53%	23	23.23%	16	16.16%	6	6.06%
内蒙古	25	25.77%	51	52.58%	50	51.55%	35	36.08%	26	26.80%	2	2.06%
辽宁	22	40.74%	30	55.56%	31	57.41%	18	33.33%	10	18.52%	0	0.00%
河南	39	81.25%	13	27.08%	19	39.58%	13	27.08%	7	14.58%	6	12.50%
山东	30	63.83%	17	36.17%	21	44.68%	13	27.66%	3	6.38%	1	2.13%
江苏	28	66.67%	16	38.10%	20	47.62%	14	33.33%	9	21.43%	6	14.29%
浙江	25	80.65%	13	41.94%	19	61.29%	9	29.03%	5	16.13%	3	9.68%
上海	13	44.83%	16	55.17%	17	58.62%	8	27.59%	10	34.48%	1	3.45%
四川	20	83.33%	9	37.50%	11	45.83%	6	25.00%	4	16.67%	2	8.33%
吉林	10	45.45%	11	50.00%	14	63.64%	7	31.82%	3	13.64%	1	4.55%
黑龙江	13	61.90%	12	57.14%	11	52.38%	8	38.10%	7	33.33%	0	0.00%
湖北	16	80.00%	8	40.00%	12	60.00%	6	30.00%	3	15.00%	4	20.00%
福建	17	89.47%	5	26.32%	12	63.16%	5	26.32%	2	10.53%	2	10.53%
安徽	11	78.57%	4	28.57%	6	42.86%	5	35.71%	0	0.00%	2	14.29%
海南	7	58.33%	4	33.33%	3	25.00%	1	8.33%	0	0.00%	4	33.33%
江西	8	66.67%	3	25.00%	5	41.67%	7	58.33%	3	25.00%	0	0.00%
湖南	10	90.91%	1	9.09%	4	36.36%	2	18.18%	1	9.09%	1	9.09%
重庆	7	70.00%	5	50.00%	4	40.00%	4	40.00%	0	0.00%	0	0.00%
陕西	7	87.50%	2	25.00%	3	37.50%	0	0.00%	1	12.50%	0	0.00%
广西	5	83.33%	1	16.67%	4	66.67%	0	0.00%	0	0.00%	0	0.00%
云南	5	100.00%	1	20.00%	4	80.00%	3	60.00%	1	20.00%	0	0.00%
新疆	4	80.00%	2	40.00%	1	20.00%	1	20.00%	2	40.00%	0	0.00%
贵州	4	100.00%	0	0.00%	2	50.00%	1	25.00%	0	0.00%	0	0.00%
宁夏	3	100.00%	0	0.00%	1	33.33%	1	33.33%	0	0.00%	1	33.33%
甘肃	1	100.00%	0	0.00%	1	100.00%	1	100.00%	1	100.00%	0	0.00%
青海	1	100.00%	1	100.00%	1	100.00%	1	100.00%	1	100.00%	0	0.00%
西藏	0	0.00%	0	0.00%	0	0.00%	0	0.00%	0	0.00%	1	100.00%

图 7　疫情导致小微企业面临的主要困难（企业地区分布）

		市场订单减少		虽有订单但无法正常生产经营		生产经营成本高企		融资难度加大		企业因无法按时履行交易合同需支付违约金		其他	
		数量（家）	占比	数量（家）	占比	数量（家）	占比	数量（家）	占比	数量（家）	占比	数量（家）	占比
全部		643	48.20%	618	46.33%	648	48.58%	472	35.38%	288	21.59%	53	3.97%
成立时间	2年内	217	67.81%	110	34.38%	133	41.56%	73	22.81%	43	13.44%	16	5.00%
	3年~5年	265	44.46%	302	50.67%	306	51.34%	231	38.76%	129	21.64%	21	3.52%
	6年~10年	88	31.54%	140	50.18%	144	51.61%	127	45.52%	81	29.03%	7	2.51%
	10年以上	73	52.52%	66	47.48%	65	46.76%	41	29.50%	35	25.18%	9	6.47%
行业类别	加工制造业	104	53.33%	106	54.36%	92	47.18%	64	32.82%	42	21.54%	3	1.54%
	商贸物流	90	33.58%	154	57.46%	138	51.49%	90	33.58%	68	25.37%	4	1.49%
	酒店餐饮业	263	59.50%	156	35.29%	217	49.10%	146	33.03%	74	16.74%	25	5.66%
	农林牧副渔业	19	24.05%	39	49.37%	39	49.37%	36	45.57%	16	20.25%	0	0.00%
	高科技互联网与软件	40	44.94%	47	52.81%	47	52.81%	45	50.56%	26	29.21%	2	2.25%
	电子商务	29	49.15%	32	54.24%	28	47.46%	23	38.98%	21	35.59%	1	1.69%
	建筑	17	36.17%	27	57.45%	22	46.81%	22	46.81%	13	27.66%	0	0.00%
	网约车或外卖等新经济	16	34.78%	22	47.83%	18	39.13%	19	41.30%	11	23.91%	1	2.17%
	娱乐文化旅游	16	38.10%	19	45.24%	21	50.00%	14	33.33%	10	23.81%	2	4.76%
	其他	49	73.13%	16	23.88%	26	38.81%	13	19.40%	7	10.45%	15	22.39%
员工数量	10人以下	273	77.12%	106	29.94%	144	40.68%	72	20.34%	40	11.30%	26	7.34%
	10人~49人	194	37.89%	264	51.56%	249	48.63%	203	39.65%	118	23.05%	13	2.54%
	50人~100人	109	34.60%	167	53.02%	173	54.92%	136	43.17%	78	24.76%	6	1.90%
	100人以上	67	43.79%	81	52.94%	82	53.59%	61	39.87%	52	33.99%	8	5.23%
营业收入（2019年）	100万以下	284	79.78%	108	30.34%	146	41.01%	83	23.31%	38	10.67%	26	7.30%
	100万~500万(不含500万)	192	38.95%	269	54.56%	256	51.93%	188	38.13%	119	24.14%	13	2.64%
	500万~1000万(不含1000万)	97	28.87%	175	52.08%	170	50.60%	150	44.64%	87	25.89%	3	0.89%
	1000万以上	70	46.98%	66	44.30%	76	51.01%	51	34.23%	44	29.53%	11	7.38%

图 8　疫情导致小微企业面临的主要困难（企业类别分布）

（2）疫情下小微企业虽有订单但无法正常生产经营，总体来说包括三个主要原因：一是停工政策导致无法进行生产作业；二是生产资料供给受限而迟迟无法到位；三是缺乏防疫物资。首先，生产工人及管理人员无法正常返岗以及材料和零部件配套厂家不能开工，无法供货。对于“虽有订单但无法正常生产经营的主要原因”这个问题，共有 213 家小微企业选择了“材料和零部件配套厂家不能开工，无法供货”这一选项，占全部接受调查小微企业的比例为 16%；其次，“生产工人及管理人员无法正常返岗”“材料和零部件配套厂家受制于道路运输无法供货”分别占比为 15%、10%；最后，选择“缺乏防疫物资（如口罩、酒精等）”以及“产品发货受制于运输管制”的小微企业占比较少，分别为 4%、2%，具体如图 9 所示。

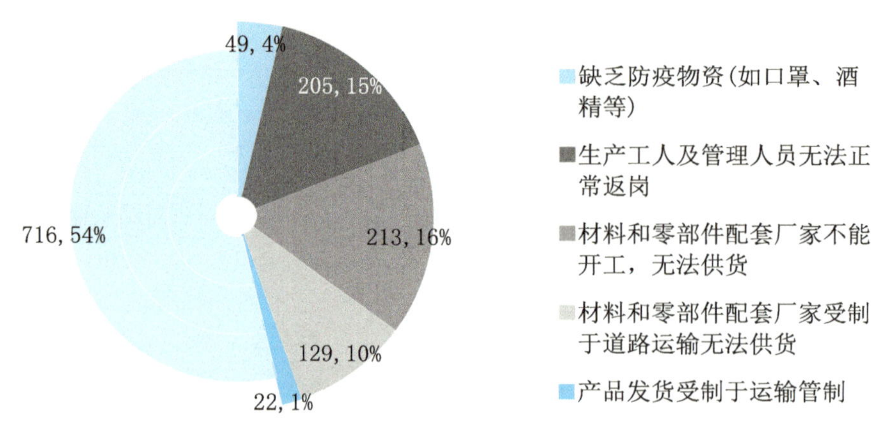

图 9　虽有订单但无法正常生产经营的主要原因

注册所在地	缺乏防疫物资(如口罩、酒精等)		生产工人及管理人员无法正常返岗		材料和零部件配套厂家不能开工，无法供货		材料和零部件配套厂家受制于道路运输无法供货		产品发货受制于运输管制	
	数量（家）	占比	数量（家）	占比	数量（家）	占比	数量（家）	占比	数量（家）	占比
全部	49	3. 67%	205	15. 37%	213	15. 97%	129	9. 67%	22	1. 65%
河北	5	2. 37%	34	16. 11%	46	21. 80%	21	9. 95%	2	0. 95%
北京	8	4. 68%	24	14. 04%	27	15. 79%	22	12. 87%	3	1. 75%
山西	5	3. 18%	21	13. 38%	36	22. 93%	15	9. 55%	0	0. 00%
天津	10	6. 71%	33	22. 15%	28	18. 79%	18	12. 08%	0	0. 00%
广东	2	2. 02%	16	16. 16%	11	11. 11%	3	3. 03%	3	3. 03%
内蒙古	6	6. 19%	10	10. 31%	18	18. 56%	16	16. 49%	1	1. 03%
辽宁	1	1. 85%	11	20. 37%	12	22. 22%	6	11. 11%	0	0. 00%
河南	2	4. 17%	7	14. 58%	1	2. 08%	2	4. 17%	1	2. 08%
山东	1	2. 13%	6	12. 77%	7	14. 89%	2	4. 26%	1	2. 13%
江苏	2	4. 76%	6	14. 29%	2	4. 76%	5	11. 90%	1	2. 38%
浙江	0	0. 00%	5	16. 13%	5	16. 13%	2	6. 45%	1	3. 23%
上海	1	3. 45%	6	20. 69%	2	6. 90%	5	17. 24%	2	6. 90%
四川	0	0. 00%	6	25. 00%	2	8. 33%	0	0. 00%	1	4. 17%
吉林	2	9. 09%	2	9. 09%	2	9. 09%	4	18. 18%	1	4. 55%
黑龙江	1	4. 76%	3	14. 29%	5	23. 81%	3	14. 29%	0	0. 00%
湖北	0	0. 00%	2	10. 00%	2	10. 00%	1	5. 00%	3	15. 00%
福建	0	0. 00%	2	10. 53%	2	10. 53%	1	5. 26%	0	0. 00%
安徽	0	0. 00%	1	7. 14%	1	7. 14%	2	14. 29%	0	0. 00%
海南	0	0. 00%	1	8. 33%	2	16. 67%	0	0. 00%	1	8. 33%
江西	0	0. 00%	1	8. 33%	1	8. 33%	1	8. 33%	0	0. 00%
湖南	1	9. 09%	0	0. 00%	0	0. 00%	0	0. 00%	0	0. 00%
重庆	2	20. 00%	3	30. 00%	0	0. 00%	0	0. 00%	0	0. 00%
陕西	0	0. 00%	2	25. 00%	0	0. 00%	0	0. 00%	0	0. 00%
广西	0	0. 00%	0	0. 00%	0	0. 00%	0	0. 00%	1	16. 67%
新疆	0	0. 00%	2	40. 00%	0	0. 00%	0	0. 00%	0	0. 00%
云南	0	0. 00%	1	20. 00%	0	0. 00%	0	0. 00%	0	0. 00%
青海	0	0. 00%	0	0. 00%	1	100. 00%	0	0. 00%	0	0. 00%

图 10　虽有订单但无法正常生产经营的主要原因（企业地区分布）

		缺乏防疫物资(如口罩、酒精等)		生产工人及管理人员无法正常返岗		材料和零部件配套厂家不能开工，无法供货		材料和零部件配套厂家受制于道路运输无法供货		产品发货受制于运输管制	
		数量（家）	占比	数量（家）	占比	数量（家）	占比	数量（家）	占比	数量（家）	占比
	全部	49	3.67%	205	15.37%	213	15.97%	129	9.67%	22	1.65%
成立时间	2年内	13	4.06%	36	11.25%	35	10.94%	20	6.25%	6	1.88%
	3年~5年	21	3.52%	108	18.12%	106	17.79%	57	9.56%	10	1.68%
	6年~10年	11	3.94%	30	10.75%	57	20.43%	39	13.98%	3	1.08%
	10年以上	4	2.88%	31	22.30%	15	10.79%	13	9.35%	3	2.16%
行业类别	加工制造业	10	5.13%	37	18.97%	38	19.49%	19	9.74%	2	1.03%
	商贸物流	14	5.22%	54	20.15%	52	19.40%	32	11.94%	2	0.75%
	酒店餐饮业	12	2.71%	49	11.09%	58	13.12%	28	6.33%	9	2.04%
	农林牧副渔业	1	1.27%	7	8.86%	17	21.52%	13	16.46%	1	1.27%
	高科技互联网与软件	3	3.37%	18	20.22%	11	12.36%	14	15.73%	1	1.12%
	电子商务	3	5.08%	8	13.56%	16	27.12%	4	6.78%	1	1.69%
	建筑	1	2.13%	13	27.66%	6	12.77%	7	14.89%	0	0.00%
	网约车或外卖等新经济	2	4.35%	7	15.22%	8	17.39%	4	8.70%	1	2.17%
	娱乐文化旅游	2	4.76%	4	9.52%	6	14.29%	5	11.90%	2	4.76%
	其他	1	1.49%	8	11.94%	1	1.49%	3	4.48%	3	4.48%
员工数量	10人以下	7	1.98%	45	12.71%	30	8.47%	14	3.95%	10	2.82%
	10人~49人	26	5.08%	94	18.36%	91	17.77%	47	9.18%	6	1.17%
	50人~100人	11	3.49%	35	11.11%	70	22.22%	47	14.92%	4	1.27%
	100人以上	5	3.27%	31	20.26%	22	14.38%	21	13.73%	2	1.31%
营业收入（2019年）	100万以下	11	3.09%	42	11.80%	31	8.71%	15	4.21%	9	2.53%
	100万~500万(不含500万)	20	4.06%	92	18.66%	96	19.47%	55	11.16%	6	1.22%
	500万~1000万(不含1000万)	14	4.17%	44	13.10%	67	19.94%	45	13.39%	5	1.49%
	1000万以上	4	2.68%	27	18.12%	19	12.75%	14	9.40%	2	1.34%

图 11　虽有订单但无法正常生产经营的主要原因（企业类别分布）

（3）“生产经营成本高”的原因则是多元的，如用工成本增加、原材料价格上涨、房租成本上涨等。如图 12 所示，生产经营成本高的主要原因为无法正常生产但用工成本支出增高、无法正常生产但房租等成本仍需负担以及购入材料和零部件成本上涨。对于“小微企业生产经营高的原因”这个问题中，共有 216 家企业选择了“无法正常生产但用工成本支出增高”这一选项，占比为 16%；其次分别为“无法正常生产但房租等成本仍需负担”“购入材料和零部件成本上涨”“税费压力大”“财务费用高”，分别占比为 15%、13%、4%和 1%。

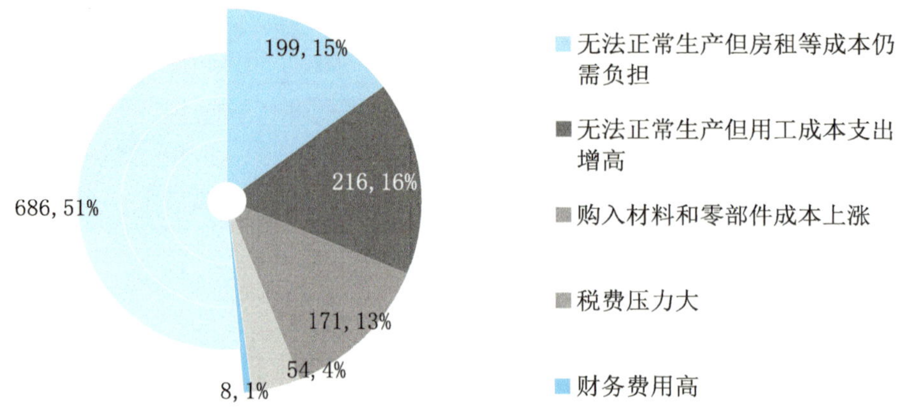

图 12　生产经营成本高的主要原因

注册所在地	无法正常生产但房租等成本仍需负担		无法正常生产但用工成本支出增高		购入材料和零部件成本上涨		税费压力大		财务费用高	
	数量（家）	占比	数量（家）	占比	数量（家）	占比	数量（家）	占比	数量（家）	占比
全部	199	14.92%	216	16.19%	171	12.82%	54	4.05%	8	0.60%
河北	18	8.53%	43	20.38%	30	14.22%	14	6.64%	0	0.00%
北京	20	11.70%	24	14.04%	20	11.70%	5	2.92%	1	0.58%
山西	7	4.46%	31	19.75%	30	19.11%	4	2.55%	2	1.27%
天津	16	10.74%	26	17.45%	15	10.07%	12	8.05%	2	1.34%
广东	37	37.37%	9	9.09%	5	5.05%	0	0.00%	1	1.01%
内蒙古	8	8.25%	18	18.56%	17	17.53%	7	7.22%	0	0.00%
辽宁	6	11.11%	15	27.78%	7	12.96%	2	3.70%	1	1.85%
河南	11	22.92%	4	8.33%	2	4.17%	1	2.08%	1	2.08%
山东	10	21.28%	7	14.89%	3	6.38%	1	2.13%	0	0.00%
江苏	7	16.67%	4	9.52%	7	16.67%	2	4.76%	0	0.00%
浙江	10	32.26%	4	12.90%	4	12.90%	1	3.23%	0	0.00%
上海	6	20.69%	4	13.79%	5	17.24%	2	6.90%	0	0.00%
四川	7	29.17%	3	12.50%	1	4.17%	0	0.00%	0	0.00%
吉林	1	4.55%	4	18.18%	8	36.36%	1	4.55%	0	0.00%
黑龙江	2	9.52%	4	19.05%	4	19.05%	1	4.76%	0	0.00%
湖北	4	20.00%	8	40.00%	0	0.00%	0	0.00%	0	0.00%
福建	8	42.11%	1	5.26%	3	15.79%	0	0.00%	0	0.00%
安徽	4	28.57%	1	7.14%	1	7.14%	0	0.00%	0	0.00%
海南	2	16.67%	0	0.00%	1	8.33%	0	0.00%	0	0.00%
江西	1	8.33%	3	25.00%	1	8.33%	0	0.00%	0	0.00%
湖南	1	9.09%	0	0.00%	3	27.27%	0	0.00%	0	0.00%
重庆	1	10.00%	1	10.00%	1	10.00%	1	10.00%	0	0.00%
陕西	3	37.50%	0	0.00%	0	0.00%	0	0.00%	0	0.00%
广西	1	16.67%	1	16.67%	2	33.33%	0	0.00%	0	0.00%
新疆	1	20.00%	0	0.00%	0	0.00%	0	0.00%	0	0.00%
云南	3	60.00%	1	20.00%	0	0.00%	0	0.00%	0	0.00%
贵州	1	25.00%	0	0.00%	1	25.00%	0	0.00%	0	0.00%
宁夏	1	33.33%	0	0.00%	0	0.00%	0	0.00%	0	0.00%
甘肃	1	100.00%	0	0.00%	0	0.00%	0	0.00%	0	0.00%
青海	1	100.00%	0	0.00%	0	0.00%	0	0.00%	0	0.00%

图 13　生产经营成本高的主要原因（企业地区分布）

		无法正常生产但房租等成本仍需负担		无法正常生产但用工成本支出增高		购入材料和零部件成本上涨		税费压力大		财务费用高	
		数量（家）	占比	数量（家）	占比	数量（家）	占比	数量（家）	占比	数量（家）	占比
全部		199	14.92%	216	16.19%	171	12.82%	54	4.05%	8	0.60%
成立时间	2年内	65	20.31%	25	7.81%	38	11.88%	3	0.94%	2	0.63%
	3~5年	84	14.09%	118	19.80%	72	12.08%	30	5.03%	2	0.34%
	6~10年	26	9.32%	51	18.28%	44	15.77%	19	6.81%	4	1.43%
	10年以上	24	17.27%	22	15.83%	17	12.23%	2	1.44%	0	0.00%
行业类别	加工制造业	29	14.87%	34	17.44%	23	11.79%	6	3.08%	0	0.00%
	商贸物流	24	8.96%	63	23.51%	37	13.81%	12	4.48%	2	0.75%
	酒店餐饮业	91	20.59%	52	11.76%	57	12.90%	14	3.17%	3	0.68%
	农林牧副渔业	2	2.53%	17	21.52%	16	20.25%	4	5.06%	0	0.00%
	高科技互联网与软件	12	13.48%	16	17.98%	12	13.48%	6	6.74%	1	1.12%
	电子商务	9	15.25%	11	18.64%	7	11.86%	1	1.69%	0	0.00%
	建筑	4	8.51%	7	14.89%	8	17.02%	3	6.38%	0	0.00%
	网约车或外卖等新经济	5	10.87%	4	8.70%	5	10.87%	4	8.70%	0	0.00%
	娱乐文化旅游	8	19.05%	7	16.67%	4	9.52%	2	4.76%	0	0.00%
	其他	15	22.39%	5	7.46%	2	2.99%	2	2.99%	2	2.99%
员工数量	10人以下	82	23.16%	30	8.47%	26	7.34%	4	1.13%	2	0.56%
	10~49人	66	12.89%	99	19.34%	57	11.13%	24	4.69%	3	0.59%
	50~100人	35	11.11%	61	19.37%	55	17.46%	20	6.35%	2	0.63%
	100人以上	16	10.46%	26	16.99%	33	21.57%	6	3.92%	1	0.65%
营业收入（2019年）	100万以下	81	22.75%	26	7.30%	35	9.83%	2	0.56%	2	0.56%
	100万~500万（不含500万）	63	12.78%	104	21.10%	58	11.76%	27	5.48%	4	0.81%
	500万~1000万（不含1000万）	30	8.93%	65	19.35%	57	16.96%	17	5.06%	1	0.30%
	1000万以上	25	16.78%	21	14.09%	21	14.09%	8	5.37%	1	0.67%

图14 生产经营成本高的主要原因（企业类别分布）

从行业角度来看，如图14所示，由于受疫情影响，很多行业的小微企业无法正常生产经营，其中酒店餐饮业和娱乐文化旅游行业面临的房租等成本压力相对较大。商贸物流行业、农林牧副渔业面临的用工成本上涨压力相对较大。建筑业和农林牧副渔业面临的原材料购入成本上涨压力相对较大。

（三）疫情下小微企业财务情况

1. 疫情对小微企业经营资金影响严重

疫情对小微企业经营资金方面的影响主要包括企业无法及时偿还贷款等债务，资金压力加大；企业营业收入减少，流动资金紧张。

如图15所示，在小微企业经营资金方面影响分布中，“企业营业收入减少，流动资金紧张”630家，占比47%；“企业无法及时偿还贷款等债务，资金压力加大”725家，占比54%；“金融机构提供融资的审核条件提高，手续增多或时间延长”576家，占比43%；“企业面临被抽贷、断贷风险”395家，占比30%；“企业短期融资能力下降”294家，占比22%；“企业融资需求减少”115家，占比9%；其他26家，占比2%。

疫情对小微企业直观的影响表现为营业资金短缺。小微企业本身就存在资金短缺的问题，疫情期间其订单减少就意味着营收进一步缩水，这直接导致小微企业无法支付员工工资、无法及时偿还贷款和债务。然而，金融机构通过各种方式直接减少对小微企业的金融供给无疑是压死小微企业的最后一根稻草。

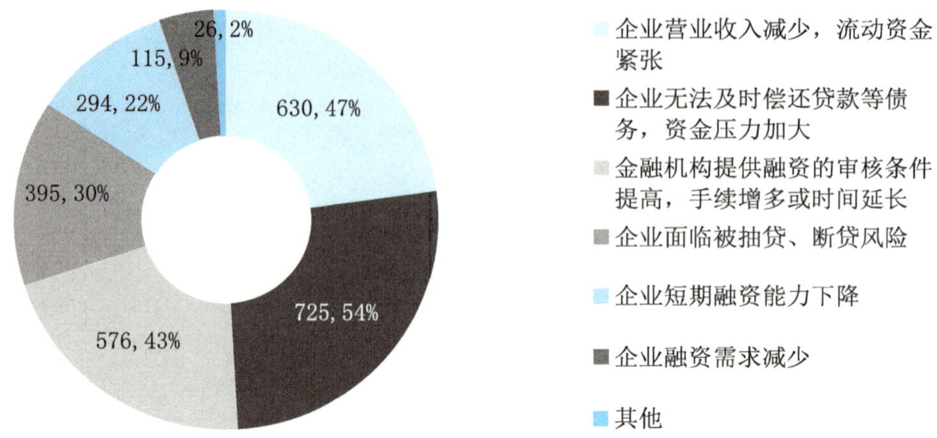

图 15　疫情对小微企业经营资金方面的影响

如图 16 所示，疫情影响下，湖北、广东、河南、四川、福建、海南、重庆、陕西等地超七成小微企业面临营业收入减少，流动资金紧张的问题。河北、辽宁、浙江、黑龙江、湖北、福建、陕西等地超六成小微企业面临无法及时偿还贷款等债务问题。河北、山西、天津、内蒙古超五成小微企业面临金融机构提供融资的审核条件提高，手续增多或时间延长问题。上海、吉林、黑龙江、江西超四成小微企业面临被抽贷、断贷风险。

注册所在地	企业营业收入减少，流动资金紧张		企业无法及时偿还贷款等债务，资金压力加大		金融机构提供融资的审核条件提高，手续增多或时间延长		企业面临被抽贷、断贷风险		企业短期融资能力下降		企业融资需求减少		其他	
	数量（家）	占比	数量（家）	占比	数量（家）	占比	数量（家）	占比	数量（家）	占比	数量（家）	占比	数量（家）	占比
全部	630	47.23%	725	54.35%	576	43.18%	395	29.61%	294	22.04%	115	8.62%	26	1.95%
河北	59	27.96%	128	60.66%	109	51.66%	75	35.55%	48	22.75%	17	8.06%	2	0.95%
北京	77	45.03%	85	49.71%	74	43.27%	47	27.49%	43	25.15%	19	11.11%	4	2.34%
山西	36	22.93%	89	56.69%	86	54.78%	57	36.31%	41	26.11%	12	7.64%	3	1.91%
天津	50	33.56%	85	57.05%	83	55.70%	56	37.58%	29	19.46%	15	10.07%	1	0.67%
广东	75	75.76%	47	47.47%	24	24.24%	21	21.21%	20	20.20%	8	8.08%	0	0.00%
内蒙古	25	25.77%	54	55.67%	50	51.55%	32	32.99%	29	29.90%	12	12.37%	3	3.09%
辽宁	29	53.70%	34	62.96%	21	38.89%	20	37.04%	10	18.52%	5	9.26%	0	0.00%
河南	40	83.33%	24	50.00%	7	14.58%	6	12.50%	12	25.00%	4	8.33%	3	6.25%
山东	32	68.09%	21	44.68%	16	34.04%	11	23.40%	7	14.89%	2	4.26%	2	4.26%
江苏	29	69.05%	15	35.71%	17	40.48%	10	23.81%	4	9.52%	6	14.29%	2	4.76%
浙江	20	64.52%	21	67.74%	11	35.48%	6	19.35%	6	19.35%	2	6.45%	0	0.00%
上海	16	55.17%	13	44.83%	13	44.83%	12	41.38%	9	31.03%	2	6.90%	0	0.00%
四川	20	83.33%	13	54.17%	7	29.17%	3	12.50%	2	8.33%	2	8.33%	2	8.33%
吉林	7	31.82%	12	54.55%	10	45.45%	9	40.91%	7	31.82%	1	4.55%	0	0.00%
黑龙江	10	47.62%	14	66.67%	9	42.86%	10	47.62%	3	14.29%	3	14.29%	0	0.00%
湖北	16	80.00%	13	65.00%	6	30.00%	1	5.00%	5	25.00%	0	0.00%	0	0.00%
福建	15	78.95%	12	63.16%	6	31.58%	2	10.53%	2	10.53%	0	0.00%	0	0.00%
安徽	11	78.57%	5	35.71%	6	42.86%	3	21.43%	2	14.29%	0	0.00%	0	0.00%

续表

注册所在地	企业营业收入减少，流动资金紧张		企业无法及时偿还贷款等债务，资金压力加大		金融机构提供融资的审核条件提高，手续增多或时间延长		企业面临被抽贷、断贷风险		企业短期融资能力下降		企业融资需求减少		其他	
	数量（家）	占比	数量（家）	占比	数量（家）	占比	数量（家）	占比	数量（家）	占比	数量（家）	占比	数量（家）	占比
海南	11	91.67%	4	33.33%	3	25.00%	1	8.33%	3	25.00%	1	8.33%	0	0.00%
江西	7	58.33%	7	58.33%	4	33.33%	5	41.67%	1	8.33%	2	16.67%	0	0.00%
湖南	7	63.64%	5	45.45%	3	27.27%	1	9.09%	3	27.27%	0	0.00%	1	9.09%
重庆	9	90.00%	4	40.00%	4	40.00%	2	20.00%	3	30.00%	0	0.00%	1	10.00%
陕西	7	87.50%	5	62.50%	0	0.00%	0	0.00%	0	0.00%	0	0.00%	1	12.50%
广西	4	66.67%	3	50.00%	1	16.67%	1	16.67%	0	0.00%	1	16.67%	0	0.00%
云南	5	100.00%	4	80.00%	2	40.00%	1	20.00%	1	20.00%	0	0.00%	0	0.00%
新疆	4	80.00%	3	60.00%	0	0.00%	0	0.00%	1	20.00%	0	0.00%	0	0.00%
贵州	4	100.00%	2	50.00%	1	25.00%	1	25.00%	1	25.00%	0	0.00%	0	0.00%
宁夏	3	100.00%	1	33.33%	1	33.33%	0	0.00%	1	33.33%	0	0.00%	0	0.00%
甘肃	1	100.00%	1	100.00%	1	100.00%	1	100.00%	0	0.00%	0	0.00%	0	0.00%
青海	1	100.00%	1	100.00%	1	100.00%	1	100.00%	1	100.00%	1	100.00%	0	0.00%
西藏	0	0.00%	0	0.00%	0	0.00%	0	0.00%	0	0.00%	0	0.00%	1	100.00%

图 16　疫情对小微企业经营资金方面的影响（企业地区分布）

如图 17 所示，受疫情影响，加工制造业、酒店餐饮业、电子商务行业约五成小微企业面临营业收入减少，流动资金紧张的问题。图 17 各个行业五成左右小微企业面临无法及时偿还贷款等债务问题，四成小微企业面临金融机构提供融资的审核条件提高，手续增多或时间延长问题，三成小微企业面临被抽贷、断贷风险。

		企业营业收入减少，流动资金紧张		企业无法及时偿还贷款等债务，资金压力加大		金融机构提供融资的审核条件提高，手续增多或时间延长		企业面临被抽贷、断贷风险		企业短期融资能力下降		企业融资需求减少		其他	
		数量	占比	数量	占比	数量	占比	数量	占比	数量	占比	数量	占比	数量	占比
全部		630	47.23%	725	54.35%	576	43.18%	395	29.61%	294	22.04%	115	8.62%	26	1.95%
成立时间	2年内	213	66.56%	164	51.25%	95	29.69%	56	17.50%	56	17.50%	19	5.94%	7	2.19%
	3~5年	242	40.60%	332	55.70%	281	47.15%	195	32.72%	129	21.64%	55	9.23%	12	2.01%
	6~10年	94	33.69%	153	54.84%	150	53.76%	107	38.35%	77	27.60%	26	9.32%	4	1.43%
	10年以上	81	58.27%	76	54.68%	50	35.97%	37	26.62%	32	23.02%	15	10.79%	3	2.16%
行业类别	加工制造业	107	54.87%	109	55.90%	84	43.08%	58	29.74%	35	17.95%	18	9.23%	3	1.54%
	商贸物流	82	30.60%	160	59.70%	146	54.48%	83	30.97%	60	22.39%	17	6.34%	2	0.75%
	酒店餐饮业	253	57.24%	236	53.39%	154	34.84%	115	26.02%	83	18.78%	26	5.88%	9	2.04%
	农林牧副渔业	13	16.46%	46	58.23%	49	62.03%	31	39.24%	20	25.32%	9	11.39%	0	0.00%
	高科技互联网与软件	40	44.94%	48	53.93%	49	55.06%	37	41.57%	29	32.58%	17	19.10%	0	0.00%
	电子商务	28	47.46%	35	59.32%	26	44.07%	18	30.51%	19	32.20%	11	18.64%	1	1.69%
	建筑	18	38.30%	28	59.57%	20	42.55%	17	36.17%	17	36.17%	7	14.89%	0	0.00%
	网约车或外卖等新经济	17	36.96%	20	43.48%	20	43.48%	18	39.13%	13	28.26%	1	2.17%	0	0.00%
	娱乐文化旅游	18	42.86%	22	52.38%	17	40.48%	12	28.57%	6	14.29%	3	7.14%	2	4.76%
	其他	54	80.60%	21	31.34%	11	16.42%	6	8.96%	12	17.91%	6	8.96%	9	13.43%
员工数量	10人以下	268	75.71%	170	48.02%	73	20.62%	52	14.69%	49	13.84%	14	3.95%	14	3.95%
	10~49人	196	38.28%	283	55.27%	259	50.59%	162	31.64%	119	23.24%	45	8.79%	4	0.78%
	50~100人	95	30.16%	183	58.10%	173	54.92%	123	39.05%	81	25.71%	33	10.48%	5	1.59%
	100人以上	71	46.41%	89	58.17%	71	46.41%	58	37.91%	45	29.41%	23	15.03%	3	1.96%
营业收入（2019年）	100万以下	266	74.72%	184	51.69%	84	23.60%	54	15.17%	54	15.17%	17	4.78%	10	2.81%
	100万~500万(不含500万)	186	37.73%	285	57.81%	252	51.12%	158	32.05%	126	25.56%	45	9.13%	8	1.62%
	500万~万1000万(不含1000万)	104	30.95%	178	52.98%	178	52.98%	135	40.18%	75	22.32%	35	10.42%	2	0.60%
	1000万以上	74	49.66%	78	52.35%	62	41.61%	48	32.21%	39	26.17%	18	12.08%	6	4.03%

续表

		企业营业收入减少，流动资金紧张		企业无法及时偿还贷款等债务，资金压力加大		金融机构提供融资的审核条件提高，手续增多或时间延长		企业面临被抽贷、断贷风险		企业短期融资能力下降		企业融资需求减少		其他	
		数量	占比	数量	占比	数量	占比	数量	占比	数量	占比	数量	占比	数量	占比
全部		630	47.23%	725	54.35%	576	43.18%	395	29.61%	294	22.04%	115	8.62%	26	1.95%
疫情导致企业面临生产经营困难	市场订单减少	477	74.18%	350	54.43%	227	35.30%	150	23.33%	130	20.22%	50	7.78%	10	1.56%
	虽有订单但无法正常生产经营	264	42.72%	392	63.43%	341	55.18%	234	37.86%	159	25.73%	67	10.84%	8	1.29%
	生产经营成本高企	298	45.99%	410	63.27%	349	53.86%	234	36.11%	175	27.01%	65	10.03%	5	0.77%
	融资难度加大	195	41.31%	303	64.19%	279	59.11%	218	46.19%	151	31.99%	69	14.62%	2	0.42%
	企业因无法按时履行交易合同需支付违约金	121	42.01%	185	64.24%	169	58.68%	144	50%	115	39.93%	55	19.10%	2	0.69%
	其他	35	66.04%	17	32.08%	9	16.98%	6	11.32%	6	11.32%	2	3.77%	12	#####

图 17　疫情对小微企业经营资金方面的影响（企业类别分布）

2. 疫情下小微企业账上资金难以长时间支撑

疫情影响下，七成接受调查的小微企业账上资金支撑不足三个月。

小微企业账上资金支撑时间分布中，半个月以内（15 天以内）133 家，占比 10%；半个月至 1 个月（16~30 天）389 家，占比 29%；1~3 个月（31~90 天）446 家，占比 33%；3~6 个月（91~120 天）230 家，占比 17%；6~12 个月（121~365 天）89 家，占比 7%；1 年以上（365 天以上）47 家，占比 4%，具体如图 18 所示。

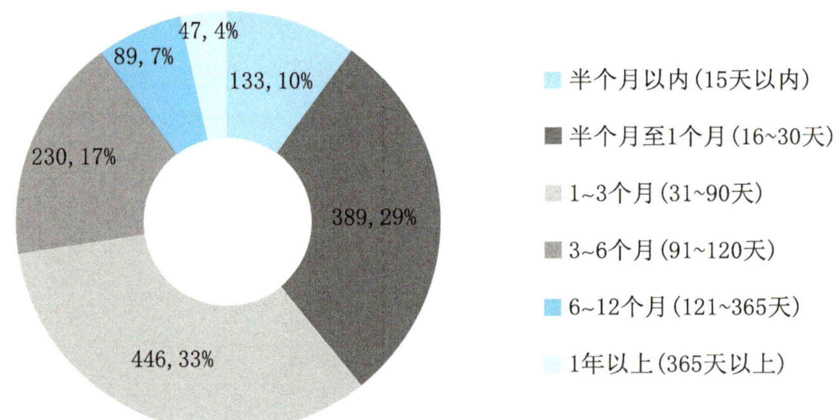

图 18　小微企业账上资金预计支撑时间

3. 疫情对小微企业上半年营业收入的影响

（1）疫情影响下，小微企业预计上半年营业收入状况不乐观。如图 19 所示，预计营业收入比上年同期减少的小微企业为 704 家，占比超过半数；预计营业收入与上年同期持平的 488 家，占比 36%；预计营业收入比上年同期增加的企业仅 142 家，占比 11%。

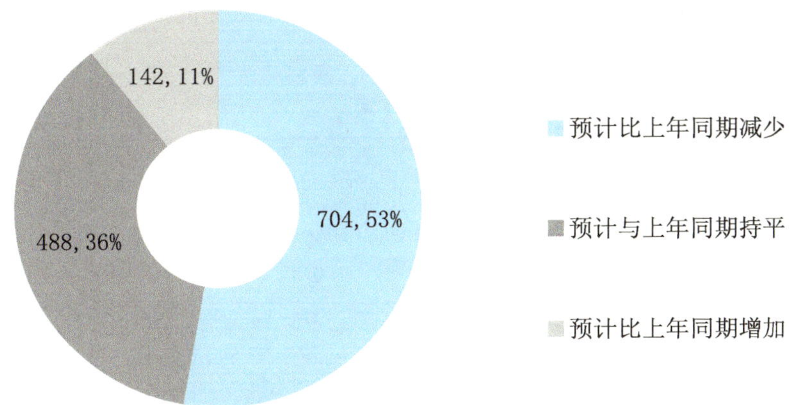

图 19　预计疫情对小微企业上半年营业收入的影响程度

如图 20 所示，湖北地区小微企业受疫情影响明显，有八成湖北小微企业表示，预计营业收入比上年同期减少。此外，广东、河南、山东、浙江、四川等地预计营业收入比上年同期减少的小微企业占比也较大，均超过八成。北京、内蒙古、上海等地预计营业收入比上年同期增加的小微企业占比与其他省份相比相对较大，但也均不足两成。由此可见，小微企业普遍面临着营收减少的压力。山西、天津、内蒙古、吉林、黑龙江等地有超过五成小微企业预计营业收入与上年同期持平，但是如果将原材料价格上浮、用工费用上涨等因素计算在内，营业收入与上年同期持平对小微企业的生存状况而言也并不乐观。

注册所在地	预计比上年同期减少		预计与上年同期持平		预计比上年同期增加	
	数量（家）	占比	数量（家）	占比	数量（家）	占比
全部	704	52.77%	488	36.58%	142	10.64%
河北	77	36.49%	103	48.82%	31	14.69%
北京	78	45.61%	64	37.43%	29	16.96%
山西	52	33.12%	80	50.96%	25	15.92%
天津	50	33.56%	81	54.36%	18	12.08%
广东	84	84.85%	12	12.12%	3	3.03%
内蒙古	20	20.62%	61	62.89%	16	16.49%
辽宁	31	57.41%	22	40.74%	1	1.85%
河南	44	91.67%	4	8.33%	0	0.00%
山东	40	85.11%	5	10.64%	2	4.26%
江苏	33	78.57%	6	14.29%	3	7.14%
浙江	25	80.65%	6	19.35%	0	0.00%
上海	15	51.72%	9	31.03%	5	17.24%
四川	22	91.67%	1	4.17%	1	4.17%
吉林	9	40.91%	11	50.00%	2	9.09%
黑龙江	9	42.86%	12	57.14%	0	0.00%
湖北	16	80.00%	3	15.00%	1	5.00%
福建	17	89.47%	1	5.26%	1	5.26%
安徽	13	92.86%	1	7.14%	0	0.00%
海南	12	100.00%	0	0.00%	0	0.00%
江西	7	58.33%	4	33.33%	1	8.33%
湖南	10	90.91%	0	0.00%	1	9.09%

续表

注册所在地	预计比上年同期减少		预计与上年同期持平		预计比上年同期增加	
	数量（家）	占比	数量（家）	占比	数量（家）	占比
重庆	9	90.00%	1	10.00%	0	0.00%
陕西	8	100.00%	0	0.00%	0	0.00%
广西	4	66.67%	1	16.67%	1	16.67%
云南	5	100.00%	0	0.00%	0	0.00%
新疆	4	80.00%	0	0.00%	1	20.00%
贵州	4	100.00%	0	0.00%	0	0.00%
宁夏	3	100.00%	0	0.00%	0	0.00%
甘肃	1	100.00%	0	0.00%	0	0.00%
青海	1	100.00%	0	0.00%	0	0.00%
西藏	1	100.00%	0	0.00%	0	0.00%

图 20　预计疫情对小微企业上半年营业收入的影响程度（企业地区分布）

如图 21 所示，成立时间短、员工数量少、营业收入低的小微企业绝大多数预计营业收入比上年同期减少。其中，成立时间在两年以内的企业有七成表示预计营业收入比上年同期减少，员工数量在 10 人以下和营业收入在 100 万以下的企业更是有超过八成表示预计营业收入比上年同期减少。这种状况体现出，一般而言，企业规模越小，成立时间越短，营收越少，其抗风险的能力越差，受此次疫情的影响也就越大。

在不同行业中，加工制造业、酒店餐饮业等行业的小微企业受影响比较明显。其中，酒店餐饮业受访的 442 家企业中，有 279 家表示预计营业收入比上年同期减少，占比超过六成。这与疫情期间严格的防控措施是息息相关的。在酒店餐饮业营收来源中，春节期间的酒店餐饮消费不容忽视，但今年由于疫情原因，绝大多数酒店餐饮企业自春节起至三月份都处于停业状态，其营收势必遭受重大打击。此外，加工制造业受到的影响也较大，有接近六成的加工制造业小微企业表示预计营业收入比上年同期减少。在疫情高峰期间，大多数企业因为防疫需要，采取了停工停产的措施。即便在复工之后，该类企业仍然面临订单数量减少、用工困难等问题。这些都影响到了加工制造业企业的营收状况。

		预计比上年同期减少		预计与上年同期持平		预计比上年同期增加	
		数量（家）	占比	数量（家）	占比	数量（家）	占比
全部		704	52.77%	488	36.58%	142	10.64%
成立时间	2年内	224	70.00%	71	22.19%	25	7.81%
	3~5年	286	47.99%	246	41.28%	64	10.74%
	6~10年	107	38.35%	137	49.10%	35	12.54%
	10年以上	87	62.59%	34	24.46%	18	12.95%
行业类别	加工制造业	112	57.44%	67	34.36%	16	8.21%
	商贸物流	107	39.93%	131	48.88%	30	11.19%
	酒店餐饮业	279	63.12%	131	29.64%	32	7.24%
	农林牧副渔业	24	30.38%	38	48.10%	17	21.52%
	高科技互联网与软件	33	37.08%	39	43.82%	17	19.10%
	电子商务	30	50.85%	26	44.07%	3	5.08%
	建筑	21	44.68%	17	36.17%	9	19.15%
	网约车或外卖等新经济	19	41.30%	20	43.48%	7	15.22%
	娱乐文化旅游	19	45.24%	14	33.33%	9	21.43%
	其他	60	89.55%	5	7.46%	2	2.99%

续表

		预计比上年同期减少		预计与上年同期持平		预计比上年同期增加	
		数量（家）	占比	数量（家）	占比	数量（家）	占比
员工数量	10人以下	292	82.49%	45	12.71%	17	4.80%
	10~49人	226	44.14%	245	47.85%	41	8.01%
	50~100人	119	37.78%	138	43.81%	58	18.41%
	100人以上	67	43.79%	60	39.22%	26	16.99%
营业收入（2019年）	100万以下	295	82.87%	48	13.48%	13	3.65%
	100万~500万（不含500万）	228	46.25%	217	44.02%	48	9.74%
	500万~1000万（不含1000万）	101	30.06%	183	54.46%	52	15.48%
	1000万以上	80	53.69%	40	26.85%	29	19.46%

图 21　预计疫情对小微企业上半年营业收入的影响程度（企业类别分布）

（2）疫情影响下，小微企业预计上半年营业收入减少幅度较大。其中，预计减少幅度在50%以上的小微企业有207家，占比接近二成。预计减少幅度在10%以内的小微企业仅有47家，占比4%，具体如图22所示。

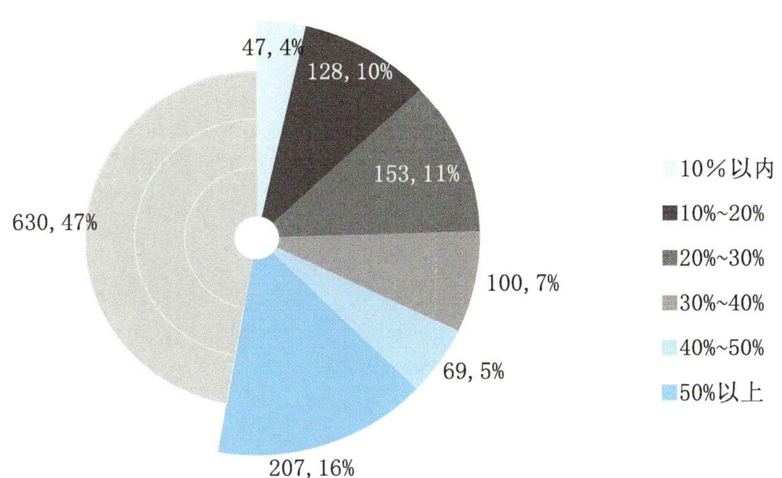

图 22　受疫情影响小微企业营业收入预计比上年同期减少幅度

陕西、海南、湖北、重庆等地预计上半年营业收入减少幅度50%以上的小微企业占比超过了50%。其中，湖北有六成小微企业预计上半年营业收入减少50%以上，说明湖北地区小微企业上半年受疫情影响明显，营收压力较大，具体图如23所示。

注册所在地	10%以内		10%~20%		20%~30%		30%~40%		40%~50%		50%以上	
	数量(家)	占比	数量(家)	占比	数量(家)	占比	数量(家)	占比	数量(家)	占比	数量(家)	占比
全部	47	3.52%	128	9.60%	153	11.47%	100	7.50%	69	5.17%	207	15.52%
河北	10	4.74%	21	9.95%	18	8.53%	15	7.11%	6	2.84%	7	3.32%
北京	11	6.43%	14	8.19%	22	12.87%	11	6.43%	4	2.34%	16	9.36%
山西	3	1.91%	17	10.83%	16	10.19%	8	5.10%	3	1.91%	5	3.18%
天津	5	3.36%	17	11.41%	14	9.40%	7	4.70%	3	2.01%	4	2.68%
广东	3	3.03%	12	12.12%	12	12.12%	13	13.13%	6	6.06%	38	38.38%
内蒙古	1	1.03%	6	6.19%	4	4.12%	4	4.12%	1	1.03%	4	4.12%

续表

注册所在地	10%以内		10%~20%		20%~30%		30%~40%		40%~50%		50%以上	
	数量(家)	占比	数量(家)	占比	数量(家)	占比	数量(家)	占比	数量(家)	占比	数量(家)	占比
辽宁	0	0.00%	11	20.37%	10	18.52%	3	5.56%	2	3.70%	5	9.26%
河南	1	2.08%	6	12.50%	11	22.92%	3	6.25%	7	14.58%	16	33.33%
山东	4	8.51%	5	10.64%	9	19.15%	6	12.77%	4	8.51%	12	25.53%
江苏	2	4.76%	4	9.52%	6	14.29%	6	14.29%	3	7.14%	12	28.57%
浙江	3	9.68%	2	6.45%	6	19.35%	2	6.45%	7	22.58%	5	16.13%
上海	0	0.00%	2	6.90%	2	6.90%	5	17.24%	0	0.00%	6	20.69%
四川	0	0.00%	2	8.33%	2	8.33%	4	16.67%	5	20.83%	9	37.50%
吉林	0	0.00%	3	13.64%	2	9.09%	0	0.00%	1	4.55%	3	13.64%
黑龙江	2	9.52%	0	0.00%	2	9.52%	2	9.52%	0	0.00%	3	14.29%
湖北	0	0.00%	0	0.00%	1	5.00%	0	0.00%	3	15.00%	12	60.00%
福建	1	5.26%	2	10.53%	1	5.26%	2	10.53%	2	10.53%	9	47.37%
安徽	0	0.00%	0	0.00%	5	35.71%	2	14.29%	0	0.00%	6	42.86%
海南	1	8.33%	0	0.00%	3	25.00%	0	0.00%	2	16.67%	6	50.00%
江西	0	0.00%	1	8.33%	1	8.33%	2	16.67%	1	8.33%	2	16.67%
湖南	0	0.00%	1	9.09%	0	0.00%	2	18.18%	4	36.36%	3	27.27%
重庆	0	0.00%	0	0.00%	1	10.00%	0	0.00%	2	20.00%	6	60.00%
陕西	0	0.00%	0	0.00%	2	25.00%	0	0.00%	1	12.50%	5	62.50%
广西	0	0.00%	1	16.67%	0	0.00%	0	0.00%	1	16.67%	2	33.33%
云南	0	0.00%	0	0.00%	0	0.00%	0	0.00%	0	0.00%	5	
新疆	0	0.00%	0	0.00%	1	20.00%	0	0.00%	1	20.00%	2	40.00%
贵州	0	0.00%	0	0.00%	0	0.00%	3	75.00%	0	0.00%	1	25.00%
宁夏	0	0.00%	0	0.00%	1	33.33%	0	0.00%	0	0.00%	2	66.67%
甘肃	0	0.00%	1	100.00%	0	0.00%	0	0.00%	0	0.00%	0	0.00%
青海	0	0.00%	0	0.00%	1	100.00%	0	0.00%	0	0.00%	0	0.00%
西藏	0	0.00%	0	0.00%	0	0.00%	0	0.00%	0	0.00%	1	100.00%

图 23　受疫情影响小微企业营业收入预计比上年同期减少幅度（企业地区分布）

如图 24 所示，成立时间短、员工数量少、营业收入低的小微企业预计营业收入比上年同期减少 50%以上占比较大。其中，成立时间在 2 年以内的企业有接近三成表示预计营业收入比上年同期减少幅度在 50%以上，员工数量在 10 人以下和营业收入在 100 万以下的企业更是有接近四成表示预计营业收入比上年同期减少幅度在 50%以上。这种状况再次体现出，企业规模越小，成立时间越短，受此次疫情的影响也就越大。

酒店餐饮业、娱乐文化旅游等行业的小微企业预计营业收入比上年同期减少 50%以上的占比均超过两成，其中，酒店餐饮业占比更是超过三成。对于娱乐文化旅游业而言，疫情造成的寒冬也不可避免。在疫情期间，严格的隔离防控政策使得国内国际娱乐旅游业几乎处于停滞状态，图 24 也显示出了该行业内的小微企业面临的巨大营收压力。

		10%以内		10%~20%		20%~30%		30%~40%		40%~50%		50%以上	
		数量(家)	占比	数量(家)	占比	数量(家)	占比	数量(家)	占比	数量(家)	占比	数量(家)	占比
全部		47	3.52%	128	9.60%	153	11.47%	100	7.50%	69	5.17%	207	15.52%
成立时间	2年内	21	6.56%	26	8.13%	33	10.31%	28	8.75%	21	6.56%	95	29.69%
	3~5年	12	2.01%	66	11.07%	68	11.41%	46	7.72%	31	5.20%	63	10.57%
	6~10年	9	3.23%	19	6.81%	33	11.83%	17	6.09%	9	3.23%	20	7.17%
	10年以上	5	3.60%	17	12.23%	19	13.67%	9	6.47%	8	5.76%	29	20.86%
行业类别	加工制造业	20	10.26%	36	18.46%	36	18.46%	9	4.62%	4	2.05%	7	3.59%
	商贸物流	9	3.36%	28	10.45%	34	12.69%	21	7.84%	9	3.36%	6	2.24%
	酒店餐饮业	8	1.81%	26	5.88%	39	8.82%	36	8.14%	35	7.92%	135	30.54%
	农林牧副渔业	0	0.00%	6	7.59%	9	11.39%	5	6.33%	2	2.53%	2	2.53%
	高科技互联网与软件	2	2.25%	10	11.24%	6	6.74%	7	7.87%	1	1.12%	7	7.87%
	电子商务	2	3.39%	8	13.56%	6	10.17%	3	5.08%	3	5.08%	8	13.56%
	建筑	2	4.26%	4	8.51%	8	17.02%	4	8.51%	2	4.26%	1	2.13%
	网约车或外卖等新经济	0	0.00%	2	4.35%	4	8.70%	2	4.35%	6	13.04%	5	10.87%
	娱乐文化旅游	1	2.38%	4	9.52%	2	4.76%	3	7.14%	0	0.00%	9	21.43%
	其他	3	4.48%	4	5.97%	9	13.43%	10	14.93%	7	10.45%	27	40.30%
员工数量	10人以下	18	5.08%	24	6.78%	38	10.73%	41	11.58%	33	9.32%	138	38.98%
	10~49人	18	3.52%	54	10.55%	49	9.57%	31	6.05%	22	4.30%	52	10.16%
	50~100人	6	1.90%	31	9.84%	45	14.29%	19	6.03%	8	2.54%	10	3.17%
	100人以上	5	3.27%	19	12.42%	21	13.73%	9	5.88%	6	3.92%	7	4.58%
营业收入（2019年）	100万以下	26	7.30%	22	6.18%	45	12.64%	38	10.67%	33	9.27%	131	36.80%
	100万~500万(不含500万)	12	2.43%	63	12.78%	51	10.34%	34	6.90%	20	4.06%	48	9.74%
	500万~1000万(不含1000万)	3	0.89%	27	8.04%	36	10.71%	14	4.17%	8	2.38%	13	3.87%
	1000万以上	6	4.03%	16	10.74%	21	14.09%	14	9.40%	8	5.37%	15	10.07%

图 24　受疫情影响小微企业营业收入预计比上年同期减少幅度（企业类别分布）

4. 疫情对小微企业上半年利润的影响

（1）疫情影响下，小微企业预计上半年利润状况不乐观。如图 25 所示，有 937 家小微企业上半年利润预计比上年同期减少甚至亏损，占比达到七成。仅有不足一成小微企业预计上半年利润比上年同期增加。预计与上年同期持平的有 305 家，占比 23%。

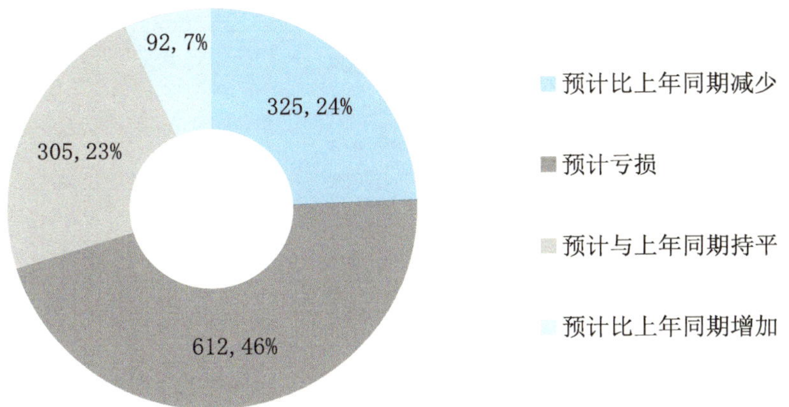

图 25　预计疫情对小微企业上半年利润的影响程度

广东、河南、浙江、上海、四川、吉林、黑龙江、湖北、福建、海南、江西、湖南、重庆、陕西等多地预计上半年利润亏损的小微企业占比都超过 50%，其中湖北更是达到 80%，具体如图 26 所示。湖北、广东、重庆等省份也正是疫情较为严重的省份，可以看出这些省份的小微企业受到疫情影响较大，生存前景普遍较差。

注册所在地	预计比上年同期减少		预计亏损		预计与上年同期持平		预计比上年同期增加	
	数量（家）	占比	数量（家）	占比	数量（家）	占比	数量（家）	占比
全部	325	24.36%	612	45.88%	305	22.86%	92	6.90%
河北	45	21.33%	80	37.91%	66	31.28%	20	9.48%
北京	46	26.90%	61	35.67%	48	28.07%	16	9.36%
山西	28	17.83%	76	48.41%	39	24.84%	14	8.92%
天津	28	18.79%	57	38.26%	51	34.23%	13	8.72%
广东	22	22.22%	61	61.62%	11	11.11%	5	5.05%
内蒙古	14	14.43%	36	37.11%	36	37.11%	11	11.34%
辽宁	14	25.93%	24	44.44%	16	29.63%	0	0.00%
河南	20	41.67%	27	56.25%	1	2.08%	0	0.00%
山东	20	42.55%	22	46.81%	4	8.51%	1	2.13%
江苏	14	33.33%	16	38.10%	8	19.05%	4	9.52%
浙江	10	32.26%	18	58.06%	2	6.45%	1	3.23%
上海	7	24.14%	16	55.17%	4	13.79%	2	6.90%
四川	7	29.17%	16	66.67%	1	4.17%	0	0.00%
吉林	4	18.18%	11	50.00%	6	27.27%	1	4.55%
黑龙江	4	19.05%	10	47.62%	6	28.57%	1	4.76%
湖北	3	15.00%	16	80.00%	0	0.00%	1	5.00%
福建	7	36.84%	11	57.89%	1	5.26%	0	0.00%
安徽	8	57.14%	6	42.86%	0	0.00%	0	0.00%
海南	4	33.33%	8	66.67%	0	0.00%	0	0.00%
江西	1	8.33%	7	58.33%	4	33.33%	0	0.00%
湖南	4	36.36%	7	63.64%	0	0.00%	0	0.00%
重庆	3	30.00%	6	60.00%	0	0.00%	1	10.00%
陕西	2	25.00%	6	75.00%	0	0.00%	0	0.00%
广西	3	50.00%	2	33.33%	1	16.67%	0	0.00%
云南	2	40.00%	3	60.00%	0	0.00%	0	0.00%
新疆	1	20.00%	3	60.00%	0	0.00%	1	20.00%
贵州	0	0.00%	4	100.00%	0	0.00%	0	0.00%
宁夏	1	33.33%	2	66.67%	0	0.00%	0	0.00%
甘肃	1	100.00%	0	0.00%	0	0.00%	0	0.00%
青海	1	100.00%	0	0.00%	0	0.00%	0	0.00%
西藏	1	100.00%	0	0.00%	0	0.00%	0	0.00%

图 26　预计疫情对小微企业上半年利润的影响程度（企业地区分布）

成立时间短、员工数量少、营业收入低的小微企业上半年利润预计亏损所占比重较大。如图 27 所示，成立时间在两年以内的企业有接近 85%表示预计上半年利润比上年同期减少甚至亏损，员工数量在 10 人以下和营业收入在100万以下的企业更是有接近90%表示预计利润减少甚至亏损。但是，规模较大的企业状况也不容乐观。成立10年以上的企业有35.97%预计利润减少，员工数量在100人以上和营收在1000万以上的企业预计利润减少的比例也都超过了30%。

酒店餐饮业、娱乐文化旅游、加工制造等行业的小微企业上半年利润预计亏损所占比重较大。其中，娱乐文化旅游业预计利润减少或亏损的占比接近七成，酒店餐饮业和加工制造的占比更是接近八成。除农林牧副渔业外，其他所有受访行业预计利润减少或亏损的企业占比都超过了五成，可见疫情对绝大多数小微企业所在行业均造成了重大打击，小微企业在今年上半年将面临巨大的经营困境。

		预计比上年同期减少		预计亏损		预计与上年同期持平		预计比上年同期增加	
		数量（家）	占比	数量（家）	占比	数量（家）	占比	数量（家）	占比
全部		325	24.36%	612	45.88%	305	22.86%	92	6.90%
成立时间	2年内	95	29.69%	176	55%	37	11.56%	12	3.75%
	3~5年	123	20.64%	284	47.65%	153	25.67%	36	6.04%
	6~10年	57	20.43%	102	36.56%	92	32.97%	28	10.04%
	10年以上	50	35.97%	50	35.97%	23	16.55%	16	11.51%
行业类别	加工制造业	82	42.05%	69	35.38%	32	16.41%	12	6.15%
	商贸物流	50	18.66%	119	44.40%	81	30.22%	18	6.72%
	酒店餐饮业	93	21.04%	246	55.66%	81	18.33%	22	4.98%
	农林牧副渔业	12	15.19%	26	32.91%	34	43.04%	7	8.86%
	高科技互联网与软件	21	23.60%	28	31.46%	28	31.46%	12	13.48%
	电子商务	19	32.20%	26	44.07%	11	18.64%	3	5.08%
	建筑	12	25.53%	15	31.91%	17	36.17%	3	6.38%
	网约车或外卖等新经济	6	13.04%	22	47.83%	10	21.74%	8	17.39%
	娱乐文化旅游	8	19.05%	21	50%	7	16.67%	6	14.29%
	其他	22	32.84%	40	59.70%	4	5.97%	1	1.49%
员工数量	10人以下	107	30.23%	205	57.91%	28	7.91%	14	3.95%
	10~49人	108	21.09%	245	47.85%	128	25%	31	6.05%
	50~100人	64	20.32%	119	37.78%	105	33.33%	27	8.57%
	100人以上	46	30.07%	43	28.10%	44	28.76%	20	13.07%
营业收入（2019年）	100万以下	116	32.58%	202	56.74%	24	6.74%	14	3.93%
	100万~500万（不含500万）	106	21.50%	232	47.06%	126	25.56%	29	5.88%
	500万~1000万（不含1000万）	55	16.37%	129	38.39%	117	34.82%	35	10.42%
	1000万以上	48	32.21%	49	32.89%	38	25.50%	14	9.40%

图27　预计疫情对小微企业上半年利润的影响程度（企业类别分布）

（2）疫情影响下，上半年利润减少20%~30%的小微企业占比较多。

利润预计比上年同期减少比例分布中，减少幅度为10%~30%的有172家，占比最多。减少幅度为50%以上和10%以内的均占全部接受调查小微企业的3%，占比较少，如图28所示。由此可见，小微企业即便利润下降，但是其中大多数企业利润预计损失并不十分严重。若政府、金融机构或其他主体适时加以帮扶，大多数小微企业尚有生机。

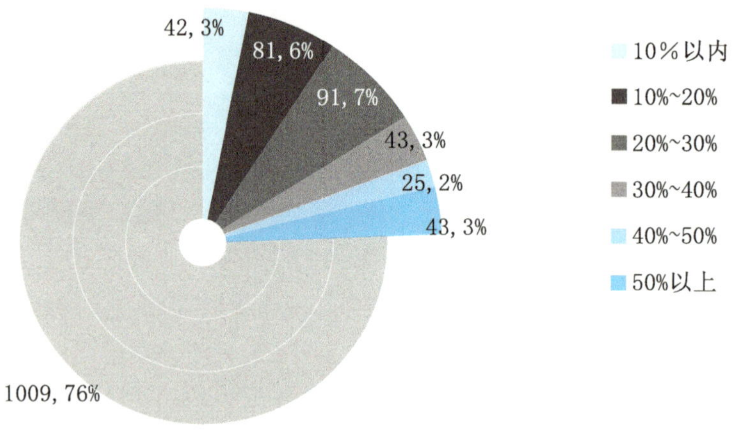

图 28　受疫情影响小微企业营业收入预计比上年同期减少幅度

如图 29 所示，成立时间在 2 年以内的企业预计利润下降的幅度多在 10%~40%之间，分布较为分散。员工数量在 10 人以下和营业收入在 100 万以下的企业预计利润下降的幅度超过 50%的相对较多。而成立时间在 10 年以上、员工数量在 100 人以上和营业收入在 1000 万以上的企业预计利润下降的幅度集中在 20%~30%，分布较为集中。

加工制造业、商贸物流业、网约车或外卖等新经济行业的小微企业利润减少规模集中在 30%以下的区间内，利润减损 30%以上的占比较小。酒店餐饮业的小微企业中有 26 家企业表示利润减少幅度达到 50%以上，占据了所有预计利润减损 50%以上企业数量的六成，利润损失情况较为严重。

		10%以内		10%~20%		20%~30%		30%~40%		40%~50%		50%以上	
		数量(家)	占比	数量(家)	占比	数量(家)	占比	数量(家)	占比	数量(家)	占比	数量(家)	占比
全部		42	3.15%	81	6.07%	91	6.82%	43	3.22%	25	1.87%	43	3.22%
成立时间	2年内	13	4.06%	20	6.25%	21	6.56%	20	6.25%	9	2.81%	12	3.75%
	3~5年	16	2.68%	32	5.37%	42	7.05%	11	1.85%	7	1.17%	15	2.52%
	6~10年	9	3.23%	22	7.89%	11	3.94%	3	1.08%	3	1.08%	9	3.23%
	10年以上	4	2.88%	7	5.04%	17	12.23%	9	6.47%	6	4.32%	7	5.04%
行业类别	加工制造业	20	10.26%	24	12.31%	23	11.79%	7	3.59%	5	2.56%	3	1.54%
	商贸物流	10	3.73%	14	5.22%	18	6.72%	6	2.24%	1	0.37%	1	0.37%
	酒店餐饮业	7	1.58%	18	4.07%	22	4.98%	14	3.17%	6	1.36%	26	5.88%
	农林牧副渔业	0	0.00%	8	10.13%	2	2.53%	0	0.00%	1	1.27%	1	1.27%
	高科技互联网与软件	4	4.49%	4	4.49%	7	7.87%	2	2.25%	2	2.25%	2	2.25%
	电子商务	0	0.00%	6	10.17%	4	6.78%	4	6.78%	2	3.39%	3	5.08%
	建筑	0	0.00%	2	4.26%	5	10.64%	3	6.38%	2	4.26%	0	0.00%
	网约车或外卖等新经济	0	0.00%	0	0.00%	5	10.87%	0	0.00%	1	2.17%	0	0.00%
	娱乐文化旅游	1	2.38%	3	7.14%	1	2.38%	1	2.38%	1	2.38%	1	2.38%
	其他	0	0.00%	2	2.99%	4	5.97%	6	8.96%	4	5.97%	6	8.96%
员工数量	10人以下	16	4.52%	15	4.24%	22	6.21%	17	4.80%	12	3.39%	25	7.06%
	10~49人	13	2.54%	37	7.23%	29	5.66%	12	2.34%	5	0.98%	12	2.34%
	50~100人	7	2.22%	18	5.71%	22	6.98%	7	2.22%	5	1.59%	5	1.59%
	100人以上	6	3.92%	11	7.19%	18	11.76%	7	4.58%	3	1.96%	1	0.65%

续表

		10%以内		10%~20%		20%~30%		30%~40%		40%~50%		50%以上	
		数量(家)	占比	数量(家)	占比	数量(家)	占比	数量(家)	占比	数量(家)	占比	数量(家)	占比
营业收入（2019年）	100万以下	19	5.34%	18	5.06%	24	6.74%	16	4.49%	12	3.37%	27	7.58%
	100万~500万(不含500万)	12	2.43%	36	7.30%	31	6.29%	14	2.84%	7	1.42%	6	1.22%
	500万~1000万(不含1000万)	6	1.79%	18	5.36%	19	5.65%	5	1.49%	2	0.60%	5	1.49%
	1000万以上	5	3.36%	9	6.04%	17	11.41%	8	5.37%	4	2.68%	5	3.36%

图 29　受疫情影响小微企业营业收入预计比上年同期减少幅度（企业类别分布）

5. 疫情期间小微企业面临的主要支出压力

疫情期间小微企业面临的主要支出压力包括员工工资及五险一金、租金、偿还贷款、支付应付账款等。其中，租金压力和偿还贷款压力均占比三成左右，是小微企业面临的最主要的支出压力。选择“员工工资及五险一金”和“支付应付账款”的企业也均接近两成，具体如图 30 所示。

其实在非疫情期间，上述四项支出也是小微企业主要的支出方向，但是在疫情影响下，这些压力会被放大。由上文分析可知，小微企业受疫情影响，经营状况存在着不同程度的困难，营收和利润预计普遍下降，甚至出现亏损，在此情形下，众多小微企业要面临的支出压力十分巨大。

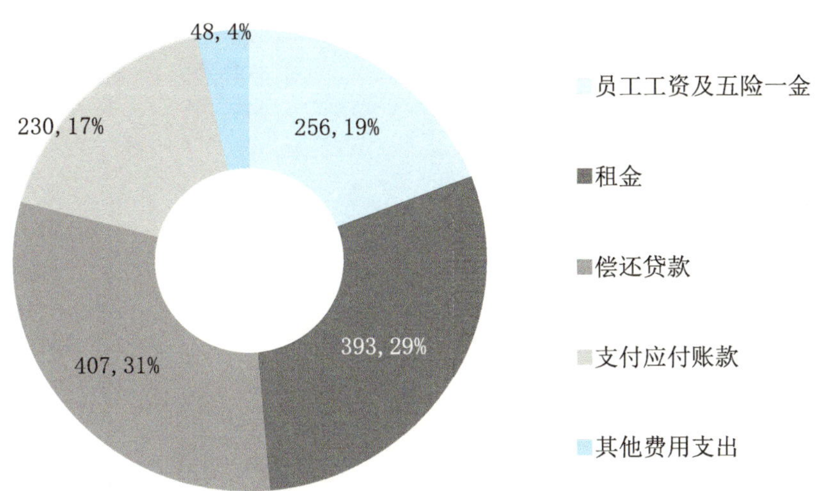

图 30　疫情期间小微企业面临的主要支出压力

如图 31 所示，在地域分布中，湖北小微企业的支出压力集中在员工工资及五险一金上，占比达到七成。地处湖北的小微企业，绝大多数在过去两个月里处于全面停工状态，在此期间，企业的营业收入和利润无从谈起，但仍然要负担员工的工资及五险一金，这也成为湖北企业最重要的支出方向。广东、山东、四川、安徽等地的小微企业也均有超过三成认为员工工资及五险一金是其主要支出压力。

广东、浙江、福建、陕西等地的小微企业有超过四成认为租金是其面临的主要支出压力，陕西甚至超过七成。在疫情期间，小微企业大多数无法正常生产经营，虽然有少数业主宣布对其租户减免租金，但是绝大多数小微企业仍要负担租金费用。在停工停产的情形下，租金的支出属于净损失，由此对小微企业经济状况造成的不利影响将十分明显。

河北、北京、山西、天津、内蒙古、上海、吉林、辽宁、黑龙江等地的小微企业均有超过三成认为偿还贷款是其面临的主要支出压力。小微企业在疫情影响下营收和利润普遍下降，现金流也容易出现问题。一旦无法偿还到期贷款，将给小微企业带来巨大经营困难。首先，在无法偿还贷款的情形下，小微企业可能会面临其主要资产被拍卖甚至破产的危机；其次，即便小微企业艰难度过了偿还贷款的难关，其拖欠贷款的记录将会加大未来的融资难度；最后，小微企业若出现大面积无法偿贷的情形，金融机构也势必出现大面积坏账，继而影响金融安全。

注册所在地	员工工资及五险一金		租金		偿还贷款		支付应付账款		其他费用支出	
	数量（家）	占比	数量（家）	占比	数量（家）	占比	数量（家）	占比	数量（家）	占比
全部	256	19.19%	393	29.46%	407	30.51%	230	17.24%	48	3.60%
河北	28	13.27%	60	28.44%	78	36.97%	40	18.96%	5	2.37%
北京	44	25.73%	33	19.30%	58	33.92%	25	14.62%	11	6.43%
山西	18	11.46%	47	29.94%	56	35.67%	26	16.56%	10	6.37%
天津	24	16.11%	33	22.15%	48	32.21%	37	24.83%	7	4.70%
广东	32	32.32%	44	44.44%	9	9.09%	10	10.10%	4	4.04%
内蒙古	7	7.22%	22	22.68%	39	40.21%	27	27.84%	2	2.06%
辽宁	7	12.96%	18	33.33%	17	31.48%	11	20.37%	1	1.85%
河南	10	20.83%	19	39.58%	14	29.17%	3	6.25%	2	4.17%
山东	16	34.04%	15	31.91%	13	27.66%	2	4.26%	1	2.13%
江苏	12	28.57%	11	26.19%	7	16.67%	10	23.81%	2	4.76%
浙江	2	6.45%	15	48.39%	8	25.81%	6	19.35%	0	0.00%
上海	6	20.69%	6	20.69%	12	41.38%	4	13.79%	1	3.45%
四川	8	33.33%	8	33.33%	6	25.00%	2	8.33%	0	0.00%
吉林	1	4.55%	6	27.27%	9	40.91%	6	27.27%	0	0.00%
黑龙江	2	9.52%	7	33.33%	8	38.10%	4	19.05%	0	0.00%
湖北	14	70.00%	2	10.00%	4	20.00%	0	0.00%	0	0.00%
福建	1	5.26%	11	57.89%	4	21.05%	3	15.79%	0	0.00%
安徽	5	35.71%	5	35.71%	3	21.43%	1	7.14%	0	0.00%
海南	5	41.67%	5	41.67%	1	8.33%	1	8.33%	0	0.00%
江西	2	16.67%	4	33.33%	3	25.00%	2	16.67%	1	8.33%
湖南	2	18.18%	3	27.27%	3	27.27%	2	18.18%	1	9.09%
重庆	3	30.00%	4	40.00%	1	10.00%	2	20.00%	0	0.00%
陕西	1	12.50%	6	75.00%	0	0.00%	1	12.50%	0	0.00%
广西	1	16.67%	1	16.67%	0	0.00%	4	66.67%	0	0.00%
云南	1	20.00%	3	60.00%	1	20.00%	0	0.00%	0	0.00%
新疆	2	40.00%	2	40.00%	1	20.00%	0	0.00%	0	0.00%
贵州	1	25.00%	0	0.00%	2	50.00%	1	25.00%	0	0.00%
宁夏	0	0.00%	2	66.67%	1	33.33%	0	0.00%	0	0.00%
甘肃	0	0.00%	0	0.00%	1	100.00%	0	0.00%	0	0.00%
青海	0	0.00%	1	100.00%	0	0.00%	0	0.00%	0	0.00%
西藏	1	100.00%	0	0.00%	0	0.00%	0	0.00%	0	0.00%

图 31　疫情期间小微企业面临的主要支出压力（企业地区分布）

成立 3~5 年和 6~10 年、员工人数在 10~49 人和 50~100 人以及营业收入在 100 万~500 万和 500 万~1000 万的小微企业均有 1/3 左右认为偿还贷款是其面临的主要支出压力，如图 32 所示。相比之下，成立不满 2 年、10 人以下以及营业收入 100 万以下的企业均有超过四成认为其支出压力集中在租金。

成立十年以上的企业面临的主要支出压力则是员工工资及五险一金。员工数量在100人以上和营业收入在1000万以上的企业担心的支出压力分布较为平均，在员工工资及五险一金、偿还贷款和支付应收帐款三项上占比相仿，均为25%左右。

由此可见，规模较小、成立时间较短的企业，其担心租金支出压力的占比较大；中等规模企业主要担心偿还贷款压力；企业规模越大，其担心的支出压力分布越平均。这种现象与规模较小的企业用工成本低、贷款较少、支出方向较为单一的经营状况是相关的。较大规模企业并非不担心租金支出，只不过在较大规模企业中，其面临的支出压力是更加立体和全方位的。

在不同行业中，酒店餐饮业有超过四成认为其主要的支出压力来自租金。这与酒店餐饮业的经营模式有关，酒店餐饮企业多数通过租赁物业开展业务，租金在其日常经营的支出中也占比较大。疫情期间酒店餐饮业务处于停滞状态，但是租金必须支付，租金支出便成了酒店餐饮业的主要支出压力。农林牧副渔业、电子商务、网约车或外卖等新经济和娱乐文化旅游业的小微企业则认为，偿还贷款是其面临的主要支出压力。该几类行业大多属于轻资产经营模式，其正常经营运转较为依赖银行贷款。在疫情影响下，若不能及时偿还贷款，企业可能面临破产。

		员工工资及五险一金		租金		偿还贷款		支付应付账款		其他费用支出	
		数量（家）	占比	数量（家）	占比	数量（家）	占比	数量（家）	占比	数量（家）	占比
	全部	256	19.19%	393	29.46%	407	30.51%	230	17.24%	48	3.60%
成立时间	2年内	60	18.75%	128	40%	77	24.06%	43	13.44%	12	3.75%
	3~5年	104	17.45%	175	29.36%	200	33.56%	98	16.44%	19	3.19%
	6~10年	46	16.49%	66	23.66%	95	34.05%	61	21.86%	11	3.94%
	10年以上	46	33.09%	24	17.27%	35	25.18%	28	20.14%	6	4.32%
行业类别	加工制造业	62	31.79%	36	18.46%	66	33.85%	23	11.79%	8	4.10%
	商贸物流	37	13.81%	80	29.85%	89	33.21%	55	20.52%	7	2.61%
	酒店餐饮业	57	12.90%	196	44.34%	113	25.57%	62	14.03%	14	3.17%
	农林牧副渔业	7	8.86%	7	8.86%	44	55.70%	17	21.52%	4	5.06%
	高科技互联网与软件	31	34.83%	15	16.85%	15	16.85%	23	25.84%	5	5.62%
	电子商务	12	20.34%	11	18.64%	23	38.98%	11	18.64%	2	3.39%
	建筑	7	14.89%	10	21.28%	13	27.66%	15	31.91%	2	4.26%
	网约车或外卖等新经济	7	15.22%	10	21.74%	20	43.48%	8	17.39%	1	2.17%
	娱乐文化旅游	8	19.05%	7	16.67%	18	42.86%	7	16.67%	2	4.76%
	其他	28	41.79%	21	31.34%	6	8.96%	9	13.43%	3	4.48%
员工数量	10人以下	53	14.97%	161	45.48%	81	22.88%	46	12.99%	13	3.67%
	10~49人	104	20.31%	140	27.34%	181	35.35%	73	14.26%	14	2.73%
	50~100人	56	17.78%	76	24.13%	105	33.33%	67	21.27%	11	3.49%
	100人以上	43	28.10%	16	10.46%	40	26.14%	44	28.76%	10	6.54%
营业收入（2019年）	100万以下	73	20.51%	156	43.82%	71	19.94%	45	12.64%	11	3.09%
	100万~500万(不含500万)	101	20.49%	143	29.01%	173	35.09%	63	12.78%	13	2.64%
	500万~1000万(不含1000万)	39	11.61%	66	19.64%	128	38.10%	87	25.89%	16	4.76%
	1000万以上	43	28.86%	28	18.79%	35	23.49%	35	23.49%	8	5.37%

图32　疫情期间小微企业面临的主要支出压力（企业类别分布）

6. 小微企业如何应对现金流短缺

小微企业应对现金流短缺方式多样，主要通过贷款、引进新股东、现有股东提供资金、民间借贷等方式。其中最主要的方式是贷款，选择这一选项的小微企业有340家，占比25%。通过现有股东提供资金、引入新股东和民间借贷的方式缓解现金流短缺的企业占比相仿，在15%左右。有13%的企业需要通过减员降薪的方式缓解现金流短缺，还有7%的企业选择停产歇业，具体如图33所示。

企业解决现金流短缺的问题所能依靠的方式主要有两种，一种是内部挖潜，现有股东提供资金、减员降薪就属于这一种方式。另一种是引入外部力量。由统计数据可知，大多数企业无法通过自身解决现金流短缺的问题，无论是通过贷款、引进新股东，还是通过民间借贷，这都是引入外部资金力量缓解企业资金困境的方式。通过贷款、引进新股东和民间借贷三项的占比达到了55%。

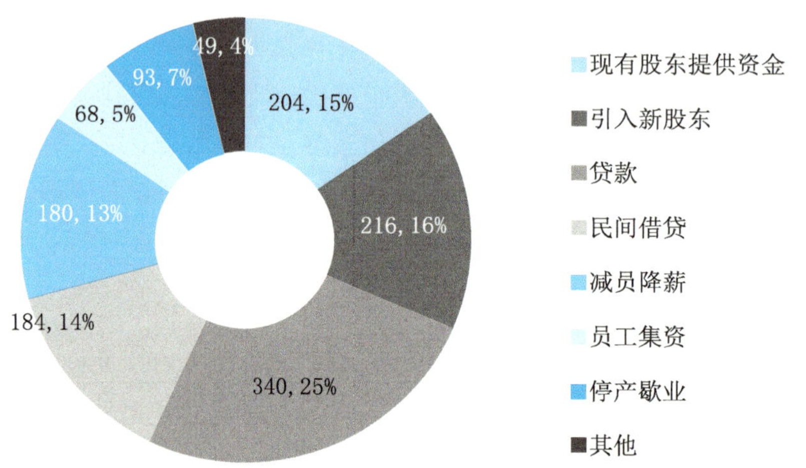

图33　小微企业应对现金流短缺方式

在不同地域中，湖北的小微企业主要选择通过减员降薪和贷款渡过难关，这两项的占比都达到30%。如图34所示，河南和湖南等地的小微企业通过贷款缓解现金流短缺的占比也均超过30%，湖南更是超过了50%。安徽则有超过40%的企业表示需要通过民间借贷缓解现金流压力。这体现出上述地区小微企业对外部来款的依赖。受疫情影响，企业难以依靠自身力量解决目前的资金困难，只能向金融机构求救。若金融机构不能提供资金，这些小微企业的生存状况将更为严峻。

注册所在地	现有股东提供资金		引入新股东		贷款		民间借贷		减员降薪		员工集资		停产歇业		其他	
	数量(家)	占比	数量(家)	占比	数量(家)	占比	数量(家)	占比	数量(家)	占比	数量(家)	占比	数量(家)	占比	数量(家)	占比
全部	204	15.29%	216	16.19%	340	25.49%	184	13.79%	180	13.49%	68	5.10%	93	6.97%	49	3.67%
河北	24	11.37%	44	20.85%	60	28.44%	29	13.74%	30	14.22%	16	7.58%	4	1.90%	4	1.90%
北京	36	21.05%	27	15.79%	37	21.64%	16	9.36%	24	14.04%	9	5.26%	13	7.60%	9	5.26%
山西	22	14.01%	37	23.57%	37	23.57%	23	14.65%	15	9.55%	13	8.28%	6	3.82%	4	2.55%
天津	21	14.09%	32	21.48%	41	27.52%	27	18.12%	13	8.72%	9	6.04%	5	3.36%	1	0.67%
广东	23	23.23%	11	11.11%	19	19.19%	12	12.12%	12	12.12%	5	5.05%	10	10.10%	7	7.07%
内蒙古	10	10.31%	19	19.59%	29	29.90%	17	17.53%	10	10.31%	7	7.22%	4	4.12%	1	1.03%
辽宁	4	7.41%	11	20.37%	15	27.78%	8	14.81%	12	22.22%	1	1.85%	2	3.70%	1	1.85%
河南	6	12.50%	2	4.17%	18	37.50%	4	8.33%	8	16.67%	0	0.00%	4	8.33%	6	12.50%
山东	7	14.89%	7	14.89%	12	25.53%	6	12.77%	7	14.89%	0	0.00%	5	10.64%	3	6.38%
江苏	5	11.90%	8	19.05%	12	28.57%	1	2.38%	8	19.05%	1	2.38%	6	14.29%	1	2.38%

续表

注册所在地	现有股东提供资金		引入新股东		贷款		民间借贷		减员降薪		员工集资		停产歇业		其他	
	数量(家)	占比	数量(家)	占比	数量(家)	占比	数量(家)	占比	数量(家)	占比	数量(家)	占比	数量(家)	占比	数量(家)	占比
浙江	4	12.90%	6	19.35%	8	25.81%	3	9.68%	5	16.13%	0	0.00%	4	12.90%	1	3.23%
上海	5	17.24%	5	17.24%	6	20.69%	1	3.45%	6	20.69%	1	3.45%	4	13.79%	1	3.45%
四川	9	37.50%	2	8.33%	3	12.50%	1	4.17%	5	20.83%	0	0.00%	3	12.50%	1	4.17%
吉林	2	9.09%	3	13.64%	5	22.73%	6	27.27%	1	4.55%	2	9.09%	1	4.55%	2	9.09%
黑龙江	5	23.81%	1	4.76%	4	19.05%	5	23.81%	4	19.05%	1	4.76%	0	0.00%	1	4.76%
湖北	2	10.00%	1	5.00%	6	30.00%	2	10.00%	6	30.00%	0	0.00%	2	10.00%	1	5.00%
福建	4	21.05%	0	0.00%	2	10.53%	5	26.32%	4	21.05%	0	0.00%	3	15.79%	1	5.26%
安徽	2	14.29%	0	0.00%	1	7.14%	6	42.86%	2	14.29%	0	0.00%	2	14.29%	1	7.14%
海南	3	25.00%	0	0.00%	2	16.67%	3	25.00%	1	8.33%	0	0.00%	2	16.67%	1	8.33%
江西	2	16.67%	0	0.00%	4	33.33%	2	16.67%	2	16.67%	0	0.00%	2	16.67%	0	0.00%
湖南	1	9.09%	0	0.00%	6	54.55%	0	0.00%	2	18.18%	0	0.00%	1	9.09%	1	9.09%
重庆	3	30.00%	0	0.00%	3	30.00%	2	20.00%	1	10.00%	0	0.00%	1	10.00%	0	0.00%
陕西	0	0.00%	0	0.00%	2	25.00%	1	12.50%	1	12.50%	1	12.50%	3	37.50%	0	0.00%
广西	2	33.33%	0	0.00%	1	16.67%	1	16.67%	0	0.00%	1	16.67%	1	16.67%	0	0.00%
新疆	0	0.00%	0	0.00%	1	20.00%	0	0.00%	1	20.00%	1	20.00%	2	40.00%	0	0.00%
云南	0	0.00%	0	0.00%	1	20.00%	3	60.00%	0	0.00%	0	0.00%	1	20.00%	0	0.00%
贵州	1	25.00%	0	0.00%	2	50.00%	0	0.00%	0	0.00%	0	0.00%	1	25.00%	0	0.00%
宁夏	0	0.00%	0	0.00%	2	66.67%	0	0.00%	0	0.00%	0	0.00%	1	33.33%	0	0.00%
甘肃	1	100.00%	0	0.00%	0	0.00%	0	0.00%	0	0.00%	0	0.00%	0	0.00%	0	0.00%
青海	0	0.00%	0	0.00%	1	100.00%	0	0.00%	0	0.00%	0	0.00%	0	0.00%	0	0.00%
西藏	0	0.00%	0	0.00%	0	0.00%	0	0.00%	0	0.00%	0	0.00%	0	0.00%	1	100.00%

图 34 小微企业应对现金流短缺方式（企业地区分布）

如图 35 所示，成立 10 年以下、员工人数在 100 人以下以及营业收入在 500 万以下的企业解决现金流压力的方式较为单一，主要集中在贷款，占比超过四分之一。成立 10 年以上、员工 100 人以上以及营业收入 500 万以上的企业可选择的方式相比之下较为多元，现有股东提供资金、引入新股东、贷款和减员降薪都是其缓解资金压力的方式，但较少有企业选择民间借贷、员工集资或停产歇业。

这反映出小规模企业和较大规模企业在融资能力和融资途径上的差异。较小规模的企业，融资途径较少、融资能力较差，主要依靠外部资金，尤其是银行资金的救济，相应地在疫情中的生存能力也就较差；规模较大的企业，融资能力较强、融资途径较为多元，既可以依靠内部力量，也可以依靠外来资金。

		现有股东提供资金		引入新股东		贷款		民间借贷		减员降薪		员工集资		停产歇业		其他	
		数量(家)	占比	数量(家)	占比	数量(家)	占比	数量(家)	占比	数量(家)	占比	数量(家)	占比	数量(家)	占比	数量(家)	占比
	全部	204	15.29%	216	16.19%	340	25.49%	184	13.79%	180	13.49%	68	5.10%	93	6.97%	49	3.67%
成立时间	2年内	46	14.38%	45	14.06%	82	25.63%	45	14.06%	32	10%	7	2.19%	38	11.88%	25	7.81%
	3~5年	84	14.09%	100	16.78%	159	26.68%	85	14.26%	87	14.60%	36	6.04%	32	5.37%	13	2.18%
	6~10年	46	16.49%	49	17.56%	72	25.81%	41	14.70%	36	12.90%	19	6.81%	12	4.30%	4	1.43%
	10年以上	28	20.14%	22	15.83%	27	19.42%	13	9.35%	25	17.99%	6	4.32%	11	7.91%	7	5.04%

续表

		现有股东提供资金		引入新股东		贷款		民间借贷		减员降薪		员工集资		停产歇业		其他	
		数量(家)	占比	数量(家)	占比	数量(家)	占比	数量(家)	占比	数量(家)	占比	数量(家)	占比	数量(家)	占比	数量(家)	占比
行业类别	加工制造业	59	30.26%	41	21.03%	41	21.03%	16	8.21%	23	11.79%	7	3.59%	6	3.08%	2	1.03%
	商贸物流	30	11.19%	58	21.64%	82	30.60%	42	15.67%	32	11.94%	13	4.85%	9	3.36%	2	0.75%
	酒店餐饮业	53	11.99%	59	13.35%	125	28.28%	67	15.16%	53	11.99%	14	3.17%	49	11.09%	22	4.98%
	农林牧副渔业	11	13.92%	11	13.92%	18	22.78%	12	15.19%	14	17.72%	11	13.92%	2	2.53%	0	0.00%
	高科技互联网与软件	18	20.22%	15	16.85%	19	21.35%	9	10.11%	14	15.73%	9	10.11%	2	2.25%	3	3.37%
	电子商务	14	23.73%	7	11.86%	16	27.12%	5	8.47%	6	10.17%	4	6.78%	7	11.86%	0	0.00%
	建筑	3	6.38%	6	12.77%	10	21.28%	9	19.15%	9	19.15%	4	8.51%	3	6.38%	3	6.38%
	网约车或外卖等新经济	5	10.87%	8	17.39%	8	17.39%	11	23.91%	7	15.22%	3	6.52%	2	4.35%	2	4.35%
	娱乐文化旅游	3	7.14%	7	16.67%	11	26.19%	6	14.29%	7	16.67%	3	7.14%	3	7.14%	2	4.76%
	其他	8	11.94%	4	5.97%	10	14.93%	7	10.45%	15	22.39%	0	0.00%	10	14.93%	13	19.40%
员工数量	10人以下	49	13.84%	22	6.21%	89	25.14%	58	16.38%	45	12.71%	7	1.98%	58	16.38%	26	7.34%
	10~49人	73	14.26%	95	18.55%	142	27.73%	67	13.09%	76	14.84%	27	5.27%	21	4.10%	11	2.15%
	50~100人	50	15.87%	66	20.95%	83	26.35%	45	14.29%	34	10.79%	24	7.62%	7	2.22%	6	1.90%
	100人以上	32	20.92%	33	21.57%	26	16.99%	14	9.15%	25	16.34%	10	6.54%	7	4.58%	6	3.92%
营业收入（2019年）	100万以下	55	15.45%	21	5.90%	99	27.81%	48	13.48%	48	13.48%	4	1.12%	52	14.61%	29	8.15%
	100万~500万（不含500万）	80	16.23%	101	20.49%	128	25.96%	64	12.98%	66	13.39%	25	5.07%	23	4.67%	6	1.22%
	500万~1000万（不含1000万）	40	11.90%	63	18.75%	79	23.51%	59	17.56%	43	12.80%	32	9.52%	14	4.17%	6	1.79%
	1000万以上	29	19.46%	31	20.81%	34	22.82%	13	8.72%	23	15.44%	7	4.70%	4	2.68%	8	5.37%

图 35　小微企业应对现金流短缺方式（企业类别分布）

（四）疫情下小微企业用工复工情况

1. 疫情对小微企业上半年用工的影响

（1）疫情对小微企业上半年用工的影响

疫情影响下，预计比上年同期持平或减少的占比接近九成，其中，近五成小微企业预计用工比上年同期减少。预计比上年同期增加的仅占比 12%，具体如图 36 所示。这反映出小微企业普遍对市场信心不足，也是小微企业面临的订单数下降、融资难、用工难等诸多困难合力导致的结果。

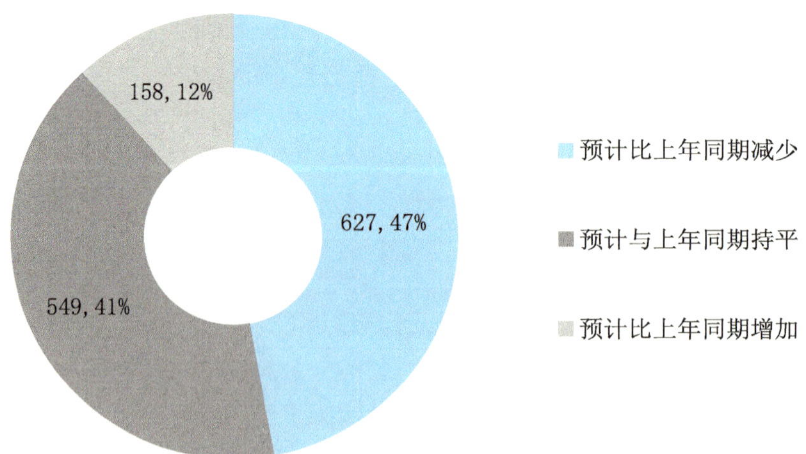

图 36　预计疫情对小微企业上半年用工的影响程度

由图 37 可以看出，疫情对湖北、湖南、河南、山东、广东、四川、海南等地的用工影响较大，超七成小微企业预计用工比上半年同期减少。相比较而言，内蒙古、黑龙江、辽宁、河北、天津的用工情况稍微乐观一些，至少五成小微企业的用工与上半年同期持平。可以看出，企业用工情况和疫情的严重程度呈正比，离疫情暴发中心距离越近的地方，企业用工受到的影响越大。

注册所在地	预计比上年同期减少		预计与上年同期持平		预计比上年同期增加	
	数量（家）	占比	数量（家）	占比	数量（家）	占比
全部	627	47.00%	549	41.15%	158	11.84%
河北	66	31.28%	109	51.66%	36	17.06%
北京	70	40.94%	76	44.44%	25	14.62%
山西	53	33.76%	75	47.77%	29	18.47%
天津	47	31.54%	81	54.36%	21	14.09%
广东	70	70.71%	23	23.23%	6	6.06%
内蒙古	23	23.71%	55	56.70%	19	19.59%
辽宁	24	44.44%	27	50.00%	3	5.56%
河南	40	83.33%	8	16.67%	0	0.00%
山东	37	78.72%	9	19.15%	1	2.13%
江苏	27	64.29%	11	26.19%	4	9.52%
浙江	20	64.52%	11	35.48%	0	0.00%
上海	17	58.62%	9	31.03%	3	10.34%
四川	19	79.17%	5	20.83%	0	0.00%
吉林	10	45.45%	9	40.91%	3	13.64%
黑龙江	7	33.33%	13	61.90%	1	4.76%
湖北	15	75.00%	4	20.00%	1	5.00%
福建	12	63.16%	5	26.32%	2	10.53%
安徽	8	57.14%	5	35.71%	1	7.14%
海南	10	83.33%	2	16.67%	0	0.00%
江西	5	41.67%	5	41.67%	2	16.67%
湖南	10	90.91%	0	0.00%	1	9.09%
重庆	8	80.00%	2	20.00%	0	0.00%
陕西	7	87.50%	1	12.50%	0	0.00%
广西	3	50.00%	3	50.00%	0	0.00%
新疆	5	100.00%	0	0.00%	0	0.00%
云南	5	100.00%	0	0.00%	0	0.00%
贵州	4	100.00%	0	0.00%	0	0.00%
宁夏	3	100.00%	0	0.00%	0	0.00%
甘肃	1	100.00%	0	0.00%	0	0.00%
青海	1	100.00%	0	0.00%	0	0.00%
西藏	0	0.00%	1	100.00%	0	0.00%

图 37　预计疫情对小微企业上半年用工的影响程度（企业地区分布）

从企业的存续时间和规模的角度出发，可以发现疫情对企业成立时间短、规模小、营收效益差的小微企业用工影响最大，约七成小微企业预计用工比上半年同期减少，如图 38 所示。前述分析已经表明，规模小、盈利能力较低、成立时间较短的小微企业占比本身就较多，而在这一类占比较多的小微企业中又有近七成企业用工遭遇巨大影响，这不仅影响小微企业本身的生存，而且因为涉及面广，严重影响了就业稳定。因此，政府应当加大对此类小微企业的扶持。

从行业角度出发，我们可以发现加工制造业、酒店餐饮业和电子商务业的用工影响相对较大，前述分析表明，加工制造业和酒店餐饮业受此次疫情影响严重，随着营收大幅度下降，只能被迫削减用工成本。电子商务业用工减少的原因有两个，一是随着消费者收入下降，对产品的需求也随之降低；二是受交通限制，产品无法发出，这两个原因直接导致了电子商务行业营收下降，为避免进一步损失，只能削减用工成本。

		预计比上年同期减少		预计与上年同期持平		预计比上年同期增加	
		数量（家）	占比	数量（家）	占比	数量（家）	占比
全部		627	47%	549	41.15%	158	11.84%
成立时间	2年内	202	63.13%	91	28.44%	27	8.44%
	3~5年	253	42.45%	280	46.98%	63	10.57%
	6~10年	98	35.13%	132	47.31%	49	17.56%
	10年以上	74	53.24%	46	33.09%	19	13.67%
行业类别	加工制造业	97	49.74%	77	39.49%	21	10.77%
	商贸物流	99	36.94%	133	49.63%	36	13.43%
	酒店餐饮业	259	58.60%	143	32.35%	40	9.05%
	农林牧副渔业	20	25.32%	45	56.96%	14	17.72%
	高科技互联网与软件	29	32.58%	47	52.81%	13	14.61%
	电子商务	29	49.15%	24	40.68%	6	10.17%
	建筑	18	38.30%	20	42.55%	9	19.15%
	网约车或外卖等新经济	14	30.43%	25	54.35%	7	15.22%
	娱乐文化旅游	16	38.10%	19	45.24%	7	16.67%
	其他	46	68.66%	16	23.88%	5	7.46%
员工数量	10人以下	251	70.90%	81	22.88%	22	6.21%
	10~49人	224	43.75%	232	45.31%	56	10.94%
	50~100人	95	30.16%	165	52.38%	55	17.46%
	100人以上	57	37.25%	71	46.41%	25	16.34%
营业收入（2019年）	100万以下	266	74.72%	69	19.38%	21	5.90%
	100万~500万（不含500万）	199	40.37%	234	47.46%	60	12.17%
	500万~1000万（不含1000万）	96	28.57%	183	54.46%	57	16.96%
	1000万以上	66	44.30%	63	42.28%	20	13.42%

图 38　预计疫情对小微企业上半年用工的影响程度（企业类别分布）

（2）着眼于具体用工减少幅度，我们可以发现，参与问卷调查的627家小微企业中，减少幅度在50%以上的小微企业有108家，占比8%；预计减少幅度在40%~50%的小微企业仅有46家，占比3%；预计减少幅度在30%~40%的小微企业仅有86家，占比6%；预计减少幅度在20%~30%的小微企业仅有151家，占比11%；预计减少幅度在10%~20%小微企业仅有153家，占比11%；预计减少幅度在10%以内的小微企业仅有83家，占比6%，具体如图39所示。

这表明，在表示预计减少用工人数的企业中，近五成小微企业上半年用工减少幅度集中在10%~30%的区间内，这也意味着近三成小微企业的员工面临失业问题。

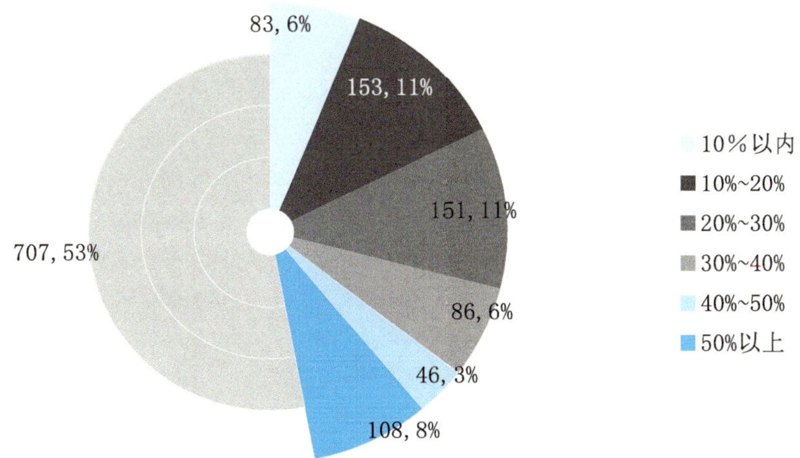

图 39　小微企业用工预计比上年同期减少幅度

从地域角度出发，湖北、四川、广东等地上半年用工预计减少幅度在 50%以上的小微企业占比相对较多，已经超出 20%，如图 40 所示。

从企业的存续时间和规模的角度出发，规模小、盈利能力较低、成立时间较短的小微企业上半年用工预计减少幅度在 50%以上的占比相对较多，约为 20%，如图 41 所示。

从行业角度来看，加工制造业、商贸物流业、酒店餐饮业、电子商务行业，上半年用工预计减少幅度在 30%以上的小微企业已经突破三成，其中加工制造业最为严重，已经达到 44.41%。

注册所在地	10%以内		10%~20%		20%~30%		30%~40%		40%~50%		50%以上	
	数量（家）	占比	数量（家）	占比	数量（家）	占比	数量（家）	占比	数量（家）	占比	数量（家）	占比
全部	83	6.22%	153	11.47%	151	11.32%	86	6.45%	46	3.45%	108	8.10%
河北	7	3.32%	22	10.43%	24	11.37%	8	3.79%	5	2.37%	0	0.00%
北京	12	7.02%	16	9.36%	14	8.19%	12	7.02%	4	2.34%	12	7.02%
山西	6	3.82%	19	12.10%	14	8.92%	12	7.64%	1	0.64%	1	0.64%
天津	5	3.36%	18	12.08%	18	12.08%	3	2.01%	2	1.34%	1	0.67%
广东	8	8.08%	14	14.14%	13	13.13%	10	10.10%	4	4.04%	21	21.21%
内蒙古	4	4.12%	8	8.25%	6	6.19%	2	2.06%	2	2.06%	1	1.03%
辽宁	3	5.56%	6	11.11%	6	11.11%	4	7.41%	0	0.00%	5	9.26%
河南	7	14.58%	5	10.42%	9	18.75%	4	8.33%	6	12.50%	9	18.75%
山东	5	10.64%	9	19.15%	11	23.40%	3	6.38%	3	6.38%	6	12.77%
江苏	4	9.52%	5	11.90%	5	11.90%	5	11.90%	1	2.38%	7	16.67%
浙江	6	19.35%	4	12.90%	4	12.90%	4	12.90%	1	3.23%	1	3.23%
上海	3	10.34%	3	10.34%	6	20.69%	2	6.90%	0	0.00%	3	10.34%
四川	0	0.00%	3	12.50%	4	16.67%	3	12.50%	3	12.50%	6	25.00%
吉林	1	4.55%	3	13.64%	2	9.09%	1	4.55%	1	4.55%	2	9.09%
黑龙江	1	4.76%	2	9.52%	0	0.00%	2	9.52%	0	0.00%	2	9.52%
湖北	2	10.00%	3	15.00%	2	10.00%	3	15.00%	0	0.00%	5	25.00%
福建	1	5.26%	1	5.26%	3	15.79%	2	10.53%	2	10.53%	3	15.79%
安徽	1	7.14%	2	14.29%	2	14.29%	0	0.00%	0	0.00%	3	21.43%
海南	1	8.33%	1	8.33%	1	8.33%	3	25.00%	0	0.00%	4	33.33%
江西	0	0.00%	1	8.33%	2	16.67%	1	8.33%	0	0.00%	1	8.33%

续表

注册所在地	10%以内		10%~20%		20%~30%		30%~40%		40%~50%		50%以上	
	数量（家）	占比	数量（家）	占比	数量（家）	占比	数量（家）	占比	数量（家）	占比	数量（家）	占比
湖南	1	9.09%	2	18.18%	2	18.18%	0	0.00%	1	9.09%	4	36.36%
重庆	1	10.00%	0	0.00%	1	10.00%	0	0.00%	4	40.00%	2	20.00%
陕西	0	0.00%	1	12.50%	0	0.00%	0	0.00%	2	25.00%	4	50.00%
广西	1	16.67%	1	16.67%	0	0.00%	1	16.67%	0	0.00%	0	0.00%
新疆	1	20.00%	0	0.00%	0	0.00%	1	20.00%	1	20.00%	2	40.00%
云南	0	0.00%	1	20.00%	0	0.00%	0	0.00%	2	40.00%	2	40.00%
贵州	2	50.00%	0	0.00%	1	25.00%	0	0.00%	1	25.00%	0	0.00%
宁夏	0	0.00%	1	33.33%	1	33.33%	0	0.00%	0	0.00%	1	33.33%
甘肃	0	0.00%	1	100.00%	0	0.00%	0	0.00%	0	0.00%	0	0.00%
青海	0	0.00%	1	100.00%	0	0.00%	0	0.00%	0	0.00%	0	0.00%

图 40　小微企业用工预计比上年同期减少幅度（企业地区分布）

		10%以内		10%~20%		20%~30%		30%~40%		40%~50%		50%以上	
		数量（家）	占比	数量（家）	占比	数量（家）	占比	数量（家）	占比	数量（家）	占比	数量（家）	占比
全部		83	6.22%	153	11.47%	151	11.32%	86	6.45%	46	3.45%	108	8.10%
成立时间	2年内	27	8.44%	32	10.00%	33	10.31%	32	10.00%	19	5.94%	59	18.44%
	3~5年	31	5.20%	73	12.25%	72	12.08%	36	6.04%	13	2.18%	28	4.70%
	6~10年	16	5.73%	34	12.19%	23	8.24%	8	2.87%	8	2.87%	9	3.23%
	10年以上	9	6.47%	14	10.07%	23	16.55%	10	7.19%	6	4.32%	12	8.63%
行业类别	加工制造业	23	11.79%	38	19.49%	25	12.82%	4	2.05%	5	2.56%	2	1.03%
	商贸物流	13	4.85%	33	12.31%	39	14.55%	5	1.87%	4	1.49%	5	1.87%
	酒店餐饮业	26	5.88%	42	9.50%	52	11.76%	43	9.73%	29	6.56%	67	15.16%
	农林牧副渔业	3	3.80%	6	7.59%	4	5.06%	6	7.59%	1	1.27%	0	0.00%
	高科技互联网与软件	5	5.62%	4	4.49%	7	7.87%	8	8.99%	2	2.25%	3	3.37%
	电子商务	3	5.08%	7	11.86%	7	11.86%	5	8.47%	2	3.39%	5	8.47%
	建筑	3	6.38%	8	17.02%	6	12.77%	1	2.13%	0	0.00%	0	0.00%
	网约车或外卖等新经济	1	2.17%	1	2.17%	3	6.52%	3	6.52%	0	0.00%	6	13.04%
	娱乐文化旅游	1	2.38%	5	11.90%	2	4.76%	1	2.38%	1	2.38%	6	14.29%
	其他	5	7.46%	9	13.43%	6	8.96%	10	14.93%	2	2.99%	14	20.90%
员工数量	10人以下	34	9.60%	38	10.73%	41	11.58%	38	10.73%	22	6.21%	78	22.03%
	10~49人	30	5.86%	65	12.70%	58	11.33%	28	5.47%	17	3.32%	26	5.08%
	50~100人	12	3.81%	31	9.84%	30	9.52%	12	3.81%	7	2.22%	3	0.95%
	100人以上	7	4.58%	19	12.42%	22	14.38%	8	5.23%	0	0.00%	1	0.65%
营业收入（2019年）	100万以下	46	12.92%	44	12.36%	38	10.67%	40	11.24%	20	5.62%	78	21.91%
	100万~500万（不含500万）	20	4.06%	58	11.76%	61	12.37%	21	4.26%	16	3.25%	23	4.67%
	500万~1000万（不含1000万）	10	2.98%	31	9.23%	29	8.63%	15	4.46%	8	2.38%	3	0.89%
	1000万以上	7	4.70%	20	13.42%	23	15.44%	10	6.71%	2	1.34%	4	2.68%

图 41　小微企业用工预计比上年同期减少幅度（企业类别分布）

2. 近期小微企业裁员或招聘计划

小微企业在近期裁员或者招聘计划分布中，424 家小微企业会裁员，占比 32%；761 家小微企业维持不变，占比 57%；149 家小微企业会增加员工数量，占比 11%，如图 42 所示。从总体裁员趋势来看，目前已经超三成小微企业迫于疫情影响选择裁员。根据前述分析，现在近七成接受调查的小微企业账上资金支撑不足三个月。虽然目前我国疫情得到基本控制，但是国际形势越来越严峻，小微企业很可能面临二次经济冲击，再加上一旦复工进度缓慢，可能面临裁员的小微企业数量会进一步增多。

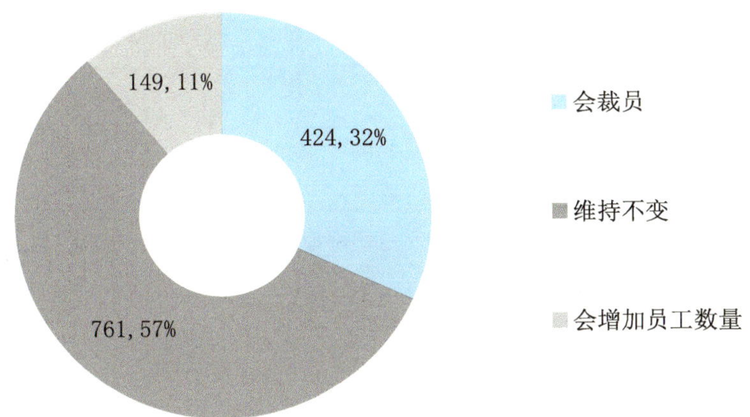

图 42　近期小微企业裁员或招聘计划

注册所在地	会裁员		维持不变		会增加员工数量	
	数量（家）	占比	数量（家）	占比	数量（家）	占比
全部	424	31.78%	761	57.05%	149	11.17%
河北	51	24.17%	120	56.87%	40	18.96%
北京	53	30.99%	99	57.89%	19	11.11%
山西	34	21.66%	105	66.88%	18	11.46%
天津	34	23.49%	94	63.09%	20	13.42%
广东	34	44.44%	48	48.48%	7	7.07%
内蒙古	34	21.65%	60	61.86%	16	16.49%
辽宁	34	33.33%	32	59.26%	4	7.41%
河南	34	45.83%	25	52.08%	1	2.08%
山东	34	53.19%	18	38.30%	4	8.51%
江苏	34	38.10%	22	52.38%	4	9.52%
浙江	34	38.71%	16	51.61%	3	9.68%
上海	34	37.93%	18	62.07%	0	0.00%
四川	34	50.00%	10	41.67%	2	8.33%
吉林	34	13.64%	17	77.27%	2	9.09%
黑龙江	34	33.33%	11	52.38%	3	14.29%
湖北	34	40.00%	10	50.00%	2	10.00%
福建	34	63.16%	7	36.84%	0	0.00%
安徽	34	35.71%	7	50.00%	2	14.29%
海南	34	50.00%	6	50.00%	0	0.00%
江西	34	25.00%	9	75.00%	0	0.00%
湖南	34	45.45%	6	54.55%	0	0.00%
重庆	34	60.00%	3	30.00%	1	10.00%
陕西	34	50.00%	4	50.00%	0	0.00%

续表

注册所在地	会裁员		维持不变		会增加员工数量	
	数量（家）	占比	数量（家）	占比	数量（家）	占比
广西	34	50.00%	3	50.00%	0	0.00%
新疆	34	60.00%	2	40.00%	0	0.00%
云南	34	60.00%	2	40.00%	0	0.00%
贵州	34	0.00%	4	100.00%	0	0.00%
宁夏	34	33.33%	1	33.33%	1	33.33%
甘肃	34	0.00%	1	100.00%	0	0.00%
青海	34	100.00%	0	0.00%	0	0.00%
西藏	34	0.00%	1	100.00%	0	0.00%

图 43　近期小微企业裁员或招聘计划（企业地区分布）

从地域角度来看，山东、四川、福建、海南、重庆、陕西、广西、新疆、云南、青海的超五成小微企业会选择裁员，如图 43 所示。

从企业的存续时间和规模的角度出发，规模小、盈利能力较低、成立时间较短的小微企业看来，也有近五成选择裁员，如图 44 所示。

从行业角度来看，加工制造业、酒店餐饮业、电子商务行业近三成小微企业会选择裁员，其中酒店餐饮业已经接近四成。

		会裁员		维持不变		会增加员工数量	
		数量（家）	占比	数量（家）	占比	数量（家）	占比
全部		424	31.78%	761	57.05%	149	11.17%
成立时间	2年内	130	40.63%	167	52.19%	23	7.19%
	3~5年	172	28.86%	360	60.40%	64	10.74%
	6~10年	75	26.88%	162	58.06%	42	15.05%
	10年以上	47	33.81%	72	51.80%	20	14.39%
行业类别	加工制造业	59	30.26%	113	57.95%	23	11.79%
	商贸物流	71	26.49%	168	62.69%	29	10.82%
	酒店餐饮业	176	39.82%	229	51.81%	37	8.37%
	农林牧副渔业	14	17.72%	49	62.03%	16	20.25%
	高科技互联网与软件	21	23.60%	55	61.80%	13	14.61%
	电子商务	21	35.59%	34	57.63%	4	6.78%
	建筑	11	23.40%	30	63.83%	6	12.77%
	网约车或外卖等新经济	10	21.74%	26	56.52%	10	21.74%
	娱乐文化旅游	10	23.81%	26	61.90%	6	14.29%
	其他	31	46.27%	31	46.27%	5	7.46%
员工数量	10人以下	169	47.74%	166	46.89%	19	5.37%
	10~49人	147	28.71%	310	60.55%	55	10.74%
	50~100人	70	22.22%	197	62.54%	48	15.24%
	100人以上	38	24.84%	88	57.52%	27	17.65%

续表

		会裁员		维持不变		会增加员工数量	
		数量（家）	占比	数量（家）	占比	数量（家）	占比
营业收入（2019年）	100万以下	173	48.60%	162	45.51%	21	5.90%
	100万~500万(不含500万)	144	29.21%	296	60.04%	53	10.75%
	500万~1000万(不含1000万)	74	22.02%	209	62.20%	53	15.77%
	1000万以上	33	22.15%	94	63.09%	22	14.77%

图 44　近期小微企业裁员或招聘计划（企业类别分布）

3. 小微企业计划复工情况

（1）五成小微企业计划在 3 月 30 日前复工

小微企业计划复工的时间分布中，372 家小微企业已复工，占比 28%；261 家小微企业计划在 3 月 15 日前复工，占比 20%；457 家小微企业计划在 3 月 30 日前复工，占比 34%；163 家小微企业计划在 4 月 10 日前复工，占比 12%；81 家小微企业计划在 4 月 10 号后复工，占比 6%，具体如图 45 所示。

从整体的复工进度来看，随着国内疫情逐渐得到控制，近五成小微企业目前已经复工，这对于小微企业来说无疑是个好消息，但是依旧不能懈怠。毕竟复工不代表盈利能力恢复。随着国际经济环境的进一步恶化，市场需求减少，小微企业还面临着不小的经济困难。

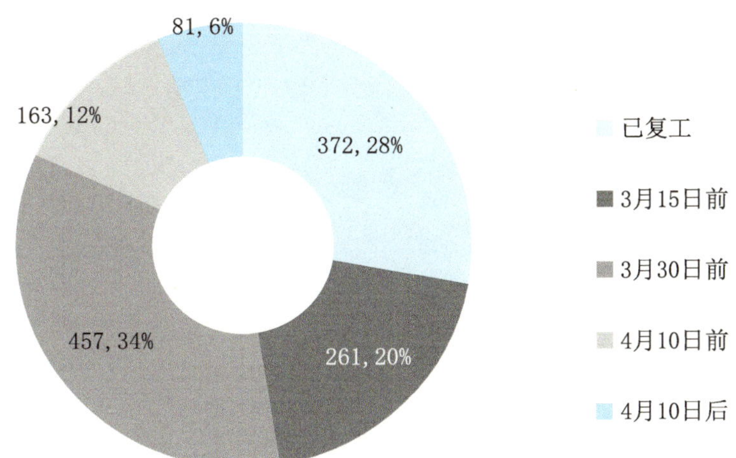

图 45　小微企业根据政府规定计划复工时间

从地域角度来看，除湖北、河南、海南、甘肃外，其余各个省份预计在 4 月 10 日前的复工率已经超过 70%，如图 46 所示。

从企业的存续时间和规模的角度出发，规模小、盈利能力较低、成立时间较短的小微企业来看，预计在 4 月 10 日前，近七成企业可以复工，如图 47 所示。

从行业角度来看，除娱乐文化旅游业以外，其余各个行业预计在 4 月 10 日前的复工率已经基本达到 90%。

注册所在地	已复工		3月15日前		3月30日前		4月10日前		4月10日后	
	数量（家）	占比	数量（家）	占比	数量（家）	占比	数量（家）	占比	数量（家）	占比
全部	372	27.89%	261	19.57%	457	34.26%	163	12.22%	81	6.07%
河北	29	13.74%	51	24.17%	90	42.65%	31	14.69%	10	4.74%
北京	40	23.39%	39	22.81%	52	30.41%	25	14.62%	15	8.77%
山西	22	14.01%	41	26.11%	71	45.22%	17	10.83%	6	3.82%
天津	29	19.46%	34	22.82%	60	40.27%	21	14.09%	5	3.36%
广东	57	57.58%	11	11.11%	22	22.22%	7	7.07%	2	2.02%
内蒙古	13	13.40%	26	26.80%	38	39.18%	15	15.46%	5	5.15%
辽宁	11	20.37%	9	16.67%	25	46.30%	6	11.11%	3	5.56%
河南	15	31.25%	7	14.58%	7	14.58%	6	12.50%	13	27.08%
山东	23	48.94%	10	21.28%	8	17.02%	5	10.64%	1	2.13%
江苏	24	57.14%	3	7.14%	7	16.67%	6	14.29%	2	4.76%
浙江	13	41.94%	4	12.90%	13	41.94%	1	3.23%	0	0.00%
上海	7	24.14%	4	13.79%	10	34.48%	5	17.24%	3	10.34%
四川	15	62.50%	5	20.83%	1	4.17%	2	8.33%	1	4.17%
吉林	7	31.82%	3	13.64%	10	45.45%	2	9.09%	0	0.00%
黑龙江	3	14.29%	5	23.81%	8	38.10%	3	14.29%	2	9.52%
湖北	0	0.00%	1	5.00%	7	35.00%	4	20.00%	8	40.00%
福建	12	63.16%	2	10.53%	4	21.05%	1	5.26%	0	0.00%
安徽	7	50.00%	1	7.14%	5	35.71%	1	7.14%	0	0.00%
海南	4	33.33%	0	0.00%	4	33.33%	1	8.33%	3	25.00%
江西	4	33.33%	3	25.00%	4	33.33%	1	8.33%	0	0.00%
湖南	6	54.55%	1	9.09%	2	18.18%	1	9.09%	1	9.09%
重庆	6	60.00%	0	0.00%	3	30.00%	1	10.00%	0	0.00%
陕西	6	75.00%	1	12.50%	1	12.50%	0	0.00%	0	0.00%
广西	4	66.67%	0	0.00%	2	33.33%	0	0.00%	0	0.00%
新疆	3	60.00%	0	0.00%	1	20.00%	1	20.00%	0	0.00%
云南	4	80.00%	0	0.00%	1	20.00%	0	0.00%	0	0.00%
贵州	4	100.00%	0	0.00%	0	0.00%	0	0.00%	0	0.00%
宁夏	3	100.00%	0	0.00%	0	0.00%	0	0.00%	0	0.00%
甘肃	0	0.00%	0	0.00%	0	0.00%	0	0.00%	1	100.00%
青海	0	0.00%	0	0.00%	1	100.00%	0	0.00%	0	0.00%
西藏	1	100.00%	0	0.00%	0	0.00%	0	0.00%	0	0.00%

图 46　小微企业根据政府规定计划复工时间（企业地区分布）

		已复工		3月15日前		3月30日前		4月10日前		4月10日后	
		数量（家）	占比	数量（家）	占比	数量（家）	占比	数量（家）	占比	数量（家）	占比
全部		372	27.89%	261	19.57%	457	34.26%	163	12.22%	81	6.07%
成立时间	2年内	137	42.81%	61	19.06%	71	22.19%	31	9.69%	20	6.25%
	3~5年	134	22.48%	125	20.97%	240	40.27%	66	11.07%	31	5.20%
	6~10年	50	17.92%	61	21.86%	107	38.35%	44	15.77%	17	6.09%
	10年以上	51	36.69%	14	10.07%	39	28.06%	22	15.83%	13	9.35%
行业类别	加工制造业	62	31.79%	37	18.97%	66	33.85%	22	11.28%	8	4.10%
	商贸物流	46	17.16%	75	27.99%	113	42.16%	28	10.45%	6	2.24%
	酒店餐饮业	185	41.86%	66	14.93%	123	27.83%	46	10.41%	22	4.98%
	农林牧副渔业	9	11.39%	17	21.52%	35	44.30%	14	17.72%	4	5.06%
	高科技互联网与软件	17	19.10%	17	19.10%	34	38.20%	13	14.61%	8	8.99%
	电子商务	6	10.17%	18	30.51%	16	27.12%	13	22.03%	6	10.17%
	建筑	6	12.77%	16	34.04%	19	40.43%	4	8.51%	2	4.26%
	网约车或外卖等新经济	11	23.91%	9	19.57%	17	36.96%	8	17.39%	1	2.17%
	娱乐文化旅游	3	7.14%	4	9.52%	18	42.86%	10	23.81%	7	16.67%
	其他	27	40.30%	2	2.99%	16	23.88%	5	7.46%	17	25.37%
员工数量	10人以下	189	53.39%	46	12.99%	64	18.08%	30	8.47%	25	7.06%
	10~49人	89	17.38%	115	22.46%	210	41.02%	67	13.09%	31	6.05%
	50~100人	49	15.56%	71	22.54%	135	42.86%	45	14.29%	15	4.76%
	100人以上	45	29.41%	29	18.95%	48	31.37%	21	13.73%	10	6.54%
营业收入（2019年）	100万以下	183	51.40%	47	13.20%	69	19.38%	29	8.15%	28	7.87%
	100万~500万(不含500万)	89	18.05%	118	23.94%	192	38.95%	68	13.79%	26	5.27%
	500万~1000万(不含1000万)	48	14.29%	72	21.43%	155	46.13%	46	13.69%	15	4.46%
	1000万以上	52	34.90%	24	16.11%	41	27.52%	20	13.42%	12	8.05%

图 47　小微企业根据政府规定计划复工时间（企业类别分布）

（2）小微企业当前实际复工率

小微企业当前实际复工率的分布中，共有 372 家小微企业已经复工，其中 52 家小微企业实际复工率 10%以内，占比 4%；76 家小微企业实际复工率 10%～30%以内，占比 6%；68 家小微企业实际复工率 30%～50%以内，占比 5%；53 家小微企业实际复工率 50%～70%以内，占比 4%；49 家小微企业实际复工率 70%～90%以内，占比 4%；74 家小微企业实际复工率 90%以上，占比 6%，具体如图 48 所示。

由于疫情影响，就算小微企业能够复工，但是实际复工率并不理想。从已经实际复工的三成小微企业来看，复工率超过 30%的小微企业仅占 19%。这一方面是为了减少办公场所的人员密集度，很多企业被迫选择轮班制而导致实际复工率不高；另一方面是因为市场需求不足而造成企业订单减少，导致复工率不高。

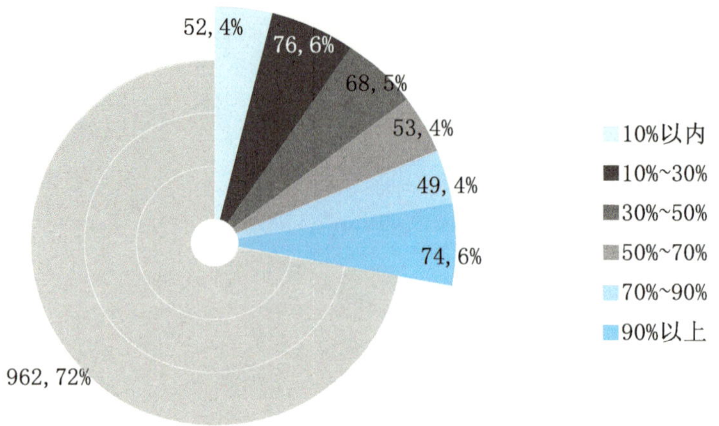

图 48　小微企业当前实际复工率

注册所在地	10%以内		10%~30%		30%~50%		50%~70%		70%~90%		90%以上	
	数量（家）	占比	数量（家）	占比	数量（家）	占比	数量（家）	占比	数量（家）	占比	数量（家）	占比
全部	52	3. 90%	76	5. 70%	68	5. 10%	53	3. 97%	49	3. 67%	74	5. 55%
河北	6	2. 84%	3	1. 42%	6	2. 84%	3	1. 42%	5	2. 37%	6	2. 84%
北京	11	6. 43%	6	3. 51%	6	3. 51%	9	5. 26%	5	2. 92%	3	1. 75%
山西	2	1. 27%	6	3. 82%	3	1. 91%	4	2. 55%	6	3. 82%	1	0. 64%
天津	3	2. 01%	14	9. 40%	2	1. 34%	4	2. 68%	2	1. 34%	4	2. 68%
广东	8	8. 08%	9	9. 09%	15	15. 15%	5	5. 05%	6	6. 06%	14	14. 14%
内蒙古	2	2. 06%	5	5. 15%	2	2. 06%	3	3. 09%	1	1. 03%	0	0. 00%
辽宁	1	1. 85%	4	7. 41%	3	5. 56%	0	0. 00%	2	3. 70%	1	1. 85%
河南	1	2. 08%	4	8. 33%	2	4. 17%	2	4. 17%	1	2. 08%	5	10. 42%
山东	5	10. 64%	1	2. 13%	5	10. 64%	5	10. 64%	1	2. 13%	6	12. 77%
江苏	2	4. 76%	6	14. 29%	3	7. 14%	2	4. 76%	3	7. 14%	8	19. 05%
浙江	1	3. 23%	2	6. 45%	4	12. 90%	1	3. 23%	2	6. 45%	3	9. 68%
上海	0	0. 00%	2	6. 90%	1	3. 45%	1	3. 45%	2	6. 90%	1	3. 45%
四川	1	4. 17%	2	8. 33%	2	8. 33%	4	16. 67%	3	12. 50%	3	12. 50%
吉林	2	9. 09%	0	0. 00%	2	9. 09%	1	4. 55%	0	0. 00%	2	9. 09%
黑龙江	1	4. 76%	1	4. 76%	0	0. 00%	0	0. 00%	0	0. 00%	1	4. 76%
福建	0	0. 00%	4	21. 05%	2	10. 53%	2	10. 53%	3	15. 79%	1	5. 26%
安徽	0	0. 00%	0	0. 00%	1	7. 14%	1	7. 14%	2	14. 29%	3	21. 43%
海南	1	8. 33%	0	0. 00%	0	0. 00%	0	0. 00%	0	0. 00%	3	25. 00%
江西	0	0. 00%	0	0. 00%	2	16. 67%	0	0. 00%	0	0. 00%	2	16. 67%
湖南	0	0. 00%	2	18. 18%	1	9. 09%	3	27. 27%	0	0. 00%	0	0. 00%
重庆	1	10. 00%	0	0. 00%	1	10. 00%	1	10. 00%	1	10. 00%	2	20. 00%
陕西	0	0. 00%	0	0. 00%	4	50. 00%	1	12. 50%	0	0. 00%	1	12. 50%
广西	1	16. 67%	0	0. 00%	1	16. 67%	0	0. 00%	0	0. 00%	2	33. 33%
新疆	1	20. 00%	0	0. 00%	0	0. 00%	0	0. 00%	0	0. 00%	2	40. 00%
云南	0	0. 00%	3	60. 00%	0	0. 00%	0	0. 00%	1	20. 00%	0	0. 00%
贵州	1	25. 00%	0	0. 00%	0	0. 00%	1	25. 00%	2	50. 00%	0	0. 00%
宁夏	1	33. 33%	1	33. 33%	0	0. 00%	0	0. 00%	1	33. 33%	0	0. 00%
西藏	0	0. 00%	1	100. 00%	0	0. 00%	0	0. 00%	0	0. 00%	0	0. 00%

图 49　小微企业当前实际复工率（企业地区分布）

		10%以内		10%~30%		30%~50%		50%~70%		70%~90%		90%以上	
		数量（家）	占比	数量（家）	占比	数量（家）	占比	数量（家）	占比	数量（家）	占比	数量（家）	占比
全部		52	3.90%	76	5.70%	68	5.10%	53	3.97%	49	3.67%	74	5.55%
成立时间	2年内	23	7.19%	27	8.44%	29	9.06%	23	7.19%	15	4.69%	20	6.25%
	3~5年	18	3.02%	33	5.54%	23	3.86%	15	2.52%	17	2.85%	28	4.70%
	6~10年	4	1.43%	11	3.94%	8	2.87%	7	2.51%	10	3.58%	10	3.58%
	10年以上	7	5.04%	5	3.60%	8	5.76%	8	5.76%	7	5.04%	16	11.51%
行业类别	加工制造业	10	5.13%	11	5.64%	8	4.10%	6	3.08%	13	6.67%	14	7.18%
	商贸物流	10	3.73%	17	6.34%	3	1.12%	6	2.24%	6	2.24%	4	1.49%
	酒店餐饮业	26	5.88%	35	7.92%	47	10.63%	26	5.88%	19	4.30%	32	7.24%
	农林牧副渔业	1	1.27%	4	5.06%	1	1.27%	1	1.27%	1	1.27%	1	1.27%
	高科技互联网与软件	1	1.12%	2	2.25%	1	1.12%	2	2.25%	6	6.74%	5	5.62%
	电子商务	1	1.69%	0	0.00%	0	0.00%	2	3.39%	2	3.39%	1	1.69%
	建筑	0	0.00%	0	0.00%	2	4.26%	1	2.13%	1	2.13%	2	4.26%
	网约车或外卖等新经济	0	0.00%	2	4.35%	2	4.35%	2	4.35%	0	0.00%	5	10.87%
	娱乐文化旅游	0	0.00%	1	2.38%	0	0.00%	0	0.00%	0	0.00%	2	4.76%
	其他	3	4.48%	4	5.97%	4	5.97%	7	10.45%	1	1.49%	8	11.94%
员工数量	10人以下	31	8.76%	32	9.04%	42	11.86%	27	7.63%	17	4.80%	40	11.30%
	10~49人	9	1.76%	26	5.08%	13	2.54%	10	1.95%	18	3.52%	13	2.54%
	50~100人	7	2.22%	13	4.13%	10	3.17%	9	2.86%	4	1.27%	6	1.90%
	100人以上	5	3.27%	5	3.27%	3	1.96%	7	4.58%	10	6.54%	15	9.80%
营业收入（2019年）	100万以下	29	8.15%	31	8.71%	37	10.39%	26	7.30%	21	5.90%	39	10.96%
	100万~500万（不含500万）	11	2.23%	26	5.27%	21	4.26%	7	1.42%	11	2.23%	13	2.64%
	500万~1000万（不含1000万）	6	1.79%	11	3.27%	4	1.19%	12	3.57%	5	1.49%	10	2.98%
	1000万以上	6	4.03%	8	5.37%	6	4.03%	8	5.37%	12	8.05%	12	8.05%

图 50　小微企业当前实际复工率（企业类别分布）

从地域角度来看，实际复工情况相对较为理想的地方是四川、福建、安徽、重庆 、新疆、贵州，平均 45%的小微企业实际复工率超过五成，如图 49 所示。

从企业规模的角度出发，相较于规模较大的小微企业，员工人数少于 10 人的小微企业，实际复工率超过五成的，已经基本达到 30%，如图 50 所示。

从行业角度来看，情况最好的酒店餐饮业，其中实际复工率超过五成的才占到 17.42%。

（五）小微企业对政府扶持政策的期待

1. 小微企业希望政府出台帮助企业渡过难关的措施

小微企业希望政府出台帮助企业渡过难关的措施多样。如图 51 所示，希望政府出台帮助企业渡过难关的措施方式分布中，330 家小微企业希望政府阶段性免征企业增值税及附加，占比 25%；566 家小微企业希望政府降低企业增值税、所得税等税率，占比 42%，这进一步反映出小微企业面临的税费压力大。

534 家小微企业希望政府阶段性减免社保费，占比 40%；430 家小微企业希望政府允许企业实行阶段性灵活薪酬方式，占比 32%；436 家小微企业希望政府提供稳岗补贴，占比 33%；226 家小微企业希望政府帮助企业招工，占比 17%。这和前文所述的小微企业面临着用工成本上涨、招工难的困境是相一致的。

460 家小微企业希望政府提供房租、水电费等补贴，占比 34%；218 家小微企业希望政府对现有贷款展期，占比 16%；223 家小微企业希望政府提供贷款贴息，占比 17%；202 家小微企业希望政府提供中长期贷款，占比 15%。由前文分析可知，疫情期间小微企业面临的主要支出压力包括租金和偿还贷款等。因此，众多小微企业期望政府在房租和贷款方面提供优惠政策。

此外，122 家小微企业希望政府对受疫情影响无法如期履行国际贸易合同给予帮助，占比 9%；124 家小微企业希望政府对受疫情影响无法如期履行国内交易合同给予帮助，占比 9%；137 家小微企业希望政府帮助企业调配口罩酒精等复工所需防疫物品，占比 10%；116 家小微企业希望政府加强对企业疫情防控指导，明确疫情防控标准和实施细则，占比 8%；97 家小微企业希望政府帮助企业协调原辅材料和产品发货等运输问题，占比 7%；81 家小微企业希望政府允许企业在保障安全前提下自行决定复工时间，占比 6%；其他 16 家，占比 1%。

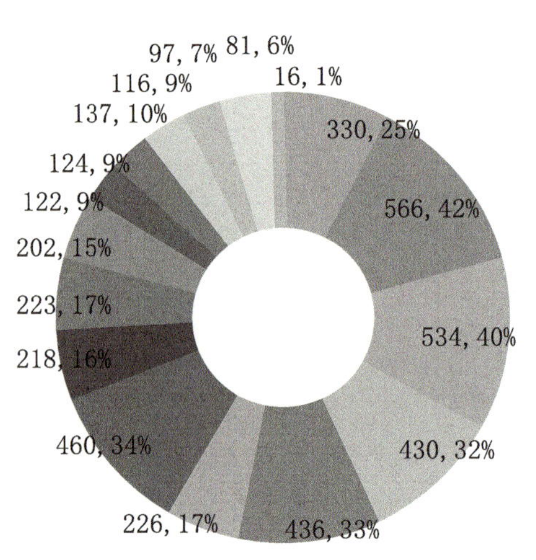

图 51　受疫情影响小微企业希望政府出台帮助企业渡过难关具体措施

从地域角度来看，如图 52 所示，大部分省份超过四成的小微企业都期待政府提供房租、水电费等补贴，安徽、海南、江西等地超过六成，湖南等地更是超过八成。这与前文近三成小微企业认为房租支出是其最大的支出压力是相一致的。上海、四川、湖北等地有超过五成的小微企业希望政府提供稳岗补贴，这反映出在疫情期间，该等地区小微企业面临的员工工资支付压力陡增。全国大部分省份超过四成的小微企业认为，政府应当降低企业增值税、所得税等税率。通过前文分析可知，小微企业营收、利润普遍下降，现金流压力和偿还贷款压力增加，如果按照正常税率缴税，小微企业可能会面临破产。通过降低税率等方式，可以让小微企业面临的现金流压力和偿贷压力下降一些，帮助小微企业渡过难关。

注册所在地	阶段性免征企业增值税及附加		降低企业增值税、所得税等税率		阶段性减免社保费		允许企业实行阶段性灵活薪酬方式		提供稳岗补贴		帮助企业招工		提供房租、水电费等补贴		对现有贷款展期		提供贷款贴息		提供中长期贷款		对受疫情影响无法如期履行国际贸易合同给予帮助		对受疫情影响无法如期履行国内交易合同给予帮助		帮助企业调配口罩酒精等复工所需防疫物品		加强对企业疫情防控指导，明确疫情防控标准和实施细则		帮助企业协调原辅材料和产品发货等运输问题		允许企业在保障安全前提下自行决定复工时间		其他	
	数量(家)	占比	数量(家)	占比	数量(家)	占比	数量(家)	占比	数量(家)	占比	数量(家)	占比	数量(家)	占比	数量(家)	占比	数量(家)	占比	数量(家)	占比	数量(家)	占比	数量(家)	占比	数量(家)	占比	数量(家)	占比	数量(家)	占比	数量(家)	占比	数量(家)	占比
全部	330	24.74%	566	42.43%	534	40.03%	430	32.23%	436	32.68%	226	16.94%	460	34.48%	218	16.34%	223	16.72%	202	15.14%	122	9.15%	124	9.30%	137	10.27%	116	8.70%	97	7.27%	81	6.07%	16	1.20%
河北	45	21.33%	95	45.02%	85	40.28%	75	35.55%	54	25.59%	40	18.96%	37	17.54%	27	12.80%	18	8.53%	26	12.32%	25	11.85%	25	11.85%	27	12.80%	26	12.32%	14	6.64%	10	4.74%	1	0.47%
北京	60	35.09%	82	47.95%	82	47.95%	61	35.67%	56	32.75%	25	14.62%	44	25.73%	19	11.11%	21	12.28%	15	8.77%	20	11.70%	15	8.77%	15	8.77%	13	7.60%	10	5.85%	10	5.85%	0	0.00%
山西	23	14.65%	70	44.59%	67	42.68%	50	31.85%	50	31.85%	32	20.38%	39	24.84%	21	13.38%	24	15.29%	17	10.83%	20	12.74%	21	13.38%	13	8.28%	13	8.28%	16	10.19%	4	2.55%	3	1.91%
天津	31	20.81%	68	45.64%	63	42.28%	50	33.56%	45	30.20%	38	25.50%	35	23.49%	23	15.44%	21	14.09%	18	12.08%	10	6.71%	17	11.41%	17	11.41%	15	10.07%	10	6.71%	4	2.68%	2	1.34%
广东	28	28.28%	43	43.43%	44	44.44%	26	26.26%	37	37.37%	10	10.10%	60	60.61%	21	21.21%	24	24.24%	23	23.23%	7	7.07%	6	6.06%	8	8.08%	3	3.03%	2	2.02%	5	5.05%	0	0.00%
内蒙古	20	20.62%	45	46.39%	34	35.05%	35	36.08%	32	32.99%	17	17.53%	16	16.49%	16	16.49%	16	16.49%	16	16.49%	8	8.25%	13	13.40%	9	9.28%	14	14.43%	19	19.59%	2	2.06%	1	1.03%
辽宁	7	12.96%	19	35.19%	20	37.04%	21	38.89%	12	22.22%	11	20.37%	16	29.63%	9	16.67%	10	18.52%	8	14.81%	7	12.96%	3	5.56%	4	7.41%	7	12.96%	5	9.26%	2	3.70%	0	0.00%
河南	17	35.42%	18	37.50%	15	31.25%	8	16.67%	16	33.33%	4	8.33%	28	58.33%	10	20.83%	10	20.83%	8	16.67%	2	4.17%	2	4.17%	6	12.50%	5	10.42%	2	4.17%	8	16.67%	2	4.17%
山东	21	44.68%	18	38.30%	12	25.53%	10	21.28%	15	31.91%	10	21.28%	22	46.81%	9	19.15%	13	27.66%	12	25.53%	4	8.51%	2	4.26%	5	10.64%	5	10.64%	0	0.00%	6	12.77%	1	2.13%
江苏	10	23.81%	14	33.33%	14	33.33%	17	40.48%	15	35.71%	5	11.90%	21	50.00%	12	28.57%	5	11.90%	4	9.52%	5	11.90%	3	7.14%	7	16.67%	4	9.52%	5	11.90%	3	7.14%	2	4.76%
浙江	7	22.58%	14	45.16%	11	35.48%	8	25.81%	13	41.94%	6	19.35%	16	51.61%	7	22.58%	8	25.81%	4	12.90%	2	6.45%	3	9.68%	4	12.90%	1	3.23%	4	12.90%	1	3.23%	0	0.00%
上海	11	37.93%	12	41.38%	11	37.93%	10	34.48%	18	62.07%	7	24.14%	8	27.59%	6	20.69%	5	17.24%	4	13.79%	2	6.90%	2	6.90%	2	6.90%	1	3.45%	0	0.00%	5	17.24%	0	0.00%
四川	7	29.17%	6	25.00%	14	58.33%	8	33.33%	15	62.50%	1	4.17%	16	66.67%	3	12.50%	8	33.33%	9	37.50%	0	0.00%	1	4.17%	0	0.00%	0	0.00%	1	4.17%	1	4.17%	0	0.00%
吉林	2	9.09%	6	27.27%	5	22.73%	5	22.73%	5	22.73%	3	13.64%	9	40.91%	7	31.82%	6	27.27%	3	13.64%	5	22.73%	4	18.18%	4	18.18%	0	0.00%	3	13.64%	2	9.09%	0	0.00%
黑龙江	4	19.05%	10	47.62%	11	52.38%	10	47.62%	7	33.33%	4	19.05%	9	42.86%	5	23.81%	0	0.00%	3	14.29%	0	0.00%	2	9.52%	4	19.05%	4	19.05%	1	4.76%	2	9.52%	0	0.00%
湖北	8	40.00%	9	45.00%	9	45.00%	7	35.00%	10	50.00%	2	10.00%	11	55.00%	2	10.00%	7	35.00%	4	20.00%	0	0.00%	2	10.00%	1	5.00%	1	5.00%	0	0.00%	6	30.00%	0	0.00%
福建	5	26.32%	4	21.05%	7	36.84%	3	15.79%	2	10.53%	2	10.53%	10	52.63%	5	26.32%	2	10.53%	4	21.05%	0	0.00%	1	5.26%	1	5.26%	2	10.53%	1	5.26%	2	10.53%	2	10.53%
安徽	2	14.29%	5	35.71%	4	28.57%	6	42.86%	6	42.86%	2	14.29%	9	64.29%	1	7.14%	2	14.29%	0	0.00%	0	0.00%	1	7.14%	1	7.14%	0	0.00%	1	7.14%	2	14.29%	0	0.00%
海南	6	50.00%	6	50.00%	5	41.67%	5	41.67%	4	33.33%	1	8.33%	8	66.67%	0	0.00%	2	16.67%	5	41.67%	1	8.33%	0	0.00%	0	0.00%	1	8.33%	0	0.00%	1	8.33%	0	0.00%
江西	1	8.33%	3	25.00%	7	58.33%	4	33.33%	3	25.00%	2	16.67%	8	66.67%	4	33.33%	4	33.33%	3	25.00%	2	16.67%	1	8.33%	1	8.33%	0	0.00%	1	8.33%	0	0.00%	0	0.00%
湖南	4	36.36%	3	27.27%	3	27.27%	2	18.18%	4	36.36%	2	18.18%	9	81.82%	3	27.27%	3	27.27%	0	0.00%	1	9.09%	0	0.00%	2	18.18%	1	9.09%	0	0.00%	1	9.09%	1	9.09%
重庆	3	30.00%	5	50.00%	4	40.00%	1	10.00%	2	20.00%	0	0.00%	5	50.00%	1	10.00%	2	20.00%	3	30.00%	0	0.00%	0	0.00%	1	10.00%	0	0.00%	0	0.00%	2	20.00%	0	0.00%
陕西	1	12.50%	1	12.50%	1	12.50%	1	12.50%	1	12.50%	0	0.00%	8		0	0.00%	0	0.00%	2	25.00%	0	0.00%	0	0.00%	3	37.50%	0	0.00%	1	12.50%	1	12.50%	1	12.50%
广西	2	33.33%	1	16.67%	1	16.67%	3	50.00%	3	50.00%	0	0.00%	4	66.67%	1	16.67%	4	66.67%	3	50.00%	1	16.67%	0	0.00%	0	0.00%	0	0.00%	0	0.00%	1	16.67%	0	0.00%
新疆	0	0.00%	2	40.00%	1	20.00%	0	0.00%	3	60.00%	2	40.00%	2	40.00%	1	20.00%	2	40.00%	3	60.00%	0	0.00%	0	0.00%	0	0.00%	0	0.00%	0	0.00%	0	0.00%	0	0.00%
云南	1	20.00%	2	40.00%	0	0.00%	1	20.00%	4	80.00%	0	0.00%	4	80.00%	2	40.00%	4	80.00%	2	40.00%	0	0.00%	0	0.00%	0	0.00%	0	0.00%	0	0.00%	0	0.00%	0	0.00%
贵州	0	0.00%	0	0.00%	1	25.00%	0	0.00%	2	50.00%	0	0.00%	4	100.00%	2	50.00%	1	25.00%	3	75.00%	0	0.00%	0	0.00%	1	25.00%	0	0.00%	1	25.00%	0	0.00%	0	0.00%
宁夏	1	33.33%	2	66.67%	1	33.33%	0	0.00%	0	0.00%	0	0.00%	2	66.67%	1	33.33%	1	33.33%	0	0.00%	0	0.00%	0	0.00%	1	33.33%	0	0.00%	0	0.00%	0	0.00%	0	0.00%
甘肃	1	100.00%	1	100.00%	1	100.00%	1	100.00%	1		0	0.00%	0	0.00%	0	0.00%	0	0.00%	0	0.00%	0	0.00%	0	0.00%	0	0.00%	0	0.00%	0	0.00%	0	0.00%	0	0.00%
青海	1	100.00%	1	100.00%	1	100.00%	1	100.00%	1	100.00%	0	0.00%	0	0.00%	0	0.00%	0	0.00%	0	0.00%	0	0.00%	0	0.00%	0	0.00%	0	0.00%	0	0.00%	0	0.00%	0	0.00%
西藏	1	100.00%	1	100.00%	0	0.00%	1	100.00%	0	0.00%	0	0.00%	0	0.00%	0	0.00%	0	0.00%	0	0.00%	0	0.00%	0	0.00%	0	0.00%	0	0.00%	0	0.00%	0	0.00%	0	0.00%

图52　受疫情影响小微企业希望政府出台帮助企业渡过难关具体措施（企业地区分布）

从企业的存续时间和规模的角度看，如图 53 所示，成立时间在 10 年以上、员工人数在 100 人以上以及营收在 1000 万以上的企业更期待政府在税收方面作出优惠。这与该类企业税负较重有关。成立时间 3 年以上、员工人数 10 人以上以及营收 100 万以上的企业普遍比较期待政府阶段性减免社保和允许企业实行阶段性灵活薪酬方式，反映出该等规模企业在用工成本上面临着巨大的支出压力。成立时间 2 年以内、员工 10 人以下以及营收 100 万以下的企业则更希望政府提供房租、水电费等补贴。无独有偶，在前文 3. 5 的分析中，成立不满 2 年、10 人以下以及营业收入 100 万以下的企业均有超过四成认为其支出压力集中在租金，因此，该等规模的企业主要期待的是租金方面的政策优惠。

从行业角度来看，大多数行业都有超过四成的小微企业期待政府降低企业增值税、所得税等税率和阶段性减免社保费。可见税负和用工成本中的社保费用是政府方面可以为小微企业减轻的主要支出压力。此外，酒店餐饮业有接近五成期待政府提供房租、水电费等补贴。前文中分析已知，酒店餐饮业有超过四成认为其主要的支出压力来自租金，这与酒店餐饮业期待得到的政策优惠也是相一致的。

		阶段性免征企业增值税及附加		降低企业增值税、所得税等税率		阶段性减免社保费		允许企业实行阶段性灵活薪酬方式		提供稳岗补贴		帮助企业招工		提供房租、水电费等补贴		对现有贷款展期		提供贷款贴息	
		数量（家）	占比	数量（家）	占比	数量（家）	占比	数量（家）	占比	数量（家）	占比	数量（家）	占比	数量（家）	占比	数量（家）	占比	数量（家）	占比
全部		330	24.74%	566	42.43%	534	40.03%	430	32.23%	436	32.68%	226	16.94%	460	34.48%	218	16.34%	223	16.72%
成立时间	2年内	82	25.63%	105	32.81%	87	27.19%	69	21.56%	94	29.38%	34	10.63%	150	46.88%	59	18.44%	63	19.69%
	3~5年	129	21.64%	266	44.63%	265	44.46%	204	34.23%	204	34.23%	103	17.28%	197	33.05%	99	16.61%	97	16.28%
	6~10年	62	22.22%	127	45.52%	109	39.07%	109	39.07%	88	31.54%	63	22.58%	67	24.01%	42	15.05%	46	16.49%
	10年以上	57	41.01%	68	48.92%	73	52.52%	48	34.53%	50	35.97%	26	18.71%	46	33.09%	18	12.95%	17	12.23%
行业类别	加工制造业	79	40.51%	111	56.92%	78	40.00%	74	37.95%	63	32.31%	33	16.92%	40	20.51%	17	8.72%	26	13.33%
	商贸物流	57	21.27%	128	47.76%	116	43.28%	91	33.96%	88	32.84%	50	18.66%	61	22.76%	36	13.43%	33	12.31%
	酒店餐饮业	82	18.55%	133	30.09%	149	33.71%	103	23.30%	138	31.22%	60	13.57%	214	48.42%	92	20.81%	93	21.04%
	农林牧副渔业	11	13.92%	29	36.71%	27	34.18%	29	36.71%	25	31.65%	22	27.85%	14	17.72%	18	22.78%	5	6.33%
	高科技互联网与软件	28	31.46%	51	57.30%	46	51.69%	41	46.07%	34	38.20%	16	17.98%	34	38.20%	19	21.35%	18	20.22%
	电子商务	15	25.42%	28	47.46%	24	40.68%	27	45.76%	18	30.51%	13	22.03%	18	30.51%	9	15.25%	12	20.34%
	建筑	12	25.53%	24	51.06%	20	42.55%	20	42.55%	14	29.79%	13	27.66%	14	29.79%	8	17.02%	3	6.38%
	网约车或外卖等新经济	4	8.70%	15	32.61%	17	36.96%	16	34.78%	18	39.13%	7	15.22%	11	23.91%	10	21.74%	12	26.09%
	娱乐文化旅游	11	26.19%	19	45.24%	20	47.62%	11	26.19%	17	40.48%	4	9.52%	15	35.71%	6	14.29%	5	11.90%
	其他	31	46.27%	28	41.79%	37	55.22%	18	26.87%	21	31.34%	8	11.94%	39	58.21%	3	4.48%	16	23.88%
员工数量	10人以下	89	25.14%	108	30.51%	94	26.55%	56	15.82%	96	27.12%	32	9.04%	208	58.76%	74	20.90%	86	24.29%
	10~49人	129	25.20%	233	45.51%	214	41.80%	195	38.09%	175	34.18%	88	17.19%	143	27.93%	74	14.45%	72	14.06%
	50~100人	59	18.73%	140	44.44%	150	47.62%	106	33.65%	109	34.60%	68	21.59%	73	23.17%	50	15.87%	43	13.65%
	100人以上	53	34.64%	85	55.56%	76	49.67%	73	47.71%	56	36.60%	38	24.84%	36	23.53%	20	13.07%	22	14.38%
营业收入（2019年）	100万以下	102	28.65%	116	32.58%	102	28.65%	75	21.07%	107	30.06%	28	7.87%	203	57.02%	73	20.51%	82	23.03%
	100万~500万（不含500万）	108	21.91%	238	48.28%	210	42.60%	174	35.29%	176	35.70%	86	17.44%	138	27.99%	71	14.40%	67	13.59%
	500万~1000万（不含1000万）	66	19.64%	137	40.77%	154	45.83%	120	35.71%	103	30.65%	72	21.43%	76	22.62%	55	16.37%	46	13.69%
	1000万以上	54	36.24%	75	50.34%	68	45.64%	61	40.94%	50	33.56%	40	26.85%	43	28.86%	19	12.75%	28	18.79%

		提供中长期贷款		对受疫情影响无法如期履行国际贸易合同给予帮助		对受疫情影响无法如期履行国内交易合同给予帮助		帮助企业调配口罩酒精等复工所需防疫物品		加强对企业疫情防控指导，明确疫情防控标准和实施细则		帮助企业协调原辅材料和产品发货等运输问题		允许企业在保障安全前提下自行决定复工时间		其他	
		数量（家）	占比	数量（家）	占比	数量（家）	占比	数量（家）	占比	数量（家）	占比	数量（家）	占比	数量（家）	占比	数量（家）	占比
全部		202	15.14%	122	9.15%	124	9.30%	137	10.27%	116	8.70%	97	7.27%	81	6.07%	16	1.20%
成立时间	2年内	60	18.75%	21	6.56%	29	9.06%	36	11.25%	14	4.38%	12	3.75%	20	6.25%	10	3.13%
	3~5年	86	14.43%	57	9.56%	62	10.40%	60	10.07%	57	9.56%	50	8.39%	35	5.87%	5	0.84%
	6~10年	41	14.70%	30	10.75%	25	8.96%	29	10.39%	35	12.54%	30	10.75%	14	5.02%	1	0.36%
	10年以上	15	10.79%	14	10.07%	8	5.76%	12	8.63%	10	7.19%	5	3.60%	12	8.63%	0	0.00%
行业类别	加工制造业	18	9.23%	20	10.26%	16	8.21%	18	9.23%	13	6.67%	10	5.13%	11	5.64%	2	1.03%
	商贸物流	34	12.69%	20	7.46%	25	9.33%	18	6.72%	25	9.33%	20	7.46%	12	4.48%	0	0.00%
	酒店餐饮业	77	17.42%	33	7.47%	32	7.24%	52	11.76%	46	10.41%	29	6.56%	27	6.11%	9	2.04%
	农林牧副渔业	6	7.59%	12	15.19%	11	13.92%	11	13.92%	9	11.39%	7	8.86%	5	6.33%	0	0.00%
	高科技互联网与软件	20	22.47%	12	13.48%	13	14.61%	10	11.24%	6	6.74%	8	8.99%	3	3.37%	0	0.00%
	电子商务	11	18.64%	8	13.56%	10	16.95%	6	10.17%	6	10.17%	5	8.47%	5	8.47%	1	1.69%
	建筑	6	12.77%	5	10.64%	7	14.89%	6	12.77%	4	8.51%	7	14.89%	2	4.26%	0	0.00%
	网约车或外卖等新经济	11	23.91%	7	15.22%	4	8.70%	7	15.22%	1	2.17%	5	10.87%	1	2.17%	1	2.17%
	娱乐文化旅游	5	11.90%	5	11.90%	6	14.29%	2	4.76%	3	7.14%	4	9.52%	3	7.14%	1	2.38%
	其他	14	20.90%	0	0.00%	0	0.00%	7	10.45%	3	4.48%	2	2.99%	12	17.91%	2	2.99%
员工数量	10人以下	76	21.47%	15	4.24%	16	4.52%	35	9.89%	16	4.52%	14	3.95%	34	9.60%	13	3.67%
	10~49人	63	12.30%	53	10.35%	55	10.74%	55	10.74%	53	10.35%	49	9.57%	26	5.08%	1	0.20%
	50~100人	42	13.33%	39	12.38%	40	12.70%	31	9.84%	38	12.06%	22	6.98%	16	5.08%	2	0.63%
	100人以上	21	13.73%	15	9.80%	13	8.50%	16	10.46%	9	5.88%	12	7.84%	5	3.27%	0	0.00%
营业收入（2019年）	100万以下	71	19.94%	17	4.78%	17	4.78%	37	10.39%	19	5.34%	15	4.21%	33	9.27%	11	3.09%
	100万~500万（不含500万）	70	14.20%	50	10.14%	50	10.14%	50	10.14%	49	9.94%	39	7.91%	22	4.46%	1	0.20%
	500万~1000万（不含1000万）	40	11.90%	34	10.12%	45	13.39%	36	10.71%	37	11.01%	33	9.82%	19	5.65%	3	0.89%
	1000万以上	21	14.09%	21	14.09%	12	8.05%	14	9.40%	11	7.38%	10	6.71%	7	4.70%	1	0.67%

图53　受疫情影响小微企业希望政府出台帮助企业渡过难关具体措施（企业类别分布）

2. 小微企业需要政府提供的资源支持

小微企业需要政府提供的资源支持主要包括产业政策对接、防疫物资、产业销售渠道对接、学习交流培训以及技术研发合作。其中选择产业销售渠道对接的小微企业数量最多，为472家，占比达35%；其次是选择防疫物资和产业政策对接的小微企业，数量分别为342家和303家，占比分别为26%和23%。选择技术研发合作的小微企业数量最少，占比仅为2%，具体如图54所示。

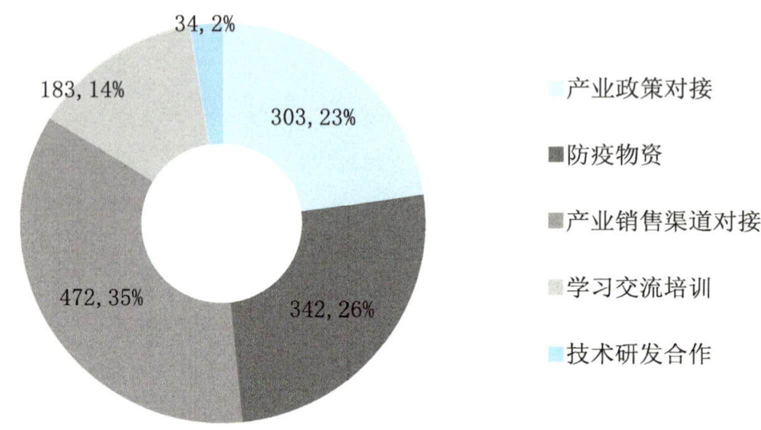

图54　小微企业需要政府提供资源支持方式

从地域角度看，如图55所示，山西、内蒙古、辽宁、上海、吉林等地超过四成的企业期待政府提供产业销售渠道对接，这反映出上述地区的企业面临着销售难的困境。河南、浙江、湖南等地则有超过五成的企业期待政府提供产业政策对接，这体现出这些地区的小微企业期待政府通过产业政策的适当倾斜帮扶企业渡过难关。

注册所在地	产业政策对接		防疫物资		产业销售渠道对接		学习交流培训		技术研发合作	
	数量（家）	占比	数量（家）	占比	数量（家）	占比	数量（家）	占比	数量（家）	占比
全部	303	22.71%	342	25.64%	472	35.38%	183	13.72%	34	2.55%
河北	24	11.37%	71	33.65%	75	35.55%	35	16.59%	6	2.84%
北京	33	19.30%	47	27.49%	61	35.67%	24	14.04%	6	3.51%
山西	11	7.01%	43	27.39%	71	45.22%	28	17.83%	4	2.55%
天津	21	14.09%	37	24.83%	55	36.91%	34	22.82%	2	1.34%
广东	37	37.37%	29	29.29%	29	29.29%	4	4.04%	0	0.00%
内蒙古	12	12.37%	23	23.71%	41	42.27%	17	17.53%	4	4.12%
辽宁	8	14.81%	16	29.63%	22	40.74%	8	14.81%	0	0.00%
河南	24	50.00%	15	31.25%	6	12.50%	3	6.25%	0	0.00%
山东	18	38.30%	7	14.89%	18	38.30%	3	6.38%	1	2.13%
江苏	15	35.71%	7	16.67%	15	35.71%	3	7.14%	2	4.76%
浙江	18	58.06%	7	22.58%	5	16.13%	0	0.00%	1	3.23%
上海	6	20.69%	2	6.90%	15	51.72%	4	13.79%	2	6.90%
四川	10	41.67%	3	12.50%	8	33.33%	2	8.33%	1	4.17%
吉林	4	18.18%	3	13.64%	12	54.55%	3	13.64%	0	0.00%
黑龙江	3	14.29%	7	33.33%	8	38.10%	3	14.29%	0	0.00%
湖北	9	45.00%	4	20.00%	5	25.00%	0	0.00%	2	10.00%

续表

注册所在地	产业政策对接		防疫物资		产业销售渠道对接		学习交流培训		技术研发合作	
	数量（家）	占比	数量（家）	占比	数量（家）	占比	数量（家）	占比	数量（家）	占比
福建	6	31.58%	5	26.32%	7	36.84%	1	5.26%	0	0.00%
安徽	5	35.71%	3	21.43%	2	14.29%	4	28.57%	0	0.00%
海南	3	25.00%	4	33.33%	3	25.00%	1	8.33%	1	8.33%
江西	3	25.00%	2	16.67%	5	41.67%	2	16.67%	0	0.00%
湖南	8	72.73%	2	18.18%	1	9.09%	0	0.00%	0	0.00%
重庆	7	70.00%	2	20.00%	1	10.00%	0	0.00%	0	0.00%
陕西	4	50.00%	0	0.00%	2	25.00%	1	12.50%	1	12.50%
广西	4	66.67%	1	16.67%	0	0.00%	1	16.67%	0	0.00%
新疆	3	60.00%	0	0.00%	1	20.00%	0	0.00%	1	20.00%
云南	3	60.00%	1	20.00%	1	20.00%	0	0.00%	0	0.00%
贵州	2	50.00%	1	25.00%	0	0.00%	1	25.00%	0	0.00%
宁夏	1	33.33%	0	0.00%	1	33.33%	1	33.33%	0	0.00%
甘肃	1	100.00%	0	0.00%	0	0.00%	0	0.00%	0	0.00%
青海	0	0.00%	0	0.00%	1	100.00%	0	0.00%	0	0.00%
西藏	0	0.00%	0	0.00%	1	100.00%	0	0.00%	0	0.00%

图 55 小微企业需要政府提供资源支持方式（企业地区分布）

从企业的存续时间和规模的角度看，如图 56 所示，成立在 3 年以上、员工数量在 10 人以上以及营收在 100 万以上的企业均有超过三成期待政府提供产业销售渠道对接。成立在 2 年内、员工数量在 10 人以下以及营收在 100 万以下的企业有四成左右主要期待政府提供产业政策对接。

从行业角度来看，网约车或外卖等新经济行业的企业有超过四成期待政府提供防疫物资方面的支持，这和该行业的经营方式有关。该行业的从业人员多需要与人接触，防疫物资短缺的话将提高该行业从业人员的感染风险，也会降低该行业复工复产的信心。商贸物流、农林牧副渔等行业有超过四成企业期待政府提供产业销售渠道对接。受疫情影响，春节及节后期间居民消费受到抑制，近期由于国外疫情原因，出口贸易又受到打击，因此商品贸易和农林牧副渔业受到巨大影响，该行业的企业也多期待政府能够在产品销售上提供帮助。

		产业政策对接		防疫物资		产业销售渠道对接		学习交流培训		技术研发合作	
		数量（家）	占比	数量（家）	占比	数量（家）	占比	数量（家）	占比	数量（家）	占比
全部		303	22.71%	342	25.64%	472	35.38%	183	13.72%	34	2.55%
成立时间	2年内	122	38.13%	69	21.56%	90	28.13%	27	8.44%	12	3.75%
	3~5年	106	17.79%	171	28.69%	214	35.91%	92	15.44%	13	2.18%
	6~10年	36	12.90%	67	24.01%	120	43.01%	49	17.56%	7	2.51%
	10年以上	39	28.06%	35	25.18%	48	34.53%	15	10.79%	2	1.44%
行业类别	加工制造业	53	27.18%	52	26.67%	61	31.28%	26	13.33%	3	1.54%
	商贸物流	31	11.57%	79	29.48%	115	42.91%	38	14.18%	5	1.87%
	酒店餐饮业	136	30.77%	94	21.27%	152	34.39%	52	11.76%	8	1.81%
	农林牧副渔业	4	5.06%	19	24.05%	39	49.37%	15	18.99%	2	2.53%
	高科技互联网与软件	14	15.73%	25	28.09%	26	29.21%	18	20.22%	6	6.74%

续表

		产业政策对接		防疫物资		产业销售渠道对接		学习交流培训		技术研发合作	
		数量（家）	占比	数量（家）	占比	数量（家）	占比	数量（家）	占比	数量（家）	占比
	电子商务	15	25.42%	15	25.42%	19	32.20%	8	13.56%	2	3.39%
	建筑	6	12.77%	11	23.40%	19	40.43%	6	12.77%	5	10.64%
	网约车或外卖等新经济	6	13.04%	20	43.48%	12	26.09%	8	17.39%	0	0.00%
	娱乐文化旅游	11	26.19%	8	19.05%	15	35.71%	7	16.67%	1	2.38%
	其他	27	40.30%	19	28.36%	14	20.90%	5	7.46%	2	2.99%
员工数量	10人以下	139	39.27%	81	22.88%	93	26.27%	30	8.47%	11	3.11%
	10~49人	91	17.77%	141	27.54%	198	38.67%	69	13.48%	13	2.54%
	50~100人	44	13.97%	84	26.67%	125	39.68%	56	17.78%	6	1.90%
	100人以上	29	18.95%	36	23.53%	56	36.60%	28	18.30%	4	2.61%
营业收入（2019年）	100万以下	146	41.01%	81	22.75%	94	26.40%	24	6.74%	11	3.09%
	100万~500万（不含500万）	75	15.21%	134	27.18%	195	39.55%	77	15.62%	12	2.43%
	500万~1000万（不含1000万）	47	13.99%	89	26.49%	128	38.10%	64	19.05%	8	2.38%
	1000万以上	35	23.49%	38	25.50%	55	36.91%	18	12.08%	3	2.01%

图 56　小微企业需要政府提供资源支持方式（企业类别分布）

3. 小微企业对金融机构的诉求

在小微企业对金融机构的诉求问题中，570 家小微企业选择提供流动性支持，占比 43%；551 家小微企业选择适度延长贷款还款期，占比 41%；491 家小微企业选择提供低息贷款，占比 37%；366 家小微企业选择减免利息，占比 27%；154 家小微企业选择允许设备抵押增加贷款额度，占比 12%，具体如图 57 所示。

上文分析已经指出，有 31%的企业认为主要支出压力是偿还贷款，有 25%的企业认为贷款是其缓解现金流压力的主要途径。由此可见，金融机构提供的贷款对于小微企业而言十分重要。

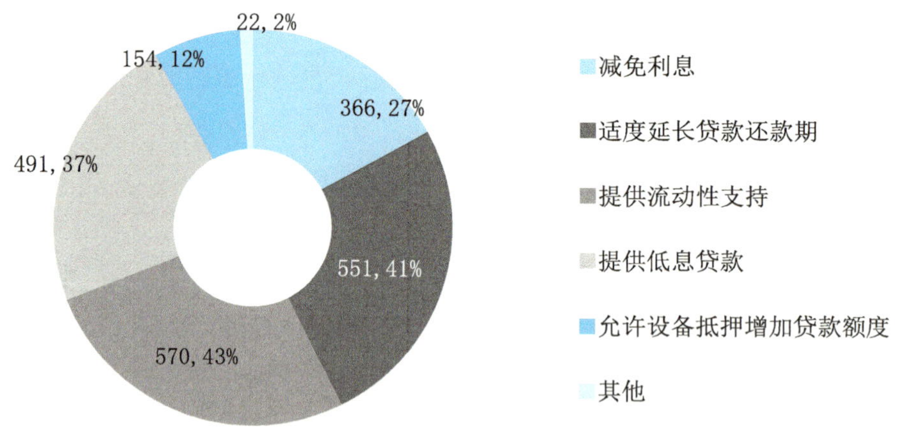

图 57　小微企业金融诉求

从地域角度看，如图 58 所示，河南、浙江、四川等地有超过五成的小微企业希望金融机构减免利息，河南、江苏、黑龙江、浙江等地有超过五成小微企业期待金融机构适度延长贷款还款期。这体现出该等地区小微企业面临的偿还贷款压力较大，希望金融机构能够出台优惠政策，缓解其支出压力。天津、上海、吉林等地有超过五成期待金融机构提供流动性支持，黑龙江、湖北、福建等地超过五成的企业期待银行提供低息贷款，这说明该等地区的企业普遍面临着流动性危机，亟需金融机构提供资金支持。这其中，黑龙江期待适度延长贷款还款期和提供低息贷款的小微企业均在六成左右，反映出该省企业面临的资金问题较大。

注册所在地	减免利息		适度延长贷款还款期		提供流动性支持		提供低息贷款		允许设备抵押增加贷款额度		其他	
	数量（家）	占比	数量（家）	占比	数量（家）	占比	数量（家）	占比	数量（家）	占比	数量（家）	占比
全部	366	27.44%	551	41.30%	570	42.73%	491	36.81%	154	11.54%	22	1.65%
河北	38	18.01%	88	41.71%	105	49.76%	75	35.55%	35	16.59%	2	0.95%
北京	44	25.73%	62	36.26%	77	45.03%	49	28.65%	24	14.04%	4	2.34%
山西	24	15.29%	68	43.31%	75	47.77%	69	43.95%	25	15.92%	1	0.64%
天津	24	16.11%	59	39.60%	80	53.69%	63	42.28%	13	8.72%	3	2.01%
广东	48	48.48%	42	42.42%	30	30.30%	33	33.33%	7	7.07%	2	2.02%
内蒙古	14	14.43%	38	39.18%	45	46.39%	37	38.14%	12	12.37%	1	1.03%
辽宁	11	20.37%	24	44.44%	20	37.04%	25	46.30%	9	16.67%	0	0.00%
河南	26	54.17%	27	56.25%	11	22.92%	11	22.92%	4	8.33%	1	2.08%
山东	17	36.17%	18	38.30%	20	42.55%	11	23.40%	4	8.51%	0	0.00%
江苏	16	38.10%	24	57.14%	16	38.10%	12	28.57%	3	7.14%	3	7.14%
浙江	18	58.06%	17	54.84%	12	38.71%	7	22.58%	2	6.45%	0	0.00%
上海	6	20.69%	9	31.03%	19	65.52%	13	44.83%	2	6.90%	0	0.00%
四川	14	58.33%	10	41.67%	6	25.00%	9	37.50%	1	4.17%	1	4.17%
吉林	3	13.64%	7	31.82%	12	54.55%	8	36.36%	4	18.18%	2	9.09%
黑龙江	4	19.05%	13	61.90%	7	33.33%	12	57.14%	3	14.29%	0	0.00%
湖北	7	35.00%	9	45.00%	5	25.00%	11	55.00%	1	5.00%	0	0.00%
福建	8	42.11%	6	31.58%	5	26.32%	10	52.63%	1	5.26%	0	0.00%
安徽	8	57.14%	3	21.43%	3	21.43%	6	42.86%	0	0.00%	0	0.00%
海南	3	25.00%	2	16.67%	3	25.00%	7	58.33%	2	16.67%	1	8.33%
江西	5	41.67%	5	41.67%	3	25.00%	7	58.33%	1	8.33%	0	0.00%
湖南	5	45.45%	6	54.55%	2	18.18%	3	27.27%	0	0.00%	0	0.00%
重庆	5	50.00%	1	10.00%	7	70.00%	1	10.00%	1	10.00%	0	0.00%
陕西	2	25.00%	2	25.00%	2	25.00%	3	37.50%	0	0.00%	1	12.50%
广西	1	16.67%	3	50.00%	2	33.33%	4	66.67%	0	0.00%	0	0.00%
新疆	4	80.00%	2	40.00%	0	0.00%	2	40.00%	0	0.00%	0	0.00%
云南	4	80.00%	2	40.00%	0	0.00%	2	40.00%	0	0.00%	0	0.00%
贵州	2	50.00%	1	25.00%	2	50.00%	1	25.00%	0	0.00%	0	0.00%
宁夏	2	66.67%	1	33.33%	1	33.33%	0	0.00%	0	0.00%	0	0.00%
甘肃	1	100.00%	1	100.00%	0	0.00%	0	0.00%	0	0.00%	0	0.00%
青海	1	100.00%	1	100.00%	0	0.00%	0	0.00%	0	0.00%	0	0.00%
西藏	1	100.00%	0	0.00%	0	0.00%	0	0.00%	0	0.00%	0	0.00%

图 58　小微企业金融诉求（企业地区分布）

从企业的存续时间和规模的角度看，如图 59 所示，成立时间 3 年以上、员工人数 10 人以上以及营收 100 万以上的企业均有超过四成企业希望金融机构提供流动性支持，体现出该等规模的企业面临着较大的流动性危机。

从行业角度来看，大部分行业的企业均有超过四成期待金融机构适度延长贷款还款期和提供流动性支持。

		减免利息		适度延长贷款还款期		提供流动性支持		提供低息贷款		允许设备抵押增加贷款额度		其它	
		数量（家）	占比	数量（家）	占比	数量（家）	占比	数量（家）	占比	数量（家）	占比	数量（家）	占比
全部		366	27.44%	551	41.30%	570	42.73%	491	36.81%	154	11.54%	22	1.65%
成立时间	2年内	126	39.38%	116	36.25%	115	35.94%	104	32.50%	22	6.88%	9	2.81%
	3~5年	138	23.15%	272	45.64%	256	42.95%	235	39.43%	67	11.24%	8	1.34%
	6~10年	57	20.43%	110	39.43%	140	50.18%	114	40.86%	41	14.70%	4	1.43%
	10年以上	45	32.37%	53	38.13%	59	42.45%	38	27.34%	24	17.27%	1	0.72%
行业类别	加工制造业	59	30.26%	89	45.64%	94	48.21%	51	26.15%	25	12.82%	1	0.51%
	商贸物流	55	20.52%	113	42.16%	126	47.01%	113	42.16%	29	10.82%	1	0.37%
	酒店餐饮业	145	32.81%	167	37.78%	156	35.29%	168	38.01%	50	11.31%	10	2.26%
	农林牧副渔业	10	12.66%	40	50.63%	37	46.84%	32	40.51%	10	12.66%	0	0.00%
	高科技互联网与软件	25	28.09%	42	47.19%	44	49.44%	35	39.33%	9	10.11%	1	1.12%
	电子商务	12	20.34%	33	55.93%	25	42.37%	21	35.59%	8	13.56%	0	0.00%
	建筑	10	21.28%	15	31.91%	29	61.70%	13	27.66%	10	21.28%	0	0.00%
	网约车或外卖等新经济	5	10.87%	22	47.83%	21	45.65%	15	32.61%	4	8.70%	3	6.52%
	娱乐文化旅游	13	30.95%	12	28.57%	18	42.86%	19	45.24%	5	11.90%	0	0.00%
	其他	32	47.76%	18	26.87%	20	29.85%	24	35.82%	4	5.97%	6	8.96%
员工数量	10人以下	158	44.63%	132	37.29%	105	29.66%	118	33.33%	13	3.67%	14	3.95%
	10~49人	115	22.46%	205	40.04%	229	44.73%	209	40.82%	71	13.87%	4	0.78%
	50~100人	51	16.19%	147	46.67%	156	49.52%	122	38.73%	44	13.97%	3	0.95%
	100人以上	42	27.45%	67	43.79%	80	52.29%	42	27.45%	26	16.99%	1	0.65%
营业收入（2019年）	100万以下	174	48.88%	141	39.61%	99	27.81%	117	32.87%	20	5.62%	12	3.37%
	100万~500万（不含500万）	98	19.88%	220	44.62%	235	47.67%	186	37.73%	60	12.17%	4	0.81%
	500万~1000万（不含1000万）	52	15.48%	121	36.01%	170	50.60%	142	42.26%	54	16.07%	2	0.60%
	1000万以上	42	28.19%	69	46.31%	66	44.30%	46	30.87%	20	13.42%	4	2.68%

图 59　小微企业金融诉求（企业类别分布）

4. 小微企业还存在哪些困境

在“小微企业还存在哪些困境”这一问题下，有一部分企业提到，受疫情影响，消费者消费能力不足，消费不振。在居民消费不振的情形下，企业即便生产出产品，也无从销售，这对企业的营收将造成巨大影响。还有企业反映，在复工复产过程中，外地工人难以顺利返回企业所在地，即便返回，也需要配合隔离，难以及时投入生产经营，这也造成了企业短期内的用工荒，同时在此期间企业仍需交纳税费、房租，无形中增加了企业的运营成本。

5. 新冠疫情背景下政府扶持小微企业应该采取哪些措施

在“新冠疫情背景下政府扶持小微企业应该采取哪些措施”这一问题下，有一部分企业提到，希望平台企业减少抽成。平台企业抽成过高确实会压缩小微企业利润空间，但政府在这一领域难以通过行政命令等手段予以直接解决。更理想的方式是政府、平台企业和小微企业三方协商，商讨出一个更为合理的抽成比例。还有一部分企业提到希望政府帮助提振消费。上文已经分析了消费不振对小微企业的不利影响，在疫情期间，政府可以酌情通过发放消费券等方式提升消费者消费能力，提振消费者信心，继而帮助小微企业度过困境。

三、问题、对策及建议

（一）疫情下小微企业生存主要面临的问题

1. 生产经营面临的问题

（1）在此次疫情影响下，由于用工成本增加、原材料价格上涨、房租成本上涨、市场需求减少、交通运输限制等因素，导致“市场订单减少”、“虽有订单但无法正常生产经营”和“生产经营成本高”三个困难直接造成近50%小微企业选择停产歇业，其中可能面临倒闭的小微企业已经达到30%，且面临倒闭的基本都是规模小、盈利能力较低、成立时间较短的小微企业。

（2）从地域角度来看，随着疫情的扩散，湖北周边的各个省份的小微企业面临的生产经营困难最为严重，近八成小微企业直接面临市场订单减少的影响。

（3）从行业角度来看，酒店餐饮业、商贸物流和加工制造业是受疫情影响最大的三类行业。

2. 财务面临的问题

（1）疫情对小微企业最直观的影响表现为营业资金短缺，70%接受调查的小微企业账上资金支撑不足三个月。同时，小微企业预计上半年利润状况不乐观。七成小微企业上半年利润预计比上年同期减少甚至亏损。其中，规模小、盈利能力较低、成立时间较短的小微企业超过八成表示预计营业收入比上年同期减少。

（2）从地域角度来看，疫情暴发严重的地区预计上半年利润亏损的小微企业占比都超过50%，其中湖北更是达到80%。

（3）从行业角度来看，酒店餐饮业、娱乐文化旅游、加工制造等行业的小微企业上半年利润预计亏损均超过70%。

（4）在融资方面，小微企业本身就存在资金短缺的问题，疫情期间其订单减少就意味着营收进一步缩水，这直接导致小微企业无法支付员工工资、无法及时偿还贷款和债务。然而，金融机构通过各种方式直接减少对小微企业的金融供给无疑是雪上加霜，受调查所有行业五成左右小微企业面临无法及时偿还贷款等债务问题，四成小微企业面临金融机构提供融资的审核条件提高、手续增多或时间延长问题，三成小微企业面临被抽贷、断贷风险。

3. 用工复工面临的问题

（1）从总体用工减少情况来看，在疫情影响下，近五成小微企业用工比上年同期减少。其中，规模小、盈利能力较低、成立时间较短的小微企业占比本身就较多，而在这一类占比较多的小微企业中又有近七成企业用工遭遇巨大影响，这不仅影响小微企业本身的生存，而且因为涉及面广，严重影响了就业稳定。

从行业角度来看，加工制造业、商贸物流业、酒店餐饮业、电子商务行业，上半年用工预计减少幅度在30%以上的小微企业已经突破三成，其中加工制造业最为严重，已经达到44.41%。

在具体用工幅度减少方面，近五成小微企业上半年用工减少幅度集中在10%~30%的区间内，这也意味着近三成小微企业的员工面临失业问题。

（2）从总体裁员趋势来看，目前已经有超三成小微企业迫于疫情影响选择裁员。虽然目前我国疫情得到基本控制，但是国际形势越来越严峻，小微企业很可能面临二次经济冲击，再加上近七成接受调查的小微企业账上资金支撑不足三个月，一旦复工进度和效率缓慢，可能面临裁员的小微企业数量会进一步增多。

从企业的存续时间和规模的角度出发，规模小、盈利能力较低、成立时间较短的小微企业接近五成选择裁员。从行业角度来看，加工制造业、酒店餐饮业、电子商务行业近三成小微企业会选择裁员，其中酒店餐饮业已经接近四成。

（3）从整体的复工进度来看，随着国内疫情逐渐得到控制，近五成小微企业目前已经复工，这对于小微企业来说无疑是个好消息，但是依旧不能懈怠。毕竟复工不代表盈利能力恢复。随着国际经济环境的进一步恶化，市场需求减少，小微企业还面临着不小的经济困难。

从地域角度来看，疫情得到基本控制的省份预计在 4 月 10 日前的复工率已经超过 70%。从行业角度来看，除娱乐文化旅游业以外，其余各个行业预计在 4 月 10 日前的复工率已经基本达到 90%。

但是实际复工率并不理想。从已经实际复工的三成小微企业来看，复工率超过 30%的小微企业仅占 19%。即使是情况最好的酒店餐饮业，其实际复工率超过五成的才占到 17.42%。

（二）小微企业对政府扶持政策的期待

1. 小微企业主要期待政府在税务、用工成本、贷款、租金等方面予以优惠和扶持。从地域角度来看，大部分省份小微企业都比较期待政府提供房租、水电费等补贴。从企业的存续时间和规模的角度看，规模相对较大的企业更期待政府在税收方面作出优惠，存续时间较短和规模较小的企业则更希望政府提供房租、水电费等补贴。从行业角度来看，大多数行业的小微企业都比较期待政府降低企业增值税、所得税等税率和阶段性减免社保费。

2. 小微企业需要政府提供的资源支持主要包括产业政策对接、防疫物资、产业销售渠道对接、学习交流培训以及技术研发合作。从企业的存续时间和规模的角度看，成立时间较长、规模较大的企业更希望政府提供产业销售渠道对接。成立时间短、规模小的企业主要期待政府提供产业政策对接。从行业角度来看，网约车或外卖等新经济行业的企业更期待政府提供防疫物资方面的支持，商贸物流、农林牧副渔等行业更期待政府提供产业销售渠道对接。

3. 对于金融机构能提供的优惠政策，从地域角度看，河南、浙江、四川、江苏、黑龙江、浙江等地小微企业面临的偿还贷款压力较大，希望金融机构能够出台优惠政策，缓解其支出压力。天津、上海、吉林、黑龙江、湖北、福建等地企业普遍面临着流动性危机，亟需金融机构提供资金支持。从行业角度来看，大部分行业的企业均比较期待金融机构适度延长贷款还款期和提供流动性支持。

4. 受调查的小微企业还表示，消费者消费能力不足、消费不振对小微企业生存会造成不利影响，希望政府帮助提振消费。

（三）对策和建议

1. 采取倾斜性扶持政策

调查发现，规模不同、盈利能力不同、成立时间不同、行业不同的小微企业面临的问题都是不同的，如规模小、盈利能力较低、成立时间短的小微企业受疫情影响最为严重，近半数直接面临停产歇业，且此类小微企业占比极大，提供了大部分就业岗位，因此对该类生存能力较弱的小微企业应给予较大力度的政策帮扶。此外，如酒店餐饮业、商贸物流、加工制造业和娱乐文化旅游业受疫情影响严重，因此在政策扶持的时候要优先、大力帮扶这些行业尽快恢复生产经营。

2. 全面帮助小微企业解决生产经营困境

（1）切实减免小微企业房租成本、用工成本。受疫情影响，小微企业在面临营收赤字的情况下还要负担高昂的房租成本和用工成本，长此以往无疑会拖垮小微企业。因此可以从房租减免、房租延缓缴纳、用工补贴等方面帮助小微企业暂时解决成本问题，使之能够继续生存下去。

（2）加强价格执法，控制原材料价格。疫情期间很多上游投机企业大幅上涨原材料价格的行为非常常见，尤其是建筑业、商贸物流业和农林牧副渔业面临的原材料购入成本上涨压力相对较大。

（3）刺激市场需求，助力小微企业获取订单。全面帮助小微企业解决生产经营困境是一套组合拳，如果企业一直没有订单，即使做到前两点也是徒劳的。疫情期间最严重的问题就是市场需求不足，只有盘活需求，小微企业才有收入来源。因此，可以借鉴南京的“电子消费券政策”，5 天时间里，南京共使用电子消费券 34 522 张，总消费金额 942. 93 万元，除去电子消费券抵减金额外，带动消费金额 613. 16 万元。另外，根据调查发现，酒店餐饮业、加工制造业、电子商务行业面临的订单减少问题是最严重的，所以对这些行业应加大政策扶持力度。

（4）减轻小微企业税负压力。对于受疫情影响严重的酒店餐饮业、娱乐文化旅游业、加工制造业等行业的小微企业，可以酌情减免相关税费的征收。对于规模较小、成立时间较短的小微企业，在现有的“月销售收入 10 万元以下的小规模增值税纳税人免税政策” 基础上，继续出台其他税收优惠政策。例如，在 2020 上半年度均适度延长纳税申报期限。

3. 加大金融助企纾困力度

（1）积极拓宽小规模小微企业融资渠道。规模较小的小微企业融资渠道单一，过度依赖银行信贷，政府可出台政策，加大民间资金对小微企业的帮扶力度。

（2）对小微企业实施利率、利息优惠政策。对于受疫情影响严重且高度依赖银行贷款的小微企业，可以给予利率优惠和贴息政策。同时，中西部地区小微企业对银行贷款依赖程度较高，在这些地区，金融机构也应当适度放宽放贷标准，给予小微企业支持。

（3）加大金融机构对小微企业资金支持。对于产生了流动性困难的小微企业，金融机构可通过发放贷款予以支持；对于偿还贷款压力较大的农林牧副渔、娱乐文化旅游业等行业的小微企业，金融机构可适度延长还款期限，提高不良贷款容忍度，做到不抽贷、不断贷、不压贷。

（4）加大地方政府对于小微企业的融资担保支持。建立健全地方政策性融资担保制度，并进一步降低针对小微企业的融资担保费率。通过政策性融资担保基金，为小规模小微企业提供融资担保，解决小微企业融资难的问题。

4. 进一步提高实际复工复产率

（1）加强防疫物资供应。对于亟需防疫物资的网约车或外卖等新经济行业的企业，要加强口罩、消毒液等防护物资供应，对于复工复产企业要及时予以防疫工作培训和指导。

（2）加强企业用工保障力度。引导企业进行自我防控管理和评估，对疫情平稳地区的工人优先安排回岗复工。政府可依托网络平台，为小微企业招工服务，拓宽小微企业招工渠道，缓解小微企业用工难的问题。

（3）推进实施灵活用工政策，加强员工培训费用补贴。鼓励受疫情影响订单数量下降、复工率不高的小微企业通过轮岗轮休、调整薪酬、弹性工作时间等制度稳定工作岗位，先行复工，待疫情缓解后再逐步恢复原有生产经营状态。对于暂时无法恢复正常生产经营的员工，政府可给予企业或个人适当培训费用补贴，鼓励企业工人积极学习其他技术和产业知识，丰富职业技能。

5. 加强援企稳岗力度

目前，由于疫情影响，已经有超三成小微企业迫于疫情影响选择裁员。小微企业提供了 80% 以上的城镇劳动就业，现超三成小微企业选择裁员，这非常不利于就业稳定。因此，援助小微企业稳岗是当下非常紧迫的一个问题。

（1）推进实施失业保险稳岗返还政策。对于2020年不裁员、少裁员的小微企业，返还其一定比例的上年度实际缴纳失业保险费，缓解企业现金流压力，增强企业复工复产积极性。

（2）推迟调整社保缴费时间或给予社保缴纳补贴。对于2020年不裁员、少裁员的小微企业，可以推迟其缴纳社保的截止时间，或者给予一定的补贴。

（3）适当下调职工医保费率。对于2020年不裁员、少裁员的小微企业，可以暂将职工医疗保险费率下调0.5~1个百分点。

政府帮扶中小企业走出疫情影响的政策落实情况调研报告*

时建中　刘鸿霞　郜　庆　韩正琪　马　栋　王思捷

中国政法大学市场监管法治高端研究基地

中国政法大学法治经济研究院

中国政法大学法治科学计量与评价中心

摘　要

鉴于新冠肺炎疫情（以下简称“新冠疫情”）及必要的防控措施致使中小企业面临前所未有的严峻危机，中央和地方政府及时出台了帮扶政策措施，从财税、社保、用工、进出口等方面给予中小企业政策优惠，帮助中小企业渡过难关。为了全方位了解政府帮扶中小企业政策的落实情况，掌握中小企业对政府帮扶政策的期待，提升政府政策帮扶中小企业复工复产的实效，中国政法大学与国家市场监督管理总局共建的市场监管法治高端研究基地、中国政法大学法治经济研究院、中国政法大学法治科学计量与评价中心联合，专题开展“政府帮扶中小企业走出疫情影响的政策落实情况调研”，于 2020 年 3 月 18 日发布《政府帮扶中小企业走出疫情影响的政策落实情况调研问卷》。本次问卷调研采用网络问卷方式，问卷截止日期为 2020 年 3 月 23 日。本次调查共回收有效问卷 2928 份，调查区域包括 31 个省份、自治区、直辖市，涉及行业包括工业，软件和信息技术业以及农、林、牧、渔业和建筑业等，调查结果具有典型代表性。

在对调研数据运用科学计量分析等方法多维度分析的基础上，本报告分析了政策落实效果和存在的问题、政策未能得到全面落实的主要原因，结合中小企业对各级政府帮扶政策的期待，提出了以下对策和建议：

一、进一步加强政策与产业链的配套

1. 加强企业供给侧的政策扶持力度

（1）进一步加强和落实基础产业环节的扶持政策。保证企业能够正常地获取生产资料，尽快恢复生产。

（2）进一步加强和落实对技术研发环节的政策扶持力度，确保企业在研发方面的动力和投入。

（3）进一步落实用工补贴和员工的交通补贴，最大限度降低企业在用工方面的成本并提高员工返岗的积极性。

2. 加强企业需求侧的政策扶持力度，进一步推进和落实市场拓展环节的扶持政策，恢复下游企业和消费者的需求。

3. 加强对进出口企业的扶持力度，保证国际需求疲软情况下，积极实施出口替代、外销转内销等措

* 2020 年 4 月 17 日

施保证企业销路。

4. 将扶持政策进一步与行业需求相匹配

（1）进一步落实零售业、租赁和商务服务行业、软件和信息技术服务行业的税收优惠政策。

（2）进一步落实餐饮业、农林牧渔业、零售业的阶段性免征社保费政策。

（3）进一步解决交通运输、农林牧渔、仓储和邮政行业的中小企业遭遇银行业金融机构抽贷、断贷、压贷的问题。

（4）除仓储业、邮政业和房地产开发业之外，在其他行业进一步推进落实优惠利率贷款和延期支付资本金及利息政策。

（5）除交通运输业和邮政行业之外，在其他行业进一步推进落实优惠保险费率、延缓缴纳保费政策。

二、加强对削减企业生产经营成本政策的落实

1. 落实税务减免类扶持政策。进一步普及税务优惠政策，尤其是对规模较小、营收较少的企业，针对性地制定税收优惠政策，使他们能够真正得到税收减免的好处。对于零售业、租赁业要进一步加强税收优惠力度，帮扶该等行业内的中小企业。

2. 落实用工成本减免类扶持政策。加大力度落实阶段性免征社保费、减免社保费等优惠政策，尤其是在中部地区省份，要让尽可能多的企业享受到该等政策。进一步推广落实劳动用工扶持政策，加大对中小企业职工的补贴力度，间接帮助企业减轻负担。

3. 进一步落实行政事业费的减免、经营用房租金的减免、用水用电用气费用的价格优惠等政策。

三、推进对企业金融扶持类政策的进一步落实

1. 加大金融政策扶持力度，对于受疫情影响严重的企业，允许其延期还款，放宽企业对不良贷款容忍度，并适当降低放贷门槛。在华北等中小企业金融困境较明显的地区，金融机构应做到不抽贷、不断贷、不压贷。

2. 在贷款利率上适度予以补贴，采取按比例贴息等方式，降低中小企业融资成本。

3. 政府应帮助中小企业拓宽融资渠道，采取多种方式如引入新股东、新投资人等，扩大中小企业在融资时的选择面，降低融资难度。

四、推进落实对企业的法律扶持政策

1. 对因疫情影响违约的企业，提供法律咨询和法律援助服务，帮助该等企业应对违约困局。继续提高获得有效法律援助服务企业的比例，普及政府法律援助政策。

2. 进一步普及和宣传疫情期间为中小企业免费提供不可抗力证据保存、公证证明等免费法律服务政策，提高政府服务意识，积极落实该等政策。加大普法宣传力度，采取多样化的普法形式，有针对性地解答中小企业法律上的疑惑。

五、进一步引导行业协会组织行业内帮扶

1. 引导行业协会积极开展对行业内中小企业政策落实情况的阶段调查，为政府对具体行业的精准政策帮扶提供基础数据。

2. 引导行业协会组织业内企业进行互帮互助，共同渡过疫情难关。

3. 加强行业协会协助政府落实扶持政策的积极性。

六、进一步推进政府利用数字化手段进行政策帮扶

1. 优化企业服务机制，加强政策落实的便利化程度。通过积极推进落实全国各地政务服务“一网通”办理，来提高政策落实的效率。

2. 进一步提高帮扶效率。通过建立企业优惠政策网络办理窗口，最大化削减办理流程，使得企业能够尽快享受优惠政策，减少损失。

3. 进一步利用大数据进行精准帮扶。通过网上优惠政策反馈窗口和行业协会等渠道搜集疫情期间各行业的政策落实数据，进行大数据分析，针对不同行业进行精准帮扶。

4. 结合企业注册信息数据库，进一步向企业定向推送帮扶政策信息，保证所有企业都能够了解和享受相关扶持政策。

一、前言

（一）调研背景

2020 年新年伊始，新冠疫情迅速蔓延，此次疫情对我国经济造成了巨大的冲击。作为社会主义市场经济的重要组成部分，中小企业贡献了 50%以上的税收、60%以上的 GDP、70%以上的技术创新、80%以上的城镇劳动就业。然而在疫情面前，具有先天脆弱性的中小企业遭受的冲击要远远大于其他市场主体，这不仅威胁到中小企业自身的存亡，也将进一步危及经济发展、科技进步、财政税收、就业稳定和民生保障。

疫情发生以来，为落实党中央、国务院决策部署，中央各部委、地方各级政府出台一系列财税、金融、产业等政策措施，坚决支持打赢疫情防控人民战争、总体战、阻击战。为了更好地了解政府帮扶中小企业走出疫情影响的政策落实情况，为中央和地方政府进一步作出科学决策、出台精准帮扶政策提供重要参考依据，中国政法大学法治科学计量与评价中心联合中国政法大学法治经济研究院于 2020 年 3 月 18 日推出了《政府帮扶中小企业走出疫情影响的政策落实情况调研问卷》。本次问卷调研采用网络问卷方式，问卷截止日期为 2020 年 3 月 23 日，取得了丰富的第一手资料。本次调查共回收有效问卷 2928 份，调查区域包括 31 个省份、自治区、直辖市，涉及行业包括工业，软件和信息技术业，农、林、牧、渔业和建筑业等，调查结果具有一定的代表性。

（二）问卷结构-设计方案

本调查问卷的问题主要分为五个部分：中小企业基本情况、国家层面财政税收政策的落实情况、地方层面劳动用工扶持政策的落实情况、地方层面企业生产经营扶持政策的落实情况、地方层面企业法律纠纷帮扶政策的落实情况和地方层面进出口扶持政策的落实情况等。共包括问题 38 道，其中单选题 32 道，多选题 3 道，填空题 3 道。

1. 中小企业基本情况

问卷针对中小企业进行注册所在地、成立时间、行业类别、员工数量、营业收入等基本信息的收集，用于了解受调查中小企业的基本情况。

2. 国家层面财政税收政策的落实情况

问卷设置财政税收政策的落实情况问题共5道，包含单选题5道，主要涉及税收帮扶政策落实情况、社保扶持政策落实情况、金融保险扶持政策落实情况等。

3. 地方层面企业社会保障扶持政策的落实情况

问卷设置地方层面企业社会保障扶持政策的落实情况问题共6道，包含单选题6道。分别涉及企业所在地方政府部门是否出台并实际实施了疫情期间停征部分行政事业性收费的政策、减免经营用房租金的政策、用电用水用气价格优惠政策、复工复产企业免收计量器具检定校准费的政策、缴纳住房公积金的有关优惠政策、企业科技补贴等。

4. 地方层面劳动用工扶持政策的落实情况

问卷设置地方层面劳动用工扶持政策的落实情况问题共5道，包含单选题5道。该部分涉及失业保险费扶持政策的出台和落实情况、企业职工医保费用扶持政策的出台和落实情况、企业用工难扶持和落实情况、企业用工补贴扶持和落实情况等。

5. 地方层面企业进出口扶持政策的落实情况

问卷设置地方层面企业进出口扶持政策的落实情况问题共2道，包含单选题1道，多选题1道。该部分对企业出口情况以及地方政府是否出台并实施了进出口帮扶措施展开深入调查。

6. 地方层面企业法律纠纷帮扶政策的落实情况

问卷设置地方层面企业法律纠纷帮扶政策的落实情况问题共4道，其中单选题4道。分别涉及政府是否对企业合同不能正常履行提供帮扶服务、政府为企业提供法律援助服务、政府为企业出具不可抗力证据服务、政府提供免费法律咨询等。

7. 政府帮扶企业手段的便利化

问卷设置政府帮扶企业手段的便利化问题3道，其中单选题3道。主要涉及网上办理、视频会商、大数据手段、机关人员下沉企业帮扶等。

8. 行业协会在疫情期间发挥的作用

问卷设置行业协会在疫情期间发挥的作用问题2道，均为单选题。主要涉及行业协会在落实各级政府帮扶企业防控疫情、复工复产方面发挥的作用和行业协会有无制定协会自身帮扶会员企业互助防控疫情、复工复产的具体措施。

9. 中小企业对地方政府帮扶政策的整体评价和期待

问卷设置中小企业对地方政府帮扶政策的整体评价和期待问题3道。问题涉及企业对地方政府帮扶政策的整体评价、企业对未来帮扶政策的期待以及企业认为地方帮扶政策不到位的原因等。

二、调查结果

（一）调查企业基本情况

1. 地区分布

本次调研最终回收有效问卷2928份，被调研中小企业注册所在地共分布在31个省份、自治区、直辖市。注册所在地为河北的中小企业最多，有353家，占比12.06%；其次为注册所在地为北京的中小企业，有325家，占比11.10%。由于此次疫情湖北省影响严重，此次问卷针对性调研了注册所在地为湖北的中小企业，共73家，占比2.49%，其中武汉有40家。可以看出，参与调研的企业多集中在经济较发达的东部地区和受疫情影响较为严重地区。从经济发展程度来讲，经济发达地区中小企业较多，基数较大，因此参与调查的数量也较多。从疫情影响角度来看，疫情较为严重的省份中小企业受到的影响更为直接，因此也更有动力参与此次调查。

2. 企业类别分布

中小企业成立时间分布中，成立时间2年内325家，占比11.10%；成立时间3~5年749家，占比25.58%；成立时间6~10年602家，占比20.56%；成立10年以上的企业1131家，占比38.63%。中小企业员工数量分布中，10~49人的中小企业946家，占比32.31%，比例最大；10人以下的中小企业486家，占比16.60%，比例最小。在营业收入（2019年）分布中，100万~500万（不含500万）的中小企业947家，占比32.34%，比例最大；100万以下的中小企业575家，占比19.64%，比例最小。由此可以看出，此次受访企业中，有超过五成的企业已经成立了6年以上、拥有50人以上员工，有接近五成的企业营收在500万元以上。在市场的大浪淘沙中存活6年以上、拥有50人以上员工和营收在500万元以上的企业，往往在人才、资金、技术、市场等方面都有一定的积累，有着较强的抗打击能力，但是在疫情影响下也大多面临着诸多经营困难。因此，关注他们在此次问卷中给出的回答，将有助于对症下药。同时，也不能忽略成立时间短、员工人数少和营业收入少的企业。他们抗风险能力较弱，受疫情影响明显，亟需政策扶持。因此，他们的经营状况和需求也将直接反映政策落实情况。

在行业分布中，工业，软件和信息技术业，农、林、牧、渔业和建筑业占比较大，分别为18.48%、13.66%、13.22%和12.33%。这些行业也是受疫情影响较为严重的行业。这些行业中不仅有传统行业，也有新兴经济行业，可以看出，此次疫情对中小企业的影响是全方位的。

被调研中小企业具体分布情况如图1和图2所示。

序号	注册所在地	数量（家）	占比	序号	注册所在地	数量（家）	占比
1	河北	353	12.06%	17	安徽	57	1.95%
2	北京	325	11.10%	18	吉林	56	1.91%
3	广东	292	9.97%	19	陕西	38	1.30%
4	山西	266	9.08%	20	黑龙江	35	1.20%
5	天津	261	8.91%	21	江西	30	1.02%
6	上海	164	5.60%	22	重庆	26	0.89%
7	江苏	140	4.78%	23	甘肃	12	0.41%
8	山东	130	4.44%	24	贵州	11	0.38%
9	辽宁	129	4.41%	25	新疆	11	0.38%
10	内蒙古	125	4.27%	26	广西	10	0.34%
11	浙江	86	2.94%	27	云南	10	0.34%
12	四川	84	2.87%	28	海南	4	0.14%
13	湖北	73	2.49%	29	宁夏	4	0.14%
14	河南	72	2.46%	30	青海	3	0.10%
15	湖南	60	2.05%	31	香港	3	0.10%
16	福建	58	1.98%				

图1　中小企业基本情况（企业地区分布）

企业基本信息		数量（家）	占比
成立时间	2年内	325	11.10%
	3~5年	749	25.58%
	6~10年	602	20.56%
	10年以上	1131	38.63%
	不详	121	4.13%
行业类别	农、林、牧、渔业	387	13.22%
	工业	541	18.48%
	建筑业	361	12.33%
	批发业	179	6.11%
	零售业	224	7.65%
	交通运输业	92	3.14%
	仓储业	44	1.50%
	邮政业	24	0.82%
	住宿业	37	1.26%
	餐饮业	115	3.93%
	信息传输业	102	3.48%
	软件和信息技术服务业	400	13.66%
	房地产开发经营	53	1.81%
	物业管理	56	1.91%
	租赁和商务服务业	104	3.55%
	其他	209	7.14%
员工数量	10人以下	486	16.60%
	10~49人	946	32.31%
	50~100人	716	24.45%
	100人以上	780	26.64%
营业收入（2019年）	100万以下	575	19.64%
	100万~500万（不含500万）	947	32.34%
	500万~1000万（不含1000万）	651	22.23%
	1000万以上	755	25.79%

图2　中小企业基本情况（企业类别分布）

（二）中小企业获得新冠疫情期间帮扶政策的途径

帮扶政策的获取途径分布中，1479家中小企业选择“政府相关部门通过电话等直接通知”，占比51%；1781家中小企业选择“政府部门的官方网站通知”，占比61%，1691家中小企业选择“政府部门的微信公众号”，占比58%；1304家中小企业选择“其他的互联网途径”，占比45%；805家中小企业选择“报纸、广播电台电视台的报道”，占比27%，选择其他途径52家，占比2%，具体如图3所示[2]。

由此可见，互联网是中小企业获取帮扶信息的主要途径，通过政府部门的官方网站通知、政府部门的微信公众号、其他的互联网途径获取帮扶政策信息的中小企业占了将近七成。这也反映出现阶段互联

〔2〕百分比计算方式为选择该选项的问卷数量/该类别下问卷总数量。对于多选题目，会出现选项百分比总和大于100%的情况。

网成为信息传播的主要途径，各地政府要充分发挥互联网的作用，运用各种互联网信息传播媒介和方式，广泛、迅速且准确地传递帮扶政策信息。

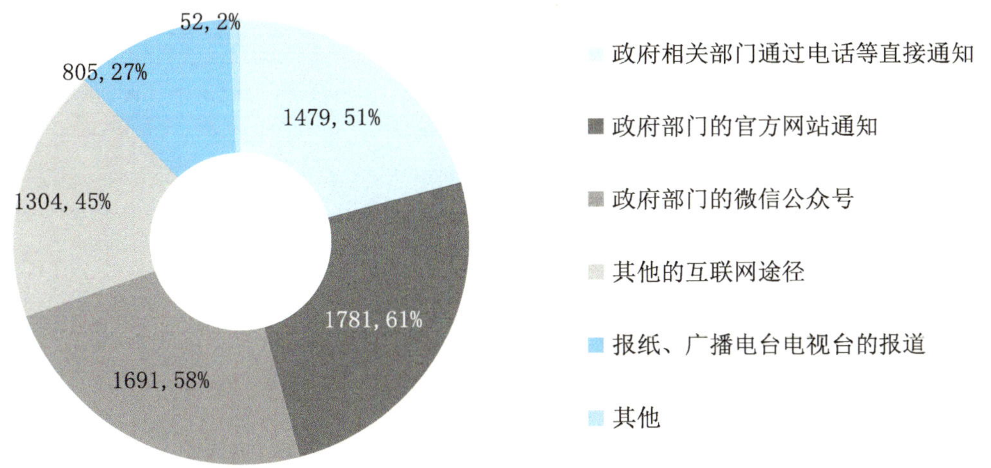

图 3　中小企业获得新冠疫情期间帮扶政策的途径

从地域分布来看，所有省份都有超过五成企业表示是在政府官网获取的帮扶政策信息，这说明政府官方网站是中小企业较为信赖的信息平台，政府要充分利用官方网站这一优势信息平台，及时准确发布帮扶政策信息。浙江、江苏、山东、湖南、福建等地均有超过六成企业表示是政府相关部门电话告知的帮扶政策信息，这反映出在这些地区，营商环境较好，政府服务意识较强。虽然电话通知比较费时费力，但是能最大程度保证政策覆盖率，因此即便是在互联网时代的当下，政府相关部门仍不能丢掉这一传统方式。

注册所在地	政府相关部门通过电话等直接通知		政府部门的官方网站通知		政府部门的微信公众号		其他的互联网途径		报纸、广播电台电视台的报道		其他	
	数量（家）	占比	数量（家）	占比	数量（家）	占比	数量（家）	占比	数量（家）	占比	数量（家）	占比
全部	1479	50.51%	1781	60.83%	1691	57.75%	1304	44.54%	805	27.49%	52	1.78%
河北	154	43.63%	216	61.19%	208	58.92%	161	45.61%	66	18.70%	1	0.28%
北京	152	46.77%	194	59.69%	177	54.46%	138	42.46%	75	23.08%	5	1.54%
广东	160	54.79%	190	65.07%	182	62.33%	154	52.74%	99	33.90%	7	2.40%
山西	113	42.48%	148	55.64%	141	53.01%	109	40.98%	50	18.80%	1	0.38%
天津	103	39.46%	148	56.70%	136	52.11%	95	36.40%	38	14.56%	2	0.77%
上海	85	51.83%	90	54.88%	94	57.32%	82	50.00%	54	32.93%	2	1.22%
江苏	95	67.86%	94	67.14%	73	52.14%	51	36.43%	35	25.00%	4	2.86%
山东	78	60.00%	83	63.85%	82	63.08%	55	42.31%	51	39.23%	6	4.62%
辽宁	54	41.86%	82	63.57%	80	62.02%	68	52.71%	41	31.78%	2	1.55%
内蒙古	45	36.00%	66	52.80%	74	59.20%	52	41.60%	28	22.40%	1	0.80%
浙江	60	69.77%	51	59.30%	56	65.12%	38	44.19%	28	32.56%	0	0.00%
四川	51	60.71%	54	64.29%	53	63.10%	39	46.43%	30	35.71%	5	5.95%
湖北	38	52.05%	46	63.01%	38	52.05%	34	46.58%	22	30.14%	4	5.48%
河南	38	52.78%	51	70.83%	47	65.28%	37	51.39%	29	40.28%	0	0.00%
湖南	41	68.33%	40	66.67%	35	58.33%	25	41.67%	19	31.67%	1	1.67%

续表

注册所在地	政府相关部门通过电话等直接通知		政府部门的官方网站通知		政府部门的微信公众号		其他的互联网途径		报纸、广播电台电视台的报道		其他	
	数量（家）	占比	数量（家）	占比	数量（家）	占比	数量（家）	占比	数量（家）	占比	数量（家）	占比
福建	40	68.97%	37	63.79%	28	48.28%	24	41.38%	22	37.93%	3	5.17%
安徽	39	68.42%	37	64.91%	40	70.18%	28	49.12%	20	35.09%	2	3.51%
吉林	23	41.07%	31	55.36%	27	48.21%	23	41.07%	14	25.00%	0	0.00%
陕西	21	55.26%	24	63.16%	22	57.89%	18	47.37%	18	47.37%	1	2.63%
黑龙江	19	54.29%	21	60.00%	25	71.43%	14	40.00%	12	34.29%	0	0.00%
江西	17	56.67%	18	60.00%	18	60.00%	12	40.00%	13	43.33%	0	0.00%
重庆	12	46.15%	19	73.08%	22	84.62%	15	57.69%	14	53.85%	0	0.00%
甘肃	6	50.00%	6	50.00%	7	58.33%	4	33.33%	2	16.67%	2	16.67%
贵州	7	63.64%	7	63.64%	6	54.55%	3	27.27%	4	36.36%	1	9.09%
新疆	6	54.55%	6	54.55%	3	27.27%	5	45.45%	4	36.36%	1	9.09%
广西	8	80.00%	9	90.00%	6	60.00%	6	60.00%	5	50.00%	1	10.00%
云南	8	80.00%	5	50.00%	6	60.00%	8	80.00%	5	50.00%	0	0.00%
海南	1	25.00%	2	50.00%	1	25.00%	2	50.00%	2	50.00%	0	0.00%
宁夏	3	75.00%	2	50.00%	1	25.00%	2	50.00%	1	25.00%	0	0.00%
青海	1	33.33%	2	66.67%	3	100.00%	1	33.33%	2	66.67%	0	0.00%
香港	1	33.33%	2	66.67%	0	0.00%	1	33.33%	2	66.67%	0	0.00%

图4 中小企业获得新冠疫情期间帮扶政策的途径（企业地区分布）

从成立时间角度看，成立10年以上的企业获得政府电话通知的比例要明显高于成立时间在10年以下的企业。这说明政府在选择主动电话通知的对象企业时是有较强的偏向性的，但这可能会影响较小规模企业接受信息的及时性、完整性和准确性。

		政府相关部门通过电话等直接通知		政府部门的官方网站通知		政府部门的微信公众号		其他的互联网途径		报纸、广播电台电视台的报道		其他	
		数量（家）	占比	数量（家）	占比	数量（家）	占比	数量（家）	占比	数量（家）	占比	数量（家）	占比
全部		1479	50.51%	1781	60.83%	1691	57.75%	1304	44.54%	805	27.49%	52	1.78%
成立时间	2年内	144	44.31%	174	53.54%	164	50.46%	149	45.85%	85	26.15%	9	2.77%
	3~5年	356	47.53%	459	61.28%	424	56.61%	358	47.80%	210	28.04%	16	2.14%
	6~10年	304	50.50%	361	59.97%	377	62.62%	279	46.35%	173	28.74%	8	1.33%
	10年以上	628	55.53%	717	63.40%	660	58.36%	464	41.03%	310	27.41%	19	1.68%
	不详	47	38.84%	70	57.85%	66	54.55%	54	44.63%	27	22.31%	0	0.00%
行业类别	农、林、牧、渔业	194	50.13%	240	62.02%	219	56.59%	141	36.43%	67	17.31%	3	0.78%
	工业	284	52.50%	336	62.11%	307	56.75%	222	41.04%	128	23.66%	9	1.66%
	建筑业	182	50.42%	232	64.27%	211	58.45%	162	44.88%	96	26.59%	1	0.28%
	批发业	83	46.37%	113	63.13%	104	58.10%	76	42.46%	50	27.93%	5	2.79%
	零售业	125	55.80%	129	57.59%	130	58.04%	107	47.77%	80	35.71%	0	0.00%
	交通运输业	51	55.43%	63	68.48%	56	60.87%	39	42.39%	28	30.43%	2	2.17%
	仓储业	21	47.73%	29	65.91%	23	52.27%	20	45.45%	8	18.18%	0	0.00%
	邮政业	17	70.83%	14	58.33%	17	70.83%	9	37.50%	5	20.83%	0	0.00%
	住宿业	16	43.24%	21	56.76%	24	64.86%	13	35.14%	10	27.03%	2	5.41%
	餐饮业	64	55.65%	71	61.74%	65	56.52%	47	40.87%	29	25.22%	2	1.74%
	信息传输业	54	52.94%	61	59.80%	63	61.76%	46	45.10%	29	28.43%	2	1.96%
	软件和信息技术服务业	198	49.50%	242	60.50%	227	56.75%	212	53.00%	144	36.00%	16	4.00%

续表

		政府相关部门通过电话等直接通知		政府部门的官方网站通知		政府部门的微信公众号		其他的互联网途径		报纸、广播电台电视台的报道		其他	
		数量（家）	占比	数量（家）	占比	数量（家）	占比	数量（家）	占比	数量（家）	占比	数量（家）	占比
	房地产开发经营	19	35.85%	28	52.83%	28	52.83%	24	45.28%	14	26.42%	0	0.00%
	物业管理	24	42.86%	35	62.50%	32	57.14%	27	48.21%	14	25.00%	1	1.79%
	租赁和商务服务业	33	31.73%	50	48.08%	65	62.50%	58	55.77%	35	33.65%	3	2.88%
	其他	114	54.55%	117	55.98%	120	57.42%	101	48.33%	68	32.54%	6	2.87%
员工数量	10人以下	204	41.98%	224	46.09%	243	50.00%	238	48.97%	160	32.92%	22	4.53%
	10~49人	428	45.24%	591	62.47%	563	59.51%	410	43.34%	229	24.21%	17	1.80%
	50~100人	343	47.91%	455	63.55%	433	60.47%	310	43.30%	160	22.35%	4	0.56%
	100人以上	504	64.62%	511	65.51%	452	57.95%	346	44.36%	256	32.82%	9	1.15%
营业收入（2019年）	100万以下	273	47.48%	285	49.57%	298	51.83%	265	46.09%	168	29.22%	24	4.17%
	100万~500万(不含500万)	422	44.56%	613	64.73%	545	57.55%	407	42.98%	217	22.91%	12	1.27%
	500万~000万(不含1000万)	282	43.32%	389	59.75%	400	61.44%	292	44.85%	159	24.42%	3	0.46%
	1000万以上	502	66.49%	494	65.43%	448	59.34%	340	45.03%	261	34.57%	13	1.72%

图 5　中小企业获得新冠疫情期间帮扶政策的途径（企业类别分布）

（三）国家层面的政策落实状况

1. 税务、社保减免类政策

（1）疫情期间延期缴纳和减免小规模纳税人增值税、房产税、城镇土地使用税等政策的推出与落实情况

三成的中小企业了解新冠疫情期间可以延期缴纳和减免小规模纳税人增值税、房产税、城镇土地使用税等政策，但未享受。在相关政策的了解情况分布中，353 家中小企业选择“不了解”，占比 12%；947 中小企业选择“了解，但未享受”，占比 32%；1017 家中小企业选择“了解，并已基本享受”，占比 35%；611 家中小企业选择“了解，并已部分享受”，占比 21%，具体如图 6 所示。

由此可以看出，了解上述政策的企业占了近九成，说明政策的传播及时性和覆盖率较好，但是仅有 35%的企业已经基本享受该等政策，仍有超过五成的企业未享受或未完全享受该等政策，说明该政策的执行尚不到位。

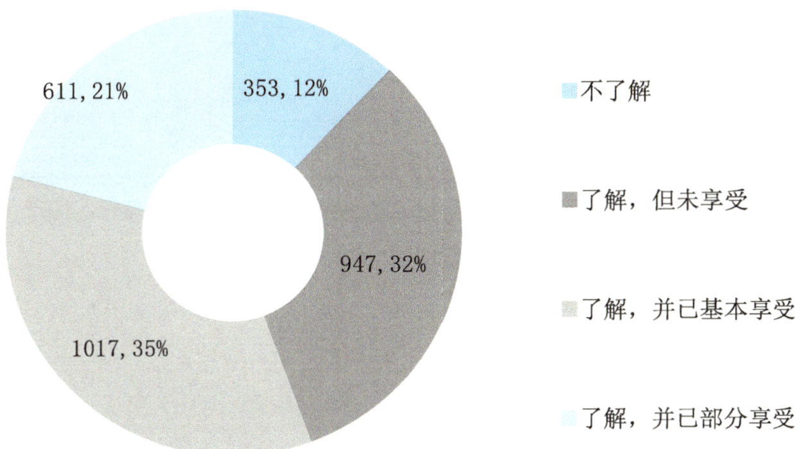

图 6　企业对新冠疫情期间可以延期缴纳和减免小规模纳税人增值税、房产税、城镇土地使用税等政策的了解情况

注册所在地	不了解		了解，但未享受		了解，并已基本享受		了解，并已部分享受	
	数量（家）	占比	数量（家）	占比	数量（家）	占比	数量（家）	占比
全部	353	12.06%	947	32.34%	1017	34.73%	611	20.87%
河北	30	8.50%	114	32.29%	129	36.54%	80	22.66%
北京	40	12.31%	89	27.38%	109	33.54%	87	26.77%
广东	51	17.47%	82	28.08%	95	32.53%	64	21.92%
山西	16	6.02%	106	39.85%	104	39.10%	40	15.04%
天津	25	9.58%	93	35.63%	92	35.25%	51	19.54%
上海	19	11.59%	67	40.85%	42	25.61%	36	21.95%
江苏	21	15.00%	39	27.86%	47	33.57%	33	23.57%
山东	16	12.31%	33	25.38%	53	40.77%	28	21.54%
辽宁	12	9.30%	34	26.36%	61	47.29%	22	17.05%
内蒙古	10	8.00%	43	34.40%	50	40.00%	22	17.60%
浙江	15	17.44%	23	26.74%	31	36.05%	17	19.77%
四川	17	20.24%	28	33.33%	28	33.33%	11	13.10%
湖北	9	12.33%	25	34.25%	26	35.62%	13	17.81%
河南	8	11.11%	26	36.11%	25	34.72%	13	18.06%
湖南	13	21.67%	18	30.00%	14	23.33%	15	25.00%
福建	6	10.34%	23	39.66%	17	29.31%	12	20.69%
安徽	8	14.04%	15	26.32%	18	31.58%	16	28.07%
吉林	8	14.29%	22	39.29%	14	25.00%	12	21.43%
陕西	9	23.68%	12	31.58%	7	18.42%	10	26.32%
黑龙江	5	14.29%	11	31.43%	13	37.14%	6	17.14%
江西	3	10.00%	8	26.67%	12	40.00%	7	23.33%
重庆	4	15.38%	5	19.23%	10	38.46%	7	26.92%
甘肃	1	8.33%	7	58.33%	2	16.67%	2	16.67%
贵州	2	18.18%	6	54.55%	3	27.27%	0	0.00%
新疆	0	0.00%	5	45.45%	5	45.45%	1	9.09%
广西	0	0.00%	3	30.00%	4	40.00%	3	30.00%
云南	2	20.00%	5	50.00%	3	30.00%	0	0.00%
海南	0	0.00%	1	25.00%	1	25.00%	2	50.00%
宁夏	2	50.00%	1	25.00%	1	25.00%	0	0.00%
青海	0	0.00%	2	66.67%	1	33.33%	0	0.00%
香港	1	33.33%	1	33.33%	0	0.00%	1	33.33%

图7　企业对新冠疫情期间可以延期缴纳和减免小规模纳税人增值税、房产税、城镇土地使用税等政策的了解情况（企业地区分布）

		不了解		了解，但未享受		了解，并已基本享受		了解，并已部分享受	
		数量（家）	占比	数量（家）	占比	数量（家）	占比	数量（家）	占比
全部		353	12.06%	947	32.34%	1017	34.73%	611	20.87%
成立时间	2年内	65	20.00%	128	39.38%	85	26.15%	47	14.46%
	3~5年	96	12.82%	256	34.18%	267	35.65%	130	17.36%
	6~10年	67	11.13%	186	30.90%	216	35.88%	133	22.09%
	10年以上	114	10.08%	335	29.62%	407	35.99%	275	24.31%
	不详	11	9.09%	42	34.71%	42	34.71%	26	21.49%
行业类别	农、林、牧、渔业	44	11.37%	131	33.85%	135	34.88%	77	19.90%
	工业	64	11.83%	171	31.61%	188	34.75%	118	21.81%
	建筑业	30	8.31%	113	31.30%	142	39.34%	76	21.05%
	批发业	16	8.94%	58	32.40%	62	34.64%	43	24.02%
	零售业	31	13.84%	82	36.61%	68	30.36%	43	19.20%
	交通运输业	9	9.78%	26	28.26%	35	38.04%	22	23.91%
	仓储业	3	6.82%	12	27.27%	20	45.45%	9	20.45%
	邮政业	1	4.17%	8	33.33%	11	45.83%	4	16.67%
	住宿业	4	10.81%	10	27.03%	13	35.14%	10	27.03%
	餐饮业	13	11.30%	37	32.17%	50	43.48%	15	13.04%
	信息传输业	11	10.78%	28	27.45%	38	37.25%	25	24.51%
	软件和信息技术服务业	72	18.00%	119	29.75%	121	30.25%	88	22.00%
	房地产开发经营	6	11.32%	18	33.96%	17	32.08%	12	22.64%
	物业管理	4	7.14%	18	32.14%	26	46.43%	8	14.29%
	租赁和商务服务业	11	10.58%	38	36.54%	33	31.73%	22	21.15%
	其他	34	16.27%	78	37.32%	58	27.75%	39	18.66%
员工数量	10人以下	127	26.13%	194	39.92%	116	23.87%	49	10.08%
	10~49人	95	10.04%	361	38.16%	336	35.52%	154	16.28%
	50~100人	44	6.15%	218	30.45%	289	40.36%	165	23.04%
	100人以上	87	11.15%	174	22.31%	276	35.38%	243	31.15%
营业收入（2019年）	100万以下	143	24.87%	213	37.04%	150	26.09%	69	12.00%
	100万~500万（不含500万）	77	8.13%	365	38.54%	354	37.38%	151	15.95%
	500万~1000万（不含1000万）	44	6.76%	184	28.26%	261	40.09%	162	24.88%
	1000万以上	89	11.79%	185	24.50%	252	33.38%	229	30.33%

图 8 企业对新冠疫情期间可以延期缴纳和减免小规模纳税人增值税、房产税、城镇土地使用税等政策的了解情况（企业类别分布）

通过图 8 我们可以发现，对于疫情期间可以延期缴纳和减免小规模纳税人增值税、房产税、城镇土地使用税等政策在“存续时间不到 2 年、员工数量 10 人以下，年营收入不足 100 万”的中小企业群体中的落实情况是相对较差的，超六成此类中小企业未享受到此类优惠政策。相反，存续时间长、员工数量多、经营效益好的超六成中小企业享受到了上述优惠政策。从整体层面上来说，疫情期间税收类优惠政策的落实情况并不是非常理想，依然有超 50%的中小企业无法享受税收优惠政策，并且税收优惠政策似乎更青睐规模大、存续时间较长、经营效益良好的中小企业。这对于那些规模小、效益较差的新生企业来说无疑是不利的，这不仅会削弱他们自身的竞争力，有些企业甚至还可能因此破产。

此外，从行业角度来看，税收优惠政策在零售业、租赁和商务服务行业、软件和信息技术服务行业内的落实情况相对较差，有近五成的中小企业未享受到税收优惠。相反，餐饮、住宿、邮政等行业的落实情况相对较好，超六成中小企业已经享受到税收优惠。这是因为疫情对不同行业的影响情况是不同的，如餐饮业、住宿业、邮政等行业因人流限制、交通限制等原因遭受的损失相对较大。

（2）疫情期间可以阶段性免征社保费等政策的推出与落实情况

近三成的中小企业了解新冠疫情期间可以阶段性免征社保费等政策，但未享受。在相关政策的了解情况分布中，341 家中小企业选择“不了解”，占比 12%；844 家中小企业选择“了解，但未享受”，占比 29%；1160 家中小企业选择“了解，并已基本享受”，占比 39%；583 家中小企业选择“了解，并已部分享受”，占比 20%。

因此，从总体上可发现，88%的中小企业了解疫情期间存在阶段性免征社保费等政策。但是，41%的中小企业并未享受到该类政策，这其中还存在 12%并不知悉存在该类政策的中小企业。这说明一方面政府的政策宣传情况不是十分到位，另一方面政策的落实情况也不是很理想，仍存在大量无法享受阶段性免征社保费等政策的中小企业，他们的社保支出压力还未得到缓解。

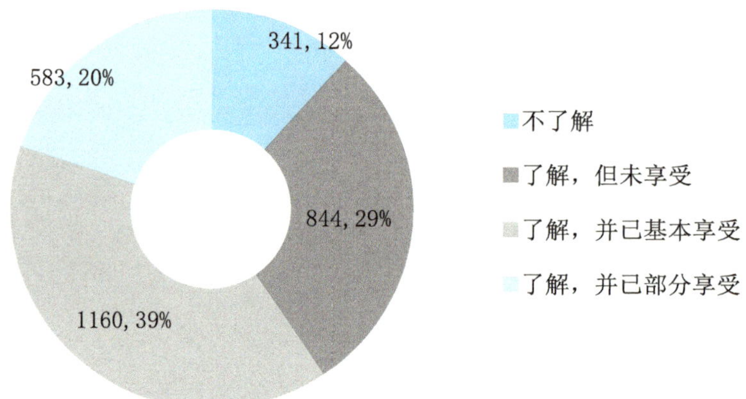

图 9　企业对新冠疫情期间可以阶段性免征社保费等政策的了解情况

注册所在地	不了解		了解，但未享受		了解，并已基本享受		了解，并已部分享受	
	数量（家）	占比	数量（家）	占比	数量（家）	占比	数量（家）	占比
全部	341	11.65%	844	28.83%	1160	39.62%	583	19.91%
河北	31	8.78%	111	31.44%	138	39.09%	73	20.68%
北京	41	12.62%	90	27.69%	115	35.38%	79	24.31%
广东	43	14.73%	72	24.66%	113	38.70%	64	21.92%
山西	14	5.26%	89	33.46%	117	43.98%	46	17.29%
天津	18	6.90%	93	35.63%	106	40.61%	44	16.86%
上海	23	14.02%	48	29.27%	56	34.15%	37	22.56%
江苏	18	12.86%	35	25.00%	56	40.00%	31	22.14%
山东	18	13.85%	26	20.00%	59	45.38%	27	20.77%
辽宁	15	11.63%	37	28.68%	54	41.86%	23	17.83%
内蒙古	10	8.00%	37	29.60%	58	46.40%	20	16.00%
浙江	15	17.44%	16	18.60%	37	43.02%	18	20.93%
四川	16	19.05%	22	26.19%	40	47.62%	6	7.14%

续表

注册所在地	不了解		了解，但未享受		了解，并已基本享受		了解，并已部分享受	
	数量（家）	占比	数量（家）	占比	数量（家）	占比	数量（家）	占比
湖北	9	12.33%	23	31.51%	26	35.62%	15	20.55%
河南	10	13.89%	23	31.94%	24	33.33%	15	20.83%
湖南	11	18.33%	17	28.33%	20	33.33%	12	20.00%
福建	7	12.07%	14	24.14%	26	44.83%	11	18.97%
安徽	9	15.79%	15	26.32%	19	33.33%	14	24.56%
吉林	6	10.71%	20	35.71%	22	39.29%	8	14.29%
陕西	5	13.16%	8	21.05%	14	36.84%	11	28.95%
黑龙江	4	11.43%	14	40.00%	10	28.57%	7	20.00%
江西	2	6.67%	8	26.67%	12	40.00%	8	26.67%
重庆	4	15.38%	5	19.23%	12	46.15%	5	19.23%
甘肃	3	25.00%	4	33.33%	4	33.33%	1	8.33%
贵州	4	36.36%	3	27.27%	3	27.27%	1	9.09%
新疆	0	0.00%	5	45.45%	4	36.36%	2	18.18%
广西	0	0.00%	1	10.00%	6	60.00%	3	30.00%
云南	3	30.00%	3	30.00%	4	40.00%	0	0.00%
海南	0	0.00%	2	50.00%	2	50.00%	0	0.00%
宁夏	1	25.00%	0	0.00%	1	25.00%	2	50.00%
青海	0	0.00%	1	33.33%	2	66.67%	0	0.00%
香港	1	33.33%	2	66.67%	0	0.00%	0	0.00%

图 10 企业对新冠疫情期间可以阶段性免征社保费等政策的了解情况（企业地区分布）

		不了解		了解，但未享受		了解，并已基本享受		了解，并已部分享受	
		数量（家）	占比	数量（家）	占比	数量（家）	占比	数量（家）	占比
全部		341	11.65%	844	28.83%	1160	39.62%	583	19.91%
成立时间	2年内	62	19.08%	121	37.23%	95	29.23%	47	14.46%
	3~5年	88	11.75%	227	30.31%	305	40.72%	129	17.22%
	6~10年	71	11.79%	149	24.75%	249	41.36%	133	22.09%
	10年以上	111	9.81%	307	27.14%	463	40.94%	250	22.10%
	不详	9	7.44%	40	33.06%	48	39.67%	24	19.83%
行业类别	农、林、牧、渔业	47	12.14%	133	34.37%	132	34.11%	75	19.38%
	工业	46	8.50%	137	25.32%	227	41.96%	131	24.21%
	建筑业	31	8.59%	105	29.09%	162	44.88%	63	17.45%
	批发业	16	8.94%	59	32.96%	71	39.66%	33	18.44%
	零售业	37	16.52%	68	30.36%	83	37.05%	36	16.07%
	交通运输业	6	6.52%	20	21.74%	44	47.83%	22	23.91%
	仓储业	1	2.27%	15	34.09%	17	38.64%	11	25.00%
	邮政业	2	8.33%	6	25.00%	11	45.83%	5	20.83%
	住宿业	4	10.81%	11	29.73%	17	45.95%	5	13.51%
	餐饮业	14	12.17%	44	38.26%	40	34.78%	17	14.78%
	信息传输业	9	8.82%	25	24.51%	47	46.08%	21	20.59%

续表

		不了解		了解，但未享受		了解，并已基本享受		了解，并已部分享受	
		数量（家）	占比	数量（家）	占比	数量（家）	占比	数量（家）	占比
	软件和信息技术服务业	63	15.75%	110	27.50%	142	35.50%	85	21.25%
	房地产开发经营	4	7.55%	13	24.53%	28	52.83%	8	15.09%
	物业管理	4	7.14%	16	28.57%	29	51.79%	7	12.50%
	租赁和商务服务业	9	8.65%	32	30.77%	38	36.54%	25	24.04%
	其他	48	22.97%	50	23.92%	72	34.45%	39	18.66%
员工数量	10人以下	123	25.31%	170	34.98%	141	29.01%	52	10.70%
	10~49人	99	10.47%	316	33.40%	380	40.17%	151	15.96%
	50~100人	38	5.31%	200	27.93%	330	46.09%	148	20.67%
	100人以上	81	10.38%	158	20.26%	309	39.62%	232	29.74%
营业收入（2019年）	100万以下	136	23.65%	198	34.43%	178	30.96%	63	10.96%
	100万~500万（不含500万）	89	9.40%	299	31.57%	407	42.98%	152	16.05%
	500万~1000万（不含1000万）	32	4.92%	193	29.65%	275	42.24%	151	23.20%
	1000万以上	84	11.13%	154	20.40%	300	39.74%	217	28.74%

图 11　企业对新冠疫情期间可以阶段性免征社保费等政策的了解情况（企业类别分布）

从政策落实的地域角度来看，四川、湖北、河南、湖南、安徽、吉林、黑龙江、甘肃、贵州、云南、海南、香港等地对于疫情期间可以阶段性免征社保费等政策的落实情况相对较差，超四成中小企业并未享受到该类政策。

从企业的存续时间、规模和营收效益的角度来看，阶段性免征社保费等政策在存续时间 2 年以内、员工数量 10 人以下、上一年度营收低于 100 万的企业中的落实情况较差，存在超五成此类企业没有享受到该类政策。

从行业角度来看，阶段性免征社保费等政策在餐饮业、农林牧渔业、零售业的落实情况较差，超 45%的中小企业未享受到该类政策。

总的来说，阶段性免征社保费等政策的落实情况具体到全国各地来看，可以发现各地的落实程度参差不齐。此外，具体到中小企业的类型来看，可以发现不同类型的企业所受到的政策优惠是具有很大差异性的，相比于存续时间长、规模大、经营效益好的企业来说，那些新成立的规模小、效益差的企业更难享受到此类优惠政策。

2. 金融贷款类政策

（1）企业在疫情期间是否遭受银行业金融机构抽贷、断贷、压贷等情况

近五成中小企业在新冠疫情期间遭受银行业金融机构抽贷、断贷、压贷。1420 家中小企业选择“是”，占比 48%；1508 家中小企业选择“否”，占比 52%。

这表明，在疫情期间，本就面临财务危机的中小企业中有一半无法通过获得银行业金融机构的贷款而缓解财务危机。中小企业是社会主义市场经济的重要组成部分，是经济增长的核心动力，是稳定就业的中坚力量。目前近乎五成的中小企业可能因为无法得到金融支持而宣告破产，如果不加大金融类政策的扶持力度，造成的损失不可估量。

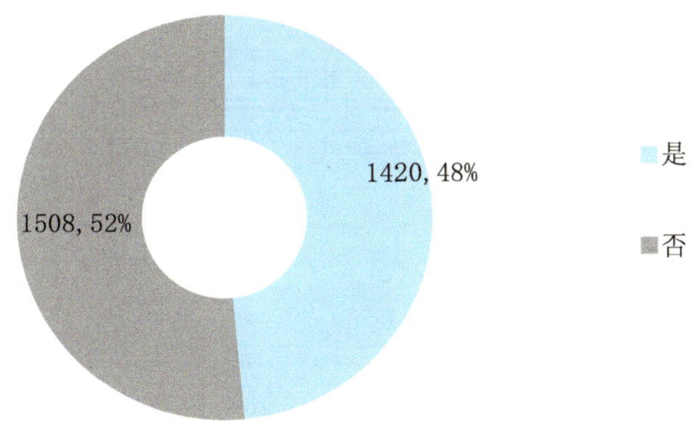

图 12 企业在新冠疫情期间是否遭受银行业金融机构抽贷、断贷、压贷等情况

注册所在地	是		否	
	数量（家）	占比	数量（家）	占比
全部	1420	48.50%	1508	51.50%
河北	231	65.44%	122	34.56%
北京	177	54.46%	148	45.54%
广东	95	32.53%	197	67.47%
山西	191	71.80%	75	28.20%
天津	174	66.67%	87	33.33%
上海	57	34.76%	107	65.24%
江苏	55	39.29%	85	60.71%
山东	47	36.15%	83	63.85%
辽宁	68	52.71%	61	47.29%
内蒙古	89	71.20%	36	28.80%
浙江	30	34.88%	56	65.12%
四川	18	21.43%	66	78.57%
湖北	27	36.99%	46	63.01%
河南	18	25.00%	54	75.00%
湖南	22	36.67%	38	63.33%
福建	13	22.41%	45	77.59%
安徽	20	35.09%	37	64.91%
吉林	32	57.14%	24	42.86%
陕西	10	26.32%	28	73.68%
黑龙江	17	48.57%	18	51.43%
江西	10	33.33%	20	66.67%
重庆	5	19.23%	21	80.77%
甘肃	4	33.33%	8	66.67%
贵州	1	9.09%	10	90.91%
新疆	2	18.18%	9	81.82%
广西	2	20.00%	8	80.00%
云南	0	0.00%	10	100.00%
海南	0	0.00%	4	100.00%
宁夏	0	0.00%	4	100.00%
青海	3	100.00%	0	0.00%
香港	2	66.67%	1	33.33%

图 13 企业在新冠疫情期间是否遭受银行业金融机构抽贷、断贷、压贷等情况（企业地区分布）

		是		否	
		数量（家）	占比	数量（家）	占比
全部		1420	48.50%	1508	51.50%
成立时间	2年内	137	42.15%	188	57.85%
	3~5年	372	49.67%	377	50.33%
	6~10年	283	47.01%	319	52.99%
	10年以上	548	48.45%	583	51.55%
	不详	80	66.12%	41	33.88%
行业类别	农、林、牧、渔业	260	67.18%	127	32.82%
	工业	283	52.31%	258	47.69%
	建筑业	198	54.85%	163	45.15%
	批发业	97	54.19%	82	45.81%
	零售业	101	45.09%	123	54.91%
	交通运输业	54	58.70%	38	41.30%
	仓储业	26	59.09%	18	40.91%
	邮政业	18	75.00%	6	25.00%
	住宿业	19	51.35%	18	48.65%
	餐饮业	51	44.35%	64	55.65%
	信息传输业	59	57.84%	43	42.16%
	软件和信息技术服务业	142	35.50%	258	64.50%
	房地产开发经营	30	56.60%	23	43.40%
	物业管理	21	37.50%	35	62.50%
	租赁和商务服务业	30	28.85%	74	71.15%
	其他	31	14.83%	178	85.17%
员工数量	10人以下	175	36.01%	311	63.99%
	10~49人	520	54.97%	426	45.03%
	50~100人	431	60.20%	285	39.80%
	100人以上	294	37.69%	486	62.31%
营业收入（2019年）	100万以下	225	39.13%	350	60.87%
	100万~500万（不含500万）	559	59.03%	388	40.97%
	500万~1000万（不含1000万）	389	59.75%	262	40.25%
	1000万以上	247	32.72%	508	67.28%

图14　企业在新冠疫情期间是否遭受银行业金融机构抽贷、断贷、压贷等情况（企业类别分布）

从地域角度来看，河北、山西、天津、内蒙古、青海地区内中小企业遭遇银行业金融机构抽贷、断贷、压贷等情况最为严重，超65%的中小企业已经遭受了类似情况。

从企业的营收情况来看，上一年度营收过千万的企业中仅有三成中小企业遭遇了抽贷、断贷、压贷等情况，其余营收较差的企业中则存在更多企业遭遇此类情况。这足以说明，大多数银行业金融机构为了降低疫情期间自身的金融风险，都倾向于减少对营收能力较差企业的金融支持。

从行业角度来看，交通运输、农林牧渔、仓储和邮政行业的中小企业遭遇银行业金融机构抽贷、断贷、压贷等情况相对较为严重，这可能与这些行业在疫情期间的营收能力较低相关。

（2）疫情期间金融机构针对中小企业的优惠利率贷款、延期支付资本金及利息等政策的推出与落实情况近四成的中小企业了解新冠疫情期间金融机构推出了针对中小企业的优惠利率贷款、延期支付资本金及利息等政策，但未享受。在相关政策的了解情况分布中，552 家中小企业选择“不了解”，占比 19%；1136 家中小企业选择“了解，但未享受”，占比 39%；828 家中小企业选择“了解，并已基本享受”，占比 28%；412 家中小企业选择“了解，并已部分享受”，占比 14%。

从优惠利率贷款、延期支付资本金及利息等政策的总体享受情况来看，存在 58%的中小企业未曾享受到此类政策，这表明疫情期间，超半数中小企业仍需要在收入骤减的情况下按时偿还贷款。

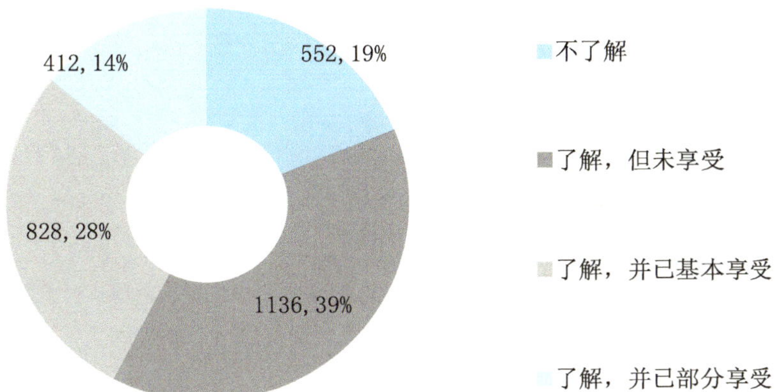

图 15　企业对新冠疫情期间金融机构推出了针对中小企业的优惠利率贷款、延期支付资本金及利息等政策的了解情况

注册所在地	不了解		了解，但未享受		了解，并已基本享受		了解，并已部分享受	
	数量（家）	占比	数量（家）	占比	数量（家）	占比	数量（家）	占比
全部	552	18.85%	1136	38.80%	828	28.28%	412	14.07%
河北	45	12.75%	148	41.93%	104	29.46%	56	15.86%
北京	75	23.08%	104	32.00%	91	28.00%	55	16.92%
广东	76	26.03%	120	41.10%	62	21.23%	34	11.64%
山西	30	11.28%	101	37.97%	97	36.47%	38	14.29%
天津	39	14.94%	108	41.38%	71	27.20%	43	16.48%
上海	33	20.12%	62	37.80%	44	26.83%	25	15.24%
江苏	30	21.43%	52	37.14%	37	26.43%	21	15.00%
山东	28	21.54%	33	25.38%	44	33.85%	25	19.23%
辽宁	22	17.05%	41	31.78%	51	39.53%	15	11.63%
内蒙古	13	10.40%	46	36.80%	47	37.60%	19	15.20%
浙江	18	20.93%	28	32.56%	23	26.74%	17	19.77%
四川	23	27.38%	41	48.81%	15	17.86%	5	5.95%
湖北	16	21.92%	35	47.95%	18	24.66%	4	5.48%
河南	14	19.44%	37	51.39%	13	18.06%	8	11.11%
湖南	15	25.00%	24	40.00%	15	25.00%	6	10.00%
福建	13	22.41%	27	46.55%	14	24.14%	4	6.90%
安徽	10	17.54%	20	35.09%	20	35.09%	7	12.28%
吉林	6	10.71%	20	35.71%	22	39.29%	8	14.29%
陕西	11	28.95%	16	42.11%	7	18.42%	4	10.53%
黑龙江	6	17.14%	14	40.00%	11	31.43%	4	11.43%

续表

注册所在地	不了解		了解，但未享受		了解，并已基本享受		了解，并已部分享受	
	数量（家）	占比	数量（家）	占比	数量（家）	占比	数量（家）	占比
江西	4	13.33%	16	53.33%	5	16.67%	5	16.67%
重庆	5	19.23%	13	50.00%	6	23.08%	2	7.69%
甘肃	5	41.67%	5	41.67%	2	16.67%	0	0.00%
贵州	2	18.18%	4	36.36%	3	27.27%	2	18.18%
新疆	4	36.36%	6	54.55%	1	9.09%	0	0.00%
广西	1	10.00%	3	30.00%	2	20.00%	4	40.00%
云南	3	30.00%	5	50.00%	2	20.00%	0	0.00%
海南	2	50.00%	1	25.00%	0	0.00%	1	25.00%
宁夏	2	50.00%	2	50.00%	0	0.00%	0	0.00%
青海	0	0.00%	2	66.67%	1	33.33%	0	0.00%
香港	1	33.33%	2	66.67%	0	0.00%	0	0.00%

图 16　企业对新冠疫情期间金融机构推出了针对中小企业的优惠利率贷款、延期支付资本金及利息等政策的了解情况（企业地区分布）

		不了解		了解，但未享受		了解，并已基本享受		了解，并已部分享受	
		数量（家）	占比	数量（家）	占比	数量（家）	占比	数量（家）	占比
全部		552	18.85%	1136	38.80%	828	28.28%	412	14.07%
成立时间	2年内	93	28.62%	140	43.08%	60	18.46%	32	9.85%
	3~5年	148	19.76%	291	38.85%	215	28.70%	95	12.68%
	6~10年	100	16.61%	254	42.19%	165	27.41%	83	13.79%
	10年以上	196	17.33%	406	35.90%	350	30.95%	179	15.83%
	不详	15	12.40%	45	37.19%	38	31.40%	23	19.01%
行业类别	农、林、牧、渔业	61	15.76%	159	41.09%	106	27.39%	61	15.76%
	工业	90	16.64%	186	34.38%	172	31.79%	93	17.19%
	建筑业	48	13.30%	144	39.89%	119	32.96%	50	13.85%
	批发业	28	15.64%	69	38.55%	52	29.05%	30	16.76%
	零售业	50	22.32%	85	37.95%	67	29.91%	22	9.82%
	交通运输业	14	15.22%	31	33.70%	32	34.78%	15	16.30%
	仓储业	3	6.82%	17	38.64%	15	34.09%	9	20.45%
	邮政业	5	20.83%	5	20.83%	12	50.00%	2	8.33%
	住宿业	6	16.22%	18	48.65%	10	27.03%	3	8.11%
	餐饮业	22	19.13%	46	40.00%	38	33.04%	9	7.83%
	信息传输业	15	14.71%	41	40.20%	28	27.45%	18	17.65%
	软件和信息技术服务业	102	25.50%	146	36.50%	90	22.50%	62	15.50%
	房地产开发经营	6	11.32%	17	32.08%	24	45.28%	6	11.32%
	物业管理	10	17.86%	26	46.43%	15	26.79%	5	8.93%
	租赁和商务服务业	25	24.04%	48	46.15%	19	18.27%	12	11.54%
	其他	67	32.06%	98	46.89%	29	13.88%	15	7.18%

续表

		不了解		了解，但未享受		了解，并已基本享受		了解，并已部分享受	
		数量（家）	占比	数量（家）	占比	数量（家）	占比	数量（家）	占比
员工数量	10人以下	153	31.48%	240	49.38%	70	14.40%	23	4.73%
	10~49人	181	19.13%	404	42.71%	259	27.38%	102	10.78%
	50~100人	77	10.75%	254	35.47%	259	36.17%	126	17.60%
	100人以上	141	18.08%	238	30.51%	240	30.77%	161	20.64%
营业收入（2019年）	100万以下	189	32.87%	240	41.74%	108	18.78%	38	6.61%
	100万~500万(不含500万)	150	15.84%	394	41.61%	285	30.10%	118	12.46%
	500万~1000万(不含1000万)	76	11.67%	237	36.41%	233	35.79%	105	16.13%
	1000万以上	137	18.15%	265	35.10%	202	26.75%	151	20.00%

图 17　企业对新冠疫情期间金融机构推出了针对中小企业的优惠利率贷款、延期支付资本金及利息等政策的了解情况（企业类别分布）

从地域角度来看，四川、河南、湖南、陕西、甘肃、新疆、云南等地超七成中小企业未享受到优惠利率贷款、延期支付资本金及利息等政策。

从企业的营收情况来看，上一年度营收过千万的企业中有近 50%的企业已经享受到了优惠利率贷款、延期支付资本金及利息等政策，但是经营效益较差的中小企业大多都未享受到该类政策，尤其是上一年度营收不足百万的企业中能享受到此类政策的不超过三成。

从行业角度来看，上述政策只在仓储业、邮政业和房地产开发业落实得较为理想，存在超五成中小企业享受到该政策，但在其他行业此类政策的落实情况则不够理想。

（3）疫情期间金融机构针对中小企业的优惠保险费率、延缓缴纳保费等的推出与落实情况

近三成的中小企业了解新冠疫情期间金融机构推出了针对中小企业的优惠保险费率、延缓缴纳保费等政策，但未享受。在相关政策的了解情况分布中，514 家中小企业选择“不了解”，占比 18%；955 家中小企业选择“了解，但未享受”，占比 33%；976 家中小企业选择“了解，并已基本享受”，占比 33%；483 家中小企业选择“了解，并已部分享受”，占比 16%。

可以发现，总体上仍存在 51%的中小企业还未享受到优惠保险费率、延缓缴纳保费等政策。

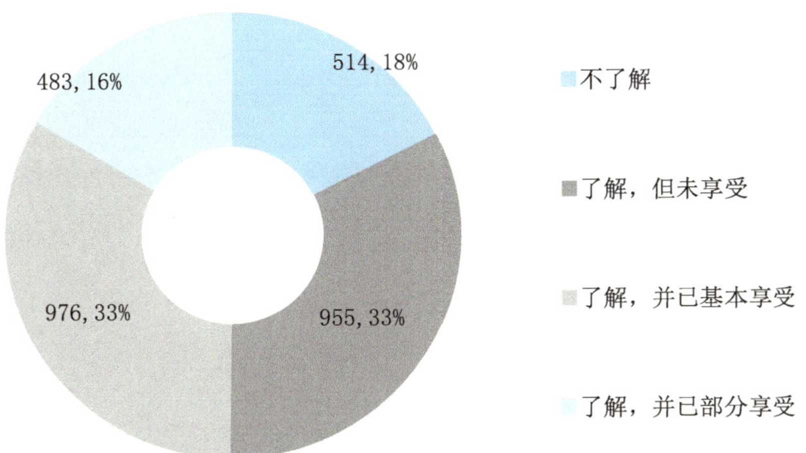

图 18　企业对新冠疫情期间金融机构推出了针对中小企业的优惠保险费率、延缓缴纳保费等政策的了解情况

注册所在地	不了解		了解，但未享受		了解，并已基本享受		了解，并已部分享受	
	数量（家）	占比	数量（家）	占比	数量（家）	占比	数量（家）	占比
全部	514	17.55%	955	32.62%	976	33.33%	483	16.50%
河北	47	13.31%	108	30.59%	129	36.54%	69	19.55%
北京	61	18.77%	100	30.77%	100	30.77%	64	19.69%
广东	73	25.00%	90	30.82%	89	30.48%	40	13.70%
山西	19	7.14%	93	34.96%	115	43.23%	39	14.66%
天津	32	12.26%	89	34.10%	94	36.02%	46	17.62%
上海	32	19.51%	56	34.15%	46	28.05%	30	18.29%
江苏	29	20.71%	41	29.29%	46	32.86%	24	17.14%
山东	19	14.62%	31	23.85%	54	41.54%	26	20.00%
辽宁	18	13.95%	42	32.56%	48	37.21%	21	16.28%
内蒙古	17	13.60%	32	25.60%	52	41.60%	24	19.20%
浙江	20	23.26%	21	24.42%	28	32.56%	17	19.77%
四川	25	29.76%	27	32.14%	24	28.57%	8	9.52%
湖北	13	17.81%	33	45.21%	22	30.14%	5	6.85%
河南	13	18.06%	34	47.22%	12	16.67%	13	18.06%
湖南	19	31.67%	16	26.67%	17	28.33%	8	13.33%
福建	14	24.14%	23	39.66%	14	24.14%	7	12.07%
安徽	13	22.81%	19	33.33%	16	28.07%	9	15.79%
吉林	6	10.71%	19	33.93%	23	41.07%	8	14.29%
陕西	8	21.05%	16	42.11%	9	23.68%	5	13.16%
黑龙江	5	14.29%	15	42.86%	11	31.43%	4	11.43%
江西	6	20.00%	12	40.00%	9	30.00%	3	10.00%
重庆	4	15.38%	15	57.69%	4	15.38%	3	11.54%
甘肃	5	41.67%	4	33.33%	3	25.00%	0	0.00%
贵州	2	18.18%	4	36.36%	4	36.36%	1	9.09%
新疆	3	27.27%	5	45.45%	1	9.09%	2	18.18%
广西	3	30.00%	2	20.00%	2	20.00%	3	30.00%
云南	2	20.00%	3	30.00%	3	30.00%	2	20.00%
海南	1	25.00%	2	50.00%	0	0.00%	1	25.00%
宁夏	3	75.00%	0	0.00%	0	0.00%	1	25.00%
青海	0	0.00%	2	66.67%	1	33.33%	0	0.00%
香港	2	66.67%	1	33.33%	0	0.00%	0	0.00%

图 19　企业对新冠疫情期间金融机构推出了针对中小企业的优惠保险费率、延缓缴纳保费等政策的了解情况（企业地区分布）

		不了解		了解，但未享受		了解，并已基本享受		了解，并已部分享受	
		数量（家）	占比	数量（家）	占比	数量（家）	占比	数量（家）	占比
全部		514	17.55%	955	32.62%	976	33.33%	483	16.50%
成立时间	2年内	93	28.62%	111	34.15%	79	24.31%	42	12.92%
	3~5年	135	18.02%	249	33.24%	255	34.05%	110	14.69%
	6~10年	97	16.11%	209	34.72%	202	33.55%	94	15.61%
	10年以上	175	15.47%	345	30.50%	393	34.75%	218	19.27%
	不详	14	11.57%	41	33.88%	47	38.84%	19	15.70%
行业类别	农、林、牧、渔业	55	14.21%	136	35.14%	129	33.33%	67	17.31%
	工业	73	13.49%	170	31.42%	190	35.12%	108	19.96%
	建筑业	47	13.02%	117	32.41%	141	39.06%	56	15.51%
	批发业	35	19.55%	58	32.40%	53	29.61%	33	18.44%
	零售业	41	18.30%	75	33.48%	80	35.71%	28	12.50%
	交通运输业	10	10.87%	27	29.35%	36	39.13%	19	20.65%
	仓储业	4	9.09%	16	36.36%	20	45.45%	4	9.09%
	邮政业	4	16.67%	4	16.67%	11	45.83%	5	20.83%
	住宿业	8	21.62%	14	37.84%	12	32.43%	3	8.11%
	餐饮业	13	11.30%	43	37.39%	48	41.74%	11	9.57%
	信息传输业	12	11.76%	33	32.35%	37	36.27%	20	19.61%
	软件和信息技术服务业	104	26.00%	115	28.75%	111	27.75%	70	17.50%
	房地产开发经营	7	13.21%	17	32.08%	21	39.62%	8	15.09%
	物业管理	6	10.71%	18	32.14%	22	39.29%	10	17.86%
	租赁和商务服务业	25	24.04%	35	33.65%	24	23.08%	20	19.23%
	其他	70	33.49%	77	36.84%	41	19.62%	21	10.05%
员工数量	10人以下	169	34.77%	194	39.92%	81	16.67%	42	8.64%
	10~49人	149	15.75%	351	37.10%	324	34.25%	122	12.90%
	50~100人	71	9.92%	202	28.21%	310	43.30%	133	18.58%
	100人以上	125	16.03%	208	26.67%	261	33.46%	186	23.85%
营业收入（2019年）	100万以下	192	33.39%	201	34.96%	128	22.26%	54	9.39%
	100万~500万（不含500万）	127	13.41%	329	34.74%	352	37.17%	139	14.68%
	500万~1000万（不含1000万）	60	9.22%	201	30.88%	263	40.40%	127	19.51%
	1000万以上	135	17.88%	224	29.67%	233	30.86%	163	21.59%

图 20 企业对新冠疫情期间金融机构推出了针对中小企业的优惠保险费率、延缓缴纳保费等政策的了解情况（企业类别分布）

从地域角度来看，只有山东、内蒙古的优惠保险费率、延缓缴纳保费等政策落实情况相对较为理想，超六成中小企业已经享受到该政策。

从企业的存续时间、规模、营收角度来看，上述政策在存续时间短、规模小、上一年度营收效益较差的中小企业群体中落实情况较差。

从行业角度来看，上述政策在交通运输业和邮政行业落实得较为理想，存在六成左右中小企业享受到该政策，但在其他行业此类政策的落实情况则不够理想。

（三）地方层面政策推出情况与落实情况

1. 疫情期间地方层面关于企业社会保障扶持政策的推出与落实情况

（1）疫情期间地方层面关于停征部分行政事业性收费政策的推出与落实情况

企业所在地方政府部门是否出台了在新冠疫情期间停征部分行政事业性收费的政策了解情况分布中，251 家中小企业选择“否”，占比 9%；744 家中小企业选择“是，但未享受”，占比 25%；1002 家中小企业选择“是，并已基本享受”，占比 34%；549 家中小企业选择“是，并已部分享受”，占比 19%；382 家中小企业选择“不了解”，占比 13%。

从问卷调查情况来看，多数地区出台了停征部分行政事业性收费的政策措施，并且占到被调查对象一半以上的企业受到政策的惠及。行政事业性收费采取成本补偿和非营利原则，在特殊时期停征部分行政事业收费于法有据，历史上也有先例。疫情面前中小企业遭遇发展之痛，甚至面临生死考验，停征部分行政事业性收费可以纾解中小企业资金的困难，使它们轻装上阵。

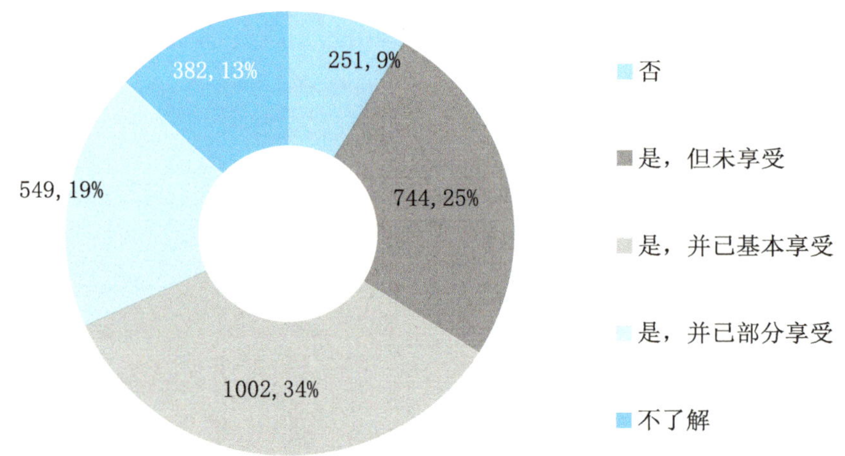

图 21　企业所在地方政府部门是否出台了在新冠疫情期间停征部分行政事业性收费的政策

（2）疫情期间地方层面关于减免经营用房租金政策的推出与落实情况

企业所在地方政府部门是否出台了在新冠疫情期间减免经营用房租金的政策的了解情况分布中，304 家中小企业选择“否”，占比 10%；785 家中小企业选择“是，但未享受”，占比 27%；986 家中小企业选择“是，并已基本享受”，占比 34%；540 家中小企业选择“是，并已部分享受”，占比 18%；313 家中小企业选择“不了解”，占比 11%。

根据调查，52%的受访中小企业享受到了地方政府减免经营用房租金的政策。国有资产类经营用房对受疫情影响较大不能正常经营的承租中小企业减免租金是许多地区普遍的做法。考虑到疫情对不同企业的影响情况和企业的承受能力，应分情况制定对企业的减免政策。对于非国有资产类的经营用房，可以倡导和鼓励有条件的出租企业减免中小企业租金。国有资产类经营用房和非国有资产类经营用房性质不同，非国有资产类经营用房的运营主体也会受到疫情冲击，不宜搞一刀切，防止给出租企业增添过重负担。从调查数据来看，有部分受访者未享受减免经营用房租金的政策，有条件的地区可以考虑对确实存在经营困难的企业采取租金补贴等新的措施。

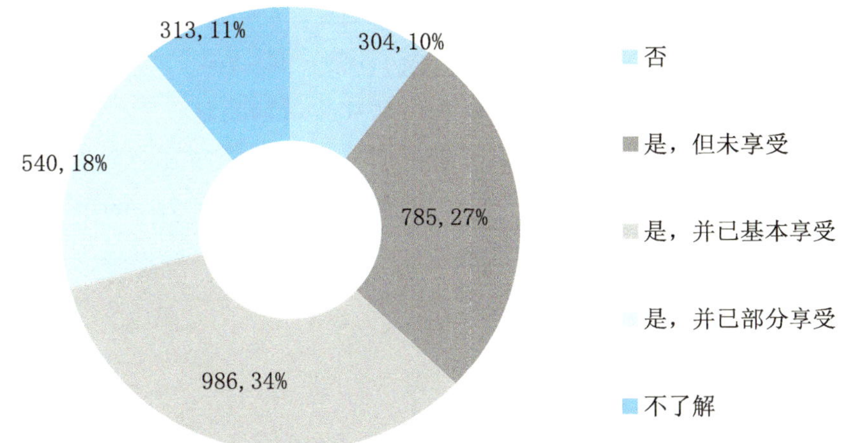

图 22　企业所在地方政府部门是否出台了在新冠疫情期间减免经营用房租金的政策

(3) 疫情期间地方层面关于企业用电用气用水价格优惠政策的推出与落实情况

企业所在地方政府部门是否出台了在新冠疫情期间用电用气用水价格优惠政策的了解情况分布中，396 家中小企业选择“否”，占比 13%；592 家中小企业选择“是，但未享受”，占比 20%；1021 家中小企业选择“是，并已基本享受”，占比 35%；545 家中小企业选择“是，并已部分享受”，占比 19%；374 家中小企业选择“不了解”，占比 13%。

根据调查，有 54%的企业享受到了用电用水用气的价格优惠政策，考虑到仍然有一部分受访企业尚未复工复产，享受到价格优惠政策的企业比例已经达到一个较高的水平，也可以推断大多数地方政府都对中小企业采取了用电用水用气的价格优惠政策，并且实施效果比较良好。疫情期间对中小企业采取用电用水用气的优惠措施，可以切实减轻企业运营成本，起到引导鼓励中小企业积极复产复工的目的。有 13%的受访对象不了解政府是否采取了用水用电用气的价格优惠措施，占比较高，说明政府对该项措施的宣传不够。

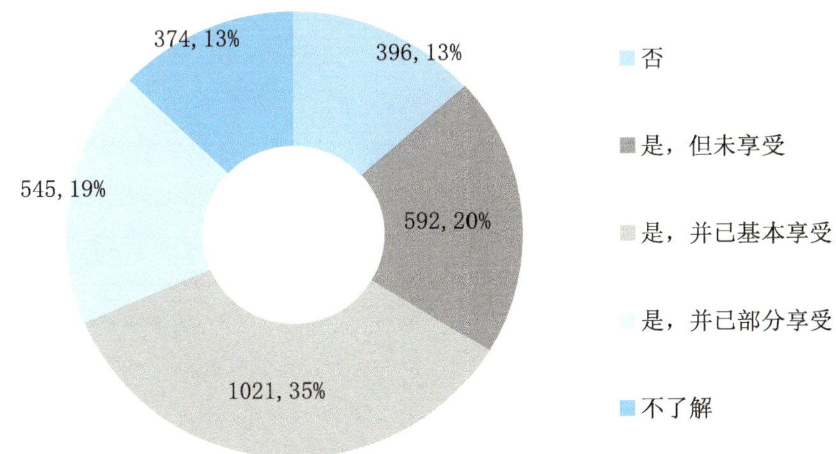

图 23　企业所在地方政府部门是否出台了在新冠疫情期间用电用气用水价格优惠政策

(4) 疫情期间地方层面关于复工复产企业免收计量器具检定校准费政策的推出与落实情况

企业所在地方政府部门是否出台在新冠疫情期间复工复产企业免收计量器具检定校准费的政策的了解情况分布中，324 家中小企业选择“否”，占比 11%；607 家中小企业选择“是，但未享受”，占比

21%；980 家中小企业选择“是，并已基本享受”，占比 34%；508 家中小企业选择“是，并已部分享受”，占比 17%；509 家中小企业选择“不了解”，占比 17%。

计量器具检定校准费性质上属于行政事业性收费，新冠疫情期间复工复产企业免收计量器具检定校准费具有积极的社会经济效果，一方面可以降低企业运营成本，引导和鼓励企业尽早复工复产；另一方面也可以减少疫情期间的人员接触，起到疫情防控的效果。受访对象中 51%的中小企业表示享受到了该项政策的福利，说明该项政策落实效果较好。具有高达 17%的企业不了解该项政策，原因可能是有些企业由于行业特点并不需要计量器具。

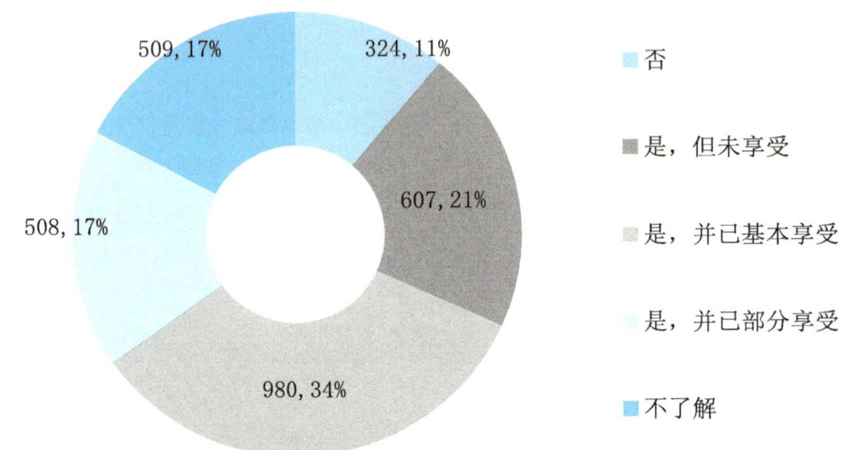

图 24　企业所在地政府部门是否出台在新冠疫情期间复工复产企业免收计量器具检定校准费的政策

2. 疫情期间地方层面关于企业劳动用工扶持政策的推出与落实情况

（1）疫情期间地方层面关于缴纳住房公积金优惠政策的推出与落实情况

企业所在地方政府部门是否出台了在新冠疫情期间缴纳住房公积金的有关优惠政策的了解情况分布中，265 家中小企业选择“否”，占比 9%；633 家中小企业选择“是，但未享受”，占比 22%；1025 家中小企业选择“是，并已基本享受”，占比 35%；579 家中小企业选择“是，并已部分享受”，占比 20%；426 家中小企业选择“不了解”，占比 14%。

2020 年 2 月，住房和城乡建设部、财政部、人民银行发布《关于妥善应对新冠肺炎疫情实施住房公积金阶段性支持政策的通知》，该通知明确疫情期间地方政府可以出台阶段性纾困措施，规定受疫情影响企业可以申请在 2020 年 6 月 30 日前缓缴住房公积金，缓缴期间缴存时间连续计算。该项措施可以纾解疫情期间企业的资金困难，降低运营成本。根据调查，55%的受访中小企业享受到了地方政府缴纳住房公积金的优惠政策，说明该项政策被多数地方政府所采用。同时有 14%的受访对象不了解是否出台了该项政策，说明该项政策的宣传尚有不足之处。

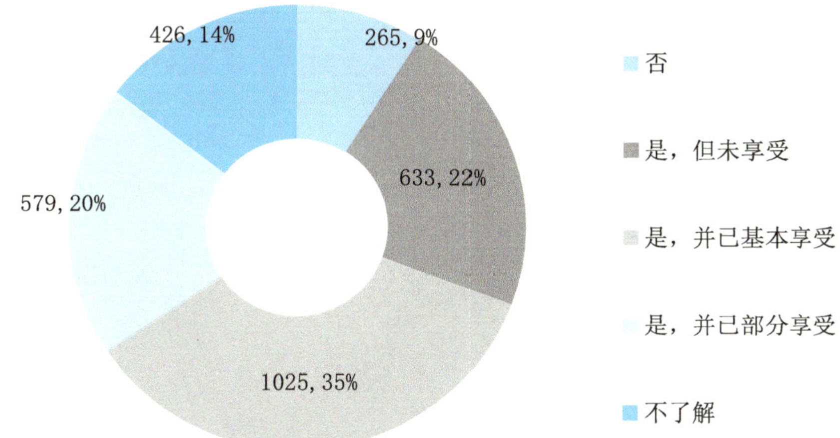

图 25　企业所在地方政府部门是否出台了在新冠疫情期间缴纳住房公积金的有关优惠政策

（2）疫情期间地方层面关于返还上年度缴纳的失业保险费政策的推出与落实情况

企业所在地方政府部门是否出台了为应对新冠疫情返还上年度缴纳的失业保险费的政策的了解情况分布中，270 家中小企业选择“否”，占比 9%；637 家中小企业选择“是，但未享受”，占比 22%；1020 家中小企业选择“是，并已基本享受”，占比 35%；572 家中小企业选择“是，并已部分享受”，占比 19%；429 家中小企业选择“不了解”，占比 15%。

调查数据显示，76%的受访中小企业表示所在地方出台了应对疫情返还上年度的失业保险费的政策措施，说明受访地区多数都实施了该项政策。比如北京市就规定疫情防控期间，中小企业裁员率不高于上年度调查失业率控制目标，可以申请失业保险费返还。根据相关规定，保险费返还需要满足一些条件，54%的受访企业表示享受到该项政策，说明该项政策的落实情况总体比较理想。

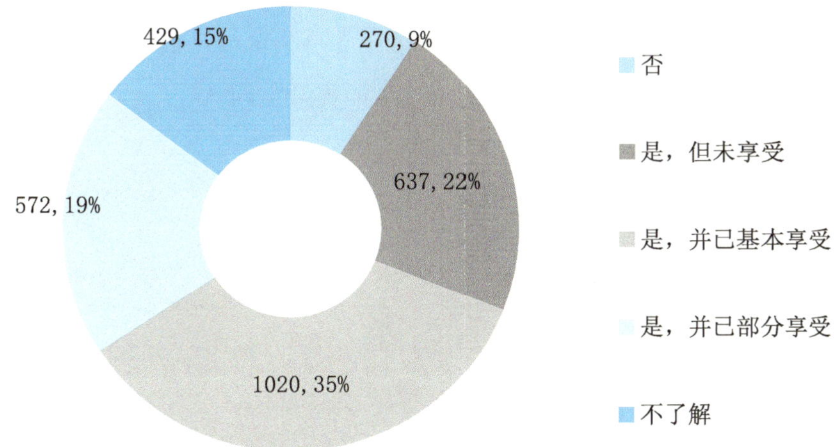

图 26　企业所在地方政府部门是否出台了为应对新冠疫情返还上年度缴纳的失业保险费的政策

（3）疫情期间地方层面关于下调企业职工医保费的政策的推出与落实情况

企业所在地方政府部门是否出台了在新冠疫情期间下调企业职工医保费率的政策的了解情况分布中，255 家中小企业选择“否”，占比 9%；552 家中小企业选择“是，但未享受”，占比 19%；1074 家中小企业选择“是，并已基本享受”，占比 36%；611 家中小企业选择“是，并已部分享受”，占比 21%；436 家中小企业选择“不了解”，占比 15%。

疫情期间地方政府出台下调企业职工医保费率的政策是在确保企业职工权益不受影响的状况下适当降低企业的用工成本。根据调查数据，部分享受和基本享受到该项政策的中小企业占比为57%，而基本享受的比例达到36%，说明该项政策推行的效果比较理想。但是占比15%的受访企业并不了解该项政策，也说明政策的宣传还不是很到位。

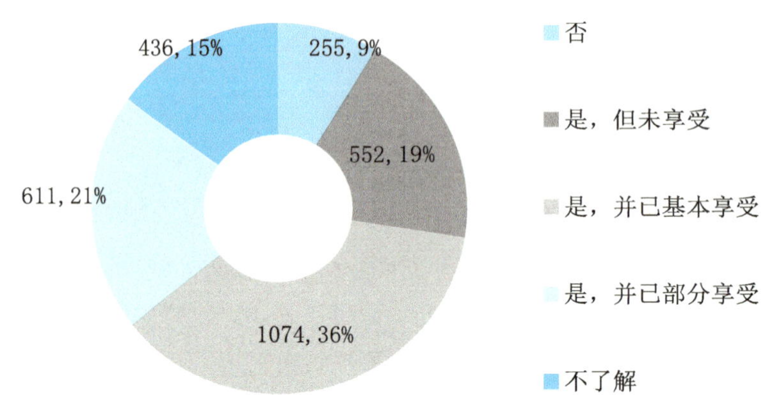

图 27　企业所在地方政府部门是否出台了在新冠疫情期间下调企业职工医保费率的政策

（4）疫情期间地方层面关于积极帮扶企业缓解用工难题政策推出与落实情况

企业所在地政府部门是否出台了在新冠疫情期间积极帮扶企业缓解用工难题的政策的了解情况分布中，227家中小企业选择“否”，占比8%；711家中小企业选择“是，但未享受”，占比24%；1033家中小企业选择“是，并已基本享受”，占比35%；592家中小企业选择“是，并已部分享受”，占比20%；365家中小企业选择“不了解”，占比13%。

疫情期间由于各地采取了人员封闭管理的防控措施，企业复产复工和疫情防控产生了一定的矛盾，而中小企业本身并无能力完全解决该问题，这就需要政府出面协调解决这个困境。根据调查，79%的中小企业表示了解政府出台了这方面的政策，且有55%的企业享受到了这个政策的红利。但是，由于企业在用工难题上的被动性质，政府帮扶解决用工难题仍有较大的提升空间。

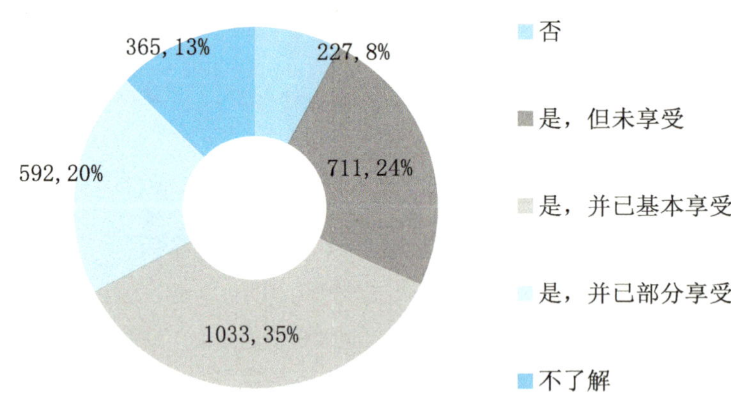

图 28　企业所在地政府部门是否出台了在新冠疫情期间积极帮扶企业缓解用工难题的政策

（5）疫情期间地方层面关于通过为员工提供交通、住宿等服务，有效缓解企业负担等政策的推出与落实情况

企业所在地方政府部门是否出台了在新冠疫情期间通过为员工提供交通、住宿等服务，有效缓解企

业负担等政策的了解情况分布中，383 家中小企业选择“否”，占比 13%；612 家中小企业选择“是，但未享受”，占比 21%；979 家中小企业选择“是，并已基本享受”，占比 34%；568 家中小企业选择“是，并已部分享受”，占比 19%；386 家中小企业选择“不了解”，占比 13%。

地方政府在疫情期间为解决企业用工难题，适当地给予企业员工一定的交通、住宿等服务帮助，一方面可以有效减轻企业用工成本，另一方面可以扩大和保障就业。保就业就是保民生，只有中小企业普遍复工复产，就业才能充分，民生才能得到保障。根据调查数据，74%的受访中小企业表示当地政府出台了为员工复工复产提供各项服务的措施，这说明地方政府意识到了中小企业复工复产对于当地经济发展和民生保障的重要性。但同时也有 13%的受访企业表示所在地方政府并未出台该类措施，说明尚有一些地方政府未重视该项政策措施在经济发展和保障民生中的重要作用。

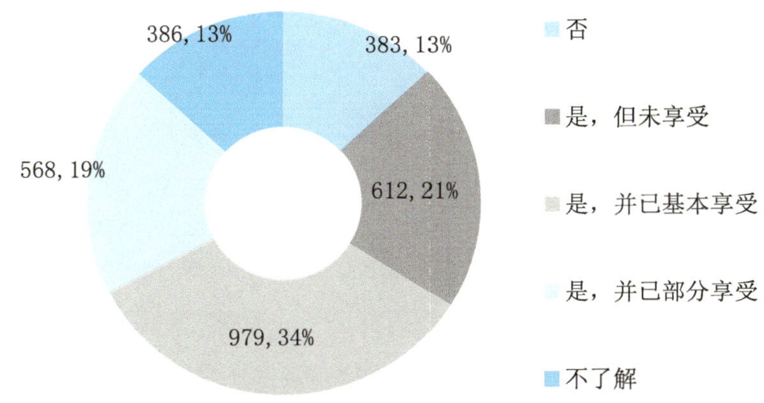

图 29　企业所在地政府部门是否出台了在新冠疫情期间通过为员工提供交通、住宿等服务，有效缓解企业负担等政策

（6）疫情期间地方层面关于企业用工补贴政策的推出与落实情况

企业所在地方政府部门是否出台了在新冠疫情期间企业用工补贴的政策的了解情况分布中，342 家中小企业选择“否”，占比 12%；589 家中小企业选择“是，但未享受”，占比 20%；991 家中小企业选择“是，并已基本享受”，占比 34%；608 家中小企业选择“是，并已部分享受”，占比 21%；398 家中小企业选择“不了解”，占比 13%。

政府在非常时期推行用工补贴政策，在国内外都有先例。疫情期间由于物流以及安全防护的需要等原因，企业用工成本加大，地方政府根据自身财务情况给予中小企业一定的用工补贴具有合理性。根据调查数据，55%的受访企业基本享受或者部分享受了政府给予企业的用工补贴。占比 20%的企业了解政府的用工补贴政策但未享受到补贴，可能的原因是该企业在疫情下没有受到冲击或者受到的冲击较小。12%的受访对象表示所在地政府没有出台用工补贴政策，这个可能和当地政府的财政水平有一定关系。在地方政府具有一定财力的情况下，用工补贴制度可以发挥杠杆作用，不失为一种既能为企业纾困资金困难，又能促进就业、保障民生的好政策。

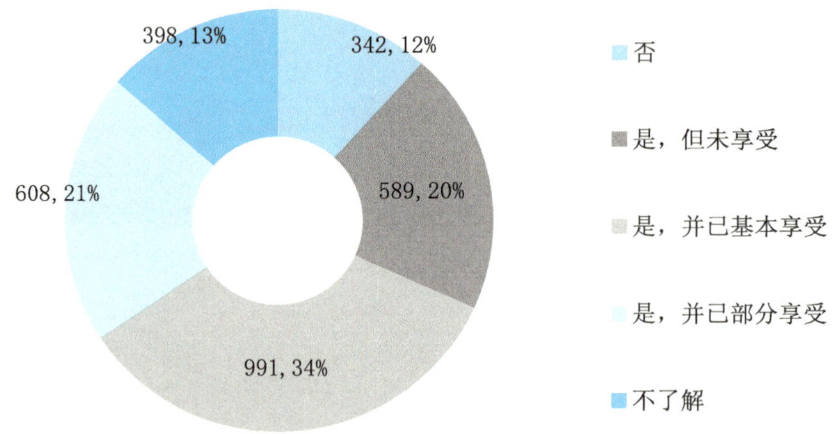

图 30　企业所在地方政府部门是否出台了在新冠疫情期间企业用工补贴的政策

3. 疫情期间地方层面关于加大科技计划支持力度，为中小企业提供研发补贴政策的推出与落实情况

企业所在地政府部门是否出台了在新冠疫情期间加大科技计划支持力度，为中小企业提供研发补贴的政策的了解情况分布中，308 家中小企业选择“否”，占比 11%；634 家中小企业选择“是，但未享受”，占比 22%；951 家中小企业选择“是，并已基本享受”，占比 32%；558 家中小企业选择“是，并已部分享受”，占比 19%；477 家中小企业选择“不了解”，占比 16%。

科技能力是企业竞争力的核心，企业技术能力的提升可以优化产品品质，降低生产成本。尤其在疫情防控期间，政府为防疫企业提供研发补贴更具有正当性。根据调查数据，51%的企业在疫情期间获得了研发补贴，说明各级地方政府十分重视科技对于经济发展和企业竞争的促进作用。

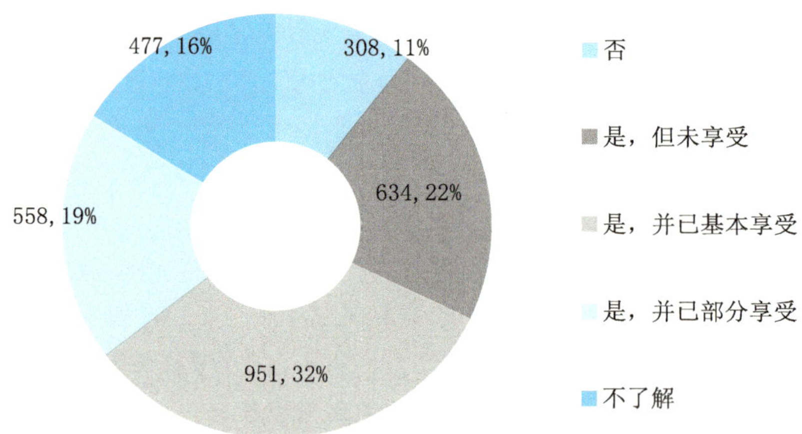

图 31　企业所在地政府部门是否出台了在新冠疫情期间加大科技计划支持力度，为中小企业提供研发补贴的政策

4. 疫情期间地方层面关于进出口企业帮扶政策的推出与落实情况

（1）疫情期间企业产品出口情况（包括港澳台）

企业的产品是否出口（包括港澳台）的情况分布中，1310 家中小企业选择“否”，占比 45%；607 家中小企业选择“是，出口美洲”，占比 21%；869 家中小企业选择“是，出口欧洲”，占比 30%；914 家中小企业选择“是，出口亚洲”，占比 31%；484 家中小企业选择“是，出口非洲”，占比 17%；200 家中小企业选择“是，出口澳洲”，占比 7%。

根据调查数据，55%的受访企业存在产品出口情形。其中产品出口到亚洲其他国家和地区的比例最大，其次是出口到欧洲。出口到澳洲的比例最小，只有 7%。

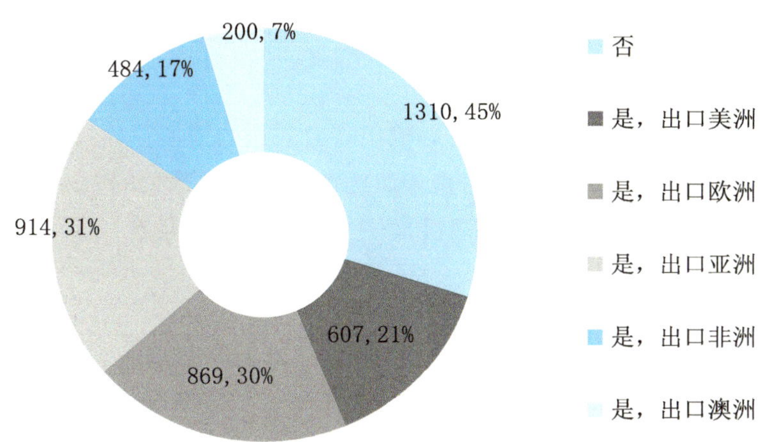

图 32　企业的产品是否出口（包括港澳台）

（2）疫情期间地方层面关于进出口企业帮扶政策的推出与落实情况

企业所在地政府部门是否出台了在新冠疫情期间的进出口帮扶措施的了解情况分布中，382 家中小企业选择“否”，占比 13%；552 家中小企业选择“是，但未享受”，占比 19%；907 家中小企业选择“是，并已基本享受”，占比 31%；488 家中小企业选择“是，并已部分享受”，占比 17%；599 家中小企业选择“不了解”，占比 20%。

随着疫情的进一步蔓延，中小企业的国际贸易受到非常大的冲击，很多产业链存在断裂的危险。地方政府出台并且提升对于企业进出口的帮扶措施十分必要且迫在眉睫。根据调查情况，只有 48%的企业享受到了进出口的帮扶政策，有高达 20%的中小企业对于政府部门在进出口贸易上的帮扶政策并不了解。这就要求我们的政府部门，一方面需要进一步加大对企业进出口措施的帮扶力度，另一方面加大对进出口帮扶措施的宣传力度并改进宣传手段。

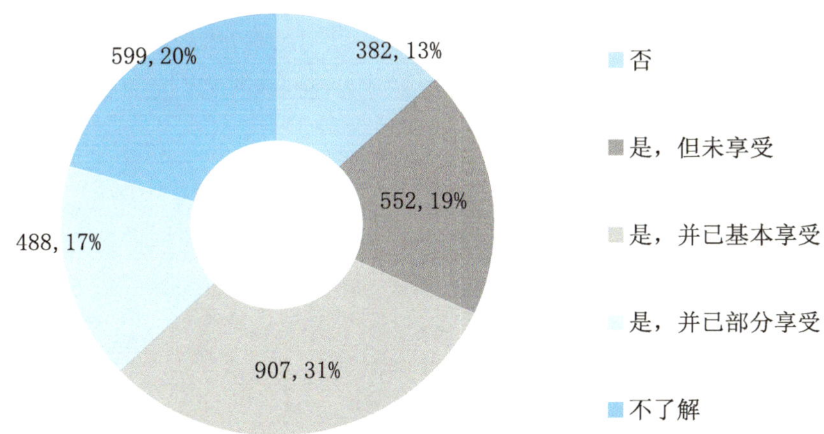

图 33　企业所在地政府部门是否出台了在新冠疫情期间的进出口帮扶措施

5. 疫情期间地方层面关于法律帮扶类政策的推出与落实情况

（1）企业因疫情影响出现合同不能正常履行及遭受被诉的情况

企业是否因疫情影响出现合同不能正常履行情况及遭受被诉的情况分布中，1249 家中小企业选择

“否，公司能够正常生产经营，未出现合同违约”，占比 43%；861 家中小企业选择“是，只能部分履行合同，未被起诉”，占比 29%；478 家中小企业选择“是，只能部分履行合同，已被起诉”，占比 16%；291 家中小企业选择“是，完全不能履行合同，未被起诉”，占比 10%；49 家中小企业选择“是，完全不能履行合同，已被起诉”，占比 2%。

根据调查情况，高达 57%的受访企业受疫情影响出现合同违约情形。12%的企业已经完全不能履行合同，其中 2%的企业已经被起诉。这说明疫情对企业履约产生了非常重大的影响。出现违约的背后，就是企业由此会遭受的经济损失。这就要求政府要通过提供全方位的法律服务，尽可能地帮助企业复工复产，恢复履约能力，把经济损失降到最低限度。

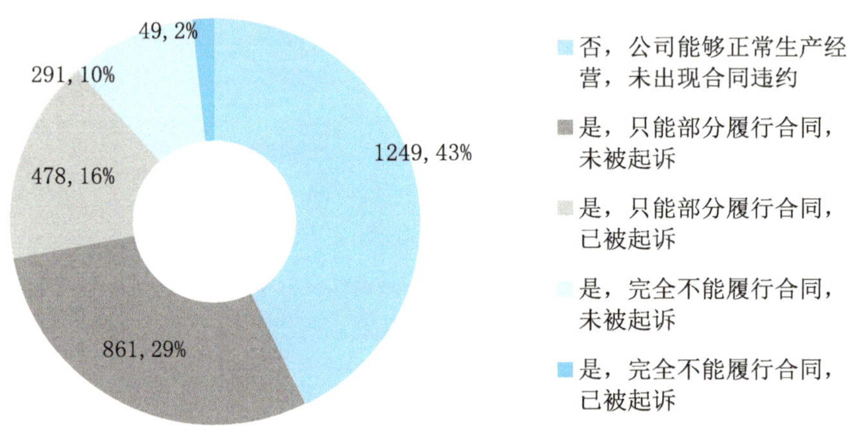

图 34　企业是否因疫情影响出现合同不能正常履行情况及遭受被诉

（2）疫情期间地方层面关于为中小企业提供持续有效的法律援助服务政策的推出与落实情况

企业所在地方政府部门是否出台了在新冠疫情期间为中小企业提供持续有效的法律援助服务政策的了解情况分布中，352 家中小企业选择“否”，占比 12%；983 家中小企业选择“是，但未享受”，占比 34%；1009 家中小企业选择“是，并已享受”，占比 34%；584 家中小企业选择“不了解”，占比 20%。

调查数据显示，高达 68%的受访企业表示政府已经开始了对中小企业提供持续有效的法律援助服务。不过，真正获得有效法律援助服务的企业占比只有 34%，说明政府的法律援助服务政策需要进一步优化和改进。数据也显示有 20%的企业并不了解政府有针对中小企业的法律援助服务政策，说明政策的透明度及宣传工作水平有待提高。

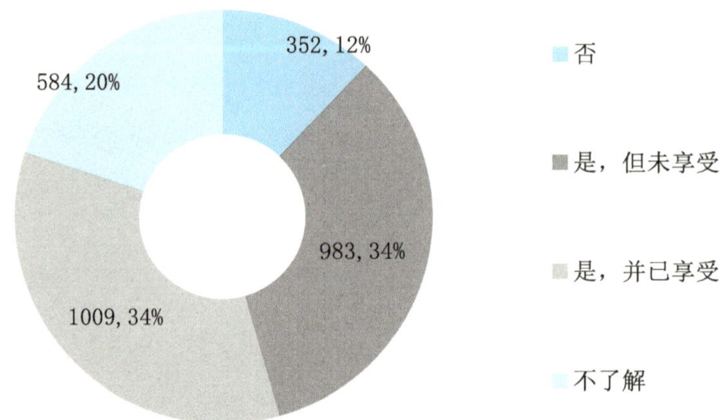

图 35　企业所在地方政府部门是否出台了在新冠疫情期间为中小企业提供持续有效的法律援助服务政策

(3) 疫情期间地方层面关于为中小企业提供不可抗力证据保存、公证证明等免费法律服务政策的推出与落实情况

企业所在地方政府部门是否出台了在新冠疫情期间为中小企业提供不可抗力证据保存、公证证明等免费法律服务政策的了解情况分布中，312 家中小企业选择“否”，占比 11%；914 家中小企业选择“是，但未享受”，占比 31%；1094 家中小企业选择“是，并已享受”，占比 37%；608 家中小企业选择“不了解”，占比 21%。

疫情期间为中小企业提供不可抗力证据保存和公证证明等法律服务是地方政府承担公共职能的表现之一。根据调查数据，68%的企业已经了解到政府部门可以为中小企业提供不可抗力证据保存等法律服务，但是仍然有高达 21%的企业并不了解该项政策措施。说明政策措施的落实情况不是非常理想。

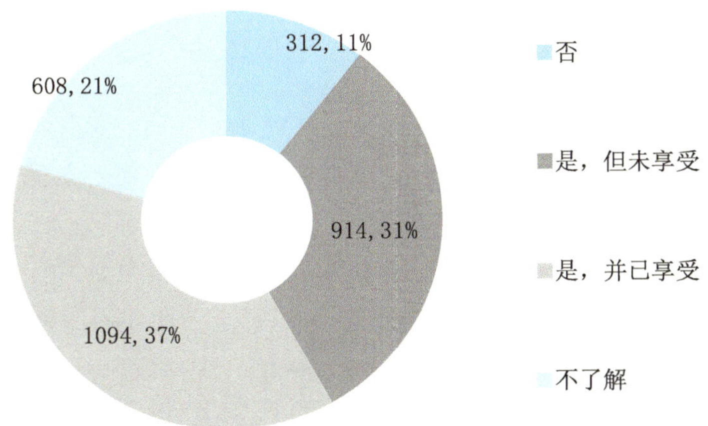

图 36　企业所在地方政府部门是否出台了在新冠疫情期间为中小企业提供不可抗力证据保存、公证证明等免费法律服务政策

(4) 疫情期间地方层面关于普法宣传，助力企业依法经营类政策的推出与落实情况

企业所在地方政府部门是否在新冠疫情期间为中小企业进行了普法宣传，助力企业依法经营的了解情况分布中，261 家中小企业选择“否”，占比 9%；863 家中小企业选择“是，但未享受”，占比 29%；1310 家中小企业选择“是，并已享受”，占比 45%；494 家中小企业选择“不了解”，占比 17%。

根据调查情况，74%的受访中小企业表示，所在地地方政府为助力企业依法经营开展了普法宣传，但只有 45%的企业表示享受到普法宣传的红利，说明针对中小企业的普法宣传内容需要调整，要有针对性地根据疫情期间企业面临的实际法律困境制作宣传手册。高达 17%的受访企业表示不了解普法宣传情况，说明普法宣传的工作手段需要进一步优化。

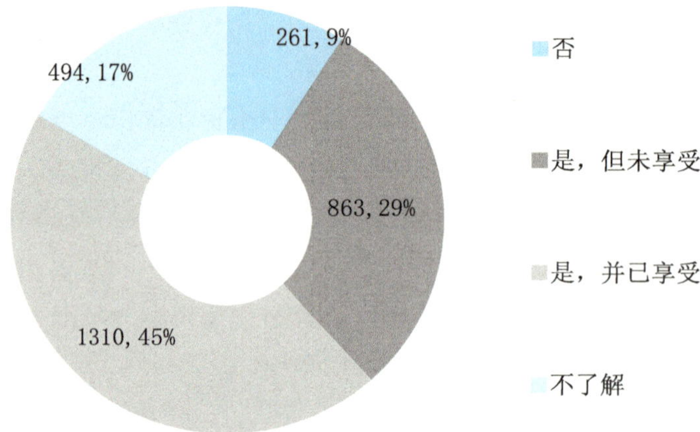

图 37　企业所在地方政府部门是否在新冠疫情期间为中小企业进行了普法宣传，助力企业依法经营

（四）政府帮扶手段

1. 疫情期间地方层面关于为企业项目审批、证照办理等业务提供网上办理、视频会商等便利措施的推出与落实情况

企业所在地政府部门有没有在新冠疫情期间采取网上办理、视频会商等模式为企业项目审批、证照办理等提供便利的了解情况分布中，247 家中小企业选择“否”，占比 8%；951 家中小企业选择“是，但未享受”，占比 33%；1314 家中小企业选择“是，并已享受”，占比 45%；416 家中小企业选择“不了解”，占比 14%。

中国已经步入数字经济时代，采用网上办理、视频会商等手段为企业项目审批、证照办理可以提高政府部门的工作效率，减少疫情期间的人员接触并给企业带来较大便利。根据调查，78%的受访中小企业表示所在地政府采用了网上办理等手段为企业办理项目审批、证照办理提供便利。

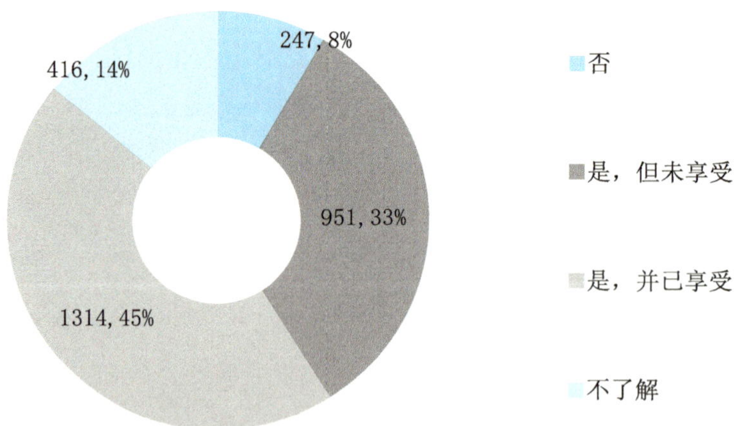

图 38　企业所在地政府部门有没有在新冠疫情期间采取网上办理、视频会商等模式为企业项目审批、证照办理等提供便利

2. 疫情期间地方层面在出台帮扶政策及政策落实过程中运用大数据、人工智能等手段的情况（如淘宝健康码）

企业对地方政府部门应对新冠疫情出台的帮扶政策以及政策落实过程中是否运用了大数据、人工智能等手段（如淘宝健康码）的运用情况分布中，841 家中小企业选择“是，大量运用”，占比 29%；1163

家中小企业选择“是，少部分运用”，占比40%；581家中小企业选择“否，基本上没有运用”，占比20%；343家中小企业选择“不了解”，占比11%。

人类社会已经步入数字经济时代，无论是企业日常办公，还是居民日常生活，大数据、人工智能手段都已经越来越多地被运用。在防范疫情、应对中小企业面临的经济困局中运用大数据、人工智能手段，比如淘宝健康码的运用，极大地提高了政府部门的帮扶效率、减少了人员工作的错误率，给中小企业带来较大的便利，而且还减少了人员接触，对防控工作产生积极效果。据统计69%的受访对象表示，政府在帮扶企业期间运用了大数据、人工智能手段。

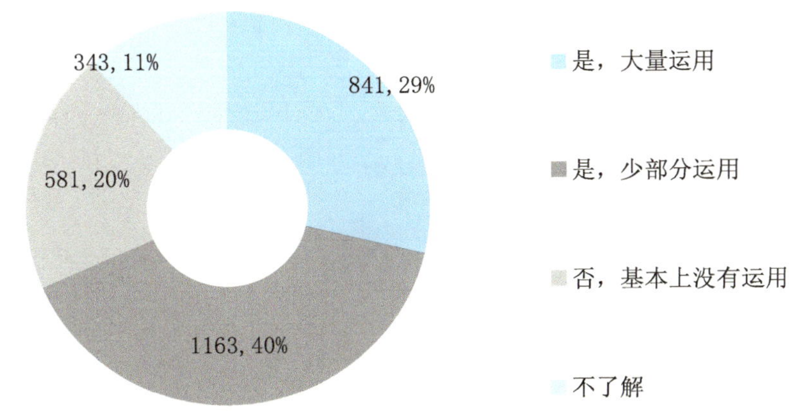

图39 企业对地方政府部门应对新冠疫情出台的帮扶政策以及政策落实过程中运用了大数据、人工智能等手段（如淘宝健康码）的情况

3. 疫情期间政府安排机关事业单位工作人员前往企业指导或协调帮助企业解决疫情带来的实际困难的情况

新冠疫情期间政府是否安排机关事业单位工作人员前往企业指导或协调帮助企业解决疫情带来的实际困难分布中，367家中小企业选择“否”，占比12%；896家中小企业选择“是，但未享受”，占比31%；1252家中小企业选择“是，并已享受”，占比43%；413家中小企业选择“不了解”，占比14%。

政府安排机关事业工作人员下沉企业现场指导或协调帮助企业解决实际困难，可以提高政府帮扶水平、提高帮扶效率。据调查数据显示，74%的受访对象了解到政府出台了相关措施，43%的受访对象表示企业通过这种方式获得了政府的帮扶。整体来看，政府安排机关事业单位工作人员下沉一线帮扶的工作取得了比较理想的效果。

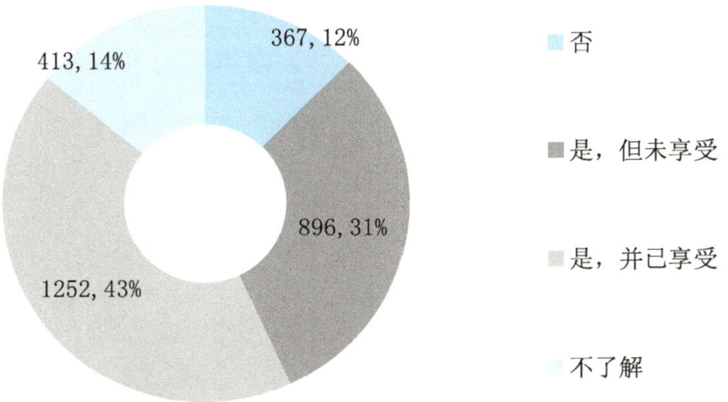

图40 新冠疫情期间政府是否安排机关事业单位工作人员前往企业指导或协调帮助企业解决疫情带来的实际困难

（五）行业协会在疫情期间发挥的作用

1. 在落实各级政府帮扶企业防控疫情、复工复产等各类政策方面行业协会发挥作用的情况

在落实各级政府帮扶企业防控疫情、复工复产等各类政策方面，所参加的行业协会发挥作用的情况分布中，643 家中小企业选择“没有发挥作用”，占比 22%；1443 家中小企业选择“作用一般”，占比 49%；842 家中小企业选择“作用较好”，占比 29%。

行业协会是沟通政府和企业之间的纽带，在疫情防控、复工复产中应起到重要作用。根据调查数据，只有 29%的受访企业认为行业协会在这次疫情防控、复工复产中发挥了较好作用。在下一步的工作中，政府应该充分重视行业协会的作用，行业协会也应该努力提高工作水平积极参与到帮扶政策的落实中来。

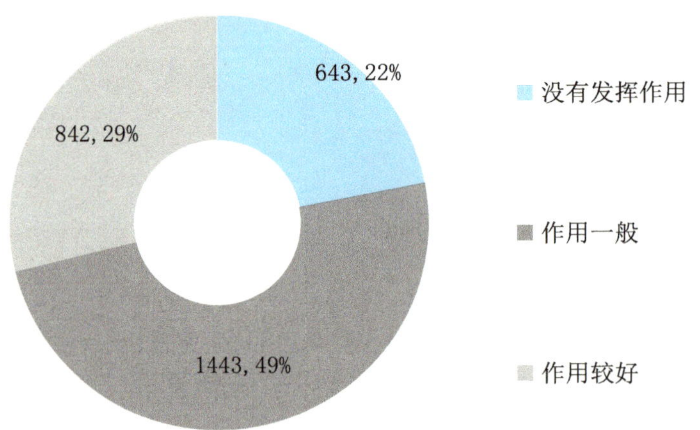

图 41　在落实各级政府帮扶企业防控疫情、复工复产等各类政策方面，所参加的行业协会发挥作用的情况

从地域分布看，大部分省份四成到五成及以上的企业都认为行业协会发挥的作用一般。这说明在大部分地区，行业协会的工作并不能让中小企业满意。从行业角度看，邮政业、农林牧渔业、租赁和商业服务业等行业接近三成企业认为行业协会没有发挥作用，这提示该等行业的行业协会应当及时站出来，一方面分担政府的管理职责和管理压力，另一方面也积极服务于行业内的企业。

注册所在地	没有发挥作用		作用一般		作用较好	
	数量（家）	占比	数量（家）	占比	数量（家）	占比
全部	643	21.96%	1443	49.28%	842	28.76%
河北	80	22.66%	175	49.58%	98	27.76%
北京	75	23.08%	152	46.77%	98	30.15%
广东	68	23.29%	144	49.32%	80	27.40%
山西	65	24.44%	145	54.51%	56	21.05%
天津	62	23.75%	121	46.36%	78	29.89%
上海	33	20.12%	81	49.39%	50	30.49%
江苏	33	23.57%	64	45.71%	43	30.71%
山东	18	13.85%	53	40.77%	59	45.38%
辽宁	28	21.71%	59	45.74%	42	32.56%
内蒙古	26	20.80%	61	48.80%	38	30.40%
浙江	11	12.79%	39	45.35%	36	41.86%

续表

注册所在地	没有发挥作用		作用一般		作用较好	
	数量（家）	占比	数量（家）	占比	数量（家）	占比
四川	11	13.10%	51	60.71%	22	26.19%
湖北	15	20.55%	41	56.16%	17	23.29%
河南	21	29.17%	34	47.22%	17	23.61%
湖南	15	25.00%	31	51.67%	14	23.33%
福建	10	17.24%	32	55.17%	16	27.59%
安徽	11	19.30%	27	47.37%	19	33.33%
吉林	12	21.43%	33	58.93%	11	19.64%
陕西	5	13.16%	21	55.26%	12	31.58%
黑龙江	13	37.14%	12	34.29%	10	28.57%
江西	9	30.00%	16	53.33%	5	16.67%
重庆	5	19.23%	13	50.00%	8	30.77%
甘肃	5	41.67%	3	25.00%	4	33.33%
贵州	2	18.18%	5	45.45%	4	36.36%
新疆	0	0.00%	11	100.00%	0	0.00%
广西	3	30.00%	5	50.00%	2	20.00%
云南	4	40.00%	5	50.00%	1	10.00%
海南	1	25.00%	3	75.00%	0	0.00%
宁夏	2	50.00%	2	50.00%	0	0.00%
青海	0	0.00%	2	66.67%	1	33.33%
香港	0	0.00%	2	66.67%	1	33.33%

图 42　在落实各级政府帮扶企业防控疫情、复工复产等各类政策方面，所参加的行业协会发挥作用的情况（企业地区分布）

		没有发挥作用		作用一般		作用较好	
		数量（家）	占比	数量（家）	占比	数量（家）	占比
全部		643	21.96%	1443	49.28%	842	28.76%
成立时间	2年内	83	25.54%	173	53.23%	69	21.23%
	3~5年	166	22.16%	378	50.47%	205	27.37%
	6~10年	132	21.93%	278	46.18%	192	31.89%
	10年以上	230	20.34%	556	49.16%	345	30.50%
	不详	32	26.45%	58	47.93%	31	25.62%
行业类别	农、林、牧、渔业	107	27.65%	175	45.22%	105	27.13%
	工业	94	17.38%	266	49.17%	181	33.46%
	建筑业	78	21.61%	187	51.80%	96	26.59%
	批发业	35	19.55%	95	53.07%	49	27.37%
	零售业	49	21.88%	101	45.09%	74	33.04%
	交通运输业	17	18.48%	35	38.04%	40	43.48%
	仓储业	9	20.45%	19	43.18%	16	36.36%
	邮政业	7	29.17%	11	45.83%	6	25.00%
	住宿业	6	16.22%	18	48.65%	13	35.14%
	餐饮业	21	18.26%	63	54.78%	31	26.96%

续表

		没有发挥作用		作用一般		作用较好	
		数量（家）	占比	数量（家）	占比	数量（家）	占比
	信息传输业	20	19.61%	54	52.94%	28	27.45%
	软件和信息技术服务业	92	23.00%	192	48.00%	116	29.00%
	房地产开发经营	10	18.87%	31	58.49%	12	22.64%
	物业管理	11	19.64%	29	51.79%	16	28.57%
	租赁和商务服务业	29	27.88%	56	53.85%	19	18.27%
	其他	58	27.75%	111	53.11%	40	19.14%
员工数量	10人以下	144	29.63%	254	52.26%	88	18.11%
	10~49人	249	26.32%	469	49.58%	228	24.10%
	50~100人	135	18.85%	352	49.16%	229	31.98%
	100人以上	115	14.74%	368	47.18%	297	38.08%
营业收入（2019年）	100万以下	151	26.26%	299	52.00%	125	21.74%
	100万~500万（不含500万）	228	24.08%	478	50.48%	241	25.45%
	500万~1000万（不含1000万）	133	20.43%	305	46.85%	213	32.72%
	1000万以上	131	17.35%	361	47.81%	263	34.83%

图 43　在落实各级政府帮扶企业防控疫情、复工复产等各类政策方面，所参加的行业协会发挥作用的情况（企业类别分布）

2. 行业协会制定协会自身的帮扶会员企业互助防控疫情、复工复产的具体措施的情况

所参加的行业协会有无制定协会自身的帮扶会员企业互助防控疫情、复工复产的具体措施分布中，569 家中小企业选择“无”，占比 20%；1475 家中小企业选择“有，作用一般”，占比 50%；884 家中小企业选择“有，作用较好”，占比 30%。

协助政府落实帮扶政策，是行业协会的职责之所在。协会制定协会帮扶会员企业的具体措施，是行业协会推进政府帮扶政策工作落实的重要手段。调查结果显示，本次疫情期间，只有 30% 的中小企业认为行业协会在此项工作中起到了较好的作用。由此说明行业协会在本次疫情防控、复工复产中的工作效果并不让人满意。

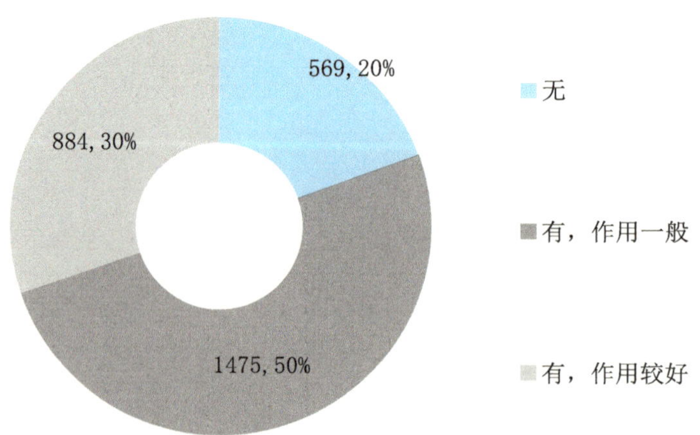

图 44　所参加的行业协会有无制定协会自身的帮扶会员企业互助防控疫情、复工复产的具体措施

从地域分布角度看，大部分企业都有四成到五成及以上的企业认为行业协会制定的措施发挥了一定

作用，但是效果不明显。这体现出在大部分省份行业协会仍然没有最大限度地发挥自身作用，其制定的措施可能存在种种问题。从行业角度看，交通运输业和仓储业有超过四成的企业认为行业协会的措施发挥了较好的作用，而零售业、软件和信息服务业以及租赁和商务服务业均有较大比例企业认为行业协会没有制定措施，这提示该等行业的行业协会应当及时组织行业内企业，制定措施，积极自救。

注册所在地	无		有，作用一般		有，作用较好	
	数量（家）	占比	数量（家）	占比	数量（家）	占比
全部	569	19.43%	1475	50.38%	884	30.19%
河北	47	13.31%	193	54.67%	113	32.01%
北京	56	17.23%	162	49.85%	107	32.92%
广东	83	28.42%	129	44.18%	80	27.40%
山西	33	12.41%	161	60.53%	72	27.07%
天津	25	9.58%	143	54.79%	93	35.63%
上海	39	23.78%	81	49.39%	44	26.83%
江苏	30	21.43%	64	45.71%	46	32.86%
山东	23	17.69%	60	46.15%	47	36.15%
辽宁	23	17.83%	56	43.41%	50	38.76%
内蒙古	18	14.40%	65	52.00%	42	33.60%
浙江	14	16.28%	39	45.35%	33	38.37%
四川	19	22.62%	52	61.90%	13	15.48%
湖北	19	26.03%	38	52.05%	16	21.92%
河南	24	33.33%	32	44.44%	16	22.22%
湖南	16	26.67%	31	51.67%	13	21.67%
福建	14	24.14%	30	51.72%	14	24.14%
安徽	18	31.58%	19	33.33%	20	35.09%
吉林	13	23.21%	28	50.00%	15	26.79%
陕西	11	28.95%	15	39.47%	12	31.58%
黑龙江	10	28.57%	13	37.14%	12	34.29%
江西	6	20.00%	17	56.67%	7	23.33%
重庆	5	19.23%	13	50.00%	8	30.77%
甘肃	5	41.67%	3	25.00%	4	33.33%
贵州	2	18.18%	6	54.55%	3	27.27%
新疆	5	45.45%	6	54.55%	0	0.00%
广西	4	40.00%	4	40.00%	2	20.00%
云南	1	10.00%	9	90.00%	0	0.00%
海南	2	50.00%	2	50.00%	0	0.00%
宁夏	2	50.00%	2	50.00%	0	0.00%
青海	0	0.00%	2	66.67%	1	33.33%
香港	2	66.67%	0	0.00%	1	33.33%

图 45 所参加的行业协会有无制定协会自身的帮扶会员企业互助防控疫情、复工复产的具体措施（企业地区分布）

		无		有，作用一般		有，作用较好	
		数量（家）	占比	数量（家）	占比	数量（家）	占比
全部		569	19.43%	1475	50.38%	884	30.19%
成立时间	2年内	84	25.85%	167	51.38%	74	22.77%
	3~5年	157	20.96%	363	48.46%	229	30.57%
	6~10年	125	20.76%	295	49.00%	182	30.23%
	10年以上	183	16.18%	586	51.81%	362	32.01%
	不详	20	16.53%	64	52.89%	37	30.58%
行业类别	农、林、牧、渔业	51	13.18%	209	54.01%	127	32.82%
	工业	77	14.23%	282	52.13%	182	33.64%
	建筑业	43	11.91%	207	57.34%	111	30.75%
	批发业	21	11.73%	97	54.19%	61	34.08%
	零售业	58	25.89%	95	42.41%	71	31.70%
	交通运输业	10	10.87%	44	47.83%	38	41.30%
	仓储业	6	13.64%	18	40.91%	20	45.45%
	邮政业	1	4.17%	16	66.67%	7	29.17%
	住宿业	6	16.22%	17	45.95%	14	37.84%
	餐饮业	20	17.39%	62	53.91%	33	28.70%
	信息传输业	19	18.63%	52	50.98%	31	30.39%
	软件和信息技术服务业	114	28.50%	178	44.50%	108	27.00%
	房地产开发经营	9	16.98%	32	60.38%	12	22.64%
	物业管理	9	16.07%	33	58.93%	14	25.00%
	租赁和商务服务业	38	36.54%	46	44.23%	20	19.23%
	其他	87	41.63%	87	41.63%	35	16.75%
员工数量	10人以下	175	36.01%	225	46.30%	86	17.70%
	10~49人	184	19.45%	508	53.70%	254	26.85%
	50~100人	78	10.89%	375	52.37%	263	36.73%
	100人以上	132	16.92%	367	47.05%	281	36.03%
营业收入（2019年）	100万以下	183	31.83%	268	46.61%	124	21.57%
	100万~500万(不含500万)	154	16.26%	512	54.07%	281	29.67%
	500万~1000万(不含1000万)	85	13.06%	344	52.84%	222	34.10%
	1000万以上	147	19.47%	351	46.49%	257	34.04%

图 46　所参加的行业协会有无制定协会自身的帮扶会员企业互助防控疫情、复工复产的具体措施（企业类别分布）

（六）中小企业对政策推出与落实情况的评价与展望

1. 企业对地方政府部门应对新冠疫情出台的帮扶政策整体情况的评价情况

企业对地方政府部门应对新冠疫情出台的帮扶政策整体情况的评价满意度分布中，644 家中小企业选择“非常满意”，占比 22%；735 家中小企业选择“满意”，占比 25%；1091 家中小企业选择“基本满意”，占比 37%；342 家中小企业选择“不太满意”，占比 12%；116 家中小企业选择“不满意”，占比 4%。

调查结果显示，84%的受访企业对政府的帮扶政策作出了积极的评价，但仍有 16%的受访企业对政府帮扶工作不太满意或不满意，说明政府帮扶工作取得了一定的效果，但是仍然需要加大帮扶力度，提升帮扶措施，优化帮扶手段。

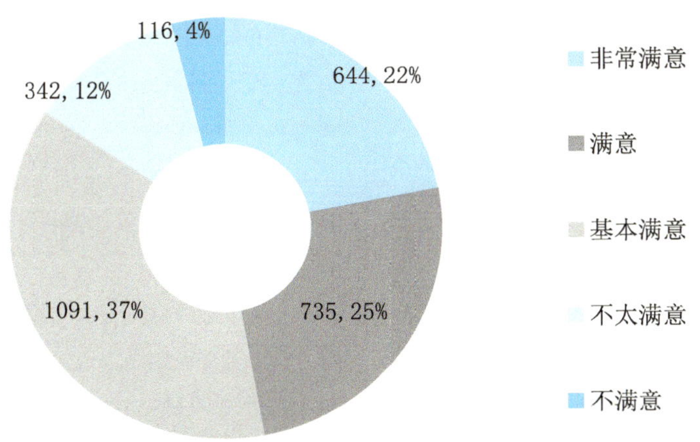

图 47　企业对地方政府部门应对新冠疫情出台的帮扶政策整体情况的评价

2. 针对新冠疫情，企业希望政府继续强化落实哪些方面帮扶政策

针对新冠疫情，企业希望政府继续强化落实帮扶政策类型分布中，1426 家中小企业选择“阶段性减征、免征企业增值税”，占比 49%；1601 家中小企业选择“降低企业增值税、所得税等税率”，占比 55%；1490 家中小企业选择“阶段性减免社保费”，占比 51%；1345 家中小企业选择“提供优惠利率贷款、延期支付资本金及利息”，占比 46%；1202 家中小企业选择“提供房租、能源等补贴”，占比 41%；911 家中小企业选择“允许企业在疫情期间实行灵活薪酬方式”，占比 31%；839 家中小企业选择“为企业用工提供各种便利”，占比 29%；693 家中小企业选择“提供贷款贴息”，占比 24%；595 家中小企业选择“对受疫情影响履行困难的国际贸易合同给予支持”，占比 20%；563 家中小企业选择“对受疫情影响履行困难的国内交易合同给予支持”，占比 19%；741 家中小企业选择“帮助企业调配复工所需防疫物品”，占比 25%；587 家中小企业选择“加强对企业疫情防控指导”，占比 20%；422 家中小企业选择“帮助企业协调企业经营的运输问题”，占比 14%；22 家中小企业选择其他政策，占比 1%。

从总体上来看，中小企业对于政策帮扶的需求是多元的，主要包括三个方面：一是金融税务类的政策扶持，二是防疫方面的政策扶持，三是用工方面和生产经营方面的政策扶持。从具体的需求程度来看，相对较多的中小企业更加渴求金融税务和生产经营方面的政策扶持。这是因为疫情对中小企业的直接冲击表现在财务方面，无法正常生产和市场需求不足直接导致企业营收骤减，从而入不敷出。

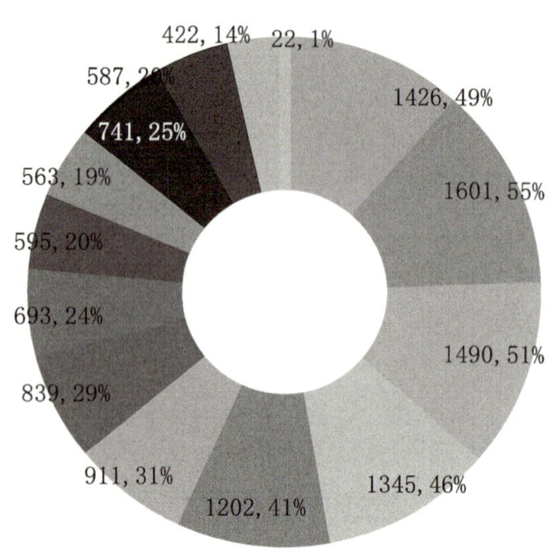

■ 阶段性减征、免征企业增值税
■ 降低企业增值税、所得税等税率
■ 阶段性减免社保费
■ 提供优惠利率贷款、延期支付资本金及利息
■ 提供房租、能源等补贴
■ 允许企业在疫情期间实行灵活薪酬方式
■ 为企业用工提供各种便利
■ 提供贷款贴息
■ 对受疫情影响履行困难的国际贸易合同给予支持
■ 对受疫情影响履行困难的国内交易合同给予支持
■ 帮助企业调配复工所需防疫物品
■ 加强对企业疫情防控指导
■ 帮助企业协调企业经营的运输问题
■ 其他

图 48　针对新冠疫情，企业希望政府继续强化落实哪些方面帮扶政策

注册所在地	阶段性减征、免征企业增值税		降低企业增值税、所得税等税率		阶段性减免社保费		提供优惠利率贷款、延期支付资本金及利息		提供房租、能源等补贴		允许企业在疫情期间实行灵活薪酬方式		为企业用工提供各种便利		提供贷款贴息		对受疫情影响履行困难的国际贸易合同给予支持		对受疫情影响履行困难的国内交易合同给予支持		帮助企业调配复工所需防疫物品		加强对企业疫情防控指导		帮助企业协调企业经营的运输问题		其他	
	数量(家)	占比	数量(家)	占比	数量(家)	占比	数量(家)	占比	数量(家)	占比	数量(家)	占比	数量(家)	占比	数量(家)	占比	数量(家)	占比	数量(家)	占比	数量(家)	占比	数量(家)	占比	数量(家)	占比	数量(家)	占比
全部	1426	48.70%	1601	54.68%	1490	50.89%	1345	45.94%	1202	41.05%	911	31.11%	839	28.65%	693	23.67%	595	20.32%	563	19.23%	741	25.31%	587	20.05%	422	14.41%	22	0.75%
河北	126	35.69%	170	48.16%	183	51.84%	162	45.89%	114	32.29%	96	27.20%	84	23.80%	61	17.28%	69	19.55%	67	18.98%	62	17.56%	63	17.85%	34	9.63%	3	0.85%
北京	144	44.31%	167	51.38%	151	46.46%	140	43.08%	130	40.00%	96	29.54%	72	22.15%	59	18.15%	46	14.15%	55	16.92%	71	21.85%	47	14.46%	40	12.31%	2	0.62%
广东	188	64.38%	180	61.64%	162	55.48%	113	38.70%	155	53.08%	100	34.25%	106	36.30%	80	27.40%	69	23.63%	65	22.26%	108	36.99%	78	26.71%	57	19.52%	3	1.03%
山西	72	27.07%	118	44.36%	120	45.11%	121	45.49%	73	27.44%	69	25.94%	54	20.30%	35	13.16%	53	19.92%	37	13.91%	31	11.65%	38	14.29%	16	6.02%	1	0.38%
天津	70	26.82%	112	42.91%	117	44.83%	98	37.55%	75	28.74%	65	24.90%	48	18.39%	27	10.34%	56	21.46%	45	17.24%	38	14.56%	29	11.11%	14	5.36%	0	0.00%
上海	102	62.20%	103	62.80%	79	48.17%	85	51.83%	76	46.34%	62	37.80%	50	30.49%	42	25.61%	29	17.68%	26	15.85%	45	27.44%	23	14.02%	19	11.59%	1	0.61%
江苏	83	59.29%	87	62.14%	76	54.29%	62	44.29%	58	41.43%	50	35.71%	49	35.00%	40	28.57%	27	19.29%	31	22.14%	38	27.14%	33	23.57%	25	17.86%	1	0.71%
山东	84	64.62%	92	70.77%	67	51.54%	75	57.69%	71	54.62%	49	37.69%	52	40.00%	48	36.92%	31	23.85%	36	27.69%	43	33.08%	40	30.77%	36	27.69%	1	0.77%
辽宁	65	50.39%	56	43.41%	67	51.94%	61	47.29%	43	33.33%	37	28.68%	37	28.68%	23	17.83%	30	23.26%	18	13.95%	30	23.26%	18	13.95%	18	13.95%	0	0.00%
内蒙古	36	28.80%	44	35.20%	56	44.80%	45	36.00%	38	30.40%	35	28.00%	23	18.40%	20	16.00%	27	21.60%	19	15.20%	23	18.40%	21	16.80%	12	9.60%	1	0.80%
浙江	53	61.63%	63	73.26%	46	53.49%	51	59.30%	45	52.33%	28	32.56%	30	34.88%	31	36.05%	21	24.42%	23	26.74%	27	31.40%	19	22.09%	17	19.77%	0	0.00%
四川	55	65.48%	52	61.90%	51	60.71%	47	55.95%	46	54.76%	31	36.90%	26	30.95%	34	40.48%	13	15.48%	16	19.05%	33	39.29%	25	29.76%	17	20.24%	1	1.19%
湖北	45	61.64%	52	71.23%	46	63.01%	45	61.64%	28	38.36%	19	26.03%	28	38.36%	31	42.47%	18	24.66%	17	23.29%	26	35.62%	24	32.88%	16	21.92%	1	1.37%
河南	47	65.28%	42	58.33%	42	58.33%	37	51.39%	44	61.11%	28	38.89%	33	45.83%	28	38.89%	13	18.06%	17	23.61%	27	37.50%	21	29.17%	18	25.00%	1	1.39%
湖南	37	61.67%	41	68.33%	30	50.00%	24	40.00%	36	60.00%	17	28.33%	20	33.33%	13	21.67%	8	13.33%	10	16.67%	20	33.33%	15	25.00%	9	15.00%	1	1.67%
福建	38	65.52%	35	60.34%	29	50.00%	26	44.83%	29	50.00%	23	39.66%	23	39.66%	18	31.03%	15	25.86%	13	22.41%	20	34.48%	15	25.86%	13	22.41%	2	3.45%
安徽	37	64.91%	38	66.67%	31	54.39%	31	54.39%	25	43.86%	16	28.07%	17	29.82%	17	29.82%	8	14.04%	10	17.54%	21	36.84%	12	21.05%	9	15.79%	1	1.75%
吉林	19	33.93%	30	53.57%	27	48.21%	24	42.86%	19	33.93%	11	19.64%	11	19.64%	16	28.57%	11	19.64%	9	16.07%	10	17.86%	8	14.29%	2	3.57%	0	0.00%
陕西	24	63.16%	24	63.16%	26	68.42%	18	47.37%	19	50.00%	17	44.74%	16	42.11%	14	36.84%	13	34.21%	13	34.21%	14	36.84%	12	31.58%	7	18.42%	1	2.63%
黑龙江	17	48.57%	27	77.14%	15	42.86%	18	51.43%	13	37.14%	16	45.71%	11	31.43%	10	28.57%	11	31.43%	8	22.86%	11	31.43%	8	22.86%	8	22.86%	0	0.00%
江西	18	60.00%	19	63.33%	18	60.00%	16	53.33%	17	56.67%	12	40.00%	12	40.00%	11	36.67%	8	26.67%	6	20.00%	10	33.33%	9	30.00%	7	23.33%	0	0.00%
重庆	22	84.62%	19	73.08%	19	73.08%	14	53.85%	15	57.69%	13	50.00%	10	38.46%	10	38.46%	7	26.92%	9	34.62%	12	46.15%	11	42.31%	8	30.77%	0	0.00%
甘肃	9	75.00%	6	50.00%	6	50.00%	8	66.67%	9	75.00%	4	33.33%	4	33.33%	5	41.67%	2	16.67%	2	16.67%	5	41.67%	3	25.00%	2	16.67%	0	0.00%
贵州	8	72.73%	6	54.55%	4	36.36%	5	45.45%	7	63.64%	1	9.09%	3	27.27%	3	27.27%	0	0.00%	1	9.09%	3	27.27%	1	9.09%	1	9.09%	0	0.00%
新疆	7	63.64%	5	45.45%	6	54.55%	3	27.27%	3	27.27%	3	27.27%	5	45.45%	5	45.45%	2	18.18%	2	18.18%	2	18.18%	3	27.27%	4	36.36%	1	9.09%
广西	9	90.00%	6	60.00%	4	40.00%	5	50.00%	2	20.00%	3	30.00%	4	40.00%	3	30.00%	3	30.00%	2	20.00%	3	30.00%	3	30.00%	4	40.00%	0	0.00%
云南	3	30.00%	2	20.00%	4	40.00%	3	30.00%	4	40.00%	5	50.00%	3	30.00%	3	30.00%	1	10.00%	2	20.00%	1	10.00%	5	50.00%	2	20.00%	0	0.00%
海南	4	100.00%	2	50.00%	3	75.00%	3	75.00%	3	75.00%	2	50.00%	2	50.00%	3	75.00%	1	25.00%	0	0.00%	2	50.00%	1	25.00%	1	25.00%	0	0.00%
宁夏	2	50.00%	0	0.00%	3	75.00%	1	25.00%	2	50.00%	1	25.00%	2	50.00%	1	25.00%	0	0.00%	0	0.00%	2	50.00%	1	25.00%	2	50.00%	0	0.00%
青海	0	0.00%	1	33.33%	1	33.33%	2	66.67%	0	0.00%	1	33.33%	2	66.67%	0	0.00%	1	33.33%	2	66.67%	1	33.33%	0	0.00%	2	66.67%	0	0.00%
香港	2	66.67%	2	66.67%	1	33.33%	2	66.67%	3	100.00%	1	33.33%	2	66.67%	2	66.67%	2	66.67%	2	66.67%	2	66.67%	1	33.33%	2	66.67%	0	0.00%

图49 针对新冠疫情，企业希望政府继续强化落实哪些方面帮扶政策（企业地区分布）

		阶段性减征、免征企业增值税		降低企业增值税、所得税等税率		阶段性减免社保费		提供优惠利率贷款、延期支付资本金及利息		提供房租、能源等补贴		允许企业在疫情期间实行灵活薪酬方式		为企业用工提供各种便利		提供贷款贴息		对受疫情影响履行困难的国际贸易合同给予支持		对受疫情影响履行困难的国内交易合同给予支持		帮助企业调配复工所需防疫物品		加强对企业疫情防控指导		帮助企业协调企业经营的运输问题		其他	
		数量（家）	占比	数量（家）	占比	数量（家）	占比	数量（家）	占比	数量（家）	占比	数量（家）	占比	数量（家）	占比	数量（家）	占比	数量（家）	占比	数量（家）	占比	数量（家）	占比	数量（家）	占比	数量（家）	占比	数量（家）	占比
全部		1426	48.70%	1601	54.68%	1490	50.89%	1345	45.94%	1202	41.05%	911	31.11%	839	28.65%	693	23.67%	595	20.32%	563	19.23%	741	25.31%	587	20.05%	422	14.41%	22	0.75%
成立时间	2年内	154	47.38%	170	52.31%	158	48.62%	132	40.62%	156	48.00%	107	32.92%	93	28.62%	93	28.62%	56	17.23%	63	19.38%	85	26.15%	67	20.62%	52	16.00%	5	1.54%
	3~5年	362	48.33%	385	51.40%	393	52.47%	355	47.40%	330	44.06%	247	32.98%	199	26.57%	187	24.97%	170	22.70%	144	19.23%	172	22.96%	172	22.96%	98	13.08%	6	0.80%
	6~10年	319	52.99%	333	55.32%	306	50.83%	278	46.18%	274	45.51%	186	30.90%	178	29.57%	148	24.58%	128	21.26%	123	20.43%	175	29.07%	111	18.44%	92	15.28%	3	0.50%
	10年以上	550	48.63%	663	58.62%	574	50.75%	530	46.86%	409	36.16%	339	29.97%	338	29.89%	249	22.02%	224	19.81%	215	19.01%	290	25.64%	226	19.98%	173	15.30%	8	0.71%
	不详	41	33.88%	50	41.32%	59	48.76%	50	41.32%	33	27.27%	32	26.45%	31	25.62%	16	13.22%	17	14.05%	18	14.88%	19	15.70%	11	9.09%	7	5.79%	0	0.00%
行业类别	农、林、牧、渔业	146	37.73%	181	46.77%	177	45.74%	188	48.58%	113	29.20%	112	28.94%	81	20.93%	67	17.31%	66	17.05%	59	15.25%	58	14.99%	54	13.95%	35	9.04%	0	0.00%
	工业	245	45.29%	292	53.97%	285	52.68%	236	43.62%	195	36.04%	152	28.10%	152	28.10%	116	21.44%	115	21.26%	100	18.48%	123	22.74%	97	17.93%	78	14.42%	4	0.74%
	建筑业	154	42.66%	193	53.46%	178	49.31%	170	47.09%	123	34.07%	100	27.70%	97	26.87%	67	18.56%	74	20.50%	72	19.94%	85	23.55%	70	19.39%	50	13.85%	1	0.28%
	批发业	72	40.22%	96	53.63%	90	50.28%	88	49.16%	74	41.34%	62	34.64%	45	25.14%	40	22.35%	40	22.35%	34	18.99%	39	21.79%	29	16.20%	24	13.41%	1	0.56%
	零售业	114	50.89%	129	57.59%	118	52.68%	114	50.89%	111	49.55%	67	29.91%	70	31.25%	55	24.55%	46	20.54%	43	19.20%	65	29.02%	45	20.09%	44	19.64%	3	1.34%
	交通运输业	41	44.57%	52	56.52%	41	44.57%	43	46.74%	35	38.04%	26	28.26%	19	20.65%	18	19.57%	19	20.65%	17	18.48%	20	21.74%	11	11.96%	10	10.87%	1	1.09%
	仓储业	19	43.18%	21	47.73%	21	47.73%	22	50.00%	19	43.18%	14	31.82%	11	25.00%	11	25.00%	14	31.82%	9	20.45%	8	18.18%	8	18.18%	4	9.09%	0	0.00%
	邮政业	7	29.17%	9	37.50%	13	54.17%	14	58.33%	9	37.50%	8	33.33%	5	20.83%	5	20.83%	7	29.17%	7	29.17%	7	29.17%	7	29.17%	3	12.50%	0	0.00%
	住宿业	23	62.16%	18	48.65%	20	54.05%	12	32.43%	14	37.84%	10	27.03%	9	24.32%	7	18.92%	6	16.22%	5	13.51%	7	18.92%	5	13.51%	4	10.81%	2	5.41%
	餐饮业	59	51.30%	64	55.65%	52	45.22%	53	46.09%	61	53.04%	33	28.70%	35	30.43%	35	30.43%	24	20.87%	27	23.48%	32	27.83%	26	22.61%	24	20.87%	2	1.74%
	信息传输业	53	51.96%	63	61.76%	52	50.98%	46	45.10%	32	31.37%	37	36.27%	30	29.41%	25	24.51%	27	26.47%	25	24.51%	32	31.37%	28	27.45%	11	10.78%	0	0.00%
	软件和信息技术服务业	238	59.50%	230	57.50%	217	54.25%	187	46.75%	200	50.00%	151	37.75%	132	33.00%	134	33.50%	81	20.25%	83	20.75%	117	29.25%	91	22.75%	56	14.00%	3	0.75%
	房地产开发经营	15	28.30%	28	52.83%	24	45.28%	24	45.28%	21	39.62%	15	28.30%	18	33.96%	14	26.42%	14	26.42%	10	18.87%	15	28.30%	10	18.87%	8	15.09%	0	0.00%
	物业管理	27	48.21%	26	46.43%	31	55.36%	16	28.57%	18	32.14%	16	28.57%	18	32.14%	6	10.71%	9	16.07%	4	7.14%	13	23.21%	15	26.79%	5	8.93%	0	0.00%
	租赁和商务服务业	73	70.19%	64	61.54%	54	51.92%	43	41.35%	63	60.58%	39	37.50%	42	40.38%	31	29.81%	23	22.12%	31	29.81%	44	42.31%	31	29.81%	23	22.12%	1	0.96%
	其他	140	66.99%	135	64.59%	117	55.98%	89	42.58%	114	54.55%	69	33.01%	75	35.89%	62	29.67%	30	14.35%	37	17.70%	76	36.36%	60	28.71%	43	20.57%	4	1.91%
员工数量	10人以下	258	53.09%	275	56.58%	248	51.03%	227	46.71%	238	48.97%	156	32.10%	143	29.42%	142	29.22%	87	17.90%	80	16.46%	122	25.10%	99	20.37%	79	16.26%	7	1.44%
	10~49人	438	46.30%	486	51.37%	485	51.27%	410	43.34%	380	40.17%	286	30.23%	248	26.22%	208	21.99%	191	20.19%	184	19.45%	232	24.52%	188	19.87%	114	12.05%	7	0.74%
	50~100人	288	40.22%	368	51.40%	357	49.86%	330	46.09%	263	36.73%	229	31.98%	169	23.60%	141	19.69%	148	20.67%	139	19.41%	140	19.55%	119	16.62%	78	10.89%	2	0.28%
	100人以上	442	56.67%	472	60.51%	400	51.28%	378	48.46%	321	41.15%	240	30.77%	279	35.77%	202	25.90%	169	21.67%	160	20.51%	247	31.67%	181	23.21%	151	19.36%	6	0.77%
营业收入（2019年）	100万以下	304	52.87%	312	54.26%	293	50.96%	261	45.39%	275	47.83%	173	30.09%	170	29.57%	163	28.35%	100	17.39%	114	19.83%	145	25.22%	122	21.22%	95	16.52%	8	1.39%
	100万~500万(不含500万)	407	42.98%	500	52.80%	462	48.79%	413	43.61%	347	36.64%	285	30.10%	239	25.24%	177	18.69%	199	21.01%	168	17.74%	210	22.18%	174	18.37%	104	10.98%	8	0.84%
	500万~1000万(不含1000万)	251	38.56%	315	48.39%	320	49.16%	301	46.24%	244	37.48%	212	32.57%	148	22.73%	130	19.97%	139	21.35%	124	19.05%	134	20.58%	106	16.28%	71	10.91%	1	0.15%
	1000万以上	464	61.46%	474	62.78%	415	54.97%	370	49.01%	336	44.50%	241	31.92%	282	37.35%	223	29.54%	157	20.79%	157	20.79%	252	33.38%	185	24.50%	152	20.13%	5	0.66%

图50 针对新冠疫情，企业希望政府继续强化落实哪些方面帮扶政策（企业类别分布）

从不同地域的中小企业对政策扶持的需求角度来看，对于“阶段性减征、免征企业增值税”和“降低企业增值税、所得税税率”类政策的平均需求最高，已经超过60%；对于“阶段性减免社保”、“提供优惠利率贷款、延期支付资本金及利息”和“提供房租、能源等补贴”类政策的平均需求也相对较高，已经超过50%。

从企业的存续时间、规模、营收角度来看，不论何种规模类型的中小企业，对于“阶段性减征、免征企业增值税”、“降低企业增值税、所得税税率”、“阶段性减免社保”、“提供优惠利率贷款、延期支付资本金及利息”和“提供房租、能源等补贴”类政策的平均需求基本相同，已经超过50%。

从行业角度来看，基本所有行业的中小企业，对于“阶段性减征、免征企业增值税”、“降低企业增值税、所得税税率”、“阶段性减免社保”、“提供优惠利率贷款、延期支付资本金及利息”和“提供房租、能源等补贴”类政策的平均需求都超过了50%。

因此，我们可以发现，无论从宏观层面还是微观层面，“阶段性减征、免征企业增值税”、“降低企业增值税、所得税税率”、“阶段性减免社保”、“提供优惠利率贷款、延期支付资本金及利息”和“提供房租、能源等补贴”类政策的需求都是最高的，这直接体现出了中小企业目前所面临的财务困境是非常严峻的，亟需加大此类政策的扶持力度。

3. 企业认为地方政府部门落实新冠疫情出台的帮扶政策，存在“最后一公里”（帮扶政策不能较好落实）的原因

企业认为地方政府部门落实新冠疫情出台的帮扶政策，存在“最后一公里”（帮扶政策不能较好落实）的原因分布中，793家中小企业选择“相关扶持政策透明度不够”，占比27%；1279家中小企业选择“相关扶持政策操作性不强”，占比44%；796家中小企业选择“相关部门指导和服务不够”，占比27%；60家中小企业选择“其他”，占比2%。可见，企业对于政策落地的主要期待集中于实际操作层面，无论是44%的企业认为的政策操作性不强，还是27%企业认为的政府指导和服务不够，都体现出现阶段帮扶政策在操作层面面临的困境：要么是政策本身实操性存在问题，要么是政府在操作层面没有做好相应工作。这就要求政府找准问题，对症下药，下力气提升政策的可操作性。

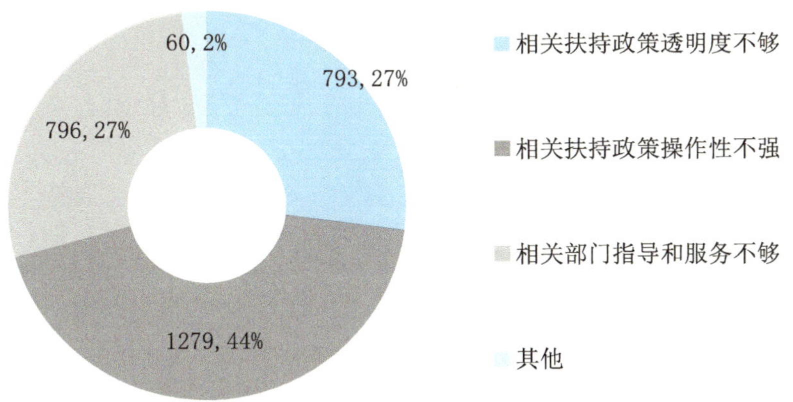

图51　企业认为地方政府部门落实新冠疫情出台的帮扶政策，存在“最后一公里”（帮扶政策不能较好落实）的原因

从地域分布角度看，山西、天津等地有超过五成企业认为政策操作性不强，这要求政府在制定政策时不能闭门造车，应当广开言路，充分听取帮扶对象的意见，制定出更加有针对性的政策。湖北、四川、内蒙古等地有超过三成企业认为政府的指导和服务不够，这个比例相对其他省份较高，反映出该等地区政府部门服务意识不够，未能及时指导中小企业适用政策。这就要求该等地区政府迅速转变意识，提高

服务能力，为中小企业答疑解惑。

从企业存续时间和规模角度看，成立 10 年以上的企业认为政策操作性不强的比例高于成立 10 年以下的企业，员工人数在 50~100 人和营业收入在 500 万~1000 万（不含 1000 万）区间内的企业认为政策操作性不强的比例高于其他规模企业。这反映出政府在制定政策时，对上述类型的企业关注不够，造成了政策对于上述类型企业的操作性较低的问题。政府在接下来制定政策时应当着重考虑上述企业的需求和现实情况。

注册所在地	相关扶持政策透明度不够		相关扶持政策操作性不强		部门指导和服务不够		其他	
	数量（家）	占比	数量（家）	占比	数量（家）	占比	数量（家）	占比
全部	793	27.08%	1279	43.68%	796	27.19%	60	2.05%
河北	83	23.51%	167	47.31%	100	28.33%	3	0.85%
北京	94	28.92%	136	41.85%	88	27.08%	7	2.15%
广东	76	26.03%	112	38.36%	95	32.53%	9	3.08%
山西	58	21.80%	153	57.52%	54	20.30%	1	0.38%
天津	63	24.14%	141	54.02%	54	20.69%	3	1.15%
上海	38	23.17%	72	43.90%	49	29.88%	5	3.05%
江苏	40	28.57%	61	43.57%	37	26.43%	2	1.43%
山东	44	33.85%	54	41.54%	27	20.77%	5	3.85%
辽宁	36	27.91%	58	44.96%	33	25.58%	2	1.55%
内蒙古	29	23.20%	56	44.80%	39	31.20%	1	0.80%
浙江	24	27.91%	34	39.53%	26	30.23%	2	2.33%
四川	28	33.33%	23	27.38%	29	34.52%	4	4.76%
湖北	20	27.40%	28	38.36%	24	32.88%	1	1.37%
河南	28	38.89%	23	31.94%	17	23.61%	4	5.56%
湖南	25	41.67%	18	30.00%	15	25.00%	2	3.33%
福建	20	34.48%	22	37.93%	13	22.41%	3	5.17%
安徽	22	38.60%	20	35.09%	15	26.32%	0	0.00%
吉林	14	25.00%	24	42.86%	16	28.57%	2	3.57%
陕西	12	31.58%	12	31.58%	13	34.21%	1	2.63%
黑龙江	13	37.14%	13	37.14%	8	22.86%	1	2.86%
江西	6	20.00%	15	50.00%	9	30.00%	0	0.00%
重庆	7	26.92%	11	42.31%	8	30.77%	0	0.00%
甘肃	1	8.33%	5	41.67%	5	41.67%	1	8.33%
贵州	1	9.09%	3	27.27%	6	54.55%	1	9.09%
新疆	1	9.09%	6	54.55%	4	36.36%	0	0.00%
广西	5	50.00%	3	30.00%	2	20.00%	0	0.00%
云南	2	20.00%	3	30.00%	5	50.00%	0	0.00%
海南	1	25.00%	1	25.00%	2	50.00%	0	0.00%
宁夏	1	25.00%	2	50.00%	1	25.00%	0	0.00%
青海	1	33.33%	2	66.67%	0	0.00%	0	0.00%
香港	0	0.00%	1	33.33%	2	66.67%	0	0.00%

图 52　企业认为地方政府部门落实新冠疫情出台的帮扶政策，存在“最后一公里”（帮扶政策不能较好落实）的原因（企业地区分布）

		相关扶持政策透明度不够		相关扶持政策操作性不强		相关部门指导和服务不够		其他	
		数量（家）	占比	数量（家）	占比	数量（家）	占比	数量（家）	占比
全部		793	27.08%	1279	43.68%	796	27.19%	60	2.05%
成立时间	2年内	91	28.00%	133	40.92%	96	29.54%	5	1.54%
	3~5年	204	27.24%	336	44.86%	194	25.90%	15	2.00%
	6~10年	175	29.07%	243	40.37%	168	27.91%	16	2.66%
	10年以上	296	26.17%	507	44.83%	306	27.06%	22	1.95%
	不详	27	22.31%	60	49.59%	32	26.45%	2	1.65%
行业类别	农、林、牧、渔业	120	31.01%	182	47.03%	80	20.67%	5	1.29%
	工业	134	24.77%	239	44.18%	163	30.13%	5	0.92%
	建筑业	104	28.81%	164	45.43%	91	25.21%	2	0.55%
	批发业	38	21.23%	84	46.93%	52	29.05%	5	2.79%
	零售业	61	27.23%	99	44.20%	57	25.45%	7	3.13%
	交通运输业	25	27.17%	45	48.91%	19	20.65%	3	3.26%
	仓储业	7	15.91%	25	56.82%	12	27.27%	0	0.00%
	邮政业	8	33.33%	12	50.00%	4	16.67%	0	0.00%
	住宿业	6	16.22%	23	62.16%	6	16.22%	2	5.41%
	餐饮业	36	31.30%	51	44.35%	26	22.61%	2	1.74%
	信息传输业	33	32.35%	45	44.12%	22	21.57%	2	1.96%
	软件和信息技术服务业	113	28.25%	156	39.00%	123	30.75%	8	2.00%
	房地产开发经营	9	16.98%	29	54.72%	15	28.30%	0	0.00%
	物业管理	15	26.79%	24	42.86%	16	28.57%	1	1.79%
	租赁和商务服务业	29	27.88%	32	30.77%	38	36.54%	5	4.81%
	其他	55	26.32%	69	33.01%	72	34.45%	13	6.22%
员工数量	10人以下	146	30.04%	183	37.65%	141	29.01%	16	3.29%
	10~49人	247	26.11%	446	47.15%	240	25.37%	13	1.37%
	50~100人	181	25.28%	343	47.91%	182	25.42%	10	1.40%
	100人以上	219	28.08%	307	39.36%	233	29.87%	21	2.69%
营业收入（2019年）	100万以下	190	33.04%	203	35.30%	165	28.70%	17	2.96%
	100万~500万（不含500万）	233	24.60%	455	48.05%	242	25.55%	17	1.80%
	500万~1000万（不含1000万）	152	23.35%	327	50.23%	168	25.81%	4	0.61%
	1000万以上	218	28.87%	294	38.94%	221	29.27%	22	2.91%

图 53　企业认为地方政府部门落实新冠疫情出台的帮扶政策，存在“最后一公里”（帮扶政策不能较好落实）的原因（企业类别分布）

三、问题、对策与建议

（一）政策落实效果和存在的问题

1. 财税扶持政策

总体上看国家层面制定的财税扶持政策效果一般，受访的中小企业中仍有超过一半的企业没享受或未完全享受该政策。

（1）超六成的中小企业由于存续时间比较短、员工数量少、年营收水平比较低，不能享受或只能部分享受财税优惠政策。

（2）从行业角度来看，零售业、租赁业、软件和信息服务业较少获得政策扶持，餐饮、住宿、酒店等行业获得了较多的政策扶持，这与餐饮、住宿、酒店等行业受冲击比较大有直接关系。

（3）从区域来看，不同区域传达的信息基本一致，说明政策的传播及时性和覆盖率较好。

（4）从受访对象对财税政策的期待来看，众多中小企业希望财税政策能够继续延长执行并提高扶持力度。

2. 金融扶持政策

总体上看，金融扶持政策落实情况不甚理想，超过一半的受访中小企业无法通过银行等金融机构获得资金纾解。

（1）从地域来看，华北地区中小企业遭遇银行等金融机构抽贷、断贷、压贷等情况最为突出，超过65%的企业面临此类困境。

（2）从行业来看，交通运输、农林牧渔、仓储和邮政业的中小企业遭遇抽贷、压贷、断贷的情况最为严重。

（3）从企业规模和营收来看，规模小、营收少的企业更难获得金融机构的政策扶持，小型企业资金状况普遍不乐观。

（4）从受访对象的期待来看，金融扶持政策是中小企业最为期待的扶持政策，众多受访对象期望金融扶持政策力度进一步加大。

3. 社保扶持政策

总体上来看，社保扶持政策落实情况一般，超过四成的受访中小企业没有享受到该类政策。

（1）从区域来看，华中地区一些省份社保扶持政策落实情况较差，有些地区超过四成中小企业并未享受到该类政策。

（2）从行业来看，阶段性免征社保费等政策在餐饮业、零售业等落实情况较差，超过45%的企业并未享受该类政策。

（3）从企业规模和营收来看，企业规模小、营业收入少的中小企业更不易获得社保政策扶持。

4. 劳动用工扶持政策

各地为复产复工出台了一些劳动用工扶持政策，主要包括为员工提供交通补贴、为企业提供用工补贴以及地方性的社保费用的减免。

（1）接近八成的地方出台了帮扶企业缓解用工难题的政策，超过五成的企业享受到了劳动用工扶持政策，说明地方政府对于复产复工普遍比较积极。

（2）一半以上的企业和职工获得了地方政府的用工补贴和员工的交通补贴，接近六成的企业享受到了或部分享受到了地方性的社保费用减免。

（3）超过一成的企业对地方政府是否出台劳动用工扶持政策并不知悉，说明政策的宣传力度和宣传途径有待改进。

5. 企业经营扶持政策

各地为缓解企业经营资金等困难出台了一些经营扶持政策，主要包括行政事业费的减免、经营用房租金的减免、用水用电用气费用的价格优惠等，总体上看这些政策获得了部分的落实，整体效果尚可。

（1）超过一半的受访中小企业获得了政府减免行政事业费的扶持政策，但是仍有13%的受访者并不知悉政府出台了该项政策。

(2) 占比一半的受访中小企业享受到了地方政府减免经营用房租金的政策，考虑到非国有经营用房不在政策减免的要求范围之内，该项政策实际落实效果较好。

(3) 超过五成的中小企业享受到了用水用电用气的价格优惠政策，考虑到尚有部分企业未复工复产，该项政策实际落实效果较好。

6. 进出口扶持政策

伴随着海外疫情的进一步蔓延，很多产业链存在断裂的风险，企业进出口情况不乐观。各地也先后出台了一些进出口扶持政策，但是落实情况不甚理想。

根据调查情况，只有四成多的企业享受到了进出口扶持政策，还有高达20%的中小企业对政府部门出台了什么样的帮扶政策并不知情。

7. 法律扶持政策

由于疫情导致的停工停产原因，企业较为普遍地遭遇了法律问题。各地政府积极出台了一些法律帮扶政策，这些政策整体落实情况一般。

(1) 调查显示，接近六成的受访中小企业受疫情影响出现合同违约情形。12%的企业已经不能履行合同，其中2%的企业已经因合同违约成为被告。

(2) 只有34%的受访中小企业表示得到了持续有效的法律援助服务，大多数法律服务流于形式。

(3) 接近七成的受访中小企业了解到了政府可以为中小企业提供不可抗力的证据保存服务，但是仍有21%的中小企业并不知悉这一政策。说明政策的宣传效果不佳。

8. 政府帮扶手段

当下，中国已经进入数字经济时代，一些地方政府在帮扶手段上不断优化，大数据、人工智能、线上办公、视频会商等被较多运用。

(1) 接近七成的调查对象表示，政府在帮扶期间运用了大数据、人工智能等高科技手段，以淘宝健康码为代表的科技手段在防疫、复工复产中起到了提高工作效率、减少人工错误率和防止接触感染等作用。

(2) 七成多的受访中小企业表示所在地政府采用了网上审批等便利化手段，电子政务在疫情期间发挥了较好的作用。

(3) 根据调查，接近八成的政府推行了行政机关工作人员下沉企业帮扶的措施，高达四成多的受访中小企业认为企业通过机关工作人员下沉企业帮扶而获得收益。

9. 行业协会发挥作用情况

作为政府和中小企业之间的纽带和桥梁，行业协会在政策帮扶中应有用武之地，调查表明，行业协会在帮扶政策落实中发挥的作用有限。

(1) 根据调查情况，只有29%的受访中小企业对行业协会对帮扶政策落实发挥的作用作出肯定回答。

(2) 调查情况显示，本次疫情期间，只有少部分行业协会制定了协会自身的帮扶会员防控疫情、复工复产的具体措施。

(二) 政策难以落实的主要原因

1. 政府对企业的扶持政策与产业链的断裂风险

部分企业虽然已经复工，但是供应商复工不确定，导致物料、部分工具无法按时到货，严重影响复工前准备。原材料供需矛盾日益突出以及物流不畅导致产成品销售发货困难，企业库存将持续增加。中国作为世界第一制造大国，产业链上下游均受疫情影响，加之部分国家设置贸易限制，国际商务交流活动受到较大阻碍。如果疫情持续，企业客户流失、货物拒收、订单转移、出口成本上升等贸易风险加大，将影响我国企业全球产业链布局。

我国中央政府和地方政府虽然出台了一系列帮扶政策，但是由于这些政策只能解决产业链上部分环节的问题，因此政策效果将大打折扣。

2. 疫情防控和复产复工之间的冲突

各地采取的隔离、交通管制、封闭等防控措施不一，造成大量外地员工难以按期返岗。而外地员工返回后还需要规定时间内的隔离，不能立即返岗。一些城市的政府部门在企业复产复工的证照办理上存在问题，企业迟迟不能及时办理证照，导致企业复工复产成了一纸空文。

另外，企业复工复产后对消毒剂、防护服、测温枪等防疫、防护物资需求较大。许多企业防疫物资存量不能满足复工要求，只能优先满足部分子公司开工需求。

3. 金融机构的自身风控要求与企业资金链压力之间的矛盾

停工期间人员工资、金融机构利息、各项税费和电费等均需按时支付，再加上产品积压回款金额大幅减少，许多企业面临较大的到期还款压力。金融系统普遍延迟开工，相关到期业务无法续办，相关续授信业务审批延迟，对企业目前的流动性以及未来2~3月的融资业务可能产生较大的负面影响。

金融机构本身也是市场主体，有严格的风险控制要求和健全的风险控制机制。实践中金融企业很难做到对处于危局之中，甚至濒临破产的企业再施以援手。金融机构可以救急，但是不愿意救险。在这种情形下，政策落实的效果就难以保证了。

4. 有些政策设计不科学，可执行性差

在调查中，我们发现有些政策目标是好的，但是缺乏可操作性、可执行性，比如一些地方财力有限，却出台种种财政补贴措施，于是在执行环节又设置各种各样的障碍条件；有些地方出台政策没有经过充分论证，执行过程中和其他政策相互冲突，导致政策成为一纸空文。有些政策在具体落实过程中容易存在权力寻租和标准不统一。比如有地方提出“有发展前景但暂时受困的小微企业，不得盲目抽贷、断贷、压贷”，可是何为有发展前景的企业？小微企业暂时受困如何衡量？这些条件并没有给出统一的标准衡量。再比如，“面临暂时性生产经营困难且恢复有望”，什么样的企业算“恢复有望”？解释权如果都下放到具体执行部门，就很容易导致不公平的现象发生。

5. 缺乏有效的工作手段和工作上的形式主义

有些地区为了全面落实中央和地方的帮扶措施，利用科技和体制优势，创新工作手段和工作方法，充分利用互联网、大数据和电子政务等高科技手段，采用党员干部下企业蹲点的具体措施，有效地促进了政策的落实。但是还有一些地区存在形式主义、官僚主义的现象，只做表面文章，照抄照搬其他地区的政策措施，实践中却并没有落实。

（三）对策和建议

1. 进一步加强政策与产业链的配套

（1）加强企业供给侧的政策扶持力度。

①进一步加强和落实基础产业环节的扶持力度。保证企业能够正常地获取生产资料，尽快恢复生产。

②进一步加强和落实对技术研发环节的政策扶持力度，确保企业在研发方面的动力和投入。

③进一步落实用工补贴和员工的交通补贴，最大限度降低企业在用工方面的成本，提高员工返岗的积极性。

（2）加强企业需求侧的政策扶持力度，进一步推进和落实市场拓展环节的扶持政策，恢复下游企业和消费者的需求。

（3）加强对进出口企业的扶持力度，在国际需求疲软情况下，积极实施出口替代、外销转内销等措施保证企业销路。

（4）将扶持政策进一步与行业需求相匹配。

①进一步落实零售业、租赁和商务服务行业、软件和信息技术服务行业的税收优惠政策。

②进一步落实餐饮业、农林牧渔业、零售业的阶段性免征社保费政策。

③进一步解决交通运输、农林牧渔、仓储和邮政行业的中小企业遭遇银行业金融机构抽贷、断贷、压贷的问题。

④除仓储业、邮政业和房地产开发业之外，在其他行业进一步推进落实优惠利率贷款和延期支付资本金及利息政策。

⑤除交通运输业和邮政行业之外，在其他行业进一步推进落实优惠保险费率、延缓缴纳保费政策。

2. 加强对削减企业生产经营成本政策的落实

落实税务减免类扶持政策。进一步普及税务优惠政策，尤其是对规模较小、营收较少的企业，针对性地制定税收优惠政策，使他们能够真正得到税收减免的好处。对于零售业、租赁业要进一步加强税收优惠力度，帮扶该等行业内的中小企业。

落实用工成本减免类扶持政策。加大力度落实阶段性免征社保费、减免社保费等优惠政策，尤其是在中部地区省份，要让尽可能多的企业享受到该等政策。进一步推广落实劳动用工扶持政策，加大对中小企业职工的补贴力度，间接帮助企业减轻负担。

进一步落实行政事业费的减免、经营用房租金的减免、用水用电用气费用的价格优惠等政策。

3. 推进对企业金融扶持类政策的进一步落实

加大金融政策扶持力度，对于受疫情影响严重的企业，允许其延期还款，放宽企业对不良贷款容忍度，并适当降低放贷门槛。在华北等中小企业金融困境较明显的地区，金融机构应做到不抽贷、不断贷、不压贷。

在贷款利率上适度予以补贴，采取按比例贴息等方式，降低中小企业融资成本。

政府应帮助中小企业拓宽融资渠道，采取多种方式如引入新股东、新投资人等，扩大中小企业在融资时的选择面，降低融资难度。

4. 推进落实对企业的法律扶持政策

对因疫情影响违约的企业，提供法律咨询和法律援助服务，帮助该等企业应对违约困局。继续提高获得有效法律援助服务企业的比例，普及政府法律援助政策。

进一步普及和宣传疫情期间为中小企业提供不可抗力证据保存、公证证明等免费法律服务政策，提高政府服务意识，积极落实该等政策。加大普法宣传力度，采取多样化的普法形式，有针对性地解答中小企业法律上的疑惑。

5. 进一步引导行业协会组织行业内帮扶

引导行业协会积极开展对行业内中小企业政策落实情况的阶段调查，为政府对具体行业的精准政策帮扶提供基础数据。

引导行业协会组织业内企业进行互帮互助，共同渡过疫情难关。

加强行业协会协助政府落实扶持政策的积极性。

6. 进一步推进政府利用数字化手段进行政策帮扶

优化企业服务机制，加强政策落实的便利化程度。通过积极推进落实全国各地政务服务“一网通”办理，来提高政策落实的效率。

进一步提高帮扶效率。通过建立企业优惠政策网络办理窗口，最大化削减办理流程，使得企业能够尽快享受优惠政策，减少损失。

进一步利用大数据进行精准帮扶。通过网上优惠政策反馈窗口和行业协会等渠道搜集疫情期间各行业的政策落实数据，然后进行大数据分析，最后针对不同行业进行精准帮扶。

结合企业注册信息数据库，进一步向企业定向推送帮扶政策信息，保证所有企业都能够了解和享受相关扶持政策。

《法治科学计量与评价研究》约稿函

尊敬的读者：

《法治科学计量与评价研究》是中国政法大学法治科学计量与评价中心主办的综合性学术出版物，由中国政法大学出版社公开出版发行。

《法治科学计量与评价研究》的宗旨是传播科学计量学、计算机技术等在法治建设与法治评价领域的理论前沿成果与实践应用最新动态，为推动法治建设提供科学计量与评价相关的理论指导、技术支持和最佳实践。在理论方面关注的主题包括但不限于科学计量学相关方法、计算机技术、数据挖掘、知识发现、数据科学、法治数据等领域的技术与方法研究；在应用方面关注的主题包括但不限于上述技术与方法在法治服务评价、法学学科评价、法学期刊评价、法治人才评价以及在立法、执法、司法、守法等法治环节评价方面应用的研究。

《法治科学计量与评价研究》主要包括法治计量与评价、数据挖掘算法、数据服务、法律信息研究等。

热忱欢迎广大理论与实务专家惠赐稿件。稿件经编辑部及专家审稿通过后择优录用。

稿件要求：

1. 选题新颖，内容原创，office word 排版，篇幅 6000~15 000 字为宜；

2. 内容可涵盖法学、管理学、统计学、计算机科学与技术等学科，体裁不限（学术论文、综述、评论性文章、研究报告等）；

3. 稿件中需包含中英文篇名、中英文关键词、中英文摘要、正文、参考文献等；

4. 稿件中需包含作者个人信息，包括作者姓名、专业、单位、通讯地址；

5. 参考文献著录格式参照《信息与文献参考文献著录规则》（GB7714-2015）；

6. 稿件以 Word 形式发送至编辑部邮箱 secrl@ cupl. edu. cn，邮件名：文章名称-作者姓名-作者联系方式-《法治科学计量与评价研究》投稿。

咨询电话：010-58908310

衷心感谢您的大力支持！

中国政法大学成立“法治科学计量与评价中心”

中国政法大学法治科学计量与评价中心（The CUPL Scientometrics and E-valuation Center for Rule of Law，SECRL），于2019年5月20日由中国政法大学批准成立。中心实行理事会领导下的主任负责制，首任主任由中国政法大学副校长时建中教授担任。中心内设法学学科评价研究部、法治过程评价研究部、法治服务评价研究部、《法治科学计量与评价研究》编辑部和综合事务部等部门。

中心以法学和法治数据为基础资源，以科学计量为核心方法，以客观公正的评价过程和结果为保障，推动法学学科发展，服务法治建设进程。

中心重点围绕法治环节、法治服务、法学学科、法学期刊、法学研究、法治人才等开展科学计量与评价工作。通过对立法、执法、司法、守法等法治环节和过程的科学计量与评价，服务于科学立法、严格执法、公正司法和司法改革以及全民守法；运用科学计量方法对仲裁机构、公证机构、司法鉴定机构、律师事务所以及相应从业人员的执业活动进行科学计量与评价，推动法治服务质量的提升；通过对法学学科、法学研究、法学期刊、法治人才开展科学计量分析与评价，为高校法学“双一流”建设、科研评价以及人才队伍建设提供科学决策支持。

中国政法大学法治科学计量与评价中心将致力于构建客观、公正、规范的计量与评价过程，建立科学、合理、先进的评价指标体系，为繁荣发展法学学科、贯彻落实全面依法治国战略提供决策服务。